U0565044

“十二五”国家重点图书出版规划项目·新世纪法学教育丛书

# 中国刑事诉讼法教程

（第二版）

◆ 主　编　王敏远

◆ 副主编　冀祥德

◆ 撰稿人（以撰写章节先后为序）

王敏远　程　雷　郭　华

靳学仁　冀祥德　祁建建

彭海青　李海炅　张品泽

中国政法大学出版社

2012·北京

# 作者简介

**王敏远** 中国社会科学院法学研究所研究员，博士生导师。兼任中国刑事诉讼法学研究会副会长、最高人民检察院专家咨询委员会委员。曾在《法学研究》、《中国法学》、《中外法学》、《政法论坛》、《法学家》等杂志发表论文80余篇。代表作：《刑事司法理论与实践检讨》、《一个谬误、两句废话、三种学说——对案件事实、证据的哲学、历史学分析》等。

**冀祥德** 中国社会科学院法学研究所所长助理、研究员，中国社会科学院研究生院法学系常务副主任、教授、博士生导师，法学博士、博士后。中国法学教育研究会副会长，中国行为法学会律师执业行为研究会副会长。发表学术论文160余篇、著作30余部。代表作：《控辩平等论》、《建立中国控辩协商制度研究》、《建立中国刑事辩护准入制度研究》、《司法制度新论》、《法学教育的中国模式》等。

**郭　华** 中央财经大学法学院副教授、硕士生导师，预防金融证券犯罪研究所所长，法学博士、博士后。兼任中国刑事诉讼法学研究会理事、华东政法大学研究员、贵州民族大学教授、中国政法大学法律适用研究中心研究员。曾在《法学研究》、《政法论坛》、《法学家》、《现代法学》、《法学》、《法商研究》等刊物发表学术论文80余篇。代表作：《案件事实认定方法》、《鉴定结论论》、《鉴定意见证明论》等。

**祁建建** 中国社会科学院法学研究所副研究员，法学博士、博士后，中国社会科学院研究生院法学系硕士生导师。2006～2007年在韩国刑事政策研究院做访问学者，2010～2011年在美国哥伦比亚大学做访问学者。在《法学研究》、《中国法学》等法学类核心期刊发表论文数10篇，代表作：《美国辩诉交易研究》。

**程　雷** 中国人民大学法学院副教授，硕士生导师，法学博士、博士后。在《法学研究》、《法学家》、《中外法学》、《法律科学》等期刊上发表论文20余篇。代表作：《秘密侦查比较研究》，并荣获第二届中青年刑事诉讼法学优秀科研成果一等奖（专著类）。

**靳学仁** 华侨大学法学院副教授、硕士生导师，法学硕士，刑法教研室主任。代表作:《刑讯逼供研究》、《论我国侦查讯问规则之合理构建》、《论我国刑事证人制度的立法缺陷及完善》、《公检法机关之间互相配合——一个沉重而陈旧的刑事诉讼法原则》等。

**彭海青** 北京理工大学法学院副教授、硕士生导师，诉讼法学研究所所长，法学博士、博士后。兼任中国刑事诉讼法学研究会理事、青岛大学法学院硕士生导师等。在《法学研究》、《现代法学》、《法律科学》、《法学评论》、《比较法研究》等刊物发表学术论文90余篇。代表作:《刑事诉讼程序设置研究》、《刑事裁判权研究》、《刑事裁判共识论》。

**李海炅** 中国计量学院法学院副教授、硕士生导师，法学博士。

**张品泽** 中国人民公安大学法律系副教授，硕士生导师，诉讼法教研室主任，法学博士，博士后。中国政法大学法律实证研究中心研究员。发表论文40余篇，代表作:《人本精神与刑事程序》、《外国检察制度比较研究》、《中国检察制度原理研究》、《外国反恐怖刑事程序法比较研究》等。

# 出版说明

“十二五”国家重点图书出版规划项目是由国家新闻出版总署组织出版的国家级重点图书。列入该规划项目的各类选题，是经严格审查选定的，代表了当今中国图书出版的最高水平。

中国政法大学出版社作为国家一级出版社，有幸承担规划项目中系列法学教材的出版，这是一项光荣而艰巨的时代任务。

本系列教材的出版，凝结了众多知名法学家多年来的理论研究成果，全面而系统地反映了现今法学教学研究的最高水准。它以法学“基本概念、基本原理、基本知识”为主要内容，既注重本学科领域的基础理论和发展动态，又注重理论联系实际以满足读者对象的多层次需要；既追求教材的理论深度与学术价值，又追求教材在体系、风格、逻辑上的一致性。它以灵活多样的体例形式阐释教材内容，既推动了法学教材的多样化发展，又加强了教材对读者学习方法与兴趣的正确引导。它的出版也是中国政法大学出版社多年来对法学教材深入研究与探索的职业体现。

中国政法大学出版社长期以来始终以法学教材的品质建设为首任，我们坚信“十二五”国家重点图书出版规划项目的出版，定能以其独具特色的高文化含量与创新性意识成为集权威性与品牌价值于一身的优秀法学教材。

中国政法大学出版社

# 第二版说明

2012年3月14日，第十一届全国人民代表大会第五次会议通过了《关于修改〈中华人民共和国刑事诉讼法〉的决定》，对我国《刑事诉讼法》进行了修改与完善。刑事诉讼法的这次修改，增加、删除和修改的条文超过了140条，经修改后，刑事诉讼法的条文总数由225条增至290条。这次修改涉及的内容十分广泛，主要包括总则中第2条增加了尊重和保障人权的规定；修改了刑事诉讼法的证据制度、强制措施制度和辩护制度等基本制度；对侦查、起诉和审判（包括一审、二审、死刑复核、再审等）、执行等程序作了大量修改，并新增加了四个特别程序。为跟进中国刑事诉讼立法，及时将相关修改内容反映出来，特将2009年出版的"中国刑事诉讼法教程"予以修订。

本书修订的重点是我国刑事诉讼法所修改的内容，在保持原版基本框架不变的基础上，对所有章节进行了补充与完善，并增加了"特别程序"一章。修订版继续关注中国刑事诉讼理论的前沿性研究，结合中国司法实践的一些尝试，以保持本书与中国刑事诉讼立法、理论研究与司法实践的同步性。

本书的修订注重对刑事诉讼法修改内容解释的"通说"，同时对理解或者认识存在分歧的问题，注重以立法的精神为基础，从规范职权和保障权利的视角予以说明，并按照刑事诉讼发展的规律进行阐释。例如，为促进证人出庭作证、进一步保障司法公正，修改后的刑事诉讼法增加了有关强制证人出庭作证的规定，然而，在强制证人出庭的条件设置中，将"人民法院认为证人有必要出庭作证"作为必要条件（《刑事诉讼法》第187条规定）。由此，"公诉人、当事人或者辩护人、诉讼代理人对证人证言有异议，且该证人证言对案件定罪量刑有重大影响"，究竟应否是"证人应当出庭作证"的充分条件，成了疑问。我们在关注这个问题时，考虑到立法的变化过程以及促进证人出庭作证、保障司法公正的宗旨，并结合《刑事诉讼法》第59条规定的“证人证言必须在法庭上经过公诉人、被害人和被告人、辩护人双方质证并且查实以后，才能作为定案的根据”的要求，认为应将“人民法院认为证人有必要出庭作证”这一必要条件，解释为程序性条件更为适宜。也就是说，只要公诉人、当事人或者辩护人、诉讼代理人对证人证言有异议，且该证人证言对案件定罪量刑有重大影响，人民法院就应当认为证人有出庭的必要。

尽管刑事诉讼法典是刑事诉讼法律的主体部分，但刑事诉讼法律规范的内容不限于此，还包括具有法律规范意义的司法解释等规范性文件，这些内容共同构成了我国的刑事诉讼法律规范。由于修改后的刑事诉讼法刚刚颁布还未正式实施，最高人民法院、最高人民检察院等机关贯彻与适用新刑事诉讼法的相关解释、规则与规定尚在修订，因此，本教程的这次修订未能涉及这些问题。可以预料的是，有关部门正在起草的针对刑事诉讼法的相关解释、规则与规定的出台后，将促使本教程继续修订。

本书的修订在原作者的基础上，增加了部分修订者。修订的具体分工为：王敏远（第一章）；冀祥德（第六、七章）；郭华（第三、五、十五、十七章）；祁建建（第十六章）；彭海青（第十三、十九章）；程雷（第二、八、十、十二、二十章）；张品泽（第四、十一章）；李海灵（第九、十四、十八章）。由于未成年人刑事诉讼程序已经规定在新增设的“特别程序”中，因此，原教材第十九章“未成年人诉讼程序”的内容，经修改后并入了第二十章“特别程序”中。需要说明的是，在这次修订稿的统稿过程中，郭华副教授做了大量工作。

因为修订时间仓促，书中难免存在不妥之处，诚请各位读者提出宝贵意见。

王敏远

2012年6月20日

# 编写说明

编写这本《中国刑事诉讼法教程》，首先是基于我们对现实中用于法学本科教育的刑事诉讼法教材的反思。对比1978年我开始法学本科学习的时期和1982年开始刑事诉讼法学研究生专业学习的时期，现在的刑事诉讼法专业的本科教材，不仅种类多，[1]而且教材中的内容也极为丰富。[2]一方面，这是我国刑事诉讼法完善的结果，[3]另一方面，这也反映了刑事诉讼法学的发展。[4]这当然应予以充分肯定。然而，需要看到的是，从刑事诉讼法学课时安排的角度来说，刑事诉讼法本科教材如此大的信息量与本科教学需要完成的任务相比是否合适，值得怀疑；从刑事诉讼法学的本科教育的目标来说，本科教材大量反映理论研究成果，甚至于众多译介的成果，是否合适也值得反思。[5]

我以为，刑事诉讼法学本科教育应当担负的责任是：使学习者准确掌握我国刑事诉讼法方面的基本知识，为今后进一步的努力[6]打下坚实的

---

〔1〕1985年我结束刑事诉讼法学研究生专业学习时，刑事诉讼法学除了由张子培老师主编的司法部“统编教材”外，主要是西南政法学院、北京大学法律系、中国人民大学法律系、中国人民公安大学法律系等院校编写的几本教材。

〔2〕仅以字数论，上个世纪中期的刑事诉讼法学教材一般均在25万字之内，而现在的教材，大多在40万字左右。当然，也有例外，例如，由徐静村老师主编的《刑事诉讼法学》（法律出版社1999年修订本），字数多达66万。

〔3〕从法律条文来看，1979年制定的刑事诉讼法仅164条，经1996年修改后，达225条，2012年修改后，已有290条，且不论关于刑事诉讼法的具有法律意义的各种类型的解释（多达上千条）。

〔4〕即使不算译介国外的部分，我国关于刑事诉讼法学的研究，不论是关于刑事诉讼的目的、价值、构造等基础理论的研究，还是关于无罪推定、禁止双重危险等基本原则的研究，以及对刑事辩护、强制措施、证据制度等基本制度的研究，这些年来，均取得了丰硕的成果。

〔5〕对比法治发达国家的刑事诉讼法教材，鲜有关注其他国家刑事诉讼法的情况，这似乎很奇怪，但也应理解。因为我国现在的刑事诉讼法，从框架到具体内容，能从“本土资源”中吸收的内容十分有限，大多是借鉴国外的规定。

〔6〕如果是从事法律职业，那么，进一步的努力通常意味着参加司法考试以及参加刑事诉讼专业的研究生考试。

基础。鉴于此，我们认为，编写一本新的教材，使法学本科生的学习能够牢牢地站在中国刑事诉讼的现实中，是有积极意义的。当然，适当吸收理论研究的成果也是必要的——重要的是将理论溶解在关于法律的解释之中，而不是将其作为本科教学中专门的一部分。为此，我们将本教材定名为《中国刑事诉讼法教程》。

如果只是因为我们的想法而无中国政法大学出版社的邀请，本教程当然不可能面世。为此，我们对中国政法大学出版社的李传敢先生表示诚挚的感谢。需要感谢的还有我的老师陈光中先生，正是因为他的慷慨赐予，因此有了为本教程增光添彩的“序”。

除了由我撰写第一章，其余各章分别由冀祥德教授（第六、七章）、郭华副教授（第三、五、十五、十七章）、祁建建副研究员（十六章）、彭海青副教授（第十三、十九、二十章）、程雷副教授（第二、八、十、十二章）、靳学仁副教授（第四、十一章）、李海昙副教授（第九、十四、十八章）等编写；博士研究生龚卫为本教程所做的工作，甚至超出了学术秘书的责任。感谢上述各位合作者的努力。

本书每章之后均附有“思考与练习”，主要是三种类型的练习题。其中，选择题与案例分析题均为司法考试模拟题（有的题则直接取材于历年的相关司法考试试题）；讨论题则不仅是对章节中重要知识的复习，而且需要大量阅读课外参考资料才能进行有意义的讨论，对于拓展相关知识，有积极意义。

虽然力求准确是我们编写的基本目标，但书中的错误仍难以避免。如有发现，敬请告知，以便今后改正。

王敏远

2009年1月

# 序

法学教程是步入法学殿堂的启蒙老师。30年来，随着我国法学教育的繁荣发展和法学研究的逐步扩展、深入，作为法学专业核心课程之一的刑事诉讼法，其教材建设也取得了长足的进步。据不完全统计，截止到目前为止，各种名称的刑事诉讼法教材已有20余本，数量堪称丰富，但富有特色的高水平教材仍为数不多。王敏远研究员担任主编、编写成员主要为中国社会科学院法学研究所研究人员的《中国刑事诉讼法教程》就是一本特色鲜明的教材，值得予以特别推介。我认为，《中国刑事诉讼法教程》具有如下五个特色：

其一，立足于中国。30年来，我国刑事诉讼方面的教科书，在注释我国刑事诉讼法的同时，从初期较多借鉴前苏联的教材和理论，到近些年来大量借鉴和介绍英、美、法、德等法治发达国家的法律及相关学说，呈现出了眼光向外的趋势。这虽然给教材增添了许多具有积极意义的内容，但也给本科生的学习带来了需要引起关注的问题。例如，一些学生走出院校大门后，外国的东西知道得不少，中国的法律掌握得不多，易于导致法学毕业生眼高手低、实践能力差。我认为，对于法学本科教材，当务之急不是让刚进大学校门不久的学子过多地接触前沿的刑事诉讼法学理论与庞杂的外国刑事诉讼制度，而首先应让他们准确地理解中国的刑事诉讼法、完整地掌握中国的刑事诉讼法。从这个角度来看，本教程较圆满地实现了这一目标：它严格地立足于中国刑事诉讼的法律规定与司法实践，通过对法律规定以及相关司法解释的细致、全面阐述，从司法实践的运行状况着眼，向刚刚接触刑事诉讼法学的学子们，阐释了中国刑事诉讼法的概况。这使教程名实相符的特色得到体现。

其二，知识系统性强。对于刑事诉讼法学的初学者而言，不仅需要学习刑事诉讼法的各相关知识，而且应认识各知识点间的联系，掌握刑事诉讼法的知识结构与系统，之后，方能谈得上准确理解、完整掌握刑事诉讼方面的知识。本教材从横向与纵向两个角度很好地实现了系统性的目标：从横向角度来看，教程的章节与章节之间的联系与呼应得到了教材编写者的高度重视；从纵向角度来看，通过每章导读部分几百字的对历史发展脉络的梳理概括，勾勒出相应制度与程序的历史演进脉络。从而使教材有助于读者系统准确地学习和理解相应的内容。

其三，注重学习目标。与目前多数刑事诉讼方面的教材强化理论深度、注重法律改革的发展方向略有不同的是，本教程更加强调针对法学专业本科生的学习需要，充分考虑到法学本科生所面临的司法考试和研究生入学考试两项主要学习目标，比如在每章后“思考与练习”的设置上，分别设立了“司考型”练习题与“考研型”练习题，通过发挥习题对于学习的引导作用，促使初学者们能够更快、更好地进入到学习的状态，带着目标去学习，这显然有助于读者更有计划性地学习本门课程。

其四，追求准确性。准确的表达与阐释是法律教材所应当具备的基本品格。本教程的编写注重对法律条文的准确引用，对文字的具体表述方式、对具体理论的阐释，也都力求准确。这种对准确性的追求一定程度地体现了本书编写者们作为中国社会科学院法学所研究人员所追求的学术严谨的品格。

其五，关注理论研究的引导。本教程对目前理论界的最新研究成果与实务界的问题探索，通过思考题和参考书目等专门方式予以表达与引导，这种编排方式既避免了正文中大段论述艰深晦涩的理论可能冲淡法律规定和刑事诉讼基本知识方面的内容，又满足了学生对继续深入钻研刑事诉讼法学理论的需要。通过思考题点明了相应章节内容的最新发展趋势与理论研究动态；通过参考书目为其指明了进一步研究相应问题需要阅读的主要经典著作与论文。

综上，我非常高兴地向读者推介这本教程，相信读者通过阅读与学习，能够全面、系统地掌握我国刑事诉讼法的基本规定，了解刑事司法实践的基本状况，把握刑事诉讼法学的前沿方向，实现司法考试或者考研的基本目标。同时，作为王敏远的老师，我也由衷祝贺他及其团队成功地完成了这一独具特色的教材的编写工作，并祝愿他们在未来的研究与教学工作中取得更大的成绩。

是为序。

中国政法大学终身教授　陈光中

2008年8月18日

# 目　录

## 第一编　导　论



## 第二编　总　论

# 第三编 分 论

第一编

# 导　论

# 第一章
# 刑事诉讼导言

**【导读】** 对本门课程的学习，我们将首先从认识刑事诉讼、刑事诉讼法和刑事诉讼法学的基本内容开始。关于诉讼的涵义，可以从不同的层面展开认识。从词义来看，“诉”是告诉、控告的意思；“讼”是争论、争辩的意思。诉讼俗称“打官司”。在法学的意义上，“诉讼”就是将争议告之于司法机关，由其依照法律的规定判断是非曲直，解决诉讼双方关于事实、法律的争辩。诉讼也可以称为“司法”。所谓刑事诉讼，是指控诉者就犯罪问题提出控告，由司法机关依照法律规定的程序解决被控诉者的刑事责任问题。确定刑事诉讼程序、规范刑事诉讼活动的法律，就是刑事诉讼法，也可称为刑事程序法。刑事诉讼法学，则是关于刑事诉讼及刑事诉讼法律现象、规律的理论、学说。学习刑事诉讼法学，需要以刑事诉讼法的相关知识为基础，当然，学习刑事诉讼法也需要以刑事诉讼法学的相关知识为基本背景。

本章简要叙述与本教程相关的三个方面的内容，即概述刑事诉讼、刑事诉讼法、刑事诉讼法学的基本内容。通过对这三个方面内容的概述，使学习者明确刑事诉讼的基本涵义，概括了解刑事诉讼法的基本内容，初步认识刑事诉讼法学的知识。理解、掌握本章的内容，对学习本门课程来说，具有基础性的意义。

## 第一节　刑 事 诉 讼

现代社会中的常识就足以使人们知道，刑事诉讼是为处理、解决刑事问题而“打官司”。然而，我们现在的学习需要超越常识。为此，对刑事诉讼的认识，不仅需要把握关于刑事诉讼方面的知识，而且应当通过相关的比较，对刑事诉讼的知识作相应的拓展、深化。

刑事诉讼通常被定义为，国家专门机关在当事人及其他诉讼参与人的参加下，依照法律规定的程序，为解决被刑事追诉人的刑事责任问题而进行的专门的活动。关于刑事诉讼，我们除了需要认识其基本的涵义，即刑事诉讼是为解决被刑事追诉人的刑事责任问题而依法进行的活动，还需要从刑事诉讼的性质和基本内容这两个方面对其予以认识，并在与其他诉讼的比较及与犯罪问题的非诉讼方式处理的比较中、在刑事诉讼历史的发展脉络中，加深对其的认识。

## 一、刑事诉讼的性质

作为处理、解决刑事问题的基本方式、专门活动，刑事诉讼的性质体现在其特征中，主要有以下三个方面：

1. 刑事诉讼是由国家专门机关主导的、为解决被刑事追诉人的刑事责任而展开的活动。这里所说的主导刑事诉讼的国家专门机关，即刑事诉讼中的职权机关，主要是指作为审判机关的法院、作为公诉机关的检察院和作为侦查机关的公安部门。[1]这些机关在刑事诉讼中发挥着主导作用。所谓的主导作用，一方面是因为这些职权机关的行为主导着刑事诉讼的进程，如侦查、起诉与审判等；另一方面是因为这些职权机关的认识与判断，对诉讼的结果有着决定性的作用。当然，不同的职权机关在刑事诉讼中所发挥的作用也因为法律的规定而存在差别。对此，在法院、检察院、公安机关的分工等章节中，我们将要学习相关内容。

2. 刑事诉讼是由当事人及其他诉讼参与人参加的活动。职权机关虽然在刑事诉讼中发挥着主导作用，但刑事诉讼同时也是当事人及其他诉讼参与人共同参加的一种活动。其中，被刑事追诉人作为当事人是不可或缺的，[2]其他诉讼参与人如证人等，几乎在所有的刑事诉讼中均发挥着作用。刑事诉讼当事人及其他诉讼参与人在刑事诉讼中的地位和作用，受两方面因素的影响：一方面，根据法律的规定而确定其地位和作用，例如，受害人可以因刑事诉讼法的规定而成为当事人，并对诉讼的进程发挥重要作用；[3]另一方面，不仅依据法律的规定，而且因为案件的具体情况而决定其作用。例如，翻译人员在某些刑事案件的诉讼过程中，根据法律的规定就是不可或缺的。

3. 在刑事诉讼中，不论是国家专门机关的职权，还是当事人及其他诉讼参与人的权利、义务，以及他们在刑事诉讼中的活动，均由程序法予以规定。

---

〔1〕 这只是一种概括的说法。我们在有关章节中会学到对此进一步的分析。例如，通过对诉讼主体等章节的学习，可以知道，根据我国法律的规定，检察机关是法律监督机关，在刑事诉讼中除履行公诉等职责，还承担法律监督责任。而侦查职能虽然主要由公安机关承担，但其他一些机关也分担部分案件的侦查职能。

〔2〕 被刑事追诉之人不可或缺是有例外的。例如，在有的国家的刑事诉讼中，在特定情况下，可以缺席审判。在我国新设的特别程序——违法所得没收程序中，也是例外。

〔3〕 并非所有的刑事诉讼法均将被害人规定为诉讼当事人，我国也只是在1996年修改刑事诉讼法时，才将被害人规定为诉讼当事人。

刑事诉讼作为解决被刑事追诉之人的刑事责任而展开的活动，其基本特点是不仅需要遵照刑事实体法的规定，而且还应当受到刑事程序法的规范。正是这个特征决定了当事人及其他诉讼参与人，尤其是职权机关，不得任意行为，应遵循刑事诉讼法的规定。

刑事诉讼的上述三个基本特征，概括说明了刑事诉讼的性质，我们对刑事诉讼的理解，也需要以此为基础。

## 二、刑事诉讼的内容

认识刑事诉讼，在把握其性质的基础上，还需要认识相关刑事诉讼的内容。对此，可以从刑事诉讼的基本过程和参与人两个方面展开认识。

刑事诉讼的参与人包括刑事诉讼的主体和其他参与人这两个部分。刑事诉讼的主体主要由控诉、被告、裁判三方面的成员构成。除了这三个方面的成员，参与刑事诉讼的往往还会有辩护人、证人等其他诉讼参与人；在有的案件中，甚至会有翻译人员等参与。刑事诉讼主体之外的其他刑事诉讼参与人，往往与特定的主体有着特定的关系。如辩护人与被告人之间，就存在着特定的关系。又如，刑事诉讼中的证人也会存在“控方证人”与“辩方证人”的区别。诉讼参与人在刑事诉讼中的地位、权利和义务、相互关系等，是由刑事诉讼法等相关法律所规定的。

刑事诉讼作为一种依法逐步展开的活动，其程序包括立案、侦查、起诉、审判和执行等基本内容。就刑事诉讼的基本过程而言，对刑事诉讼可以作狭义和广义两种理解。狭义的刑事诉讼仅指审判程序及相关活动。基于这种狭义的理解，也可以将刑事诉讼称为刑事司法。广义的刑事诉讼则包括审判前的侦查、起诉程序及相关活动，以及经审判裁决后执行裁判的程序和相关活动。由于“诉讼”一词意味着起诉及之后的审判，因此，虽然“刑事程序”与“刑事诉讼”通常表达的是相同的对象，但用“刑事程序”来表示包括起诉之前的侦查、起诉及审判之后的执行阶段在内的整个刑事诉讼过程，更为适当。

当然，若从广义理解，由于刑事侦查是为了提起控诉，而且作为刑事司法的基本前提，（在现代刑事诉讼中）刑事侦查活动往往需要受制于刑事司法，因此，应当将起诉之前的侦查活动作为刑事司法的有机组成部分，由此，“刑事程序”、“刑事诉讼”与“刑事司法”这三个术语混用也往往是合适的。至于刑事裁判确定后的执行，作为刑事司法的延伸，理应包括在广义的刑事诉讼的范围之内。

关于刑事诉讼的具体内容，今后将通过对刑事诉讼主体、相互关系及立案、侦查、起诉、审判和执行等各程序的学习，我们再逐步展开。

为了加深对刑事诉讼的认识，关于刑事诉讼的理解，我们还需要在两个层面、通过相关的对比而展开：一个层面是刑事诉讼相对于其他诉讼的比较，另一个层面是刑事诉讼相对于非诉讼解决方式的比较。

## 三、刑事诉讼相对于其他诉讼的比较

刑事诉讼与民事诉讼、行政诉讼是现代社会中三个并行的诉讼。相对于处理民事纠纷的民事诉讼和解决行政争议的行政诉讼而言，刑事诉讼与其既有共性，也有特性。认识这些共性与特性，有助于我们从总体上掌握刑事诉讼。

刑事诉讼与民事诉讼、行政诉讼的基本共性在于，虽然争议的内容不同，但都是通过诉讼的方式来解决争议。正是这个共性，决定了三个不同的诉讼法关于刑事诉讼与民事诉讼、行政诉讼所遵行的原则具有共同点，尤其是关于审判的基本原则，如审判公开、不告不理等许多内容，几乎是相同的。不仅如此，通过对三大诉讼法的学习，还可以发现其相关原理也具有共性，如刑事、民事、行政司法的基本过程、要素、司法公正的目标以及诸如一事不再理等基本原理、原则，均有共同点。刑事诉讼与民事诉讼、行政诉讼的原则和原理所具有的“诉讼”的共性，是认识刑事诉讼的重要基础。正是在诉讼这个共同的基础之上，刑事诉讼的一些特点才可以得到更好的理解和解释。例如，司法的公正不仅意味着结果的公正，而且还要求过程的公正。这对三大诉讼来说是完全一致的。又如，刑事诉讼中，审判者应当如同在民事诉讼、行政诉讼中那样，具有独立审判权并居于中立地位以保证其审判的公正性。而且，基于诉讼的共性，我们对刑事诉讼各种具体问题的认识可以因此而具有坚实的依据。例如，刑事审判中的控诉方和辩护方的平等武装等，就可以在诉讼的共性中寻求基础。

当然，除了共性，我们更需要认识刑事诉讼与民事诉讼、行政诉讼相比之下所呈现的特点。刑事诉讼的基本特点是旨在解决犯罪及刑事责任问题。正是这个基本特点，决定了刑事诉讼与民事诉讼、行政诉讼相比而存在的一系列差异。例如，审前程序、强制措施、刑事被告人权利的特殊保护等刑事诉讼特有的程序、制度和要求等。刑事诉讼的基本特点，即旨在解决犯罪及刑事责任问题，是认识刑事诉讼的另一个重要基础。因为这个特点，我们对刑事诉讼中那些与民事诉讼、行政诉讼具有共性的原理、原则甚至术语，也往往会有特别的认识。

例如，“立案”虽然是刑事诉讼、民事诉讼、行政诉讼共同使用的术语，作为诉讼的开始阶段，立案对三大诉讼来说具有某种共同的意义。然而，在学习刑事诉讼的相关知识，尤其关于刑事立案管辖等内容后，我们就会看到，刑事诉讼的立案与民事诉讼、行政诉讼的立案大不相同。民事诉讼、行政诉讼的立案都只是法院的立案，而刑事诉讼的立案则不仅有法院的立案，而且还有检察机关的立案与公安机关的立案。换句话说，立案虽然在三大诉讼中都意味着诉讼的开始，然而，其意义并不相同。对刑事诉讼而言，大多数案件并不是始于法院的立案，而是开始于侦查机关的立案。

又如，不告不理原则，即没有告诉就没有审判的原则，这个原则是刑事诉讼、民事诉讼、行政诉讼的基本原则。作为三大诉讼共同的原则，虽有其基本的共同点，但也存在着很大的差异。就法院的审判而言，不告不理原则对刑事诉讼、民事诉讼、行政诉讼的意义是共同的，然而，就刑事诉讼中的公诉案件而言，审前程序却存在着大量“不告而理”的情况。例如，如果公安机关主动发现犯罪，就应当根据刑事诉讼法的要求对此立案侦查，这与法院的不告不理原则完全不同。

基于旨在解决犯罪及刑事责任问题这个基本特点，刑事诉讼还产生了许多其他特点。例如，在刑事诉讼中，一方面，往往需要对被刑事追诉之人采取强制措施，以保障刑事追诉的顺利进行；另一方面，还应当特别关注被刑事追诉人的权利保障、规范职权机关的行为，以保障司法结果、司法过程的公正。

从法律的规定来看，刑事诉讼法与民事诉讼法、行政诉讼法相比，其特点更加鲜明。例如，因为审前程序在刑事诉讼中具有特别的意义，《刑事诉讼法》因此规定了大量的审前程序内容。而民事诉讼法、行政诉讼法关于审前程序的规定，不论是从数量上来看，还是从其重要程度而言，均难以与刑事诉讼法相提并论。

通过以上论述，可以看到，我们学习刑事诉讼，需要在认识三大诉讼共性和特性的基础上，掌握有关刑事诉讼的知识。

### 四、刑事诉讼与非诉讼解决方式的比较

在现代社会，犯罪问题主要通过刑事诉讼的方式予以解决。刑事诉讼是由社会秩序受到犯罪扰乱的国家（主要由检察机关作为代表）或因犯罪而受到侵害的被害人针对犯罪行为人提起，目的是要求法院对其所控告的犯罪人判处法律规定的刑罚。由此可见，对现实中发生的犯罪予以刑法规定的处罚，大多需要经历一个过程。从刑事诉讼的角度而言，这就是一个发现、揭露、证实、惩罚犯罪的过程。更进一步看，被发现的犯罪与将要发生的刑罚之间，

需要经历立案、侦查、起诉、审判等一系列的过程，即需要经过刑事诉讼程序。为了对此有更深入的认识，我们可以将刑事诉讼与处理犯罪问题的非诉讼解决方式进行比较。

在现实中，刑事诉讼并不是法律准许的针对犯罪的唯一的反应和处理。例如，正当防卫就是一种法定的应对犯罪的方式。根据法律的规定，在情况紧急时，受到犯罪侵犯的人（或其他人）可以采取有效的方法制止犯罪。又如，战争时期的"就地正法"也是一种（战时）法定的非诉讼的处理犯罪的方式。

从历史的角度来看，刑事诉讼也不是解决"犯罪"问题的最早的方法。古代社会中对侵犯人的财产、健康、生命的行为，在刑事诉讼产生之前，同样有相应的方式进行处理，只是这种方式通常表现为由受到犯罪侵害的人或其所属家庭、部落对犯罪人或其所属家庭、部落采取相应的报复措施。对比刑事诉讼而言，这种方式更明显地表现为对犯罪直接的反应，所体现的特点，更多的是一种本能的反应、即时的措施、恣意的处理以及独断的行动。

通过上述对比，我们需要认识到，相对于非诉讼的解决方式，刑事诉讼意味着社会对犯罪的反应不再是一种直接的应对，不再是一种即时的措施，不再是一种本能的反应，而是一种滞后的、经过深思熟虑的、理性的反应；刑事诉讼对犯罪的处理也不再是个人独断的、任意的处理，而是一种有规则可循的处置，本质上具有司法裁判性质的处理。[1]刑事诉讼这个通过对比所体现出来的本质特征，是我们在学习本门课程时需要经常注意的。因为正是这个特点，决定了刑事诉讼作为现代社会解决犯罪问题的主要手段，与其他方式比较，应当符合方法理性、行为规范、程序合法的基本要求。

### 五、刑事诉讼的历史

现代社会的刑事诉讼，并不是自古以来就如此的，今天的刑事诉讼也不会一成不变地存在下去。了解刑事诉讼的历史，可以帮助我们树立刑事诉讼的历史发展观念，把握刑事诉讼的历史发展规律。这不仅有助于正确认识刑事诉讼的现实，而且有助于认识刑事诉讼的变化趋势。

关于刑事诉讼的历史，我们可以通过不同的方式学习。例如，可以根据社会历史发展的不同形态，将刑事诉讼的历史划分为不同阶段，诸如奴隶社会的刑事诉讼、封建社会的刑事诉讼等，进行系统学习。当然，也可以对不

---

〔1〕 对此，在学习了刑事诉讼的历史以后，将会有更深切的认识。

同国家的刑事诉讼的历史，如中国刑事诉讼历史、英国刑事诉讼历史、法国刑事诉讼历史、美国刑事诉讼历史等，进行分别学习。再如，可以根据不同法系的差异，将刑事诉讼划分为大陆法系刑事诉讼发展的历史、英美法系刑事诉讼发展的历史等，在比较中学习。对于我们现阶段的学习来说，重要的并不是系统学习刑事诉讼的发展史（因为这不太现实），[1]而是初步了解刑事诉讼发展史所展现的基本脉络，并进行简要分析，目的是帮助我们对现实中的刑事诉讼有更准确的认识，对刑事诉讼的发展趋势可以作出相应的判断。

初步了解刑事诉讼发展史所展现的基本脉络，不仅需要以某一社会形态的刑事诉讼历史或某一个国家的刑事诉讼历史或某个法系的刑事诉讼历史作为学习对象，而且更应对刑事诉讼历史整体予以关注。为了使这种关注能够初步把握刑事诉讼历史发展的脉络，就需要对不同国家、法系的刑事诉讼历史发展的基本共性，按照相应的线索予以分析、归纳。为此，我们应当站在现实发展已经达到的高度来看待以往的历史，即以现在的眼光来审视过去。虽然不同的刑事诉讼所经历的发展存在差异，刑事诉讼历史发展的经历并非平坦、顺利，但在刑事诉讼制度文明的发展道路中，迄今为止，进步的趋势却未曾改变过。因此，从总体来看，刑事诉讼发展到现在，已达到了一个较以前更高的阶段，于是我们可以身处现实而审视历史。

以现在的眼光衡量，刑事诉讼发展史中有几个较清晰的脉络可以引起我们的关注。回顾历史，人们可以发现，刑事诉讼曾经历了极为愚昧的阶段，例如信奉神明裁判、将口供作为“证据之王”的时期；刑事诉讼也曾经历了十分野蛮、残酷的阶段，在刑事诉讼的发展史上，一度将拷打作为刑事诉讼的基本方法甚至是必经程序；刑事诉讼还曾经历了难以置信的恣意阶段，例如，职权机关在采信证据、认定事实、适用法律等方面曾经可以恣意行为。而野蛮、愚昧、恣意的刑事诉讼，随着时代的发展，已逐步向文明、科学、规范的方向进步。例如，羁押等诉讼措施的基本规范要求，即我们将要学习的关于羁押的各种条件，并非自古就有，而现有的规定也非一成不变。由此而言，我国现行刑事诉讼法所规定的关于羁押等诉讼措施的基本规范要求，虽是在以往的历史基础上逐步形成的，也将会在文明、科学、规范的进程中不断完善。

对比历史，变化和发展并不仅仅体现在关于羁押的各种规范条件的完善

[1] 因为这不仅需要阅读大量的相关著述，而且，由于关于刑事诉讼的历史尚缺乏系统的著述，故了解不同的刑事诉讼发展史，还需要对大量历史著述中的关于刑事诉讼历史的材料做相应的归纳。这需要付出极大的努力，因此只能通过长期的学习才能实现。

过程中。现代刑事诉讼的一系列基本内容，如刑事诉讼中权利（权力）义务各不相同的诉讼主体的地位以及诸多职能（诸如专门的侦查机关、起诉机关等，以及辩护、司法鉴定等职能等），虽然从起源的角度分析，我们可以追溯到很久以前的刑事诉讼历史，但作为现代刑事诉讼中的基本内容，历史并不长。而从我国的情况来看，直到清末变法之后，我们对现代刑事诉讼制度的基本轮廓才有了比较完整的认识。至于我国的刑事诉讼进入现在的体制，则是1979年制定了刑事诉讼法以后，即建国三十年后的事情。〔1〕

从刑事诉讼的发展历史过程来看，对刑事诉讼发展的脉络大致可以作出这样的论断：迄今为止，刑事诉讼的历史，是从野蛮走向文明、从愚昧走向科学、从恣意走向规范的历史。当然，现在的刑事诉讼虽然已达到了一个较以前更高的阶段，但历史仍在延续，发展并未终结，我们仍处在刑事诉讼发展的过程中。

回顾历史，是为了更好地认识现在，为此，我们需要学习下一节，即关于刑事诉讼法的内容，因为刑事诉讼法的内容中承载着现代刑事诉讼的大量信息。

## 第二节　刑事诉讼法

刑事诉讼作为现代社会解决犯罪问题的主要手段，作为一种特定的依据程序规范而进行的活动，与解决犯罪问题的其他方式比较，具有方法理性、行为规范、程序合法的基本特点。制约刑事诉讼主体及刑事诉讼活动、规定诉讼程序的法律，就是刑事诉讼法。学习刑事诉讼法，不仅应当了解刑事诉讼法的基本内容，而且需要认识刑事诉讼法与相关法律的关系。

### 一、刑事诉讼法概述

关于刑事诉讼，需要法律规定和制约的内容相当广泛。刑事诉讼主体及其他参与人的权利、义务需要由程序法明确规定；刑事诉讼活动的组织，需要受到各种程序规则的约束；刑事诉讼程序的展开，应当由法律予以规范。规定上述有关刑事诉讼程序方面的法律就是刑事诉讼法，又称为“刑事程序法”。

---

〔1〕 1996年虽然对刑事诉讼法作了较大的修改，但刑事诉讼的基本架构并未因此而改变；2012年最新的修改，也未改变我国刑事诉讼的基本架构。

从形式上看，可以将刑事诉讼法划分为狭义与广义两种。所谓狭义的刑事诉讼法是指国家立法机关制定的刑事诉讼法典，即由国家立法机关制定的成文、系统规定办理刑事案件程序的法律文件。广义的刑事诉讼法是指调整刑事诉讼活动的一切具有法律规范意义的规定。[1]作为广义的刑事诉讼法，除刑事诉讼法典外，还有宪法及其他法律中关于刑事诉讼程序的规范。至于其他法律中关于刑事诉讼程序的规范，例如有关法院、检察院的组织法，以及律师法、国家赔偿法、监狱法等法律中有关刑事诉讼的规定，对刑事诉讼也有重要的规制作用。当然，在奉行判例法的国家，有关刑事程序的判例对其刑事诉讼也具有法律规范作用。

需要说明的是，刑事诉讼与刑事诉讼法这两个词虽然只是一字之差，但却是两个完全不同的概念，所指称的是两个不同的对象，对此应予仔细辨别。由于两者之间存在差别，因此，与其相关的其他概念，也存在相应的差别。例如，“刑事诉讼的目的和任务”和“刑事诉讼法的目的和任务”，并不同一。由于目的和任务是与主体及其主观愿望密切相关的概念，因此，以目的和任务为例可以有助于说明刑事诉讼与刑事诉讼法这两个概念之间存在差别的问题。

刑事诉讼的目的、任务和刑事诉讼法的目的、任务两者之间存在着差别。一方面，刑事诉讼中主体的多元性，导致刑事诉讼的目的、任务并不是单一的。对刑事侦查主体来说，其在刑事诉讼中的主要目的和任务是侦破犯罪案件、收集并固定证据，以便能将之提交起诉；对刑事审判主体来说，其参与刑事诉讼的目的是公正审判；对辩护主体来说，其参与刑事诉讼的目的，则是维护被刑事追诉之人的合法权益。由此可见，主体不同，其参与刑事诉讼的目的和任务就存在差异。因此，从某种意义上可以说并不存在统一的“刑事诉讼的目的和任务”，只存在侦查主体、审判主体、辩护主体等不同主体在刑事诉讼活动中的目的和任务。当然，刑事诉讼多元的、不同的主体的目的、任务，导致因相关主体是否在刑事诉讼中处于主导地位而决定了权重的差异。人们很容易因为这种差异而将其中某些权重突出的主体的目的和任务，例如侦查主体、起诉主体、审判主体的目的和任务，作为刑事诉讼的目的和任务。在理论界和实务界，甚至在许多教科书中，可以找到这样的例子。

另一方面，刑事诉讼法的目的和任务，如果可以在某种程度上归结为刑事诉讼立法主体所设定的目的和任务，那么，由于刑事诉讼立法的主体是可

---

〔1〕这种区分，学界还有一种表述，即形式意义的刑事诉讼法和实质意义的刑事诉讼法。前者指称刑事诉讼法的法典；后者则指规定刑事程序的一切法律规范。

以确定的，从而可予以确定。这与刑事诉讼中的主体是多元的情况并不相同，正是因为如此，两者的目的、任务也不可能相同。所谓“刑事诉讼法的目的和任务”，通常认为主要包括三方面的内容：①通过规范刑事诉讼程序，以有助于实体法中事实真相之发现，并使关于刑事问题的争议依法得到正确而有效的解决。②确定程序，对刑事诉讼中的职权机关之行为予以约束，使其在刑事诉讼过程中的行为对各种权益所作之侵害，设定应有之界限。③规定当事人及其他诉讼参与人相应的权利（义务），并保障其得以实现。

认识刑事诉讼与刑事诉讼法的区别，包括两者的目的和任务及其他相关概念的区别，是我们进一步学习刑事诉讼法的重要基础。

对刑事诉讼法的学习，我们需要从两个方面进行：一方面，需要了解刑事诉讼法的基本内容；另一方面，则应认识刑事诉讼法在法律体系中的地位及与其他相关法律的关系，通过对这些关系的揭示，可以拓展并加深对刑事诉讼法的理解。

## 二、刑事诉讼法的基本内容

关于刑事诉讼法的内容，我们可以从不同角度归纳。从刑事诉讼法的框架来说，刑事诉讼法可以分成不同的部分。例如，我国刑事诉讼法包括五编及附则，其中第一编为总则，共有九章，规定了刑事诉讼法的原则和基本任务等方面的内容；其余四编和附则通常被称为分则，分别规定了立案、侦查、起诉、审判、执行和特别程序等方面的内容。本教程的基本内容，就是以刑事诉讼法的这个结构排列的。

关于刑事诉讼法的内容，我们还可以从刑事诉讼法律规范的角度分析其成分。例如，我们可以从刑事诉讼法调整的对象、法律规范和法律后果三个层面，对刑事诉讼法律规范的基本内容进行分析。

就刑事诉讼法的调整对象而言，刑事诉讼法律规范所调整的主要是刑事诉讼主体、其他诉讼参与人的关系及其活动。除了刑事诉讼中主体的关系之外，刑事诉讼法的调整对象还包括三个方面：一是侦查、起诉、审判等职权机关进行刑事诉讼的活动；二是诉讼当事人在刑事诉讼中的活动；三是其他诉讼参与人参加刑事诉讼的活动。

刑事诉讼法律规范是指刑事诉讼法所规定的、规范刑事诉讼主体的各项原则要求和有关具体要求，包括刑事诉讼的任务、基本原则和侦查、起诉、审判等制度，以及侦查、起诉、审判机关等职权机关在刑事诉讼中的职权和相互关系，当事人和其他诉讼参与人的诉讼权利和义务，证据制度和强制措施制度，以及刑事诉讼的一系列具体程序，等等。

刑事诉讼法律规范旨在规定刑事诉讼主体和其他诉讼参与人的权利义务(职权)、关系及行为，常以“应当”、“可以”、“不得”等作为表达不同规范的基本方式，内容大多为授权性规范、限制性规范、权利保障和救济性规范等。刑事诉讼法律规范构成了刑事诉讼法的主要内容，对刑事诉讼主体及相关诉讼参与人的诉讼活动的有序进行具有强制性的规范作用。例如，只有对负责裁判刑事诉讼的法院的管辖权及其审判方式等作出规定，只有确定追诉与认定犯罪、收集与查明证据以及在法庭上对被告人进行审判时应当遵循与遵守的程序，明确当事人及其他诉讼参与人的权利义务，规定刑事判决的权威效力与效果等，刑事审判才可能有序进行并得到预期的效果。同理，侦查、起诉等程序的有序推进，也同样需要对其作出相应的刑事诉讼法律规范。

刑事诉讼法律后果是指违反刑事诉讼法所引起的、由法律所规定的后果。违反刑事诉讼法可能引起种类多样的法律后果。例如，违反刑事诉讼法的规定，剥夺或限制当事人的诉讼权利，可能引起发回重审的程序法律后果；而非法取证则不仅可能导致排除证据这样的程序法律后果，还可能引起对行为人警告甚至开除这样的行政法律后果；如果是刑讯逼供等严重的非法取证行为，还会产生追究行为人刑事责任的刑事实体法律后果。

根据不同的标准，我们可以对违反刑事诉讼法所引起的法律后果作相应的分类。例如，可以将违反刑事诉讼法所引起的法律后果分为实体法律后果和程序法律后果；也可以分为刑事法律后果、民事法律后果、行政法律后果等。法律后果是刑事诉讼法具有不可违反的法律权威的保障，因此，有着不可或缺的重要价值。

违反刑事诉讼法律的后果不仅内容多样，而且其许多重要内容，如刑事法律后果、民事法律后果、行政法律后果等，主要通过其他法律规定，这体现了刑事诉讼法的“非自足性”，即更多地需要依靠其他法律来保障其不可违反的法律尊严。对比违反刑事实体法律规范的法律后果，刑事诉讼法律后果具有的“非自足性”,〔1〕可以更鲜明地得到体现。

与刑事诉讼法律后果不同，刑事实体法律后果主要是以刑事责任为基本内容，由刑法予以规定。当然，违反刑事实体法的法律后果，也可能引起行政法律责任及民事赔偿责任，然而，刑事实体法律后果却是其最基本的内容。因违反刑事实体法律规范而导致的由其他法律规定的行政法律责任或民事赔偿责任，不论是其数量还是其重要程度，都与刑事责任难以相比。而对于违

〔1〕在此所说的“非自足性”，是指法律后果的设置大多需要依靠其他法律的规定，而不是由本法自己规定的情况。

反刑事诉讼法来说，程序法律后果只是其法律后果中的一部分而已，刑事实体法律后果、民事法律后果、行政法律后果等，与其共同构成了维护其不可违反的尊严的保障。我们学习刑事诉讼法时，需要特别关注刑事诉讼法与其他相关法律的关系，这是一个重要原因。

## 三、刑事诉讼法与宪法的关系

在刑事诉讼法和其他法律的关系中，与宪法的关系首先需要引起我们的关注。由于宪法是刑事诉讼法的根据，对刑事诉讼法来说，宪法是居其上位的法律，通常被称为“母法”，因此，制定和实施刑事诉讼法，均应奉宪法为圭臬。

通过学习宪法，我们知道，一方面，相对于其他法律，宪法是最基本的法律，处于“母法”的地位；另一方面，宪法的贯彻、落实，也往往需要依靠其他法律。同理，刑事诉讼法作为国家的基础性法律，与宪法的关系除了具有子法和母法的关系特点，还应看到，刑事诉讼法是贯彻落实宪法的具有重要作用的部门法。这主要体现在两个方面：

1. 宪法关于刑事诉讼的一些基本规定，可以直接作为刑事诉讼的法律规范。例如，《宪法》第135条规定：“人民法院、人民检察院和公安机关办理刑事案件，应当分工负责，互相配合，互相制约，以保证准确有效地执行法律。”又如，《宪法》第134条第1款规定：“各民族公民都有用本民族语言文字进行诉讼的权利。人民法院和人民检察院对于不通晓当地通用的语言文字的诉讼参与人，应当为他们翻译。”再如，《宪法》第125条规定：“人民法院审理案件，除法律规定的特别情况外，一律公开进行。被告人有权获得辩护。”宪法的这些规定，直接可以作为对刑事诉讼有约束力的法律规范。对这类规定，刑事诉讼法也往往予以照抄照搬，并在具体的制度设计中予以贯彻落实。

2. 宪法关于公民基本权利的规定，[1]往往是刑事诉讼法规定权利、制约职权的渊源，并需要通过刑事诉讼法的相关具体规范予以落实。例如，我国宪法第33条第3款规定的“国家尊重和保障人权”，就需要刑事诉讼法通过相关的约束职权机关的规定以及赋予并保障权利的规定，予以贯彻落实。又如，宪法第二章规定的公民基本权利（人身自由权、财产权、人格权等）及其保障，需要通过刑事诉讼法的具体规定予以贯彻落实。[2]

在刑事诉讼法和宪法的关系中，另一个问题也需要引起特别的关注，即刑事诉讼法规定的被刑事追诉之人的权利与宪法规定的公民权利之间的关系。

---

〔1〕 主要集中规定在我国《宪法》第二章“公民的基本权利和义务”中。

〔2〕 当然，其他法律，如民法、刑法等，也从其特定的角度对此予以贯彻落实。

需要看到，由于被刑事追诉之人并未丧失其公民身份，因而与其他公民同样享有宪法所赋予的基本权利。[1]由此，我们应当认识到，任何公民都不应因为受到刑事追诉，而剥夺其作为公民的基本权利。这正是许多国家在宪法中将无罪推定作为基本权利予以规定的一个重要原因。[2]正是在这个意义上，如果说宪法是公民权利的宪章的话，那么刑事诉讼法就是被刑事追诉之人的权利宪章。

不仅如此，我们还需要关注宪法和刑事诉讼法具有的互动关系，即以宪法为根据制定和实施的刑事诉讼法，肩负着贯彻落实宪法规定的重任。宪法的相关规定是否可以得到有效落实以及实现的程度如何，是由刑事诉讼法如何规定及执行所决定的。刑事诉讼法不仅要贯彻落实宪法关于刑事诉讼的直接规定，而且其规定对宪法也会有直接的影响。例如，宪法规定“被告人有权获得辩护”，就需要刑事诉讼法在辩护制度及相关规定中对此予以贯彻落实。刑事诉讼法设置的辩护制度对辩护权规定越完善、保障越充分，宪法关于“被告人有权获得辩护”的规定，就越能得到充分的实现。又如，宪法规定的人身自由权、财产权等公民基本权利，是否能够实现及其保障程度，也需要刑事诉讼法通过强制措施制度予以落实，刑事诉讼法对宪法规定的公民基本权利保障是否充分、有效，关系到公民权利的实现程度。因此，当刑事诉讼法在规定强制措施制度时，对刑事羁押这种暂时剥夺人身自由的措施如果设置严格的实体条件和程序条件，那么，对宪法规定的公民权利就会提供充分、有效的保障，反之，则将不利于对宪法规定的公民权利的保障。同理，在搜查、扣押、查封、窃听等方面，刑事诉讼法规定的限制条件越严格，就越有利于公民相关权利的保障。正是在这个意义上，我们才能理解为何有的学者会将刑事诉讼法称为“宪法的测震器”。

认识刑事诉讼法与宪法的关系，是我们理解、学习刑事诉讼法的重要基础。

### 四、刑事诉讼法与刑法的关系

刑事诉讼法在法律体系之中，相对于和其他法律的关系而言，和刑法的关系显得较突出，最易于受到重视，在现实中被关注的也更多。我们需要充分理解两者的关系，以便全面认识刑事诉讼法的性质与作用。

刑法和刑事诉讼法的关系是实体法与程序法的关系。对其关系的理解，

---

〔1〕 需要说明的是，非本国公民在被刑事追诉时，与本国公民往往享有基本相同的权利。

〔2〕 后面我们通过学习国际人权公约的有关内容可以看到，无罪推定也是作为基本人权予以规定的。

人们通常借用马克思曾对程序法与实体法的密切关系所作的说明："审判程序和法两者的关系如此密切，就像植物的外形和植物的联系，动物的外形和血肉的联系一样。审判程序和法律应该具有同样的精神，因为审判程序只是法律的生命形式，因而也是法律内部生命的表现。"[1]这段话除了对两者关系的生动比喻，主要是要表达两者"应该具有同样的精神"。但我们需要从理论上对两者关系予以完整说明。尽管这样的比喻生动、明了，但我们对刑法和刑事诉讼法的关系尚需要作进一步的分析。

从直观的意义上看，刑法是规定关于犯罪和刑罚的法律，刑事诉讼法则是规定如何追诉犯罪的法律。没有刑法，刑事诉讼法的制定和实施就失去了内容和实体法上的依据；没有刑事诉讼法，刑法对犯罪和刑罚的规定就等于一纸空文。因此两者相互依存，相辅相成，密不可分，共同构成刑事法律制度。然而，刑法和刑事诉讼法的关系却并非仅限于此，我们对刑法和刑事诉讼法的关系应当从不同的角度进行分析。

作为现代法律体系中的重要组成部分，刑法和刑事诉讼法各自承担着重要的职能，共同成为构建刑事法治的基本内容。那么，刑法和刑事诉讼法之间是否存在主从或者主次的关系？[2]这个问题源于人们经常会面临的另一个问题，即刑事诉讼法是否只是刑法的"助法"——帮助实现刑法的法律？如果为了追诉犯罪，为了实现刑法的需要，可以为此而"牺牲"刑事诉讼法吗？显然，在两者的关系中，刑事诉讼法的"助法"地位是易于被理解和接受的一种说法。从人们在论证其关系时，常常引用"植物的外形和植物的联系"、"动物的外形和血肉的联系"，多少说明了这种理解。因为从常识的意义上说，形式和内容的关系并非意味着两者等量齐观，所谓"皮之不存，毛将焉附"，说的就是这个道理。而为了追诉犯罪的需要，"牺牲"刑事诉讼法的情况，不论是人们的观念还是实践，在现实中并非罕见。

然而，对两者关系的认识，应当超越传统的、形式与内容的关系的理解。我们需要从以下两个方面进一步认识刑法和刑事诉讼法的关系。

(1) 刑事诉讼法与刑法相比，虽然与其具有共同的性质，但却更具有自己独立的价值。由于刑法规定了罪刑法定原则，从而严格限制了对犯罪行为定罪量刑的恣意，因而可以说"刑法是犯罪人的大宪章"；由于刑事诉讼法规定了无罪推定原则，从而严格规范了追诉犯罪的程序，因而可以说"刑事诉

---

[1] 《马克思恩格斯全集》(第1卷)，人民出版社1956年版，第178页。

[2] 在此，我们可以将主从与主次的关系，视为同样的关系，因此，后面只讨论"主从关系"，而不再提主次关系。当然，在哲学的意义上，区分主从与主次的关系或许是有意义的。

讼法是被刑事追诉之人的大宪章”。由此可见，刑法和刑事诉讼法虽然具有共同的性质，但更体现出不同的独立价值。刑事诉讼法具有的独立价值是其在与刑法的关系中并不处于附属地位的根本原因。为了追诉犯罪的需要，“牺牲”刑事诉讼法的情况，即刑事诉讼中为了追诉犯罪而不择手段的方法，因刑事诉讼法独立价值的存在，而无存在的根据。显然，违反刑事诉讼法的规定，即使可以有助于实现刑法，也将损害刑事诉讼法的独立价值。认识并肯定刑事诉讼法的独立价值，是我们否定因为追诉犯罪的正当目的而可以在诉讼过程中违反程序法的规定而不择手段的基础。

（2）在考察刑事诉讼法与刑法的关系时，应当将这种关系置于其所处的法律体系之中，尤其需要以刑事诉讼法与宪法的关系为基础。通过关于刑事诉讼法与宪法的关系问题的学习，我们知道，刑事诉讼法肩负着贯彻落实宪法的责任。需要进一步认识的是，这种责任应当是确定刑事诉讼法与刑法关系的基础。因为刑事诉讼法肩负着贯彻落实宪法的责任，我们就可以理解刑事诉讼法中许多看似不利于追诉犯罪的制度设计。例如，非法证据排除制度的规定，显然，对职权机关的调查取证方法、程序的限制条件越严格，对违反法定方法收集的证据予以排除的规定越有效，越有利于对宪法所规定的公民基本权利的保障。当然，对追诉犯罪来说，这可能会带来诸多不利，但这符合刑事诉讼法贯彻落实宪法的需要。

## 五、刑事诉讼法与其他相关法律的关系

除了与刑法和宪法的关系，刑事诉讼法与民事诉讼法、行政诉讼法、法院组织法、检察院组织法、法官法、检察官法、律师法、国家赔偿法、法律援助条例、关于司法鉴定管理条例等法律的关系，对于全面认识刑事诉讼法，也具有重要的意义，因此，应当引起我们的关注。

刑事诉讼法与这些法律的紧密关系会有程度上的差异，并且，有的直接显现出来，有的则是隐形的，但关系的实际关联程度与关系是否显性无关。

紧密关系很明显的如刑事诉讼法与人民法院组织法和人民检察院组织法之间的关系。两院组织法是规定人民法院、人民检察院的性质、任务、职权范围、活动原则、组织体系、机构设置和人员构成的法律，其中当然涉及法院、检察院在刑事诉讼中的任务、职权和活动原则。刑事诉讼法则是规定刑事诉讼程序、规范刑事诉讼活动的法律，也要对人民法院和人民检察院在诉讼中的地位、职权、相互关系、活动原则、行为方式等作出相应规定。例如独立行使职权；审判公开；人民检察院实施法律监督等。因此，人民法院、人民检察院的组织法与刑事诉讼法虽然内容不同，各自有特定的调整对象和

范围，但关系却十分紧密，甚至在内容上有部分交叉和重合。

刑事诉讼法与两院组织法的紧密关系还表现在，组织法的改变有时甚至对刑事诉讼法产生直接影响。例如，1979 年制定的《人民法院组织法》规定，除了最高人民法院自己审判的案件，所有死刑均应报最高人民法院核准，这原本是与刑事诉讼法、刑法相一致的规定，但 1983 年修改的《人民法院组织法》却予以“修正”，改而规定最高人民法院可以授权省一级人民法院代替其核准部分案件的死刑，这使刑事诉讼法和刑法共同的死刑均由最高人民法院核准的规定形同虚设。直至 2006 年再次修改《人民法院组织法》时，才将死刑的核准权全部收回到最高人民法院。[1]

刑事诉讼法在与这些部门法的关系中，紧密度较高的是与民事诉讼法、行政诉讼法的关系。刑事诉讼法、民事诉讼法、行政诉讼法均为诉讼法，就已经表明了其高度的关联性。确实，这三大诉讼法存在着诸多共性。例如，具有许多共同的原则、制度、程序等。当然，由于三大诉讼所解决的实体问题的差异，三大诉讼法之间存在着许多差异。但是，需要注意的是，即使存在差异，我们也可能找到隐藏于其中的一些共同点。例如，关于举证责任的规定，刑事诉讼法规定的是控方负有举证责任，民事诉讼法规定的是“谁主张谁举证”，行政诉讼法规定的则是被告负有举证责任。表面看来，三种诉讼的举证责任制度差异巨大，但实际却是基于共同的理念而设定的，即都是为了有利于实现司法公正。当然，这样的共性需要通过揭示、分析才能找到，这种关联性因此属于“隐形”的关系。由此可见，刑事诉讼法与其他部门法之间存在的紧密关系，不论是显性的还是隐形的，其关系的重要程度并不因此而受到影响，故均应引起我们的关注。

### 六、刑事诉讼法与国际公约中关于刑事诉讼的规定的关系

全面认识刑事诉讼法，不仅需要关注刑事诉讼法与宪法、刑法等国内法的关系，而且需要关注联合国通过的相关国际公约中关于刑事诉讼的规定，通过比较来确定我国刑事诉讼制度在国际范围内所处的位置。在我国已经参加和将会加入的一些国际公约中，有许多关于刑事诉讼的原则、制度等方面

---

〔1〕 当然，并不是所有的相关法律的修改均会对刑事诉讼法产生这样的影响。例如，2007 年修改的《律师法》，对辩护权的保障在许多方面超越了刑事诉讼法的规定，但修改后的律师法虽然于 2008 年 6 月 1 日生效，这些有利于辩护权的规定却尚未对刑事诉讼产生实际影响。以至于有人认为，修改后的律师法所能带来的积极影响，需等待刑事诉讼法作相应修改才能产生。这与当年法院组织法的修改所产生的影响相比，明显不同。

的规定。由于这些规定对我国的刑事诉讼法产生重要影响，因此有必要关注刑事诉讼法与相关国际公约的关系。

联合国自成立以来制定了许多公约，有些公约的主题就是关于刑事司法的，而另有些关于人权的公约也有大量关于刑事司法方面的内容。这些国际公约中关于刑事诉讼的诸多规定，通常被称为刑事司法的国际最低标准。例如，联合国大会 1966 年通过的《公民权利和政治权利国际公约》[1]、1984 年通过的《禁止酷刑公约》[2]、《关于保护死刑犯权利的保障措施》、1985 年通过的《关于司法机关独立的基本原则》、《联合国少年司法最低限度标准规则》、1990 年通过的《关于律师作用的基本原则》等，均有大量关于刑事司法方面的原则性规范。

在这些公约中，人权公约关于刑事诉讼的规则最为集中，内容从无罪推定原则到诸如刑事羁押等具体制度，涉及到刑事诉讼的诸多方面。人权公约关于刑事诉讼的规定，大多是从权利及其保障的角度着眼，因此，不仅无罪推定是作为权利来规定的，其他关于刑事诉讼规范的许多内容，也都是以权利保障的方式予以规定。由于我们现阶段对此问题的学习，旨在初步了解相关内容，而非系统掌握国际公约关于刑事诉讼的所有规则，因此我们选取人权公约第 14 条的主要内容[3]作简要介绍：

第一，第 14 条的首要规定就是“人人有资格由一个依法设立的合格的、独立的和无偏倚的法庭进行公正的和公开的审讯”，平等地享有人权公约所规定的一系列诉讼权利。根据该项规定，刑事诉讼中的法庭必须是依法设立的、合格的、独立的、无偏倚的。因此，不仅法庭的设立必须合法，并且必须是独立进行审判，而不听命于任何个人或组织。诉讼中法庭应当是中立的裁判者，偏向任何一方就构成了对另一方的侵犯。这就要求法官独立地进行审判，不受任何机关、团体、公众媒体和个人的干扰。司法独立原则被视为司法人权保障方面最重要的原则，并被视为刑事司法国际最低标准的重要内容。[4]

---

[1] 以下简称人权公约。该公约于 1976 年 3 月 23 日生效。我国虽于 1998 年 10 月 5 日签署了该公约，但尚未经全国人大批准加入。

[2] 该公约全称为《禁止酷刑和其他残忍、不人道或有辱人格的待遇或处罚公约》。该公约我国于 1986 年批准加入（1988 年 11 月 3 日对我国生效），但对第 20 条和第 30 条第 1 款予以保留。

[3] 人权公约较集中规定了刑事诉讼中的人权保障问题，除了第 14 条，另有第 9 条等。

[4] 司法独立是一项为现代法治国家普遍承认和确立的基本原则。联合国《关于司法机关独立的基本原则》规定：“各国应保证司法机关的独立，并将此项原则正式载入其本国的宪法或法律之中。尊重并遵守司法机关的独立，是各国政府机构及其他机构的职责。司法机关应不偏不倚、以事实为根据并依法律规定来裁决其所受理的案件，而不应有任何约束，也不应为任何直接间接不当影响、怂恿、压力、威胁、或干涉所左右，不论其来自何方或出于何种理由。”

第二，第 14 条第 1 款对公开审判作了明确规定，并对例外情况作了说明："由于民主社会中的道德的、公共秩序的或国家安全的理由，或当诉讼当事人的私生活的利益有此需要时，或在特殊情况下法庭认为公开审判会损害司法利益因而严格需要的限度下，可不使记者和公众出席全部或部分审判；但对刑事案件或法律诉讼的任何判决应公开宣布，除非少年的利益另有要求或者诉讼系有关儿童监护权的婚姻争端。"根据该项规定，不仅要求司法是公正的，而且要求应当以公开的方式显示出来。因此，刑事司法不仅应当是公正的，而且应当以公开的方式进行，即刑事司法应是一种看得见的正义。

第三，第 14 条第 2 款规定："凡受刑事控告者，在未依法证实有罪之前，应有权被视为无罪。"这就是著名的无罪推定原则——最早由意大利法学家贝卡里亚在他的不朽名著《论犯罪与刑罚》中明确提出，他说："在法官判决之前，一个人是不能被称为罪犯的。只要还不能断定他已经侵犯了给予他公共保护的契约，社会就不能取消对他的公共保护。"联合国成立之后，在其人权和刑事司法的文件中一再确认了无罪推定原则。[1]

第四，第 14 条第 3 款第甲项规定："迅速以一种他懂得的语言详细地告知对他提出的指控的性质和原因。"被告知指控的权利在刑事诉讼中处于很重要的位置，该项权利与其他权利的行使有紧密关系。例如，被告人只有知道了指控的内容才能有效地进行辩护。这一规定是与人权公约第 9 条的规定遥相呼应的。第 9 条规定："任何被逮捕的人，在被逮捕时应被告知逮捕他的理由，并应被迅速告知对他提出的任何指控。"[2]

第五，第 14 条第 3 款第乙项规定，被告人应"有相当时间和便利准备他的辩护并与他自己选择的律师联络"。这里的"相当时间"，应当意味着"足够的时间"；该项规定的"便利"，则必须包括被告取得准备辩护所需的文件及其他证据。根据该项规定，应当使犯罪嫌疑人、被告人有充足的时间准备辩护，并有机会与聘请的律师联络。

---

〔1〕 1948 年制定的《世界人权宣言》第 11 条规定："凡受刑事控告者，在未经获得辩护上所需的一切保证的公开审判而依法证实有罪以前，有权被视为无罪。"1985 年制定的《联合国少年司法最低限度标准规则》（北京规则）第 7.1 条规定："在诉讼的各个阶段，应保证基本程序方面的保障，诸如假定无罪……的权利。"

〔2〕 当然，审判或起诉时的告知和侦查时的告知是有区别的。审判或起诉时"告知指控"要求在起诉方对被告人起诉的情况下必须告知被告人起诉书中指控的内容；而第 9 条则是指在逮捕时告知理由。这种理由不一定是起诉性质的指控，而是说明该人与犯罪有牵连，因为逮捕通常是在正式指控之前发生的。第 14 条第 3 款第甲项的要求比第 9 条更具体和精确。因为逮捕通常发生在侦查早期，还可能发生在紧急情况下，而起诉必须经过侦查部门和起诉部门的审查，应当向被告人提供更详细的指控。

第六，第 14 条第 3 款第丙项规定："受审时间不被无故拖延。"人权公约未规定从立案到审判再到上诉等刑事诉讼各阶段的时间，但这并不等于可以拖延办案时间。该项规定体现的是"迟来的正义非正义"的思想。因为拖延案件的处理将有损公正司法，无论是对被告人还是对被害人，这都不公平。[1]

第七，第 14 条第 3 款第丁项规定，被告人有权"出席受审并亲自替自己辩护或经由他自己所选择的法律援助进行辩护；如果他没有法律援助，要通知他享有这种权利；在司法利益有此需要的案件中，为他指定法律援助，而在他没有足够能力偿付法律援助的案件中，不要他自己付费"。

出席审判既是被告人的义务，也是被告人的一项权利。因为在审判过程中，被告人可以行使一系列权利，特别是辩护的权利、与证人对质的权利等，如果被告人不能出席审判，这些权利就得不到保障。

该项规定的被告人辩护权作为最基本的权利，也得到了联合国其他法律文件的确认。例如，联合国 1990 年制定的《关于律师作用的基本原则》在序言段指出："鉴于充分保护人人都有享有的人权和基本自由，无论是经济、社会和文化权利或是公民权利和政治权利，要求所有人都能有效地得到独立的法律专业人员所提供的法律。"该原则还就律师辩护作了最低限度规定，其中第 1 条规定："所有的人都有权请求由其选择的一名律师协助保护和确立其权利并在刑事诉讼的各个阶段为其辩护。"

第八，第 14 条第 3 款第戊项规定了被告人在审判中有询问证人的权利，也就是所谓的"与证人对质"的权利。证人出庭作证既是司法程序公正的需要，又是协助诉讼双方特别是公诉方证明犯罪的需要，同时也是法律赋予被告人的一项权利，所以对证人以及证人出庭问题的规定是至关重要的。另外，根据该项规定，被告方有权使对他有利的证人在与对他不利的证人相同的条件下出庭接受询问，也就是说，被告方有提出证人的权利。

第九，第 14 条第 3 款第巳项规定，被告人在受审的时候"如他不懂或不会说法庭上所用的语言，能免费获得译员的援助"。

第十，第 14 条第 3 款第庚项规定，被刑事指控的人享有"不被强迫作不利于他自己的证言或强迫承认犯罪"，这就是著名的不得强迫自证其罪原则。该原则不仅适用于审判阶段，也适用于审前阶段，通常从犯罪嫌疑人被限制

---

〔1〕 第 14 条第 3 款第丙项与第 9 条第 3 款有些类似，但实际并不相同。第 9 条的规定是保障审前被羁押的人有权在"合理的时间内受审判"，其目的是为了缩短审前羁押的时间，而第 14 条的有关规定是制约从逮捕到审判结束的时间，不管被告人是否在押。

人身自由开始，包括侦查和起诉阶段，都不得强迫犯罪嫌疑人或被告人向司法人员作不利于自己的陈述。不得强迫自证其罪的根据是无罪推定。因为被告人在被证明有罪之前推定为无罪，证明其有罪的责任应当由控诉方承担，他自己不承担证明自己有罪的义务，所以不应当强迫犯罪嫌疑人、被告人“自证其罪”。

第十一，第 14 条第 4 款规定，针对少年的案件，在程序上应考虑到他们的年龄和帮助他们重新做人的需要。

第十二，第 14 条第 5 款规定，凡被判定有罪者，应有权由一个较高级法庭对其定罪及刑罚依法进行复审。

第十三，第 14 条第 6 款规定，在一人按照最后决定已被判定为刑事犯罪而后根据新发现的事实表明确实发生误审，并且他的定罪被推翻或被赦免的情况下，因该定罪而受刑罚的人应当依法得到赔偿，除非经证明当时不知道的事实未被及时揭露完全是或部分是由于他自己的缘故。

第十四，第 14 条第 7 款规定，任何人已依一国的法律及刑事程序被最后定罪或宣告无罪，不得就同一罪名再予审判或惩罚。这就是源于罗马法的禁止双重危险原则，又称一事不再理原则。

简要介绍以上规定，不仅便于我们在学习我国刑事诉讼法的时候可以对比这些规定，更重要的是，我们需要认识到，这些规定一般被视为刑事司法的国际最低标准。因此，尽管各国关于刑事诉讼有其各不相同的法律，但对这些规定却有基本的认同。[1]另外，既然是最低标准，就意味着我国一旦加入人权公约，刑事诉讼法的规定就需要与其一致。当然，我国现行刑事诉讼法与上述规定相比，需要修改的内容并不多。通过学习，我们可以逐步认识到这一点。

## 第三节　刑事诉讼法学[2]

刑事诉讼法学作为研究刑事诉讼各类现象及规律的专门学科，不仅有其特定的研究对象和专门的研究方法，而且有其专门的概念体系和原理体系及

---

〔1〕 迄今为止，批准加入人权公约的已经超过了 150 个国家，表明了世界上多数国家对此的肯定。

〔2〕 本节内容主要是笔者为法律硕士专业学位研究生通用教材《刑事诉讼法》所撰写的“绪言”，之所以如此，是因为笔者认为该部分内容很适合放在这里。当然，对其中的若干文字作了必要的修改。

基本理念。在此只能概括地介绍刑事诉讼法学方面的知识，便于我们从整体上对刑事诉讼法学有所把握，从而对刑事诉讼法学各个部分的知识得到一种系统性的认识。由于本教程并非传统意义上的刑事诉讼法学教材，故对刑事诉讼法学中最为复杂的概念体系和原理体系不予专门论述，这方面的知识理论性极强，需要刑事诉讼法学的专门教材及其他学术论著予以介绍。本教程只是在必要的时候对相关的理论知识专门予以关注。

当然，另一方面，由于刑事诉讼法学是部门法学，故不可能是一种脱离刑事诉讼法律现象的知识，因而刑事诉讼法学的知识和本教程的知识，在内容上有密切的联系，有时甚至难以区分。因此，我们需要概括了解刑事诉讼法学，这将有助于对本教程内容的学习。概括认识刑事诉讼法学，将有助于避免我们在学习本教程具体内容时会因沉迷于其中之一，而忽略各个方面知识之间的有机联系。

刑事诉讼法学是关于刑事诉讼的科学，涉及范围相当广泛。欲了解和掌握刑事诉讼法学知识，就需要对刑事诉讼法学知识的分类及其意义的认识。因为，一般来说，分门别类是深入学习的基础。本节主要就刑事诉讼法学知识的分类及其意义进行分析。

根据不同的标准和目的，可以对刑事诉讼法学的知识作不同的分类。这些分类主要是基于刑事诉讼法学有关知识的渊源而展开的。这样分类的目的则是为了便于同学们在学习本教程时对相关知识进行学习、理解和系统把握。从渊源上看，刑事诉讼法学知识不仅与刑事诉讼的实践、法律和理论有关，而且与刑事诉讼法的规则、制度、原则相关，因此，我们需要从不同角度对此作分别说明。

## 一、刑事诉讼的实践、法律和理论

首先，我们可以根据实践、法律、理论三个不同层次，将有关刑事诉讼法学的知识区分为三个方面的内容，即有关刑事诉讼实践的知识、有关刑事诉讼法律的知识以及有关刑事诉讼理论的知识。对刑事诉讼法学知识所进行的这种分类，其目的不仅在于了解刑事诉讼法学各部分知识的特点、价值及其相互之间的有机联系，而且有助于认识到不同的学习方法对于我们学习、掌握刑事诉讼法学具有的不同意义。

### （一）刑事诉讼实践方面的知识

所谓刑事诉讼实践方面的知识，是指关于刑事诉讼实践活动的经验性知识。这方面的内容主要包括刑事诉讼有关主体的活动如何进行、怎样展开等方面。刑事诉讼作为一种由各相关主体旨在解决刑事责任问题而按照法定程序所进行的活动，其在现实中究竟是如何展开的，是刑事诉讼法学作为实践性极强的部门法学所必须关注的问题。如果缺乏这方面的知识，那么我们关于刑事诉讼法律的知识以及刑事诉讼理论的知识，就将成为空中楼阁，刑事诉讼法学也将失去其作为实践性极强的部门法学的特点。

然而，有关刑事诉讼实践的知识虽然如此重要，但这部分知识却并非是我们课堂教学中的主要内容。其原因在于刑事诉讼法学中实践性的、丰富且极具有流变性的生动知识，不可能在僵化的教科书中得到充分体现，更难以通过课堂教学的形式去获得。正因为如此，我们应当认识到课堂教学的局限性，即任何通过课堂教学得到的刑事诉讼法学的有关知识，都不能替代刑事诉讼实践的、经验性的知识，后者只能通过真正参与刑事诉讼的实践才能得到。

明确指出关于刑事诉讼实践方面的知识并非刑事诉讼法学课堂教学的主要内容，当然不是为了使我们有理由对此忽视，而是为了说明这是一种特殊的知识，难以通过课堂教学得到。同时，还应当认识到，如果缺乏这种知识，我们在课堂教学中得到的刑事诉讼法学知识，不仅是有限的，而且将是有缺陷的。由此来看，关于刑事诉讼法学这门课程的学习方法，我们可以得到更进一步的认识：一方面，在课堂教学中，讲授刑事诉讼法学的教师应当更多地注重案例教学方法，以便于为同学们提供刑事诉讼实践方面的感性认识；另一方面，在课堂教学之外，学习刑事诉讼法学的学生则应当通过诸如法律诊所教育等多种多样的途径参与刑事诉讼实践，以获得实践性的知识。这是对课堂教学注重书面的法律和抽象的理论而可能产生的缺陷进行弥补的有效方法。

当然，我们也不应迷信刑事诉讼实践方面的知识，因为这毕竟只是知识的一部分，而且虽然是极为重要且不可或缺的一部分，却也具有片面性。由于实践总是特定主体的活动，故而其经验和知识均会与其特定的目的支配下的行动及其关注点相关，因此不可避免地会有其片面性。例如，侦查机关在决定采取羁押措施的时候，总是基于“保障刑事诉讼的顺利进行”这个目的，而难以出于“保障公民的人身自由权利”的考虑。因此，侦查机关在这方面的经验主要限于如何“保障刑事诉讼的顺利进行”的范围。实践方面的知识有片面性，往往是正常的。然而，规范实践主体行为的刑事诉讼法及指导立法和司法的刑事诉讼理论却不同，在考虑“保障刑事诉讼的顺利进行”这个目的的同时，刑事诉讼的立法、刑事诉讼的理论还必须考虑“保障公民的人身自由权利”这样的目的。认识不到这一点，不仅将在认识论的层面上犯错误，以为“实践出真知”，从而将刑事诉讼中某一部分主体的实践经验作为整部法律的根据，将刑事诉讼理论所倡导的理性置于附属于某种实践主体需要的地位；而且会在价值观的领域出现问题，使规范行为的法律被刑事诉讼实践中强势主体的实践所“修正”，指导立法和司法的理论则被视为无实践意义的空想。正因为如此，我们不仅应当注重实践性的知识，而且需要学习并掌握有关刑事诉讼法律的知识以及有关刑事诉讼理论的知识。

### （二）有关刑事诉讼法律的知识

有关刑事诉讼法律的知识，是指关于规范刑事诉讼主体及其活动的程序法律方面的知识。这方面的知识，主要指向对刑事诉讼主体行使权利、履行义务等活动具有规范作用的法律、法规和司法解释。刑事诉讼活动作为一种应当依法进行的活动，其所要依据的法律主要包括两个方面：刑法和刑事诉讼法。其中，刑法是实体法，刑事诉讼法是程序法。从刑事诉讼法学的研究角度而言，刑事诉讼活动应当是依照法定程序而进行的活动，所注重的是程序法律规范的问题，即刑事诉讼法是如何在程序方面规范刑事诉讼活动的问题。这方面的知识是我们在课堂教学中的主要内容。

刑事诉讼法典虽然是刑事诉讼法律的主体部分，也是学习的主要内容之一，但由于规范刑事诉讼活动的法律还包括其他法律、法规和司法解释，因此，对刑事诉讼法律知识的学习，不能仅限于刑事诉讼法典方面的内容，还应当扩展到对刑事诉讼活动具有程序规制意义的所有法律规范，尤其是有关部门对刑事诉讼所制定的具有法律规范意义的司法解释等法律文件。

有关部门对刑事诉讼所制定的具有法律规范意义的司法解释等法律文件，不仅内容庞杂，而且数量繁多。就其内容来说，包括各有关部门制定的司法解释等有关法律文件；就其数量而言，不仅法律文件的数量多，而且有的文件中包含的条文甚至比刑事诉讼法的条文数量还多。

当然，在此说明规范刑事诉讼活动的程序性法律文件及其条文数量众多，并不是为了使学习者产生畏难情绪，而只是为了使其学习不局限于刑事诉讼法典。范围的扩大虽使我们面对的法律条文数量大增，然而学习的难度却并不会同步增长。因为学习刑事诉讼法学知识毕竟不是背诵法条，而是对其含义的认识和理解。就此而言，不是背诵法条数量的多少，而是我们对规范刑事诉讼的相关法律含义的认识和理解程度，才能成为评估本门课程的学习者水平达到何种程度的根据。当然，认识和理解刑事诉讼法律规定的含义，必需借助于刑事诉讼理论的相关知识。

### （三）有关刑事诉讼理论的知识

所谓刑事诉讼理论的知识，是指有关刑事诉讼法学的概念、原理及由其构成的理论体系方面的知识。人们对刑事诉讼实践和刑事诉讼法律的正确认识和理解，需要以刑事诉讼法学理论为指引。由于刑事诉讼法学作为一种体系性的学问，主要是由具有该学科特点的诸多概念及相关基本原理所构成，因此，学习刑事诉讼法学的主要任务是认识和掌握有关刑事诉讼的概念、原理及其理论体系方面的知识。刑事诉讼理论方面的知识，作为本课程的学习内容，与刑事诉讼法律方面的知识有着重要的联系，甚至在许多时候经常难以区分。

刑事诉讼法学理论是以具有该学科特点的诸多概念为基础构成的，这与法学的其他学科均由其特殊的概念为基础而构成是相同的。刑事诉讼法学中的概念之特殊性，既在于其独特的文字表现形式，如“犯罪嫌疑人”、“逮捕”、“辩护”、“无罪推定”等，这些概念是刑事诉讼法学所特有的；但更主要的是刑事诉讼法学概念所具有的独特的涵义，并适用于特定的对象、范围。因此，刑事诉讼法学中的许多基本概念，即使其文字表现形式并不具有独特性，或者说，与其他学科共用相同的文字表现形式，例如“被告”、“拘留”、“立案”等，但这些名词作为刑事诉讼法学所特有的概念，却有其独特的涵义和适用对象、范围。正是这种独特的涵义和适用范围、对象，才使刑事诉讼法学的概念具有其特殊性。我们在学习刑事诉讼法学的概念时，对此应予以充分认识。

刑事诉讼法学相对于其他法学的学科具有独特的学科地位，不仅在于其概念具有特殊性，而且其诸多理念和原理也具有特殊性。例如无罪推定、有利被告、程序公正的理念以及保障权利与打击犯罪的关系（原理）、程序公正与实体公正的关系（原理）等。刑事诉讼理论、刑事诉讼法律正是以这些基本理念和原理为核心建构的，刑事诉讼实践也需要以此为根据而展开。因此，认识并深刻领会刑事诉讼的诸多理念和原理，是学好刑事诉讼法学的关键。

然而，刑事诉讼的理念和原理虽然很重要，但对其的领会和掌握相对而言有难度。一方面，这是由于刑事诉讼的理念和原理不仅抽象程度较高，而且也多有不确定的内容，不如法律条文那样含义确切；另一方面，这是由于人们对刑事诉讼的理念和原理的认识存在诸多分歧。面对这类分歧，别说是未入门或入门不久的学习者，即使是刑事诉讼法学领域中的专家，也多有无所适从或者盲从的现象。

由于这方面知识的学习存在着较其他内容而言更多的困难，我们就需要因此而格外费心。当然，只是多费心力而不注重方法，功效将有限且可疑。关于这方面知识的积累和更新，学术界曾经付出巨大的努力，但如今在我国刑事诉讼法学中占据主导地位的、具有“通说”性质的知识，仍然存在一些似是而非的错讹之论，其主要原因之一，就是有关研究方法的问题未予妥善解决。[1]

刑事诉讼的理念和原理十分重要，理解和掌握又有难度，而在本教程中对此却并未专门予以论述，这似乎使人迷惑。然而，如果认识到刑事诉讼的理念和原理大多由刑事诉讼原则、刑事诉讼制度和刑事诉讼具体法律规范所体现，那么事情就不难理解，我们可以通过学习刑事诉讼原则、刑事诉讼制度和刑事诉讼具体法律规范，来对刑事诉讼的理念和原理进行学习，并初步掌握刑事诉讼的理念和原理。

## 二、刑事诉讼法的规范、制度和原则

关于刑事诉讼法学的知识，我们还可以根据刑事诉讼法律规范的不同层次，将其区分为三个方面的内容，即关于刑事诉讼原则、刑事诉讼制度和刑事诉讼具体法律规范等方面的知识。如果将刑事诉讼法喻为一座大厦，那么，刑事诉讼具体法律规范就相当于其中的建筑材料，刑事诉讼制度则相当于将其各个相关部分连接在一起的结构，而刑事诉讼原则不仅可以喻为整座大厦的设计理念和图纸，甚至为基础。当然，一般说来，比喻既不能完整无缺地表达，也难以准确无误地表达，因此，就科学理论而言，对此不可过于当真。虽说如此，这个比喻仍然可以为我们形象地刻画出刑事诉讼法这三个方面的内容的不同意义，并有助于说明学习这些知识时应注意的方法。

### （一）规范

刑事诉讼法律规范是指规定刑事诉讼行为、职权、权利、义务的具体且具有程序法意义的规范。刑事诉讼具体法律规范一般表现在刑事诉讼法律的条文之中，而刑事诉讼原则和制度则往往需要通过刑事诉讼法律条文的具体内容才能得到反映。因此，学习刑事诉讼法律条文对我们掌握刑事诉讼具体法律规范方面的知识以及掌握刑事诉讼原则和制度来说，具有基础性的意义。然而，在学习这方面知识的过程中应当认识到，刑事诉讼法律条文和具体法律规范之间并不具有对等的关系。由于完整的法律规范不仅应当具有规范行为、职权、权利、义务等方面的具体内容，而且应当包括适用规范的条件和违反规范的后果，而一个完整的法律规范的这些内容被规定在同一条文的情况，在刑事实体法中虽说是正常现象，但在刑事诉讼法中却并非普遍存在。因此，对刑事诉讼法某种具体法律规范的学习和认识，往往需要超出刑事诉

---

〔1〕 例如，在研究问题时应注重认识论方法和价值论方法的区别，同时，又须把握认识论方法和价值论方法的综合运用，但一些研究者在研究中对此方法及特点却缺乏正确认识。因此，在今后关于刑事诉讼的原则、原理等方面的学习中要特别注意。

讼法律某个条文的范围。

例如，刑事诉讼法规定在法庭审理过程中，当事人、辩护人等有通知新的证人到庭的权利，但该条既未规定当事人、辩护人等行使这项权利的诸种前提条件，更未规定该权利遭受侵犯的任何法律后果。因此，我们对此内容的学习就需要超越该条文的范围。至于该权利遭受侵犯的法律后果问题，由于我国的刑事诉讼法律未予规定，我们目前尚只能在理论研究的层面对此进行探讨。

由此可见，刑事诉讼具体法律规范方面的知识，并不仅限于刑事诉讼法律条文的内容。我们对刑事诉讼法的某个具体法律规范的学习和理解，需要对相关法律条文进行系统了解，甚至需要运用理论研究的成果，而不能仅限于某个法律条文的范围。

另需要说明的是，关于刑事诉讼法律条文内容知识，因为具有较高的确定性，往往会成为司法考试的主要内容。我们在学习这方面的知识时应予以高度关注，力求准确理解、完整掌握。

（二）制度

刑事诉讼制度是将具有相关性的刑事诉讼具体法律规范予以协调安排的一种形式。刑事诉讼制度主要包括管辖制度、辩护制度、强制措施制度、证据制度、侦查制度、起诉制度、审判制度等。刑事诉讼法律规范的内容大都可以被这些制度所统摄。我们系统学习和掌握刑事诉讼制度，也就从整体上基本掌握了刑事诉讼具体法律规范。

刑事诉讼制度与刑事诉讼法律规范在某种意义上是两个可以互换使用的词，因为其基本含义都指“刑事诉讼中应当遵守的程序规则”。但刑事诉讼制度还有另一层含义，即作为刑事诉讼法律规范的一种体系，刑事诉讼制度是统摄相关刑事诉讼具体法律规范的方式，使具有相关性的刑事诉讼具体法律规范根据有关原则在特定的形式中得到协调安排。

某些具有相关性的刑事诉讼具体法律规范可以被视为某种刑事诉讼制度，原因在于刑事诉讼法律规定之布局，例如，刑事诉讼法第三章将有关“回避”的具体规定统一安排在此，我们因此可以将这些规定统称为“回避制度”；但更主要的原因则在于，根据一定的原则将具有相关性的具体法律规范予以协调安排，以实现刑事诉讼中特定的目标或者针对刑事诉讼中特定主体，设定统一且协调的程序规范。正因如此，我们往往需要将散见于刑事诉讼法各章中的具有一定相关性的规范，统一在某个制度的名下。例如，辩护制度作为规定辩护权利及其保障的规范体系，其内容并不仅限于刑事诉讼法第四章“辩护与代理”的范围，在学习、研究辩护制度时，我们应当将其他与辩护相关的各种法律规范都纳入视野，而不能仅限于刑事诉讼法第四章的内容。

刑事诉讼制度是相关具体法律规范统一、协调安排的形式，因此，刑事诉讼法律某个具体规范的涵义、价值，往往能在刑事诉讼制度的层面上得到显现。例如，非法证据排除规则，如果其适用范围仅限于一部分非法证据，那么在证据制度的层面上，就不仅清晰地呈现出因为排除这部分非法证据而具有的积极意义，并且可以显现不能排除其他非法证据所引发的各类问题。从这个意义上可以说，刑事诉讼制度还是认识、评价刑事诉讼法律具体规范涵义、价值的重要依据。

既然刑事诉讼制度是将具有相关性的刑事诉讼具体法律规范予以协调安排的一种形式，是认识、评价刑事诉讼法律具体规范涵义、价值的重要依据，我们对刑事诉讼具体法律规范的学习和理解，就往往需要将其置于刑事诉讼制度的背景之中，否则，我们将难以认识到相关法律规范之间的有机联系。循着这个思路，我们应当将学习的关注点投向刑事诉讼的原则，以便于全面、正确、深刻地认识刑事诉讼具体法律规范及刑事诉讼制度的含义及意义。

（三）原则

刑事诉讼原则作为刑事诉讼中更具抽象意义的规范，是设定具体法律规范和刑事诉讼制度的依据，是理解和执行刑事诉讼法的基础，是指导刑事诉讼立法和司法的准则。对现代刑事诉讼法来说，具有基础意义的刑事诉讼原则包括无罪推定原则、程序法定原则、有利被告原则、（刑事诉讼中）职权机关关系原则、禁止双重危险原则等。刑事诉讼原则不仅以法律规范的形态表现，同时，还能以理论概括的形态存在。但这两者的意义是不同的，在学习刑事诉讼原则时，对此不可不察。

刑事诉讼原则作为法律规范的形态存在时，由于其所具有的高度抽象、概括的特点，我们在学习时往往需要超越法律对刑事诉讼原则所作的字面表述，因为原则的字面涵义至多只是对其实质内容的高度概括，而不可能是其涵义准确、全面的揭示。刑事诉讼原则的全部涵义及意义，往往需要通过相应的制度、具体的法律规范和相应的理念，才能得到充分的表达。因此，对于刑事诉讼原则的学习，必需超越法律对原则的字面表述，应结合相关的制度和法律规范及相应的理念。例如，学习无罪推定原则时，就需要结合强制措施制度、辩护制度、证据制度及相关法律规范和相应的理念。

学习并理解刑事诉讼原则，相对于理解刑事诉讼法律制度、具体规范和相应的理念来说，同样具有不可或缺的重要意义。例如，我们只有学习并理解无罪推定原则，才能真正认识控制和减少刑事羁押的意义，强化辩护权及其保障的价值，举证责任在控方、“疑罪从无”等诸多重要法律规范的设计原由。

刑事诉讼原则作为理论概括的形态存在时，准确、完整地认识和理解刑事诉讼原则，不仅需要结合相关的制度和法律规范，而且，由于此时所说的“原则”系特定的刑事诉讼理念的表现形式，往往还不是法律的明确规定，因此，更应根据一定的理念将其全部展开后予以分析。

由于一些刑事诉讼原则并非以刑事诉讼法律规范的形态存在，因此，我们需要从理论上对其进行相应的探讨。例如，并不存在“有罪推定原则”这样的刑事诉讼法律规范，“有罪推定原则”只是人们对历史上曾经存在的那种严刑拷打、疑罪从有等野蛮、落后的刑事诉讼法律规定及实践所作的理论概括；又如，我国的刑事诉讼法中迄今尚无禁止双重危险原则的规定，但这并不影响我们对此原则的学习和理解。当然，由于刑事诉讼原则只是以理论概括的形态存在，未以刑事诉讼法律规范的形态存在，因此不是本课程学习的重点内容，但这不能影响我们对其的探讨和认识，因为刑事诉讼原则作为理论概括的形态存在时，其价值不可低估。

我们可以通过大量阅读有关论著，关注作为理论概括形态存在的原则。学习这方面知识的意义还在于，可以因此而认识不同国家、不同时期的刑事诉讼法在规定原则时因为所凭借的理念不同而存在的差异，例如，（刑事诉讼中）职权机关的关系原则因为理念的不同，我国刑事诉讼法的规定就显得极具特色，因此，认识作为理论概括形态存在的刑事诉讼原则，较之其他知识还有更进一步的意义：

一方面，这可以使我们超越现有法律规定的界限，便于在刑事诉讼历史的纵向坐标和国际的横向坐标中认识和理解有关原则。作为理论概括形态存在的刑事诉讼原则，虽然不是我国现行刑事诉讼法所规定的原则，但并非为“无源之水”，我们总能在刑事诉讼历史的纵向坐标和国际的横向坐标中找到其坐标、轨迹。另一方面，这有助于我们正确理解刑事诉讼的理论、立法、实践所存在的差异。因为作为理论概括形态存在的刑事诉讼原则，现在虽然尚不是我国刑事诉讼法所规定的原则，但将来未必不会成为我国刑事诉讼法所规定的原则。我们可以据此认识到，刑事诉讼的理念及体现理念的法律原则存在差异这个现实，这种差异既存在于不同国家及不同时期的刑事诉讼法之中，而且还表现在同一国家刑事诉讼理论、立法、实践的不同领域之中。

当然，我们也需要防止另一种倾向，即以刑事诉讼的某种理念为根据，对刑事诉讼的立法和司法现实予以简单否定，而未能真正认识到其存在的现实原因。若如此，将很可能变成只能空谈的理想家。因此，我们只有直面理论、立法和司法存在的差异并揭示其缘由，才能真正摆脱理论和实践脱节的困境。我们既避免现在学习理论时脱离实际，导致深陷于抽象的理念之中难以自拔，或仅限于掌握纸面上的法律而不知运用，使自己只是成为纸上谈兵的行家；又要防止将来从事实践时丢弃应有的理念，满足于成为实践中胸无理想、行同机械的刑事诉讼“专家”。

我们希望以上篇幅不长的具有“导言”性质的文字，能够有助于学习本门课程，并祝愿读者结束刑事诉讼法学这门课程的学习之后会大有收获。即使对所学知识的运用及相关能力尚有待磨练，但通过学习至少应当在刑事诉讼法学的知识方面少留缺憾，在刑事诉讼观念的价值层次上多有提高。

当然，刑事诉讼法学知识的丰富与刑事诉讼观念的先进是两回事。刑事诉讼法学的确定性知识不仅要准确、丰富，而且应当随着法律的发展及时跟进；观念却未必越“先进”越好。在观念问题上，只要不是主张历史倒退，主张刑事诉讼退回到野蛮、愚昧、恣意的状态，就应当肯定多元价值观的存在及其意义。事实上，在打击犯罪与保障人权、实体公正与程序公正等刑事诉讼的这些重要的价值冲突和选择的领域，确实存在着刑事诉讼价值观多元的问题，对此，我们应赞赏歌德在“忠于守旧而又乐于迎新”的诗句中所体现的理念。毕竟，价值观方面的绝对化在现代社会往往难以得到普遍的认同，即使这是一种在“先进”的价值观名下的绝对化。但在刑事诉讼法学的确定性知识方面，我们应当力求避免成为保罗·索尔所嘲讽的那种人。[1]在目前的刑事诉讼法学知识体系中，确实存在着将知识问题和价值问题混淆（像此例中的人文科学家那样）甚至于倒错的现象，以至于将本应确定的知识问题作为可以选择的价值问题，这种情况需要引起我们的警惕。

## ◆ 思考与练习

1. 如何理解刑事诉讼的基本特点？

**【讨论提示】**理解刑事诉讼的基本特点，不仅需要认识刑事诉讼的本质，而且应通过比较的方式认识刑事诉讼的基本特点。主要应通过三方面的比较：比较刑事诉讼与非诉讼方式在解决犯罪问题时的差异；比较刑事诉讼与民事诉讼、行政诉讼的异同；将刑事诉讼置于历史的过程中进行比较。

2. 如何认识刑事诉讼法与刑法的关系？

---

〔1〕 虽然医学已经揭示了病菌与疾病的关系并成为科学界的共识，他的一个在大学的人文科学的同事却对他说：“我想，你会以为我是保守派，但我认为细菌对于疾病没有任何关系。”他回答：“不，我不认为你是保守派，我认为你是愚昧无知。”

**【讨论提示】** 认识刑事诉讼法与刑法的关系时，既应着眼于刑事诉讼法与刑法在刑事法治中的地位与作用，还应将两者的关系置于宪法的背景之下。

3. 如何认识刑事诉讼法与宪法的关系？

**【讨论提示】** 认识刑事诉讼法与宪法的关系时，既应着眼于刑事诉讼法作为贯彻宪法的部门法的作用，也需要考虑宪法关于公民权利等方面的规定，其能否实现及实现的程度有赖于刑事诉讼法的具体制度和规范。

## ◇ 参考文献

1. ［美］本杰明·卡多佐：《司法过程的性质》，苏力译，商务印书馆1998年版。

2. ［美］阿希尔·里德·阿马：《宪法与刑事诉讼基本原理》，房保国译，中国政法大学出版社2006年版。

3. 宋英辉：《刑事诉讼原理导读》，中国检察出版社2008年版。

第二编

# 总　论

# 第二章
# 刑事诉讼基本原则

【导读】　本章论述的内容为刑事诉讼基本原则。这些原则贯穿于刑事诉讼的全过程或主要的诉讼阶段，对刑事诉讼具有宏观的指导作用，是指导刑事诉讼立法与司法过程的基本准则。从刑事诉讼基本原则的来源来看，部分基本原则直接来源于我国宪法的规定，是宪法规定在刑事诉讼中的直接落实与实现；也有部分刑事诉讼原则体现了我国刑事诉讼进行的特有要求与规律，是对我国刑事诉讼以往实践经验的高度总结与浓缩。在1979年《刑事诉讼法》的基础上，1996年修改的《刑事诉讼法》增补、完善了若干符合诉讼规律、体现法治进程的新的基本原则。2012年修改的《刑事诉讼法》进一步补充规定了保障辩护权原则的相关内容。

在学习本章内容时，更要着重于与后续各章基本内容的联系，因为刑事诉讼法的基本原则必然是通过具体的程序与制度规定并加以落实与实现的，脱离与具体制度、程序的衔接，基本原则就将成为空洞的、不具有适用效力的规定。

## 第一节　基本原则概述

### 一、刑事诉讼基本原则的概念和特点

刑事诉讼基本原则，是指由刑事诉讼法所规定的，贯穿刑事诉讼的全过程或主要诉讼阶段，对刑事诉讼具有指导作用，在刑事诉讼立法和司法中应当遵循的基本准则。我国《刑事诉讼法》第3～17条列明的刑事诉讼基本原则中部分属于宪法性原则，可以适用于包括刑事诉讼法在内的各个部门法，而其他更多的原则为刑事诉讼法特有的基本原则，通常将这些刑事诉讼特有的原则概括为10项，分别为：侦查权、检察权、审判权由专门机关依法行使原则；人民法院、人民检察院依法独立行使职权原则；分工负责、互相配合、互相制约原则；人民检察院依法对刑事诉讼实行法律监督原则；使用民族语言文字诉讼原则；犯罪嫌疑人、被告人有权获得辩护原则；未经法院依法判决，对任何人不得确定有罪原则；具有法定情形不予追究刑事责任原则；追

究外国人刑事责任适用我国刑事诉讼法原则；刑事司法协助原则。需要说明的是，《刑事诉讼法》第 10 条规定的两审终审制、第 13 条规定的人民陪审制，既可以被认为是两项审判原则，也可以被认为是审判制度，本书将其放在后续审判制度一章中进行论述。

刑事诉讼基本原则具有以下几个特点：

1. 规范性。刑事诉讼基本原则都是由刑事诉讼法明确规定的，我国《刑事诉讼法》第 3 ~ 17 条都是有关刑事诉讼基本原则的规定，这些规定对刑事诉讼活动的进行以及对国家专门机关和诉讼参与人具有法律拘束力。

2. 概括性。刑事诉讼基本原则与一般的诉讼规则不同，不具有严格的规范形式。一般规则具体规定了权利和义务以及具体的法律后果，具有假定、行为模式和法律后果等严密的逻辑结构形式；基本原则相对来说比较抽象和概括，从其规定的内容来看，一般不预先设定具体的事实状态，也不规定具体的权利和义务，更不规定确定的法律后果。

3. 普适性。刑事诉讼基本原则适用于刑事诉讼的全过程或者主要诉讼阶段。这里的主要诉讼阶段，是指审判阶段。由于审判阶段是最完整的诉讼形态，所以各国也都基本上将审判阶段的一些重要原则，例如审判公开、直接言词等作为刑事诉讼的基本原则。

4. 指导性。刑事诉讼基本原则是一般程序制度、规则的原理、基础和出发点。在立法上，其他程序制度和规则的制定，要符合基本原则规定的精神；在司法上，刑事诉讼基本原则也是解释一般程序制度和规则的依据。

## 二、刑事诉讼基本原则的地位和功能

在刑事诉讼法律规范体系中，刑事诉讼基本原则处在刑事诉讼法的指导思想、目的、任务和刑事诉讼具体制度、程序之间的中介地位，起着承上启下的作用，是连接二者的桥梁和纽带。一方面刑事诉讼基本原则是刑事诉讼法指导思想、目的和任务的体现。我国《刑事诉讼法》之所以规定上述基本原则是与我国刑事诉讼法的指导思想、目的和任务密切相关的；另一方面刑事诉讼基本原则又是设立具体刑事诉讼制度和程序的基础和前提，各项具体制度和程序是为贯彻落实刑事诉讼基本原则服务的。

刑事诉讼基本原则的上述地位，决定了刑事诉讼基本原则具有以下三项功能：

1. 指导刑事诉讼立法。刑事诉讼基本原则在刑事诉讼法中具有纲领性的作用，具体的刑事诉讼制度和程序都应当围绕刑事诉讼基本原则的精神而设计，凡是对于贯彻实施刑事诉讼基本原则有促进作用的程序和制度都应当予以规定，凡是对于贯彻实施刑事诉讼基本原则不利的程序和制度都不应当予以规定或者应当废止。

2. 指导刑事诉讼实践。刑事诉讼基本原则对于司法实践也具有指导作用，最突出地表现在，执法者应当根据刑事诉讼基本原则对刑事诉讼法的规定作出解释。由于法律规则的抽象性，执法者在将刑事诉讼法的普遍性规定适用于具体个案时总是需要对法律规则的精确含义进行解释，以准确界定其构成要件和法律效果，使其具体化、明确化。那么，在解释法律时，基本原则应当成为解释的依据，当对某一法律规定的含义，可以进行多种解释时，应当以与基本原则的精神最相符合的解释为准。

3. 弥补法律不足和填补法律漏洞。由于成文法的固有局限性，即使再高明的立法者也难以穷尽社会生活的现实，因此，在刑事诉讼中有时会碰到法律中无明文规定的现象，在这种情况下，就需要依据刑事诉讼基本原则对一些问题作出适当裁判。同时，通过这种适用又可以促进刑事诉讼法的不断修改和完善。

## 第二节　侦查权、检察权、审判权由专门机关依法行使原则

《刑事诉讼法》第3条规定："对刑事案件的侦查、拘留、执行逮捕、预审，由公安机关负责。检察、批准逮捕、检察机关直接受理的案件的侦查、提起公诉，由人民检察院负责。审判由人民法院负责。除法律有特别规定的以外，其他任何机关、团体和个人都无权行使这些权力。人民法院、人民检察院和公安机关进行刑事诉讼，必须严格遵守本法和其他法律的有关规定。"这一法律规定，在学理上被简要概括为侦查权、检察权、审判权由专门机关依法行使原则。该条的两款规定分别强调三机关在刑事诉讼过程中应当根据法定的分工，由各专门机关行使各自的权力，同时刑事诉讼职权的行使必须依法进行。

该原则包括以下四个层面的涵义：

第一，公、检、法机关是刑事诉讼中专门行使侦查权、检察权和审判权的机关，其他任何机关、团体和个人都无权行使这些权力。这是现代社会维护刑事法治的必然要求，由于刑事诉讼事关公民的生命与自由，侦查权、检察权和审判权如果不赋予专门机关行使，就很容易出现私设公堂和滥用私刑的现象。因此本原则强调了刑事司法职权由专门机关行使的精神，除法律另

有规定之外，其他任何机关、团体和个人无权行使刑事司法职权。这里的“法律另有规定”主要是指《刑事诉讼法》第4条、第290条授权国家安全机关、监狱、军队保卫部门对各自管辖范围内的刑事案件可以依法行使侦查权的内容，享有与公安机关相同的刑事侦查权。

第二，公、检、法三机关在刑事诉讼中必须依照法律规定行使侦查权、检察权和审判权。也就是说，公、检、法三机关在行使各自职权办理刑事案件的过程中，必须严格遵守法律规定的诉讼程序、方式和方法，履行相应的法律手续。公、检、法机关只有严格依照法律规定行使侦查权、检察权和审判权，才能保证刑事诉讼既能实现打击和惩治犯罪的任务，又能充分保障人权，防止出现侦查权、检察权和审判权的滥用现象。根据《刑事诉讼法》第3条的规定，三机关进行刑事诉讼除了必须严格遵循刑事诉讼法的规定，还必须遵守“其他法律的规定”，这里的“其他法律”主要是指《人民法院组织法》、《人民检察院组织法》、《法官法》、《检察官法》、《人民警察法》等刑事诉讼相关法律。

第三，公、检、法三机关行使的侦查权、检察权和审判权具有国家权力的属性，因而这些权力均具有强制性，三机关行使这些权力不受当事人及其他诉讼参与人意志的约束，其他任何公民和有关机关、团体及企事业单位除因正当理由都有义务予以配合。

第四，公、检、法三机关在刑事诉讼中只能分别行使各自的职权，不能相互代替或者超越本部门的职权行事。这一原则本身就包含有诉讼职能分工的精神，国家的侦查权、检察权和审判权分别由不同的专门国家机关行使，这本身就是人类刑事司法制度的一大进步，改变了封建时代法官集侦查、起诉和审判职能于一身的状况。

## 第三节　人民法院、人民检察院依法独立行使职权原则

我国《宪法》第126条、第131条规定：“人民法院依照法律规定独立行使审判权，不受行政机关、社会团体和个人的干涉。”“人民检察院依照法律规定独立行使检察权，不受行政机关、社会团体和个人的干涉。”为了贯彻、落实上述宪法规定，《刑事诉讼法》第5条规定：“人民法院依照法律规定独立行使审判权，人民检察院依照法律规定独立行使检察权，不受行政机关、社会团体和个人的干涉。”这些规定，在学理上被概括为人民法院、人民检察

院依法独立行使职权的原则，指国家的审判权和检察权分别由人民法院和人民检察院依法独立行使，人民法院行使审判权和人民检察院行使检察权，只根据法律的规定，由自己的独立意志决定行为的程序和方式，并独立地作出结论，不受行政机关、社会团体和个人的干涉。

正确理解人民法院依法独立行使审判权和人民检察院依法独立行使检察权的原则，要注意把握以下四点：

1. 人民法院、人民检察院行使审判权、检察权具有独立性。所谓独立性，就是指人民法院、人民检察院在法定权限内办案，除了服从法律以外，不服从任何行政机关、社会组织或个人有关处理具体案件的指示或命令，任何行政机关、社会团体和个人不得干涉人民法院、人民检察院行使审判权和检察权。

2. 独立行使审判权和检察权的前提，必须是依照法律的规定，也就是说，人民法院和人民检察院必须依法行使审判权和检察权。即必须在法定的权限范围内依照实体法与程序法办理刑事案件。人民法院和人民检察院的国家机关工作人员都不得借口“独立”行使职权而滥用其权力，他们行使职权所作的各项决定，都必须忠于事实真相并符合法律规定。

3. 独立行使审判权、检察权，是指人民法院、人民检察院作为一个组织整体，独立行使审判权、检察权，而不是“审判员”、“检察员”个人的独立。这与西方国家的“法官独立”具有原则性区别。所以，法院院长和审判委员会、检察长和检察委员会对具体案件的审判、检察工作提出意见或作出决定，不是干涉独立行使审判权、检察权，而是贯彻民主集中制原则的体现，是保证独立行使审判权、检察权的必要条件。

我国法律规定的独立行使审判权、检察权，与西方国家的“司法独立”不仅阶级本质不同，而且法律机制和具体内容也有显著区别。西方国家的“司法独立”，是资产阶级三权分立原则的组成部分，它是相对于立法权、行政权而言的，旨在让立法、行政和司法互相制衡。我国的司法机关和行政机关都对权力机关负责，并受权力机关监督。人民法院、人民检察院要受同级人大及其人大常委会的监督。所以我国独立行使审判权、检察权，不是说审判权、检察权与立法权相互对立，而是指人民法院、人民检察院行使审判权、检察权不受非法的干涉。

4. 人民法院、人民检察院独立行使审判权和检察权，并不否定党的领导。在我国，要坚持司法工作的人民民主专政的性质和社会主义方向，就必须坚持中国共产党的领导。但是在刑事诉讼中，党的领导主要是政治领导和组织领导，为审判工作、检察工作制定正确的路线、方针和政策，用马列主义、毛泽东思想、邓小平理论和科学发展观教育审判人员、检察人员，提高他们的政治素质和业务素质。但是，党的领导不是审批具体案件，也不是包办具体案件。

## 第四节 分工负责、互相配合、互相制约原则

该原则也是我国宪法确立的一项刑事诉讼的基本原则。《刑事诉讼法》第7条规定："人民法院、人民检察院和公安机关进行刑事诉讼，应当分工负责，互相配合，互相制约，以保证准确有效地执行法律。"这一规定明确了在刑事诉讼中正确处理公、检、法三机关相互关系的一条基本原则——分工负责、互相配合、互相制约。

分工负责，是指三机关根据法律规定的职权，各负其责，各尽其职，严格依照分工进行诉讼活动，不允许互相代替和超越职责权限。这里的"分工"既包括三机关的职责分工，也包括案件管辖分工，前者规定在《刑事诉讼法》第3条，后者在《刑事诉讼法》第18条中有明确规定。公安机关不能代替法院行使审判权，也不能代替检察院行使检察权；法院不能代替公安机关行使侦查权，也不能代替检察机关行使检察权；检察机关对于不属于自己侦查的案件，不能代替公安机关行使侦查权，也不能代替法院行使审判权。同时，三机关对属于自己分工范围内的活动也不能推诿。

互相配合，是指公、检、法三机关在分工负责的前提下，为了实现惩罚犯罪和保护人民的共同任务，应通力合作、互相支持，而不能各行其是，甚至互相扯皮。侦查、起诉和审判"三道工序"，犹如一个工厂的三个车间和一架机器的流水线，前一道工序要为后一道工序做好合乎质量要求的准备，后一道工序要在前一道工序的基础上进行。

互相制约，是指公、检、法三机关的工作互为条件，彼此监督，并且依照法律规定的职权，对其他机关的有关决定提出异议，互相防止和纠正在诉讼过程中可能出现和已经出现的错误。

分工负责、互相配合、互相制约三者之间相辅相成，缺一不可。其中，"分工负责"是最基本的前提，"互相制约"是"分工负责"的表现形式，"互相配合"则是"分工负责"和"互相制约"的客观结果。

我国刑事诉讼法中有多处规定体现了这一原则，比如公安机关认为需要逮捕犯罪嫌疑人的，要经人民检察院批准，如果人民检察院认为公安机关提请逮捕的案件不符合逮捕条件，可以决定不批准逮捕；公安机关对不批准逮

捕的决定可以申请人民检察院复议。人民检察院、人民法院可以作出逮捕犯罪嫌疑人、被告人的决定，但逮捕的执行权仅为公安机关享有。人民法院对人民检察院起诉的案件有权作出有罪或无罪判决，但如果人民检察院认为人民法院的判决确有错误，有权提起抗诉。

人民法院、人民检察院和公安机关在刑事诉讼中分工负责这一核心内容是通过相互制约的形式体现出来的。在我国刑事诉讼中，公、检、法三机关的诉讼行为是通过相互制约的机制有机地联系在一起的，某一司法机关权力的行使必将成为另一司法机关行使某种权力的前提，哪一个机关都不能超越诉讼阶段，超越自己的权能范围进行诉讼活动。这里所讲的制约是依据正当的法律程序进行的，而不是非程序的制约，即不是在法定的程序之外互相对立，故意制造摩擦。依据正当的法律程序进行制约的主要内容就是，各司法机关在法律规定的范围内各自履行自己的职责，并对其他司法机关是否依法履行职责实行监督。在理解“互相配合”的原则要求时，应当注意三机关之间的互相配合是在法律框架内推进刑事程序运行的一种共同努力，互相配合的前提是分工与制约，在我国刑事诉讼发展的早期历史中曾经出现过“三机关联合办案”，这虽然体现了更高程度的互相配合，但那种做法是不符合刑事诉讼内在规律的过度配合。

## 第五节　人民检察院依法对刑事诉讼实行法律监督原则

我国宪法明确规定人民检察院是国家的法律监督机关。《刑事诉讼法》第8条规定：“人民检察院依法对刑事诉讼实行法律监督。”该条规定被称为人民检察院依法对刑事诉讼实行法律监督原则。

人民检察院依法对刑事诉讼实行法律监督原则是由人民检察院的性质以及在国家机构中的地位和作用决定的。根据我国宪法的规定，人民检察院是国家的法律监督机关，其中心职责就是要监督国家法律的正确实施，刑事诉讼作为一种重要的国家活动，能否正确地实施国家法律，理应成为人民检察院进行监督的重点。根据《刑事诉讼法》第8条的规定，人民检察院进行法律监督的前提必须是依法进行，我国刑事诉讼法对人民检察院法律监督权的行使规定了比较明确的程序与权限。

人民检察院依法对刑事诉讼实行法律监督，是由人民检察院在刑事诉讼中的地位决定的。我国刑事诉讼中的人民检察院不同于西方国家的检察官，它不是与被告人相对立的当事人之一方，而是具有法律监督职能的国家司法机关，除了承担控诉职能以外，还要负责对整个刑事诉讼活动进行法律监督。从我国的刑事诉讼结构来看，如果将从侦查、起诉到审判的刑事诉讼过程比作一场接力赛的话，人民检察院的审查起诉和提起公诉的活动，正好处在这一过程的中间环节，起着承上启下的作用。因此，由检察机关对先行的公安机关的侦查活动和后续的人民法院的审判活动进行法律监督，也是刑事诉讼能否依法顺利进行的重要保证。

根据我国刑事诉讼法的规定，人民检察院依法在刑事诉讼中的法律监督措施主要体现在以下五个方面：

1. 立案监督。人民检察院认为公安机关对应当立案侦查的案件而不立案侦查，或者被害人认为公安机关对应当立案侦查的案件而不立案侦查，向人民检察院提出的，人民检察院应当要求公安机关说明不立案的理由。人民检察院认为公安机关不立案的理由不能成立的，应当通知公安机关立案，公安机关接到通知后应当立案。这体现了检察机关对公安机关立案的有力监督。

2. 侦查监督。人民检察院的侦查监督主要是通过审查批准逮捕实现的，逮捕犯罪嫌疑人、被告人，除由人民法院直接受理的案件由人民法院决定外，都必须经过人民检察院批准。人民检察院通过批准程序对公安机关的侦查活动是否合法、适用法律是否准确进行监督。法律规定，检察机关如果发现公安机关的侦查活动有违法情况，应当通知公安机关予以纠正，公安机关应当将纠正情况通知人民检察院。

3. 起诉监督。人民检察院对公安机关移送起诉的案件，经审查后，应当作出起诉决定，或者作出不起诉决定。这一审查是对公安机关侦查工作的质量，即犯罪事实是否查清、适用法律是否准确的审查，也是对公安机关工作是否遵守法定程序的审查，并最后作出是否提起公诉的决断。因此，审查起诉本身就是法律监督。

4. 审判监督。人民检察院认为人民法院的第一审判决、裁定确有错误，应当向上一级人民法院提出抗诉，上一级人民法院应当开庭审理。最高人民检察院对各级人民法院已经发生法律效力的判决和裁定，上级人民检察院对下级人民法院已经发生法律效力的判决和裁定，如果发现确有错误，有权依照审判监督程序向同级人民法院提出抗诉。接受抗诉的人民法院应当组成合议庭重新审理，对于原判决事实不清或者证据不足的，可以指令下级人民法院再审。人民检察院在出庭支持公诉的过程中，发现人民法院审理案件违反法律规定的诉讼程序，有权在开庭以后，由人民检察院向人民法院提出纠正意见。这些都体现了人民检察院对人民法院审判活动的监督。

5. 执行监督。人民检察院认为人民法院减刑、假释的裁定不当的，应当向人民法院提出书面纠正意见。人民法院应当重新组成合议庭进行审理，做出最终裁定。人民检察院认为刑罚执行机关批准对罪犯暂予监外执行不当的，应将书面意见递交批准暂予监外执行的机关，该机关接到人民检察院的书面意见后，应当立即对该决定进行重新审查。此外，人民检察院还要对刑罚执行机关执行刑罚的活动是否合法实行监督，如果发现有违法的情况，应当通知执行机关纠正。

## 第六节　使用本民族语言文字进行诉讼原则

《刑事诉讼法》第9条规定："各民族公民都有用本民族语言文字进行诉讼的权利。人民法院、人民检察院和公安机关对于不通晓当地通用的语言文字的诉讼参与人，应当为他们翻译。在少数民族聚居或者多民族杂居的地区，应当用当地通用的语言进行审讯，用当地通用的文字发布判决书、布告和其他文件。"这一规定是本原则的直接法律依据。

我国是一个统一的多民族国家，所有民族在政治、经济、法律等各方面都一律平等，都有使用和发展自己语言文字的自由，这也是我国宪法中明确规定的原则。刑事诉讼法的这一基本原则是我国党和国家多年来所一贯坚持的民族政策的体现与落实。

本原则基本内涵包括如下三个方面：

第一，各民族公民都有使用本民族语言文字进行诉讼的权利。具体来讲，不论是作为当事人还是作为其他诉讼参与人，各民族公民都有权用本民族的语言回答司法人员和其他诉讼参与人的问话、发表自己的意见；都有权用本民族的文字书写证人证言、上诉书、申诉状及其他诉讼文书。

第二，公安、司法机关有义务为不通晓当地语言文字的诉讼参与人指派或聘请翻译人员进行翻译。这就意味着翻译人员的劳务报酬由国家支付，而不由诉讼参与人承担。

第三，在少数民族聚居或多民族杂居的地区，对案件的审理应当用当地通用的语言。起诉书、判决书、布告、公告或其他文书，应当使用当地通用的一种或几种文字；对于不通晓当地通用文字的诉讼参与人，在有条件的情况下，应当用他所通晓的文字向他送达诉讼文书，或者聘请翻译人员，向他翻译诉讼文书的内容。

各民族公民都有用本民族语言文字进行诉讼的权利，这是保证各民族公民在刑事诉讼中享有平等地位的重要条件。在刑事诉讼中，只有坚决贯彻执行这一规定，才能保证诉讼的顺利进行和案件的正确处理，才能真正保障各少数民族公民平等地享有诉讼权利，申请回避权、获得辩护权、上诉权等诉讼权利才可能得到实现和行使。同时，坚持各民族公民都有用本民族语言文字进行诉讼的权利，也有利于进行法制宣传教育。在少数民族聚居地区或多民族杂居地区的人民法院，用当地通用的语言进行审讯，用当地通用的文字发布判决书、布告和其他文件，能够使当地居民了解案件情况，知道犯罪行为和被告人应受到的惩罚，实际上对当地居民可以起到法制宣传教育作用，提高各民族公民同犯罪作斗争的自觉性。

## 第七节　审判公开原则

我国《宪法》第125条规定：“人民法院审理案件，除法律规定的特别情况外，一律公开进行。被告人有权获得辩护。”《刑事诉讼法》第11条规定：“人民法院审判案件，除本法另有规定的以外，一律公开进行。被告人有权获得辩护，人民法院有义务保证被告人获得辩护。”这是审判公开原则的法律依据。审判公开原则是指除本法另有规定的以外，人民法院审理案件和宣告判决都应当向社会公开，也就是说人民法院在开庭审判前，应先期公布案由、被告人姓名、开庭的时间和地点，以便群众参加旁听和新闻记者采访、报道案件审判的有关情况。

审判公开原则包括以下三个方面的内容：

第一，审判信息的公开。即在开庭前的一定时间内，要以法庭公告的形式向社会公布案由、当事人的姓名、案件审判的时间和地点。

第二，审理过程的公开。法庭审理案件的全过程，除了合议庭评议之外都应当公开进行，允许人民群众旁听案件审判；允许新闻记者对法庭审理进行采访和报道。

第三，审理结果的公开。要公开宣告判决，向社会详细地宣告判决的结果和理由。

但是，从保护公共利益和当事人合法权益的角度出发对于审判公开原则设置了一些例外规定，我国《刑事诉讼法》第152条从我国的国情出发，规定下列情况下不公开审理：①涉及国家秘密的案件；②有关个人隐私的案件；③涉及商业秘密的案件，当事人申请不公开审理的，可以不公开审理。此外，《刑事诉讼法》第274条在未成年人特别程序中专门规定，犯罪的时候不满18周岁的未成年人犯罪的案件，一律不公开审理。在理解这些规定时，需要注意掌握以下几点精神：①这些例外规定有的是从维护国家安全角度考虑的，有的是从保护当事人的名誉、防止产生不良社会影响和后果角度考虑的，有的则从对未成年人特殊保护角度考虑的，因而均是十分必要的；②这些例外情形只是针对法庭审理过程而言，对于宣判过程则没有例外规定，即使是不公开审理的案件，宣判仍然要公开进行；③不公开审理的案件在法庭审理过程中，要宣布不公开审理的理由；④共同犯罪案件中，如果有一个被告人具备不公开审理的情形，那么全案的法庭审理都不应当公开进行。

审判公开是民主政治的必然要求，在刑事诉讼中贯彻执行这项原则具有重要的意义：①法院通过审判公开，将审判过程置于社会监督之下，便于发现明显的执法不当甚至违法现象，增加诉讼的透明度，加强群众监督，防止法院执法不公造成错案。②审判公开体现了诉讼的科学性，可以促使侦查、起诉、审判机关严格依法办案和保证诉讼质量，防止片面性，客观公正地查明案件情况，正确地适用法律。③审判公开也是法制宣传和教育的有效途径。通过公开审判，使社会了解案情，增强社会公众的法制意识，自觉遵守法律，敢于同犯罪行为作斗争。同时，审判公开对社会危险分子也会产生震慑作用，预防犯罪发生。

## 第八节　犯罪嫌疑人、被告人有权获得辩护原则

我国《宪法》第125条规定：“……被告人有权获得辩护。”《刑事诉讼法》第11条、第14条第1款规定：“……被告人有权获得辩护，人民法院有义务保证被告人获得辩护。”“人民法院、人民检察院和公安机关应当保障犯罪嫌疑人、被告人和其他诉讼参与人依法享有的辩护权和其他诉讼权利。”上述规定被概括为犯罪嫌疑人、被告人有权获得辩护原则。

这一原则是由两个相互联系、不可分割的内容构成的：

### 一、犯罪嫌疑人、被告人依法享有辩护权

辩护权是犯罪嫌疑人、被告人针对控诉进行申辩，提出说明自己无罪、罪轻或减轻、免除其刑事责任的材料和意见，以维护自己合法权益的权利。辩护权是犯罪嫌疑人、被告人依法享有的最基本的诉讼权利，也是犯罪嫌疑人、被告人在刑事诉讼中为维护自己合法权益而采用的主要手段。

我国法律规定犯罪嫌疑人、被告人享有辩护权，是不附有任何先决条件的，没有“但书”规定的限制。这就表明辩护权作为犯罪嫌疑人、被告人的

一项诉讼权利贯穿在整个刑事诉讼的过程中，不受诉讼阶段的限制。被告人具有辩护权，同被告人是否可以聘请辩护人为自己进行辩护是两个不同的概念，前者是后者的基础，但是后者只是前者的一个派生内容，不能涵盖前者的全部。2012 年修改的《刑事诉讼法》明确自成为犯罪嫌疑人开始，就享有完全的辩护权，在侦查阶段就可以聘请律师提供辩护帮助，侦查机关也有义务保证他们行使辩护权，应当在调查案件的同时认真听取他们所作的申辩和解释。

## 二、公安司法机关负有保障犯罪嫌疑人、被告人辩护权的义务

权利主体享有的权利是以义务主体承担保障权利实现的相应义务为基础的，因此，在刑事诉讼中，公安司法机关保障犯罪嫌疑人、被告人享有辩护权的义务是犯罪嫌疑人、被告人有权获得辩护原则的核心内容。根据法律的规定，公安司法机关在保障被告人辩护权方面应当做到以下几个方面：

第一，承办案件的司法人员，在诉讼过程中，应当主动告知犯罪嫌疑人、被告人享有哪些诉讼权利以及如何行使这些权利。

第二，承办案件的司法人员，对犯罪嫌疑人、被告人行使辩护权所采取的方式不应苛求。他们在行使辩护权时，可以采取法律规定的任何一种形式，既可以是口头的，也可以是书面的；既可以自行辩护，也可以委托他人辩护；既可以在侦查、起诉阶段提出，也可以在审判过程中提出，只要符合法律规定的要求，司法人员都应当许可。

第三，司法人员必须认真听取犯罪嫌疑人、被告人提出的辩解、反证或申诉，并切实采纳犯罪嫌疑人、被告人的合理辩护意见。

第四，司法人员不得以任何借口非法限制或者剥夺犯罪嫌疑人、被告人的辩护权。

我国法律之所以把犯罪嫌疑人、被告人有权获得辩护作为刑事诉讼的一条基本原则而加以规定，是由我们国家的社会主义性质和刑事诉讼的根本任务决定的，是符合马克思主义辩证唯物主义认识论的要求的。目的在于保证司法机关客观公正地查明案件的事实真相，正确地适用法律，公正地适用刑罚，保障无罪的人不受刑事追究，维护社会主义法制的严肃性。具体而言，在刑事诉讼中贯彻执行犯罪嫌疑人、被告人有权获得辩护原则，具有以下四个方面的意义：

1. 实行这一原则有利于体现社会主义刑事诉讼的民主精神。在刑事诉讼中，一个公民被控告犯罪，处于被追诉者的地位时，法律上保障他有讲出自己不同意见、对控告进行反驳和辩解、维护自己的合法权益的权利。既可以

保障无罪的人不受刑事追究，又可以保证对有罪的人判处与其罪行相当的刑罚。这是体现我国社会主义民主和社会主义法制的一项基本的民主权利，无论是否最终被定罪，被告人有权发表自己的看法、辩解，这符合“既要保护多数人的权益，也不能忽视少数人声音”的民主精神。

2. 实行这一原则有利于客观全面地查明案情，正确地适用法律。在刑事诉讼中，控诉与辩护是相对应的诉讼职能，两者之间是对立统一的关系。一方面，辩护就是反驳控告，与控告是对立的；另一方面，辩护与控告又是相互依存的，辩护是针对控告进行的，离开控告则无所谓辩护，而控告内容的真实性需要经过辩护来“检验”，如果不经过辩护仅仅根据控告定案，就容易犯主观片面性的错误。犯罪嫌疑人、被告人有权获得辩护，正是反映了这样一个哲学上的认识规律。犯罪嫌疑人、被告人有权获得辩护，就可以使办案人员在了解控告的内容和证据的同时，也听取犯罪嫌疑人、被告人申辩的理由和根据，在注意对被告人不利的材料的同时，也注意对被告人有利的材料，在全面掌握案情的基础上，通过去伪存真、去粗取精的分析研究过程，排除假象，分清有罪或无罪、此罪或彼罪、罪重或罪轻等界限，准确地认定案件事实，正确地应用法律，防止主观片面性，减少和避免错误。

3. 实行这一原则有利于保护犯罪嫌疑人、被告人的合法权益。在刑事诉讼中，被告人只是被控告犯了罪的人，但在法律上仍未确定他就是罪犯。因此，在打击犯罪、惩罚犯罪的同时，也要切实有效地保护被告人的合法权益，保证无罪的人不受刑事追究。由于被告人在刑事诉讼中处于被追究刑事责任的特殊地位，存在着矛盾的心理状态，案件处理结果与他有直接的利害关系，他可能不愿意或不敢为自己进行辩解。法律明确规定被告人有权获得辩护，就可以使被告人在诉讼过程中有理有据地反驳控诉，使无罪者受到追究的，能够被及时发现，得到纠正，免受冤屈；有罪者如果有罪轻或者从轻、减轻、免除处罚的情节，或者是不应追究刑事责任的，不致受到罚不当罪的处罚或者错误的追究，这就使被告人的合法权益得到了切实、有效的保障。

4. 实行这一原则有利于进行法制宣传和教育。犯罪嫌疑人、被告人有权获得辩护原则，可以使被告人有条件和机会充分申述个人的意见，并同公诉人、被害人或自诉人进行面对面的辩论。其中，正确的意见为司法机关所接受，无理的狡辩受到揭露和批驳，错误的意见得到有充分说服力的否定，这就有利于促使犯罪分子端正态度，认罪服法。同时，充分的法庭辩论，可以使旁听群众了解案情和是非曲直，知道什么行为违法而应当坚决抵制；什么行为合法而应当受到支持和保护。这样就有利于增强广大群众的法制观念，提高同违法犯罪行为作斗争的积极性和自觉性。

## 第九节 未经人民法院依法判决，对任何人不得确定有罪原则

《刑事诉讼法》第12条规定："未经人民法院依法判决，对任何人都不得确定有罪。"这是1996年修改的《刑事诉讼法》确立的一项原则，通常将其概括为"未经人民法院依法判决，对任何人不得确定有罪"原则。

本原则主要包括两个方面的内容：①确定被告人有罪的权力由人民法院统一行使。定罪权是刑事审判权的核心，人民法院作为我国唯一的审判机关，代表国家统一行使刑事审判权。不论被告人事实上是否有罪，不经人民法院依法判决，在法律上不应确定他就是罪犯。公安、检察机关在立案、侦查、审查起诉阶段虽然也可以从程序上认定犯罪嫌疑人有罪，但这种认定只具有推进诉讼程序的作用，而不是对案件作出终局性的实体认定。②人民法院确定任何人有罪，必须依法判决。未经依法开庭审理，且依据刑法作出判决，并正式宣判，人民法院也不得确定任何人有罪。

为了贯彻执行这一原则，刑事诉讼法规定了一系列的措施：①严格区分了犯罪嫌疑人和被告人。公诉案件中，在被起诉以前只能称为犯罪嫌疑人，只有在被正式起诉以后才能称作被告人，同时取消了过去经常使用的"人犯"概念。②降低了逮捕的条件，即将主要犯罪事实已经查清，改为有证据证明犯罪事实，同时也明确肯定了逮捕是一项诉讼强制措施，而不是实体处罚。这就从根本上改变了被逮捕的人就是罪犯的错误观念。③取消了人民检察院的免予起诉制度，以防止人民检察院对人民法院定罪权的分割。④改变了庭前初步审查程序的性质，将原来的实体性审查变为程序性审查。在审查的内容上只审查程序性问题，在审查的方法上只进行书面审查，在决定开庭审判上，并不以被告人的行为构成犯罪作为前提条件。⑤改革庭审制度，由原来的法官主审制变为当事人对抗制，同时强调直接原则，要求一切证据必须在法庭上经过查证属实以后才能作为定案的根据。这就从根本上明确了控诉方的举证责任，以及不得强迫被告人自证其罪的原则。⑥规定了疑罪从无的疑案处理原则。《刑事诉讼法》第195条第3项规定："证据不足，不能认定被告人有罪的，应当做出证据不足、指控的犯罪不能成立的无罪判决。"

从上述改革措施中可以看出，未经人民法院依法判决不得确定为有罪原则，体现了国际通行的无罪推定原则的基本精神，是我国刑事诉讼迈向民主和文明的一大进步。但这一原则与国际社会通行的无罪推定原则还存在不少

差异，特别是体现在贯彻无罪推定原则的一系列相关具体制度与规则尚未建立。按照立法者的解释，1996 年《刑事诉讼法》修改时确立这一原则，虽然表明了对有罪推定的反对，但也不是旨在确立西方国家的那种无罪推定，在人民法院确定有罪之前，虽然不将被告人称之为罪犯，但也不能说他没有罪或者假定他无罪。[1]

尽管该原则与无罪推定原则还存在一定差距，但 1996 年《刑事诉讼法》修改时增加的这一规定也有其积极作用，有利于贯彻以事实为根据、以法律为准绳的原则，有利于克服办案人员的先入为主、主观臆断的错误做法和刑讯逼供等严重侵犯犯罪嫌疑人人身权利的现象，有利于维护犯罪嫌疑人、被告人的诉讼权利和其他合法权利，保障无罪的人不受刑事追究，有利于查清犯罪事实，正确运用法律惩罚犯罪，维护公民的合法权益。[2]

## 第十节　具有法定情形不予追究刑事责任原则

《刑事诉讼法》第 15 条规定："有下列情形之一的，不追究刑事责任，已经追究的，应当撤销案件，或者不起诉，或者终止审理，或者宣告无罪：①情节显著轻微、危害不大，不认为是犯罪的；②犯罪已过追诉时效期限的；③经特赦令免除刑罚的；④依照刑法告诉才处理的犯罪，没有告诉或者撤回告诉的；⑤犯罪嫌疑人、被告人死亡的；⑥其他法律规定免予追究刑事责任的。"这一规定是依照法定情形不予追究刑事责任原则的直接法律依据。从这一规定中可以看出，不予追究刑事责任的情形，大体上可以分为三类：

第一类是不能追究刑事责任的情形。这种情形是指行为人的行为虽然违法，也具有社会危害性，但由于行为人的行为情节显著轻微，危害不大，依照刑法规定，尚不构成犯罪，故不能追究刑事责任。

第二类是依法不追究刑事责任的情形。包括：① 犯罪已过追诉时效期限的。这是指有的犯罪分子犯罪后，经过若干年没有被追诉，本人也未再犯新罪，对社会已无危害，没有必要再对他追究刑事责任。我国《刑法》第 87 条对此作了具体规定。②经特赦令免除刑罚的。特赦是一种赦免制度，受到特赦令免除刑罚的犯罪分子，不论其刑罚已执行一部分或是完全没有执行，人民

---

〔1〕 胡康生、李福成主编：《〈中华人民共和国刑事诉讼法〉释义》，法律出版社 1996 年版，第 15 页。

〔2〕 郎胜主编：《中华人民共和国刑事诉讼法释义》，法律出版社 2012 年版，第 22 页。

法院、人民检察院、公安机关就不应再次进行追究。③告诉才处理的案件，是国家把此类犯罪的追诉权赋予被害人，即把被害人的告诉作为追究犯罪分子刑事责任的条件。如果没有告诉，或者告诉以后又撤诉的，就是被害人放弃了追诉权利，也就不具备追究刑事责任的条件，人民法院就不应立案或者继续审理。④其他法律规定免予追究刑事责任的。

第三类是无法追究刑事责任的情形。这是指犯罪嫌疑人、被告人死亡的情形。我国刑法实行罪责自负原则，只有实施犯罪行为的人才承担该行为的法律责任，犯罪嫌疑人、被告人已经死亡，追究刑事责任的对象已经消失，事实上已经无法对其进行追究，因而进行刑事诉讼就失去了意义。

刑事诉讼法中确立依照法定情形不予追究刑事责任原则，具有重要的意义：①有利于保证国家追诉权能够统一、正确的行使，防止任意扩大追诉范围。②有利于防止和及时纠正对不应追究刑事责任的人错误地进行追究，以保护其合法权益。③有利于节省司法资源。这一原则可以使人民法院、人民检察院和公安机关避免无效工作，集中精力打击那些严重危害社会主义现代化建设、严重危害社会治安的危害国家安全的犯罪分子和其他刑事犯罪分子，以保障现代化建设的顺利进行，维护安定团结的社会秩序。

因此，在实践中执行这一原则的总的精神是，在任何诉讼阶段上发现这些情形都应当采取相应的措施，尽快结束刑事追诉，以防止刑事诉讼程序无意义地延续下去：①在立案阶段。人民法院、人民检察院和公安机关在对控告、举报和犯罪人自首的材料进行审查后，如果认为有上述六种情形之一时，就应当作出不予立案的决定。②在侦查阶段。公安机关和人民检察院在侦查中发现不论属于上述哪种情形，都应当作出撤销案件的决定。撤销案件是指撤销原来的立案决定和对犯罪嫌疑人采取的强制措施，终止案件的侦查程序。③在审查起诉阶段。公安机关侦查终结的案件，移送人民检察院后，人民检察院在审查起诉中发现具有上述六种情形之一的，应当作出不起诉的决定。④在审判阶段。案件经人民法院受理后，发现有上述情形，应当按不同情形分别处理：对于第一种情形的，应当作出判决，宣告无罪；对于被害人撤回告诉的，应当用准许撤诉的裁定结案；对于其他情形，则应当裁定终止审理或者决定不予受理（自诉案件）。

## 第十一节　追究外国人刑事责任适用我国刑事诉讼法原则

《刑事诉讼法》第 16 条规定："对于外国人犯罪应当追究刑事责任的，适用本法的规定。对于享有外交特权和豁免权的外国人犯罪应当追究刑事责任的，通过外交途径解决。"这一规定，在学理上被概括为追究外国人刑事责任适用我国刑事诉讼法原则。该原则是国家主权原则在刑事诉讼中的重要体现，明确了我国刑事诉讼法对外国人的效力，是我国刑事诉讼法适用范围的规则。本原则所规定的"外国人"是指具有外国国籍、无国籍和国籍不明的人；"外国人犯罪"是指外国人在我国领域内犯我国刑法规定的最低刑为 3 年有期徒刑的犯罪。

我国是一个独立的主权国家，任何人包括外国人在我国领域内犯罪，都应当适用我国刑事诉讼法的规定，进行立案、侦查、起诉和审判。这就从根本上否定了"治外法权"的存在，维护了我国的国家主权。但是，对于享有外交特权和豁免权的外国人在我国领域内犯罪，则根据国际公约或者国际惯例，应当通过外交途径解决。这一例外规定，是我国在国际法上承担的义务，而且是本着对等互惠原则予以执行的。所谓外交特权和豁免权包括：人身不可侵犯，办公处、住处和文书档案不可侵犯，免纳关税，不受驻在国的司法管辖等。[1]所谓外交途径，一般是指下列三种处理方式：①宣布为不受欢迎的人，要求派遣国将其召回处理；②令其限期出境；③驱逐出境。应该指出的是，这一例外只是确定刑事责任的途径，并不对我国的刑事诉讼程序产生影响，只要是由我国公、检、法机关侦查、起诉和审判的案件，必须适用我国刑事诉讼法。

## 第十二节　刑事司法协助原则

《刑事诉讼法》第 17 条规定："根据中华人民共和国缔结或者参加的国际条约，或者按照互惠原则，我国司法机关和外国司法机关可以相互请求刑事

〔1〕 胡康生、李福成主编：《〈中华人民共和国刑事诉讼法〉释义》，法律出版社 1996 年版，第 20 页。

司法协助。”这一法律规定，在学理上可以概括为刑事司法协助原则。实行刑事司法协助原则，对于促进我国与外国的刑事司法合作，加强我国与外国共同预防、制止和惩罚犯罪的斗争等，均具有重要的意义。

刑事诉讼中的司法协助，是指我国司法机关与外国司法机关之间，根据相互缔结的条约或者参加的国际条约以及互惠原则，互相协助，代为进行某些刑事诉讼行为的活动。刑事司法协助的法律依据，首先是我国与外国缔结的条约或者协定；自1987年开始，我国先后与一些国家签订了包含有刑事司法协助内容的条约或协定；其次是我国参加的载有司法协助内容的国际条约，例如《1970年海牙公约》、《1971年蒙特利尔公约》等；最后是依据互惠原则，即双方在办理具体刑事案件时，根据需要并按照对等互惠的精神，共同商定进行某些刑事司法协助。

目前我国承认的刑事司法协助内容主要有：①代为送达文书，包括司法文书和非司法文书。司法文书是司法机关在刑事诉讼中制作的各种法律文书和文件，非司法文书是司法文书以外但与刑事诉讼有关的其他文书和文件，例如身份证明文件等。②代为调查取证。包括互相代为讯问犯罪嫌疑人、询问证人，互相委托进行鉴定、勘验、检查、搜查和扣押，互相代为通知证人、鉴定人出庭，互相移交物证、书证等证据。③引渡。所谓引渡，指一国将当时在其境内而被他国指控犯有罪行或者判过刑的人，根据他国的请求，移送该国进行审判或者处罚的制度。我国与外国的引渡以与外国签订的引渡条约为依据。

## ◆ 思考与练习

### 一、选择题

1. 根据我国刑事诉讼法规定的基本原则，在少数民族聚居或者多民族杂居的地区，人民法院、人民检察院或者公安机关：

A. 应当使用当地通用的语言进行审讯

B. 对于不通晓当地通用的语言文字的诉讼参与人，应当为他们翻译

C. 应当使用当地通用的文字发布布告或其他文件

D. 应当用汉字发布判决书

【答案】ABC

【解析】参见《刑事诉讼法》第9条之明文规定。

2. 某国驻华使馆三等秘书，参与了走私犯罪，根据我国刑事诉讼法的规定，其刑事责任应当：

A. 由我国司法机关解决

B. 由该国驻华使馆同我国司法机关协商解决

C. 由该国司法机关解决

D. 通过外交途径解决

**【答案】** D

**【解析】** 外国驻华使馆三等秘书属于外交人员，属于外国人犯罪适用我国刑事诉讼法原则的例外情形，应当通过外交途径解决。

## 二、讨论题

1. 论三机关分工负责、互相配合、互相制约原则。

**【讨论提示】** 回答关于《刑事诉讼法》基本原则的论述题时应当注意的要点包括：①首先回答该原则的宪法、法律依据以及大致内涵；②回答该原则的内容包含哪些具体的方面；③讲述该原则的意义与价值；④该原则在实践中的大致状况以及如何进一步改革与完善。

2. 论人民法院、人民检察院依法独立行使职权原则。

**【讨论提示】** 答题的结构与上题类似。对于本原则要注意其与西方国家通行的司法独立原则之间存在的重要差异，并着力分析如何促进该原则在我国的完善以实现真正意义上的司法独立与司法公正。

## 三、案例分析题

犯罪嫌疑人阿米兰·西奥·阿不杜拉，男，1960 年 8 月 6 日出生，马来西亚国籍。2000 年 12 月 2 日上午犯罪嫌疑人携带一个大行李袋准备由广州市白云机场乘坐南方航空公司的班机出境前往马来西亚。在机场，犯罪嫌疑人未在中国海关申报任何违禁品的情况下在绿色通道通过时被我国海关人员检查出随身携带的物品中夹带了 41 390 克毒品（甲基苯丙胺成分，含量为 64.3%）。在侦查与预审阶段，侦查机关没有为其提供外语翻译。审判过程中犯罪嫌疑人对当场被查获毒品的事实没有异议，但辩称只是受朋友之托在广州带些物品回国，预审期间其没有说过知道是毒品，由于没有翻译在场，不知道为什么笔录中会出现“毒品”的记录。二审法院裁定由于侦查机关对其讯问中，没有为他提供翻译，因此获得的口供无效，据此排除了口供证据，只根据案件已有的其他证据，判处被告人死缓。[1]

请分析本案中涉及的刑事诉讼基本原则的适用问题。

**【解析】** 本案涉及到刑事诉讼法基本原则中使用本民族语言文字进行诉讼

---

〔1〕 案例转引自杨建广：《刑事诉讼判例研究》，高等教育出版社 2005 年版，第 172～175 页。

原则和追究外国人刑事责任适用我国刑事诉讼法原则的适用问题。虽然我国《刑事诉讼法》对外国人犯罪适用我国法律进行刑事诉讼时是否应当提供翻译没有明确的规定，但根据上述两项刑事诉讼法的基本原则可以推断出我国法律对参与我国刑事诉讼的外国人要求提供翻译的立法本意，并要求公安机关办理外国人犯罪案件时，如果外国人不通晓中国语言文字的，公安机关应当为他翻译。

## ◇ 参考文献

1. 谢佑平、万毅：《刑事诉讼法原则：程序正义的基石》，法律出版社 2002 年版。

2. 王敏远：《刑事司法理论与实践检讨》，中国政法大学出版社 1999 年版。

3. 程雷："构建刑事诉讼法基本原则体系的一种思路——以公正审判原则为核心"，载《中国司法》2005 年第 7 期。

# 第三章
# 专门机关和诉讼参与人

**【导读】** 专门机关和诉讼参与人是刑事诉讼行为的实施者，也是诉讼法律关系的主体。在早期的弹劾式、纠问式诉讼模式中，其专门机关主要为审判机关。随着控审分离原则的实施以及诉讼职能专业化的发展，逐渐出现专司侦查、起诉和审判而互不隶属的专门机关。我国1979年《刑事诉讼法》将公安机关、人民检察院、人民法院等作为专门机关；将被告人、自诉人、附带民事诉讼的原告人和被告人作为当事人；被害人、法定代理人、辩护人、证人、鉴定人以及书记员、翻译人员作为诉讼参与人。1996年修改的《刑事诉讼法》增加国家安全机关、监狱、军队保卫部门为专门机关，并将被害人提升为当事人，同时新增了诉讼代理人；1998年又在海关设立了走私犯罪侦查部门作为专门机关。2012年修改的《刑事诉讼法》在执行主体上增加了“社区矫正机构”。

本章以专门机关的性质、职权和诉讼参与人诉讼地位和权利义务作为学习的重点，以前一章基本原则的相关内容作为学习的基础，如侦查权、检察权、审判权由专门机关行使原则等，又与后面立案管辖、审判管辖以及回避章节相关联。准确理解本章内容对后面章节的学习具有非常重要的意义。

## 第一节　专门机关

刑事诉讼中的专门机关是指依照法定职权进行刑事诉讼活动的国家职权机关。这些国家职权机关主要包括侦查机关、检察机关、审判机关和执行机关。按照刑事诉讼法以及相关规定，侦查机关主要包括公安机关、国家安全机关、军队保卫部门、监狱、海关的走私犯罪侦查机关等；检察机关是指人民检察院；审判机关是指人民法院；执行机关主要包括监狱和社区矫正机构，人民法院和公安机关享有部分执行权。

刑事诉讼中的专门机关是国家机构的重要组成部分，在刑事诉讼中居于主导地位。为了保证专门机关在刑事诉讼中正确地履行职责和顺利进行诉讼活动，法律规定了侦查机关、检察机关和审判机关的组织体系，分别赋予了行使侦查、提起公诉、审判和执行的职权，在分工负责、相互配合、相互制约中完成保障人权和惩罚犯罪的刑事诉讼任务。

## 一、人民法院

### （一）人民法院的性质、任务和职责

根据我国《宪法》第123条和《人民法院组织法》第1条的规定，人民法院是国家的审判机关，代表国家依照法律规定独立行使审判权，不受行政机关、社会团体和个人的干涉。根据我国《刑事诉讼法》第3条、第5条和第12条的规定，审判由人民法院负责。人民法院依法独立行使审判权，是刑事诉讼中唯一有权审理案件并裁判被告人有罪的专门机关。人民法院在刑事诉讼活动中具有中立的法律地位。

人民法院的任务是审判刑事案件、民事案件和行政案件，通过审判活动惩罚犯罪，解决民事、行政纠纷，以保卫人民民主专政制度，维护社会主义法制和社会秩序，保护社会主义全民所有的财产、劳动群众集体所有的财产以及公民私人所有的合法财产，保护公民的人身权利、民主权利和其他权利，保障社会主义建设事业的顺利进行，并教育公民忠于祖国，自觉地遵守宪法和法律。

为了保障人民法院公正、高效地履行审判职能，依照法律规定独立行使审判权，保证审判活动的顺利进行，《刑事诉讼法》和《人民法院组织法》规定了人民法院的职权。其职权主要有：

（1）有权直接受理自诉案件，并根据案件的具体情况作出处理，或者决定开庭审判，或者说服自诉人撤回自诉，或者裁定驳回自诉；

（2）有权对人民检察院提起公诉的案件进行审查，对符合起诉条件的，决定开庭审判；

（3）有权对被告人决定逮捕和采取拘传、取保候审、监视居住等强制措施；

（4）有权在法庭审理过程中，对证据进行调查核实，必要时可以进行勘验、检查、扣押、鉴定和查询、冻结；

（5）有权对违反法庭秩序的诉讼参与人及旁听人员进行必要的处罚；

（6）有权根据事实和法律对被告人作出有罪或者无罪、罪重或者罪轻、处罚或者免刑的判决；

（7）有权对诉讼程序问题和实体问题作出裁判或者决定；

（8）有权处理查封、扣押、冻结的财产及其孳息；

（9）有权依照特别诉讼程序审理案件；

（10）有权执行某些判决、裁定；

（11）有权对执行中的某些问题进行裁决；

（12）有权向有关单位提出司法建议。

（二）人民法院的组织体系

根据《人民法院组织法》的规定，我国人民法院组织体系由最高人民法院、地方各级人民法院和专门人民法院构成。

1. 最高人民法院。最高人民法院是国家的最高审判机关。最高人民法院由院长、副院长、庭长、副庭长、审判员和助理审判员组成，设立刑事审判庭、民事审判庭、行政审判庭、审判监督庭和其他根据需要设立的审判庭。其中，在刑事审判中分别设立了五个审判庭。

最高人民法院拥有以下职权：①监督地方各级人民法院和专门人民法院的审判工作；②审判全国性的重大的和认为应由自己审判的第一审刑事案件；③对高级人民法院、专门人民法院判决和裁定的上诉案件和抗诉案件以及最高人民检察院按照审判监督程序提起再审的案件进行审判；④对死刑案件进行核准；⑤对于在审判过程中如何具体适用法律、法令的问题，进行解释；⑥发布指导性案例等。〔1〕

2. 地方各级人民法院。地方各级人民法院包括高级人民法院、中级人民法院和基层人民法院。

高级人民法院包括省、自治区、直辖市高级人民法院。根据《人民法院组织法》第28条的规定，高级人民法院负责全省（自治区、直辖市）性重大刑事第一审案件；下级人民法院移送审判的第一审案件；对中级人民法院的第一审判决、裁定的上诉和抗诉案件；根据审判监督程序进行的再审案件；核准死刑缓期二年执行的案件。

中级人民法院包括在省、自治区内按地区设立的中级人民法院，在直辖市内设立的中级人民法院，省、自治区辖市的中级人民法院，以及自治州中级人民法院。根据《刑事诉讼法》第20条的规定，中级人民法院审理危害国家安全、恐怖活动以及可能判处无期徒刑、死刑的第一审案件；基层人民法院移送的第一审案件；对基层人民法院的第一审裁判不服的上诉、抗诉案件；根据审判监督程序进行的再审案件。

基层人民法院包括县人民法院和市人民法院、自治县人民法院、市辖区

〔1〕依照2010年11月26日《最高人民法院关于案例指导工作的规定》，指导性案例所确定的裁判要点对人民法院审理类似案件、作出裁判具有指导作用。在根据法律、有关司法解释作出裁判的同时，各级人民法院在审判类似案件时应当参照，并可以作为裁判文书的说理依据加以引用。其他任何形式的案例均无此明确、权威的裁判指导作用，更不能在裁判文书中加以引用。

人民法院。基层人民法院审判除上级人民法院管辖的第一审案件以外的第一审刑事案件。基层人民法院根据地区、人口和案件情况可以设立若干派出人民法庭，行使部分审判权。人民法庭是基层人民法院的组成部分，不是一级审判组织，其判决和裁定应当以基层人民法院的名义制作和发布。

3. 专门人民法院。专门人民法院是与地方人民法院相并列的专门性人民法院。《人民法院组织法》第28条规定："专门人民法院的组织和职权由全国人民代表大会常务委员会另行规定。"专门人民法院不按行政区划设置，而是按照自身业务的特点设置。我国目前设立的专门法院有军事法院、铁路运输法院和海事法院。其中，军事法院设有解放军军事法院、大军区军事法院、军事法院三级，分别相当于地方法院中的高级、中级、基层人民法院。法律没有赋予海事法院刑事案件的审判权。根据司法改革的要求，铁路运输法院原来由铁路部门管理，现已纳入国家司法体系。

人民法院依照法律的规定独立行使审判权，在人民法院系统中，上下级人民法院之间是审判监督关系。一方面，上级人民法院有权监督下级人民法院的审判工作，最高人民法院有权监督地方各级人民法院和专门法院的审判工作。上级人民法院有权依法决定案件的管辖；有权对上诉、抗诉案件按照第二审程序审判或者按照审判监督程序重新审判。高级人民法院、最高人民法院有权按照死刑复核程序复核、核准死刑案件；最高人民法院有权对具体适用法律进行解释。另一方面，各级人民法院有独立依法审判属于自己管辖案件的权力，上级人民法院只能按照法律规定的权限和程序监督下级人民法院的审判工作或者进行业务指导，不得对下级人民法院审理的具体案件发布指示和命令，下级人民法院也无需就案件的处理问题请示上级人民法院。

最高人民法院由全国人民代表大会产生，对全国人民代表大会及其常务委员会负责和报告工作，全国人民代表大会常务委员会监督最高人民法院的工作；地方各级人民法院由本级人民代表大会产生，对本级人民代表大会及其常务委员会负责并报告工作，地方人民代表大会常务委员会监督本级人民法院的工作。

人民法院通过审判组织对具体案件进行审判，行使审判权。审判组织是人民法院审判案件的具体组织形式，有独任庭、合议庭、审判委员会三种形式。

## 二、人民检察院

### （一）人民检察院的性质、任务和职权

我国《宪法》第129条和《人民检察院组织法》第1、9条规定，人民检

察院是国家的法律监督机关，代表国家行使法律监督权。人民检察院依照法律的规定独立行使检察权，不受行政机关、社会团体和个人的干涉。

人民检察院在刑事诉讼中的任务是侦查直接受理的案件、批准或者决定逮捕、提起公诉、对刑事诉讼实行法律监督，保证准确、及时地查明犯罪事实，正确应用法律，惩罚犯罪分子，保障无罪的人不受刑事追究，保障国家刑事法律的统一正确实施，维护社会主义法制，保护公民的人身权利、财产权利、民主权利和其他权利，保障社会主义建设事业的顺利进行，教育公民忠于祖国、自觉遵守法律，积极同犯罪行为作斗争。

在刑事诉讼中，人民检察院的职权主要有：

（1）对于叛国案、分裂国家案以及严重破坏国家的政策、法律、法令、政令统一实施的重大犯罪案件，行使检察权。

（2）对于直接受理的贪污贿赂犯罪、国家工作人员的渎职犯罪、国家机关工作人员利用职权实施的特定的侵犯公民人身权利的案件（非法拘禁、刑讯逼供、报复陷害、非法搜查、暴力取证、虐待被监管人员）以及侵犯公民民主权利（破坏选举）的案件，进行立案侦查。

在侦查过程中，人民检察院有权讯问犯罪嫌疑人，询问证人或被害人，进行勘验、检查、搜查，查封、扣押财务、文件、邮件、电报，组织鉴定，查询、冻结犯罪嫌疑人的存款、汇款、债券、股票、基金份额等财产；有权向有关单位和个人收集和调取物证、书证、视听资料、电子数据；有权对犯罪嫌疑人采取拘传、取保候审、监视居住、拘留、逮捕等强制措施；有权对侦查终结移送起诉的案件进行补充侦查。

（3）代表国家行使公诉案件的控诉权。人民检察院有权对侦查终结移送起诉的案件进行审查，决定提起公诉或不起诉；对未成年的犯罪嫌疑人作出附条件的不起诉决定；对国家财产、集体财产遭受损失的，有权在提起公诉的同时提起附带民事诉讼；在审判阶段，有权派员出席法庭支持公诉，依法向人民法院提出量刑建议，承担被告人有罪的举证责任，参与法庭审判活动。

（4）特别案件的申请权。对犯罪嫌疑人、被告人逃匿、死亡案件违法所得及其他涉案财产向人民法院提出没收违法所得的申请；对有暴力行为的精神病人依法向人民法院提出强制医疗的申请。

（5）对刑事诉讼活动行使监督权。对公安机关不立案的决定认为有错误的，有权要求公安机关立案；对公安机关、国家安全机关、军队保卫部门、监狱、走私犯罪侦查机关要求逮捕犯罪嫌疑人的申请进行审查，决定是否批准逮捕；对侦查机关的侦查活动是否合法实行监督，如果发现有违法情况的，有权通知予以纠正；对于审判活动依法进行监督，有权对审判过程中的违法情形提出纠正意见；对人民法院确有错误的裁判，有权依照法定程序提出抗诉；在执行阶段，有权对判决、裁定的执行活动实行监督。

（6）对检察过程中具体适用法律、法规的问题进行解释；制定检察工作的有关规定。

人民检察院通过依法履行侦查、批准逮捕、审查起诉、支持公诉等法律监督职能，保证国家法律的统一和正确实施。

（二）人民检察院的组织体系

根据《人民检察院组织法》的规定，人民检察院的组织体系包括最高人民检察院、地方各级人民检察院和专门人民检察院。

1. 最高人民检察院。最高人民检察院是全国检察院的领导机关，是我国最高法律监督机关，负责领导地方各级人民检察院和专门检察院的工作。

2. 地方各级人民检察院。地方各级人民检察院包括：①省、自治区、直辖市人民检察院；②省、自治区、直辖市人民检察院分院，自治州和省辖市人民检察院；③县、市、自治县和市辖区人民检察院。省一级人民检察院和县一级人民检察院，根据工作需要，提请本级人民代表大会常务委员会批准，可以在工矿区、农垦区、林区等区域设置人民检察院，作为派出机构。根据工作需要，各地检察院可以设立监狱、看守所的检察室、乡镇检察室、税务检察室等，作为派出机构。

3. 专门人民检察院。专门人民检察院是在特定的组织系统内形成完整体系，在最高人民检察院的领导下对特定范围的案件实行专属管辖，而不是按照行政区划设置。我国的专门人民检察院主要有中国人民解放军军事检察院。〔1〕军事检察院是设立在中国人民解放军中的专门法律监督机关，对现役军人实施的违反职责罪和其他刑事案件依法行使检察权。军事检察院分为：①中国人民解放军军事检察院；②大军区军事检察院、海军军事检察院、空军军事检察院、武警部队军事检察院；③地区军事检察院、军区空军军事检察院、海军舰队军事检察院、武警部队地区军事检察院。

人民检察院上下级之间是领导关系。最高人民检察院领导地方各级人民检察院和专门检察院的工作，上级人民检察院领导下级人民检察院的工作，并可以直接参与指挥下级检察院的办案活动。我国检察机关在建国初实行垂直领导，全国各级检察署只受最高人民检察署的领导；1951 年改为既受上级检察署的领导又受同级人民政府委员会的领导；1954 年改为检察机关的垂直

---

〔1〕 根据中央确定铁路检察体制改革任务，铁路检察院将于2012 年6 月30 日纳入国家司法体系，实行属地化管理，不再隶属铁路部门。

领导。此后，人民检察院曾一度被取消，由公安机关代行职权。1978 年《宪法》重新确立设置人民检察院，将其上下级之间确定为监督关系，地方各级人民检察院只对本级人民代表大会负责并报告工作。1979 年《人民检察院组织法》明确规定人民检察院是国家的法律监督机关，取消了一般监督职能。在领导体制上，规定最高人民检察院领导地方各级人民检察院和专门人民检察院的工作，上级人民检察院领导下级人民检察院的工作，建立了上下级人民检察院之间的双重领导关系。人民检察院上下级之间领导与被领导的关系，有利于保证检察机关依法独立行使检察权，有利于保证检察机关统一实行法律监督。

在刑事诉讼中，人民检察院上下级之间的领导与被领导的关系具体表现为：上级人民检察院，包括最高人民检察院可以直接参加并领导下级人民检察院对自侦案件的侦查工作；上级人民检察院可以对下级人民检察院的审查批捕和审查起诉活动进行指导和作出指示；对上级检察机关的指令或决定，下级检察机关应当执行；上级检察机关可以决定撤销下级检察机关不正确的不起诉决定，可以向同级人民法院撤回下级人民检察院对同级人民法院提起的不正确的抗诉；最高人民检察院通过对检察工作具体应用法律问题的解释指导地方各级人民检察院和专门检察院的工作。

在人民检察院内部实行检察长负责制，各级人民检察院的检察长领导本院工作。检察院内部设立若干个检察业务部门，在检察长的统一领导下，各部门相互分工、相互配合，完成立案侦查、审查批准逮捕、提起公诉、申诉以及法律监督等检察业务。

根据《宪法》的规定，最高人民检察院由全国人民代表大会产生，对全国人民代表大会及其常务委员会负责和报告工作，全国人民代表大会常务委员会监督最高人民检察院的工作；地方各级人民检察院由本级人民代表大会产生，对产生它的国家权力机关和上级人民检察院负责；县级以上地方人民代表大会常务委员会监督本级人民检察院的工作。

#### （三）检察委员会

在检察机关的内部领导体制上，人民检察院实行民主集中制。各级人民检察院均设立检察委员会。检察委员会的委员由检察长提请同级人民代表大会常务委员会任免。检察委员会实行民主集中制，在检察长主持下讨论决定重大案件和其他重大问题。在讨论决定问题时，实行少数服从多数原则；如果检察长不同意多数人的意见，可以报请同级人民代表大会常务委员会决定。

另外，检察机关实行“人民监督员制度”，县、市、自治县和市辖区人民检察院对自侦案件不再享有批捕权，将这一权力调整给上一级人民检察院；

同时推行了主诉检察官办案责任制等。

## 三、公安机关

### （一）公安机关的性质、任务和职权

公安机关是人民警察机关，是具有武装性质的国家行政力量和刑事执法专门机关，是各级人民政府即国家行政机关的组成部分，负责社会治安和国家安全保卫工作。公安机关在性质上不同于人民法院和人民检察院，人民法院和人民检察院属于司法机关，而公安机关隶属于同级人民政府，是各级人民政府的职能部门，在性质上属于行政机关。

公安机关的任务是维护社会治安秩序，预防犯罪，立案侦查和打击犯罪，保护国家、集体和个人所有的财产，保护公民的人身安全和其他合法权益，保卫人民民主专政，保卫社会主义制度，保障社会主义建设事业的顺利进行。

《刑事诉讼法》第3条规定："对刑事案件的侦查、拘留、执行逮捕、预审，由公安机关负责……"第18条第1款规定："刑事案件的侦查由公安机关进行，法律另有规定的除外。"在刑事诉讼中，公安机关负责多数刑事案件的立案侦查和部分刑事案件的执行工作，其主要职权有：

1. 立案权。公安机关对属于自己管辖的案件，认为有犯罪事实发生，需要追究刑事责任时，有权决定立案。

2. 侦查权。公安机关是刑事诉讼中的主要侦查机关。在侦查过程中，公安机关有权依法讯问犯罪嫌疑人，询问证人；勘验、检查、搜查；扣押物证、书证；查封、扣押财务、文件、邮件、电报；查询、冻结存款、汇款、债券、股票、基金份额等财产；决定或实施鉴定和侦查实验；通缉；对犯罪嫌疑人采取拘传、取保候审、监视居住等强制措施；对现行犯或重大嫌疑分子有权先行拘留；对符合逮捕条件的犯罪嫌疑人有权申请人民检察院批准逮捕；对经人民检察院批准逮捕或人民检察院、人民法院决定逮捕的犯罪嫌疑人、被告人，有权执行逮捕；对有证据证明有犯罪事实的案件，有权进行预审；有权采取技术侦查措施；对符合法定条件的案件，有权决定侦查终结。

3. 执行权。在刑事诉讼的执行阶段，公安机关负责对被判处部分有期徒刑、拘役、剥夺政治权利的罪犯的执行。

4. 其他权力。在刑事诉讼中，公安机关有权主持制作和解协议书、有权向人民检察院移送逃匿、死亡犯罪嫌疑人没收违法所得以及符合强制医疗条件的案件等。

### （二）公安机关的组织体系

中央人民政府即国务院设公安部，作为全国公安机关的领导机关，负责

组织领导全国公安机关的工作，并根据协议与国际刑警组织和国（境）外的警察机构，共同打击跨国（境）的犯罪活动。地方各级公安机关按照行政区划设立：省、自治区、直辖市的人民政府设公安厅（局）；地区行政公署和自治州、省或者自治区辖市、盟的人民政府设公安处（局）；县、自治县，县级市、旗的人民政府设公安局；直辖市和其他设区的市的市辖区人民政府设公安分局。军队、民航、水运等系统设立的公安部门，是公安机关的组成部分。根据工作的需要，在乡、镇、街道办事处和其他必要的地方设公安派出所，作为公安机关的派出机构，履行公安机关的部分职责。

公安机关上下级之间是领导关系，又是各级人民政府的职能部门。公安机关在接受本级人民政府领导的同时，下级公安机关还必须接受上级公安机关的领导。上级公安机关可以直接领导和指挥下级公安机关的侦查和其他业务活动，也有权调动下级公安机关的侦查力量参与上级公安机关侦查的案件。公安机关在异地执行拘留、逮捕的时候，应当通知被拘留、逮捕人所在地的公安机关，被拘留、逮捕人所在地的公安机关应当予以配合。公安机关在侦查案件的时候，应当接受检察机关的监督。

## 四、其他专门机关

在我国刑事诉讼法中，承担刑事诉讼职能的专门机关除人民法院、人民检察院和公安机关外，还有国家安全机关、军队保卫部门、监狱、走私犯罪侦查部门和社区矫正机构。

### （一）国家安全机关

国家安全机关是国家的安全保卫机关，是国家安全工作的主管机关。它担负着与危害国家安全的犯罪作斗争、保卫国家安全、巩固人民民主专政、维护社会主义制度的任务。

在刑事诉讼中，国家安全机关办理危害国家安全的刑事案件，行使与公安机关相同的职权。1983 年 6 月第六届全国人民代表大会第一次会议决定设立国家安全机关，同年 7 月 1 日成立了国家安全部，作为国务院的重要职能部门之一。1983 年 9 月 2 日，第六届全国人民代表大会常务委员会第二次会议通过的《关于国家安全机关行使公安机关的侦查、拘留、预审和执行逮捕的职权的决定》规定，国家安全机关承担了原来由公安机关主管的间谍、特务案件的侦查工作。1993 年 2 月 22 日第七届全国代表大会常务委员会通过了《国家安全法》，确定了国家安全机关是国家安全工作的主管机关，国家安全机关与公安机关按照国家规定的职权划分，各司其职，密切配合，共同维护国家安全。国家安全机关在国家安全工作中依法行使侦查、拘留、预审和执行逮捕以及法律规定的其他职权。《刑事诉讼法》第 4 条规定：“国家安全机关依照法律规定，办理危害国家安全的刑事案件，行使与公安机关相同的职权。”

国家安全部负责领导和管理全国安全工作，开展隐蔽战线的斗争，保卫社会主义现代化建设，促进祖国统一大业，巩固和加强人民民主专政，维护国家安全。国家安全部设在北京。省、自治区、直辖市的人民政府设国家安全厅（局）；在省、自治区、直辖市以下，根据需要设立国家安全局。

2000 年以前国家安全机关隶属地方人民政府的职能部门，在业务上受国家安全部的领导，实行双重领导体制。2000 年领导体制调整后，地市级国家安全机关不再是所在市人民政府的工作部门，而是各省、自治区和直辖市国家安全厅（局）的直属机构，实行“垂直领导，两级管理”。

（二）军队保卫部门

军队保卫部门是中国人民解放军内部设立的保卫机关，负责军队内部发生的刑事案件的侦查工作。军队保卫部门对刑事案件的侦查同公安机关对刑事案件的侦查工作性质相同，但它不是公安机关的组成部分，在行政、业务上自成体系，不受公安机关的领导。

根据我国的军事体制，1993 年 12 月 29 日第八届全国人大常委会第五次会议通过的《关于中国人民解放军保卫部门对军队内部发生的刑事案件行使公安机关的侦查、拘留、预审和执行逮捕的职权的决定》规定，中国人民解放军保卫部门承担军队内部发生的刑事案件的侦查工作，军队保卫部门在刑事诉讼中可以行使宪法和法律规定的公安机关的侦查、拘留、执行逮捕和预审的职权。《刑事诉讼法》第 290 条第 1 款规定：“军队保卫部门对军队内部发生的刑事案件行使侦查权。”

（三）监狱

监狱是我国的刑罚执行机关，负责对被判处死刑缓期二年执行、无期徒刑、有期徒刑的罪犯执行刑罚。1994 年 12 月 29 日全国代表大会常务委员会通过的《监狱法》第 60 条规定：“对罪犯在监狱内犯罪的案件，由监狱进行侦查……”《刑事诉讼法》第 290 条第 2 款规定：“对罪犯在监狱内犯罪的案件由监狱进行侦查。”监狱办理刑事案件，适用刑事诉讼法的有关规定。在刑事诉讼中，监狱享有与公安机关侦查刑事案件相同的职权。监狱隶属于司法行政部门，不是公安机关的组成部分。

（四）走私犯罪侦查机关

为了加大对走私犯罪的打击力度，1998 年国务院批准设立专门的走私犯罪侦查机关。1998 年 12 月 3 日最高人民法院、最高人民检察院、公安部、司法部、海关总署联合发布的《关于走私犯罪侦查机关办理走私犯罪案件适用刑事诉讼程序若干问题的通知》规定，根据《国务院关于缉私警察队伍设置方案的批复》和《国务院办公厅关于组建缉私警察队伍实施方案的复函》，海关总署、公安部组建成立走私犯罪侦查局，专门负责对走私犯罪案件的侦查工作。

走私犯罪侦查总局设在海关总署，作为其内设局，同时纳入公安部编制机构序列，作为其一个序列局，实行海关与公安双重垂直领导，以海关领导为主。除深圳、广州、拱北、汕头、黄埔、江门、湛江海关走私犯罪侦查分局外，各走私犯罪侦查分局和广东分局在海关现行垂直领导管理体制下，列入所在省（自治区、直辖市）公安厅（局）机构序列，分别设在各直属海关和海关广东分署。[1]走私犯罪侦查机关负责其所在海关业务管辖区域内的走私犯罪案件的侦查工作，行使与公安机关相同的侦查权力，具有与公安机关同等的诉讼地位。

（五）社区矫正机构

为了对那些不需要、不适宜监禁或者继续监禁的罪犯有针对性地实施社会化的矫正，充分利用社会各方力量，提高教育改造质量。2003 年 7 月 10 日最高人民法院、最高人民检察院、公安部、司法部联合下发《关于开展社区矫正试点工作的通知》。2011 年 2 月 25 日第十一届全国人民代表大会常务委员会第十九次会议通过的《刑法修正案（八）》规定了对判处管制、缓刑、假释以及监外执行的罪犯依法实行社区矫正。2012 年修改的《刑事诉讼法》第 258 条规定："对被判处管制、宣告缓刑、假释或者暂予监外执行的罪犯，依法实行社区矫正，由社区矫正机构负责执行。"然而，无论是作为实体法的刑法修正案还是作为程序法的刑事诉讼法均未对社区矫正机构的性质、法律地位以及组织机构予以明确，有待于《社区矫正法》予以规定。[2]

## 第二节　诉讼参与人

诉讼参与人是指除专门机关以外的在刑事诉讼过程中享有诉讼权利和承

---

〔1〕参见 2001 年 4 月 19 日《中央编办、海关总署、公安部关于走私犯罪侦查分局列入地方公安机关机构序列的实施意见》（国办发〔2001〕51 号）。

〔2〕为了社区矫正制度与刑事诉讼法实施后衔接，2012 年 1 月 10 日最高人民法院、最高人民检察院、公安部、司法部联合制定了《社区矫正实施办法》作为实行社区矫正的规范性文件。

担诉讼义务的人。我国《刑事诉讼法》第106条第4项规定："'诉讼参与人'是指当事人、法定代理人、诉讼代理人、辩护人、证人、鉴定人和翻译人员。"因与案件处理结果的利害关系不同，在刑事诉讼中享有的权利和承担的义务有异，诉讼地位、参与诉讼活动的范围和方式以及对刑事诉讼过程的影响程度等方面也存在很大的差异，诉讼参与人一般被分为当事人和其他诉讼参与人。

## 一、当事人

当事人是指在刑事诉讼中承担控诉职能或辩护职能，与案件的处理结果有着直接利害关系，对刑事诉讼程序的进程和结局发生重大影响的诉讼参与人。我国《刑事诉讼法》第106条第2项规定："'当事人'是指被害人、自诉人、犯罪嫌疑人、被告人、附带民事诉讼的原告人和被告人。"

当事人原指诉讼的"一方"，因20世纪初我国学者从日本法学中译为"当事人"，使之具有了特定的涵义。在我国，当事人属于诉讼参与人，但并非所有的诉讼参与人均可成为当事人。当事人作为刑事诉讼的主要参与人具有以下主要特征：

（1）当事人是为了自己的利益并以自己的名义参加诉讼，在刑事诉讼中处于追诉或被追诉地位的诉讼参与人。

（2）当事人与案件的最终结局有直接的利害关系。当事人的合法权益受到刑事诉讼活动过程和结局的直接影响，这种影响一般会涉及实体权益，既可能是有利的，也可能是不利的。

（3）当事人在诉讼中拥有较广泛的诉讼权利，对诉讼过程和诉讼结局发挥着比其他诉讼参与人更大的影响，他们的诉讼活动对诉讼的启动、进展和终结起着关键性的推动作用。

（4）当事人在刑事诉讼中行使控诉职能或者刑事辩护职能。一般来说，当事人在刑事诉讼中要么处于追诉方的诉讼地位，要么处于被追诉方的诉讼地位。

我国《刑事诉讼法》在1996年修改之前，公诉案件的被害人不属于当事人，修改后才将公诉案件的被害人纳入当事人的范围，并赋予其当事人的诉讼地位，这种修改对被害人合法权益的保护起到了积极的作用。

根据《刑事诉讼法》及相关的规定，当事人主要享有以下诉讼权利：①有权用本民族语言文字进行诉讼；②在具有法定理由时，有权申请侦查人员、检察人员、审判人员或者书记员、鉴定人、翻译人员回避；③对于驳回申请回避的决定，有权申请复议；④对于侦查人员、检察人员、审判人员侵犯其诉讼权利或者对其人身进行侮辱的行为，有权提出控告；⑤有权就某些公诉案件进行和解，达成和解协议；⑥有权参加法庭调查和法庭辩论，向证人发问并质证，辨认物证和其他证据，并就证据发表意见，申请新的证人到庭和调取新的物证，申请重新勘验或者鉴定，互相辩论；⑦对已经发生法律效力的判决、裁定不服的，向人民法院或者人民检察院提出申诉或抗诉。

（一）被害人

1. 被害人的概念和特点。被害人是指合法权益遭受犯罪行为直接侵害的人或者单位（对于单位专门论述）。这种直接遭受犯罪行为侵害的人，既包括自诉案件的自诉人，也包括公诉案件的被害人，还包括遭受犯罪行为侵害提起附带民事诉讼的人。在此，被害人专指在公诉案件中以个人身份承担控诉职能的诉讼参与人。

被害人作为当事人有以下特点：

（1）被害人是受到犯罪行为直接侵害的人。没有受到犯罪行为的侵害，或者虽然受到犯罪行为的侵害，但是没有承受直接损失的人，不是被害人。

（2）被害人作为遭受犯罪行为侵害的人，与案件结局有着直接的利害关系。

（3）被害人一般是自然人，但特殊情况下，法人或其他组织也可以成为被害人。被害人为自然人时，可能是成年人，也可能是未成年人；可能是生理、精神健全的人，也可能是生理、精神有缺陷的人。

（4）被害人通常是了解案件情况的人，其陈述本身是法定的证据之一。

（5）被害人与犯罪嫌疑人、被告人一样，处于当事人的诉讼地位，拥有与犯罪嫌疑人、被告人相对应的诉讼权利。但是，在刑事诉讼中，由于作为追诉机关的检察机关已经具备了强大的控诉能力，被害人如果再拥有与被告人完全相同的诉讼权利，那么被告人将处于十分不利的地位。因此，为了防止控辩力量过分悬殊，刑事诉讼法对被害人的诉讼地位作出了一些限制，例如不享有完全的上诉权，不属于一般意义上的原告人。

2. 被害人的诉讼权利和诉讼义务。在古代弹劾式诉讼中，被害人处于原告人的地位，后来随着国家追诉制度的建立，被害人主要处于证人的地位。随着国际性人权保障运动的广泛开展以及加强被害人在刑事司法中诉讼权利保障的高涨，被害人又逐渐具有了当事人或准当事人的地位。被害人在刑事诉讼中除享有诉讼参与人共有的诉讼权利以外，还享有以下诉讼权利：

（1）对侵犯其合法权利的犯罪嫌疑人、被告人，有权向公安机关、人民检察院或者人民法院报案或者控告，要求专门机关依法追究犯罪、查获犯罪、惩罚犯罪，保护其合法权利。

（2）对公安机关应当立案而不立案的，有权向人民检察院提出意见，请求人民检察院责令公安机关向检察机关说明不立案的理由，人民检察院应当要求公安机关说明不立案的理由。人民检察院认为其理由不能成立的，应当通知公安机关立案，公安机关接到通知后应当立案。

（3）自刑事案件移送审查起诉之日起，有权委托诉讼代理人。

（4）对人民检察院作出的不起诉决定不服的，有权向上一级人民检察院提出申诉。

（5）如有证据证明公安机关、人民检察院对于侵犯其人身权利、财产权利的行为应当追究刑事责任而不予追究的，有权直接向人民法院起诉。

（6）在法庭审理过程中，有权申请通知新的证人、有专门知识的人出庭，调取新的物证，申请重新鉴定或者勘验。

（7）不服地方各级人民法院的第一审判决的，有权请求人民检察院抗诉。

（8）不服地方各级人民法院的生效裁判的，有权提出申诉。

在刑事诉讼中，被害人享有上述诉讼权利的同时，还应当承担法定的诉讼义务。这些诉讼义务主要有：

（1）如实向公安机关、人民检察院、人民法院及其工作人员作出陈述，如果故意捏造事实，提供虚假陈述，情节严重的，应当承担法律责任。

（2）接受专门机关的传唤，按时出席法庭参加审判。

（3）遵守法庭纪律，回答提问并接受询问和调查。

在古代弹劾式诉讼制度中，由于刑事诉讼与民事诉讼不分以及犯罪被认为是对个人权益的侵害，被害人拥有独立的起诉权。随着国家追诉的出现，被害人逐渐由原告人的角色转变为协助追诉机关对被追诉人进行控诉的诉讼参与人。随着国际人权保障运动的广泛开展，保障被害人在刑事诉讼中的权益成为司法改革的重要目标，被害人的诉讼地位与诉讼角色问题引起了人们的关注，强化被害人与被告人权利保障的平衡成为刑事诉讼法研究的重要内容，加强被害人的权利保障也成为各国刑事诉讼发展的基本趋势。尽管追诉机关与被害人在刑事诉讼中均承担着控诉职能，其根本立场具有一致性，然而，追诉机关主要从国家和公共利益的角度去考虑，有时难以对被害人的个人利益进行特别的保护，可能出现对被害人利益保护不利的情况。为了强化对被害人诉讼权利的保障，我国1996年修正的《刑事诉讼法》不仅将被害人作为当事人，而且还建立了“公诉转自诉制度”，但因缺少其他相应制度的支持致使其作用在实践中还未能得到充分地发挥。

### （二）自诉人

1. 自诉人的概念和特点。自诉人是指在自诉案件中依法直接向人民法院提起刑事诉讼的人。在自诉案件中，自诉人承担控诉职能，具有完整、独立的控诉权，处于原告的诉讼地位。如果自诉案件的被告人提起了反诉，自诉人在反诉案件中又成为被告人，享有辩护职能。自诉人通常为被害人，如果被害人死亡或者丧失行为能力时，其近亲属、法定代理人有权向人民法院提起诉讼。

自诉人具有以下特点：

（1）自诉人只能存在于自诉案件中。公诉案件中的被害人不属自诉人，不享有自诉人享有的特定权利。

（2）在自诉案件中，自诉人的地位相当于原告，承担控诉职能。如果自诉案件中的被告人提出反诉的，自诉人则具有双重身份，即在其自行提起的自诉案件中是自诉人，行使控诉职能；在反诉的案件中属于被告人，行使辩护职能。

2. 自诉人的诉讼权利与义务。自诉人在刑事自诉案件中主要享有以下诉讼权利：①直接向人民法院提起诉讼；②随时委托诉讼代理人；③在告诉才处理的案件和被害人有证据证明的轻微刑事案件中，在人民法院宣告判决前，有权同被告人自行和解或者撤回自诉；④在告诉才处理的案件和被害人有证据证明的轻微刑事案件中，自诉人有权在人民法院的主持下与被告人调解；⑤参加法庭调查和法庭辩论；⑥申请审判人员以及书记员、鉴定人、翻译人员回避；⑦人民法院受理自诉案件后，对于因为客观原因不能取得并提供的有关证据，有权申请人民法院调查取证，人民法院认为必要的，可以依法调取；⑧对第一审人民法院尚未发生法律效力的判决、裁定提出上诉；⑨对人民法院已经发生法律效力的判决、裁定提出申诉。

自诉人的主要诉讼义务为：①承担立案时提供证据的责任。人民法院已经立案的自诉案件，经审查缺乏罪证的，自诉人应当补充证据。如果自诉人提不出补充证据，人民法院将说服自诉人撤回自诉，经说服不予撤诉的，人民法院将裁定驳回自诉。自诉人经说服撤回自诉或者人民法院裁定驳回起诉后，再次提起自诉时，应当提出新的足以证明被告人有罪的证据。②按时出席法庭审判活动。自诉人经两次依法传唤，无正当理由拒不到庭的，或者未经法庭许可中途退庭的，人民法院将按照撤诉处理。③遵守法庭纪律，听从审判人员的指挥。④承担诉讼中证明被告人有罪的举证责任。

### （三）犯罪嫌疑人和被告人

1. 犯罪嫌疑人、被告人的概念和特点。犯罪嫌疑人、被告人在刑事诉讼中均属于被追诉的人。因被追诉的人处在诉讼的不同阶段而称谓有所不同。犯罪嫌疑人是指在侦查、起诉阶段被怀疑犯有某种罪行，而被依法追诉的人；

被告人是指被有起诉权的公民个人或机关指控犯有某种罪行，而被起诉到人民法院的人。被追诉的人以检察机关制作正式的起诉书并向法院提起公诉这一诉讼活动为界，在此以前的受追诉人称为“犯罪嫌疑人”，在此以后的受追诉人则称为“被告人”。1996 年修改后的《刑事诉讼法》对此予以区分，这不是名称的简单变更，而要表明他们不同的诉讼地位和具有不同的诉讼权利。这一规定在刑事诉讼中具有特别重要的意义。

犯罪嫌疑人和被告人具有以下特点：

（1）犯罪嫌疑人、被告人是当事人，享有广泛的诉讼权利。犯罪嫌疑人、被告人作为当事人享有所有当事人均应享有的诉讼权利。由于他们很有可能受到诉讼结果的不利影响，因而他们在诉讼中还享有一些其他当事人所不享有的权利，如被告人在法庭审理阶段有最后陈述的权利。

（2）犯罪嫌疑人、被告人的诉讼地位比较复杂，他们既是辩护一方的当事人，享有充分的辩护权，同时又处于被追诉人的地位，可能被科处刑罚。

（3）犯罪嫌疑人、被告人本身还是重要的证据来源。根据《刑事诉讼法》的规定，犯罪嫌疑人、被告人所作供述和辩解是法定证据之一。法律严禁以刑讯逼供和以威胁、引诱、欺骗以及其他非法方法收集犯罪嫌疑人、被告人的供述，不得强迫证明自己有罪，确保其供述的自愿性。犯罪嫌疑人、被告人一旦自愿、如实供述，他们的陈述就会成为定案的重要证据。

2. 犯罪嫌疑人、被告人的诉讼地位与权利义务。犯罪嫌疑人、被告人在刑事诉讼中处于非常重要的位置。刑事诉讼活动的主要目的就是为了对犯罪嫌疑人、被告人的刑事责任问题作出权威性的裁判。如果没有犯罪嫌疑人、被告人的参与，刑事诉讼活动将毫无意义。犯罪嫌疑人、被告人一旦死亡，刑事诉讼活动也随之终止。犯罪嫌疑人、被告人是刑事诉讼中的核心主体，具有十分重要的诉讼地位。

刑事诉讼中犯罪嫌疑人、被告人享有广泛的诉讼权利。这些诉讼权利不仅包括其他当事人和诉讼参与人所共同享有的权利，还包括犯罪嫌疑人、被告人所特有的权利。这些特有的权利主要有：

（1）有权自行或在辩护人协助下实施辩护。在侦查机关第一次讯问或者采取强制措施之日起，有权委托辩护人；在自诉案件中，有权随时委托辩护人；有权在法定条件下获得公安机关、人民检察院、人民法院为其指定的辩护人的法律帮助；有权拒绝辩护人继续为其辩护，也有权另行委托其他辩护人辩护。

（2）犯罪嫌疑人、被告人被羁押的，有权申请变更强制措施。

（3）对专门机关采取强制措施法定期限届满的，有权要求解除强制措施。

（4）在侦查讯问阶段，有权拒绝回答侦查人员提出的与本案无关的问题。

（5）对于人民检察院依照《刑事诉讼法》第 173 条第 2 款的规定作出的不起诉决定，有权向人民检察院申诉。

（6）有权参加法庭调查，就公诉机关指控的犯罪事实发表陈述，向证人、鉴定人发问；辨认、鉴别物证；听取未到庭的证人的证言笔录、鉴定人的鉴定意见、勘验检查、搜查、侦查实验笔录和其他证据文书，并就上述书面证据发表意见；有权申请通知新的证人到庭，调取新的物证，申请补充、重新鉴定或者勘验，申请通知有专门知识的人出庭。

（7）有权向法庭作最后陈述。

（8）自诉案件的被告人有权对自诉人提出反诉。

（9）对地方各级人民法院的第一审判决、裁定，有权用书状或者口头向上一级人民法院上诉。

除了以上诉讼权利以外，犯罪嫌疑人、被告人还享有一系列程序性保障权利。这些程序性保障权利对维护犯罪嫌疑人、被告人的诉讼主体地位具有非常重要的意义。这些程序性保障权利主要有：在未经人民法院依法判决的情况下，不得被确定有罪；获得人民法院的公开审判；获得人民法院独立、公正的审判；在刑事诉讼过程中，不受刑讯逼供或者以威胁、引诱、欺骗及其他非法方法进行的讯问；不得强迫犯罪嫌疑人、被告人证实自己有罪；不受非法逮捕、拘留、取保候审、监视居住等强制措施；不受非法搜查、扣押；在提出上诉时不得被加重刑罚，等等。

犯罪嫌疑人、被告人在享有特定权利的同时，也应当承担一定的诉讼义务。根据刑事诉讼法的规定，犯罪嫌疑人、被告人应当承担以下诉讼义务：①在符合法定条件的情况下接受逮捕、拘留、监视居住、取保候审、拘传等强制措施；②接受侦查人员的讯问、搜查、扣押等侦查行为；③对侦查人员的讯问，应当如实回答；④承受公诉机关的起诉，依法按时出席法庭并接受审判；⑤遵守法庭纪律，听从审判人员的指挥；⑥对于生效的裁定和判决，有义务执行或协助执行。

在古代纠问式诉讼制度中，犯罪嫌疑人、被告人属于“诉讼的客体”，只是被追诉的对象。随着司法的文明和正当程序的要求，犯罪嫌疑人、被告人的诉讼地位发生了变化，逐渐由诉讼客体成为诉讼主体，其诉讼地位不断得到提升。犯罪嫌疑人、被告人在刑事诉讼中一方面被法律赋予诉讼主体的地位，另一方面又是刑事责任的可能承担者，处于被追诉的地位，如何协调两种身份的紧张关系和平衡两种不同法律地位之间的冲突，仍是刑事诉讼法学理论需要研究的问题。

（四）附带民事诉讼原告人和被告人

1. 附带民事诉讼原告人和被告人概念。附带民事诉讼原告人和被告人又被统称为附带民事诉讼当事人。附带民事诉讼原告人是指在刑事诉讼中，因被告人的犯罪行为而遭受物质损失，并在刑事诉讼过程中提出赔偿请求的人。附带民事诉讼原告人既可以是遭受犯罪行为直接侵害的被害人本人，也包括被害人的法定代理人、近亲属，还包括企事业单位、机关、团体等。如果遭受犯罪行为直接侵害的被害人死亡或者丧失行为能力，其法定代理人、近亲属有权提起附带民事诉讼。

附带民事诉讼被告人是指在刑事诉讼中，对犯罪行为所造成的物质损失负有赔偿责任的人。附带民事诉讼被告人包括：①刑事诉讼被告人（包括公民、法人和其他单位）；②没有被追究刑事责任的其他共同致害人；③已被执行死刑的罪犯的遗产继承人；④未成年刑事被告人的监护人；⑤共同犯罪案件中，案件审结前已经死亡的被告人的遗产继承人；⑥其他对刑事被告人的犯罪行为依法应当承担民事赔偿责任的单位和个人。

2. 附带民事诉讼原告人和被告人的诉讼权利与义务。在刑事诉讼中，附带民事诉讼原告人依法享有以下诉讼权利：①提起附带民事诉讼，要求赔偿物质损失；②申请回避；③委托诉讼代理人；④为了保证赔偿的实现，要求公安司法机关采取保全措施；⑤为了解决生产或生活上的困难，要求先予执行；⑥参加法庭调查，对于附带民事诉讼部分的事实和证据作出陈述和发表意见，参加法庭辩论；⑦请求人民法院主持调解或者与附带民事诉讼被告人自行和解；⑧对地方各级人民法院第一审尚未发生法律效力的判决和裁定的附带民事诉讼部分提出上诉；⑨对地方各级人民法院发生法律效力的判决和裁定的附带民事诉讼部分提出申诉。

附带民事诉讼被告人的诉讼权利主要有：①委托诉讼代理人；②提起反诉；③申请回避；④参加附带民事诉讼部分的法庭调查和法庭辩论；⑤要求人民法院主持调解或者与附带民事诉讼原告人自行和解；⑥对于地方各级人民法院第一审尚未发生法律效力的判决、裁定的附带民事诉讼部分不服的，提出上诉；⑦对于地方各级人民法院已经发生法律效力的判决、裁定的附带民事诉讼部分不服的，提出申诉。

附带民事诉讼原告人的诉讼义务主要有：①对于附带民事诉讼请求提供证据证明；②如实陈述案情；③按时出席法庭，参加审判活动；④遵守法庭纪律，听从审判人员的指挥。

附带民事诉讼被告人的主要诉讼义务有：①如实陈述案情；②按时出席法庭审判，接受调查；③对自己的主张提供证据证明；④遵守法庭纪律，听从审判人员的指挥；⑤执行已经发生法律效力的判决、裁定的附带民事诉讼部分。

（五）单位犯罪嫌疑人、被告人与单位被害人

当事人通常情况下为自然人，在一些特殊情况下，单位也可以成为刑事诉讼的当事人。如单位实施刑事犯罪行为的时候，单位就可以成为犯罪嫌疑人、被告人；当单位的合法权益遭受到犯罪行为侵害的时候，单位又可以成为被害人。

1. 单位犯罪嫌疑人、被告人。我国《刑法》第 30 条、第 31 条规定："公司、企业、事业单位、机关、团体实施的危害社会的行为，法律规定为单位犯罪的，应当负刑事责任。""单位犯罪的，对单位判处罚金，并对其直接负责的主管人员和其他直接责任人员判处刑罚。本分则和其他法律另有规定的，依照规定。"在我国，单位可以成为犯罪嫌疑人、被告人。

在单位犯罪的情况下，作为自然人的直接负责的主管人员和其他直接责任人员是犯罪嫌疑人、被告人，应当参加刑事诉讼；同时，单位也是犯罪嫌疑人、被告人，也应当参加诉讼。而单位是一个抽象的人格主体，应由其自然人代表参加诉讼。代表涉嫌犯罪单位或者被告单位参加刑事诉讼的诉讼代表人，应当是单位的法定代表人或者主要负责人；法定代表人或者主要负责人被指控为单位犯罪直接负责的主管人员的，应当由单位的其他负责人作为涉嫌犯罪单位或者被告单位的诉讼代表人参加诉讼。在审判阶段，被告单位的诉讼代表人与被指控为单位犯罪直接负责的主管人员是同一人的，人民法院应当要求人民检察院另行确定被告单位的诉讼代表人。

单位犯罪嫌疑人、被告人的诉讼权利和诉讼义务，与自然人犯罪嫌疑人、被告人大致相同。具体如下：

（1）单位被告人有权委托辩护人。单位被告人委托辩护人遵循自然人委托辩护人的有关规定。

（2）诉讼代表人有出庭的义务。人民法院决定开庭审理单位犯罪案件，应当通知被告单位的诉讼代表人出庭。接到通知的被告单位的诉讼代表人应当出庭。拒不出庭的，人民法院在必要的时候，可以拘传到庭。开庭时，诉讼代表人席位置于审判台前左侧。

（3）专门机关有权对单位财产采取特殊强制措施。人民法院为了保证判决的执行，根据案件的具体情况，可以采取保全措施，查封、扣押或者冻结被告单位的财产或者由被告单位提供担保。

2. 单位被害人。被害人一般是指自然人，单位也可以成为被害人。因为在受到犯罪行为侵害时，单位同自然人一样，可能遭受到多方面的侵害，不

仅其经济利益会遭受损失，而且名誉、信誉、机会等都有可能遭受损害。因此，单位受害人同自然人受害人一样也存在追诉犯罪和要求犯罪嫌疑人、被告人受到惩罚的愿望。根据《刑事诉讼法》第99条的规定，单位被害人在刑事诉讼中因犯罪行为遭受物质损失的，有权以被害人的身份，提起附带民事诉讼。赋予单位以被害人的地位，有利于单位通过提起附带民事诉讼的方式保护自己的合法权益，有利于保护国家、集体的合法权益，维护和发展社会主义市场经济。

单位被害人参与刑事诉讼时，应由其法定代表人作为代表参加刑事诉讼。法定代表人也可以委托诉讼代理人参加刑事诉讼。单位被害人在刑事诉讼中的诉讼权利和诉讼义务，与自然人作为被害人时基本相同。

## 二、其他诉讼参与人

其他诉讼参与人是指除专门机关以及当事人之外，参与诉讼活动并在诉讼中享有一定的诉讼权利、承担一定的诉讼义务的人。其他诉讼参与人作为诉讼参与人的一部分，包括法定代理人、诉讼代理人、辩护人、证人、鉴定人和翻译人员。

其他诉讼参与人与诉讼的结局无直接利害关系，其诉讼行为对推进诉讼程序或者对诉讼进程不产生直接影响，不同于当事人，具有以下特征：①其他诉讼参与人因与诉讼结局无直接利害关系，诉讼的结果对其实体权益不会产生不利或者有利的影响，因而不承担独立的诉讼职能。②其他诉讼参与人参与诉讼活动不是基于自己的利益，在诉讼过程中一般是协助一方当事人有效的承担诉讼职能，充分行使诉讼权利，或者为诉讼各方提供证据材料或者为诉讼的顺利进行提供帮助或者服务。

我国1996年修改的《刑事诉讼法》在其他诉讼参与人中增加了诉讼代理人，他们对于协助公诉案件的被害人及其法定代理人或者近亲属充分有效地进行诉讼发挥了重要的作用。

在刑事诉讼活动中，其他诉讼参与人不是必不可少的参加者，他们参加诉讼活动依法同样享有诉讼权利和承担诉讼义务。

### （一）法定代理人

法定代理人是指由法律规定的对被代理人负有专门保护义务并代其进行诉讼的人。《刑事诉讼法》第106条第3项规定：“‘法定代理人’是指被代理人的父母、养父母、监护人和负有保护责任的机关、团体的代表。”《民法通则》第14条规定：“无民事行为能力人、限制民事行为能力人的监护人是他的法定代理人。”

我国《刑事诉讼法》仅为属于无行为能力和限制行为能力的未成年人和精神病人设立了法定代理人。根据《民法通则》的规定，不满10周岁的未成年人是无行为能力人；10周岁以上的未成年人是限制行为能力人；16周岁以上不满18周岁的公民，以自己的劳动收入为主要生活来源的，视为完全行为能力人；不能辨认自己行为的精神病人是无行为能力的人；不能完全辨认自己行为的精神病人是限制行为能力人。

未成年人的监护人是其父母，父母死亡或者没有监护能力的，由下列人员中有监护能力的人担任监护人：祖父母、外祖父母；兄、姐；关系密切的其他亲属、朋友愿意承担监护职责，经未成年人父、母的所在单位或者未成年人住所地的居民委员会、村民委员会同意后，也可以作监护人。对担任监护人有争议的，由未成年人父、母的所在单位或者未成年人住所地的居民委员会、村民委员在近亲属中指定。对指定不服提起诉讼的，由人民法院裁决。没有上述监护人的，由未成年人父、母的所在单位或者未成年人住所地的居民委员会、村民委员会或者民政部门担任监护人。

无行为能力或者限制行为能力的精神病人，由下列人员担任监护人：配偶；父母；成年子女；其他近亲属；关系密切的其他亲属、朋友愿意承担监护职责的，经精神病人所在单位或者住所地的居民委员会、村民委员会同意后，也可以作监护人。对担任监护人有争议的，由精神病人的所在单位或者住所地的居民委员会、村民委员会在近亲属中指定。对指定不服提起诉讼的，由人民法院裁决。没有上述监护人的，由精神病人的所在单位或者住所地的居民委员会、村民委员会或者民政部门担任监护人。

法定代理人如果参加诉讼，应属于其他诉讼参与人的范畴。法定代理人在不同的诉讼案件和不同的被代理人之间形成了不尽相同的复杂关系，其诉讼地位也不同。一般来说，法定代理人除依法可以代为行使未成年犯罪嫌疑人、被告人的诉讼权利，还有独立的申请回避的权利、讯问或者审判时通知到场的权利、对不起诉的异议权、被决定强制医疗决定不服的申请复议权利、上诉的权利，等等。法定代理人享有的这些诉讼权利具有独立的法律性质，即在行使这些权利的时候，即使被代理人不同意，也不影响其法律效力。

法定代理人既对被代理人的诉讼权利负有保护的责任，也有对被代理人的行为负有监督的义务。为了能够使法定代理人有效履行其职责，法律赋予了法定代理人广泛的与被代理人基本相同的诉讼权利。

法定代理人的诉讼权利取决于其所代理的被代理人所享有的诉讼权利。如被告人、自诉人的法定代理人，不服地方各级人民法院第一审的判决、裁定的，有权向上一级人民法院上诉；而被害人的法定代理人对第一审的判决不服的，只能请求人民检察院抗诉，而无权独立地提起上诉；附带民事诉讼当事人的法定代理人，只能对地方各级人民法院第一审的判决、裁定中附带民事诉讼部分提出上诉，无权对刑事部分提起上诉。

虽然法定代理人享有与被代理人基本相同的诉讼权利，但是，法定代理人不能代替被代理人作陈述，也不能代替被代理人承担与人身自由相关联的义务，比如服刑，等等。

（二）诉讼代理人

诉讼代理人是当事人及其法定代理人或者近亲属依法委托的，代理其参加诉讼的人。我国《刑事诉讼法》第106条第5项、第6项规定：“‘诉讼代理人’是指公诉案件的被害人及其法定代理人或者近亲属、自诉案件的自诉人及其法定代理人委托代为参加诉讼的人和附带民事诉讼的当事人及其法定代理人委托代为参加诉讼的人。”“‘近亲属’是指夫、妻、父、母、子、女、同胞兄弟姊妹。”

诉讼代理人与法定代理人不同，诉讼代理人的代理权限来源于被代理人的委托，而不是法律的规定。诉讼代理人只能以被代理人的名义并在其授权的范围内进行诉讼活动。如果没有被代理人的授权，诉讼代理人代替被代理人进行的诉讼活动就不具有法律效力。诉讼代理人只能在被代理人授权范围内进行诉讼活动，既不得超越代理范围，也不能违背被代理人的意志。而法定代理人则有所不同，法定代理人的诉讼权利具有独立的法律性质，即使被代理人不同意，也不影响其行为的法律效力。

（三）辩护人

辩护人是指接受犯罪嫌疑人、被告人及其法定代理人或者近亲属的委托，或者受专门机关指定，帮助犯罪嫌疑人、被告人行使辩护权，以维护其合法权益的人。辩护人是犯罪嫌疑人、被告人合法权益的专门维护者，辩护人在刑事诉讼中承担的唯一职能就是辩护。辩护人是犯罪嫌疑人、被告人合法权益的维护者，属于一种独立的诉讼参与人。

辩护人在刑事诉讼过程中应当履行辩护职责。我国《刑事诉讼法》第35条规定：“辩护人的责任是根据事实和法律，提出犯罪嫌疑人、被告人无罪、罪轻或者减轻、免除其刑事责任的材料和意见，维护犯罪嫌疑人、被告人的诉讼权利和其他合法权益。”《律师法》第31条对律师担任辩护人的，规定了与刑事诉讼法相同的义务。刑事诉讼代理人与刑事辩护人具有以下区别：

1. 产生方式不同。刑事诉讼代理人只有被代理人委托一种方式，而刑事辩护人的产生有犯罪嫌疑人、被告人委托和人民法院、人民检察院、公安机关指定两种方式。

2. 有权委托的主体不同。有权委托诉讼代理人的是公诉案件被害人、法定代理人及其近亲属、自诉案件的自诉人及其法定代理人以及附带民事诉讼当事人及其法定代理人。除附带民事诉讼的当事人及其法定代理人之外，有权委托诉讼代理人的主体在刑事诉讼中主要行使控诉职能。而有权委托辩护人的主体是犯罪嫌疑人、被告人及其法定代理人、近亲属，他们在刑事诉讼中行使辩护职能。

3. 诉讼的地位不同。刑事诉讼代理人不具有独立的诉讼地位，他们只能在被代理人授权范围内进行诉讼活动，严格受到被代理人意志的限制。辩护人在刑事诉讼中具有独立的诉讼地位，不受犯罪嫌疑人、被告人意志的约束，有权独立地按照自己对事实的认识和对法律的理解来发表意见，以此来保护犯罪嫌疑人、被告人的合法权益。如《刑事诉讼法》第47条规定："辩护人、诉讼代理人认为公安机关、人民检察院、人民法院及其工作人员阻碍其依法行使诉讼权利的，有权向同级或者上级人民检察院申诉或者控告……"

辩护人在刑事诉讼中，具有独立的诉讼地位，既不从属于公安机关、人民检察院、人民法院，也不是犯罪嫌疑人、被告人的代言人，有权依法独立履行辩护职责。

（四）证人

证人是指除当事人以外知道案件情况并向办案人员或者辩护人作出陈述的人。我国《刑事诉讼法》第60条规定："凡是知道案件情况的人，都有作证的义务。生理上、精神上有缺陷或者年幼，不能辨别是非、不能正确表达的人，不能作证人。"

证人是独立的诉讼参与人，其参加刑事诉讼是基于了解案件情况，具有不可替代性，必须亲自参加诉讼，而不能由他人代理，在诉讼中处于中立的地位。我国《刑事诉讼法》规定证人在诉讼中享有一定的权利，承担一定的义务。

刑事诉讼中的证人享有以下诉讼权利：①有权用本民族语言文字进行诉讼；②有权查阅证言笔录，并在发现笔录的内容与作证的内容不符时要求予以补充或者修改；③对于职能机关的工作人员侵犯其诉讼权利或者人身侮辱的行为，有权提出控告；④对其因作证而产生的误工费等经济损失，有权要求补偿；⑤有权请求专门机关保证其本人以及其近亲属的人身安全；⑥有权申请因履行作证义务而支出的费用。

刑事诉讼中的证人应当承担以下诉讼义务：①如实提供证言，如果有意作伪证或者隐匿罪证，应当承担法律责任；②有义务回答公安司法人员的询问；③出席法庭审判并接受控辩双方的询问和质证，但被告人的配偶、父母和子女不得被强制出庭；④遵守法庭纪律，听从审判人员的指挥。

（五）鉴定人

刑事诉讼中的鉴定人是指依法取得司法鉴定人资格，在诉讼活动中从事司法鉴定活动并提供鉴定意见的自然人。

为了查明案情，需要解决案件中的专门性问题的时候，应当指派或者聘请鉴定人进行鉴定。鉴定人在英美法国家被称为专家证人（expert witness）；大陆法国家称为鉴定人。鉴定人作为独立的诉讼参与人，不管是“专家证人”还是“法官的辅助人”，他们都是运用自己的专门知识对刑事案件中的专门性问题进行鉴别与判断并提出鉴定意见，在法律上均被视为一种“特殊的证人”，其意见可以作为证明案件事实的证据。

为了加强对鉴定人和鉴定机构的管理，适应专门机关和公民、组织进行诉讼的需要，保障诉讼活动的顺利进行，2005 年 2 月 28 日第十届全国人民代表大会常务委员会第十四次会议通过《关于司法鉴定管理问题的决定》，对鉴定人以及鉴定机构实行统一登记管理制度，并实行鉴定人负责制度。鉴定人作为诉讼参与人具有中立的诉讼地位，在鉴定中应当遵守法律、法规，遵守职业道德和职业纪律，尊重科学，遵守技术操作规范，不受职权机关和当事人及其辩护人、诉讼代理人的干扰，依法独立进行鉴定。为了保证鉴定人更好地参与诉讼，为认定案件事实提供可靠的鉴定意见，法律规定其在诉讼活动中享有一定的诉讼权利与承担一定的诉讼义务。

刑事诉讼中的鉴定人依法享有以下诉讼权利：①了解、查阅与鉴定事项有关的情况和资料，询问与鉴定事项有关的当事人、证人；②要求鉴定委托人提供鉴定所需要的鉴材、样本；③进行鉴定所必需的检验、检查和模拟实验；④拒绝接受不合法、不具备鉴定条件或者超出登记的执业类别的鉴定委托；⑤拒绝解决、回答与鉴定无关的问题；⑥鉴定意见不一致时，有权保留不同意见；⑦获得合法报酬；⑧请求专门机关保护人身安全的权利；⑨法律、法规规定的其他权利。

刑事诉讼中的鉴定人依法承担以下诉讼义务：①按照规定时限独立完成鉴定工作，并出具鉴定意见；②依法独立进行鉴定，对鉴定意见负责；③依法回避；④科学、妥善保管送鉴的鉴材、样本和资料；⑤保守在执业活动中知悉的国家秘密、商业秘密和个人隐私；⑥依法出庭作证，回答与鉴定有关的询问；⑦遵守法庭纪律，听从审判人员的指挥。

（六）翻译人员

翻译人员是指在刑事诉讼过程中接受专门机关的指派或者聘请，为参与诉讼的外国人、少数民族人员、盲人、聋人、哑人等进行语言、文字或者手势翻译的人员。

我国《宪法》第4条第4款规定："各民族都有使用和发展自己的语言文字的自由。"《刑事诉讼法》第9条第1款规定："各民族公民都有用本民族语言文字进行诉讼的权利。人民法院、人民检察院和公安机关对于不通晓当地通用的语言文字的诉讼参与人，应当为他们翻译。"翻译人员成为刑事诉讼的诉讼参与人应当具备一定的条件：①能够胜任语言文字翻译工作，有为当事人及其他诉讼参与人提供翻译的能力。②应当与案件或者案件当事人无利害关系。③如果翻译人员与案件或者案件当事人有利害关系，应当回避，不应当再承担翻译任务。

翻译人员进行刑事诉讼活动依法享有诉讼权利和承担诉讼义务。翻译人员享有以下权利：①有权了解与翻译有关的案件情况；②有权要求专门机关提供与翻译内容有关的材料；③有权查阅记载其翻译内容的笔录，如果笔录同实际翻译内容不符，有权要求修正或补充；④有权获得相应的报酬和经济补偿。

翻译人员应当履行以下义务：①应当实事求是，如实进行翻译，力求准确无误，不得隐瞒、歪曲或伪造，如果有意弄虚作假，应当承担相应的法律责任；②对案件有利害关系可能影响案件公正处理的，应依法回避；③翻译人员对提供翻译活动所获知的案件情况和他人的隐私，应当保密。

另外，在刑事诉讼中还存在见证人、专门知识的人等与诉讼有关的人员，刑事诉讼法尚未对其诉讼权利与义务作出规定。

## ◇ 思考与练习

1. 在刑事诉讼中，监狱作为享有一定侦查权的机关，与军队保卫部门、海关走私犯罪侦查机关相比较，还享有这些部门或者机关所没有的职权为(　　)。

A. 向人民检察院提出减刑、假释建议

B. 对罪犯的新罪行移送人民检察院处理

C. 对罪犯应当监外执行的，有权提出书面意见

D. 对罪犯提出申诉的，有权转交人民检察院或者人民法院处理

**【答案】** BCD

**【解析】** 根据《刑事诉讼法》和《监狱法》的规定，监狱有权对罪犯的新罪行移送人民检察院处理；对罪犯应当监外执行的，有权提出书面意见；对罪犯提出申诉的，有权转交人民检察院或者人民法院处理；向人民法院提

出减刑、假释建议，而不能向人民检察院提出减刑、假释建议。

2. 被告人王某17岁，因伤害他人由被害人作为自诉人提起诉讼，第一审法院审理后以故意伤害罪判处其有期徒刑2年。宣判后，虽然王某本人明确表示放弃上诉，但是其母亲在上诉期内要求上诉。其母亲要求的上诉，法院应当采取何种方式处理？（　　）

A. 法定代理人在诉讼中有权行使被代理人的权利，不需要被代理人授权，其母亲的上诉有效

B. 法定代理人的行为不得违背被代理人的意见，其母亲的上诉无效

C. 法院应当要求其母亲在征得被告人王某的同意之后，再提出上诉，其母亲无独立的上诉权

D. 第二审程序中的上诉人应列王某的母亲，同时应将第一审被告人列明

**【答案】** AD

**【解析】** 法定代理人的权利独立于被代理人的权利，并不需要经过被代理人授权，法定代理制度的设立就是保护无诉讼行为能力或者限制诉讼行为能力的被代理人的合法权益。同时，由于第一审被告人王某明确表示不上诉，上诉只是法定代理人的单方行为，所以第二审程序中的上诉人只能列王的母亲，而不能列王某本人。

## 二、讨论题

1. 我国公安机关有权自行独立决定采用各种强制性侦查行为，并且直接控制未决犯的羁押场所（看守所），这种权力由于不受其他机关或者诉讼参与人的制约或者监督，在实践中很容易被滥用。请结合上述问题谈谈我国侦查体制的改革？

**【讨论提示】** ①从强化检察机关侦查监督的角度进行讨论；②从涉及影响公民基本权利的强制性措施是否应当纳入司法审查的视角进行讨论；③从扩大和保障律师在侦查阶段的诉讼权利进行讨论；④从决定机关与执行机关分离的层面进行讨论。

2. 在我国刑事诉讼中存在与案件无关，被办案机关邀请到办案现场，对特定刑事诉讼活动中的诉讼行为的过程和结果进行观察、监督及其证明的见证人。见证人是否属于诉讼参与人，在诉讼中具有何种诉讼地位以及诉讼权利义务如何，见证人能否被证人所包含以及是否是“特殊的证人”。结合诉讼理论与诉讼制度谈谈你的观点。

**【讨论提示】** ①从见证人产生的原因进行讨论；②根据见证人在诉讼中的作用进行讨论；③结合《俄罗斯联邦刑事诉讼法典》第63条和《德国刑事诉讼法典》第58条的规定进行讨论；④从诉讼参与人本身的含义讨论。

3. 2006年7月8日新疆昌吉回族自治州中级人民法院受理了国内司法界首例乌鲁木齐铁路运输法院涉嫌单位犯罪案。公诉方认为，我国现有法律明文规定，国家机关、国有公司、企业、事业单位、人民团体，索取、非法收受他人财物，为他人谋取利益的，构成单位受贿罪，法院作为司法机关属于国家机关的范畴，既然存在索取、非法收受他人财物，为他人谋取利益的犯罪事实，就应该构成受贿罪，自然也应该受到刑事审判。而且它作为国家审判机关，是具有独立法人资格的国家机关，具备了被告单位的资格要求。不能因为它具有审判机关这一相对较为特殊的身份，就不受法律制约，就不承担刑事责任。也有观点认为，法院不能成为被告人。虽然《刑法》第387条关于单位受贿罪的规定中，对于国家机关的范围并未排除司法机关，但立法机关、司法机关享有豁免权在国际上是惯例。法院作为刑事被告人被认定为有罪在国际上也几乎没有先例。司法机关一旦被判有罪，是否还有权力去行使其审判职能，将成为司法界面临的一个新挑战、新问题。请问：人民法院应否成为刑事被告人？

**【讨论提示】**①法院的性质；②法院应否享有刑事豁免权；③法律面前人人平等；④其他国家的规定与实践。

**三、案例分析题**

某县县长的儿子周某，称霸一方。他去县宾馆时见到该宾馆的服务员张某的女儿张丽丽长得漂亮、文静，遂通过不正当手段强行奸污了张丽丽。张丽丽的父亲张某想去告状，但周某却口出狂言，并威胁张某说："我叔叔是公安局局长，我姨在法院，我姑夫在检察院，你们告也是白告。"张某非常苦闷而又愤愤不平，于是到一家律师事务所来咨询作为被害人有什么法律救济手段能够维护自己的合法权益？

请问：如果你是接待张某的律师，你将如何回答他提出的问题？

**【讨论提示】**张某有权行使下列诉讼权利：①张某有权向当地公安机关控告周某的犯罪行为；②如果当地公安机关包庇周某，不予立案，张某有权要求人民检察院行使立案监督权；③如果公安机关进行了立案侦查，但是检察院被周某买通，作出不起诉的决定，张某则可以在7日内向上级检察机关提出申诉，也可以不经申诉，以其女儿为自诉人，直接向人民法院提起刑事诉讼，要求追究周某的刑事责任；④如果人民法院偏袒周某，判决不公的话，张某可以让其女儿在5日内，要求人民检察院抗诉；⑤如果张某认为二审法院的判决仍然不公，还可以在判决生效之后，向人民检察院或人民法院提出申诉，要求按照审判监督程序重新审理该案。

## ◇ 参考文献

1. 林钰雄:《检察官论》，学林文化事业有限公司2000年版。

2. 孙谦主编:《中国检察制度论纲》，人民出版社2004年版。

3. 左卫民等:《最高法院研究》，法律出版社2004年版。

4. 韩流:“论被害人诉权”，载《中外法学》2006年第3期。

5. 薛培:“论刑事诉讼翻译制度的缺陷与重构”，载《中国刑事法杂志》2007年第4期。

6. 郭华:“社区矫正与刑事诉讼法的对接机制——基于‘两高’‘两部’《社区矫正实施办法》的展开”，载《中国司法》2012年第3期。

# 第四章
# 管 辖

【导读】 管辖是进行刑事诉讼活动必须首先解决的问题，是刑事诉讼中的一项专门制度，解决办案机关在受理案件以及对案件一审中的职权分工。其种类包括立案管辖和审判管辖。前者是指公安机关、人民检察院和人民法院受理刑事案件上的职权分工；后者是指人民法院系统内就案件的第一审进行的职权分工，具体又包括案件第一审法院的级别分工、地区分工，以及专门人民法院与普通人民法院之间受理案件范围的划分，这些分工又分别称为级别管辖、地区管辖和专门管辖。管辖制度与办案机关的性质、组织体系以及职权内容密切相关。

2012 年修改的《刑事诉讼法》对中级人民法院受理第一审案件的范围作了调整，将反革命案件改为危害国家安全案件，增加了恐怖活动案件，删除了外国人犯罪的案件。

## 第一节 管辖概述

### 一、管辖的概念、种类和意义

管辖是纠纷解决机制（诉讼和仲裁）中首先面临的一个程序性问题。刑事诉讼管辖是诉讼管辖的一种。诉讼管辖是指国家专门机关（在民事和行政诉讼中，一般是指人民法院）受理案件上的分工或权限范围。我国刑事诉讼中的管辖，是指按照刑事诉讼法的规定，公安机关、人民检察院和人民法院受理刑事案件的职权划分，以及人民法院系统内部受理第一审刑事案件的职权划分。根据管辖对象的不同，我国刑事诉讼法规定了两大类管辖：一类是对立案事项的职权分工，即立案管辖；另一类是对审判事项的职权分工，即审判管辖。其中，对于审判管辖，刑事诉讼法根据受理案件第一审法院的级别为标准，规定了级别管辖；按照受理案件同级别第一审法院的地区不同，规定了地区管辖；此外，还针对某些情形下管辖权的变更，规定了指定管辖、管辖权的移送和优先管辖；同时，就军事、铁路等专门性法院受理案件范围的特殊性，规定了专门管辖。

为了避免刑事诉讼中公、检、法等机关在刑事案件发生后，出现互相推诿或互相争办案件的局面，形成了具有中国特色的刑事诉讼管辖体系。

管辖是刑事诉讼法中一项重要制度。科学、合理、明确的管辖制度，不仅是进行刑事诉讼活动的基本前提，对刑事诉讼法任务顺利完成也具有重要的意义。具体表现在：

1. 立案管辖权是侦查权、检察权、审判权的具体化和进一步落实，明确立案管辖可以使公、检、法等机关根据其不同的职能，发挥在刑事诉讼中应有的作用。公、检、法等机关根据法律的规定，在受理刑事案件范围上所享有的职权，就是立案管辖权。刑事诉讼法针对公、检、法等机关的不同职能、地域和案件的性质、危害程度等因素，对公、检、法等机关立案管辖权作了明确的分工，把绝大部分刑事案件交由公安机关立案、侦查。这一规定从公安机关的角度而言，可以使具有长期同犯罪行为作斗争而拥有丰富经验又掌握必要侦查手段的公安机关有用武之地；从检察机关的角度而言，可以使作为专门法律监督部门的检察机关重点查处有关国家工作人员利用职权实施犯罪的案件，有利于发挥法律监督职能，以维护国家政策、法律的统一实施；从审判机关的角度而言，可以使人民法院的活动不脱离审判这个重心，集中力量对起诉到法院的案件代表国家行使刑事审判权。

2. 明确规定管辖，使公、检、法等机关在刑事案件发生后，能够迅速立案侦查或审理，防止因管辖不明而拖延诉讼。有利于准确及时地查明案件事实，有效地打击犯罪活动，保障人权。同时，可以加强国家司法工作人员的责任心，防止互相推诿，使各机关在相对独立的基础上，做到各司其职，各尽其责，从而有效地完成刑事诉讼的任务。

3. 明确规定刑事管辖，并使之简便易行，有利于机关、团体和公民向有管辖权的司法机关进行控告或提起诉讼，以维护公共利益和公民的合法权益。同时，将大部分普通刑事案件划归基层公、检、法等机关管辖，不仅便于公、检、法等机关就地调查核实案件，开展法制宣传教育，而且也方便诉讼参与人就近参加诉讼和群众旁听案件。这样就可以节省人力、财力和时间，顺利进行刑事诉讼，提高诉讼效率，保障诉讼参与人的诉讼权利，保障群众对司法的知情权。

### 二、管辖的宗旨和原则

管辖的立法宗旨主要有两个方面：一方面，使专门机关明确了自己应该管辖什么案件，一旦遇到相关案件，不推诿，不拖延，积极、主动地履行职责，富有效率地开展相关诉讼活动，使刑事诉讼得以顺利开展和运行，保证准确、及时地处理刑事案件；另一方面，使它们了解什么案件不属于自己管辖，一旦遇到这类案件，既不越权管辖又能及时告知或移送其他有权管辖的专门机关，使刑事案件得到及时迅速地处理。管辖的划分如果不科学、不合理，不仅会影响刑事诉讼活动本身的正常进行，而且会对案件公正、效率的解决产生不利影响。

我国刑事诉讼中的管辖，一般是根据刑事案件的性质、案情的轻重、复杂程度、发生地点、影响大小等不同因素，以及公、检、法等机关在刑事诉讼中的不同职能确定的。具体而言，确立刑事管辖制度的内容主要应当考虑以下原则：

1. 刑事案件的正当、有效处理原则。管辖的确定应有利于公、检、法等机关准确、及时地查明案件事实，保证刑事案件得到公正、合法、有效的处理。

2. 与司法机关职能及组织体系相对应原则。管辖的确定应适应公、检、法等机关的性质和职权，均衡各司法机关的工作负担，以利于它们有效地履行各自的职责，充分发挥它们的职能作用，保证办案质量，提高办案效率。

3. 诉讼民主原则。管辖的确定应便利群众参加诉讼活动，有利于扩大办案的社会影响和社会效果，强化社会民众对司法行为的认知。

4. 原则性与灵活性相结合的原则。为了适应刑事案件复杂性的特点，以及办案实际工作的需要，刑事案件的管辖除了要有明确的原则性规定以外，还应有一定的灵活性。

## 第二节　立案管辖

立案管辖，又称职能管辖或部门管辖，是指公安机关、人民检察院和人民法院之间，直接受理刑事案件职权范围上的分工。立案管辖解决的是公安机关、人民检察院和人民法院，各自直接受理刑事案件的职能范围，即公、检、法等机关分别管辖哪些刑事案件。由于刑事案件表现形态千差万别，立案管辖主要是根据公、检、法等机关在刑事诉讼中的职责分工、案件性质、案情的轻重和复杂程度等不同情况而确定的。我国《刑事诉讼法》第 18 条对人民法院、人民检察院和公安机关的立案管辖范围，作了概括性规定。

### 一、公安机关直接受理的刑事案件

《刑事诉讼法》第 18 条第 1 款规定："刑事案件的侦查由公安机关进行，

法律另有规定的除外。”根据刑事诉讼法的规定，除了由人民检察院立案侦查的案件和人民法院直接受理的案件以外，其他大多数刑事案件都由公安机关直接受理。这样规定是和公安机关作为我国治安保卫行政部门维护社会治安和打击违法犯罪的任务密切联系的。

在刑事诉讼中，公安机关负责对法律另有规定以外的其他所有刑事案件的侦查，是刑事案件的主要侦查机关，或者说是大多数刑事案件的侦查机关。这是因为“法律另有规定”的案件只限于以下几种情况：①应由人民检察院立案侦查的案件；②应由人民法院直接受理的自诉案件；③应由国家安全机关办理的危害国家安全的刑事案件；④应由军队保卫部门行使侦查权的军队内部发生的刑事案件和应由监狱进行侦查的服刑罪犯在监狱内犯罪的案件。根据《刑事诉讼法》第4条规定：“国家安全机关依照法律规定，办理危害国家安全的刑事案件，行使与公安机关相同的职权。”第290条规定：“军队保卫部门对军队内部发生的刑事案件行使侦查权。对罪犯在监狱内犯罪的案件由监狱进行侦查。军队保卫部门、监狱办理刑事案件，适用本法的有关规定。”

## 二、人民检察院立案侦查的刑事案件

《刑事诉讼法》第18条第2款规定：“贪污贿赂犯罪，国家工作人员的渎职犯罪，国家机关工作人员利用职权实施的非法拘禁、刑讯逼供、报复陷害、非法搜查的侵犯公民人身权利的犯罪以及侵犯公民民主权利的犯罪，由人民检察院立案侦查。对于国家机关工作人员利用职权实施的其他重大的犯罪案件，需要由人民检察院直接受理的时候，经省级以上人民检察院决定，可以由人民检察院立案侦查。”人民检察院立案侦查的刑事案件具体包括：

1. 贪污贿赂犯罪案件。贪污贿赂犯罪是指刑法分则第八章规定的贪污贿赂犯罪及其他章中明确规定依照第八章相关条文定罪处罚的犯罪案件。具体包括下列12种案件：①贪污案；②挪用公款案；③受贿案；④单位受贿案；⑤行贿案；⑥对单位行贿案；⑦介绍贿赂案；⑧单位行贿案；⑨巨额财产来源不明案；⑩隐瞒境外存款案；⑪私分国有资产案；⑫私分罚没财物案。

2. 国家机关工作人员的渎职犯罪案件。国家工作人员的渎职犯罪是指刑法分则第九章规定的渎职犯罪案件。根据刑法分则第九章的有关规定，这类案件具体包括：①滥用职权案；②玩忽职守案；③国家机关工作人员徇私舞弊案；④故意泄露国家秘密案；⑤过失泄露国家秘密案；⑥枉法追诉、裁判案；⑦民事、行政枉法裁判案；⑧私放在押人员案；⑨失职致使在押人员脱逃案；⑩徇私舞弊减刑、假释、暂予监外执行案；⑪徇私舞弊不移交刑事案件案；⑫滥用管理公司、证券职权案；⑬徇私舞弊不征、少征税款案；⑭徇私舞弊发售发票、抵扣税款、出口退税案；⑮违法提供出口退税凭证案；⑯国家机关工作人员签订、履行合同失职被骗案；⑰违法发放林木采伐许可证案；⑱环境监管失职案；⑲传染病防治失职案；⑳非法批准征用、占用土地案；㉑非法低价出让国有土地使用权案；㉒放纵走私案；㉓商检徇私舞弊案；㉔商检失职案；㉕动植物检疫徇私舞弊案；㉖动植物检疫失职案；㉗放纵制售伪劣商品犯罪行为案；㉘办理偷越国（边）境人员出入境证件案；㉙放行偷越国（边）境人员案；㉚不解救被拐卖、绑架妇女、儿童案；㉛阻碍解救被拐卖、绑架妇女、儿童案；㉜帮助犯罪分子逃避处罚案；㉝招收公务员、学生徇私舞弊案；㉞失职造成珍贵文物损毁、流失案。

3. 国家机关工作人员利用职权实施的侵犯公民人身权利和民主权利的犯罪案件。该类犯罪案件具体包括：①非法拘禁案（刑法第238条）；②非法搜查案（刑法第245条）；③刑讯逼供案（刑法第247条）；④暴力取证案（刑法第247条）；⑤体罚、虐待被监管人案（刑法第248条）；⑥报复陷害案（刑法第254条）；⑦破坏选举案（刑法第256条）。

4. 国家机关工作人员利用职权实施的其他重大犯罪案件，需要由人民检察院直接受理的，经省级以上人民检察院决定，可以由人民检察院立案侦查。这类案件的主体必须是国家机关工作人员；客观上必须是“利用职权实施的犯罪”；危害程度上必须是“重大的犯罪案件”；程序上的要求则是“经省级以上人民检察院决定”。

《刑事诉讼法》第18条第2款规定：“……对于国家机关工作人员利用职权实施的其他重大的犯罪案件，需要由人民检察院直接受理的时候，经省级以上人民检察院决定，可以由人民检察院立案侦查。”这是通过人民检察院以立案侦查的方式，对公安机关的立案侦查活动进行的一种个案监督。对于大部分刑事案件的立案侦查活动应当严格依照刑事诉讼法的规定进行，只有当出现国家机关工作人员利用职权实施的其他重大犯罪案件，确实不宜由公安机关立案侦查，而必须由人民检察院直接管辖的，经省级以上人民检察院决定，可以由人民检察院立案侦查。《刑事诉讼法》第18条第2款的上述规定应属于检察机关直接受理案件方面的弹性规定，但必须在具体执行中根据该条所体现的主体、客观方面、程序等相关条件严格掌握，不宜作任意扩大解释。

### 三、人民法院直接受理的案件

《刑事诉讼法》第18条第3款规定：“自诉案件，由人民法院直接受理。”

所谓自诉案件是相对公诉案件而言，就是指由被害人本人或者其法定代理人、近亲属向人民法院起诉的案件。人民法院直接受理的自诉案件包括以下三类：

1. 告诉才处理的案件。所谓告诉才处理，是指因被害人或其法定代理人、近亲属的控告和起诉，人民法院启动诉讼程序，如果被害人没有告诉或撤回告诉的，人民法院就不予追究；但是如果被害人因受到强制、恐吓等原因无法告诉的，人民检察院或其近亲属也可以代为告诉。这类案件根据刑法的规定，具体指下列四类案件：①没有严重危害社会秩序和国家利益的侮辱、诽谤案（刑法第246条规定）；②尚未引起被害人死亡的暴力干涉婚姻自由案（刑法第257条第1款规定）；③尚未致人重伤、死亡的虐待案（刑法第261条第1款规定）；④普通侵占案（刑法第270条规定）。

2. 被害人有证据证明的轻微刑事案件。这些案件包括：①故意伤害（轻伤）案（刑法第234条第1款规定）；②非法侵入他人住宅案（刑法第245条规定）；③侵犯通信自由案（刑法第252条规定）；④重婚案（刑法第258条规定）；⑤遗弃案（刑法第261条规定）；⑥生产、销售伪劣商品案（刑法分则第三章第一节规定，但是严重危害社会秩序和国家利益的除外）；⑦侵犯知识产权案（刑法分则第三章第七节规定的，但是严重危害社会秩序和国家利益的除外）；⑧属于刑法分则第四、五章规定的，对被告人可以判处3年有期徒刑以下刑罚的其他轻微刑事案件。对于上述8种刑事案件，被害人直接向人民法院起诉的，人民法院应当依法受理；对于其中证据不足的，应当移送公安机关立案侦查；被害人向公安机关控告的，公安机关应当受理。

3. 被害人有证据证明被告人侵犯自己人身、财产权利的行为应当依法追究被告人的刑事责任，而公安机关或者人民检察院不予追究被告人刑事责任的案件。这类案件通常被称为“公诉转自诉案件”。依据《刑事诉讼法》第204条第3项的规定，这类案件从本质上来说属于公诉案件范围，若变成自诉案件，必须具备三个条件：①被害人有足够证据证明；②被告人侵犯了被害人的人身、财产权利，应当依法追究被告人刑事责任的；③公安机关或者人民检察院不予追究，并已作出书面决定的。这类刑事案件的范围很广，既包括公安机关或检察机关不立案侦查或撤销的案件，也包括检察机关决定不起诉的案件。按照管辖范围，这类案件应当由公安机关或人民检察院立案侦查或者已经由公安机关、人民检察院立案侦查，甚至审查起诉，但是由于事实证据原因或法律适用原因等，公安机关、人民检察院已经作出不予追究的书面决定的案件。如此规定可为被害人提供一条职能管辖的救济途径，也是对公安机关和人民检察院依法履行职责的制约。人民法院是审判机关，由其直接受理上述自诉案件，既有利于节约司法资源，减少诉讼成本，也有利于维护（被害人）自诉人的合法权益，解决诉讼争议，体现了被害人在刑事诉讼中的主体地位。

## 四、关于立案管辖执行中的几个问题

1. 报案、举报、控告与管辖不一致的问题。刑事诉讼法和有关的司法解释关于立案管辖的规定，明确划分了人民法院、人民检察院和公安机关等各自直接受理刑事案件的职权范围，公、检、法等机关在办案工作中必须严格执行，既不能越权受理不属于自己管辖的案件，也不能放弃职责把属于自己管辖的案件推出不管。同时，为了及时、有效地与犯罪作斗争，便利群众诉讼和保护人民群众行使报案、举报、控告的权利，《刑事诉讼法》第 108 条第 3 款规定："公安机关、人民检察院或者人民法院对于报案、控告、举报，都应当接受。对于不属于自己管辖的，应当移送主管机关处理，并且通知报案人、控告人、举报人；对于不属于自己管辖而又必须采取紧急措施的，应当先采取紧急措施，然后移送主管机关。"

2. 牵连管辖的问题。牵连管辖即一个案件涉及数个管辖机关。在司法实践中，由于刑事案件的复杂性，有时会遇到一案牵涉几个罪名，按照立案管辖的规定，公安机关和人民检察院都有管辖权的情况。对于这种案件，应当协商解决，一般由对主要犯罪有管辖权的机关受理。如果难以区分主罪和次罪，则由接受报案的机关受理。总之，在解决立案管辖不明或有争议的问题时，必须从大局和有利于同各种刑事犯罪分子作斗争出发，按照确定管辖的原则精神予以正确处理。

3. 公诉案件侦查中发现自诉的问题。公安机关或人民检察院在侦查过程中，如果发现犯罪嫌疑人还犯有属于人民法院直接受理的罪行时，应先接受控告人的控告，并进行必要的调查，然后在人民检察院提起公诉时，随同公诉案件移送人民法院，由人民法院合并审理。侦查终结后不提起公诉的，则应直接移送人民法院处理。

4. 自诉案件审理中发现公诉案件的问题。人民法院在审理自诉案件过程中，如果发现被告人犯有必须由人民检察院提起公诉的罪行时，则应将新发现的罪行另案移送有管辖权的公安机关或者人民检察院处理。

5. 公安机关、人民检察院在案件侦查中的管辖互涉或者交叉管辖问题。公安机关侦查刑事案件涉及人民检察院管辖的贪污贿赂案件时，应当将贪污贿赂案件移交人民检察院；人民检察院侦查贪污贿赂案件涉及公安机关管辖的刑事案件，应当将属于公安机关管辖的刑事案件移送公安机关。在上述情况中，如果涉嫌主罪属于公安机关管辖，以公安机关为主侦查，人民检察院予以配合；如果涉嫌主罪属于人民检察院管辖，以人民检察院侦查为主，公安机关予以配合。

## 第三节　审判管辖

刑事诉讼中的审判管辖，是人民法院组织系统内部在审判第一审刑事案件上的分工或职权范围，包括各级人民法院之间、普通人民法院与专门人民法院之间，以及同级人民法院之间审判第一审刑事案件上的分工。审判管辖解决的是刑事案件由哪一级、哪一个地方的人民法院审判的问题。根据我国刑事诉讼法的规定，审判管辖是根据各级法院审判工作任务、案情复杂程度和影响大小以及便于案件及时、迅速处理而确定的，包括普通管辖和专门管辖，普通管辖又分为级别管辖和地区管辖。刑事诉讼法中只对普通管辖作了具体规定，专门管辖则根据有关的法律进行确定。

### 一、级别管辖

级别管辖，是指各级法院之间在审判第一审刑事案件上的分工或者职权范围。根据刑事诉讼法的规定，各级人民法院职权范围如下：

#### （一）基层人民法院管辖的第一审刑事案件

《刑事诉讼法》第19条规定："基层人民法院管辖第一审普通刑事案件，但是依照本法由上级人民法院管辖的除外。"基层人民法院是设置在县、县级市、市辖区一级的法院，是我国审判第一审刑事案件的初级法院，具有以下特点：数量大，分布广泛，最接近犯罪地；便于审判机关必要时在庭外就地调查、核实案件事实和证据；便于诉讼参与人参加诉讼活动；便于与案件有关或关注案件诉讼情况的当地群众旁听案件的审判；便于及时、迅速、正确地处理案件。因此，除法律另有规定之外，刑事案件的一审都由基层人民法院管辖。

#### （二）中级人民法院管辖的第一审刑事案件

《刑事诉讼法》第20条规定，中级人民法院管辖下列第一审刑事案件：①危害国家安全案件、恐怖活动案件；②可能判处无期徒刑、死刑的普通刑事案件。上述两类刑事案件，具有性质严重、社会危害性大、案情复杂等特点。因此，处理这类刑事案件需要审判水平更高、业务能力更强的司法人员，由中级人民法院作为第一审法院是适宜的，也是必要的，有利于保证案件的正确处理。

面对恐怖活动日益猖獗的现实，为了惩治恐怖活动犯罪，保障国家和人民生命、财产安全，维护社会秩序，我国第九届全国人民代表大会常务委员会第二十五次会议于2001年通过并颁布了《刑法修正案（三）》，严惩恐怖活动犯罪。当然，恐怖活动案件在犯罪性质及刑罚后果上往往比较严重，在司法实践中的数量相对较少，将它们交由中级人民法院负责第一审审判较为适宜。2012年修改的《刑事诉讼法》将1996年《刑事诉讼法》第20条中的反革命案件改为危害国家安全案件，增加了恐怖活动案件，并取消了外国人犯罪的刑事案件。

外国人犯罪的刑事案件，是指我国刑法规定的外国人在我国领域内和在领域外犯罪，应当追究刑事责任的案件。随着改革开放的深入和发展，中外交流日益频繁，外国人来华人数、次数也越来越多，外国人在中国犯罪的发案数量也在急剧增加。将外国人犯罪案件，无论轻重，一律交由中级人民法院进行一审没有必要。而且我国许多基层人民法院的审判能力得到了加强，有能力审理外国人犯罪的案件。为此，对外国人犯罪的刑事案件，应与中国人适用无差别待遇，其一审刑事案件交由基层人民法院审理。

基层人民法院受理的公诉案件，认为案情重大、复杂或者可能判处无期徒刑、死刑的第一审刑事案件，请求移送中级人民法院审判的，应当经合议庭报请院长决定后，在案件审理期满15日以前书面请求移送。中级人民法院应当在接到移送申请后10日内作出决定。中级人民法院对于基层人民法院报请移送的案件，应当依情形作出不同的处理：认为不够判处无期徒刑、死刑的案件，决定不同意接受移送；中级人民法院同意接受的，应当向该基层人民法院下达同意移送决定书，并书面通知同级人民检察院。基层人民法院接到上级人民法院同意移交决定书后，应当通知同级人民检察院和当事人，并将起诉材料退回同级人民检察院。对于我国缔结或者参加的国际条约所规定的犯罪，我国具有刑事管辖权的案件，由被告人被抓获地的中级人民法院管辖；外国人在中华人民共和国领域外对中华人民共和国国家或者公民犯罪，依照我国刑法应受处罚的，由该外国人入境地的中级人民法院管辖。

### （三）高级人民法院管辖的第一审刑事案件

《刑事诉讼法》第21条规定：“高级人民法院管辖的一审刑事案件，是全省（自治区、直辖市）性的重大刑事案件。”在我国，高级人民法院设置在省、自治区、直辖市一级。重大刑事案件是指犯罪情节特别恶劣、后果特别严重或犯罪数额特别巨大的刑事案件。高级人民法院的主要任务是负责对中级人民法院判决和裁定的上诉和抗诉案件的审理、核准判处死刑缓期二年执行的案件，以及对全省（自治区、直辖市）下级人民法院审判工作进行监督。

由高级人民法院管辖的第一审刑事案件不宜过多，只能限于“全省（自治区、直辖市）性的重大刑事案件”。如果由高级人民法院审判的第一审刑事案件数量过多，也会给最高人民法院造成过重的二审压力，影响最高人民法院作为国家最高审判机关的正常工作。

（四）最高人民法院管辖的第一审刑事案件

《刑事诉讼法》第22条规定：“最高人民法院管辖的第一审刑事案件，是全国性的重大刑事案件。”最高人民法院是国家的最高审判机关，它担负着监督全国地方各级人民法院和专门人民法院的审判工作的重要职责，同时，还要对各高级人民法院判决和裁定的上诉和抗诉案件进行审理以及核准死刑案件。因此，由它管辖的第一审刑事案件只能是“全国性的重大刑事案件”。全国性的重大刑事案件，是指在全国范围内具有重大影响的，性质、情节都特别严重的刑事案件，如“四人帮”反革命集团案。最高人民法院拥有第一审刑事案件的管辖权需要慎重行使，因为它是两审终审制度的例外，即一审终局。

《刑事诉讼法》第23条规定：“上级人民法院在必要的时候，可以审判下级人民法院管辖的第一审刑事案件；下级人民法院认为案情重大、复杂需要由上级人民法院审判的第一审刑事案件，可以请求移送上一级人民法院审判。”这是法律对级别管辖所作的变通性规定。

第一，上级人民法院审判下级人民法院管辖的第一审刑事案件，可以由上级人民法院依职权自行决定，但只能“必要的时候”对个别案件适用。

第二，上级人民法院需要审理下级人民法院管辖的第一审刑事案件，应当向下级人民法院下达改变管辖的决定书，并书面通知同级人民检察院，被告人被羁押的，通知应送到羁押场所以及通知其他当事人。

第三，下级人民法院对自己管辖的第一审刑事案件，请求移送上一级人民法院审判的，只能是案情重大、复杂或者可能判处无期徒刑、死刑的刑事案件，并且只有在其请求得到上一级人民法院同意时，才能移送。

第四，下级人民法院请求移送上一级人民法院审判的第一审刑事案件，应当在案件审理期限届满15日以前书面请求移送。上级人民法院应当在接到移送申请后10日以内作出决定。不同意移送的，应当向下级人民法院下达不同意移送决定书；同意移送的应当向该下级人民法院下达同意移送决定书，并书面通知同级的人民检察院，该下级人民法院接到上级人民法院同意移送决定书后，应当通知同级人民检察院和当事人，并将全部案卷材料退回同级人民检察院。

如果一人犯有数罪、共同犯罪的案件和其他需要合并审理的案件，应当合并一案审理，但如果其罪行分别属于不同级别的人民法院管辖时，应采取就高不就低的原则，即只要其中一罪或者一人属于上级人民法院管辖，全案就都由上级人民法院管辖。

由上可见，我国刑事诉讼法中对级别管辖的规定，体现了如下几个特点：①将案件的性质和可能判处的刑期，作为划分级别管辖的基本依据；②绝大多数案件的第一审由基层人民法院和中级人民法院管辖，法院管辖案件的数量与法院的级别及法院的数量之间呈一定的比例关系，即法院的级别越高则法院数量越少，其管辖案件的数量也越少，反之亦然；③刑事诉讼法对管辖的规定基本上是采用概括加列举的方式，即对中级人民法院管辖的第一审刑事案件作了比较具体的规定，对其他级别法院的管辖的规定则比较概括；④结合了原则性和灵活性，规定了不同级别管辖权之间的变通管辖。但是需要注意的是，这里的管辖权的变更是单向的，而不是双向的，即管辖权只能上收，而不能下放。

## 二、地区管辖

地区管辖，是指同级人民法院之间在审判第一审刑事案件上的分工。地区管辖是在明确级别管辖的前提下同级人民法院之间根据一定的原则行使审判管辖权。根据《刑事诉讼法》第24条、25条的规定确定地区管辖的原则为：

### （一）以犯罪地法院管辖为主，以被告人居住地法院审判为辅

《刑事诉讼法》第24条规定："刑事案件由犯罪地的人民法院管辖。如果由被告人居住地的人民法院审判更为适宜的，可以由被告人居住地的人民法院管辖。"该条确定了地区管辖的基本原则，即以犯罪地法院管辖为主，以被告人居住地法院审判为辅的原则。

刑事案件之所以主要由犯罪地人民法院管辖，主要是因为：①犯罪地一般是犯罪证据最集中存在的地方，案件由犯罪地人民法院管辖，便于保护和勘验现场，便于及时、全面地收集和审查核实证据，有利于迅速查明案情。②犯罪地是当事人、证人所在的地方，由犯罪地的人民法院审判，便于他们就近参加诉讼活动，有利于审判工作的顺利进行。③案件既然在犯罪地发生，当地民众自然关心案件的处理，由犯罪地人民法院审判，更能有效地发挥审判的法制宣传教育作用，而且也有利于群众对法院审判工作的监督。④案件由犯罪地人民法院审判，便于人民法院系统地掌握和研究当地刑事案件发生的情况和规律，及时提出防范的建议，加强社会治安的综合治理，预防和减少犯罪的发生，维护社会秩序的和谐。

那么什么是犯罪地呢？犯罪地是指犯罪行为发生地。在理论上应当包括

犯罪预备地、犯罪行为实施地、犯罪结果地以及销赃地等。以非法占有为目的的财产犯罪，犯罪地包括犯罪行为发生地和犯罪分子实际取得财产的犯罪结果发生地。

刑事案件如果由被告人居住地的人民法院审判更为适宜的，可以由被告人居住地的人民法院管辖。单位犯罪的刑事案件由犯罪地的人民法院管辖，如果由被告单位处所地的人民法院管辖更为适宜的，可以由被告单位处所地的人民法院管辖。这是法律和司法解释对地区管辖所作的一项辅助性的规定。这里所说的被告人居住地，包括被告人的户籍所在地、居所地。至于什么是“更为适宜的”，这根据案件和被告人的具体情况来决定。例如，被告人流窜作案，主要犯罪地难以确定，而居住地群众更为了解其犯罪情况的；案件发生在两个地区交界的地方，犯罪地的管辖境界不明确，致使犯罪地的管辖法院难于确定的；被告人居住地的民愤更大，当地群众强烈要求在其居住地审判的；可能对被告人适用缓刑或者判处管制，而应当在被告人居住地进行监督改造和考察的等，都适宜由被告人居住的人民法院管辖。

### （二）以最初受理的人民法院审判为主，主要犯罪地人民法院审判为辅原则

根据《刑事诉讼法》第25条的规定，几个同级人民法院都有权管辖的案件，由最初受理的人民法院审判。在必要的时候，可以移送主要犯罪地的人民法院审判。地区管辖以犯罪地人民法院管辖为主，但是由于刑事案件错综复杂，可能一个案件涉及几个犯罪地，例如行为人在甲地盗窃，乙地销赃时被抓获。根据刑事诉讼法的规定，甲、乙两地人民法院都有管辖权，那么到底应该由哪个人民法院管辖更合适，《刑事诉讼法》第25条的规定解决了这种管辖权的冲突问题。最初受理的人民法院对案件情况有一定的了解，有利于案件的及时审理。但是，在必要的时候，最初受理的人民法院可以把案件移送主要犯罪地人民法院审判。“在必要的时候”，是指能够保证及时、准确地查明案情和便于当事人参加诉讼。

## 三、指定管辖

《刑事诉讼法》第26条的规定：“上级人民法院可以指定下级人民法院审判管辖不明的案件，也可以指定下级人民法院将案件移送其他人民法院审判。”这是指定管辖的法律根据。实践中经常会出现管辖界限不明确，人民法院之间相互推诿或者由有管辖权的人民法院管辖达不到诉讼的目的，需要经上级人民法院进行指定管辖。法律的这一规定表明，有些刑事案件的地区管辖是根据上级人民法院的指定而确定的。指定管辖一般适用于两类刑事案件：

一类为地区管辖不明而发生争议的刑事案件，例如刑事案件发生在两上或两个以上地区的交界处，犯罪地属于哪个人民法院管辖的地区不明确，在这种情况下，就可以由上级人民法院指定其中一个人民法院审判。另一类由于事实或者法律上的各种原因，原来有管辖权的法院不适宜审判或者不能保证审判活动的顺利进行，上级人民法院可以指定该下级人民法院将其管辖的案件移送其他人民法院审判，以保证案件能够得到正确、及时的处理。

有管辖权的人民法院因涉及本院院长需要回避等原因，不宜行使管辖权的，可以请求上一级人民法院管辖；上一级人民法院也可以指定与提出请求的人民法院同级的其他人民法院管辖。

对管辖权发生争议的，应当在审限内协商解决；协商不成的，由争议的人民法院分别逐级报请共同的上一级人民法院指定管辖。上级人民法院指定管辖的，应当在开庭审判前将指定管辖决定书分别送达被指定管辖的人民法院及其有关的人民法院。原受理案件的人民法院，在收到上级人民法院指定其他法院管辖决定书后，不再行使管辖权。对于公诉案件，应书面通知提起公诉的人民检察院，并将全部案卷材料退回，同时书面通知当事人；对于自诉案件，应当将全部案卷材料移送被指定管辖的人民法院，并书面通知当事人。根据有关司法解释规定，最高人民法院在必要时，可以指定有管辖权的下级人民法院将案件移送其他人民法院管辖。

### 四、特殊情况的地区管辖

由于刑事案件的错综复杂，有些案件不能完全适用上述地区管辖的规定，这些特殊情况下的地区管辖如下：

1. 对于我国缔结或者参加的国际条约所规定的罪行，中华人民共和国在所承担条约义务的范围内，行使管辖权。具体而言：①对于我国缔结或者参加的国际条约所规定的犯罪，我国具有刑事管辖权的案件，由被告人被抓获地的中级人民法院或者新发现罪的主要犯罪地人民法院管辖。②在中国领域外的中国船舶内的犯罪，由犯罪发生后该船舶最初停泊的中国口岸所在地的人民法院管辖。③在中国领域外的我国航空器内的犯罪，由犯罪发生后该航空器在中国最初降落地的人民法院管辖。④中国公民在驻外的中国使领馆内的犯罪，由该公民主管单位所在地或者他的原户籍所在地的人民法院管辖。⑤在国际列车上发生的刑事案件的管辖，按照中国与相关国家签订的有关管辖协定执行；没有协定的，由犯罪发生后列车最初停靠的中国车站所在地或者目的地的铁路运输法院管辖。

2. 对罪犯在服刑期间发现漏罪及又犯新罪的。①发现正在服刑的罪犯在判决宣告前还有其他犯罪没有受到审判的，由原审人民法院管辖，如果罪犯服刑地或者新发现罪的主要犯罪地的人民法院管辖更为适宜的，由服刑地的人民法院或者新发现罪的主要犯罪地人民法院管辖。②正在服刑期间又犯罪的，由服刑地人民法院管辖。③正在服刑的罪犯在逃脱期间的犯罪，如果是在犯罪地捕获并发现的，由犯罪地人民法院管辖；如果是被缉捕押解回监狱后发现的，由罪犯服刑地的人民法院管辖。

3. 刑事自诉案件的自诉人、被告人一方或者双方是在港、澳、台居住的中国公民或者单位的，由犯罪地的基层人民法院审判。港、澳、台同胞告诉的，应当出示港、澳、台居民身份证、回乡证或者其他能证明本人身份的证件。

4. 中国公民在中华人民共和国领域外的犯罪，由该公民离境前的长期（1 年以上）居住地或者原户籍所在地人民法院管辖。

5. 外国人在中华人民共和国领域外对中华人民共和国国家或者公民犯罪，依照我国刑法应受处罚的，由该外国人入境地的中级人民法院管辖。

### 五、专门管辖

专门管辖，是专门人民法院同普通人民法院之间在审判第一审刑事案件上的分工或专门人民法院审判第一审刑事案件的职权范围。

#### （一）军事法院管辖的刑事案件

军事法院管辖的刑事案件，主要是现役军人（含军队内的在编职工，下同）犯罪的案件，包括现役军人违反职责罪及其他各种犯罪案件。现役军人实施的其他各种犯罪案件，是指除军人违反职责罪以外的其他各种犯罪，包括现役军人在部队营区外即地方上的犯罪。

对军队与地方互涉案件，原则上实行分别管辖的制度，即现役军人和非军人共同犯罪的，分别由军事法院和地方人民法院或者其他专门法院管辖；但涉及国家军事秘密的，全案由军事法院管辖。下列案件与军队有关但不属于军事法院管辖，而由地方人民法院或者军事法院以外的其他专门法院管辖：①非军人、随军家属在部队营区内犯罪的；②军人在办理退役手续后犯罪的；③现役军人入伍前犯罪的（需与服役期内犯罪一并审判的除外）；④退役军人在服役期内犯罪的（犯军人违反职责罪的除外）。

#### （二）铁路运输法院管辖的刑事案件

铁路运输法院管辖的案件是铁路系统公安机关负责的刑事案件，主要是危害和破坏铁路运输和生产的案件，破坏铁路交通设施的案件，火车上发生的犯罪案件以及违反铁路运输法规、制度造成重大事故或严重后果的案件。铁路运输法院作为专门法院不再隶属于铁路部门，在改革后已纳入国家司法体系。

## ◇ 思考与练习

### 一、选择题

1. 张某系某集团军参谋，与同学李某、陈某要好。某日，张、李二人相约外出喝酒，与王某口角，二人合力将王某打成重伤后逃走。陈某得知此事，便以此为要挟，向张某借钱。张某无钱，陈某便让张弄几份军用地图卖给是间谍的某记者，具体由陈安排。陈某出卖军用地图时被抓获，并供出张、李故意伤害之事。关于张、王、李案件的管辖，下列说法错误的是（　　）。

A. 张某、李某二人故意伤害案由犯罪地地方人民法院管辖；张某、陈某为境外非法提供军事秘密罪由军事法院管辖

B. 张某所犯两个案件都由军事法院管辖；李某、陈某的犯罪案件由地方法院管辖

C. 张某、陈某为境外非法提供军事秘密罪由军事法院管辖；张某故意伤害由军事法院管辖，李某故意伤害由地方法院管辖

D. 因张某是现役军人，有他所参与的共同犯罪，应由军事法院管辖

**【答案】** ABD

**【解析】** 本案测试专门管辖。现役军人（含军内在编职工）和非军人共同犯罪的，分别由军事法院和地方人民法院或者其他专门法院管辖；涉及国家军事秘密的，全案由军事法院管辖。

2. 犯罪嫌疑人李某，男，40 岁，汉族，大学文化，系某国家机关进口处干部。2010 年 6 月，李某奉派去某国进修学习半年，在某国学习期间，李某经不住金钱、美女的诱惑，被该国一情报部门拉下水。回国后，在某省与某国有公司谈判从 R 国进口技术设备过程中，李某多次将我方谈判底价等有关核心机密出卖给谈判对方，致使我方蒙受重大损失。李某在 2011 年 4 月份去本省某县考察确定外贸加工定点厂家过程中，收受一工厂通过该县外贸公司经理送的好处费人民币 4 万元。另外，李某隐瞒已婚的事实，利用妻、女均在老家的机会，骗取结婚证明，2011 年 8 月在省城的工作单位所在的街道办事处与刘某登记结婚。关于该案的立案，以下说法正确的是（　　）。

A. 李某出卖国家核心机密的行为应由公安机关立案

B. 李某收取好处费的行为应由人民检察院立案

C. 李某的重婚行为可以由人民法院直接受理

D. 李某所有的案件都应由公安机关立案侦查

**【答案】** BC

**【解析】**本题测试立案管辖或职能管辖。依刑事诉讼法有关立案管辖的规定，危害国家安全案件由国家安全机关管辖，职务犯罪由人民检察院管辖，普通案件由公安机关管辖。

**二、讨论题**

1. 地区管辖中犯罪地法院管辖的立法理由有哪些？

**【讨论提示】**①便于证据的收集和审查核实；②便于当事人参加诉讼；③能有效发挥法制教育作用；④加强社会治安综合治理。

2. 对管辖有争议的案件应当如何处理？

**【讨论提示】**①分析管辖争议存在的原因；②分析处理管辖争议的法律规定。

**三、案例分析题**

胡某原系某县法院执行庭助理审判员，2003～2005年，胡某采取开具白条手段，收取多名民事案件被执行人执行款6万余元人民币私自予以截留，归个人使用。在其挪用行为被所在单位发觉后，胡某仓皇出逃。出逃期间，胡某以遭窃等为名，向外地多名朋友骗取4万余元人民币，全部用于赌博挥霍。案发后，该县检察院以挪用公款罪对胡某立案侦查，期间又查清了胡某诈骗犯罪的事实。并以胡某涉嫌挪用公款罪、诈骗罪向法院提起公诉。对本案中胡某构成挪用公款罪、诈骗罪无异议，但对检察机关是否有权对胡某的诈骗行为进行立案侦查存在不同观点。

一种意见认为，对诈骗罪应由检察机关立案侦查，公安机关予以配合。另一种意见则认为，诈骗罪应由公安机关立案管辖并侦查挪用公款罪，而检察机关予以配合。你认为哪种意见正确？理由何在？

**【参考答案】**人民检察院侦查贪污贿赂案件涉及公安机关管辖的刑事案件，应当将属于公安机关管辖的刑事案件移送公安机关。在上述情况中，如果涉嫌主罪属于公安机关管辖，由公安机关为主侦查，人民检察院予以配合；如果涉嫌主罪属于人民检察院管辖，由人民检察院为主侦查，公安机关予以配合。因此，诈骗罪应当由公安机关立案侦查，人民检察院予以配合。

## ◇ 参考文献

1. 陈光中主编：《刑事诉讼法实施问题研究》，中国法制出版社2000年版。

2. 武延平、刘根菊等编：《刑事诉讼法学参考资料汇编》，北京大学出版社2005年版。

# 第五章
# 回　避

【导读】　刑事回避制度作为一项古老的诉讼制度，源于罗马法时代“自然正义”的“任何人都不得做自己案件的法官”，逐渐成为世界各国普遍适用的制度。我国唐朝的“换推制”属于司法官审判回避的制度，元朝将“回避”一词引入法典并首次在法律上使用。《人民法院组织法》和1979年的《刑事诉讼法》对此项制度作出了规定，1996年修改后的《刑事诉讼法》增加了一些新的需要回避的法定情形。2012年修改的《刑事诉讼法》又增加了辩护人、诉讼代理人要求回避、申请复议的权利。

本章应以回避的理由、对象和回避的程序作为学习的重点。它以刑事诉讼的基本原则为前提，是程序公正的一项重要保障制度，又是之后章节判断诉讼程序违法、规定相应法律后果的基础。

## 第一节　回避概述

回避制度是刑事诉讼的一项重要制度，旨在维护办案人员或者陪审员在诉讼活动中处于的中立地位，通过相关人员从职务活动中离开来保障当事人能够受到公正的待遇，确保职务活动的公正性，避免出现不公正嫌疑的一项诉讼制度。这项制度要求与案件存在利害关系或者利益关系的人不得担任案件的裁判者，否则由他所从事的诉讼活动不具有法律效力。

### 一、回避的概念

刑事诉讼中的回避是指侦查人员、检察人员、审判人员、书记员、翻译人员和鉴定人等因与案件或案件的当事人有某种利害关系或者其他关系，可能影响公正处理案件，而不得参加该案诉讼活动的一种诉讼制度。

回避制度是现代诉讼的一项基本制度，在西方主要适用于法庭审判阶段，旨在确保那些参与裁判活动的法官、陪审员在诉讼中保持中立的地位，使当事人受到公正的对待，从而获得公正审判的机会。在我国，元朝法律是最早使用回避一词的。《大元通制·职制上》规定：“应回避而不回避者，各以其所犯坐之。”新中国成立后，1950年7月20日颁布的《人民法院组织通则》

第10条规定："县（市）人民法庭及其分庭的正副审判长、审判员，遇到与其本身有利害关系之案件，应当回避。"1954年的《人民法院组织法》第13条规定："当事人如果认为审判人员对本案人员有利害关系或者其他关系不能公平审判，有权请求审判人员回避。"1979年的刑事诉讼法对此作出了较为明确的规定，1996年修改后的刑事诉讼法又增加了"审判人员、检察人员、侦查人员不得接受当事人及其委托的人的请客送礼或者不得违反规定会见当事人及其委托的人"的回避理由。2002年2月最高人民法院《关于审判人员严格执行回避制度的若干规定》中将回避适用的对象从刑事诉讼法规定的审判人员、检察人员、侦查人员、书记员、翻译人员、鉴定人扩大到勘验人员、执行人员及律师。2012年修改的《刑事诉讼法》又增加了辩护人、诉讼代理人要求回避、申请复议的权利，扩大了申请回避和回避救济主体的范围。

## 二、回避的意义

我国《刑事诉讼法》规定的回避人员在立案、侦查、起诉、审判、执行的各个诉讼阶段，遇到法定回避情形的，应当主动地回避；没有自行回避的，当事人及其法定代理人有权申请其回避，通过回避制度使其不得主持或参与该案的诉讼活动，确保办案人员的中立和公正。设立和实行回避制度具有以下意义：

1. 回避为诉讼公正提供了基本的制度保障，确保刑事案件在实体上能够得到客观公正的处理。侦查人员、检察人员或审判人员等如果与案件或当事人存在某种利害关系或其他关系，就可能对案件产生先入为主的预断或偏见，甚至徇私舞弊、枉法追诉或裁判，那样案件的事实真相不仅得不到及时的揭示，而且还有可能被掩盖起来，甚至酿成冤假错案。建立和实施回避制度，能够使与案件或当事人存有利害关系或者其他可能影响案件公正处理的关系人员及时退出诉讼活动，阻却这些人员妨碍诉讼公正的可能性，有利于案件得到客观、公正的处理，降低案件误判的发生几率。

2. 回避可以确保当事人诉讼权利的实现。回避制度使与案件有利害关系或其他不当关系的人员及时退出诉讼程序，能够使当事人免受其偏袒、歧视或其他不公正的对待，从而平等地、充分地行使诉讼权利、参与诉讼活动。

3. 回避能够保证司法公正。回避将存在或者可能存在利害关系人或者利益关系人退出诉讼程序，以免受感情干扰或者利益驱动影响司法公正。尽管公安司法人员在选拔和任命时具有高于一般人的素质和知识要求，但作为一般人仍存在私利驱动的可能，以一般人的要求作出制度上的安排，借助回避来隔离特定利益与特殊感情，既有利于程序的纯洁，也可以消除顾虑，更有利于促进司法公正。

4. 回避能够确保法律适用过程和法律制度得到当事人和社会公众的普遍尊重。回避制度的实施，为当事人及其法定代理人提供了申请回避的机会，在一定程度上使当事人拥有对主持或参与案件侦查、起诉或审判的人员进行选择的权利。这不仅能消除当事人对这些人员的不信任感和对案件处理公正性的疑虑，而且有助于他们从内心尊重刑事司法程序，自愿接受刑事裁判结果。

## 第二节 回避的种类

回避依据不同的标准可作多种分类。根据法律规定的内容不同，回避可分为任职回避、执行职务回避和执业回避。任职回避是指具有法定情形而不能担任特定职务的制度；执行职务回避是指具有法定情形而不能履行特定职务的制度；执业回避是指非国家公职人员因具有法定情形而不能在特定场所执业的制度。我国刑事诉讼法规定的回避主要为执行职务回避。根据回避实施方式的不同，一般又可分为自行回避、申请回避和指令回避三种。

### 一、自行回避

自行回避是指审判人员、检察人员、侦查人员等在诉讼过程中遇有法定回避情形时，自行主动地要求退出刑事诉讼活动的制度。自行回避的实质是通过上述这些人员的职业自律和自我约束，消除导致案件得到不公正处理的可能性，使符合法定回避情形的人员自觉退出诉讼活动。

### 二、申请回避

申请回避是指案件当事人及其法定代理人、辩护人、诉讼代理人认为审判人员、检察人员、侦查人员等具有法定回避情形，向他们所在的机关提出申请，要求他们退出刑事诉讼活动的制度。这是当事人及其法定代理人、辩护人、诉讼代理人的一项诉讼权利。因此，专门机关或者审判人员、检察人员、侦查人员等有义务保证当事人及其法定代理人、辩护人、诉讼代理人在刑事诉讼的各个阶段充分有效地行使申请回避权。我国《刑事诉讼法》第29条规定："审判人员、检察人员、侦查人员不得接受当事人及其委托的人的请客送礼，不得违反规定会见当事人及其委托的人。审判人员、检察人员、侦查人员违反前款规定的，应当依法追究法律责任。当事人及其法定代理人有权要求他们回避。”第31条第2款规定：“辩护人、诉讼代理人可以依照本章的规定要求回避、申请复议。”

我国刑事诉讼中的申请回避是当事人及其法定代理人、辩护人、诉讼代理人的一项重要诉讼权利，尤其是熟知法律的辩护人、诉讼代理人享有此项权利更能够充分维护和保障当事人的诉讼权利。同时，审判机关、检察机关和侦查机关有义务保障当事人及其法定代理人、辩护人、诉讼代理人充分有效地行使这些权利，保障其权利得到真正实现。

### 三、指令回避

指令回避是指审判人员、检察人员、侦查人员等遇有法定的回避情形而没有自行回避，当事人及其法定代理人、辩护人、诉讼代理人也没有申请其回避的，审判机关、检察机关、侦查机关等有关组织或行政负责人有权作出决定，令其退出诉讼活动的制度。对于应当回避的人员，本人没有自行回避，当事人和他们的法定代理人、辩护人、诉讼代理人也没有申请其回避的，院长或者审判委员会应当决定其回避。对于应当回避的人员，本人没有自行回避，当事人和他们的法定代理人、辩护人、诉讼代理人也没有申请其回避的，检察长或者检察委员会应当决定其回避。公安机关负责人、侦查人员具有应当回避的情形，本人没有自行回避，当事人及其法定代理人、辩护人、诉讼代理人也没有申请他们回避的，应当由同级人民检察院检察委员会或者县级以上公安机关负责人决定他们回避。

指令回避是回避制度的重要组成部分，是对自行回避和申请回避的必要补充。指令回避的前提是应当回避的人员本人没有自行回避，并且当事人及其法定代理人、辩护人、诉讼代理人也没有申请回避。我国《刑事诉讼法》没有对此作出规定，但司法解释和相关规定对此作出了明确规定。

根据申请回避是否需要提出理由，回避又可分为有因回避和无因回避两种。有因回避又称为附理由的回避，是指有权提出回避申请的人只有在案件具备法定的回避理由的情况下，才能提出要求有关人员回避的申请。无因回避又称为强制回避或不附理由的回避，是指有权提出回避申请的人无须提出任何理由，即可要求有关人员回避，这种申请一旦提出，便可导致这些人员回避。我国刑事诉讼法没有规定无因回避制度。当事人及其法定代理人、辩护人、诉讼代理人提出回避申请，应当提供证据证明被申请回避的人员具备法定的回避理由。

## 第三节 回避的理由和对象

### 一、回避的理由

由于我国《刑事诉讼法》没有规定无因回避，无论是申请回避、指令回避还是作出回避决定，均应以法定理由为依据。回避的理由是指法律规定的申请或者决定回避时应当具备的事实根据。回避来自诉讼公正的司法理念和提高诉讼效率的价值追求，旨在避免参与案件处理的有关人员与案件或当事人有某种利害关系或其他特殊关系而影响案件公正的处理。为了使这一理念和价值追求得以具体化，并在司法实践中具有可操作性，各国刑事诉讼法一般都将回避的事实根据细化为具体的情形，明确其法定理由，以便申请或者决定回避时有章可循。

根据《刑事诉讼法》第 28 条、第 29 条以及其他相关规定，侦查人员、检察人员、审判人员等具有下列情形之一的，应当回避：

（一）是本案的当事人或者是当事人的近亲属的

当事人是指本案的被害人、自诉人、犯罪嫌疑人、被告人、附带民事诉讼的原告人和被告人。任何人不得担任自己为当事人的案件的裁判者，否则，由他主持进行的诉讼活动不具有法律效力。审判人员、检察人员、侦查人员等人不得例外。如果这些人本身就是本案的犯罪嫌疑人、被告人、被害人或其他当事人，那么他们的实体利益和诉讼目标就会与其所担当的诉讼角色发生冲突，他们极可能会从维护自身利益的角度进行诉讼活动，以至于难以使其他当事人受到公正的对待，也难以对案件作出公正客观的处理。同时，如果这些人员是某一方当事人的近亲属，就可能出于亲情而对该当事人予以偏袒，或使其他当事人受到歧视性待遇，影响诉讼的公正性。此外，即使这些人员事实上没有偏袒一方当事人，能够公正无私地处理案件，但因为他们与当事人存有上述关系，从程序公正方面来讲，刑事诉讼的公正性也会受到其他当事人乃至社会公众的怀疑。因此，具备这种情形的侦查人员、检察人员、审判人员等应当回避。

根据《刑事诉讼法》第 106 条的规定，刑事诉讼中的近亲属是指“夫、妻、父、母、子、女、同胞兄弟姐妹”。如果是本案的当事人或者与当事人有“直系血亲、三代以内旁系血亲及姻亲关系的”或者“与本案的诉讼代理人、辩护人有夫妻、父母、子女或者同胞兄弟姐妹关系的”审判人员也应当回避。

（二）本人或者他的近亲属和本案有利害关系的

审判人员、检察人员或者侦查人员本人或者他们的近亲属如果与本案有某种利害关系，案件的处理结果就会直接影响到他们及其近亲属的利益，由他们主持或参加诉讼活动，就很难使案件得到公正客观的处理。因此，具备这一情形的人员应当回避。

（三）担任过本案证人、鉴定人、勘验人、辩护人、诉讼代理人的

审判人员、检察人员或侦查人员等如果在案件中曾担任过证人、鉴定人、勘验人，存在对案件事实或案件的实体结局产生预断的可能性，就无法再从容、冷静、客观地收集、审查、判断证据，容易导致误判。同时，这些人员如果曾担任过本案的辩护人或诉讼代理人，就可能与委托过他们的当事人发生某种特殊关系，对案件事实有所了解，难以保证他们公正、客观地进行刑事诉讼活动。因此，审判人员、检察人员或侦查人员等遇有这些情形时，应当回避。

（四）与本案当事人有其他关系，可能影响公正处理案件的

除了上面列举的关系外，审判人员、检察人员或侦查人员如果与当事人是同学、同事、师生等关系可能影响案件公正处理的也应当回避。

（五）接受当事人及其委托的人的请客送礼或者违反规定会见当事人及其委托的人的

《刑事诉讼法》第29条规定：“审判人员、检察人员、侦查人员不得接受当事人及其委托的人的请客送礼，不得违反规定会见当事人及其委托的人。审判人员、检察人员、侦查人员违反前款规定的，应当依法追究法律责任。当事人及其法定代理人有权要求他们回避。”根据这一规定，司法工作人员接受当事人及其委托人的“请客送礼”，违反规定会见当事人及其委托人，也是回避的理由之一。审判人员、检察人员、侦查人员等一旦与当事人及其委托代理人之间发生经济上或其他方面的关系，也难以公正无私地处理案件。

根据最高人民法院有关规定，审判人员具有下列情形之一的，当事人及其法定代理人有权要求其回避，但应当提供相关证据材料：①未经批准，私下会见本案一方当事人及其代理人、辩护人的；②为本案当事人推荐、介绍代理人、辩护人，或者为律师、其他人员介绍办理该案件的；③接受本案当事人及其委托的人的财物、其他利益，或者要求当事人及其委托的人报销费用的；④接受本案当事人及其委托的人的宴请，或者参加由其支付费用的各项活动的；⑤向本案当事人借款，借用交通工具、通讯工具或者其他物品，或者接受当事人及其委托的人在购买商品、装修住房以及其他方面给予的好处的。

（六）法律另有规定的

这些情形主要包括审判人员、检察人员或侦查人员的任职回避和重新审判案件的回避。

1. 审判人员、检察人员或者侦查人员的任职回避。我国的有关法律及相关解释对于审判人员、检察人员或侦查人员的任职回避作出了规定。参加过本案侦查的侦查人员，如果调至人民检察院工作，不得担任本案的检察人员。参加过本案侦查、起诉的侦查人员、检察人员，如果调至人民法院工作，不得担任本案的审判人员。审判人员及法院其他工作人员离任两年内，担任诉讼代理人或者辩护人的，人民法院不予准许；审判人员及法院其他工作人员离任两年后，担任原任职法院审理案件的诉讼代理人或者辩护人，对方当事人认为可能影响公正审判而提出异议的，人民法院应当支持，不予准许本院离任人员担任诉讼代理人或者辩护人。但是，作为当事人的近亲属或者监护人代理诉讼或者进行辩护的除外。

《法官法》第 17 条规定："法官从人民法院离任后 2 年内，不得以律师身份担任诉讼代理人或者辩护人。法官从人民法院离任后，不得担任原任职法院办理案件的诉讼代理人或者辩护人。法官的配偶、子女不得担任该法官所任职法院办理案件的诉讼代理人或者辩护人。"《检察官法》第 20 条规定："检察官从人民检察院离任后 2 年内，不得以律师身份担任诉讼代理人或者辩护人。检察官从人民检察院离任后，不得担任原任职检察院办理案件的诉讼代理人或者辩护人。检察官的配偶、子女不得担任该检察官所任职检察院办理案件的诉讼代理人或者辩护人。"

2. 重新审判案件的回避。《刑事诉讼法》第 228 条规定："原审人民法院对于发回重新审判的案件，应当另行组成合议庭，依照第一审程序进行审判。"该法第 245 条规定："人民法院按照审判监督程序重新审判的案件，由原审人民法院审理的，应当另行组成合议庭进行。"凡在一个审判程序中参与过本案审判工作的合议庭组成人员，不得再参与本案其他程序的审判。

根据上述规定，对于第二审法院经过第二审程序裁定发回重审的案件，或者最高人民法院在死刑复核程序裁定不予核准，并撤销原判、发回重新审判的，原审法院负责审理此案的原合议庭组成人员不得再参与对此案件的审理；对于人民法院按照审判监督程序重新审判的案件，原负责审判此案的合议庭组成人员也不得再参与对该案的审理。这些条款也属于回避的理由，即参与过前一诉讼程序的有关人员，不得再参与同一案件的后一诉讼程序，防止其把在前一程序中形成的预断带到后一程序，以保证后一程序的公正性。

3. 辩护人涉嫌犯罪同案侦查机关的回避。《刑事诉讼法》第 42 条第 2 款规定："违反前款规定的，应当依法追究法律责任，辩护人涉嫌犯罪的，应当由办理辩护人所承办案件的侦查机关以外的侦查机关办理。"为保障辩护人依法履行职责，避免同一案件的侦查机关随意对辩护人立案侦查和采取强制措施，引发人们对侦查机关公正性的猜疑，刑事诉讼法对辩护人涉嫌犯罪的，规定了承办同一案件的侦查机关的回避问题。

## 二、回避的对象

回避的对象是指在法律明确规定的情形下应当回避的人员或者单位的范围。根据《刑事诉讼法》第28条、第31条的规定，适用回避的人员包括侦查人员、检察人员、审判人员以及参加侦查、起诉、审判活动的书记员、翻译人员和鉴定人；还包括勘验人员、执行人员以及司法警察甚至特殊情况下的单位。

根据《刑事诉讼法》的规定，结合相关司法解释及司法实践，适用回避的人员范围如下：

### （一）侦查人员

侦查人员是指公安机关、国家安全机关、人民检察院、军队保卫部门、监狱以及海关犯罪侦查部门直接办理案件的侦查人员以及参与案件侦查活动和案件讨论、决定的负责人。参加本案侦查的侦查人员，如果调入检察机关或者审判机关，不得担任本案的检察人员或者审判人员。

### （二）检察人员

检察人员包括检察长、分管副检察长、行使各项检察权的具体办案人员以及参与案件讨论、决定的相关部门负责人。

检察委员会讨论案件的活动具有检察活动的性质，如果检察委员会委员与当事人或案件有某种利害关系或其他特殊关系，他们在讨论和决定案件时也难以做到公正无私，可能影响案件的客观、公正处理。所以，检察委员会委员属于刑事诉讼法规定的"检察人员"，如果符合法定情形，应当回避。

### （三）审判人员

审判人员包括各级人民法院院长、副院长、审判委员会委员、庭长、副庭长、审判员、助理审判员，也包括人民陪审员。这些人员直接承办案件或者参与案件的讨论和作出处理决定，符合回避法定情形的，应当回避。凡在一个审判程序中参与过本案件审判工作的审判人员，不得再参与该案其他程序的审判。符合上述条件的审判人员，也应当回避。

### （四）书记员、翻译人员、鉴定人

在侦查、检察、审判各个阶段中被指派或者聘请参加诉讼的书记员、翻译人员和鉴定人同样也属于应当回避的人员。上述有关回避的规定，适用于法庭书记员、翻译人员和鉴定人。

另外，最高人民法院和最高检察院的有关规定将勘验人员、执行人员、司法警察也纳入了回避人员的范围，即关于回避的规定，适用于书记员、司法警察以及人民检察院聘请或者指派的翻译人员、鉴定人。

关于律师回避的问题，我国《刑事诉讼法》没有对此作出规定。我国《律师法》第41条规定："曾经担任法官、检察官的律师，从人民法院、人民检察院离任后2年内，不得担任诉讼代理人或者辩护人。"这一关于执业回避的规定，需要引起关注。

另外，《刑事诉讼法》第42条第2款规定的"辩护人涉嫌犯罪的，应当由办理辩护人所承办案件的侦查机关以外的侦查机关办理"，属于办案机关的回避，在回避对象上不仅仅限于自然人，还包括特殊情况下作为单位的侦查机关。

## 第四节　回避的程序

### 一、回避的启动程序

回避的启动程序是指发动或者提起回避程序。在侦查、起诉、审判和执行阶段，有关组织或者个人都可以启动回避程序，使有关人员退出侦查、起诉和审判等活动。其程序主要包括回避启动的主体、期间及其方式等。

#### （一）回避启动的主体

回避启动的主体是指发动或者提起回避程序的人员或者组织。我国《刑事诉讼法》没有对侦查、起诉阶段回避程序作出明确的规定，为保证回避制度的贯彻实施，根据有关规定，侦查人员和检察人员在各自刑事诉讼活动开始时，应当分别向犯罪嫌疑人、被害人等当事人及其法定代理人、辩护人、诉讼代理人告知其享有申请回避的权利，履行相应的告知职责，使其在知悉其权利后能够及时申请有关人员回避。

由于诉讼各方在侦查阶段难以集中在同一场所进行诉讼活动，因此，侦查阶段的回避应当以自行回避和指令回避为主，以申请回避为补充。同时，检察机关应当加强对侦查活动合法性的监督，对于侦查人员有法定回避情形而没有自行回避的，在审查批捕或者审查起诉时可以程序违法为由，将案件退回侦查机关或部门重新侦查。在审查起诉阶段，检察人员如果遇到法定回避情形的，应当自行回避。检察长或者检察委员会如果发现检察人员有法定回避情形而没有自行回避的，有权指令其回避。同时，犯罪嫌疑人、被害人等当事人也可以向检察机关提出要求相关检察人员回避的申请。

《刑事诉讼法》第185条规定："开庭的时候，审判长……告知当事人有权对合议庭组成人员、书记员、公诉人、鉴定人和翻译人员申请回避；告知被告人享有辩护权利。"在法庭开始时，审判长应当首先向当事人告知申请回避权，然后由当事人及其法定代理人行使回避的权利。从诉讼程序来看，告知当事人申请回避权以及当事人行使回避申请权不仅适用于第一审程序、第二审程序，也应当适用于审判监督程序和死刑复核程序，以此确保案件得到公正地处理。第二审人民法院发现第一审人民法院的审理违反有关回避规定，经查证属实，应当裁定撤销原判，发回原审人民法院重新审判。审判人员明知自己具有自行回避法定情形而故意不依法自行回避或者对于符合回避条件的申请故意不作出回避的，可依《人民法院审判纪律处分办法（试行）》的规定给予纪律处分。人民检察院发现人民法院的有关人员应当回避而没有回避的，可通过法律监督的方式及时向人民法院提出，纠正人民法院的有关违法行为，维护当事人的合法权益以及法律的尊严。

为了保障生效的裁判得到公正、有效和合法的执行，在案件的执行程序中，对于执行人员也应当贯彻和落实回避制度。

（二）回避的期间

回避的期间是指回避适用的诉讼阶段范围。根据《刑事诉讼法》的规定，回避适用于审判人员、检察人员和侦查人员等，因此，回避适用于侦查、起诉、审判和执行等各个诉讼阶段。

（三）回避的方式

回避一般有申请回避、自行回避和指令回避三种方式。

1. 申请回避。当事人及其法定代理人、辩护人、诉讼代理人申请回避的，应当以书面或口头的方式向有关机关或者人员提出，并应说明理由；以口头方式提出回避申请的，应当记录在案。当事人及其法定代理人、辩护人、诉讼代理人以审判人员、检察人员、侦查人员等接受当事人及其委托的人的请客送礼或者违反规定会见当事人及其委托的人为由提出回避申请的，应当提供（有关）证明材料。

2. 自行回避。审判人员、检察人员、侦查人员等自行回避的，可以口头或者书面提出，并说明理由；口头提出申请的，应当记录在案。

3. 指令回避。指令回避因启动权不同于申请回避和自行回避，其回避的方式应当由有关机关的负责人或者审判委员会、检察委员会以决定书的方式作出，不宜采用口头的方式。

## 二、回避的审查与决定程序

### （一）回避的审查

回避的审查是指对于自行回避的本人和申请回避的人员提出的回避理由进行审查，核查回避的理由是否符合刑事诉讼法规定的法定回避事由及其他的相关规定。

申请侦查人员、检察人员和审判人员回避，是当事人及其法定代理人、辩护人、诉讼代理人的一项重要诉讼权利。但是，当事人及其法定代理人、辩护人、诉讼代理人提出回避申请能否被准许，需要由法定组织和人员进行全面地审查，并作出回避与否的决定。

### （二）回避的决定

《刑事诉讼法》第30条第1款规定："审判人员、检察人员、侦查人员的回避，应当分别由院长、检察长、公安机关负责人决定；院长的回避，由本院审判委员会决定；检察长和公安机关负责人的回避，由同级人民检察院检察委员会决定。"书记员、翻译人员和鉴定人员的回避，由人民法院院长决定。上述人员的回避不能由审判长决定。回避的决定程序具体包括以下内容：

1. 侦查人员、参与侦查活动的勘验人、鉴定人、翻译人员和记录人的回避，由县级以上公安机关负责人决定。县级以上公安机关负责人的回避，由同级人民检察院检察委员会决定。公安机关负责人、侦查人员具有应当回避的情形，本人没有自行回避，当事人及其法定代理人、辩护人、诉讼代理人也没有申请他们回避的，应当由同级人民检察院检察委员会或者县级以上公安机关负责人决定他们回避。

2. 检察人员、参与检察活动的书记员、司法警察和人民检察院聘请或者指派的翻译人员、鉴定人的回避，由检察长决定。检察长的回避，由检察委员会讨论决定。检察委员会讨论检察长回避问题时，由副检察长主持，检察长不得参加。

3. 审判委员会成员、合议庭组成人员及独任审判员、参与审判活动的法庭书记员、翻译人员和鉴定人的回避，由人民法院院长决定。人民法院院长的回避，由审判委员会讨论决定；审判委员会讨论院长回避问题时，由副院长主持，院长不得参加。

有回避决定权的组织或个人经过全面审查，如果发现被申请回避的人员确有《刑事诉讼法》规定的回避情形之一的，应依法作出决定，令其回避。回避决定一经作出，即发生法律效力，该被申请回避者应立即退出刑事诉讼活动。如果有回避决定权的组织或个人经过审查，认为被申请回避者事实上不具有法定的回避情形，其参加诉讼活动不会影响案件的公正处理，可以作出驳回回避申请的决定。

我国《刑事诉讼法》对被决定回避的侦查人员、检察人员、审判人员没有赋予申请复议权。被决定回避人员对决定有异议的，可以在恢复庭审前申请复议一次。在审判程序中被决定回避的人员，享有申请复议权。

对于辩护人涉嫌犯罪的，应当由办理辩护人所承办案件的侦查机关向上一级侦查机关申请，由上一级侦查机关指令其他侦查机关办理。

### （三）回避决定作出前诉讼行为的效力

回避申请提出以后，回避决定作出以前，诉讼程序一般应暂时停止，如在法庭审理阶段，可以宣布暂时休庭或决定延期审理等。但是，考虑到刑事侦查工作的紧迫性和特殊性，为了防止因审查回避影响侦查活动的及时、有效进行，防止造成重要证据材料灭失或犯罪嫌疑人逃跑等不可弥补的损失，《刑事诉讼法》第 30 条第 2 款规定，“对侦查人员的回避作出决定前，侦查人员不能停止对案件的侦查”，在作出回避决定前或者复议期间，公安机关负责人、侦查人员不得停止对案件的侦查。刑事诉讼法及相关司法解释没有对复议期间检察人员和审判人员是否停止检察和审判工作作出明确规定。这一规定主要是基于侦查工作的紧急性考虑，检察机关和审判机关进行的审查起诉或者审判活动一般没有紧急的情况，因此，复议期间检察人员和审判人员应停止所从事的检察和审判活动。

被决定回避的公安机关负责人、侦查人员、勘验人、鉴定人、记录人和翻译人员，在回避决定作出以前所进行的诉讼活动是否有效，由作出决定的机关根据案件情况决定。

被人民法院院长或者审判委员会决定回避的人员，在回避决定作出以前所取得的证据和进行的诉讼行为是否有效，《刑事诉讼法》及相关规定、解释并没有作明确规定。一般认为，应视为无效。这是因为《刑事诉讼法》第 227 条规定，第二审人民法院如果发现第一审人民法院的审理违反回避制度，应当裁定撤销原判，发回原审人民法院重新审判，此后的处理决定，应与之前的保持一致。可见，我国刑事诉讼法是认为其无效的。另外，基于审判活动对被告人定罪量刑的关键性考虑，视为无效也是应当的。

## 三、对驳回申请回避决定的复议程序

公安机关、人民检察院作出驳回申请回避的决定后，应当告知当事人及其法定代理人、辩护人、诉讼代理人；当事人及其法定代理人、辩护人、诉讼代理人对于驳回申请回避决定不服的，可以在收到决定书后5日内向原决定机关申请复议一次。当事人及其法定代理人、辩护人、诉讼代理人对于驳回申请回避决定不服申请复议的，决定机关应当在3日以内作出复议决定并书面通知申请人。

被人民法院决定回避的人员对决定有异议的，可以在恢复庭审前申请复议一次；被驳回申请的当事人及其法定代理人、辩护人、诉讼代理人对人民法院的决定有异议的，可以当庭申请复议一次。但是，当事人及其法定代理人申请回避的理由不在《刑事诉讼法》第28、29条所规定回避理由之列的，由法庭当庭驳回，并不得申请复议。

依照《刑事诉讼法》的规定，当事人及其法定代理人、辩护人、诉讼代理人对于驳回回避申请的决定不服的，可以复议一次。由于对驳回回避申请的决定进行复议的主体仍是原来作出决定的机关或者人员，在实践中可能出现当事人及其法定代理人、辩护人、诉讼代理人回避申请权难以得到有效保障的问题。为了使刑事诉讼程序更公正，更有利于消除当事人及其法定代理人、辩护人、诉讼代理人的疑虑，复议可以改由原作出回避决定的上级机关或者专门设立相应的机关进行，不宜再由原作出决定的职权机关进行。

## ◇ 思考与练习

### 一、选择题

1. 某区20岁的张某伤害该区公安分局局长李某的儿子，导致被害人重伤，该区公安分局对张某进行了立案侦查。有关该案的回避问题，下列选项正确的有哪些？(　　)

A. 张某的父亲有权申请被害人父亲李某回避

B. 李某的回避由该区人民检察院检察长决定

C. 在回避决定作出以前，李某应暂停参加对该案的侦查工作

D. 如果张某的辩护人对驳回回避申请的决定不服，可以在5日内向该区人民检察院检察委员会申请复议一次

**【答案】** D

**【解析】** 李某是被害人的近亲属，根据《刑事诉讼法》第28条的规定，张某的父亲无权申请回避，故A选项错误。根据《刑事诉讼法》第30条的规定，公安机关负责人的回避，由同级人民检察委员会决定，而非检察长决定，故B选项错误。根据《刑事诉讼法》第30条第2款的规定，对侦查人员的回避作出前，侦查人员不能停止对案件的侦查，故C选项错误。根据《刑事诉

讼法》第31条第2款和有关规定，辩护人有权申请回避、申请复议，有权在5日内向原决定机关申请，本案的原决定机关是该县人民检察院检察委员会，故选项D正确。

2. 下列人员中，有申请回避权的是（　　）。

A. 被害人

B. 被害人的诉讼代理人

C. 被告人

D. 未成年被告人的父母

**【答案】** ABCD

**【解析】** 根据《刑事诉讼法》第28条和第106条的规定，被害人、被告人作为当事人有权申请回避；未成年被告人的父母作为法定代理人有权申请回避。2012年修改的《刑事诉讼法》规定了辩护人、诉讼代理人申请回避、复议的权利。

## 二、讨论题

1. 我国《刑事诉讼法》将作为追诉方的侦查人员、检察人员规定为回避的对象。1993年《法国刑事诉讼法典》修改后将原来第669条第2款对检察院的检察官可以申请回避改为“检察机关的检察官不受申请回避”。《最高人民法院关于审判人员严格执行回避制度的若干规定》将勘验人也纳入回避对象的范围，并提及律师回避的问题。请对上列人员是否应当作出回避对象进行讨论？

**【讨论提示】** ①从我国刑事诉讼的体制分析；②从诉讼结构和回避人员在诉讼中的地位及角色分析；③从刑事诉讼发展趋势探讨。

2. 美国对于陪审员的回避分为有因回避和无因回避。前者是指双方当事人或者一方当事人拒绝某人充任陪审员必须说明理由，应当由法庭决定；后者是指双方当事人或者一方当事人拒绝某人充任陪审员不必说明理由，法庭应当更换该陪审员而召集另一陪审员。有的学者认为，我国应当借鉴英美法国家的做法，对于陪审员建立无因回避制度。请谈一下你的观点？

**【讨论提示】** ①实行陪审团的英美法国家当事人可以选择是否陪审团审判；②保障陪审员的审判质量；③避免上诉等。

3. 刑事诉讼法规定，辩护人涉嫌犯罪的，应当由办理辩护人所承办案件的侦查机关以外的侦查机关办理。针对目前我国在重庆和广西北海出现的辩护律师“犯罪”而要求当地公检法机关“回避”的问题，谈谈此规定的意义及其适用程序？

**【讨论提示】** ①基于刑事诉讼结构的控辩平等；②辩护权的有效保护；

③回避与管辖的关系；④程序公正。

**三、案例分析题**

某市人民法院在审理一起体罚、虐待被监管人员案件时，被害人申请法院的审判委员会委员王某、刑一庭庭长刘某、参加本案合议庭的人民陪审员陈某回避，辩护方提出传唤的证人刘某回避。根据刑事诉讼有关规定，请问以上人员哪些属于应当回避的人员？

**【参考答案】** 审判委员会委员、合议庭组成人员及独任审判员属于自行回避和被申请回避的人员之列，所以王某、陈某属于应当回避的人员。刑一庭庭长刘某虽不一定参加本案审判，但作为庭长会参与案件的讨论、决定，也应回避。刘某属于证人，因为证人具有不可替代性，不属于应当回避的人员。

## ◇ 参考文献

1. 樊崇义等：《刑事诉讼法修改专题研究报告》，中国人民公安大学出版社 2004 年版。

2. 陈卫东主编：《刑事诉讼制度论》，中国法制出版社 2011 年版。

3. 张善燚、李德文：“反思与重构：我国律师回避制度的缺失及克服——以回避制度的法价值为视野”，载《湘潭大学社会科学学报》2001 年第 6 期。

4. 张品泽：“刑事回避对象之比较——兼评我国侦诉人员的回避”，载《政法论坛》2004 年第 4 期。

5. 孙洪坤、王冠军：“刑事回避制度的观念更新与改革”，载《中国刑事法杂志》2004 年第 5 期。

# 第六章

# 辩护与代理

【导读】 本章是关于刑事诉讼制度中与权力相对应的权利保障制度的重要内容，是以辩护与代理为中心研究关于犯罪嫌疑人、被告人以及被害人权利保护的基本制度。科学、合理、进步的辩护与代理制度是刑事诉讼文明的重要体现，也是实现司法公正、保障人权的基础，更是充分发挥刑事诉讼修复社会秩序功能的基本途径。2012 年修改的《刑事诉讼法》重点完善了辩护人在刑事诉讼中法律地位和作用的规定，扩大了法律援助的适用范围。

学习本章应当掌握刑事辩护的理论基础；辩护人的权利和义务；辩护人的诉讼地位和范围；刑事代理的意义和种类；刑事代理人的诉讼地位和权利；我国目前法律及司法解释中有关辩护与代理的主要规定。同时，应当以掌握刑事诉讼法的历史发展、基本原则、专门机关和参与人以及管辖和回避制度等基本知识为前提，进一步学习证据制度、强制措施和刑事诉讼程序的有关知识。

## 第一节 辩 护

辩护制度是刑事诉讼程序中保障犯罪嫌疑人、被告人依法行使辩护权的重要制度，也是现代法治国家法律制度的重要组成部分，其鲜明地代表着一个国家的法治状况，特别是刑事法律制度的民主性和公正性程度以及人权保障的水平。

### 一、刑事辩护的相关概念及历史发展

#### （一）刑事辩护的相关概念

1. 辩护。辩护是指犯罪嫌疑人、被告人及其辩护人针对刑事指控，通过法律所赋予的权利，根据案件事实和法律，提出有利于被指控者的主张和证据，有效对抗控诉方，抵消其诉讼效果，从而促使被指控者受到公正对待，进而维护其合法利益的所有诉讼行为的总和。在现代刑事诉讼中，辩护是与控诉相对应的一种诉讼职能。

从本源上看，辩护是人进行自我保护的一种本能反应，它存在于人类社

会关系的各个角落，基本特征就是反驳、辩解，寻求有利于自己的事实。刑事诉讼领域中的辩护也具备这些基本特征，但有所不同的是：①随着刑事诉讼文明程度的提高，刑事辩护由一种本能的自我保护活动上升为一种受法律保护的权利；②刑事辩护具有更强的专业性和技术性，辩护的质量对被指控者的意义重大；③刑事辩护直接对抗的是强大的国家公诉机关或者自诉人，这是任何一种辩护所不具备的特征，也是刑事辩护活动之所以特殊的主要原因所在；④刑事辩护不仅仅是个人进行自我保护的活动，更是维护国家司法公正的不可替代的一种基本的司法制度，具有更强的公共性。

2. 辩护权。辩护权是法律赋予犯罪嫌疑人、被告人的一项基本的民主权利，是指犯罪嫌疑人、被告人针对刑事指控进行反驳、辩解以及获得辩护人帮助的权利。被追诉人在刑事诉讼中的地位是通过其所享有的诉讼权利来体现的。辩护权、陈述权、提问权以及上诉权等一并构成了被追诉人的诉讼权利体系，其中，辩护权处于核心地位，其他一切权利的行使都以实现该项权利为依托和最终归宿。甚至，从某种意义上可以说，被指控者的其他一切诉讼权利的实施都是其行使辩护权的途径和方式。

从辩护权的具体实施主体看，既包括犯罪嫌疑人、被告人的自我辩护，也包括犯罪嫌疑人、被告人的辩护人（包括律师和非律师辩护人）所进行的各项辩护行为；从辩护权的具体实现方式看，不仅包括陈述、辩解等传统意义上的辩护方式，还包括上诉、请求调取证据、申诉以及获得辩护人帮助等。

3. 辩护制度。辩护制度是法律规定的关于辩护权、辩护种类、辩护方式、辩护人的范围、辩护人的责任、辩护人的权利与义务等一系列规则的总称。辩护制度是犯罪嫌疑人、被告人有权获得辩护原则在刑事诉讼中的体现和保障。我国《宪法》、《刑事诉讼法》、《律师法》等有关规定的内容，构成了辩护制度的基本体系。

在辩护、辩护权、辩护制度三者的关系中，辩护权是辩护制度产生的基础，辩护制度是辩护权的保障，辩护权通过具体的辩护活动得以实现。

（二）我国辩护制度的历史发展

新中国成立后，在废除伪法统的同时，我国开始探索建立新的司法制度。刑事辩护制度也在总结民主革命时期成功经验的基础上得到发展，并酝酿建立律师制度。1954 年的第一部《宪法》将“被告人有权获得辩护”规定为宪法原则。其后，《人民法院组织法》规定“被告人有权获得辩护。被告人除自己进行辩护外，有权委托律师为他辩护，可以由人民团体或者被告人所在单位推荐的或者经人民法院许可的公民为他辩护，可以由被告人的近亲属、监护人为他辩护。人民法院认为必要的时候，可以指定辩护人为他辩护”。50

年代后期，由于“左”的思想路线的影响，刚刚建立起来的辩护制度受到破坏。文化大革命期间，刑事辩护制度基本夭折。党的十一届三中全会以后，我国开始健全社会主义民主法制建设，1979 年《刑事诉讼法》重新将辩护制度确立下来，原则性规定为“被告人有权获得辩护，人民法院有义务保证被告人获得辩护”，并且通过专章规定，被告人除自己行使辩护权外，有权按照自己的意愿委托律师、近亲属、监护人、人民团体或所在单位推荐的辩护人为他辩护；辩护人在审判阶段介入刑事诉讼，享有阅卷、同在押被告人会见、通信等权利；公诉人出庭的案件，被告人没有委托辩护人的，法院应当为其指定辩护人；被告人是聋、哑或未成年人而没有委托辩护人的，法院应当为其指定辩护人。1980 年 8 月 26 日，《律师暂行条例》颁布实施，该法对律师的性质、任务、职责、权利、义务、资格条件等作了进一步明确规定，我国的刑事辩护制度得以全面恢复和发展，成为我国辩护律师制度进入新时期的重要里程碑。

1996 年修改的《刑事诉讼法》对辩护制度作了较大的修改，将律师参加刑事诉讼的时间大为提前，明确规定了辩护人的数量、资格，扩大了法院指定辩护的范围，扩充了辩护律师的诉讼权利，引入了庭审控辩对抗机制等，律师能够多阶段、多形式地介入刑事诉讼活动。这一立法变动旨在通过对辩护制度的完善，提升人权保障的力度，使我国的刑事辩护制度得以沿着法治的轨道前行。1996 年 5 月 15 日，全国人民代表大会常务委员会第十九次会议审议通过了《律师法》，旨在进一步发挥律师在国家政治、经济和社会生活中的作用。两部法律的颁布与实施，从立法上标志着我国的刑事辩护制度进入了一个新的发展时期。然而，在司法实践中，就刑事诉讼法的修改和律师法的颁布对于中国刑事辩护制度所引起的实质性影响而言，却并非如此，刑事辩护制度的发展出现了新的瓶颈。所以，当刑事诉讼法之再修改被纳入立法变动规划时，辩护制度的修改又成为目光聚集的焦点。

2007 年 10 月 28 日，第十届全国人民代表大会常务委员会第三十次会议对律师法进行了修订。修改后的《律师法》从律师定位的界定、律师权利等方面进一步完善了我国刑事辩护制度，突出表现在：①对律师地位的定位更为科学和明确。该法第 2 条指出“本法所称律师，是指依法取得律师执业证书，接受委托或者指定，为当事人提供法律服务的执业人员。律师应当维护当事人合法权益，维护法律正确实施，维护社会公平和正义”。②进一步完善和发展了辩护律师的权利。律师会见权、阅卷权、调查取证权、执业保障权等权利在该法中得到了新的发展和补充。此外，该法还进一步完善了律师执业许可制度。上述立法上的完善在一定程度上推动了我国刑事辩护制度的进一步发展。

2012 年修改的《刑事诉讼法》是继 1996 年《刑事诉讼法》修订以来我国刑事诉讼制度的又一次重大修订与完善。修改后的《刑事诉讼法》在将“尊重和保障人权”写入刑事诉讼法总则第 2 条的基础上，着力在辩护制度方面修订和完善了以下内容：①明确犯罪嫌疑人在侦查阶段可以委托辩护人，即在侦查阶段引入了刑事辩护的律师准入制度，规定在侦查期间，只能委托律师作为辩护人。②规定犯罪嫌疑人、被告人在押的，其监护人、近亲属可以代为委托辩护人。③取消了涉及国家秘密的案件中犯罪嫌疑人聘请律师应当经侦查机关批准的规定。④修改了关于辩护律师会见犯罪嫌疑人、被告人的规定。主要包括：律师持有三证（律师执业证书、律师事务所证明和委托书或者法律援助公函）即可要求会见；明确负责安排会见的机关是看守所而不是办案机关；规定看守所应当及时安排会见，至迟不得超过 48 小时；将律师在侦查阶段会见涉及国家秘密案件犯罪嫌疑人应经侦查机关批准修改为危害国家安全犯罪、恐怖活动犯罪、特别重大贿赂犯罪案件应经侦查机关批准；规定辩护律师会见犯罪嫌疑人、被告人不被监听。⑤修改了关于辩护人阅卷的规定。规定自审查起诉之日起辩护律师可以查阅、复制、摘抄本案的案卷材料，其他辩护人经过人民法院、人民检察院许可，也可以查阅、复制、摘抄上述材料。⑥新增辩护人申请调取证据权。《刑事诉讼法》第 39 条规定：“辩护人认为在侦查、审查起诉期间公安机关、人民检察院收集的证明犯罪嫌疑人、被告人无罪或者罪轻的证据材料未提交的，有权申请人民检察院、人民法院调取。”⑦增加和完善了辩护人在有关诉讼阶段的权利、义务。权利主要包括：辩护律师在侦查期间有申请变更强制措施、提出意见的权利；辩护律师自审查起诉之日起，有向犯罪嫌疑人、被告人核实有关证据的权利；辩护律师对在执业活动中知悉的委托人的有关情况和信息有保密的权利；如果认为公安机关、人民检察院、人民法院及其工作人员阻碍其依法行使诉讼权利的，辩护律师有向同级或者上一级人民检察院申诉或者控告的权利；辩护人、诉讼代理人有要求回避和申请复议的权利。义务主要包括：辩护人在接受委托后应及时告知办案机关；对于自己收集的有关犯罪嫌疑人不在犯罪现场、未达到刑事责任年龄、属于依法不负刑事责任的精神病人的证据，辩护人有及时告知公安机关、人民检察院的义务；对于在执业活动中知悉的委托人或者其他人准备或者正在实施危害国家安全、公共安全以及严重危害他人人身安全的犯罪的，辩护律师有及时告知司法机关的义务。⑧对于辩护人涉嫌伪证罪的案件管辖作出特别规定。修正案规定：辩护人涉嫌犯罪的，应当由办理辩护人所承办案件的侦查机关以外的侦查机关办理。辩护人是律师的，应当及时通知其所在的律师事务所或者所属的律师协会。⑨扩大了法律援助的适用范围。主要包括：将可能判处无期徒刑，未完全丧失辨认、控制能力的精神病人以及强制医疗程序中的被申请人或者被告人列入法律援助的范围；将法律援助的时间由审判阶段提前到侦查阶段；将由法院指定律师修改为通知法律援助机构指派律师。上述立法的变动，使辩护权得以进一步扩张，控辩双方力量呈现趋于平衡之势。

## 二、刑事辩护制度的功能

### （一）制约公权力

从政治学的角度看，权力是一种关系范畴，是一个人依据自身的需要，影响乃至支配他人的一种强制性力量；从经济学的角度考察，权力是指一个人（一些人）在一定的社会关系中，拥有的支配一定量的社会资源的能力。权力具有强制性、等级性、对象性、整合性和目的性，由这些特性所派生出来的扩张性、侵犯性、排他性、诱惑性和腐蚀性也是权力最明显的特征。

国家公权力在刑事诉讼的各个阶段都有所渗透，从侦查阶段的侦查权到起诉阶段的检察权再到审判阶段的审判权直至刑罚执行阶段的行刑权，国家公权力都无处不在。权力所及的地方就是公民权利容易受到侵犯的地方，可以说，在整个刑事诉讼的进程中，国家公权力都有扩张、滥用的趋势，公民的权利时时刻刻面临着受侵犯的危险。

现代宪政制度下，除了权力对权力的制约，权利也可以制约权力，这是人民主权思想的体现。辩护权由于是犯罪嫌疑人、被告人专有的诉讼权利，所以在本质上是一种私权属性；而控方作为国家追诉机关，其行使的控诉权自然属于公权力的范畴，所以利用辩护权来抑制控诉权、利用私权来制约公权的制度设计归根结底是建立了一种在平衡中化解风险的机制。可见，辩护制度的构建机理在很大程度上反映了“控权”、“限权”的精神，反映了人们对司法权危险性、扩张性的警惕。

### （二）保障人权

人权理念和人权革命的兴起推动了刑事诉讼的发展，也刺激刑事辩护制度走向了繁荣。追溯人权思想，最早见于古希腊的自然法理论中，在自然法理论“平等人格”观念和“本性自由”观念的不断演化和融合中不断发展。不过，自然法理论依然属于神学的范畴，没有形成现代意义的人权理论。中世纪后，欧洲野蛮、残暴、愚昧和落后的君权、神权的统治遭到了人们的抵制，人权理念逐步产生。随后，洛克、霍布斯、密而顿等思想家逐步发展人权理念，他们认为：人是自然状态中最自由、平等的，自然赋予人以人权，人权与生俱来，不可剥夺，不可让渡，亦不可许诺！他们甚至宣称，人权是神圣不可侵犯的权利，是人所固有的天然权利，甚至连上帝也不能剥夺人的权利。随着资产阶级革命的胜利，人权思想和理论在全世界得到普遍认可和确立，随后，联合国也顺应潮流发展了人权理论和实践，如 1946 年，联合国人权委员会成立；1948 年，《世界人权宣言》问世；1966 年，《经济、社会和文化权利公约》和《公民权利和政治权利国际公约》的通过，将《世界人权宣言》所确立的原则予以法律化，使该宣言成为具有法律效力、为世界各国所认可的国际准则；联合国还就人权问题陆续出台了一系列公约，对人权保护和发展起到重要推动作用。在联合国发展人权保护实践的同时，区域性保障人权的理论和实践成果也十分显著：1950 年，欧洲各国在罗马签订《欧洲人权与基本自由公约》(简称《欧洲人权公约》)，建立了国际申诉制度；1994 年，欧洲各国又建立常设性的欧洲人权法院，确立了个人在人权诉讼上的当事人能力。至此，人权思想不再只是一个政治理念，它真正变成一种有法律程序保障的法律权利。

刑事诉讼事关公民的自由，甚至关乎公民的生命，生命与自由又是人最基本的两项权利，所以刑事诉讼在保障人权上具有至关重要的意义。在世界各国的宪法中，有大量条款与刑事诉讼有关，而这些条款又多是规范刑事诉讼中人权保障问题的条款。这是因为，刑事诉讼中国家司法权与公民个人权利产生了直接的冲突，在法治国家怎样使司法权在适度的范围内发挥作用，怎样防止国家司法权滥用侵犯公民个人权利，成为宪法必须要解决和关注的问题。可以说，人权理念发展的历程记载了国家权力和公民权利的调和过程，刑事诉讼法律则是衡量宪法对国家权力是否有所规制、这种规制是否有效的标准。而在刑事诉讼中，刑事辩护无论在制约国家公权力还是在保障人权方面都具有绝对的优势。从这个意义上讲，刑事辩护是应人权保障的需要而产生壮大的，这也是许多国家和联合国人权性文件中对刑事辩护颇有青睐的主要原因。

### (三) 实现司法公正

设置刑事辩护制度的一个重要原因是它是实现司法公正的需要。首先，刑事辩护有利于实现实体公正。刑事辩护的出现意味着控辩双方需要去对案件事实进行调查，收集对己方有利的证据，并就案件事实和证据进行充分辩论。这种诉讼机制有利于法官更全面地了解案件事实真相，从而做出更接近案件事实真相的裁判。其次，刑事辩护还有利于实现程序正义。就程序正义的实现内容来说，程序正义客观上要求刑事诉讼的参与者富有意义地参与刑事诉讼，法官居于中立、超然地位，控辩双方平等对抗。这些都离不开一个相对强大的辩护方，刑事辩护制度的确立有利于保障被指控者积极、规范地参与刑事诉讼，并能切实增强辩护方对抗控诉方、制约法官的力量，防止被指控者的合法权益在刑事诉讼的进行中受到国家公权力的不当侵犯，从而避免刑事诉讼出现“一边倒”的现象，有效维护诉讼的公正。

## 三、我国刑事辩护制度的基本内容

我国主要通过《刑事诉讼法》和《律师法》及相关的司法解释来规定刑事辩护制度。我国的刑事辩护制度主要包括以下内容：

### （一）辩护的种类

在我国，刑事辩护主要有以下三种形式：

1. 自行辩护。自行辩护是被指控者行使辩护权的一种基本方式，它是指犯罪嫌疑人、被告人针对指控机关的指控自行进行的陈述、反驳、辩解、申诉等一系列诉讼行为的总和。自行辩护是任何犯罪嫌疑人、被告人被提出指控后的一种自然反应，也是法律赋予其的一项基本权利。根据我国《刑事诉讼法》的规定，犯罪嫌疑人、被告人可以在刑事诉讼的任何阶段进行自我辩护。

自行辩护具有显著的优点：首先，被指控者对自己是否实施了指控机关指控的犯罪行为以及案件的实际情况最为了解，他们在此基础上进行的辩护更有利于查清案件事实。其次，被指控者是受有关司法机关直接控制的对象，如果有关机关对其实施了侵犯其合法权利的违法行为，被指控者就能及时进行辩护，维护自己的合法权益，这是其他任何形式的辩护所做不到的。当然，自行辩护也具有很多局限性，例如，大多数被指控者都不具备专业的法律知识和诉讼技巧，无法有效应对指控机关的指控，作出有效辩护；许多被指控者的人身自由可能会受到限制，因此不便于进行必要的调查取证工作；而且，被指控者一旦被指控，一般都无法像以往那样冷静、理性，也不利于进行很好的辩护。因此，被指控者单凭自行辩护，显然是无法有效行使其辩护权的，这也是法律赋予其获得辩护人帮助权利的重要原因。

2. 委托辩护。委托辩护是指犯罪嫌疑人、被告人依法委托律师或其他公民担任辩护人为其进行辩护。委托辩护是被指控者获得辩护人帮助的主要形式，也是其行使辩护权的有效方式。由于辩护人特别是由律师担任的辩护人一般都精通法律，并且具有娴熟的诉讼技巧，因此，能够增强被指控者的辩护能力，有助于有效对抗指控机关的指控，维护被指控者的合法权益。

（1）委托辩护的时间。关于公诉案件中委托辩护的时间，《刑事诉讼法》第33条第1款规定：“犯罪嫌疑人自被侦查机关第一次讯问或者采取强制措施之日起，有权委托辩护人……”这就将委托辩护的时间由审查起诉阶段提前到了侦查阶段。

为了确保被指控者知悉其享有委托辩护的权利，2012 年修改后的《刑事诉讼法》第 33 条和第 182 条还特别规定，人民检察院自收到移送审查起诉的案件材料之日起 3 日内，应当告知犯罪嫌疑人有权委托辩护人。对公诉案件，人民法院决定开庭审判后，应当将人民检察院的起诉书副本至迟在开庭 10 日前送达被告人及其辩护人。

自诉案件的被告人有权随时委托辩护人。同样，人民法院负有告知被告人享有此项权利的义务，《刑事诉讼法》第 33 条规定，人民法院自受理案件之日起 3 日内，应当告知被告人有权委托辩护人。

（2）委托辩护人的人数。为了保证刑事诉讼的顺利进行，提高诉讼的效率，我国刑事诉讼法对被告人委托的辩护人的人数也作出了限制，根据我国刑事诉讼法的规定，犯罪嫌疑人、被告人在同一时间内至多可以委托两名辩护人。

（3）委托权的行使主体。《刑事诉讼法》第 33 条第 3 款规定："犯罪嫌疑人、被告人在押的，也可以由其监护人、近亲属代为委托辩护人。"由此，犯罪嫌疑人、被告人除了可以自己委托辩护人外，也可以由其监护人、近亲属代为委托辩护人，这主要是考虑到被指控者可能因被限制人身自由而无法有效委托辩护人。

（4）其他限制。根据相关解释与规定，在共同犯罪案件中，一名辩护人不得为两名以上的同案犯罪嫌疑人、被告人辩护。

3. 指定辩护。指定辩护是法律援助的一种形式，是指对于因经济困难或者其他原因没有委托辩护人的犯罪嫌疑人、被告人，法律援助机构依法对本人或者近亲属的申请审查核实后应当指派律师为其提供辩护；或者指符合法律规定的特殊情形而没有委托辩护人的，公安机关、人民检察院、人民法院应当通知法律援助机构指派律师为其提供辩护。

（1）指定辩护的时间。2012 年修改后的《刑事诉讼法》将指定辩护的时间提前至侦查阶段，公安机关、人民检察院、人民法院都是指定辩护的主体。

（2）指定辩护的辩护人资格。为了保证指定辩护的质量，公安机关、人民检察院、人民法院只能指定律师担任辩护人。

（3）指定辩护的种类。在我国，指定辩护主要有强制指定辩护和酌定指定辩护两种。

强制指定辩护是指，在下列情形中，公安机关、人民检察院、人民法院必须为犯罪嫌疑人、被告人指定辩护人：①被告人是盲、聋、哑人而没有委托辩护人的；②被告人是未成年人而没有委托辩护人的；③被告人可能被判处无期徒刑、死刑而没有委托辩护人的；④尚未完全丧失辨认或者控制自己行为能力的精神病人没有委托辩护人的。之所以作如此规定，主要是考虑到盲、聋、哑人存在生理上的缺陷，未成年人智力尚未发育成熟，尚未完全丧失辨认或者控制自己行为能力的精神病人属于限制行为能力人，他们的辩护能力都会因此受到限制，因此，需要从法律上保障他们的辩护权，维护司法公正。对于第三种情形，主要是因为无期徒刑、死刑案件关系到被告人的终生自由甚至生命的剥夺，出于慎用无期徒刑和限制死刑的考虑，加强被告人辩护权保障。

酌定指定辩护是指，犯罪嫌疑人、被告人因经济困难或其他原因没有委托辩护人的，本人及其近亲属可以向法律援助机构提出申请，对于符合法律援助条件的，法律援助机构应当指派律师为其提供辩护。《刑事诉讼法》第34条对此作出规定，犯罪嫌疑人、被告人本人及其近亲属先向法律援助机构提出申请的，由法律援助机构审查是否符合法律援助条件，然后决定是否指派律师为其提供辩护。这在一定程度上顺应了社会分工不断细化的趋势，有助于人民法院集中精力搞好审判业务，进一步朝着专业化的方向发展，也有助于解决实践中法律援助机构被人民法院架空的问题。

（二）辩护人的选任

从本源上说，辩护权是属于被指控者所有的，无论是其委托的辩护人还是公安机关、人民检察院、人民法院为其指定的辩护人，被指控者都可以选择委托或不委托，接受指定或不接受指定。法律对被指控者选任辩护人也作了具体规定。

委托辩护中的选任权。对于委托的辩护人，被指控者可以随时予以更换。《刑事诉讼法》第43条规定，在审判过程中，被告人可以拒绝辩护人继续为他辩护，也可以另行委托辩护人辩护。

指定辩护中的选任权。对于不属于应当指定辩护（即酌定指定辩护）的被告人坚持自己行使辩护权，拒绝人民法院指定的辩护人为其辩护的，人民法院应当准许并记录在案。对于不属于应当被指定辩护人的被告人当庭拒绝辩护人为其辩护，人民法院同意的，在重新开庭后，如果被告人再次当庭拒绝重新委托的辩护人或者人民法院指定的辩护律师为其辩护的，合议庭可以准许，但被告人不得再另行委托辩护人，人民法院也不再另行指定辩护律师，被告人可以自行辩护。应当被指定辩护人的被告人当庭拒绝辩护人为其辩护，人民法院同意的，如果被告人再次当庭拒绝重新委托的辩护人或人民法院指定的辩护律师为其辩护，合议庭应当不予准许。被告人拒绝他人为自己辩护是其辩护权的一个重要方面，但是这种权利并非是不受限制的，法律在保护被告人此项权利的同时，也会兼顾刑事诉讼的秩序、效率和公正，对被告人此项权利的行使作出适当限制。

（三）辩护人的范围

获得辩护人帮助的权利是被指控者最重要的辩护权，社会专业分工和经济发展变化，使得被指控人行使辩护权的障碍越来越大，只有借助于专业人员的辩护救济，才能将被指控人的辩护权真正还原为一种现实权利。因此，有关刑事辩护人资格、选任、监督等的刑事辩护人制度就成为刑事辩护制度的一个核心组成部分。

从辩护人存在的必要性看，辩护人制度的设置是法律为增强被指控者的辩护能力而设置的，如前面所述，被指控者的自行辩护具有许多局限性，由辩护人协助其参加诉讼，会增强辩方力量，有助于构建科学的诉讼结构，对于实现司法公正具有重要意义。

在我国刑事诉讼中，可以担任刑事辩护人的主要有：

1. 律师。依法取得律师执业证书的人可以担任刑事辩护人。一般来说，律师担任辩护人能够更好地保证辩护的质量，因为律师一般都精通法律，具有基本的诉讼技巧，而且法律所给予律师的权利要多于非律师辩护人，这样更便于律师有效进行辩护。《刑事诉讼法》第33条规定，在侦查期间，“只能委托律师作为辩护人”。

2. 人民团体或者犯罪嫌疑人、被告人所在单位推荐的人。律师进行辩护固然有诸多优点，但是，目前我国律师的供给量依然无法满足诉讼对律师的需求，因此法律也允许非律师公民担任辩护人。当前，我国的人民团体包括工会、妇联、共青团等，他们在提供法律帮助方面发挥着重要作用，被指控者可以请求上述团体提供法律帮助，由这些团体为其推荐合适的人进行辩护。

3. 犯罪嫌疑人、被告人的监护人、亲友。被指控者的监护人、亲友也是辩护人的重要来源。

同时，我国法律还明确规定了不能担任辩护人的范围，主要包括：①正在被执行刑罚的人。正在执行的刑罚包括主刑，也包括附加刑，主刑已执行完毕，但正在被执行剥夺政治权利的，也不得担任辩护人；被宣告缓刑的人也不能担任辩护人。②依法被剥夺、限制人身自由的人。这类人群主要是指被有关机关采取逮捕、拘留、监视居住、取保候审等强制措施的人。③无行为能力或限制行为能力人。这类人群由于存在智力或精神上的缺陷而不具备履行辩护的能力，自然就不能担任辩护人。④人民法院、人民检察院、公安机关、国家安全机关、监狱的现职人员。⑤本法院的人民陪审员。⑥与本案审理结果有利害关系的人。⑦外国人或无国籍人。⑧曾经担任法官、检察官的律师，从人民法院、人民检察院离任后2年内，不得担任诉讼代理人或者辩护人。⑨法官、检察官从人民法院、人民检察院离任后，不得担任原任职法院或检察院办理案件的诉讼代理人或辩护人。⑩法官、检察官的配偶、子女不得担任该法官或检察官所任职法院或检察院办理案件的诉讼代理人或辩护人。但是，上述④、⑤、⑥、⑦项规定的人员，如果是被告人的近亲属或者监护人，由被告人委托其担任辩护人的，人民法院可以准许。

（四）辩护人的地位

辩护人，包括辩护律师，在诉讼中具有独立的诉讼地位，是犯罪嫌疑人、被告人合法权益的专门维护者。包括两方面的内容：

1. 辩护人在诉讼中具有独立的诉讼地位，这种独立是相对于被指控者和有关司法机关而言的。在刑事诉讼中，辩护人虽然是为了维护被指控者的合法权益而参与到刑事诉讼中来的，从某种意义上说，他以被指控者为中心，但是，他并不是依附于被指控者、完全服从于被指控者的意志的，而是独立于后者，根据自己对案件事实的认识和对法律的理解开展辩护工作、提出辩护意见。当然，这种独立只是相对意义上的独立，如果被指控者认为辩护人的辩护行为不符合自己的利益，就有权拒绝辩护人辩护或解除与该辩护人的委托关系。

同时，律师也是独立于控诉方和裁判方的，辩护人的诉讼行为不受制于控诉方，而是与控诉方直接对立的，辩护人所有诉讼行为的目的都在于抵消控诉方的诉讼效果，因此，从诉讼立场上说，辩护人是完全独立于控诉方的。辩护人同样也独立于裁判方，在刑事诉讼结构中，辩护人是居于辩方而独立于控审双方的，即使是被人民法院指定的辩护人也是完全独立于法院的辩方。这里所述的辩护人独立于控审双方只是一种诉讼立场、诉讼地位上的独立，而不是诉讼目标的对立，从诉讼目标上讲，辩护人与控审双方是一致的，都是为了实现司法公正。

2. 辩护人是犯罪嫌疑人、被告人合法权益的专门维护者，这是辩护人产生的初衷。辩护人在刑事诉讼中必须以维护被指控者的合法权益为宗旨，既不能充当控诉者的角色去指控被指控者，也不能充当裁判者的角色去对被指控者进行审判。我国《律师法》第31条明确规定，律师担任辩护人的，应当根据事实和法律，提出犯罪嫌疑人、被告人无罪、罪轻或者减轻、免除其刑事责任的材料和意见，维护犯罪嫌疑人、被告人的合法权益。《刑事诉讼法》第35条规定："辩护人的责任是根据事实和法律，提出犯罪嫌疑人、被告人无罪、罪轻或者减轻、免除其刑事责任的材料和意见，维护犯罪嫌疑人、被告人的诉讼权利和其他合法权益。"辩护人不仅应当进行实体性辩护，而且应当进行程序性辩护。

（五）辩护人的权利

从本质上说，辩护人在刑事诉讼中的权利是犯罪嫌疑人、被告人辩护权的延伸和拓展。由于诉讼职能分工的日益细化，刑事诉讼活动对辩护人的依赖程度越来越强，特别是犯罪嫌疑人、被告人与律师的关系日益紧密。为了便于辩护人履行辩护职能，法律赋予了辩护人一系列独立于犯罪嫌疑人、被告人辩护权之外的，旨在维护和扩充犯罪嫌疑、被告人辩护权的特有的诉讼权利，包括：会见权、调查取证权、询问证人权、阅卷权、申请取保候审权等。从我国法律规定来看，辩护人主要享有以下几方面的权利：

1. 会见通信权。辩护人会见在押的犯罪嫌疑人、被告人是刑事诉讼法规定的一项基本诉讼权利，是辩护人了解案情、准备辩护以及维护犯罪嫌疑人、被告人诉讼权利的前提条件。

《律师法》第33条将律师会见的时间提前至“侦查机关第一次讯问或者采取强制措施之日”，而且还进一步赋予了律师“持三证无障碍会见权”。该条规定：“犯罪嫌疑人被侦查机关第一次讯问或者采取强制措施之日起，受委托的律师凭律师执业证书、律师事务所证明和委托书或者法律援助公函，有权会见犯罪嫌疑人、被告人并了解有关案件情况。律师会见犯罪嫌疑人、被告人，不被监听。”2012年修改后的《刑事诉讼法》有效吸收了2007年《律师法》修订的基本精神，在第37条第1款、第2款分别规定：“辩护律师可以同在押的犯罪嫌疑人、被告人会见和通信。其他辩护人经人民法院、人民检察院许可，也可以同在押的犯罪嫌疑人、被告人会见和通信。”“辩护律师持律师执业证书、律师事务所证明和委托书或者法律援助公函要求会见在押的犯罪嫌疑人、被告人的，看守所应当及时安排会见，至迟不得超过48小时。”再次确认了律师法关于辩护律师“持三证无障碍会见”的权利。但是，值得注意的是，《刑事诉讼法》第37条第3款规定了三类案件的例外情况，即“危害国家安全犯罪、恐怖活动犯罪、特别重大贿赂犯罪案件，在侦查期间辩护律师会见在押的犯罪嫌疑人，应当经侦查机关许可。上述案件，侦查机关应当事先通知看守所”。

2. 阅卷权。《律师法》第34条规定：“受委托的律师自案件审查起诉之日起，有权查阅、摘抄和复制与案件有关的诉讼文书及案卷材料。受委托的律师自案件被人民法院受理之日起，有权查阅、摘抄和复制与案件有关的所有材料。”该规定有利于律师阅卷权的完整、顺利实现。《刑事诉讼法》第38条规定：“辩护律师自人民检察院对案件审查起诉之日起，可以查阅、摘抄、复制本案的案卷材料。其他辩护人经人民法院、人民检察院许可，也可以查阅、摘抄、复制上述材料。”这一规定无疑是对新律师法关于律师阅卷范围的一种限缩。

3. 调查取证权。《律师法》第35条规定：“受委托的律师根据案情的需要，可以申请人民检察院、人民法院收集、调取证据或者申请人民法院通知证人出庭作证。律师自行调查取证的，凭律师执业证书和律师事务所证明，可以向有关单位或者个人调查与承办法律事务有关的情况。”在这里，律师调查取证权的实现有两个途径：一是申请有关机关收集、调取证据；二是自行调查。与原有的律师法和现行的刑事诉讼法相比，该法赋予律师的调查取证权更完整，也更具有可实现性，从侦查阶段开始，律师无需经过有关个人的同意或有关机关的许可，凭律师执业证书和律师事务所的证明即可调查取证。

2012年修改的《刑事诉讼法》在律师调查取证权上并没有吸纳2007年《律师法》的上述规定，而是维持了1996年《刑事诉讼法》的相关规定。与此同时，又增加了第39条规定，即：“辩护人认为在侦查、审查起诉期间公安机关、人民检察院收集的证明犯罪嫌疑人、被告人无罪或者罪轻的证据材料未提交的，有权申请人民检察院、人民法院调取。”这一规定的立法目的无疑是想进一步扩大律师申请调查取证的范围，但是仍然可能面临没有实际约束力的困境，由于该条并没有对人民检察院和人民法院课以强制性调取证据的义务，以及没有规定违反这一法定义务时人民检察院、人民法院应当承受的程序性法律后果，因此，这一规定很可能在实践中难以落实。

2012年修改的《刑事诉讼法》还吸收了证据开示制度的一些内容，该法第40条规定：“辩护人收集的有关犯罪嫌疑人不在犯罪现场、未达到刑事责任年龄、属于依法不负刑事责任的精神病人的证据，应当及时告知公安机关、人民检察院。”出于诉讼经济和效率的考虑，这一规定有其合理之处。

4. 请求解除强制措施权。犯罪嫌疑人、被告人的辩护人对于人民法院、人民检察院或公安机关采取强制措施超过法定期限的，有权要求解除强制措施。

5. 参加法庭调查和辩论权。在法庭调查阶段，经审判长许可，辩护人可以对被告人、证人、鉴定人发问；可以对控诉方提出的证据进行质证，并可以向法庭提供、出示、宣读证据；有权申请通知新的证人出庭作证、调取新的物证、重新鉴定或勘验。在法庭辩论阶段，辩护人可以对证据和案件情况发表意见。

6. 拒绝辩护权。在刑事诉讼中，如果委托人利用律师提供的服务从事违法活动或者委托人隐瞒与案件有关的重要事实，律师有权拒绝辩护。

7. 申请变更强制措施权。辩护律师在侦查期间有权申请变更强制措施。

8. 依法执行职务受法律保护权。《律师法》第 37 条第 1、2 款规定：“律师在执业活动中的人身权利不受侵犯。律师在法庭上发表的代理、辩护意见不受法律追究。但是，发表危害国家安全、恶意诽谤他人、严重扰乱法庭秩序的言论除外。”律师法庭言论豁免权正式被写入法律条文，填补了过去立法上的空白，有利于对辩护律师权利的保障。

9. 保守秘密权。《律师法》第 38 条规定：“律师应当保守在执业活动中知悉的国家秘密、商业秘密，不得泄露当事人的隐私。律师对在执业活动中知悉的委托人和其他人不愿泄露的情况和信息，应当予以保密。但是，委托人或者其他人准备或者正在实施的危害国家安全、公共安全以及其他严重危害他人人身、财产安全的犯罪事实和信息除外。”该条将保密作为律师的一项义务。《刑事诉讼法》第 46 条规定：“辩护律师对在执业活动中知悉的委托人的有关情况和信息，有权予以保密。但是，辩护律师在执业活动知悉委托人或者其他人，准备或者正在实施危害国家安全、公共安全以及严重危害他人人身安全的犯罪的，应当及时告知司法机关。”该条将保密作为律师的一项权利。

10. 申诉、控告的权利。《刑事诉讼法》第 47 条规定：“辩护人、诉讼代理人认为公安机关、人民检察院、人民法院及其工作人员阻碍其依法行使诉讼权利的，有权向同级或者上一级人民检察院申诉或者控告。人民检察院对申诉或者控告应当及时进行审查，情况属实的，通知有关机关予以纠正。”在这种情况下，检察机关应当履行其宪法赋予的法律监督职责。

11. 其他权利。《刑事诉讼法》及相关法律还规定了辩护人的其他一些权利，如《刑事诉讼法》规定的“在侦查期间可以为犯罪嫌疑人提供法律帮助；代理申诉、控告；申请变更强制措施；向侦查机关了解犯罪嫌疑人涉嫌的罪名和案件有关情况，提出意见”等。

### （六）辩护人的义务

权利与义务是对等的，辩护人在享有上述一系列权利的同时，还负有一定的义务，从我国现行法律的规定看，辩护人的义务主要有：

1. 维护被指控者合法权益的义务。《刑事诉讼法》第 35 条规定：“辩护人的职责是根据事实和法律，提出犯罪嫌疑人、被告人无罪、罪轻或者减轻、免除其刑事责任的材料和意见，维护犯罪嫌疑人、被告人的诉讼权利和其他合法权益。”这是辩护人的使命，也是其最根本的义务。值得注意的是，这一规定不仅阐明了辩护人的实体性辩护义务，而且也明确了辩护人的程序性辩护义务。

2. 辩护人不得帮助犯罪嫌疑人、被告人隐匿、毁灭、伪造证据或者串供，不得威胁、引诱证人作伪证以及进行其他干扰公安司法机关诉讼活动的行为，否则，将依法追究其法律责任。辩护人涉嫌犯罪的，应当由办理辩护人所承办案件的侦查机关以外的侦查机关办理；辩护人是律师的，应当及时通知其所在的律师事务所或者所属的律师协会。

3. 辩护人将无罪证据告知公安机关、人民检察院的义务。《刑事诉讼法》第40条规定："辩护人收集的有关犯罪嫌疑人不在犯罪现场、未达到刑事责任年龄、属于依法不负刑事责任的精神病人的证据，应当及时告知公安机关、人民检察院。"刑事诉讼法作出如此规定主要考虑，如果律师掌握了犯罪嫌疑人、被告人无罪的确实证据，却为了所谓辩护效果而搞突然袭击，既损害了其委托人的合法权益，违反了律师的职业要求，也不利于公安司法机关及时纠错，最终会损害司法公正。同时，辩护律师在执业活动中知悉委托人或者其他人，准备或者正在实施危害国家安全、公共安全以及严重危害他人人身安全的犯罪的，应当及时告知司法机关。

4. 遵守诉讼秩序和纪律的义务。辩护人在刑事诉讼中必须遵守诉讼秩序和纪律，不得扰乱正常的诉讼秩序，妨碍诉讼程序的进行。

5. 正当执业的义务。辩护人在刑事诉讼的进行中，不得违反规定会见法官、检察官，不得向法官、检察官及其他工作人员请客、送礼或行贿，或者指示当事人行贿等。

## 第二节　代　理

### 一、刑事代理制度的概念和意义

#### （一）刑事代理制度的概念

刑事诉讼中的代理，是指代理人接受公诉案件的被害人及其法定代理人或者近亲属、自诉案件的自诉人及其法定代理人、附带民事诉讼的当事人及其法定代理人的委托，以被代理人的名义参加诉讼活动，由被代理人承担代理行为的法律后果的一项法律制度。

从上述概念中可以看出，刑事代理制度具有如下五个特征：①代理人以被代理人的名义参加诉讼活动；②代理人的代理活动必须体现被代理人的意志；③被代理人只能是公诉案件的被害人、自诉案件的自诉人和附带民事诉讼的当事人；④代理人只能在被代理人的授权范围内进行活动；⑤代理人参加诉讼活动产生的法律后果由被代理人承担。

刑事诉讼中的代理制度，主要包括代理人的范围、代理人的地位、代理的种类和方式、代理人的权利和义务等内容。

（二）刑事代理与辩护的关系

刑事代理与辩护的相同点主要表现在二者都是通过自己的行为为委托人提供法律帮助，维护委托人的合法权益。

刑事代理与辩护的不同点主要表现在如下四个方面：

1. 产生根据不同。辩护产生的根据是犯罪嫌疑人、被告人的委托或者人民法院的指定；而刑事代理只能基于被代理人及其法定代理人、近亲属的委托。

2. 适用范围不同。辩护的适用范围是公诉案件的犯罪嫌疑人、被告人和自诉案件的被告人；而刑事代理的适用范围是公诉案件的被害人、自诉人和附带民事诉讼的当事人。

3. 诉讼地位不同。辩护人是以自己的名义参加诉讼，在诉讼活动中具有独立的诉讼地位，不受犯罪嫌疑人、被告人意思的制约；而刑事代理人只能以被代理人的名义参加诉讼，而且受被代理人意思表示的约束。

4. 权限范围不同。辩护人的权利基于法律规定而产生，依法享有犯罪嫌疑人、被告人所没有的一些权利，如会见权、阅卷权、调查取证权等；而刑事代理人的权利基于被代理人的委托而产生，其权限范围不能超越被代理人的授权。

（三）刑事代理制度的意义

刑事代理制度具有重要的意义，主要表现在：

1. 向被代理人提供法律帮助。代理人可以弥补被代理人自行参加诉讼的诸多不足，如法律专业知识欠缺、诉讼技巧不够等，从而能够更好地维护被代理人的合法权益。

2. 代替被代理人参加诉讼活动。实践中，有些被代理人因犯罪行为致伤、致残或者因生病、出差等原因不能或者不愿参加诉讼，可以通过委托诉讼代理人的方式维护自己的合法权益。

3. 协助司法机关查明案件事实，正确适用法律。代理人参加诉讼可以从另外一个视角协助司法机关查明案件事实、评判证据、适用法律，并监督司法机关的行为，维护被代理人的合法权益。

## 二、刑事代理制度的种类

### （一）法定代理和委托代理

根据代理产生的依据不同，代理可以分为法定代理和委托代理。代理关系产生的基础不同，法定代理人和委托代理人的范围、权利、义务以及在刑事诉讼中的地位也有所不同。

1. 法定代理。法定代理是基于法律规定而产生的代理关系。法定代理一般出现于犯罪嫌疑人、被告人是无行为能力或限制行为能力的案件中。一般来说，法定代理人包括被代理人的父母、监护人以及负有保护责任的机关、团体的代表。法定代理人的权限一般就是被代理人作为诉讼当事人的诉讼权利范围，法定代理人的诉讼行为被视为是被代理人的诉讼行为，法律后果由被代理人承担。

2. 委托代理。委托代理是指，公诉案件的被害人及其法定代理人或者近亲属、自诉案件的自诉人及其法定代理人、参加附带民事诉讼的当事人及其法定代理人委托他人以被代理人的名义参加诉讼活动，法律后果由被代理人承担的代理关系。

从委托权上看，被代理人及其法定代理人都有权委托诉讼代理人。从法理上说，委托代理分为一般代理和特别授权代理。在一般代理中，代理人只能代理被代理人进行诉讼行为，而不能处分被代理人的实体权利，如和解、调解、撤诉、变更诉讼请求等。在特别授权代理中，代理人可以根据被代理人的特别授权，代为处分被代理人的相关实体权利。代理人参加诉讼活动，必须向人民法院提交委托授权书。

委托代理人的范围与刑事辩护人的范围相同，这里不再赘述。

从委托代理人的人数限制上看，被代理人可以委托1～2名诉讼代理人，即一个被代理人最多只能委托2名诉讼代理人。

### （二）不同案件中的刑事代理

在刑事诉讼中，不同案件中关于代理的规定有所不同。主要包括公诉案件中的代理、自诉案件中的代理和附带民事诉讼中的代理三种类别。

1. 公诉案件中的代理。公诉案件中的代理是对被害人的代理。在有被害人的公诉案件中，被害人是非常重要的诉讼参加人，与案件的处理结果具有直接的关系，案件如何处理关系到被害人因加害人的犯罪行为所受到的物质和精神上的创伤能否得到愈合。在传统的刑事司法体系中，加害人一直是整个刑事诉讼的中心，对加害人合法权益的保护也是刑事诉讼的重点。但是，随着被害人保护主义的兴起，人们开始越来越多地关注被害人的利益，并对被害人在刑事诉讼中的地位越来越重视。但是，由于大多数被害人没有专业的法律知识和诉讼技巧，加上有些被害人可能因加害人的加害行为而无法参与到刑事诉讼中来，因此，有必要为被害人设置代理人制度，由其委托的代理人参加到刑事诉讼中来，维护被害人的合法权益。因此，可以说，公诉案件中的代理制度主要是出于保护被害人的利益而设立的。

在我国刑事诉讼中，公诉案件的被害人及其法定代理人或近亲属自案件移送审查起诉之日起，都有权委托诉讼代理人，由诉讼代理人以被害人的名义参加刑事诉讼活动。人民检察院自收到移送审查起诉的案件材料之日起3日内，应当告知被害人及其法定代理人或近亲属有权委托诉讼代理人。告知可以采取口头或书面方式。口头告知的，应当记明笔录，由被告知人签名；书面告知的，应当将送达回执入卷；无法告知的，应当记明笔录。被害人有法定代理人的，应当告知其法定代理人；没有法定代理人的，应当告知其近亲属。

从公诉案件代理人的职能来看，其履行的主要是控诉职能。但是，与公诉人的地位还是有所差别的，公诉人主要是代表国家控诉犯罪，并且还承担着法律监督的职能，此外，还负有客观与诉讼关照义务，即公诉人还要站在客观公正的角度收集有利于被告人的证据，所以，有时候公诉人可能会忽略对被害人合法权益的保护。而被害人的代理人则主要是从维护被害人的利益出发参加诉讼，所以，有时候会与公诉人的意见发生冲突，从这个意义上说，被害人的代理人在保护被害人的利益方面更为直接和可靠。这正是公诉案件代理制度设置的原因所在。

为了充分发挥代理人对保护被害人合法权益的作用，法律也赋予了代理人一系列诉讼权利。根据《刑事诉讼法》和有关规定，在审查起诉阶段，律师担任诉讼代理人的，经人民检察院许可，可以查阅、摘抄、复制本案的诉讼文书、技术性鉴定材料；需要收集、调取与本案有关的材料的，可以申请人民检察院收集、调取，也可以经人民检察院同意，由自己直接收集；在人民检察院审查案件期间，诉讼代理人有权向审查人员提出对案件的意见，提出意见可采用口头或书面方式；人民检察院决定不起诉的案件，被害人如果不服，代理人有权在被害人收到不起诉决定书后的7日内，代其向人民检察院提出申诉，也可以经被害人授权代被害人向人民法院提起自诉。在审判阶段，律师担任诉讼代理人的，可以查阅、摘抄、复制与本案有关的材料，了解案情。其他诉讼代理人经人民法院许可，也可以查阅、摘抄、复制与本案有关的材料，了解案情；诉讼代理人需要收集、调取与本案有关的材料，因证人或其他有关单位或个人不同意，可以申请人民法院收集、调取；诉讼代理人至迟在开庭3日前获得人民法院送达的出庭通知书；诉讼代理人有权出庭，参加法庭调查和法庭辩论。

公诉案件中代理人的主要义务是：不得毁灭、伪造证据，不得威胁、引诱证人作伪证；遵守法庭纪律；依照法律认真履行代理人职责；律师作为代理人的，无正当理由不得解除委托。

2. 自诉案件中的代理。自诉案件中的代理是对于自诉人的代理。自诉案件中的代理，是指在刑事自诉案件中，律师或其他公民接受自诉人或其法定代理人的委托作为代理人参加诉讼。自诉案件代理制度的设置目的主要是增强自诉人的诉讼能力，以更好地维护自诉人的合法权益。

自诉案件代理人的职责主要是行使控诉犯罪的职能，协助自诉人依法追究被告人的刑事责任。

根据《刑事诉讼法》第44条的规定，自诉案件的自诉人及其法定代理人有权随时委托诉讼代理人。人民法院自受理自诉案件起3日内，应当告知自诉人及其法定代理人有权委托诉讼代理人。自诉人委托诉讼代理人的，应当与诉讼代理人签订委托合同，载明代理事项、代理权限等事项。凡是涉及处分自诉人权利的事项，如撤回起诉、与被告人和解、接受法院调解等，代理人都必须取得自诉人的特别授权方可代其处理。

在自诉案件中，如果被告人提出反诉，被告人可以委托辩护人担任其诉讼代理人，但需另行办理委托手续。

自诉案件的代理人享有的权利主要有：经自诉人授权，可以代写自诉状，向人民法院提起诉讼；代理人是律师的，可以收集、查阅与本案有关的材料；在法庭审理过程中，经审判长许可，可以向被告人、证人、鉴定人发问，可以申请新的证人出庭作证，调取新的物证，申请重新鉴定或者勘验；法庭调查后，有权发表代理词，并且可以和辩方展开辩论；对司法工作人员非法剥夺、限制自诉人诉讼权利以及人身侮辱等行为，有权提出控告等。经自诉人特别授权，还可以处分自诉人的实体性权利，如承认、放弃或变更诉讼请求，与对方当事人和解，或者撤回起诉。

自诉案件的代理人所承担的义务主要有：按人民法院的通知及时到庭履行职务，不得借故妨碍诉讼的正常进行；依法出庭履行职务时，应严格遵守法庭的规则和秩序；严格遵守和执行法律规定的程序；协助自诉人担负举证义务；对人民法院已生效的判决、裁定或者调解协议，诉讼代理人认为是正确的，有义务教育委托人认真遵守执行；对执业中接触到的国家机密、商业秘密和个人隐私，应当严格保守秘密等。

3. 附带民事诉讼中的代理。附带民事诉讼中的代理是对于附带民事诉讼中原告人和被告人的代理。附带民事诉讼中的代理，是指律师或其他公民接受附带民事诉讼的当事人及其法定代理人的委托以被代理人的名义参加诉讼。

根据《刑事诉讼法》第44条的规定，公诉案件附带民事诉讼的当事人及其法定代理人，自案件移送审查起诉之日起，有权委托诉讼代理人。自诉案件附带民事诉讼的当事人及其法定代理人，有权随时委托诉讼代理人。人民检察院自收到移送审查起诉的案件材料之日起3日内，应当告知附带民事诉讼的当事人及其法定代理人有权委托诉讼代理人。人民法院自受理自诉案件之日起3日内，应当告知附带民事诉讼的当事人及其法定代理人有权委托诉讼代理人。

自诉人、公诉案件中的被害人及其法定代理人委托的诉讼代理人，在其提起的附带民事诉讼中，可以兼任附带民事诉讼原告的代理人。刑事诉讼被告人作为附带民事诉讼的被告时，可以委托其辩护人担任诉讼代理人，但需另行办理委托手续。

被代理人应当与代理人签订授权委托书，并在授权委托书上注明代理权限、事项、范围等。有特别授权事项的，应当在授权委托书中予以说明。

附带民事诉讼的目的是追究被告人的民事责任，因此，附带民事诉讼代理相当于民事诉讼代理。根据相关规定，附带民事诉讼代理人主要享有的权利有：律师担任诉讼代理人的，可以查阅、摘抄、复制与本案有关的材料，了解案情。其他诉讼代理人经人民法院准许，也可以查阅、摘抄、复制与本案有关的材料，了解案情；诉讼代理人需要收集、调取与本案有关的材料的，因证人、有关单位和个人不同意，可以申请人民法院收集、调取；在法庭调查中，可以代理原告宣读附带民事诉状；在法庭调查中，经审判长准许，可以就附带民事诉讼部分的事实向被告人发问；在法庭调查中，经审判长许可，可以提请传唤尚未出庭作证的证人、鉴定人和勘验、检查笔录制作人出庭作证，或者出示公诉人未出示的证据，宣读书面证人证言、鉴定结论及勘验、检查笔录；有权进行法庭辩论。

## ◆ 思考与练习

### 一、选择题

1. A市中级人民法院受理王某盗窃案后，因王某系未成年人，即指定律师杨某作为其辩护人。开庭审理时，王某以刚刚知道自己的父亲与辩护人杨某的姐姐在一个单位且向来关系不好为理由，拒绝杨某继续为他辩护，同时提出不需要辩护人而由自己自行辩护。对此，A市中级人民法院应如何处理？

(　　)

A. 应当准许，并记录在案

B. 准许王某拒绝杨某继续辩护，但要求王某另行委托辩护人或者另行为王某指定辩护人

C. 通知王某的近亲属，由其亲属决定是否需要辩护人辩护

D. 不准许王某拒绝杨某继续辩护

**【答案】** B

**【解析】** 根据《刑事诉讼法》第 45 条和相关规定，对属于应当被指定辩护人的被告人拒绝人民法院为其指定的辩护人为其辩护，有正当理由的，人民法院应当准许，但被告人需另行委托辩护人，或者人民法院应当为其另行指定辩护人。本案王某系应当被指定辩护人的被告，如果其拒绝人民法院指定的辩护人，人民法院应当准许，但他必须另行委托辩护人或由人民法院为其另行指定辩护人。

2. 刘某（16 岁）是一起故意伤害案的被告人，现在押。刘某的母亲（在某市民政局任职）担任其辩护人。刘某的母亲有权行使下列哪些诉讼权利？(　　)

A. 有权独立进行辩护

B. 有权依法定程序向证人或者其他单位和个人调查取证

C. 有权在第一审判决宣告后，不经刘某同意，提出上诉

D. 享有独立的同被告人会见和通信权

**【答案】** AC

**【解析】** 刘某的母亲作为其辩护人，在刑事诉讼中具有独立的诉讼地位，有权独立进行辩护活动，因此，A 项应当入选。同时，刘某的母亲也是刘某的法定代理人，可以行使刘某作为被告人可以行使的权利，根据《刑事诉讼法》第 216 条的规定，被告人、自诉人和他们的法定代理人，不服地方各级人民法院第一审的判决、裁定，有权用书状或口头向上一级人民法院上诉。因此，C 项也应入选。在刑事诉讼中，非律师辩护人没有调查取证的权利，未经人民检察院、人民法院同意，也不能同被告进行会见和通信，所以，B 项和 D 项错误。

## 二、讨论题

1. 实际实施犯罪的人与犯罪嫌疑人是否具有一样的辩护权？

**【讨论提示】** ①辩护权的性质；②辩护权的根据；③辩护权的意义。

2. 如何看待刑事诉讼中对被告人与被害人的权利保护？

**【讨论提示】** ①刑事诉讼中人权保护的根据及其内涵；②刑事诉讼阶段对

被告人与被害人的权利保护有无侧重。

## 三、案例分析题

犯罪嫌疑人胡某（16 岁）、赵某（19 岁）涉嫌抢劫一案，经 A 市公安局侦查终结后，于 2012 年 4 月 5 日将审查起诉的案件材料移送 A 市人民检察院。赵某委托方律师为其辩护人。2012 年 4 月 9 日，A 市检察院助理检察员郭某开始对此案进行审查，并同时通知胡某有权委托辩护人辩护。胡某因家境贫困没有委托律师。鉴于此，A 市人民检察院便指定了一名负有法律援助义务的李律师为胡某辩护。

在审查起诉过程中，方律师要求复制本案的案卷材料，A 市人民检察院以案情重大不宜透露为由予以拒绝。2012 年 4 月 15 日，该案由 A 市人民检察院提起公诉。A 市中级人民法院决定于 2012 年 4 月 25 日开庭审理，并于 4 月 24 日向胡某及赵某的两位辩护律师发出了开庭通知。在法庭调查和辩论阶段上，赵某父母多次打断赵某辩护人方律师的陈述，并叫嚷，方律师不能自作主张，必须按照他们的意思进行辩护，由此造成法庭秩序严重混乱。

请指出本案中有关机关和主体有哪些做法违反刑事诉讼法及相关法规的规定。

**【参考答案】**（1）A 市人民检察院为胡某指定辩护律师的做法不正确。根据《刑事诉讼法》第 34 条的规定，犯罪嫌疑人因经济困难没有委托辩护人的，本人及其近亲属可以向法律援助机构提出申请，对于符合法律援助条件的，法律援助机构应当指派律师为其提供辩护。人民检察院没有给犯罪嫌疑人指定辩护律师的权力。

（2）检察人员于 2012 年 4 月 9 日才告知胡某有权委托辩护人，已经是收到审查起诉材料之日后的第 4 天，而按照《刑事诉讼法》第 33 条的规定，人民检察院应自收到移送审查起诉的案件材料之日起 3 日以内就应告知犯罪嫌疑人有权委托辩护人。人民检察院在此属于程序上违法。

（3）A 市人民检察院不允许方律师复制本案的案卷材料是错误的。根据《刑事诉讼法》第 38 条的规定，辩护律师自人民检察院对案件审查起诉之日起，可以查阅、摘抄、复制本案的案卷材料。

（4）A 市中级人民法院决定于 2012 年 4 月 25 日开庭审理，于 2012 年 4 月 24 日向辩护律师发出了开庭通知是错误的。根据《刑事诉讼法》第 182 条的规定，人民法院应至迟于开庭 3 日前通知辩护律师。

（5）赵某父母在法庭上干扰方律师辩护的行为是违法的。辩护律师在刑事诉讼中具有独立的诉讼地位，可以按照自己对案情的掌握和法律的理解独立发表辩护意见，任何人都不能侵犯辩护律师的此项权利。被告人如果对其辩护律师不满意，可以解除委托关系。赵某父母应当遵守法庭秩序，不能在法庭上侵犯辩护律师的诉讼权利。

## ◇ 参考文献

1. 陈卫东主编:《模范刑事诉讼法典》，中国人民大学出版社2005年版。

2. 汪建成:《冲突与平衡——刑事程序理论的新视角》，北京大学出版社2006年版。

3. 徐家力、吴运浩编:《中国律师制度史》，中国政法大学出版社2000年版。

4. 冀祥德主编:《最新刑事诉讼法释评》，中国政法大学出版社2012年版。

5. 冀祥德:《建立中国控辩协商制度研究》，北京大学出版社2006年版。

6. 冀祥德:“中国刑事辩护制度发展的命运——以建立中国控辩协商制度为视角”，载《北方法学》2007年第2期。

7. 冀祥德:“公、检、法、律四轮缺一不可”，载《中国律师》2007年第9期。

# 第七章
# 刑事诉讼的证据制度

**【导读】**　本章叙述关于刑事诉讼活动中证据制度的有关内容。主要包括刑事诉讼证据的概念和特征、刑事诉讼证据的意义、刑事诉讼证据的种类、刑事诉讼证据的分类、刑事诉讼证据的收集与判断、刑事诉讼证明对象、非法证据排除、证明责任和证明标准等内容。在证据种类上，1996年修改的《刑事诉讼法》增加了“视听资料”；2012年修改的《刑事诉讼法》又增加了“辨认笔录、侦查实验笔录和电子数据”新的证据种类，明确了证人出庭范围，加强了对证人的保护，并完善了非法证据排除制度。

学习本章内容应当以掌握刑事诉讼法的历史发展、基本原则、专门机关和诉讼参与人以及管辖、回避制度和辩护与代理等知识为前提，也是进一步学习强制措施和立案、侦查、起诉、审判、死刑复核、审判监督等刑事诉讼程序知识的基础。

## 第一节　刑事诉讼证据概述

### 一、证据的概念和特征

证据就是证明的根据，即用已知的事实来证明未知的事实。证据在诉讼中可以分为民事诉讼证据、刑事诉讼证据和行政诉讼证据。《刑事诉讼法》第48条规定：“可以用于证明案件事实的材料，都是证据。”由此，可将刑事诉讼证据定义为：以法律规定的形式表现出来的能够证明案件事实的一切材料。

刑事诉讼证据具有客观性、相关性和合法性三大特征。

#### （一）证据的客观性

证据的客观性是指证据是社会中客观存在或者实际发生的材料，是可以对其进行比对和查证，是能够看得见、摸得着的。证据不是主观上的推测、想象，也不是各种理论、学说和观点。

证据的客观性是由案件本身的客观属性所决定的。这是因为，任何犯罪人在准备和实施犯罪的过程中都不可避免地要与外界事物发生联系，要接触到各种各样的物体和人，从而留下了一定的证据。例如，犯罪人在犯罪现场所留下的指纹和脚印、盗窃案件中所盗得的赃款赃物和分赃记录、看到或者听到案件情况的人所作出的相关陈述等都是刑事诉讼中的证据。这些证据，不论是在物体上所留下的各种痕迹，还是证人头脑中的印象和记忆都是客观存在的。这就意味着刑事诉讼证据不依赖于任何主观意志而独立存在。在刑事诉讼过程中，司法人员不能用自己的主观想象和推测来代替刑事诉讼证据，能够作为证人证言的也只是对案件情况的描述而不能是证人对案件事实的分析和判断。相反，如果没有发生犯罪案件或者犯罪并非犯罪嫌疑人、被告人所为，那么就不可能存在能够证明犯罪事实发生或是犯罪嫌疑人、被告人实施了犯罪行为的证据。证据的客观性强调了证据的内容真实存在并且不会因为主观活动而改变的特性，是证据最基本的属性。

（二）证据的相关性

证据的相关性又称为证据的关联性，指的是刑事诉讼证据与刑事案件的事实之间必须存在某种联系，使得运用刑事诉讼证据对于证明案件事实有实际的意义。

证据具有客观性的特征，但并非所有客观存在的材料都是刑事诉讼中的证据。有些材料虽然本身是客观的、真实的，但因为其与诉讼中的待证事实无关，不能证明案件的事实，因而也就不能作为证据使用。相关性是证据的客观属性。也就是说，某一材料与诉讼中待证事实之间是否存在联系，存在什么样的联系并不是由司法人员根据自己的主观意愿任意设定的，而是在案件发生之时就已经客观存在的。因此，司法人员不能凭借主观想象来认定证据是否具有相关性，更不能将自己的意志强加于证据的相关性之上。

在具体的司法活动中，要适用证据的相关性，必须要把握下述两个问题：

1. 品格材料不是刑事诉讼证据。所谓品格材料即反映犯罪嫌疑人、被告人品格特征的材料。这一材料并不是构成犯罪的必要条件。不能因为某个人品格高尚就排除其犯罪的可能性，同样不能因为对某个人的道德评价低就认定其犯罪。品格材料与案件事实之间不存在相关性。因此，在刑事诉讼中，关于犯罪嫌疑人、被告人的品格材料不能作为证明犯罪嫌疑人、被告人有罪或是无罪的证据。

2. 类似行为不是刑事诉讼证据。所谓类似行为指的是犯罪嫌疑人、被告人在本案之前所作出的与本案犯罪行为相类似的行为，不能作为证明犯罪嫌疑人、被告人实施了本案犯罪行为的证据。这是因为，在其他场合所发生的类似行为与本案的犯罪行为之间不存在相关性。即使能够证明犯罪嫌疑人、被告人曾经实施过类似的犯罪行为，也不能得出结论认定本案的犯罪行为也是由犯罪嫌疑人、被告人所为。[1]

（三）证据的合法性

合法性又称法律性，指的是任何证据都必须通过法定程序加以收集、运用和认定。案件材料没有经过依法收集和认定，就不具有刑事诉讼法意义上的证据资格。由此可见，要成为刑事诉讼证据，除了要求某一客观材料是与诉讼中的待证事实具有关联性之外，还必须要具备合法性的特征。

刑事诉讼证据的合法性主要体现在下述三个方面：

1. 主体上的合法性。所谓主体合法即提供、收集证据的主体必须符合法律规定。主体上的合法性主要包含了两个方面的内容：一方面，提供证据的主体要符合法律的规定。例如，《刑事诉讼法》第52条第2款规定："行政机关在行政执法和查办案件过程中收集的物证、书证、视听资料、电子数据等证据材料，在刑事诉讼中可以作为证据使用。"第60条第2款规定："生理上、精神上有缺陷或者年幼，不能辨别是非、不能正确表达的人，不能作证人。"另一方面，刑事诉讼法对收集证据的主体也有明确的要求，即证据必须由法定人员收集。例如，勘验、检查笔录必须由法定的侦查人员或其他法定人员进行；鉴定意见只有由专业的鉴定人作出才具有法律效力。

2. 程序上的合法性。所谓程序合法指的是刑事诉讼证据必须要依照法定的程序和方法加以收集和认定。《刑事诉讼法》第50条规定："审判人员、检察人员、侦查人员必须依照法定程序，收集能够证实犯罪嫌疑人、被告人有罪或者无罪、犯罪情节轻重的各种证据。严禁刑讯逼供和以威胁、引诱、欺骗以及其他非法方法收集证据，不得强迫任何人证实自己有罪。"用非法方法收集的证据不能作为案件定案的根据。

3. 形式上的合法性。所谓形式合法即证据必须具备法定的形式。《刑事诉讼法》第48条规定了8种证据形式：物证；书证；证人证言；被害人陈述；犯罪嫌疑人、被告人供述和辩解；鉴定意见；勘验、检查、辨认、侦查实验等笔录；视听资料、电子数据。那么刑事诉讼据以定案的材料必须符合这七种法定证据形式中的一种。法律未规定的证据形式，法庭不得采信。

## 二、刑事诉讼证据的意义

刑事证据在刑事诉讼中占据十分重要的地位，在实现刑事诉讼的任务和目的方面发挥了举足轻重的作用。刑事证据的意义主要体现在以下几个方面：

---

〔1〕 汪建成：《刑事诉讼法学概论》，北京大学出版社2001年版，第163页。

（一）刑事证据是查明案件事实真相的唯一合法手段

在证据裁判主义全面确立的现代刑事诉讼体系中，要查明案件的事实真相，司法机关必须通过法定的证据收集和审查判断程序，通过确认证据的效力和关联程度的强弱，综合判断证据在刑事诉讼中的价值。也就是说，刑事证据是司法办案人员认识和接触案件真相的唯一途径。通过其他方法来查明案件事实的做法都是不合法的，也是不可取的。

（二）刑事诉讼证据是进行刑事诉讼活动、正确处理案件的基础

刑事诉讼的全过程，从一定意义上讲，就是运用证据的过程。查明案件事实，并以事实为根据，对被告人进行正确的定罪和量刑需要依靠案件的证据。有了确实、充分的证据才可能还原事实真相，才能依此确定被告人是否构成犯罪以及应当受到何种刑罚处罚。脱离了刑事诉讼证据，整个刑事诉讼活动就无法进行，对被告人正确地定罪和量刑也就无从谈起。

（三）刑事诉讼证据是迫使犯罪分子认罪伏法的重要武器

在刑事诉讼中，犯罪人为了逃避法律的惩罚，往往千方百计地否认犯罪，或者对自己实施的犯罪行为避重就轻。因此仅凭单纯的政策教育很难促使犯罪人如实供述自己的罪行。正确的收集和运用证据，可以迫使犯罪人在确实充分的证据面前丢掉侥幸心理，供述自己的罪行，认罪服法，接受改造。[1]

（四）刑事诉讼证据可以保障无罪的人不受刑事追究

保障无罪的人不受刑事追究是刑事诉讼的一项重要任务。要保障无罪的人不受刑事追究就必须立足调查研究，掌握充分确实的证据，不能仅凭司法办案人员的推测来判断一个人是否有罪。我国刑事诉讼法确立了客观全面收集证据原则，要求审判人员、检察人员和侦查人员全面客观地收集证实犯罪嫌疑人、被告人有罪、罪重和犯罪嫌疑人、被告人无罪、罪轻的证据。只有坚持全面收集证据，才能保障无罪的人不受刑事追究，从而避免冤假错案的发生。

（五）刑事诉讼证据是刑事诉讼当事人维护自身合法权益的有力工具

由于刑事诉讼当事人与案件的判决结果有直接的利害关系。因此，参与刑事诉讼的当事人往往通过提出证据来证明自己的诉讼主张，从而达到使裁判人员接受自己的观点、满足自己诉讼请求的目的，以此来维护自身的合法权益。这一点在刑事自诉案件中表现得尤为明显。在刑事自诉案件中，自诉人必须证明被告人的行为构成了犯罪并对自身的权利造成了侵害。要证明这

---

〔1〕陈光中主编：《刑事诉讼法学》，中国人民公安大学出版社、人民法院出版社2004年版，第190页。

一点，就必须要提出确实和充分的证据加以证明。因此，刑事诉讼证据是当事人维护自身合法权益的有力工具。

## 第二节　刑事诉讼证据的种类

刑事证据的种类是指在刑事诉讼中用以证明案情事实的各种证据的外部表现形式，又称为证据的来源。

《刑事诉讼法》第48条第2款规定：“证据包括：①物证；②书证；③证人证言；④被害人陈述；⑤犯罪嫌疑人、被告人供述和辩解；⑥鉴定意见；⑦勘验、检查、辨认、侦查实验等笔录；⑧视听资料、电子数据。”

### 一、物证

物证是指能够证明案件事实的一切物品和痕迹。物证以其自身属性、特征或存在状况来证明案件事实，这是物证与其他证据种类的根本区别。

物证的存在形式多种多样，常见的物证有：

（1）犯罪工具。例如杀人的凶器、盗窃时撬锁的工具、纵火时的引火物等。

（2）犯罪行为直接侵犯的物质对象。例如盗窃、抢劫、抢夺、诈骗、贪污的赃款、赃物等。

（3）由犯罪行为所产生的非法物品。例如非法制造的枪支、弹药、毒品、伪造的国家证券等。

（4）在犯罪过程中或犯罪后，犯罪人为了掩盖罪行、对抗侦查伪造的各种物品或痕迹。

（5）表现犯罪带给社会危害性后果的物品。例如被毁坏的机器设备、被炸毁的建筑物等。

（6）由犯罪行为产生的痕迹，如遗留在犯罪现场的血迹、被破坏的门窗上所遗留下的撬压痕迹等。

（7）犯罪人在犯罪过程中所遗留的表现个人人身特征的痕迹或物品。例如犯罪人的指纹、脚印、衣物等。

与其他证据种类相比较，物证具有以下特点：

（1）物证具有较强的稳定性。物证是客观存在的物品或痕迹，没有掺杂个人的主观意志，因此，只要对物证加以妥善的保全，它就具有了稳定性的特征，不会随着时间和地点的推移发生重大的变化。

(2) 物证具有间接性的特征。物证又称为“哑巴证据”。任何一个物证都不能单独地反映犯罪事实发生、发展的全过程以及犯罪人是谁的信息。物证所能够证明的往往是案件中的某些片段或是某一情节，为查清案件提供各种线索。

对物证的收集和审查判断要根据物证的上述特点进行。收集物证时要及时、细致。近年来，随着科技的发展，利用高科技手段收集物证在实践中得到日益广泛的运用。对物证进行审查判断主要从下述几个方面入手：

(1) 审查物证是否真实，是否因为受到外界因素的影响而发生变化，是否是复制品或替代品。

(2) 审查物证的来源，查明其原始出处，这对于判断物证的证据能力和证明力都十分关键。

(3) 审查物证与案件的关系。通过审查各种物证的外部特征及其性质与案件事实之间的联系，解决物证对案情的有效证明价值问题。

## 二、书证

书证是以其记载或表达的思想内容来证明案件事实的文字材料或其他载体。例如记载了犯罪计划的笔记本、诬告案件中的诬告陷害信件、贪污案件中的账册和票据等，都是物证。

广义上的物证包括书证，但书证与一般的物证又有所区别，二者之间的根本区别在于对案件的证明方式不同。物证是以其外部的形态、特征和属性来证明案件事实，书证所承载的能够证明案件事实的信息则体现在其记载和表达的思想内容之中。因此，不能简单地认为凡是以文字资料方式出现的证据就是书证，凡是以物质载体方式出现的证据就是物证。在司法实践中，要根据其证明案件的方式对证据的形式加以判明，有的证据，虽然以纸张为载体，但其记载的内容与案件事实没有关系，只是其存放地点、外部特征有证据意义，那么这样的证据就是物证而不是书证。

书证收集和保全的方法与物证基本相同。对书证的审查判断主要从下述几个方面进行：

(1) 审查书证的真实性，即查明书证是否出于伪造。要查明书证的真实性，主要从书证的产生过程和获取过程进行审查。

(2) 审查书证的内容。有些书证虽然并非伪造，但由于人们主观上的原因，如记忆力、认识能力水平等也可能使书证的内容出错。

(3) 审查书证与案件事实之间的关系。即书证是否与案件有联系，这种联系与其反映的案件事实之间是直接联系还是间接联系，等等。

## 三、证人证言

证人证言是证人就自己所知道的案件事实向司法机关作出的陈述。

所谓证人是指知道案件情况，能够辨别是非和正确表达的人。《刑事诉讼法》第60条规定："凡是知道案件情况的人，都有作证的义务。生理上、精神上有缺陷或者年幼，不能辨别是非、不能正确表达的人，不能作证人。"

证人必须是自然人，法人不是我国刑事诉讼中证人的主体。这是因为，证人是就其所感知的案件事实作出陈述，所以任何一个证言的形成都要经历感知、记忆和表述的过程。而感知、记忆和表述的能力都是依附于自然人而存在的。法人不具有这些能力。

证人是刑事诉讼当事人之外的第三人，证人既不能是犯罪行为的实施者，也不能是犯罪行为的受害者。证人对案件情况的了解不是通过参加诉讼活动的途径取得的，这就将证人与案件的侦查人员、审判人员、鉴定人、辩护人等通过参加刑事诉讼活动而了解和获得案件相关信息的人区别开来。正因如此，证人具有人身不可替代性的特征。参加刑事诉讼活动的诉讼参与人的身份如果与证人的身份重合，那么证人的身份具有优先性。例如某法官在下班途中目睹了一起抢劫案件，那么该名法官在这个抢劫案件中就只能扮演证人的角色。

证人证言有以下四个特点：

（1）证人是犯罪嫌疑人、被告人、被害人以外的人，因此一般而言，证人证言较犯罪嫌疑人、被告人和被害人的陈述更为客观。

（2）证人证言强调证人对案件事实的亲身感知，因此证人对案件事实的推测和分析意见不是证据。

（3）证人证言是证人对感知或传闻情况的反映，因此往往会受到证人主观因素和客观条件的影响。

（4）证人证言的来源十分广泛，是刑事案件中常见的证据形式。

证人证言在刑事诉讼中具有重要的证明作用，它可以帮助司法工作人员发现和收集其他证据；可以鉴别其他证据的真伪；可以作为认定案件事实甚至是主要事实的根据；可以揭露犯罪嫌疑人、被告人或被害人的虚假陈述。

证人证言应当由司法人员通过询问的方式收集。询问前应当告知证人有如实作证的法律义务和违反该义务所要承担的法律责任。证人证言的固定方法主要有录音录像法和笔录法。除被告人配偶、父母、子女不得强制出庭外，证人没有正当理由不出庭作证的，人民法院可以强制其到庭。

对证人证言的审查主要从以下几个方面进行：

(1) 审查证人与当事人或者案件结果之间有无利害关系。如果证人与当事人或案件结果之间有利害关系，那么证人为了维护自身的利益而作伪证的可能性就比较大。

(2) 审查证人证言的来源。证言的来源直接关系到证据的客观真实性。证人通过亲身经历，耳闻目睹之后形成的证言，其真实性较高。如果证人不是亲身经历犯罪过程，而是通过其他途径感受到的案件信息，这种情况下其作出的证言真实性就比较低。

(3) 审查取得证言的方法，即证人是否受到外界不良影响的干扰或强迫。收集证人证言，既要注重其内容的客观真实性，也要注意审查证言收集的程序、手段是否合法。通过刑讯逼供方式取得的证言不具有证据能力，不能作为定案的根据。

(4) 审查证人证言与其他证据是否一致。如果发现证人证言与其他证据有矛盾，就要认真分析、核查是证人证言真实，还是其他证据真实。

## 四、被害人陈述

被害人陈述，是指被害人就自己遭受犯罪行为侵害的事实和所了解的犯罪分子的情况向公安司法机关所作的陈述。在外国证据法中，被害人陈述一般被视为证人证言，不作为独立的证据种类。我国《刑事诉讼法》考虑到被害人特殊的诉讼地位和其陈述的特殊性，将被害人陈述规定为一种独立的证据形式。

被害人陈述的内容一般包括两个方面：①是关于遭受犯罪侵害情况的叙述；②是对犯罪嫌疑人的控告和揭发。除此之外，被害人在诉讼中还可能提出惩罚犯罪人的要求或者关于损害赔偿的请求等，这些都与查清案件事实无关，因此不能作为诉讼证据。

被害人陈述具有以下特点：

(1) 被害人是合法权益直接遭受犯罪行为侵害的人，往往最为清楚犯罪过程的各种细节以及犯罪嫌疑人、被告人的身体、行为、衣着、口音等特征，因而其对案件情况的陈述较为全面、具体和生动。

(2) 被害人陈述往往包含虚假失实的成分。这是因为被害人在受到犯罪侵害后，可能会情绪偏激或者出于对罪犯的憎恨心理而有意无意地夸大事实情节。被害人还可能因在受到犯罪侵害时精神高度紧张而出现观察不细致、记忆不清楚或者出现错觉，从而造成陈述失实。

被害人陈述在刑事诉讼中对于查清案件事实具有重要的意义。被害人是犯罪行为直接侵害的对象，因此对案件事实一般了解的较为详细和具体。这使得被害人陈述对于公安、司法机关判断案件性质，确定侦查方向和重点，收集、核实其他证据都有重要的作用。

被害人陈述的收集与保全的方法与证人证言基本相同。在对被害人陈述进行审查判断时，应注意以下几个方面：

（1）审查被害人与被告人的关系。如果被害人与被告人素昧平生，一般来说其提供虚假证言的可能性就比较小。如果两者之间存在亲密或仇视等特殊关系，则其提供虚假证言的可能性就比较大。

（2）审查被害人陈述的来源，分析其内容的合理性。如果被害人是根据其直接感受的犯罪事实所作的陈述，则其陈述的情节一般具有合理性。如果是听他人转述，甚至是来源于自身的主观推测和想象，则其陈述的情节往往不清楚甚至是相互矛盾的。

（3）审查被害人陈述与案件其他证据有无矛盾。被害人陈述应与收集的其他证据对比分析，相互印证。如果发现被害人陈述的内容与其他证据有矛盾，就应分析矛盾的内容，或再行收集证据，并以确实的证据来解决矛盾，从而肯定或否定被害人陈述的证据价值。

### 五、犯罪嫌疑人、被告人供述和辩解

犯罪嫌疑人、被告人的供述和辩解，是指犯罪嫌疑人、被告人在刑事诉讼中就其被指控的犯罪事实以及其他案件事实向公安司法机关所作的陈述，在实践中通常称为犯罪嫌疑人、被告人口供。其包含犯罪嫌疑人、被告人供述和辩解两个部分。所谓犯罪嫌疑人、被告人供述是犯罪嫌疑人、被告人向司法机关承认犯罪并交待犯罪事实的陈述；所谓犯罪嫌疑人、被告人辩解是其否认犯罪，或者虽然承认犯罪，但提供有关应当从轻、减轻、免除处罚和不追究刑事责任的情节的申辩或解释。

犯罪嫌疑人、被告人的供述和辩解具有以下特点：

（1）犯罪嫌疑人、被告人对自己是否实施以及如何实施犯罪行为最为清楚，如果犯罪嫌疑人、被告人如实供述，可以全面、详细地反映刑事案件发生、发展的全过程以及犯罪嫌疑人、被告人作案的动机、目的和手段。如果犯罪嫌疑人、被告人如实辩解，可以为侦查机关提供其无罪或罪轻的证据和证据线索。因此，犯罪嫌疑人、被告人的供述和辩解经过查证属实的，一般都是认定案件事实的直接证据。这一特征是其他证据形式所不具备的。

（2）犯罪嫌疑人、被告人陈述可能存在虚假性。犯罪嫌疑人、被告人作为刑事诉讼被追究的对象，如果被定罪量刑，就会被剥夺人身自由、财产甚至是生命，其与案件结果之间有直接的利害关系。因此，在大多数情况下，

犯罪嫌疑人、被告人为了逃避罪责、干扰侦查，可能会作出某些虚假的陈述。

（3）犯罪嫌疑人、被告人的供述和辩解易有反复性。犯罪嫌疑人、被告人的思想在诉讼过程中由于受到案件进程、环境等各种因素的影响，极易产生波动，导致犯罪嫌疑人、被告人随时可能翻供，甚至是时供时翻，屡供屡翻。犯罪嫌疑人、被告人供述的这一特点在我国刑事司法实践中体现的较为明显。

犯罪嫌疑人、被告人供述和辩解的特点决定了对待犯罪嫌疑人、被告人陈述的原则是“重证据、重调查研究，不轻信口供”。《刑事诉讼法》第53条第1款规定：“……只有被告人供述，没有其他证据的，不能认定被告人有罪和处以刑罚；没有被告人供述，证据确实、充分的，可以认定被告人有罪和处以刑罚。”

由于犯罪嫌疑人、被告人处于被追诉的地位，并且大部分的被告人在庭审之前都处于羁押状态，相对于强大的国家侦查机关无疑处于弱势地位，为了保障犯罪嫌疑人、被告人的合法权益，《刑事诉讼法》第50条规定：“……严禁刑讯逼供和以威胁、引诱、欺骗以及其他非法的方法收集证据，不得强迫任何人证实自己有罪……”为了落实上述规定，《刑事诉讼法》第54条进一步规定：“采取刑讯逼供等非法方法收集的犯罪嫌疑人、被告人供述和采用暴力、威胁等非法方法收集的证人证言、被害人陈述，应当予以排除……”因此在审查犯罪嫌疑人、被告人的供述和辩解时，除了要审查其供述是否合理以外，还要特别注意审查被告人口供的收集是否合法，犯罪嫌疑人、被告人是否是在自愿无压迫的情况下作出的供述。[1]

## 六、鉴定意见

鉴定是指鉴定人受公安司法机关的指定或聘请，运用专门知识技能和现代科技手段，对案件中的专门性问题进行检测分析和鉴别判断的活动。鉴定意见是鉴定人根据公安司法机关的指派或委托，运用自己的专门知识和技能对案件中需要解决的专门性问题进行鉴定后所作出的意见。

在刑事诉讼中，需要鉴定的专门性问题非常广泛，常见的有法医类鉴定（如法医病理鉴定、法医临床鉴定、法医精神病鉴定、法医物证鉴定和法医毒物鉴定）、物证类鉴定（如文书鉴定、痕迹鉴定和微量鉴定）和声像资料鉴定等。

---

〔1〕 胡锡庆主编：《刑事诉讼法学》，法律出版社2000年版，第207页。

鉴定意见作为刑事证据的一种，具有不同于其他证据形式的特点：

（1）鉴定意见是鉴定人对案件中的专门性问题进行鉴定后得出的个人意见。

（2）鉴定意见是鉴定人运用自己的专门知识和技能，凭借科学仪器和设备，分析研究案件有关专门性问题得出的结果。

（3）鉴定意见是鉴定人对案件中需要解决的一些专门性问题所发表的意见，而不是对法律问题提供的意见。

在西方国家，主要是英美法系国家，证据立法和理论均把鉴定人看作是案件的证人，把鉴定意见看作是证人证言，即“专家证人”和“意见证据”。实际上，鉴定人与证人、鉴定意见与证人证言之间都存在重要的区别，二者不可混同。其区别主要表现在：

（1）证人是由案件本身决定的，因此具有不可选择性和人身不可替代性。鉴定人则是在案件发生后由公安司法机关根据需要指派或聘请的，其本身既可以选择，也可以更换和替代。

（2）证人证言是证人根据自己所了解到的案件事实向公安司法机关的工作人员进行陈述。鉴定人事先并不了解案件情况，其是在鉴定过程中，通过鉴材和委托人提供的案件信息就案件中的专门问题进行分析判断，提出意见。

（3）证人作证只需就自己了解和感受的案件情况作如实陈述即可，不需要具备专门的知识和技能。凡是能够辨别是非、能够正确表达的人，就可以作证人。鉴定人则必须具备专业知识和技能。

（4）证人不存在回避的问题，只要是了解案件情况的人都有作证的义务。鉴定人如果与本案或本案当事人之间有利害关系或其他法定情况，符合回避条件的，就应当回避。

（5）鉴定人为了提供科学的意见，可以要求了解有关案件信息或查阅、摘抄有关案卷材料，几个鉴定人共同鉴定时，可以相互讨论，共同完成鉴定意见。对于证人，法律明确规定了询问证人的个别化原则，证人之间不能相互讨论案情，证人也不能查阅案卷或自行了解案件信息，以免受到影响，导致证言失实。

鉴定意见对于认定案件事实具有十分重要的作用，即鉴定意见是揭示某些物品、痕迹证明力至关重要的甚至是唯一的手段。只有经过鉴定，某些物品和痕迹才能发挥证明作用。鉴定意见具有科学性和定量分析的特点，是审查和鉴别其他证据的重要手段。

为了加强对鉴定人和鉴定机构的管理，保障诉讼的顺利进行，全国人民代表大会常务委员会于2005年2月23日通过了《关于司法鉴定管理问题的决定》。该决定从加强司法鉴定人和鉴定机构规范管理的角度，明确规定了司法鉴定人和鉴定资格准入制度，人民法院和司法行政部门不得设立鉴定机构，侦查机关内设的鉴定机构不得面向社会接受委托从事司法鉴定业务等事项，从而完善了我国刑事诉讼法关于司法鉴定的相关规定。

鉴定意见有科学上的根据，但由于受到主客观因素的影响，鉴定意见也必须由司法人员进行审查和判断。一般来说，鉴定意见应从以下几个方面进行审查：

（1）审查鉴定人的资格。首先要明确鉴定人是否具有从事该鉴定科目的鉴定资格，其次要审查鉴定人是否与该案件有利害关系，是否符合回避的条件。

（2）审查鉴定意见所依据的材料是否真实可靠。这是因为只有鉴定人掌握了充分可靠的材料，才有可能作出符合案件事实真相的鉴定意见。如果鉴定材料本身不真实，那么所作出的鉴定意见也就是不可靠的。

（3）审查鉴定的方法是否科学，结论是否合乎逻辑。鉴定方法是否科学是影响鉴定意见有效性的重要因素，而鉴定结论合乎逻辑才能与案内的其他证据相互印证。

## 七、勘验、检查、辨认、侦查实验等笔录

勘验、检查笔录是指公安司法人员对与犯罪有关的场所、物品、人身、尸体等进行勘验、检查后所作的文字记载。勘验、检查笔录一般包括现场勘验笔录、尸体检验笔录、物证检验笔录、人身检查笔录等。

勘验笔录是依照法定程序并运用一定的设备和技术手段对勘验对象的情况进行客观记载，客观性较强。其主要作用是固定证据及其所表现的各种特征，对于发现、收集证据，确定侦查方向，揭露和证实犯罪人、鉴别其他证据，都有重要的意义。

检查笔录是指办案人员为确定被害人、犯罪嫌疑人、被告人的某些特征、伤害情况和生理状态，对他们的人身进行检验和观察后所作的客观记载。检查笔录以文字记载为主，也可以采取拍照、录像等其他有利于准确、客观记录的方法。

辨认笔录是指办案人员让被害人、犯罪嫌疑人或者证人对与犯罪有关的物品、文件、尸体、场所或者犯罪嫌疑人进行辨认所作的记录，其以记载辨认的内容这一形式来证明案件事实。

侦查实验是指侦查人员在刑事诉讼过程中按照科学的原则和方法，在模拟案件原有条件基础上所设计、实施的，旨在查明与案件有关事实的存在、

发生的可能性或其状态、过程的科学活动。侦查实验笔录是侦查实验过程及结论的载体，是侦查人员按照法定格式制作的，用于描述和证明实验过程中发生的具有法律意义的事实状况的书面记录。

勘验、检查笔录具有如下特点：

（1）勘验、检查笔录是在诉讼过程中由司法人员对待证对象的一种客观记录。

（2）勘验、检查笔录是由司法人员制作的一种具有综合性证明作用的证据。它所反映的内容包括勘验、检查的司法人员所发现的与案情有关的各种情况、各种痕迹，物品存在或形成的环境和相互关系等。因此，它具有多方面的证明作用，而不是单一的证明效能。

（3）勘验、检查笔录是固定和保全证据的主要手段。其可以作为考查被告人、被害人生理状态、现场情况的重要根据，如果有必要恢复现场原状，也可以依据勘验笔录加以恢复。

（4）勘验、检查笔录是通过如实记录司法人员的诉讼行为而反映案件情况的证据材料，所以，其在实体方面反映了案件的客观真实，在很大程度上具有揭示案件真相的价值，这是其他任何笔录所无法比拟的。在程序方面，其反映了司法人员固定、保全各种物证或书证的实施方法和过程，从而能够进一步增强有关物证或书证的证据能力。

勘验、检查笔录的上述特点决定了对勘验、检查笔录审查的内容有：

（1）审查勘验、检查活动是否按照法定程序进行，是否符合法律要求。

（2）审查勘验、检查笔录的完整性，分析了解现场是否有被破坏、伪造的情况，是否所有的勘验、检查活动都已制作了笔录。

（3）审查勘验、检查笔录与其他证据是否一致，如果不能相互印证，出现了矛盾，则应当做进一步的调查。

### 八、视听资料、电子数据

视听资料是指以录音、录像、电子计算机以及其他高科技设备储存的信息来证明案件情况的资料。根据不同的表现形式，可以把常见的视听资料分为：录音资料；录像资料；电子计算机存储的资料和其他数码音像设备提供的资料。

视听资料是一种新的刑事证据形式，被作为法定的证据种类确立在我国的刑事证据体系中。视听科技的迅速发展，就记录视听信息的手段而言，人们已经从模拟记录发展到数码激光记录。高科技手段对声音和图像的记录和还原质量为视听资料成为一种反映案件事实的证据提供了可行性。

视听资料具有以下特点：

（1）视听资料的形式多样，直观性很强，具有高度的准确性和逼真性。

（2）视听资料可以反复重现，作为证据易于使用，审查核实时便于操作。

（3）视听资料具有物证、书证等证据形式所不具备的动态连续性。

正是由于视听资料的上述特征，使得视听资料在刑事诉讼中发挥了越来越重要的证明作用，具有较高的诉讼价值。主要表现在：

（1）视听资料为刑事诉讼活动提供了一种新型的强有力的证明手段，适应了新技术革命进一步完善诉讼活动方式的需要。

（2）视听资料的运用促进了刑事司法工作重心的转移，其发展调整了刑事诉讼活动从侧重于“事后追诉”的工作重心，开始向“事前预防”转移。

视听资料是一类比较特殊的证据形式，对视听资料的审查判断主要从以下几个方面进行：

（1）审查视听资料的来源。区分该视听资料是原始证据还是传来证据。审查其是否全面客观地反映了案情，或者其在转录的过程中是否完整，有无遗漏或删节。

（2）审查视听资料的内容。由于视听资料都是高科技产品，容易被伪造。对其审查也要采用高科技手段，才能发现虚假内容。

（3）审查视听资料与其他同案证据是否一致。如将视听资料与被告人口供、被害人陈述、证人证言等言词证据进行比对，如果存在矛盾，则应认真审查。

电子数据作为一种新的证据形式，主要包括：电子邮件、电子数据交换、网上聊天记录、网络博客、手机短信、电子签名、域名等。当然，随着时间的推移和科技的不断发展，还会不断有新的电子数据形式。电子数据与其他证据种类相比，具有以下特征：

（1）无形性。电子数据作为证据与其他证据的外在表现形式完全不同，如计算机硬盘、磁盘、光盘等。它的产生和重现必须依赖于这些特定的电子介质，在这点上不如且不同于传统的证据，如书证，毋需依赖于其他介质就可以独立重现，仅就其本身无法判读其内容，必须通过电脑打印或者在电脑上才能阅读，与书证不同。

（2）易破坏性。电子数据特有的生成、储存和传递方式导致了其特有的隐蔽性，与其他证据种类相比更容易被删改且不留痕迹。电子数据所依赖的计算机系统容易受到攻击、篡改且不易被发觉，电子证据本身容易遭受修改且不易留痕。

（3）可复制性。电子数据以电脑可变性的储存媒介作为记录器，在内容不变的情形下具有可重复利用性。电子数据的内容完全不变，可以在不同媒介进行转换，其变化仅仅是媒介的变化，一般无内容的变化。电子数据这一特点使其不同于一些被毁损的书证、物证，即使被毁损，因其复制性也不会影响其真实性。

（4）多样复合性。电子数据的表现形式是多样的，尤其是多媒体技术的出现，更使电子数据作为证据综合了文本、图形、图像、动画、音频及视频等多种媒体信息，这种以多媒体形式存在的电子证据几乎涵盖了所有传统证据类型，以至于表现出多样复合性。

（5）高科技性。电子数据是现代高科技发展的重要产物和先进成果，是现代科学技术的发展在诉讼证据上的体现，它与其他证据相比主要表现在技术含量高，电子证据的产生、储存和传输，都必须借助于计算机技术、存储技术、网络技术等，离不开高科技的技术设备。

另外，电子数据还具有收集迅速、易于保存、占用空间少、传送和运输方便、可以反复重现、易于使用、审查、核实、便于操作的特点。

## 第三节　刑事诉讼证据的分类

刑事证据分类，是指在诉讼理论上将刑事证据按照不同的标准划分为不同的类别。分类的目的，在于研究各类证据的特点及其运用规律，以便提高运用各类证据查明案件真相的能力。

证据的分类不同于证据的种类，其划分是理论上的划分。证据种类划分依据的是证据的存在及其表现形式，这种划分由法律明确规定，具有法定的约束力。不具有法定形式的证据不得作为定案的根据。而证据的分类则是理论上从不同角度对证据种类所作的划分。我国刑事诉讼法规定的证据种类有八种，由于证据分类的角度和标准不同，某一具体的法定证据种类，依一种标准分类，属于这一类别，而按照另一种分类，则属于其他分类类别。如视听资料，不仅可以是直接证据或间接证据，也可以是有罪证据或无罪证据。

在我国理论界，通常将刑事证据分为原始证据与传来证据，言词证据与实物证据，有罪证据与无罪证据，直接证据与间接证据。

### 一、原始证据与传来证据

根据证据的来源不同，可以将证据划分为原始证据与传来证据。

凡是直接从第一来源（第一手资料）获得的证据材料就是原始证据。所谓“第一来源”是指没有经过传抄、复制的物证、书证，或者没有经过转述的人们关于案件事实的反映、映像。例如：犯罪嫌疑人、被告人的供述和辩解，被害人陈述，现场目击证人亲自提供的证言，与案件有关的各种账册、单据、文件和信件的原件，犯罪现场遗留的尸体、物品、痕迹等。原始证据没有经过其他中间环节的转述与传抄，能比较客观、真实地反映案件的本来面貌。

凡是不是直接产生于待证事实，不是从第一来源直接获得，而是由第一来源经过传抄、复制或转述后获得的，就是传来证据。例如：证人转述他人的证言、书证的抄件、影印本、复印件、各种证据的复制品，犯罪现场的照片、模型、录像等。传来证据由于经过了中间环节的转述与传抄，其失真的可能性比较大，其传递的次数一般与其证明力成反比。因此，在查明案件事实的过程中，司法工作人员应当追根溯源，尽可能收集原始证据。

对于转述多次的证人证言和书证、物证的复制品，应当查明其来源出处。在司法实践中，凡是能将原始证据附卷的，都应附卷作为定案的根据，以便再次审查；法庭调查中，应坚持原始证人、亲自感受案情的被害人等亲自出席法庭，亲自陈述，接受质证。

强调原始证据的诉讼证明价值，不等于否定传来证据的作用。司法实践中，一开始往往难以收集原始证据，常常是通过传来证据去发现和收集原始证据；传来证据还可以作为审查判断原始证据的重要依据；在无法收集或难以提取原始证据的情况下，传来证据可以替代原始证据起到一定的证明作用。如被害人在临死前向参加抢救的医护人员所作的陈述，往往因被害人的死亡而无法再收集，但医护人员的传来证据就可以成为重要的证据。

传来证据的运用，应当遵循以下规则：没有正确的来源或者来源不明的传说、文字材料，不能作为定案的根据；只有在原始证据不能取得或者取得确有困难时，才能用传来证据代替；应当收集和运用距原始证据最近的传来证据；如果某一案件只有传来证据而没有原始证据，不能认定犯罪嫌疑人、被告人有罪。

在英美法系中有原始证据与传闻证据之分，并实行排除传闻证据的规则，也称传闻法则。但英美证据法中的传闻证据和我国证据理论中的传来证据不同。传闻证据，是指一项陈述在法庭上提出并作为证据，而陈述者并没有到法庭上口头作证并接受控辩双方的交叉询问。这样，法庭外作出的言词证据都是传闻证据。在我国，判断一项证据是否是传来证据的标准是其是否经过转述、转抄和复制。证人在侦查阶段的陈述笔录只要是证人亲自感知的，就是原始证据而非传来证据。[1]

## 二、言词证据与实物证据

根据证据的表现形式不同，可以将证据分为言词证据和实物证据。

言词证据是指以人的语言陈述形式表现证据事实的各种证据，如证人证言、被害人陈述、犯罪嫌疑人、被告人的供述和辩解都是典型的言词证据。实物证据是以客观存在的物体作为证据事实表现形式的各种证据，例如物证、书证等。

在理解言词证据与实物证据这一分类时，比较特殊的两类证据是鉴定意见和勘验、检查、辨认和侦查实验等笔录。鉴定意见虽然具有书面的形式，但其实质是鉴定人就案件中某些专门性问题进行鉴定后做出的判断，而且在法庭审理时，当事人有权就鉴定意见对鉴定人提问，鉴定人有义务做出回答。可见，鉴定意见是言词证据。勘验、检查、辨认和侦查实验等笔录则与鉴定意见不同。勘验、检查、辨认和侦查实验等笔录是办案人员在勘验、检查、辨认和侦查实验等过程中对所观察的情况的如实记载，是对勘验、检查、辨认和侦查实验等过程中所发现的客观情况的固定，其在内容上不是对人的语言表达的记载，因此，勘验、检查、辨认和侦查实验等笔录应被划分为实物证据。

言词证据与实物证据各有特点。言词证据的优点是能够比较形象、生动地反映客观事实，可以动态地揭示案件发生的原因、过程、后果和具体情节，而且提供证据的人能及时补充、修正、重述他所了解的事实，回答办案人员提出的问题，澄清某些疑点。但是言词证据也有其难以克服的缺陷。经过人的感知、记忆、表述的言词证据，其真实性受到人的感受力、记忆力、判断力和表达能力等因素的影响和制约，有可能不能如实反映案件客观情况。相反，实物证据存在于人的大脑之外，形成于犯罪被发现之前，诉讼开始时就已经定型，较少受到人为因素的影响。所以，只要善于发现和以正确的方法收集、固定，实物证据就可以较为完整地进入诉讼程序。因此，实物证据相对于言词证据而言更为客观、固定和可靠。但是，一般说来，实物证据所包含的信息量较少，通常只能证明案件事实的某个片段，对案件主要事实的证明，则多是间接的。

正是由于言词证据和实物证据的上述特点，对言词证据和实物证据的收

---

[1] 宋英辉主编：《刑事诉讼法》，清华大学出版社 2007 年版，第 203 页。

集和审查判断要采取不同的方法。从收集证据的角度来看，对言词证据，为了发挥其生动、形象的特点，一般应当采取询问或讯问的方式收集，对于实物证据，则是以勘验、检查、搜查、扣押等方式收集。从证据的审查判断上来看，对于言词证据主要审查这一证据是否受到了人为因素的影响，其真实性有多大。对于实物证据则主要审查实物证据的物质形态是否保存完好，是否遭受破坏。在审查方法上，言词证据多采用审查证据本身前后是否矛盾，是否与其他证据相印证，审查言词证据主体的感知、记忆、表述能力是否正常，是否受到人为因素的影响，法庭审理时采用讯问、质证等方法，而对实物证据的审查则多采用鉴定、辨认、侦查实验等方法。

### 三、有罪证据与无罪证据

根据证据对案件事实所起证明作用的不同，可以将证据分为有罪证据与无罪证据。

凡是能够证明犯罪事实存在和犯罪行为系犯罪嫌疑人、被告人所为的证据，就是有罪证据。反之，凡是能够否定犯罪事实存在，或者能够证明犯罪嫌疑人、被告人未实施犯罪行为的证据就是无罪证据。

从立法上来看，《刑事诉讼法》第 50 条规定："审判人员、检察人员和侦查人员必须依照法定程序，收集能够证实犯罪嫌疑人、被告人有罪或者无罪、犯罪情节轻重的各种证据……" 第 135 条规定："任何单位和个人，有义务按照人民检察院和公安机关的要求，交出可以证明犯罪嫌疑人有罪或者无罪的物证、书证、视听资料等证据。" 立法的上述规定体现出划分有罪证据和无罪证据的意义。划分有罪证据和无罪证据的意义在于，其有利于司法机关工作人员全面收集犯罪嫌疑人、被告人有罪、罪重的证据和无罪或者从轻、减轻、免除刑罚的证据，避免了办案过程中的片面性，有利于在认定有罪时排除无罪的可能性，做到有罪证据确实、充分，防止造成冤假错案。

掌握有罪证据和无罪证据的分类，还要注意是否发生了犯罪事实或犯罪嫌疑人、被告人是否实施了犯罪行为，因为这不仅是涉及犯罪构成的复杂问题，而且还受到刑事诉讼不同阶段对案件认识的局限。有时对一个证据材料，难以确定其是有罪证据还是无罪证据，只有与其他证据相结合，才能够确定其证明作用。由于案件情况的复杂性，有时一个证据材料中既有说明有罪倾向的内容，也有说明无罪倾向的内容，这就需要进一步收集其他证据材料，才能查明其到底属于有罪证据还是无罪证据。例如犯罪嫌疑人、被告人供述其造成被害人重伤，但主张其行为属于正当防卫行为，就属于此类证据材料。

关于划分此类证据的标准，学术界存在不同的意见。有学者主张按照证据的证明作用是有利于被告人还是不利于被告人而将其划分为有利于被告人的证据和不利于被告人的证据。凡是能够证明被告人无罪、罪轻以及有从轻、减轻、免除处罚情节的证据，都属于有利于被告人的证据。凡是证明被告人有罪、罪重以及有从重处罚情节的证据，都属于不利于被告人的证据。也有学者按照类似的标准将证据分为控诉证据与辩护证据。这两种划分标准，在我国正在实行的控辩式庭审方式中具有重要的意义。[1]

## 四、直接证据与间接证据

直接证据和间接证据是以单独一个证据所包含的信息量作为标准对证据进行的划分。

凡是单独一个证据所包含的信息内容能够直接指出犯罪人是谁这一主要事实，就是直接证据。例如，犯罪嫌疑人供认他实施了某些犯罪行为，某目击证人陈述的何人实施了犯罪行为的证言，与被告人有较长时间面对面直接接触的被害人（如杀人未遂、抢劫、诈骗、非法拘禁等），指控犯罪嫌疑人、被告人实施了某项犯罪行为的陈述，犯罪嫌疑人、被告人的书信、日记中关于犯罪行为的记载，都属于直接证据。

凡是单独一个证据所包含的信息不能直接指出案件的主要事实，而必须同其他证据联系起来才能说明案件的主要事实的，就是间接证据。例如，盗窃案件现场遗留的各种材料，只能说明发生了盗窃案件，不能说明何人实施了盗窃行为；案件现场有某人的指纹，只能说明该人到过案发现场，而不能说明该人就是作案人。这些证据都是间接证据。

直接证据的突出特点是能够单独指明犯罪是否为犯罪嫌疑人、被告人所为，而无需经过推理过程。但是必须强调，直接证据也必须依赖其他证据查证属实，才能作为定案的根据。即使是直接证据，其对案件事实所能证明的范围也是不同的。因此，认定案件事实不能仅仅依赖个别直接证据，而必须与其他证据相结合进行综合审查判断，才能正确认定案件事实。为了避免办案人员过分依赖口供，刑事诉讼法上确立了口供补强规则以防止办案人员采用非法的方法获取口供。

间接证据的主要特点是其不能独立证明案件主要事实，而只能证明案件的某一情节或片段。因此，任何间接证据都必须与其他证据相结合才能证明案件主要事实。而且，间接证据与案件主要事实之间的关联方式往往也是间

---

〔1〕 陈卫东主编：《刑事诉讼法》，中国人民大学出版社2004年版，第169页。

接的，即用间接证据证明案件主要事实必须经过逻辑推理。在只有间接证据、缺乏直接证据的情况下，推理证明的过程将更为复杂，但并不能因此而忽略了间接证据的作用。在侦查初期，间接证据往往是发现犯罪嫌疑人、确定侦查方向的先导，其可以提供直接证据的线索，在特定条件下，可以完全依靠间接证据证明案件真相，认定案件事实。

## 第四节　刑事诉讼证明

刑事诉讼中的证明是指侦查、检察和审判人员运用依法收集的证据，为确定案件中某些待证事实所进行的活动。

证明的基础是证据，没有证据的证明，只能是公安司法人员的一种主观臆断。证据价值的实现，又必须通过证明活动。证明的过程就是司法人员收集、保全证据，对证据进行审查判断，并据以对案件作出符合客观实际的结论所进行的一系列诉讼活动。证明贯穿于刑事诉讼从立案到判决的全部诉讼过程。

证明在刑事诉讼中具有非常重要的意义。它是公安司法人员掌握案情的唯一方法，是司法人员深入查证，判断案情的最基本的活动方式，只有准确完成证明任务，才能正确应用法律，惩罚犯罪分子，保障无罪的人不受刑事追究，顺利完成刑事诉讼所规定的各项任务。

在刑事诉讼证明这一部分中，主要包括证明对象、证明责任和证明标准三个方面的内容。

### 一、证明对象

刑事诉讼证明对象是指需要用证据加以证明的与刑事案件有关的各种问题，既包括需要证明的刑事案件的主要事实，也包括需要证明的与刑事案件相关的其他事实。凡是与追究犯罪嫌疑人、被告人刑事责任有关的一切需要证明的事实，都是证明的对象。

刑事诉讼的证明对象在刑事证明活动中居于重要地位，它是诉讼证明活动的起点和归宿。正是因为设定了证明对象的概念，才产生了证明主体、证明责任和证明程序的概念，证明对象和证明标准一起，形成了证明的方向、内容和目标。作为诉讼证明的起点，证明对象决定了诉讼活动如何进行，需要什么样的证据，谁负担举证责任以及如何调查和收集证据，证明到何种程度等一系列问题。

证明对象具有三个特点：①证明对象必须是与涉案事实相关的事实；②这些事实一般都为一定的法律规范所规定；③必须运用证据加以证明才能确认的事实。

刑事诉讼法并未对证明对象的具体内容作出规定，需要运用证据证明的案件事实包括：①被告人身份；②被指控的犯罪行为是否存在；③被指控的行为是否为被告人所实施；④被告人有无罪过，行为的动机、目的；⑤实施行为的时间、地点、手段、后果以及其他情节；⑥被告人的责任以及与其他同案人的关系；⑦被告人的行为是否构成犯罪，有无法定或者酌定的从重、从轻、减轻处罚以及免除处罚的情节；⑧其他与定罪量刑有关的事实。概而言之，我国刑事诉讼证明对象的具体范围主要包括实体法上的事实和程序法上的事实两部分。

（一）实体法事实

实体法上的事实主要包括两个方面的内容：

1. 犯罪构成要件事实，这是证明对象的核心部分。首先要查明构成犯罪的具体行为是否确已发生。如果确有犯罪行为发生，则应当查明实施犯罪行为的时间、地点、方法、手段、工具和条件，以及犯罪结果、对社会造成的危害性。这类事实往往概况为“七何”要素，即何人、基于何种动机和目的、何时、何地、用何种手段、实施了何种犯罪行为、产生了何种危害后果。我国刑法具体规定了各种犯罪的构成要件和特征，所以对于具体案件的证明对象要按照法律的要求来确定。

2. 作为从重、加重或者从轻、减轻、免除处罚理由的事实，即作为量刑轻重的各种量刑情节的事实。这些情节特别是法定情节，对量刑轻重具有直接的影响。只有全面查明这些情节，才能正确适用法律，做到量刑适当。例如根据我国现行刑法的规定，累犯、主犯、教唆不满18周岁的人犯罪都是从重处罚的情节；预备犯、未遂犯、中止犯、从犯、胁从犯、未成年人犯罪、又聋又哑的人或者盲人犯罪等是从轻、减轻或者免除处罚的情节。此外，犯罪嫌疑人、被告人在犯罪后的态度和表现，是自首、坦白、立功还是潜逃、毁灭证据、串供，以及犯罪嫌疑人、被告人的身份情况，有无前科等，都是属于刑事诉讼中的证明对象，在诉讼过程中都要加以证明。

（二）程序法事实

程序法上的事实主要包括：①当事人申请回避时提出的回避事实；②当事人因不可抗拒的原因或者有其他正当理由耽误法定诉讼期限而提出申请的事实；③需要对当事人采取强制措施的事实以及影响采取强制措施的事实；④违反法定的刑事诉讼程序而可能影响正确判决的事实。

学习刑事诉讼证明对象，还要掌握免证事项的相关内容。所谓免证事项是指不需要用证据加以证明的事实。这类事实在大多数国家的刑事诉讼法或证据法中都有规定。一般来说，免证事实包括三个方面：①众所周知的事实，即通常所说的常识性问题。②预决的事实，即已发生法律效力的法院判决所确定下来的事实。③推定的事实，即依据一定的基础事实的存在而推定另一事实必然存在的事实。我国刑法中关于巨额财产来源不明罪和一些持有型犯罪，例如非法持有毒品罪，非法持有枪支、弹药罪就包含了推定的事实。

## 二、证明责任

证明责任是在法庭上提出证据证明其所主张的事实的责任。

由于人类认识存在着未知领域，没有任何一种证明调查程序能够必然地查清所争议的事实，因此当诉讼终止时事实处于真伪不明的状态，如何按照法律的预先设置在当事人之间分配败诉的风险，这就是证明责任存在的功能。即证明责任是在疑案中确定诉讼后果的一项证据规则，所以在古罗马诉讼中对于证明责任就形成了两条古老的规则：①诉讼中的证明责任由主张的一方承担，否定方不承担证明责任；②双方都提不出证据证明案件事实的情况下，负证明责任的一方败诉。

在我国，证明责任的承担主体首先是控诉机关和负有证明责任的当事人，即公诉案件中的公诉人和自诉案件中的自诉人。他们应当依照法定程序承担证明犯罪事实是否发生、犯罪嫌疑人或者被告人有罪、无罪以及犯罪情节轻重的责任，这是证明责任理论中“谁主张谁举证”法则在刑事诉讼中的直接体现。此外，根据无罪推定原则，犯罪嫌疑人、被告人一般不负有证明自己无罪的责任。但是在少数法律推定其有罪的特定案件中，如巨额财产来源不明案件以及非法持有型犯罪，犯罪嫌疑人、被告人也负有提出证据的责任。

### （一）公诉案件证明责任的分担

《刑事诉讼法》第49条规定：“公诉案件中被告人有罪的举证责任由人民检察院承担，自诉案件中被告人有罪的举证责任由自诉人承担。”人民检察院的证明责任主要表现在以下几个方面：

1. 提出诉讼证明的主张。《刑事诉讼法》第172条规定：“人民检察院认为犯罪嫌疑人的犯罪事实已经查清，证据确实、充分，依法应当追究刑事责任的，应当作出起诉决定，按照审判管辖的规定，向人民法院提起公诉，并将案卷材料、证据移送人民法院。”在起诉书中要写明被告人所触犯的罪名、犯罪事实和犯罪情节等内容。公诉人在庭审时不仅要宣读起诉书，提出其诉讼主张，而且还要发表公诉词，进一步地阐述、论证或者补充其诉讼主张。

对于其提出的诉讼主张，公诉人还要通过出示证据加以证明。

2. 说服责任。说服法官或者合议庭形成内心确信，支持自己的起诉主张，是开庭审理中控诉方的主要目的。公诉方的一切诉讼活动都是围绕着这一目的展开的，因此其不仅要出示、宣读所提供的证据，而且还要对证据的证据能力和证明力、证据与案件事实的关系等问题进行严密的逻辑推理和论证，使证据之间相互印证，形成证据链条，使诉讼主张得到充分的证明。如果控诉方不能提供证据或提出的证据不能证明犯罪事实，则被告人的罪名不能成立，控诉方的目标就没有实现。从诉讼意义上讲，这一结果就是控告方的“不利后果”。

犯罪嫌疑人、被告人不负举证责任，但不是说犯罪嫌疑人、被告人不能向公安司法机关提出证据。如《刑事诉讼法》第 40 条规定：“辩护人收集的有关犯罪嫌疑人不在犯罪现场、未达到刑事责任年龄、属于依法不负刑事责任的精神病人的证据，应当及时告知公安机关、人民检察院。”这种提供证据的活动，是犯罪嫌疑人、被告人及其辩护人享有的诉讼权利，同时也是辩护人的职责，其目的主要是为反驳控方的指控。

（二）自诉案件证明责任的分担

自诉人作为自诉案件的原告人，必须独立承担控诉职能，不仅要向法院提交自诉状，还必须提供相应的证据。《刑事诉讼法》第 49 条第 1 款第 2 项规定：“……自诉案件中被告人有罪的举证责任由自诉人承担。”第 205 条第 1 款第 2 项规定：“缺乏罪证的自诉案件，如果自诉人提不出补充证据，应当说服自诉人撤回自诉，或者裁定驳回。”自诉人在提出证据之后，还必须在诉讼过程中积极履行说服责任，使法官最终作出被告人有罪的认定。如果自诉人未能完成其证明责任或者其证明行为未能使法官形成对其有利的心证，自诉人就必须承担败诉的不利后果。

需要指出的是，被告人在刑事诉讼中不承担证明责任，不等于说被告人在刑事诉讼中不可以提供证据。在实践中，被告人为了证明自己无罪或者罪轻，往往都会主动提出各种证据，这里的提出证据并不是基于证明责任而进行的诉讼行为，而是基于辩护权所进行的行为。因此，举证权利既可以行使，也可以放弃。

（三）非法证据证明责任的分担

为了规范取证程序，保障被取证人的合法权利，2012 年修改的《刑事诉讼法》对非法证据的排除作出了相对明确的规定。《刑事诉讼法》第 54 条规定：“采用刑讯逼供等非法方法收集的犯罪嫌疑人、被告人供述和采用暴力、威胁等非法方法收集的证人证言、被害人陈述，应当予以排除。收集物证、书证不符合法定程序，可能严重影响司法公正的，应当予以补正或者作出合理解释；不能补正或者作出合理解释的，对该证据应当予以排除。在侦查、审查起诉、审判时发现有应当排除的证据的，应当依法予以排除，不得作为起诉意见、起诉决定和判决的依据。”从实体标准上看，非法证据包括非法的言词证据和非法的实物证据。前者包括犯罪嫌疑人、被告人的供述、被害人陈述和证人证言；后者包括物证、书证。除此之外，则不属于我国法律规定的非法证据。从程序标准上看，我国的非法证据主要是获取的方法上的非法。而“非法”的程度又有轻有重，有一般的违法和严重的违法，一般违法获得的证据只能说是有瑕疵的证据，不应认定为非法证据而一律予以排除，只有那些严重违法获得的证据才属于非法证据，才应当予以排除。而书证、物证，只有在其获取的方法违反法律规定的程序，且严重影响司法公正而又不能补正或者作出合理解释的，才予以排除，这属于一种有条件的排除。

在刑事诉讼中由控方承担被告人有罪的举证责任，控方要证明被告人构成犯罪，理应对用于证明被告人构成犯罪的证据证明其具有合法性。因此，《刑事诉讼法》第57条规定：“在对证据收集的合法性进行法庭调查的过程中，人民检察院应当对证据收集的合法性加以证明。现有证据材料不能证明证据收集的合法性的，人民检察院可以提请人民法院通知有关侦查人员或者其他人员出庭说明情况；人民法院可以通知有关侦查人员或者其他人员出庭说明情况。有关侦查人员或者其他人员也可以要求出庭说明情况。经人民法院通知，有关人员应当出庭。”如果人民检察院对于证据收集的合法性不能举证证明，或者举证后仍不能排除有采取非法方法收集证据情形的，人民法院应当依照《刑事诉讼法》第54条、第58条的规定对证据进行处理。

我国《刑事诉讼法》要求当事人及其辩护人、诉讼代理人有权申请人民法院对以非法方法收集的证据依法予以排除。申请排除以非法方法收集的证据的，应当提供相关线索或者材料。这一要求是对排除非法证据的申请条件的规定，提供线索或者材料只是对申请人提出申请的要求，一旦审判人员决定启动调查程序，根据《刑事诉讼法》第57条的规定，对证据收集的合法性的证明责任仍然由人民检察院承担，[1]并非由当事人及其辩护人、诉讼代理人承担证明责任。

对于证据合法性问题或者非法证据排除问题可结合第十五章“公诉案件第一审程序”法庭调查中的“非法证据调查及处理”的内容来理解。

---

〔1〕 郎胜主编：《中华人民共和国刑事诉讼法释义》，法律出版社2012年版，第123页。

## 三、证明标准

证明标准，又称为证明要求，是指公安、司法机关人员运用证据证明案件事实应当达到的程度。即证据达到什么程度，方可以进行某种诉讼活动或者作出某种结论。公安、司法机关每作出一项决定，都需要对案件事实作出证明，由于各个决定的内容和条件不同，证明标准也有所不同。

法律设定证明标准，需要考虑以下几个因素：一是证明标准应当是一种明确的具体可操作的法律标准。二是证明标准应当是大多数诉讼在时空限制和资源许可的情况下所能达到的标准。三是诉讼证明的标准还应当根据诉讼性质的不同而加以区别。刑事诉讼、民事诉讼和行政诉讼各有其不同的证明标准。刑事诉讼由于涉及对被告人定罪量刑的问题，其法律后果最为严重，因此刑事诉讼证明标准也是三大诉讼法中证明标准最高的。即使是在同一诉讼中，也因为证明对象系实体事实或程序事实，主要事实或次要事实，定罪事实或量刑事实，而有所区别。

在大陆法系国家和英美法系国家存在不同的证明标准学说。在英美法系国家较具代表性的表述是“排除合理怀疑”。所谓“合理怀疑”即在一切证据经过全部比较和考虑之后，审理事实的人本着道义和良知，对于所诉的事实，仍不能信以为真。“排除合理怀疑”作为英美法系诉讼证明的指导性标准，与证明责任的分配密切相关。在大陆法系国家，对刑事证明标准的准确表述是“内心确信”。大陆法系国家实行较为完全的自由心证主义，法官为了形成心证而采用的有关资料并不局限于经过有目的的调查所取得的证据资料，还包括在审理过程中当事人所表现出来的各种态度和状态在内的全部内容。大陆法系的证明标准与法官的自由心证联系密切，法官通过对证据的审查判断所形成的内心信念为“心证”，当这种“心证”达到深信不疑或排除合理怀疑的程度时即形成了确信。可见，两大法系的证明标准学说虽然表述不同，但二者其实是同一证明标准互为表里的两种表述。

在我国，公诉案件大体要经过立案、逮捕、移送审查起诉、提起公诉和判决几个处理阶段。对每个阶段，法律都规定了一定的证明标准。

### （一）立案的证明标准

《刑事诉讼法》第110条规定：“……认为有犯罪事实需要追究刑事责任的时候，应当立案；认为没有犯罪事实，或者犯罪事实显著轻微，不需要追究刑事责任的时候，不予立案……”可见，我国现行刑事诉讼中立案的证明标准是“有犯罪事实需要追究刑事责任”。

（二）逮捕的证明标准

《刑事诉讼法》第79条规定："对有证据证明有犯罪事实，可能判处徒刑以上刑罚的犯罪嫌疑人、被告人，采取取保候审尚不足以防止发生下列社会危险性的，应当予以逮捕：①可能实施新的犯罪的；②有危害国家安全、公共安全或者社会秩序的现实危险的；③可能毁灭、伪造证据，干扰证人作证或者串供的；④可能对被害人、举报人、控告人实施打击报复的；⑤企图自杀或者逃跑的。对有证据证明有犯罪事实，可能判处10年有期徒刑以上刑罚的，或者有证据证明有犯罪事实，可能判处徒刑以上刑罚，曾经故意犯罪或者身份不明的，应当予以逮捕。被取保候审、监视居住的犯罪嫌疑人、被告人违反取保候审、监视居住规定，情节严重的，可以予以逮捕。"即逮捕的证明标准是"有证据证明有犯罪事实并可能判处徒刑以上刑罚"。

（三）移送审查起诉的证明标准

《刑事诉讼法》第160条规定："公安机关侦查终结的案件，应当做到犯罪事实清楚，证据确实、充分，并且写出起诉意见书，连同案卷材料、证据一并移送同级人民检察院审查决定；同时将案件移送情况告知犯罪嫌疑人及其辩护律师。"可见，我国移送审查起诉的证明标准是"犯罪事实清楚，证据确实充分"。

（四）提起公诉的证明标准

《刑事诉讼法》第172条规定："人民检察院认为犯罪嫌疑人的犯罪事实已经查清，证据确实、充分，依法应当追究刑事责任的，应当作出起诉的决定，按照审判管辖的规定，向人民法院提起公诉，并将案卷材料、证据移送人民法院。"从法律规定来看，提起公诉的证明标准和移送审查起诉的证明标准是相同的，都是"犯罪事实清楚，证据确实充分"。二者的区别是审查判断的主体不同。移送审查起诉的证明标准是侦查机关判断的标准，而提起公诉的证明标准则是检察机关进行判断的标准。

（五）有罪判决的证明标准

《刑事诉讼法》第195条第1项规定："案件事实清楚，证据确实、充分，依据法律认定被告人有罪的，应当作出有罪判决。"即有罪判决的证明标准是"案件事实清楚，证据确实、充分"。所谓"犯罪事实清楚"，是指与定罪量刑有关的事实和情节，都必须查清。"证据确实、充分"应当符合以下条件：①定罪量刑的事实都有证据证明；②据以定案的证据均经法定程序查证属实；③综合全案证据，对所认定事实已排除合理怀疑。"确实"是对定案证据质方面的要求，要求据以定案的证据必须真实可靠，如实反映案件的事实真相。"充分"是对定案证据量的要求，是指符合确实标准的证据在数量上必须达到法律规定的能够认定案件事实的要求。排除合理怀疑是指对认定的事实已经没有符合常理的、有根据的怀疑，实质上达到了确信的程度。

## ◇ 思考与练习

### 一、选择题

1. 下列哪一种证据属于直接证据？（　　）

A. 张某投毒案，证明被告人到过案发现场的证人证言

B. 高某杀人案，被害人陈某关于犯罪给自己造成物质损害的陈述

C. 马某放火案，表明大火系因电器短路引起的录像

D. 刘某盗窃案，证明被告人指纹与现场提取的指纹同一的鉴定结论

**【答案】** C

**【解析】** 本题题目考察的知识点是直接证据。根据教材给出的定义，直接证据和间接证据是以单独一个证据所包含的信息量作为标准对证据进行的划分。凡是单独一个证据所包含的信息内容能够直接指出犯罪人是谁这一主要事实，就是直接证据。本题选项中，A、B、D 三个选项的证据中都没有包含犯罪人是谁这一主要信息，因此都属于间接证据。

2. 犯罪人刘某遗留在犯罪现场一个记录电话号码的笔记本，这个笔记本属于？（　　）

A. 犯罪嫌疑人供述和辩解

B. 鉴定意见

C. 书证

D. 物证

**【答案】** D

**【解析】** 本题主要考察物证与书证的区别。物证是以其外部的形态、特征和属性来证明案件事实，书证所承载的能够证明案件事实的信息则体现在其记载和表达的思想内容之中。因此，不能简单地认为凡是以文字资料方式出现的证据就是书证，凡是以物质载体方式出现的证据就是物证。题目中笔记本并非以其所记载的内容提供案件信息，所以不是书证，是物证。

### 二、讨论题

1. 我国目前证人出庭作证制度存在的问题及改革方向？

**【讨论提示】** ① 证人不出庭作证的原因；②证人的经济补偿与人身保护制度的进一步完善；③拒证特权制度的进一步完善等。

2. 如何理解刑事诉讼中客观全面收集证据原则？

**【讨论提示】**①刑事诉讼的目的；②检察官的客观义务；③保障实施的配套措施等。

**三、案例分析题**

2007年11月1日，某小区居民刘某突然死亡。公安机关通过侦查，获得如下证据：

(1) 刘某的妻子朱某说，刘某是2007年11月1日晚上自己在家不慎跌倒，头部受伤死亡。后交代是由于朱某多次提出与刘某离婚，皆为刘某拒绝。案发当晚，刘某再次拒绝离婚，二人发生争吵，朱某趁其不备，用锤子击打刘某头部，致其死亡。

(2) 刘某的父亲声称，刘某死亡当晚自己不在家，第二天返家时朱某告知其刘某因在家跌倒头部受伤死亡。

(3) 刘家的邻居证实案发当晚听到刘朱二人的争吵声。

(4) 在刘家的杂物柜里提取了一把铁锤，锤头与木柄交接处有未擦净的血迹。

(5) 经过开棺验尸发现，刘的尸体左颅骨有一个2×2厘米的凹形骨折。

(6) 经公安局指派的法医鉴定，凹形骨折与铁锤的形状吻合。铁锤上的血迹与刘的血迹均为A型。

请问：

1. 上述所有证据各属于法定证据中的哪一种?

2. 从理论角度对证据所进行的四种分类中，上述证据各属于哪一类证据?

**【参考答案】**1. 证据①属于犯罪嫌疑人供述；证据②和③属于证人证言；证据④属于物证；证据⑤属于勘验、检查笔录；证据⑥属于鉴定意见。

2. 从理论角度对证据所进行的分类中，证据①属于原始证据、言词证据和直接证据；证据②属于传来证据、言词证据和间接证据；证据③属于原始证据、言词证据和间接证据；证据④属于原始证据、实物证据和间接证据；证据⑤属于原始证据、实物证据和间接证据；证据⑥属于原始证据、言词证据和间接证据。

## ◇ 参考文献

1. 汪建成：《理想与现实——刑事证据理论的新探索》，北京大学出版社2006年版。

2. 何家弘、张卫平主编：《外国证据法选译》（上、下卷），人民法院出版社2000年版。

3. 王敏远主编:《刑事证据法中的权利保护》,中国人民大学出版社 2006 年版。

4. 陈光中主编:《中华人民共和国刑事证据法专家拟制稿(条文、释义与论证)》,中国法制出版社 2004 年版。

5. 王敏远:“一个谬误、两句废话、三种学说——对事实和证据的哲学、历史学分析”,载王敏远主编:《公法》(第四卷),法律出版社 2003 年版,第 173 页。

6. 冀祥德:“证明标准基本理论‘五论’”,载陈泽宪主编:《刑事法前沿》(第二卷),中国人民公安大学出版社 2005 年版。

# 第八章 强制措施

【导读】 强制措施是限制或者剥夺公民人身自由的诉讼保障手段，从实质上看无疑是一把双刃剑，既是诉讼顺利进行之不可或缺的重要手段，又是对公民人身自由权利的限制与剥夺。因此，如何控制强制措施的规范适用就成为了《刑事诉讼法》规定强制措施内容的主要目标。我国1979年《刑事诉讼法》设定了五种强制措施手段，1996年《刑事诉讼法》修改时进一步规范了五种具体措施的使用程序、审批条件等。2012年修改的《刑事诉讼法》又进一步修改了监视居住的条件、调整了其定位，明确了逮捕条件、细化了审查批捕程序，增加规定了羁押必要性审查机制等内容。

本章分为六节，包括强制措施的概述与对五种强制措施的具体介绍。其中重点内容为有关取保候审、拘留与逮捕三种强制措施的规定，特别是各种手段的适用条件与程序。学习本章内容特别应当注意与侦查程序一章紧密结合，因为强制措施在很大程度上也可以被看作是侦查手段的一种，且多在侦查程序中适用。另须注意，公安机关在我国强制措施体系中占有非常重要的地位。

## 第一节 强制措施概述

### 一、强制措施的概念与特征

强制措施是指公安机关、人民检察院和人民法院为了保证刑事诉讼的顺利进行，依法对刑事案件的犯罪嫌疑人、被告人的人身自由采取限制或者剥夺的各种强制性方法。根据我国《刑事诉讼法》的规定，法定的强制措施包括五种，根据对人身自由限制强度由小到大依次为拘传、取保候审、监视居住、拘留与逮捕。

强制措施本质上是对人身自由的限制与剥夺，但与其他人身自由的限制措施不同，强制措施具有如下五个特征：

1. 强制措施的适用主体具有法定性。根据《刑事诉讼法》的规定，强制措施的适用主体为公安机关、人民检察院和人民法院，其他任何机关、团体或个人都无权采取强制措施，否则就是对公民人身权利的任意干预与限制，情节严重者将受到刑法的制裁。

2. 强制措施的适用对象具有特定性。刑事强制措施只能适用于犯罪嫌疑人和被告人，对于证人、被害人、鉴定人、辩护人等其他诉讼参与人不能采取强制措施。

3. 强制措施的内容是对人身自由的限制与剥夺，不包括对物、财产权利、隐私权的干预与侵犯，后者中部分权利的侵犯在侦查行为中有所涉及，比如针对物品的搜查、扣押，但这在我国刑事诉讼中被视为侦查行为，并非强制措施。

4. 强制措施的性质是一种暂时性的预防性措施，是旨在针对可能逃避审判、妨碍诉讼顺利进行或者对具有再犯可能、人身危险性大的犯罪嫌疑人、被告人所采取的一种临时性的预防措施，其本身并非一种惩罚。这一点将强制措施与刑罚、行政处罚中对人身自由的限制措施区别开来。

5. 公安司法机关应当严格依照法定程序采取强制措施。由于强制措施无不涉及对公民人身权利的限制与剥夺，因此我国《刑事诉讼法》第一编第六章用 35 个条文明确规定了五种强制措施的适用条件与程序，采取任何一种强制措施均须遵循相应的条件与程序，严格依法进行。强制措施适用程序的法定性也体现了法律对公民人身自由权利保障的高度重视，体现了对国家公权力动用强制措施这种严重而重大的权力所持的谨慎态度。

## 二、强制措施的功能与意义

强制措施的功能与意义突出表现在两个方面：保障功能与预防功能。从保障诉讼顺利进行的角度来看，强制措施的适用能够有效地防止犯罪嫌疑人、被告人逃避侦查、起诉、审判等追诉活动；也可以防止犯罪嫌疑人、被告人毁灭、伪造证据，威胁、干扰证人作证。从预防功能的角度来看，强制措施的适用可以有效地防止犯罪嫌疑人、被告人继续实施犯罪危害社会；也可以防止犯罪嫌疑人、被告人实施自杀或者威胁他人、社会的行为；同时又可以起到震慑其他犯罪分子、鼓励群众积极参与打击犯罪活动的一般预防的作用。

强制措施功能与意义的存在只是说明了强制措施可能具有的功能，由于强制措施适用于未被定罪的被追诉人，虽然其本身不具有惩罚功能，但由于涉及公民人身权利的剥夺与限制，因此也不能为了片面追求强制措施的功能与意义而不加区分地扩大适用强制措施。在适用强制措施时，考虑是否对被追诉者适用强制措施时，主要应当考虑强制措施的采用是否有助于保障诉讼的顺利进行、防止被追诉人妨碍追诉活动或者防止其再犯以及实施其他危害社会的行为。

## 三、公民扭送与留置盘问

### （一）扭送

扭送是指公民对具有法定情形的人采取限制其人身自由的措施以将其送交公安机关、人民检察院或人民法院处理的行为。《刑事诉讼法》第82条规定，“对于有下列情形的人，任何公民都可以立即扭送公安机关、人民检察院或者人民法院处理：①正在实行犯罪或者在犯罪后即时被发觉的；②通缉在案的；③越狱逃跑的；④正在被追捕的。”

公民扭送虽然具有强制措施的外貌，但由于扭送的主体是普通公民，而强制措施的适用主体为法定的公、检、法机关，因此扭送在我国刑事诉讼中并不属于强制措施，而是法律赋予公民与犯罪作斗争的一种手段，体现了我国刑事诉讼法规定的依靠群众、注重专门机关与依靠群众相结合的诉讼原则。

对于公民扭送的人，公安机关、人民检察院、人民法院无论是否属于自己管辖的范围，都应当接受并立即讯问，需要采取紧急措施的，应当先采取紧急措施，然后再依照公、检、法的分工及管辖范围，将犯罪嫌疑人连同讯问笔录、罪证移送主管机关处理。[1]

### （二）留置盘问

留置盘问是公安机关经常采用的与强制措施十分近似的一种限制公民人身自由的手段，《人民警察法》第9条规定，公安机关的人民警察对有违法犯罪嫌疑的人员，经过当场盘问、检查，发现有如下四种法定情形时，可以将其带至公安机关继续盘问：①被指控有犯罪行为的；②有现场作案嫌疑的；③有作案嫌疑身份不明的；④携带的物品有可能是赃物的。留置盘问适用的期限为24小时，特殊情况下经批准可以延长至48小时。由于留置盘问既可以适用于行政违法案件，也可以适用于刑事案件，在执法实践中，侦查机关经常将其作为适用拘传的前置手段，实际上是将其作为一种强制措施来使用，尽管《刑事诉讼法》中对于留置没有明确的规定。公安部于2004年7月颁布了《公安机关适用继续盘问规定》，对留置盘问的适用作出了初步规范。

---

〔1〕 郎胜主编：《中华人民共和国刑事诉讼法释义》，法律出版社2012年版，第200页。

## 第二节　拘　传

### 一、拘传的概念和特点

拘传，是指公安机关、人民检察院和人民法院对于未被羁押的犯罪嫌疑人、被告人，依法强制其到案接受讯问的一种强制方法，它是我国刑事诉讼强制措施体系中最轻的一种。《刑事诉讼法》第 64 条规定，人民法院、人民检察院和公安机关根据案件情况可以对犯罪嫌疑人、被告人拘传。

《刑事诉讼法》中没有明确规定拘传的条件，司法实践中通常在以下两种情况下使用拘传：一是当犯罪嫌疑人、被告人经传唤不到案的；二是如不拘传犯罪嫌疑人、被告人可能逃避审判或者走漏消息的。[1]

拘传不同于传唤，传唤是指人民法院、人民检察院和公安机关使用传票通知犯罪嫌疑人、被告人在指定的时间自行到指定的地点接受讯问。拘传和传唤的目的是一致的，即都是要求犯罪嫌疑人、被告人按指定的时间、地点接受讯问。但两者又有很大的不同：其一，强制力不同，传唤是自动到案，拘传则是强制到案，拘传的强度要比传唤的强度大得多，因此拘传是一种强制措施，传唤则不是一种强制措施；其二，使用的对象不同，传唤适用于所有当事人，包括犯罪嫌疑人、被告人、自诉人、被害人、附带民事诉讼的原告人和被告人，拘传则仅适用于犯罪嫌疑人、被告人。

在实践中，拘传一般是在传唤以后采用的，即当传唤以后，犯罪嫌疑人、被告人无正当理由而不到案时，才使用拘传。所谓正当理由指被传唤人患有重病、出门在外或因不可抗的理由被阻断交通等。但是根据《刑事诉讼法》第 64 条规定的精神，也可以根据案件的具体情况，不经传唤，直接拘传犯罪嫌疑人、被告人。

### 二、拘传的程序

根据《刑事诉讼法》及相关司法解释的规定，拘传应按下列程序进行：

1. 拘传应当由案件的经办人提出申请，填写《呈请拘传报告书》并经本部门负责人审核后，由县级以上公安局长、人民检察院检察长、人民法院院

---

〔1〕 郎胜主编：《中华人民共和国刑事诉讼法释义》，法律出版社 2012 年版，第 139 页。

长批准，签发《拘传证》。《拘传证》上应载明被拘传人的姓名、性别、年龄、籍贯、住址、工作单位、案由、接受讯问的时间和地点，以及拘传的理由。

2. 拘传应当在被拘传人所在的市、县内进行。公安机关、人民检察院或人民法院在本辖区以外拘传犯罪嫌疑人、被告人的，应当通知当地的公安机关、人民检察院或人民法院，当地的公安机关、人民检察院、人民法院应当予以协助。

3. 拘传时，应当向被拘传人出示《拘传证》。执行拘传的公安或者司法人员不得少于2人。对于抗拒拘传的，可以使用诸如警棍、警绳、手铐等戒具，强制其到案。对在现场发现的犯罪嫌疑人，经出示工作证件，可以口头传唤，但应当在讯问笔录中注明。

4. 犯罪嫌疑人到案后，应当责令其在《拘传证》上填写到案时间。然后应当立即进行讯问，讯问结束后，应当由其在《拘传证》上填写讯问结束时间。犯罪嫌疑人拒绝填写的，侦查人员应当在《拘传证》上注明。

5. 讯问结束后，如果被拘传人符合其他强制措施，如拘留、逮捕的条件，应当依法采取其他强制措施。如果不需要采取其他强制措施，应当立即结束拘传，恢复其人身自由。

6. 一次拘传的时间不得超过12小时；案情特别重大、复杂，需要采取拘留、逮捕措施的，拘传持续的时间不得超过24小时。不得以连续拘传的方式变相羁押被拘传人，拘传犯罪嫌疑人，应当保证犯罪嫌疑人的饮食和必要的休息时间。

## 第三节 取保候审

### 一、取保候审的概念与种类

取保候审是指对于未被羁押的犯罪嫌疑人、被告人采用保证人担保或者交纳保证金，并出具保证书的方式，保证其不逃避或者妨碍侦查、起诉和审判并保证随传随到的强制方法。取保候审根据担保内容的不同，可以分为保证人保证与保证金保证，即人保与财保两种。

取保候审的本质是一种通过未剥夺被追诉人人身自由的强制手段令被追诉人在不被羁押的状态下等候处理，是一种审前非羁押措施，其强制性主要是通过令被取保候审人承担不离开所在的居住地、保证随传随到、不得有干扰诉讼顺利进行的行为等法定义务实现的，《刑事诉讼法》第 69 条规定了被取保候审人在取保候审期间应当履行的各项法定义务。具体而言包括两类义务：一类是所有被取保人都必须遵守的义务；另一类是根据被取保人的不同情况，可以酌情附加的义务。

《刑事诉讼法》第 69 条规定的所有被取保人必须遵守的义务包括：①未经执行机关批准不得离开所居住的市、县；②住宅、工作单位和联系方式发生变动的，在 24 小时以内向执行机关报告；③在传讯的时候及时到案；④不得以任何形式干扰证人作证；⑤不得毁灭、伪造证据或者串供。

此外，该条还规定了个性化的取保义务，即人民法院、人民检察院、公安机关可以根据案件情况，责令被取保候审的犯罪嫌疑人、被告人遵守以下一项或者多项规定：①不得进入特定的场所；②不得与特定的人员会见或者通信；③不得从事特定的活动；④将护照等出入境证件、驾驶证件交执行机关保存。

## 二、取保候审的适用对象

1. 可以适用取保候审的对象。根据《刑事诉讼法》第 65 条的规定，取保候审一般适用于以下四类对象：

（1）可能判处管制、拘役或者独立适用附加刑的犯罪嫌疑人、被告人。这类对象属于轻刑犯，其所触犯的罪行仅仅需要判处管制、拘役或附加刑，因此犯罪情节较轻，对这些犯罪嫌疑人或被告人不予关押，通常状况下他们也不会重新犯罪、危害社会。

（2）虽然可能判处有期徒刑以上刑罚，但采取取保候审不致发生社会危险性的犯罪嫌疑人、被告人。这类人虽然犯罪情节较重以至于可能判处有期徒刑以上刑罚，但其中有些犯罪是过失犯罪，也有些故意犯罪，但犯罪嫌疑人主观恶性较小，对其不采用羁押措施也不致于发生社会危险性。对这些犯罪嫌疑人、被告人通过取保候审不予关押，既体现了无罪推定的基本原则，也有助于感化、教育犯罪人，防止羁押过程中的交叉感染，降低羁押看管成本。

判断取保候审条件中的“社会危险性”的要件应当对照逮捕条件对“社会危险性”要件的要求，《刑事诉讼法》第 79 条明确了社会危险性的五种可能情形，包括：有可能实施新的犯罪；具有危害国家安全、公共安全或者社会秩序的现实危险；可能毁灭、伪造证据，干扰证人作证或者串供；可能对被害人、举报人、控告人实施打击报复；企图自杀或者逃跑。判断犯罪嫌疑人是否具有社会危险性要根据犯罪嫌疑人、被告人各方面情况综合考虑，通常应当根据犯罪行为的性质、社会危害程度大小、对所犯罪行的态度、本人的一贯表现、与所居住区域的联系等作出判断。

（3）患有严重疾病、生活不能自理，怀孕或者正在哺乳自己婴儿的妇女，采取取保候审不致发生社会危险性的。其中可以细分为三类人群，患有严重疾病的，因为年老、残疾等原因生活不能自理的以及怀孕或哺乳自己婴儿的妇女。这是基于人道主义的考虑设置的，体现了对老弱病残、妇女婴儿的特殊关照。

（4）羁押期限届满，案件尚未办结，需要采取取保候审措施。在法定的拘留、逮捕期限届满但案件需要继续办理时，需要先变更羁押性的强制措施为非羁押性措施即取保候审。

2. 不得适用取保候审的对象。《刑事诉讼法》第 79 条规定了四种应当逮捕的情形，也就是说只要符合该四种情形，就必须逮捕，不能适用取保候审。这四种情形分别为：①有证据证明有犯罪事实，可能判处 10 年有期徒刑以上刑罚的；②有证据证明有犯罪事实，可能判处徒刑以上刑罚，曾经故意犯罪的；③有证据证明有犯罪事实，可能判处徒刑以上刑罚，身份不明的；④被取保候审、监视居住的犯罪嫌疑人、被告人违反取保候审、监视居住规定，情节严重的，可以逮捕。

## 三、取保候审的形式

1. 保证金保证。交纳保证金而适用取保候审是当前刑事司法实践中取保候审的主要方式。《刑事诉讼法》第 70 条第 1 款规定了保证金确定的参照标准："取保候审的决定机关应当综合考虑保证诉讼活动正常进行的需要，被取保候审人的社会危险性，案件的性质、情节，可能判处刑罚的轻重，被取保候审人的经济状况等情况，确定保证金的数额。"《最高人民法院、最高人民检察院、公安部、国家安全部关于取保候审若干问题的规定》第 5 条规定，保证金的起点数额为 1000 元；第 7 条规定保证金应当以人民币交纳，也就是不得以外币、有价证券、不动产等其他财产作为保证金。《刑事诉讼法》第 70 条第 2 款规定了保证金的缴纳方式为由提供保证金的人将保证金存入执行机关指定银行的专门账户。

2. 保证人保证。根据《刑事诉讼法》第 67 条的规定，可以作为保证人担保被取保候审的人的条件为四项：①与本案无牵连；②有能力履行保证义务；③享有政治权利，人身自由未受到限制；④有固定的住处和收入。其中所谓"有能力履行保证义务"是指保证人必须达到一定年龄，具有民事行为能力，并且保证人对被保证人有一定的影响力，保证人的身体状况能使他完成监督被保证人行为的任务等。“享有政治权利”是指选举权和被选举权，言论、集会、结社、游行、示威的自由以及担任国家机关、企事业单位、人民团体领导职务的权利未被剥夺；“人身自由未受限制”不仅仅指未受到刑事追诉或处罚，而且还包括未受到如劳动教养、行政拘留等行政处罚。

《刑事诉讼法》第68条规定，保证人必须履行如下法定义务：①监督被保证人遵守本法第69条的规定；②发现被保证人可能发生或者已经发生违反本法第69条规定的行为的，应当及时向执行机关报告。被保证人有违反第69条规定的行为，保证人未及时报告的，对保证人处以罚款，构成犯罪的，依法追究刑事责任。

由于采用保证人保证要求保证人必须具备法定的条件而且保证人本身应当有意愿协助取保候审决定机关履行保证、监管义务，因此如果取保候审期间保证人的条件丧失或者保证人本身不愿再履行保证人义务时，应当对取保候审的方式进行调整。如果保证人在取保候审期间情况发生变化，不愿继续担保或者丧失担保条件，应当责令犯罪嫌疑人重新提出保证人或者交纳保证金。

### 四、取保候审的申请、决定与执行主体

《刑事诉讼法》第95条规定，犯罪嫌疑人、被告人及其法定代理人、近亲属或者辩护人有权申请变更强制措施。由此，被拘留、逮捕或者被监视居住的人及其代理人可以申请变更原强制措施为取保候审。提出取保候审申请应当采取书面形式。

除了根据申请启动取保候审之外，公安机关、检察机关与人民法院分别在侦查、起诉以及审判阶段也可以依职权决定对犯罪嫌疑人、被告人取保候审。

取保候审的决定主体根据案件所处的诉讼阶段的差异而有所不同，公检法机关在各自的职权管辖范围内有权决定取保候审。取保候审的执行机关与决定机关略有差异，《刑事诉讼法》第65条规定取保候审由公安机关执行。国家安全机关决定取保候审的以及人民检察院、人民法院在办理国家安全机关移送的犯罪案件时决定取保候审的，由国家安全机关执行。简单地讲，公安机关负责执行大部分案件的取保候审决定；国家安全机关负责执行其管辖的涉及国家安全案件中的取保候审。

### 五、取保候审的程序

《刑事诉讼法》第95条规定，人民法院、人民检察院、公安机关在案件

各自所处的诉讼阶段上收到取保候审的申请后，应当在3日内作出决定；不同意变更为取保候审措施的，应当告知申请人，并说明不同意的理由。需要对犯罪嫌疑人取保候审的，应当制作《呈请取保候审报告书》，说明取保候审的理由及采取的保证方式，经县级以上公安机关负责人批准，并签发《取保候审决定书》。《取保候审决定书》应当向犯罪嫌疑人宣读，由犯罪嫌疑人签名（盖章）、捺指印。采取保证金方式的，决定机关作出取保候审收取保证金的决定后，应当及时将《取保候审决定书》送达被取保候审人和为其提供保证金的单位或者个人，责令其向执行机关指定的银行一次性交纳保证金。决定机关核实保证金已经交纳到执行机关指定银行的凭证后，应当将《取保候审决定书》、《取保候审通知书》和银行出具的收款凭证及其他有关材料一并送交执行机关执行。而采取保证人方式的，应当让保证人填写《保证书》，并在保证书上签名或盖章。

取保候审执行期间，执行机关负责监督被取保候审人履行取保候审义务、保证人履行保证人义务的情况，并有权对违反义务的行为作出处罚决定。公安机关决定取保候审的，应当及时通知犯罪嫌疑人居住地派出所执行。执行机关在执行取保候审时应明确告知被取保候审人应当遵守的《刑事诉讼法》所规定的义务以及违反规定或者在取保候审期间重新犯罪时所应当承担的法律后果。如果被取保候审人违反法定义务，依法应当没收保证金的，由县级以上执行机关作出相应决定，并通知取保候审决定机关；采取保证人形式取保候审的，被取保候审人违反法定义务而保证人未及时报告的，经查证属实后，由县级以上执行机关对保证人处以1000元以上2万元以下罚款，并将有关情况及时通知决定机关。取保候审决定机关在收到执行机关已没收保证金的书面通知或变更强制措施的意见，或者保证人保证已经不适时宜的通知后，应当在5日内作出变更强制措施或责令被取保候审人重新交纳保证金或提出保证人的决定，并通知执行机关。

执行机关决定没收保证金的，在宣布该决定时应告知被取保候审人如不服没收决定，可以在收到《没收保证金决定书》后的5日内向执行机关的上级主管机关申请复核一次，上级机关应当在收到复核申请后7日内作出复核决定。对保证人的罚款决定也可以适用该申请复核程序。没收取保候审保证金和对保证人罚款均系刑事司法行为，不能提起行政诉讼，当事人如果不服复核决定，可以依法向有关机关申诉。

根据《刑事诉讼法》第71条的规定，犯罪嫌疑人、被告人在取保候审期间未违反本法第69条规定的，取保候审结束的时候，凭解除取保候审的通知或者有关法律文书到银行领取退还的保证金。“解除取保候审的通知”在实践中一般是指县级以上的执行机关应当制作的《退还保证金决定书》。"有关法律文书"是指犯罪嫌疑人、被告人或者其近亲属凭变更强制措施决定书、不起诉决定书、判决书等法律文书，也可以到银行领取保证金，银行应当退还。

值得说明的是，取保候审是强制措施的一种，取保候审的目的在于保障诉讼的顺利进行，在取保候审期间办案机关不得中止对案件的侦查、起诉和审理，严禁以取保候审变相放纵犯罪。

### 六、取保候审的期限

《刑事诉讼法》第77条规定，人民法院、人民检察院和公安机关对犯罪嫌疑人、被告人取保候审最长不得超过12个月。由于公检法机关在侦查、起诉与审判过程中均有权决定取保候审，那么这里的"12个月"是指三机关各自决定取保候审的期限还是指职权机关可以适用取保候审措施的总期限存在争议。根据立法者的原意，如果犯罪嫌疑人、被告人分别被公安机关、人民检察院、人民法院采取取保候审措施的话，每一机关有权决定取保候审的期限最长不得超过12个月。也就是此处的"12个月"是指每个机关可以适用强制措施手段的期限，三机关如果分别采用取保候审措施，总期限可以达到36个月。即人民检察院、人民法院在前一机关已经采取取保候审的情况下重新适用取保候审措施时，可以重新计算12个月的期限。虽然取保候审的期限可以重新计算，但随着案件阶段的进展，后续办案机关需要重新作出取保候审决定时，如需继续采用保证金方式取保候审的，原则上后续机关不得变更保证金数额，不再重新收取保证金。

## 第四节　监视居住

### 一、监视居住的概念和适用对象

监视居住，是指人民法院、人民检察院、公安机关在刑事诉讼过程中对符合逮捕条件的犯罪嫌疑人、被告人采用的命令其不得擅自离开住所或者居所，并对其活动予以监视和控制的一种强制方法。

2012年修改的《刑事诉讼法》将监视居住的定位与适用条件进行了调整，将监视居住与取保候审的适用对象、条件明确区别开来。调整后的监视居住成为一种较大程度上限制人身自由的减少羁押的替代性措施，适用对象属于符合逮捕条件但不宜逮捕的人。[1]

《刑事诉讼法》第72条规定了三类原因下的六种人可以适用监视居住。第一类原因是人道主义的考虑，包括三种情形：①患有严重疾病、生活不能自理的；②怀孕或者正在哺乳自己婴儿的妇女；③系生活不能自理的人的唯一扶养人。第二类原因是基于案情或者办案的特殊考虑，即因为案件的特殊情况或者办理案件的需要，采取监视居住措施更为适宜的。第三类原因是基于强制措施体系的衔接，具体包括两种情形：①案件羁押期限届满，案件尚未办结，需要采取监视居住措施的；②对符合取保候审条件，但犯罪嫌疑人、被告人不能提出保证人，也不交纳保证金的，可以监视居住。

### 二、监视居住的种类

根据监视居住执行地点的不同，监视居住可以区分为住处监视居住与指定居所的监视居住。《刑事诉讼法》第73条规定，监视居住原则上应当在犯罪嫌疑人、被告人的住处执行。在两种例外情形下，可以在指定的居所执行：一是被监视居住人在办案机关所在管辖区内无固定住处；二是涉嫌危害国家安全犯罪、恐怖活动犯罪、特别重大贿赂犯罪这三类犯罪，在住处执行可能有碍侦查。

### 三、监视居住的决定

人民法院、人民检察院和公安机关对犯罪嫌疑人采取住处监视居住，应当由办案人员提出《监视居住意见书》，经办案部门负责人审核后，由县级以上公安局局长、人民检察院检察长、人民法院院长批准，制作《监视居住决定书》和《执行监视居住通知书》。对三类犯罪以有碍侦查为由采取指定居所监视居住的，特别重大贿赂犯罪由上一级人民检察院批准，危害国家安全或者恐怖活动犯罪由上一级公安机关批准。

### 四、监视居住的执行

《刑事诉讼法》第72条规定监视居住由公安机关执行。公安机关决定监视居住的，由犯罪嫌疑人住处或者指定的居所所在地的派出所执行。人民法院和人民检察院决定监视居住的，人民法院和人民检察院应当将《监视居住决定书》和《执行监视居住通知书》及时送达公安机关。

---

〔1〕 郎胜主编：《中华人民共和国刑事诉讼法修改与适用》，新华出版社2012年版，第8页。

根据《刑事诉讼法》第75条的规定，被监视居住的犯罪嫌疑人、被告人在监视居住期间应当遵守下列规定：

1. 未经执行机关批准不得离开执行监视居住的处所，包括住处或者指定的居所。所谓住处，是指犯罪嫌疑人、被告人在办案机关所在的市、县内生活的住所。所谓居所是指办案机关根据案件情况，在办案机关所在的市、县内给被监视居住人指定的生活居所。对于指定居所的地点，《刑事诉讼法》第73条有排除性规定，即指定的居所不得为羁押场所、专门的办案场所，羁押场所包括看守所、拘留所、留置室、劳教所、监狱、强制医疗机构等；专门的办案场所包括办案机关所在地、办案点等办公场所。指定居所的地点本质上应当为生活场所，而非办公地点、办公场所。

2. 未经执行机关批准不得会见他人或通信。这里的“他人”是指与被监视居住人共同居住的家庭成员和聘请的律师以外的人。被监视居住人如果要会见他人，必须经过执行机关批准方能会见。此外，《刑事诉讼法》第37条规定涉嫌危害国家安全犯罪、恐怖活动犯罪、特别重大贿赂犯罪的犯罪嫌疑人被监视居住的，侦查阶段律师会见前应当经过办案机关的许可。

3. 在传讯的时候及时到案。

4. 不得以任何形式干扰证人作证。

5. 不得毁灭、伪造证据或者串供。

6. 将护照等出入境证件、身份证件、驾驶证件交执行机关保存。

根据《刑事诉讼法》第76条的规定，执行机关对被监视居住的犯罪嫌疑人、被告人，可以采取电子监控、不定期检查等监视方法对其遵守监视居住规定的情况进行监督；在侦查期间，可以对被监视居住的犯罪嫌疑人的通信进行监控。

公安机关执行监视居住时，如果发现被监视居住的犯罪嫌疑人、被告人有违反上述规定的，应当立即采取措施，情节严重的，可以予以逮捕，需要予以逮捕的，可以对犯罪嫌疑人、被告人先行拘留。

### 五、监视居住的期限

根据《刑事诉讼法》第77条的规定，人民法院、人民检察院和公安机关对犯罪嫌疑人、被告人监视居住的时限分别不得超过6个月，在监视居住期间，不得中断对案件的侦查、起诉和审判工作。对犯罪嫌疑人、被告人监视居住超过法定期限的，犯罪嫌疑人、被告人及其法定代理人、近亲属或者犯罪嫌疑人、被告人委托的律师及其他辩护人，有权向人民法院、人民检察院、公安机关提出申诉，要求解除监视居住。经审查情况属实的，应对犯罪嫌疑人、被告人解除监视居住。

### 六、指定居所监视居住的通知家属与检察监督

对于在住处执行的监视居住，被监视居住人与家属共同生活，不存在通知家属的问题，但指定居所监视居住在指定的地点执行，为防止该项措施的滥用，保障被监视居住人其他后续诉讼权利的行使，《刑事诉讼法》第 73 条规定，采取指定居所监视居住后，除无法通知的以外，应当在执行该措施 24 小时以内，通知被监视居住人的家属；除自行委托辩护外，其近亲属可以代为委托辩护人；人民检察院对指定居所监视居住的决定和执行是否合法进行监督。

### 七、指定居所监视居住的折抵刑期

考虑到指定居所监视居住对公民人身自由的限制程度较高，带有准羁押的性质，为保障被监视居住人的合法权利，《刑事诉讼法》第 74 条规定，指定居所监视居住的期限应当折抵刑期。被判处管制的，监视居住 1 日折抵刑期 1 日；被判处拘役、有期徒刑的，监视居住 2 日折抵刑期 1 日。

## 第五节 拘 留

### 一、拘留的概念与特征

刑事诉讼中的拘留是指公安机关或人民检察院在侦查过程中遇有法定的紧急情况时，对于现行犯或者重大嫌疑分子所采取的临时剥夺其人身自由的强制方法。拘留的特征为：

1. 拘留权的主体具有法定性，即只有公安机关或者办理自侦案件的检察机关在侦查过程中有权采取拘留措施。无论是公安机关还是检察机关决定拘留，执行机关只能是公安机关。

2. 拘留是一种临时性、紧急性的强制措施。《刑事诉讼法》第 80 条规定："公安机关对于现行犯或者重大嫌疑分子，如果有下列情形之一的，可以先行拘留：①正在预备犯罪、实行犯罪或者在犯罪后即时被发觉的；②被害人或者在场亲眼看见的人指认他犯罪的；③在身边或者住处发现有犯罪证据的；④犯罪后企图自杀、逃跑或者在逃的；⑤有毁灭、伪造证据或者串供可能的；⑥不讲真实姓名、住址，身份不明的；⑦有流窜作案、多次作案、结

伙作案重大嫌疑的。”其中，检察机关办理自侦案件时，只有在④、⑤两种情况下方可采用拘留。只有在上述紧急情形下，公安机关、人民检察院方可采用拘留措施，拘留的期限相对较短，其目的仅仅是紧急情形下控制犯罪嫌疑人的一种手段，具有临时性，不是一种控制犯罪嫌疑人人身自由的“长久之计”。

3. 拘留本质上是一种剥夺公民人身自由的强制措施，这一点与限制公民人身自由的取保候审、监视居住不同，拘留意味着对公民的强制性羁押，因此在适用拘留手段时应当更为谨慎、严格。

## 二、拘留的程序

公安机关如果依法需要拘留现行犯或者重大嫌疑分子，由公安机关承办案件的部门填写《呈请拘留报告书》，由县级以上公安机关负责人批准，签发《拘留证》，然后交由承办单位执行。人民检察院决定拘留犯罪嫌疑人的，应当由办案人员提出意见，经办案部门负责人审核后，由检察长决定，然后送达公安机关签发《拘留证》并负责执行。必要的时候，人民检察院可以协助公安机关执行。

公安机关执行拘留的时候，必须向被拘留人出示《拘留证》，并责令被拘留人在《拘留证》上签名（盖章）、捺指印。

执行拘留时，如遇有反抗，可以使用武器和戒具等强制方法。在紧急情形下采取拘留措施，也可以在没有《拘留证》的情形下先行拘留，随后补办《拘留证》。因情况紧急来不及办理拘留手续的，应当在将犯罪嫌疑人带至公安机关后立即办理法律手续。

公安机关在异地执行拘留的时候，应当通知被拘留人所在地的公安机关。被拘留人所在地的公安机关应当在人员、车辆、查找拘留人等方面予以配合。

当拘留的对象为人民代表大会代表时，根据《全国人民代表大会组织法》第44条以及《地方各级人民代表大会和地方各级人民政府组织法》第35条的规定，执行拘留的公安机关应当立即向相应的人民代表大会主席团或者常务委员会报告。这一特殊程序为：担任县级以上人民代表大会代表的犯罪嫌疑人因现行犯被拘留的，人民检察院应当立即向该代表所属的人民代表大会主席团或者常务委员会报告；因为其他情形需要拘留的，人民检察院应当报请该代表所属的人民代表大会主席团或者常务委员会许可。人民检察院拘留担任本级人民代表大会代表的犯罪嫌疑人，直接向本级人民代表大会主席团或常务委员会报告或者报请许可。拘留担任上级人民代表大会代表的犯罪嫌疑人，应当立即层报该代表所属的人民代表大会同级的人民检察院报告或者报请许可。拘留担任下级人民代表大会代表的犯罪嫌疑人，可以直接向该代表所属的人民代表大会主席团或者常务委员会报告或者报请许可，也可以委托该代表所属的人民代表大会同级的人民检察院报告或者报请许可；拘留担任乡、民族乡、镇的人民代表大会代表的犯罪嫌疑人，由县级人民检察院报告乡、民族乡、镇的人民代表大会。拘留担任两级以上人民代表大会代表的犯罪嫌疑人，分别按照本条第2、3、4款的规定报告或者报请许可。拘留担任办案单位所在省、市、县（区）以外的其他地区人民代表大会代表的犯罪嫌疑人，应当委托该代表所属的人民代表大会同级的人民检察院报告或者报请许可；担任两级以上人民代表大会代表的，应当分别委托该代表所属的人民代表大会同级的人民检察院报告或者报请许可。

公安机关对于被拘留的人，应当在24小时以内进行讯问。在发现不应当拘留的时候，应当立即释放，发给释放证明，对于需要逮捕而证据还不充足的，可以取保候审或者监视居住。对于人民检察院决定拘留的人，由人民检察院负责讯问。

公安机关在拘留后，应当立即将被拘留人送看守所羁押，至迟不得超过24小时。除无法通知或者涉嫌危害国家安全犯罪、恐怖活动犯罪通知可能有碍侦查的情形外，应当在24小时以内通知被拘留人的家属。有碍侦查的情形消失后应当立即通知被拘留人的家属。

有碍侦查和无法通知的情形细化为三种：① 同案的犯罪嫌疑人可能逃跑，隐匿或者伪造证据的；②被拘留人不讲真实姓名、住址，身份不明的；③其他有碍侦查或者无法通知的。当上述有碍侦查和无法通知的情形消除后，应当立即通知。对没有在24小时内通知的，应当在拘留通知书中注明原因。对人民检察院决定拘留的案件，由人民检察院负责通知。

### 三、拘留的期限

《刑事诉讼法》第89条规定：“公安机关对被拘留的人，认为需要逮捕的，应当在拘留后的3日以内，提请人民检察院审查批准。在特殊情况下，提请审查批准的时间可以延长1日至4日。对于流窜作案、多次作案、结伙作案的重大嫌疑分子，提请审查批准的时间可以延长至30日。人民检察院应当自接到公安机关提请批准逮捕书后的7日以内，作出批准逮捕或者不批准逮捕的决定。”如果加上人民检察院审查批捕的7日期限，那么公安机关的拘留期限一般为10日，特殊情况为14日，流窜作案、多次作案、结伙作案的为37日。此处的“流窜作案”是指跨市、县管辖范围连续作案，或者在居住地作案后逃跑到外市、县继续作案；“多次作案”是指3次以上作案；“结伙作案”是指2人以上共同作案。

《刑事诉讼法》第165条规定：“人民检察院对直接受理的案件中被拘留的人，认为需要逮捕的，应当在14日以内作出决定。在特殊情况下，决定逮捕的时间可以延长1日至3日。”

此外，犯罪嫌疑人不讲真实姓名、住址，身份不明，在30日内不能查清提请批准逮捕的，经县级以上公安机关负责人批准，拘留期限自查清其身份之日起计算，但不得停止对其犯罪行为的侦查。对有证据证明有犯罪事实的案件，也可以按其自报的姓名提请批准逮捕。

## 第六节　逮　捕

### 一、逮捕的概念和意义

逮捕，是指公安机关、人民检察院和人民法院，为防止犯罪嫌疑人或者被告人逃避侦查、起诉和审判，进行妨碍刑事诉讼的行为，或者发生社会危险性，而依法剥夺其人身自由，予以羁押的一种强制措施。

逮捕是刑事诉讼强制措施中最严厉的一种，它不仅剥夺了犯罪嫌疑人、被告人的人身自由，而且逮捕后除发现不应当追究刑事责任和符合变更强制措施的条件的以外，对被逮捕人的羁押期间一般要到人民法院判决生效为止。

### 二、逮捕的权限

根据《宪法》第37条和《刑事诉讼法》第78条的规定，逮捕犯罪嫌疑人、被告人，必须经过人民检察院批准或者人民法院决定，由公安机关执行。由此可见，在我国刑事诉讼中逮捕权包括两个方面：批准、决定逮捕和执行逮捕。逮捕的批准或者决定权和执行权是分离的，这主要是为了发挥公安司法机关之间的相互制约和监督作用，保证逮捕的质量，防止出现错捕、滥捕等侵犯公民人身权利的现象。

人民检察院批准逮捕，是指公安机关侦查的案件需要逮捕犯罪嫌疑人的，提请人民检察院审查批准。人民检察院决定逮捕，是指人民检察院直接受理侦查的案件需要逮捕犯罪嫌疑人的，自行作出决定。人民法院决定逮捕，是指人民法院在审理刑事案件的过程中，根据案件的需要而自行作出决定的逮捕。这种情况一般是指人民法院受理的公诉案件，被告人未被羁押，在审理过程中发现有逮捕必要的，以及人民法院在审理自诉案件的过程中，对于可能判处有期徒刑以上刑罚的被告人，发现其确实企图自杀、逃跑或者可能毁灭、伪造证据或者继续犯罪的等。

## 三、逮捕的条件

我国《刑事诉讼法》第 79 条第 1 款规定："对有证据证明有犯罪事实，可能判处徒刑以上刑罚的犯罪嫌疑人、被告人，采取取保候审尚不足以防止发生下列社会危险性的，应当予以逮捕：①可能实施新的犯罪的；②有危害国家安全、公共安全或者社会秩序的现实危险的；③可能毁灭、伪造证据，干扰证人作证或者串供的；④可能对被害人、举报人、控告人实施打击报复的；⑤企图自杀或者逃跑的。"这一规定明确了逮捕的三个条件：一是证据条件；二是罪责条件；三是社会危险性条件。

1. 证据条件。逮捕的证据条件，是有证据证明有犯罪事实。有证据证明有犯罪事实，是指同时具备下列情形：① 有证据证明发生了犯罪事实；②有证据证明犯罪事实是犯罪嫌疑人实施的；③证明犯罪嫌疑人实施犯罪行为的证据已有查证属实的。其中，犯罪事实可以是犯罪嫌疑人实施的数个犯罪行为中的一个。这就意味着，如果犯罪嫌疑人犯有数罪，只要有一个犯罪事实有证据证明，就可以逮捕。

2. 罪责条件。逮捕的罪责条件，是可能判处有期徒刑以上刑罚。即根据已有证据证明的案件事实，比照《刑法》的有关规定，衡量对其所犯罪行，最低也要判处有期徒刑以上的刑罚。如果只可能判处管制、拘役、独立适用附加刑，不可能判处徒刑以上的刑罚的，就不能采用逮捕。司法实践中，对于那些可能判处有期徒刑缓刑的犯罪嫌疑人或被告人，一般也不采用逮捕。这一条件表明，逮捕作为一种最为严厉的强制措施只能对一些比较严重的犯罪采用，对一些罪行较轻的犯罪就不宜采用。这主要是考虑到，逮捕实质上剥夺了犯罪嫌疑人、被告人的人身自由，其在强度上已经达到了徒刑的程度，强调本条件，可以使逮捕的羁押期限折抵在判处的刑期之内，将逮捕的负面效应减小到最低程度。

3. 社会危险性条件。逮捕的社会危险性条件是，采取取保候审措施，不足以防止发生社会危险性，而有逮捕必要。《刑事诉讼法》第 79 条第 1 款明确列举了五个方面的考量因素。

逮捕犯罪嫌疑人、被告人的上述三个条件相互联系、缺一不可。犯罪嫌疑人、被告人只有同时具备这三个条件，才能对其逮捕。只有严格掌握逮捕条件，才能够防止错捕和滥捕现象的发生。

《刑事诉讼法》第 79 条第 2 款是对特殊人群应当逮捕的例外性规定。其一，对于有证据证明有犯罪事实，可能判处10年有期徒刑以上刑罚的，考虑到犯罪的严重程度，应当予以逮捕，无需考量社会危险性要件；其二，对于有证据证明有犯罪事实，可能判处徒刑以上刑罚，曾经故意犯罪或者身份不明的，应当予以逮捕。曾经故意犯罪的，如果再次涉嫌犯罪，无论新涉及的犯罪是故意还是过失犯罪，说明其人身恶性程度较大，《刑事诉讼法》规定应当予以逮捕。身份不明的，是犯罪嫌疑人、被告人不讲真实姓名或者故意隐瞒其身份，对于身份不明的犯罪嫌疑人采取取保候审无法进行有效监管，应当予以逮捕。另外，本条第3款规定，犯罪嫌疑人如果违反取保候审或者监视居住的规定，情节严重，也可以予以逮捕。

## 四、逮捕的程序

### （一）逮捕的批准、决定程序

1. 人民检察院对公安机关提请逮捕犯罪嫌疑人的批准程序。公安机关认为需要逮捕犯罪嫌疑人时，由立案侦查的单位制作《提请批准逮捕书》，经县级以上公安机关负责人签署后，连同案卷材料和证据，一并移送同级人民检察院，提请批准。

检察机关在接到公安机关的报捕材料后，采取办案人员阅卷，审查批捕部门负责人审核，由检察长决定的方法进行审查，审查的重点是根据报捕的材料，是否具备逮捕的条件。对重大、疑难案件的审查批捕，应当交由检察委员会讨论决定。

2012年修改的《刑事诉讼法》增加了审查批捕过程中讯问犯罪嫌疑人的程序。该法第86条第1款规定，人民检察院审查批准逮捕，可以讯问犯罪嫌疑人；有下列情形之一的，应当讯问犯罪嫌疑人：①对是否符合逮捕条件有疑问的；②犯罪嫌疑人要求向检察人员当面陈述的；③侦查活动有重大违法行为的。本条第2款规定，人民检察院审查批准逮捕，可以询问证人等诉讼参与人，听取辩护律师的意见；辩护律师提出要求的，应当听取辩护律师的意见。

检察机关应当自接到公安机关提请批准逮捕书后的7日以内，分别作出以下决定：①对于符合逮捕条件的，作出批准逮捕的决定，制作批准逮捕决定书；②对于不符合逮捕条件的，作出不批准逮捕的决定，制作不批准逮捕决定书，说明不批准逮捕的理由，需要补充侦查的，应当同时通知公安机关。对于不批准逮捕的，公安机关在接到人民检察院不批准逮捕的通知后，对于被拘留的对象，应当立即释放。对于需要继续侦查，并且符合取保候审、监视居住条件的，依法取保候审或者监视居住。如果公安机关不同意人民检察院不批准逮捕的决定，可以要求人民检察院复议。如果公安机关的意见不被接受，可以向上一级人民检察院提请复核。上级人民检察院应当立即复核，作出是否变更的决定，通知下级人民检察院和公安机关执行。在复议、复核期间，对于已经被拘留的对象，公安机关必须释放。

2. 人民检察院决定逮捕的程序。人民检察院决定逮捕犯罪嫌疑人有以下两种情况：

（1）对于人民检察院自己立案侦查的案件，侦查与逮捕应该分别由不同的部门负责，以加强人民检察院的内部制约。人民检察院对于自己立案侦查的案件，需要采取逮捕措施时，先由侦查部门填写《逮捕犯罪嫌疑人审批表》，连同案卷材料和证据一起移送审查批捕部门审查，由检察长决定。对重大、疑难、复杂案件的犯罪嫌疑人逮捕，提交检察委员会讨论决定。

（2）人民检察院对于公安机关移送起诉的案件认为需要逮捕的，由审查起诉部门填写《逮捕犯罪嫌疑人审批表》，连同案卷材料和证据，移送审查批捕部门审查后，报检察长或者检察委员会决定。

人民检察院决定逮捕的，由检察长签发《决定逮捕通知书》，通知公安机关执行。

3. 人民法院决定逮捕的程序。人民法院决定逮捕被告人也有两种情况：

（1）对于直接受理的自诉案件，认为需要逮捕被告人时，由办案人员提交法院院长决定，对于重大、疑难、复杂案件的被告人的逮捕，提交审判委员会讨论决定。

（2）对于检察机关提起公诉时未予逮捕的被告人，人民法院认为符合逮捕条件应予逮捕的，也可以决定逮捕。

人民法院决定逮捕的，由法院院长签发《决定逮捕通知书》，通知公安机关执行。如果是公诉案件，还应当通知人民检察院。

4. 对几种特殊犯罪嫌疑人进行逮捕的审批程序。对几种特殊犯罪嫌疑人进行逮捕时，要经过有关部门批准或报请有关部门备案，主要内容如下：

（1）人民检察院对各级人民代表，要经过其所担任代表的人民代表大会主席团或者闭会期间的常委会同意之后，才能批准逮捕。

（2）外国人、无国籍人涉嫌危害国家安全犯罪的案件或者涉及国与国之间政治、外交关系的案件以及在适用法律上确有疑难的案件，需要逮捕犯罪嫌疑人的，由分（省检察院地区检察分院）、州、市人民检察院审查并提出意见，呈报最高人民检察院审查。最高人民检察院经征求外交部意见后，决定批准逮捕。经审查认为不需要逮捕的，可以直接作出不批准逮捕的决定。外国人、无国籍人涉嫌其他犯罪的案件，由分、州、市人民检察院审查并提出意见，报省级人民检察院审查。省级人民检察院经征求同级政府外事部门的意见后，决定批准逮捕，同时报最高人民检察院备案。经审查认为不需要逮捕的，可以直接作出不批准逮捕的决定。

（3）人民检察院审查逮捕危害国家安全的案件、涉外案件以及检察机关直接立案侦查的案件，在批准逮捕后，应当报上一级人民检察院备案。上级人民检察院对报送的备案材料应当进行审查，发现错误的，应当在10日以内将审查意见通知报送备案的下级人民检察院或者直接予以纠正。

（二）逮捕的执行程序

逮捕犯罪嫌疑人、被告人，一律由公安机关执行。公安机关在接到执行逮捕的通知后，应当由公安局长签发逮捕证，然后立即执行逮捕，并将执行的情况通知人民检察院。公安机关执行逮捕的程序是：

1. 对于人民检察院批准或者决定、人民法院决定逮捕的犯罪嫌疑人、被告人，必须立即执行逮捕，防止执行逮捕不力而发生社会危险性。

2. 执行逮捕的人员不得少于2人。执行逮捕时，要向被逮捕人出示《逮捕证》，宣布逮捕，并责令被逮捕人在《逮捕证》上签字或按手印，并注明时间。被逮捕人拒绝在《逮捕证》上签字或按手印的，应在《逮捕证》上注明。

3. 逮捕犯罪嫌疑人、被告人，可以采用适当的强制方法，包括使用武器和戒具。

4. 逮捕犯罪嫌疑人、被告人后，应当立即送看守所羁押，提请批准逮捕的公安机关，决定逮捕的人民检察院或者人民法院，应当在24小时之内进行讯问。对于发现不应当逮捕的，立即释放，并发给释放证明。除无法通知的情形外，应通知被逮捕人的家属。

5. 到异地逮捕的，公安机关应当通知被逮捕人所在地的公安机关。公安机关到异地执行逮捕时，应携带《批准逮捕决定书》及其副本、《逮捕证》、介绍信以及被逮捕人犯罪的主要材料等，由当地公安机关协助执行。

6. 公安机关释放被逮捕的人，或者将逮捕变更为取保候审或监视居住的，应当通知人民检察院。

（三）逮捕后的羁押必要性审查

《刑事诉讼法》第93条规定：“犯罪嫌疑人、被告人被逮捕后，人民检察院仍应当对羁押的必要性进行审查。对不需要继续羁押的，应当建议予以释放或者变更强制措施。有关机关应当在10日以内将处理情况通知人民检察院。”逮捕后的羁押必要性审查包括以下三个方面的内容：①犯罪嫌疑人、被告人被逮捕后，人民检察院仍应当对羁押的必要性进行审查，审查是否还符合逮捕的证据条件、罪行条件、社会危险性条件。②人民检察院审查后，认为不需要继续羁押的，应当建议予以释放或者变更强制措施，不替代其他有关机关作决定。③有关机关对建议的要求及所根据的事实、证据等进行研究和考虑，及时作出决定，并在10日以内将处理情况通知人民检察院。有关机关未采纳检察机关的建议的，必须说明理由和根据。

## ◇ 思考与练习

### 一、选择题

1. 根据《刑事诉讼法》的规定，对于下列哪种情形的人，人民检察院有权决定拘留犯罪嫌疑人？（　　）

A. 郭某受贿案，同案犯指认其犯罪的

B. 谢某贪污案，监视居住期间企图自杀

C. 李某贪污案，有多次作案嫌疑

D. 王某徇私枉法案，侦查阶段企图与其他同案犯串供

**【答案】**BD

**【解析】**《刑事诉讼法》第163条仅规定了两种情形下，检察机关可以决定适用拘留。

2. 《刑事诉讼法》规定，被取保候审的被告人如果违反了下列哪些规定，依法应当没收保证金，或者对保证人处以罚款，对取保候审的被告人予以逮捕？（　　）

A. 随意离开所居住的市、县

B. 在传讯时不能及时到案

C. 干扰证人作证

D. 未经批准随意会见他人

**【答案】**ABC

**【解析】**选项D为被监视居住人应当遵守的法定义务。

### 二、讨论题

简述拘留程序。

**【讨论提示】**由于法律以及相关司法解释、部门规章对五种强制措施手段的适用都规定了较为清晰且有条理的程序，包括决定与执行程序，因此要注意将这些程序性要求加以总结以备回答简答题之需。回答本题时还要特别注意应当先简要回答一下拘留的概念，再回答各种程序性要求。

### 三、案例分析题

被告人郭某，2002年12月4日因涉嫌故意伤害罪被公安机关采取了拘留措施，经讯问，侦查机关认为需要逮捕，遂于12月6日提请县级人民检察院批准逮捕。检察院认为公安机关移送的证据不符合逮捕条件，于12月14日作出不批准逮捕的决定。公安机关不服向市级人民检察院提请复核，市级人民检察院维持了县级人民检察院的决定，公安机关仍继续收集证据准备重新提请批准逮捕。在此期间，郭某的母亲向公安机关多次提出释放郭某的要求，公安机关以郭某的母亲无理取闹为由予以拒绝。后本案最终被移送至县人民法院审理，被判定被告人郭某无罪释放。

请问本案中有关强制措施的使用存在哪些不合法之处？

**【参考答案】**①县公安局对不批准逮捕的决定不服的，不可直接向市级人民检察院提请复核，而是应当首先要求县人民检察院复议，若意见不被接受，再向市级人民检察院申请复核。②公安机关收到人民检察院不批准逮捕的决定后，不应继续羁押郭某，其无论是否同意检察院不批准逮捕的决定，均应首先将郭某释放或者变更为取保候审或监视居住。③公安机关不应当拒绝郭某母亲提出的释放郭某的要求，因为犯罪嫌疑人近亲属有权向公安机关提出解除超过法定期限的强制措施的要求，公安机关应当予以释放。

## ◇ 参考文献

1. 王敏远：《刑事司法理论与实践检讨》，中国政法大学出版社1999年版。

2. 陈卫东主编：《保释制度与取保候审》，中国检察出版社2003年版。

3. 陈卫东、刘计划："谁有权力逮捕你——试论我国逮捕制度的改革"，载《中国律师》2000年第9、10期。

4. 冀祥德、王辉："英国保释制度对我国取保候审制度之借鉴——兼议刑事诉讼法之再修改"，载《山东警察学院学报》2005年第3期。

# 第九章
# 附带民事诉讼

【导读】 原始社会取代血亲复仇的赔偿金形式为奴隶社会和封建社会所沿用，形成赔偿金赎罪制度，即犯罪人向君王缴纳赎罪金作为对侵害国家统治秩序的刑事处罚的一种方式，类似于现代刑法的罚金。当然，也有对犯罪导致的民事损害进行赔偿的规定，但普遍存在的刑民不分，使得这种情形最多只能看作是刑事附带民事诉讼制度的雏形。

现代意义上的刑事附带民事诉讼是以民事诉讼与刑事诉讼分离为基础的。被告人刑罚问题通过刑事诉讼解决，被告人的犯罪行为所引起的损害赔偿问题各国有不同的处理方式，如以美国和日本为代表的完全交由民事诉讼程序的方式，以英国为代表的根据不同条件选择通过刑事诉讼附带解决和通过民事诉讼或其他单独诉讼解决的“混合”式，以法国、德国、前苏联为代表的刑事附带民事诉讼的方式。我国现代意义上的刑事附带民事诉讼制度，始于清末的法律移植，1907 年《各级审判厅试办章程》存在“公诉得附带私诉”的规定，但未付诸实施。1921 年北洋政府参照德、日刑事诉讼法制定的《刑事诉讼条例》规定了刑事附带民事诉讼，国民党政府 1928 年《刑事诉讼法》和 1935 年《刑事诉讼法》原文沿用了该内容。建国后，最高人民法院通过司法解释对此加以肯定，1979 年《刑事诉讼法》对刑事附带民事诉讼制度以专章作了规定，标志着我国刑事附带民事诉讼制度的正式确立。2012 年修改的《刑事诉讼法》对“刑事附带民事诉讼”的内容进行了修改，完善了附带民事诉讼的相关制度。

本章知识点包括刑事附带民事诉讼的概念、特点、意义、成立条件、提起和审判，重点是刑事附带民事诉讼的成立条件、刑事附带民事诉讼的审理。学习本章应结合后面的起诉程序、第一审程序和第二审程序进行。

## 第一节 附带民事诉讼概述

### 一、附带民事诉讼的概念和特点

#### （一）附带民事诉讼的概念

附带民事诉讼，是指刑事诉讼过程中，在解决被告人刑事责任问题的同时，为附带解决被告人受到刑事追诉的行为所造成的损失的赔偿问题而进行的诉讼活动。

有关附带民事诉讼的法律渊源，主要是《刑事诉讼法》。如《刑事诉讼法》第99条规定："被害人由于被告人的犯罪行为而遭受物质损失的，在刑事诉讼过程中，有权提起附带民事诉讼。被害人死亡或者丧失行为能力的，被害人的法定代理人、近亲属有权提起附带民事诉讼。如果是国家财产、集体财产遭受损失的，人民检察院在提起公诉的时候，可以提起附带民事诉讼。"第102条则有"附带民事诉讼应当同刑事案件一并审判"的原则性规定。现行《刑法》也涉及刑事附带民事诉讼，如第36条规定："由于犯罪行为而使被害人遭受经济损失的，对犯罪分子除依法给予刑事处罚外，并应根据情况判处赔偿经济损失。承担民事赔偿责任的犯罪分子，同时被判处罚金，其财产不足以全部支付的，或者被判处没收财产的，应当先承担对被害人的民事赔偿责任。"刑事附带民事诉讼除了按照《刑事诉讼法》的规定外，还应适用《民法通则》和《民事诉讼法》的相关规定。

### （二）附带民事诉讼的特点

附带民事诉讼是在刑事诉讼程序中处理民事性质的赔偿，兼具刑事诉讼与民事诉讼的性质，所以在适用有关刑事法律的同时，也适用有关民事法律。人民法院审判刑事附带民事诉讼案件，除适用《刑法》、《刑事诉讼法》外，还应当适用《民法通则》、《民事诉讼法》有关规定。但刑事附带民事诉讼又不同于通常意义上的刑事诉讼与民事诉讼，具有其自身的特点。

1. 与刑事诉讼相比的特点。

（1）刑事附带民事诉讼是因被刑事追诉的行为引起的，以刑事案件的成立为前提，必须在刑事诉讼中提起，由审判刑事案件的同一审判组织进行审理，因此在程序上属于刑事诉讼。刑事附带民事诉讼的判决不得与刑事部分的判决相抵触，附带民事诉讼的起诉时效、上诉期限、管辖法院等都取决于相应的刑事案件。

（2）刑事附带民事诉讼与刑事诉讼并不是绝对不可分的。尽管刑事附带民事诉讼以刑事诉讼成立为前提，但由于刑事附带民事诉讼在立案后即可以提起，并可以由公安机关和检察院调解，因此它与刑事诉讼最终结论只能由法院作出是有所区别的。刑事附带民事诉讼解决赔偿问题并不以被告人被定罪处刑为条件，即使被告人被免予处罚或宣告无罪的，只要其违法行为给附带民事诉讼原告人造成损害的，就需要赔偿。可见，刑事附带民事诉讼成立后，即具有了相对独立性，不完全依附于刑事诉讼。

（3）刑事附带民事诉讼并不等于刑事诉讼。刑事附带民事诉讼制度设立的最主要目的是实现诉讼经济，通过对民事权利的损害情况的全面查明而促进正确定罪量刑，避免司法机关对同一事实的重复审理以节约公共司法资源，对于被害人则既可以减轻讼累，也更容易得到救济。

2. 与民事诉讼相比的特点。

（1）刑事附带民事诉讼要解决的，是由被刑事追诉的行为引起的侵犯民事权利的赔偿问题，这种损害赔偿不同于民事诉讼中的损害赔偿，这使得虽然其性质仍是民事的，但可以通过刑事诉讼程序解决。非因被告人受到刑事追诉的行为引起的民事损害赔偿，则不可以在刑事诉讼中解决，而只能通过民事诉讼解决。

（2）刑事附带民事诉讼除可以将侵权行为人本人作为被告，还可以在特殊情形下将被告人以外的人作为被告，如被告人为未成年人或精神病人时其监护人、已被执行死刑或者共同犯罪案件审结前被告人已死亡时其遗产继承人、职务行为犯罪时被告人的单位等。民事侵权赔偿诉讼中行为人为被告人是一般原则，但基于财产代管权、身份权和继承权的其他公民在代位诉讼中也可成为当事人。

（3）根据目前的法律规定，刑事附带民事诉讼的范围仅限于刑事追诉的行为造成的物质损失。而民事诉讼的范围既可以是物质损失，也可以是精神损失。

## 二、刑事附带民事诉讼的意义

刑事附带民事诉讼作为一项重要的刑事诉讼制度，其意义体现在以下方面：

1. 有利于实现诉讼效益。在刑事附带民事诉讼中，就司法机关而言，既可以避免基于同一事实的刑事诉讼和民事诉讼分离审理时所必然产生的调查和审理上的重复，又可以避免同一事实的案件由不同法官审理而出现相互矛盾的判决，这些都节约了司法成本；对于诉讼参与人而言，也可以避免程序上的繁复，使自己的合法权益得到迅速保护。

2. 有利于实现“宽严相济”的刑事政策。犯罪行为造成的损害是定罪量刑的重要情节，刑事附带民事诉讼制度在对犯罪进行惩罚的同时，尽可能地减轻犯罪造成的损害，有助于法院全面查明被追诉行为造成损失的具体情况，既避免放纵犯罪，也可以及时掌握被告人的悔罪表现，提高定罪量刑的准确性。

3. 有利于维护司法活动的统一性。由于刑事附带民事诉讼是由审理刑事案件的同一审判组织进行审理的，刑事部分和民事部分的裁判是基于对案件事实的同一认定作出的，可以避免分别进行审判可能对同一违法行为或同一案件事实得出不同法律评价的情形，保持司法活动的统一。

## 第二节　附带民事诉讼的成立条件

### 一、附带民事诉讼以刑事诉讼的成立为前提条件

诉讼的直接目的是处理纠纷，诉讼的种类取决于纠纷的种类，刑事纠纷通过刑事诉讼程序处理，民事侵权纠纷通过民事诉讼程序处理，通常是不可混淆的。刑事附带民事诉讼之所以能够在刑事程序中进行，是因为引起民事纠纷和刑事纠纷的是被告人的同一行为，但这只是两者程序结合的必要条件，并不是必须在同一程序中处理的充分条件，事实上，美国和日本等国家对这种情形就是分别由刑事和民事的不同程序处理的，即使实行刑事附带民事诉讼的国家，一般也赋予被害人单独提起民事诉讼的选择权。刑事附带民事诉讼存在的主要理由，可以说是避免重复审理所带来的诉讼效率的提高和避免裁判分歧所实现的司法权威的加强。但之所以是刑事附带民事诉讼，而不是民事附带刑事诉讼，是因为对于维护社会秩序而言，追究行为人的刑事责任往往比追究其民事责任的作用更大，这使得刑事附带民事诉讼中的民事诉讼法律关系相对于刑事诉讼法律关系具有从属性，刑事附带民事诉讼必须以刑事诉讼的成立为前提。

需要注意的是，被害人从刑事诉讼程序启动时起即可提起刑事附带民事诉讼，但司法实践中，被告人未被定罪的情形很多：根据无罪推定原则，在被法院依法判决有罪之前，被告人在法律上处于无罪地位；侦查、起诉、审判各个阶段都可能出现刑事诉讼程序终止的情形，并非所有的刑事案件都要经过刑事审判，法律对被告人是否有罪很可能未给出明确的结论；即使经过审判，也并非所有的被告人最终都被判决有罪。所以，作为刑事附带民事诉讼前提条件的是“刑事诉讼的成立”，而非“被告人犯罪的成立”，案件在移送人民法院之前办理终结的，由于失去了刑事诉讼的基础，被害人应该另行向人民法院提起民事赔偿诉讼，如果已经移送人民法院的，即使被告人最终被法院判决无罪，刑事附带民事诉讼仍需继续审理和裁判。

### 二、附带民事诉讼原告人必须是本案被害人或其他符合法定条件的主体

根据《刑事诉讼法》第44条、第99条的规定，下列主体可以作为刑事

附带民事诉讼的原告人：

1. 作为本案被害人的自然人。任何自然人（包括中国公民、符合法律规定的外国人和无国籍人）由于被告人的犯罪行为而遭受物质损失的，有权在刑事诉讼过程中提起刑事附带民事诉讼，这是刑事附带民事诉讼中最常见的原告人 。被害人是未成年人或精神病患者而无诉讼行为能力的，仍然具有当事人身份，但刑事附带民事诉讼的提起由其法定代理人或监护人代为进行。

2. 被害人的法定代理人、近亲属。这类主体在被害人死亡或者丧失行为能力时，可以作为原告提起附带民事诉讼。

3. 作为本案被害人的企业、事业单位、机关、团体等。《刑事诉讼法》第99条中规定的"被害人"，既包括自然人，也包括单位，自然人的人身权利和财产权利等可能受到侵害，单位的财产权等也可能受到侵害，因此，单位也同自然人一样，有权提起刑事附带民事诉讼。

4. 已死亡的被害人的继承人。因被告人的犯罪行为而遭受物质损失的，被害人有权获得赔偿，这部分财产属于合法收益，在继承法规定的遗产范围内，继承人依法享有继承被害人财产的权利，因此，被害人的继承人有权提起刑事附带民事诉讼。

5. 曾经对被害人实施过救助行为的其他公民。被害人死亡的情况下，如果没有继承人主张继承权，而其他公民承担了医疗费、丧葬费等项目支出的，可以作为刑事附带民事诉讼的原告人。但其请求范围仅限于救助和清除犯罪结果的支出，不涉及其他债务。

6. 特定情况下的人民检察院。如果被害人是国家、集体单位但没有提起刑事附带民事诉讼的，人民检察院在提起公诉时，可以一并提起刑事附带民事诉讼。这种情形下鉴于检察机关既是公诉机关又是附带民事诉讼原告人的特殊身份，虽然享有附带民事诉讼原告人的诉讼权利，但无权同被告人就经济赔偿进行调解或自行和解。如果被害单位已提起刑事附带民事诉讼的，人民检察院即不能提起。

### 三、刑事附带民事诉讼必须有明确的被告人

根据《刑事诉讼法》及相关司法解释的规定，刑事附带民事诉讼的被告人有以下几种情形：

1. 本案刑事被告人。刑事附带民事诉讼原告所遭受的物质损失多数是由本案刑事被告人的犯罪行为造成的，因此本案被告人是最为常见的刑事附带民事诉讼的被告人。

2. 对刑事被告人的行为依法负有赔偿责任的人。这种情形包括：①刑事

被告人为未成年人或者精神病人，其自有财产不足以承担全部赔偿责任的，其监护人为被告人；②作为未成年人或者精神病人刑事被告人的监护人的单位；③已被执行死刑的罪犯的遗产继承人；④共同犯罪案件审结前已死亡的被告人的遗产继承人；⑤其他对被告人的犯罪行为应当承担赔偿责任的单位和个人。如职务犯罪被告人所在的国家机关、企事业单位、社会团体等，交通肇事犯罪被告人所驾驶的肇事机动车的所有人等。

3. 未被追究刑事责任的其他共同致害人。这种情形见于共同犯罪案件，部分同案嫌疑人被公安机关作出劳动教养处理或行政拘留处分，或被人民检察院作出不起诉决定，这些同案人都可以作为刑事附带民事诉讼的被告人，对因共同加害行为造成的物质损失共同承担民事赔偿责任。

### 四、刑事附带民事诉讼请求的范围限于刑事被告人的行为所造成的物质损失

对于刑事附带民事诉讼请求范围的理解，需要注意以下内容：

1. 刑事附带民事诉讼的请求范围只能是物质损失，不包括因犯罪行为而造成的精神损害，也不能在刑事诉讼结束后另行提起精神损害赔偿民事诉讼。《刑事诉讼法》第99条的规定，刑事附带民事诉讼原告只能就所遭受的物质损失提起诉讼，因人身权利受到犯罪侵犯而遭受物质损失或者财物被犯罪分子毁坏而遭受物质损失的，可以提起刑事附带民事诉讼。对于刑事案件被害人由于被告人的犯罪行为而遭受精神损失提起的刑事附带民事诉讼，或者在该刑事案件审结以后，被害人另行提起精神损害赔偿民事诉讼的，人民法院不予受理。

2. 刑事附带民事诉讼的请求范围限于被告人的犯罪行为直接造成的或必然造成的物质损失。这要求请求赔偿的物质损失与被告人的犯罪行为之间必须存在因果关系。被害人因犯罪行为遭受的物质损失是指被害人因犯罪行为已经遭受的实际损失和必然遭受的损失。例如，犯罪分子作案时破坏的财物，被害人的救治费用等直接损失，被害人因伤残减少的劳动收入，后续医疗费用等将来必然遭受的间接损失。犯罪行为之前的民事纠纷不能在刑事诉讼过程中解决，即使是作为引发犯罪行为原因的民事纠纷也不属于赔偿范围。

3. 刑事附带民事诉讼的请求范围不包括被告人非法占有、处置被害人财产而造成的物质损失。《刑法》第64条规定：“犯罪分子违法所得的一切财物，应当予以追缴或者责令退赔；对被害人的合法财产，应当及时返还。”犯罪分子非法占有、处置被害人财产而使其遭受物质损失的，人民法院应当依法予以追缴或者责令退赔。被追缴、退赔的情况，人民法院可以作为量刑情

节予以考虑。经过追缴或者退赔仍不能弥补损失，被害人向人民法院民事审判庭另行提起民事诉讼的，人民法院可以受理。实践中被害人被非法占有、处置的财产，由司法机关依职权进行追缴或者责令被告人退赔，而不是通过刑事附带民事诉讼处理，不足部分，则通过另行提起的民事诉讼处理。

## 第三节　附带民事诉讼的提起和审判

### 一、刑事附带民事诉讼的提起

#### （一）提起刑事附带民事诉讼的期间

提起刑事附带民事诉讼的期间是指提起刑事附带民事诉讼的起始时间和终结时间，也即刑事附带民事诉讼可以在什么期间内提起。《刑事诉讼法》对此项内容的规定不明确，但这并不意味着刑事附带民事诉讼可以在整个刑事诉讼过程中被随时提起。刑事附带民事诉讼应当在刑事案件立案以后第一审判决宣告以前提起。有权提起刑事附带民事诉讼的人在第一审判决宣告以前没有提起的，不得再提起刑事附带民事诉讼。

自诉案件中，被害人可以在提起刑事自诉时起到第一审判决宣告前的期间内向人民法院提起刑事附带民事诉讼；公诉案件中刑事附带民事诉讼的提起，刑事附带民事诉讼原告可以是在侦查机关立案后向侦查机关提起，或是在侦查机关移送案件后向起诉机关提起；如果单位作为被害人而未提起刑事附带民事诉讼的，可以由人民检察院在提起公诉的同时提起。对于被害人在侦查、起诉阶段提起刑事附带民事诉讼的，人民检察院应当记录在案，并将原告人的诉讼请求和相关证据材料等在提起公诉时一并移送，由人民法院按刑事附带民事诉讼案件受理。在侦查和审查起诉阶段可以对民事赔偿进行调解，但调解协议并没有法律约束力，即使已经履行完毕，被害人仍然可以向人民法院提起刑事附带民事诉讼。

提起刑事附带民事诉讼必须在一审刑事判决宣告之前，因为刑事判决的宣告产生本阶段刑事诉讼程序终结的效果，此后的刑事附带民事诉讼的请求将不允许进入审理，以避免刑事审判的迟延和重复。但为了使当事人的合法权益得到保护，原告因故未能在刑事判决宣告前提起刑事附带民事诉讼的，可以在刑事判决生效后另行提起民事诉讼。

#### （二）提起刑事附带民事诉讼的方式

对于提起刑事附带民事诉讼的方式，附带民事诉讼的原告人应当提交附带民事诉状；书写诉状确有闲难的，可以口头起诉。审判人员应当对原告人的口头诉讼请求详细询问，并制作笔录，向原告人宣读；原告人确认无误后，应当签名或者盖章。无论采取何种起诉方式，都应当说明附带民事诉讼原告人、被告人的姓名、年龄、职业、住址等个人基本情况，提出明确的诉讼请求、由于犯罪行为而造成的物质损失和相关证据等。人民检察院在提起公诉时一并提起刑事附带民事诉讼的，只能通过附带民事诉状的方式。

## 二、附带民事诉讼的保障措施

附带民事诉讼的保障措施，是为了刑事附带民事诉讼的审判顺利进行和生效裁判得以执行而设立的，既有刑事性质的措施，也有民事性质的措施，较为典型地体现了刑事附带民事诉讼兼具刑事诉讼与民事诉讼的特点。所以，对刑事附带民事诉讼保障措施的适用应当立足于刑事诉讼，而以《民事诉讼法》的规定作为补充。

### （一）附带民事诉讼的保全

刑事附带民事诉讼的保全，是指人民法院在受理刑事附带民事诉讼之后，对被告人的财产采取一定的强制措施，以保证将来发生法律效力的刑事附带民事诉讼判决的执行。

刑事附带民事诉讼的保全需满足以下条件：

1. 具有保全的必要性。《刑事诉讼法》第100条规定：“人民法院在必要的时候，可以采取保全措施，查封、扣押或者冻结被告人的财产……”其含义是指可能因当事人一方的行为或者其他原因使刑事附带民事诉讼的判决不能执行或者难以执行。这一内容确立了执行保全措施的基本原则，必须以附带民事判决的执行为目的，而不能将它与刑事强制措施混同。附带民事诉讼原告人或者人民检察院可以申请人民法院采取保全措施。

2. 必须采用法律规定的保全方法。人民法院适用的是民事性质的查封、扣押和冻结，适用《民事诉讼法》的有关规定，不同于侦查机关适用的刑事性质的冻结。

3. 保全的财物限于本案赔偿的范围。财产保全限于请求的范围，或者与本案有关的财物。

4. 保全只能适用于被告人的财产，不能随意扩大适用范围而保全案外人的财物。

### （二）刑事附带民事诉讼的先予执行

刑事附带民事诉讼的先予执行，是指人民法院受理刑事附带民事诉讼之后、作出判决之前，根据刑事附带民事诉讼原告的请求，裁定刑事附带民事诉讼被告向刑事附带民事诉讼原告先行给付一定财物并立即执行的措施。

先予执行应满足的条件是：

1. 犯罪行为给被害人造成了严重的经济困难。例如，伤害案件中被害人需要医疗费用才能入院治疗，杀人或伤害致死案件中需要丧葬费才能安排被害人的丧葬事宜等。

2. 采取先予执行要考虑被告的实际支付能力。并且，先予执行应当限于当事人诉讼请求的范围，并以当事人的急需为限，应当在附带民事判决确定赔偿数额后作相应折抵。

3. 先予执行由当事人申请。刑事附带民事诉讼的提起及其请求范围都取决于当事人的意愿，是否启动先予执行也交由当事人的意思表示，人民法院不能依职权作出决定。

## 三、附带民事诉讼的审判

### （一）附带民事诉讼审判的原则

《刑事诉讼法》第102条规定："附带民事诉讼应当同刑事案件一并审判，只有为了防止刑事案件审判的过分迟延，才可以在刑事案件审判后，由同一审判组织继续审理附带民事诉讼。"这是对刑事附带民事诉讼审判的原则性规定，即以一并审判为主、分别审判为辅。合并审判有利于实现提高诉讼效率的目的，便于诉讼各方参与诉讼，并防止就同一事实作出互相矛盾的结论；分别审判可以避免特定情况下刑事附带民事诉讼的迟延影响刑事部分在法定时限内的正常审结。分别审判时原则上应保持审判组织的同一，因为审判刑事部分的审判组织的成员已经熟悉了案情，可以避免重复审判，易于保持附带民事判决的同一；但同一审判组织的成员确实无法继续参加审判的，可以更换审判组织成员。附带民事部分的分别审理不影响刑事判决的生效。

### （二）附带民事诉讼的审理程序

刑事附带民事诉讼的审理程序包括以下内容：

1. 刑事附带民事诉讼的受理。人民法院收到刑事附带民事诉讼的起诉状，或者接受口头起诉以后，应当进行审查，并在7日以内决定是否立案。符合刑事诉讼法关于刑事附带民事诉讼起诉条件的，应当受理；不符合的，裁定驳回起诉。

2. 诉讼文书的送达。人民法院受理刑事附带民事诉讼后，应当在5日内向刑事附带民事诉讼的被告人送达刑事附带民事诉讼起诉状副本，或者将口头起诉的内容及时通知刑事附带民事诉讼的被告人，并制作笔录；同时应告知被告或者其法定代理人提交民事答辩状的权利。

3. 通知开庭。人民法院开庭审判案件前，要向刑事附带民事诉讼的原告和未被羁押的被告及未受刑事追诉的被告送达传票。原告无正当理由拒不到庭或者未经法庭许可中途退庭的，按撤诉处理；被告无正当理由不到庭的，可以拘传。

4. 开庭审理。①刑事附带民事诉讼原则上同刑事诉讼一并开庭审理，先审理刑事部分，然后审理附带民事部分，附带民事部分的审理程序参照《民事诉讼法》关于开庭审理的有关规定进行。②刑事附带民事诉讼案件的当事人对自己提出的主张，有责任提供证据证明。③人民法院认定公诉案件被告人的行为不构成犯罪的，应对已经提起的刑事附带民事诉讼一并作出刑事附带民事判决。

5. 调解。根据《刑事诉讼法》第101条的规定，人民法院审理由自然人或者企业、事业单位或其他组织提起的刑事附带民事诉讼案件，可以在自愿、合法的基础上进行调解。人民法院进行调解应是在查明被告人犯罪事实，分清其承担的法律责任的基础上，通过对被告人的批评教育，促其真诚悔罪，自愿承担对附带民事诉讼原告人的赔偿责任，以求原告人的谅解。经调解达成协议的，审判人员应当及时制作调解书。调解书经双方当事人签收后发生法律效力。调解达成协议并当庭执行完毕的，可以不制作调解书，但应当记入笔录，经双方当事人、审判人员、书记员签名或者盖章即发生法律效力。对于第二审程序审理就刑事附带民事诉讼部分提出上诉的案件，原告一方要求增加赔偿数额的，第二审人民法院可以依法进行调解。调解未达成协议或者调解书送达前一方反悔的，第二审人民法院应当依照《刑事诉讼法》、《民事诉讼法》的有关规定作出判决或者裁定。需要注意的是，人民检察院提起的刑事附带民事诉讼不得调解。

6. 裁判。人民法院审理附带民事诉讼案件，不能调解结案的，应当根据物质损失的情况，作出判决或者裁定。

7. 诉讼费用。人民法院审理刑事附带民事诉讼案件，不收取诉讼费。

8. 执行。人民法院判决刑事附带民事诉讼被告承担赔偿责任的，如果其亲属自愿代为承担，应当许可。查明被告人确实没有财产可供执行的，应当裁定中止或终结执行。

9. 犯罪分子非法占有、处置被害人财产而使其遭受物质损失的，人民法院应当依法予以追缴或者责令退赔。被追缴、退赔的情况，人民法院可以作为量刑情节予以考虑。经过追缴或者退赔仍不能弥补损失，被害人向人民法院民事审判庭另行提起民事诉讼的，人民法院可以受理。

## ◇ 思考与练习

### 一、选择题

1. 在我国刑事附带民事诉讼中，依法负有赔偿责任的人包括（　　）。

A. 没有被追究刑事责任的共同致害人

B. 已经被执行死刑的罪犯的遗产继承人

C. 应当对被告人的犯罪行为承担民事赔偿责任的个人

D. 应当对被告人的犯罪行为承担民事赔偿责任的单位

**【答案】** ABCD

**【解析】** 本题考点为刑事附带民事诉讼的被告人。刑事附带民事诉讼中依法负有赔偿责任的人包括：①刑事被告人（公民、法人和其他组织）及没有被追究刑事责任的其他共同致害人；②未成年刑事被告人的监护人；③已被执行死刑的罪犯的遗产继承人；④共同犯罪案件中，案件审结前已死亡的被告人的遗产继承人；⑤其他对刑事被告人的犯罪行为依法应当承担民事赔偿责任的单位和个人。

2. 因借贷纠纷而导致的重伤害案件中，被害人提起刑事附带民事诉讼可以要求赔偿的范围是（　　）。

A. 被告人所欠被害人的借款

B. 被害人治伤所花医药费

C. 被害人父亲受到刺激生病住院所花医药费

D. 被害人因伤所致误工损失费

**【答案】** BD

**【解析】** 本题考点为附带民事诉讼提起的条件。刑事附带民事诉讼的起诉条件是：①提起刑事附带民事诉讼的原告人、法定代理人符合法定条件；②有明确的被告人；③有请求赔偿的具体要求和事实根据；④被害人的物质损失是由被告人的犯罪行为造成的；⑤属于人民法院受理刑事附带民事诉讼的范围。本案中，答案A要求被告人偿还其借款和C要求被告人赔偿被害人之父住院所花医药费，均不属于犯罪所造成的物质损失，不能提起刑事附带民事诉讼。B和D治伤所花医药费和因伤所致误工费均为犯罪造成的物质损失，符合条件。

### 二、讨论题

1. 对我国刑事附带民事诉讼制度的反思。

**【讨论提示】** ①刑事附带民事诉讼的概念；②刑事附带民事诉讼的意义；

③刑事附带民事诉讼的性质；④刑事附带民事诉讼的现状与未来。

2. 试述刑事附带民事诉讼的提起条件和审理原则。

**【讨论提示】**①刑事附带民事诉讼以刑事诉讼的存在为前提；②以犯罪行为造成物质损失为条件；③一并审理原则及其例外；④对《民事诉讼法》的适用。

**三、案例分析题**

甲和其同母异父的哥哥乙及他们的生母丙一起生活。乙经常虐待丙，情节十分恶劣。2010年4月1日，丙去世，乙为独吞全部财产，威逼甲离家出走。甲不从，乙便殴打甲，致使甲身上多处受伤。甲向人民法院控告其兄乙虐待母亲和故意伤害自己，并要求继承母亲的全部财产。法庭决定对遗产继承事项以刑事附带民事诉讼形式与刑事部分一并开庭审理。经法庭审理，判处被告人乙虐待罪有期徒刑1年，故意伤害罪1年2个月，数罪并罚，决定执行有期徒刑2年。并根据《继承法》有关规定，判决被告人乙丧失继承权，丙的遗产全部由甲继承。问题：该法院的做法是否合法？

**【参考答案】**《刑事诉讼法》第99条规定："被害人由于被告人的犯罪行为而遭受物质损失的，在刑事诉讼过程中，有权提起附带民事诉讼……"可见，刑事附带民事诉讼的提起必须符合三个条件：① 必须在刑事诉讼过程中提起；②诉讼请求针对的必须是犯罪行为直接造成的损失；③所造成的损失必须是物质上的损失。本案被告人乙的行为虽然构成虐待罪和故意伤害罪，但继承遗产并不是对乙犯罪行为造成的物质损失的损害赔偿，它和乙的犯罪行为没有直接的因果关系，因而不能作为刑事附带民事诉讼一并解决。本案只能解决虐待罪、故意伤害罪的定罪量刑问题，对遗产继承事项应由甲向人民法院另行提起民事诉讼。

## ◇ 参考文献

1. 刘金友等：《刑事附带民事诉讼原理与实务》，法律出版社2005年版。

2. 邵世星等：《刑事附带民事诉讼疑难问题研究》，中国检察出版社2002年版。

3. 肖建华："刑事附带民事诉讼制度的内在冲突与协调"，载《法学研究》2001年第6期。

4. 王福华、李琦："刑事附带民事诉讼制度与民事权利保护"，载《中国法学》2002年第2期。

5. 杨立新："刑事附带民事诉讼制度的完善与再修改"，载《人民检察》

2004 年第 7 期。

6. 谢佑平、江涌："质疑与废止：刑事附带民事诉讼"，载《法学论坛》2006 年第 2 期。

7. 陈瑞华："刑事附带民事诉讼的三种模式"，载《法学研究》2009 年第 1 期。

8. 甄贞、申飞飞："附带民事诉讼的困境与出路——以刑事和解为视角"，载《法学杂志》2011 年第 10 期。

# 第十章
# 刑事诉讼的期间、送达与中止、终止

**【导读】**　期间制度主要规定的是国家机关与诉讼参与人进行刑事诉讼活动的时限问题，旨在提高诉讼效率、保障人权，而送达制度则体现了对诉讼参与人知悉权的尊重与保护。本章的内容从历史发展的角度来看，1996 年修改的《刑事诉讼法》没有变动，2012 年修改的《刑事诉讼法》增加了遇节假日时期间的计算规定。

本章的重点内容是期间的计算方法以及各种特殊的期限规定。期间的内容与绝大多数诉讼行为的进行直接相关，在本章的法定期间部分也基本列出了我国《刑事诉讼法》中对各种诉讼行为的时限规定，这些规定还需要结合相应章节的内容一并予以系统掌握。此外，本章还叙述了刑事诉讼中的中止与终止等非正常原因中断诉讼程序的事由。2012 年修改的《刑事诉讼法》增加规定了审判中止的内容，相关司法解释还对侦查中止、审判中止作出了补充性规定；《刑事诉讼法》第 15 条规定了终止刑事诉讼程序的几种情形。

## 第一节　刑事诉讼的期间与送达

### 一、期间与期日的概念及意义

刑事诉讼中的期间是指公安机关、人民检察院、人民法院进行刑事诉讼以及当事人及其他诉讼参与人参加刑事诉讼必须遵守的时间期限。刑事诉讼期间一般由法律明确规定，称之为法定期间；个别情况下也可以由公安司法机关指定，称之为指定期间。

期日是指公安机关、人民检察院、人民法院以及当事人及其他诉讼参与人共同实施刑事诉讼活动的共同时间。我国《刑事诉讼法》对期日没有明确的规定，实践中由公、检、法三机关根据案件的具体情况和法律关于期间的一般规定进行指定。期日与期间不同，期日是指某特定时间，且为国家机关与诉讼参与人共同进行诉讼活动的时间，而期间是包括起止时间的一个期限，且为国家机关与诉讼参与人分别进行诉讼活动的时间要求。

《刑事诉讼法》第八章专门规定了期间制度，其意义在于保护被追诉人的权利，增强司法机关工作人员的时间意识，提高办案效率，加速案件的处理并尽早恢复由于犯罪而受到损害的社会秩序与社会安定。刑事诉讼的进行对被追诉方的人身、财产、名誉等诸多权利、自由、利益产生损害、威胁或者限制，通过为各诉讼行为设定期间、期日，有助于加快案件的办理速度，保护犯罪嫌疑人、被告人的人权。

## 二、期间的计算与恢复

我国《刑事诉讼法》第 103 条规定，期间以时、日、月计算，期间开始的时和日不算在期间以内，也就是说期间应当从诉讼行为开始后的第二个小时或者第二日开始计算。以月计算的期间，自本月某日至下月某日为 1 个月，如本月 1 日至下月 1 日，本月最后 1 日至下月最后 1 日；半月一律按 15 日计算。

法定期间不包括路途上的时间，上诉状或者其他文件在期满前已经交邮的，不算过期。路途上的时间主要是指司法机关邮寄送达诉讼文书及当事人向司法机关邮寄诉讼文书在路途上所占用的时间。当期间的最后一日为节假日时，根据《刑事诉讼法》第 103 条规定，这种情况下应当以节假日后的第一日为期间届满日期，但对于犯罪嫌疑人、被告人或者罪犯在押期间，应当至期间届满之日为止，不得因节假日而延长在押期限至节假日后的第一日。

期间计算中的另外一项内容是期间的恢复制度，《刑事诉讼法》第 104 条规定，当事人由于不能抗拒的原因或者其他正当理由而耽误期限的，在障碍消除 5 日内，可以申请继续进行应当在期满以前完成的诉讼活动。该申请是否准许，由人民法院裁定。该条针对当事人由于客观的原因导致期间耽误的情形规定了补救措施，这里的客观原因包括两种：当事人不能抗拒的原因如地震、水灾、台风等和其他正当理由如住院手术等。在上述客观理由消除后 5 日内，当事人可以申请人民法院顺延期间。

## 三、法定期间

法定期间是指法律明确规定的诉讼时间期限。这种期间的开始是基于某种诉讼行为的实施或法律事实的发生。《刑事诉讼法》对各种诉讼活动的期间作出了具体而明确的规定。

### （一）强制措施期间

对犯罪嫌疑人、被告人拘传持续的时间最长不得超过 12 小时；案情特别重大、复杂，需要采取拘留、逮捕措施的，传唤、拘传持续的时间不得超过 24 小时。对犯罪嫌疑人、被告人取保候审最长不得超过 12 个月；监视居住最长不得超过6个月。拘留后，应当立即将被拘留人送看守所羁押，至迟不得超过24小时；除无法通知或者涉嫌危害国家安全犯罪、恐怖活动犯罪等严重犯罪通知可能有碍侦查的情形外，应当在24小时以内通知被拘留人的家属；应当在24小时内对被拘留人或被逮捕人进行讯问。公安机关对被拘留的人认为需要逮捕的，应当在拘留后的3日内提请人民检察院审查批准，特殊情况下可以将提请审查批准的时间延长1至4日；对于流窜作案、多次作案、结伙作案的重大嫌疑分子，提请审查批准的时间可以延长至30日。人民检察院应当在接到公安机关提请批准逮捕书的7日以内，作出批准或者不批准逮捕的决定。人民检察院对直接受理的案件中对被拘留的人认为需要逮捕的，应当在14日以内作出决定。特殊情况下，决定逮捕的时间可以延长1至3日。

（二）与聘请律师、委托辩护人、诉讼代理人有关的期间

犯罪嫌疑人在被侦查机关第一次讯问或者采取强制措施之日起，可以聘请律师作为辩护人。公诉案件自案件移送审查起诉之日起，被害人及其法定代理人或近亲属、附带民事诉讼当事人及其法定代理人有权委托诉讼代理人；人民检察院自收到移送审查起诉的材料之日起3日以内，应当告知犯罪嫌疑人有权委托辩护人；应当告知被害人及其法定代理人有权委托辩护人。自诉案件的被告人有权随时委托辩护人；自诉人及其法定代理人，附带民事诉讼的当事人及其法定代理人有权随时委托诉讼代理人。人民法院自受理自诉案件之日起3日以内，应当告知被告人有权委托辩护人；应当告知自诉人及其法定代理人，附带民事诉讼的当事人及其法定代理人有权委托诉讼代理人。

（三）侦查羁押期间

对犯罪嫌疑人逮捕后的侦查羁押期限不得超过2个月。案情复杂、期限届满不能终结的案件，可以经上一级人民检察院批准延长1个月。对交通十分不便的边远地区的重大复杂案件，重大的犯罪集团案件，流窜作案的重大复杂案件，由于犯罪涉及面广、取证困难的重大复杂案件，在上述期限内不能侦查终结的，经省、自治区、直辖市人民检察院批准或者决定，可以再延长2个月。对犯罪嫌疑人可能判处10年有期徒刑以上刑罚，按照前述规定延长2个月期限届满仍不能侦查终结的，经省、自治区、直辖市人民检察院批准或者决定，可以再延长2个月。因为特殊原因，在较长时间内不宜交付审判的特别重大复杂的案件，由最高人民检察院报请全国人民代表大会常务委员会批准延期审理。

（四）审查起诉期间

根据《刑事诉讼法》第169条的规定，人民检察院对公安机关移送起诉的案件，应当在1个月以内作出决定，重大复杂的案件，可以延长半个月。

对于退回公安机关补充侦查的案件，应当在 1 个月以内补充侦查完毕，补充侦查以两次为限；人民检察院在审查起诉中决定自行侦查的，应当在审查起诉期限内侦查完毕。

（五）对不起诉决定的申诉期间

根据《刑事诉讼法》第 176、177 条的规定，对于有被害人的案件，决定不起诉的，人民检察院应当将不起诉决定书送达被害人。被害人如果不服，可以在收到决定书后 7 日以内向上一级人民检察院申诉。被不起诉人如果对于人民检察院因“犯罪情节轻微，依照刑法规定不需要判处刑罚或者免除刑罚”而作出的不起诉决定不服的，可以自收到决定书后 7 日以内向人民检察院申诉。

（六）一审程序期间

人民法院应当在开庭 10 日以前将人民检察院的起诉书副本送达被告人；应当在开庭 3 日以前将开庭时间、地点通知人民检察院；将传票、通知书最迟在开庭 3 日以前送达当事人、辩护人、诉讼代理人、证人、鉴定人和翻译人员。公开审判的案件，在开庭 3 日以前先期公布案由、被告人姓名、开庭时间和地点。在法庭审判过程中，检察人员发现提起公诉的案件需要补充侦查，提出建议经法庭同意延期审理的，人民检察院应当在 1 个月以内补充侦查完毕。人民法院当庭宣告判决的，应当在 5 日以内将判决书送达当事人和提起公诉的人民检察院；定期宣告判决的，应当在宣告后立即将判决书送达当事人和提起公诉的人民检察院。

根据《刑事诉讼法》第 202 条的规定，人民法院审理公诉案件，应当在受理后 2 个月内宣判，最迟不得超过 3 个月。对于可能判处死刑的案件或者附带民事诉讼案件，以及有本法第 156 条规定的情形的，即交通十分不便的边远地区的重大复杂案件，重大的犯罪集团案件，流窜作案的重大复杂案件，犯罪涉及面广、取证困难的重大复杂案件，在上述期限内不能审结的，经上一级人民法院批准，可以再延长 3 个月。因情况特殊还需要延长的，报最高人民法院批准。《刑事诉讼法》第 214 条规定，适用简易程序审理的案件，应当在受理后 20 日以内审结；对于可能判处 3 年以上有期徒刑的，可以延长至 1 个半月。

此外，《刑事诉讼法》第 206 条第 2 款规定，适用普通程序审理的被告人被羁押的自诉案件，参照适用上述期限规定；被告人未被羁押的案件，审限为 6 个月。

（七）上诉抗诉期间

不服第一审判决的上诉和抗诉的期限为 10 日；不服第一审裁定的上诉和

抗诉的期限为5日。被害人及其法定代理人不服地方各级人民法院第一审判决书，自收到判决书后5日以内，有权请求人民检察院提出抗诉。人民检察院自收到被害人及其法定代理人的请求后5日以内，应当作出是否抗诉的决定，并且答复请求人。

（八）二审程序期间

上诉人通过原审人民法院提出上诉的，原审人民法院应在3日以内将上诉状连同案卷、证据移送上一级人民法院，同时将上诉状副本送交同级人民检察院和对方当事人。上诉人直接向第二审人民法院提出上诉的，第二审人民法院应在3日以内将上诉状交原审人民法院送交同级人民检察院和对方当事人。第二审人民法院对于人民检察院依照上诉程序提出抗诉的案件或者开庭审理的公诉案件，必须在开庭10日以前通知人民检察院查阅案卷。第二审人民法院受理上诉、抗诉案件，应当在2个月以内审结。对于可能判处死刑的案件或者附带民事诉讼案件，以及有《刑事诉讼法》第156条规定的情形的，即交通十分不便的边远地区的重大复杂案件，重大的犯罪集团案件，流窜作案的重大复杂案件，犯罪涉及面广、取证困难的重大复杂案件，在上述期限内不能审结的，经省、自治区、直辖市高级人民法院批准或者决定，可以再延长2个月。因情况特殊还需要延长的，报最高人民法院批准。

（九）再审程序期间

人民法院按照审判监督程序重新审判的案件，应当在作出提审、再审决定之日起3个月以内审结。需要延长期限的，不得超过6个月。接受抗诉的人民法院按照审判监督程序审判抗诉的案件，审理期限适用上述规定；对需要指令下级人民法院再审的，应当自接受抗诉之日起1个月内作出决定，下级人民法院审理案件的期限适用上述规定。

（十）死刑执行期间

下级人民法院接到最高人民法院或者高级人民法院执行死刑的命令后，应当在7日以内交付执行。

（十一）变更执行的监督期间

人民检察院认为暂予监外执行不当的，应当自接到通知之日起1个月以内将书面意见送交批准暂予监外执行的机关；批准暂予监外执行的机关接到人民检察院的书面意见后，应当立即对该决定进行重新核查。人民检察院认为人民法院减刑、假释的裁定不当，应当自收到裁定书副本后20日以内，向人民法院提出书面纠正意见。人民法院应当在收到纠正意见后1个月以内重新组成合议庭进行审理，作出最终裁决。

## 第二节 送 达

### 一、送达的概念和特点

刑事诉讼中的送达，是指公安司法机关按照法定程序和方式将诉讼文书送交收件人的诉讼活动。送达作为一项诉讼行为，具有如下三项特点：

1. 送达的主体只能是公安司法机关。送达是发生在送达主体与送达对象之间的一种法律关系，在这一法律关系中，发件人只能是公安机关、人民检察院和人民法院。收件人可以是诉讼参与人，也可以是有关的机关或单位。因此，诉讼参与人向公安司法机关递交诉讼文书或者其相互之间传递诉讼文书的行为，不是刑事诉讼中的送达。

2. 送达的内容是诉讼文书。其中公安司法机关制作的诉讼文书是送达的主要内容，例如传票、通知书、起诉书、不起诉决定书、判决书、裁定书、调解书等。此外，自诉状副本、附带民事诉讼状和答辩状的副本、上诉状的副本等由当事人制作的诉讼文书，也是通过人民法院送达的。

3. 对送达的程序和方式法律有明确规定。实施送达行为，必须严格依照法律规定的程序和方式进行，否则不能产生送达的法律效力。诉讼文书的送达，是一项严肃的诉讼活动，是诉讼程序的组成部分，直接关系到整个刑事诉讼活动能否顺利进行。只有按照刑事诉讼法规定的期间和程序，将有关的诉讼文书送达收件人，才能使收件人及时了解其中的内容，按照规定参加诉讼活动，行使诉讼权利，履行诉讼义务。某些诉讼文书，只有按照法定程序送达后，才能发生法律效力。诉讼文书的送达，直接与产生一定的法律后果相联系。例如，当事人在法定期间内收到人民法院的传票，就必须按传票的要求准时出庭，反之，则有权拒绝出庭。

### 二、送达回证

送达回证，又称送达证、送达证书，是指公安司法机关制作的用以证明送达行为及其结果的诉讼文书。送达回证的内容包括：送达机关和送达文书的名称；被送达人姓名（名称）、职业、职务、住所地或者经常居住地；送达方式；送达人和被送达人签名、盖章；签收日期等。

送达回证是送达人完成送达任务的凭证，也是被送达人接收或者拒收所送达的诉讼文书的证明，同时也是检查公安司法机关是否按照法定程序和方式送达诉讼文书、认定当事人及其他诉讼参与人的诉讼行为是否有效的依据。

## 三、送达程序

根据《刑事诉讼法》第105条的规定，诉讼文书的送达应遵循下列程序：传票、通知书和其他诉讼文书的送达，应当交给收件人本人；如果本人不在，可以交给他的成年家属或者所在单位的负责人代收。收件人本人或者代收人拒绝接收或者拒绝签名、盖章的时候，送达人可以邀请他的邻居或者其他见证人到场，说明情况，把文书留在其住处，在送达证上注明拒绝的事由、送达的日期，由送达人签名，即认为已经送达。此种方式的送达被称为留置送达。但是，虽然留置送达与直接送达具有同等的法律效力，但是，并非所有的诉讼文书都可以适用留置送达，例如调解书就不宜适用。

根据最高人民法院的规定，直接送达诉讼文书有困难的，可以委托收件人所在地的人民法院代为送达，或者邮寄送达。委托送达的，应当将委托函、委托送达的诉讼文书及送达回证，寄送收件人所在地的人民法院。受委托的人民法院收到委托送达的诉讼文书，应当登记，并由专人及时送交收件人，然后将送达回证及时退回委托送达的人民法院。受委托的人民法院无法送达时，应当将不能送达的原因及时告知委托的人民法院，并将诉讼文书及送达回证退回。

邮寄送达。邮寄送达，是指公安司法机关在直接送达有困难的情况下，通过邮局将诉讼文书用挂号方式邮寄给收件人的送达方式。其程序是，公安司法机关将诉讼文书、送达回证挂号邮寄给收件人，收件人签收挂号邮寄的诉讼文书后即认为已经送达。挂号回执上注明的日期为送达的日期。

诉讼文书的收件人是军人的，可以通过所在部队团级以上单位的政治部门转交。收件人正在服刑的，可以通过所在监狱或者其他执行机关转交；收件人正在劳动教养的，可以通过劳动教养单位转交。代为转交的部门、单位收到诉讼文书后，应当立即交收件人签收，并将送达回证及时退回送达的人民法院。

送达人不按法律要求送达，致使诉讼活动不能顺利进行的，应当由送达人负责。如果已经合法送达，收件人本人不按文书的要求执行，由此产生的法律后果，应由收件人本人负责。

## 第三节　刑事诉讼的中止与终止

诉讼中止与终止是两项因非正常原因中断诉讼程序进行的事由。在刑事诉讼进行过程中，由于某些法定的特殊的原因，可以导致刑事诉讼进程暂时中断或者完全停止。其中，诉讼中止是指暂时中断诉讼程序的进行，待相关事由消失后再继续进行诉讼程序的制度安排；诉讼终止则是由于存在诉讼程序难以再继续进行的因素，而必须结束诉讼程序的制度安排。

### 一、诉讼中止

诉讼中止是指在刑事诉讼进行过程中，由于某种法定原因使得诉讼无法进行或者不宜进行，由公安、司法机关决定暂时停止诉讼程序，待中止的条件消失后再恢复诉讼进行的制度。

2012 年修改的《刑事诉讼法》增加规定了审判中止的情形，但对于侦查中止制度没有明确规定，在最高人民检察院关于刑事诉讼法的解释当中，补充规定了侦查中止的制度。《刑事诉讼法》第 200 条规定，在审判过程中，有下列情形之一，致使案件在较长时间内无法继续审理的，可以中止审理：①被告人患有严重疾病，无法出庭的；②被告人脱逃的；③自诉人患有严重疾病无法出庭，未委托诉讼代理人出庭的；④由于不能抗拒的原因。中止审理的原因消除后，应当恢复审理。中止审理的期间不计入审限。本条规定中的中止审理主要是因为被告人因病或者脱逃等人为的因素，其他不能抗拒的原因如自然灾害、社会安定的原因。

检察机关自侦案件中的侦查中止制度。侦查过程中，犯罪嫌疑人长期潜逃，采取有效追捕措施仍不能缉拿归案的，或者犯罪嫌疑人患有精神疾病及其他严重疾病不能接受讯问，丧失诉讼行为能力的，经检察长决定，中止侦查。中止侦查的理由和条件消失后，经检察长决定，应当恢复侦查。中止侦查期间，如果犯罪嫌疑人在押，对符合延长侦查羁押期限条件的，应当依法延长侦查羁押期限；对侦查羁押期限届满的，应当依法变更为取保候审或者监视居住措施。

### 二、诉讼终止

诉讼终止是指由于某种法定的特殊情况致使刑事诉讼没有必要或者不可能继续进行，从而决定结束刑事诉讼进行的制度。与诉讼中止的效力存在的明显不同是，诉讼终止的决定意味着刑事诉讼程序彻底终结，不再进行。我国《刑事诉讼法》第15条规定了法定的几种诉讼终止情形。该条规定，有下列情形之一的，不追究刑事责任，已经追究的，应当撤销案件，或者不起诉，或者终止审理，或者宣告无罪：①情节显著轻微、危害不大，不认为是犯罪的；②犯罪已过追诉时效期限的；③经特赦令免除刑罚的；④依照刑法告诉才处理的犯罪，没有告诉或者撤回告诉的；⑤犯罪嫌疑人、被告人死亡的；⑥其他法律规定免予追究刑事责任的。

上述几种情形有的是由于不作为犯罪处理从而没有必要再继续适用刑事诉讼程序进行追诉，有的是案件由于超过诉讼时效无法再继续进行，也有的情形是由于被告人死亡，追诉对象消失导致诉讼自动终止。诉讼终止根据法定情形出现的诉讼阶段，相关机关可以作出不同的处理决定，在侦查阶段的，侦查机关应当撤销案件；在审查起诉阶段的，起诉机关应作出不起诉处理，在审判阶段的，法院应当宣告终止审理，如果能够查明被告人明显无罪的，应作出宣告无罪的处理。

## ◇ 思考与练习

### 一、选择题

1. 我国《刑事诉讼法》对犯罪嫌疑人逮捕后的侦查羁押期限具有明确而具体的规定，下列关于侦查羁押期限计算的说法正确的有（　　）。

A. 侦查期间发现犯罪嫌疑人另有重要罪行的，重新计算侦查羁押期限

B. 犯罪嫌疑人不讲真实姓名，身份不明的，羁押期限可暂不计算

C. 对犯罪嫌疑人作人身伤害的医学鉴定的期间不计入侦查羁押期限

D. 对犯罪嫌疑人作精神病鉴定的时间不计入羁押期限

**【答案】** ABD

**【解析】** 参见《刑事诉讼法》第147条、第158条，注意对于鉴定的时间是否计入羁押期限，《刑事诉讼法》仅规定了精神病鉴定的期间不计入期限，其他鉴定时间都应当计入期限。

2. 我国《刑事诉讼法》规定的期间的计算单位包括（　　）。

A. 年　　　　B. 月

C. 周　　　　D. 小时

**【答案】** BD

**【解析】** 参见《刑事诉讼法》第103条。

## 二、讨论题

1. 简述留置送达。

【讨论提示】①留置送达的概念；②留置送达的法律依据；③留置送达的程序要件。

2. 简述侦查羁押期限。

【讨论提示】注意全面考虑《刑事诉讼法》第 154 ~ 158 条的各项有关期限延长的特殊规定。

3. 简述刑事诉讼中的诉讼终止。

【讨论提示】参考《刑事诉讼法》第 15 条的规定，并注意区分在不同的诉讼阶段上具体应当适用何种终止的做法。

## 三、案例分析题

某县公安机关侦查员韩某、李某在侦查一起团伙抢劫案的过程中，对犯罪嫌疑人张某刑讯逼供，直接致使张某死亡，被某县检察院依法逮捕。该检察院在侦查该案期间，发现韩某、李某还曾对证人高某使用暴力手段逼取证言，于是决定对两案合并侦查。侦查终结后，该县检察院依法向该县人民法院提起公诉。该检察院在侦查中，对两案合并侦查，如何计算韩某、李某的侦查羁押期限?

【参考答案】《刑事诉讼法》第 158 条规定，侦查期间发现犯罪嫌疑人另有重要罪行的，自发现之日起依照本法第 154 条的规定重新计算侦查羁押期限。

## ◇ 参考文献

1. 郎胜主编:《中华人民共和国刑事诉讼法释义》，法律出版社 2012 年版。

2. 廖萍蓉等:“论期间立法的不足及其完善”，载《江西科技师范学院学报》2004 年第 6 期。

3. 熊洋:“略论在途期间之立法完善”，载《河南师范大学学报》2006 年第 2 期。

# 第三编

# 分　论

# 第十一章
# 立案程序

**【导读】** 立案程序作为启动刑事诉讼的初始程序，是我国刑事诉讼中较具特色的一个程序，也是刑事诉讼程序中的一个独立阶段。1979 年制定的《刑事诉讼法》已规定了立案程序，但在举报人等的权利保护、立案监督等方面存在一定问题。1996 年修改后的《刑事诉讼法》对立案程序作了大量的修改与补充，规定了公安机关、人民检察院立案的条件、立案材料来源、审查处理、立案监督以及人民法院受理案件问题，着重解决的是立案监督等问题。立案程序对于防止职权机关滥用职权、"不破不立"，有效地保护公民的合法权益不受侵犯以及加强社会治安综合治理等均具有重要意义。

学习本章要了解立案与管辖的关系，了解立案程序在刑事诉讼程序中的地位，特别是立案程序与侦查程序的关系。

## 第一节　立案概述

### 一、立案的概念、特征和意义

（一）立案的概念、特征

刑事诉讼中的立案，是指公安机关、人民检察院、人民法院对于报案、控告、举报、自首等材料，依照管辖范围进行审查后，根据有无犯罪事实发生和应否追究刑事责任的情况，决定是否作为刑事案件进行侦查或审理的一种诉讼活动。立案作为启动刑事诉讼的法定程序，具有以下特征：

1. 立案是刑事诉讼一个独立、必经的法定程序，是启动刑事诉讼活动的标志。①立案与侦查、提起公诉、审判等诉讼阶段相并列，具有特定的诉讼任务和实现任务的特定程序和方式，诉讼主体之间形成了特定的刑事诉讼法律关系，因而具有独立性。②公、检、法等机关办理任何刑事案件都必须经过立案阶段。尽管刑事诉讼中有立案、侦查、提起公诉、审判、执行等相对独立的诉讼阶段，某些案件可能不经过其中一个或几个阶段（如自诉案件，不经过侦查、提起公诉），但是必须经过立案阶段。③从我国刑事诉讼法的结构体例上看，我国的刑事诉讼（公诉案件）职权机关在立案前虽然可以进行调果，必要时可以采取勘验、检查、查询、鉴定和询问知情人等一般调查方法，但是，公安司法机关在举报线索的初查过程中，不应采用限制被查对象人身、财产权利的措施，不得对被查对象采取强制措施，不得查封、扣押、冻结被查对象的财产。

人民检察院和公安机关对案件的侦查活动，以及人民法院对案件的审判活动，均应在立案以后进行。立案作为一个独立的诉讼阶段，其任务是审查有关检举、举报、自首的案件在事实和证据方面的情况以及管辖权的问题。经过审查，公安司法机关判明是否存在犯罪事实和是否追究刑事责任，这是公安司法机关对案件在程序上的第一次筛选。经过筛选，符合法定条件的一部分案件进入下一个程序，另一部分案件在此阶段就结束了，即不予立案。立案程序不仅提高了诉讼的效率，同时还有效维护了人民群众的合法利益。

2. 立案作为一种重要的诉讼活动，只具有程序上的意义，而不具有证明或确认犯罪的实质上的功能。立案只表明国家对有关涉嫌犯罪的事实或犯罪嫌疑人要进行专门的调查，而被立案调查的事实可能是犯罪事实，也可能经侦查和审判证明不是犯罪事实，立案程序因此而结束，如果立案机关有证据证明有犯罪事实并且需要追究刑事责任，则案件进入下一个侦查阶段或审理阶段。

（二）立案的意义

立案作为刑事诉讼的开始和必经程序，同时也是进行侦查和审判活动的依据和前提。立案在刑事诉讼中的重要意义，主要表现在以下几个方面：

1. 有利于迅速发现犯罪，准确地揭露、证实、打击、惩罚犯罪。公安司法机关一旦发现已经实施了犯罪、预备犯罪或者正在实施犯罪并需要追究刑事责任的犯罪行为，必须准确、及时地立案，迅速有效地组织力量，集中精力开展侦查或审判活动，揭露和惩罚犯罪。

2. 正确、及时立案，有利于保障公民的合法权益不受侵犯。公安司法机关通过对受案材料的审查，对判明不属于其立案受理的，应当移送有关单位或作其他不立案处理，避免对那些行为不构成犯罪，或者具有法定不追究情形的公民进行刑事追究。因此，只要立案活动在质量上把好关，刑事诉讼从一开始就能保障公民不受非法追诉，并使有罪的人依法受到追究。从刑事诉讼的第一道关口上保障公民的合法权益不受侵犯，充分体现刑事诉讼法尊重和保障人权的原则。

3. 正确、及时立案，有利于综合治理社会治安秩序，防范、打击和制止各种犯罪。通过对立案材料的审查和综合分析，能够发现和掌握各种违法犯罪行为的特点及作案手段，使立法和执法机关及时了解社会治安状况，洞悉规律，分析形势，从而制定相应的法律、法规，利用适时的对策，将打击犯罪与预防犯罪有机结合起来，搞好社会治安综合治理。

## 第二节 立案的材料来源和条件

### 一、立案的材料来源

立案必须有一定的证明刑事案件情况发生的事实材料为依据，即必须有一定的材料来源。立案材料来源，是指公安司法机关获取有关犯罪事实及犯罪嫌疑人情况的材料来源、渠道或途径。根据《刑事诉讼法》第 107、108 条的规定，立案的材料主要来源于以下三个方面：

（一）公安机关、人民检察院自行发现的犯罪事实或者犯罪嫌疑人

《刑事诉讼法》第 107 条规定："公安机关或者人民检察院发现犯罪事实或者犯罪嫌疑人，应当按照管辖范围，立案侦查。"公安机关、人民检察院在案件侦查、审查批捕或者审查起诉时发现其他的犯罪事实或者犯罪嫌疑人，经过认真审查后认为案件属于自己管辖的，应当立即立案，反之则将案件移交有关机关处理。公安机关、人民检察院通过办理案件发现其他犯罪事实或犯罪嫌疑人的案件在刑事案件中占有一定比例。公安机关作为国家治安保卫部门，在处理日常治安保卫工作中发现的犯罪事实或犯罪嫌疑人也是立案材料的重要来源。

（二）单位和个人的报案、举报和控告

单位和个人的报案、举报和控告是立案材料最主要的来源。《刑事诉讼法》第 108 条第 1、2 款规定："任何单位和个人发现有犯罪事实或者犯罪嫌疑人，有权利也有义务向公安机关、人民检察院或者人民法院报案或者举报。被害人对侵犯其人身、财产权利的犯罪事实或者犯罪嫌疑人，有权向公安机关、人民检察院或者人民法院报案或者控告。"这是刑事诉讼中依靠群众原则的具体表现，公安机关、人民检察院和人民法院只有充分的发动人民群众，依靠人民群众才能准确及时地处理案件，平息当事人之间的矛盾，有效地维护社会稳定。报案是指单位和个人以及被害人发现有犯罪事实发生，但尚不知道犯罪嫌疑人是谁而向公安机关、人民检察院或人民法院报告的行为。举报是指任何单位和个人对发现的犯罪事实和犯罪嫌疑人向公安机关、人民检察院或人民法院检举和告发。控告是指遭受犯罪行为侵害的单位或个人向公安机关、人民检察院或人民法院控诉和告发犯罪嫌疑人的有关犯罪事实，并

要求公安机关、人民检察院或人民法院追究其刑事责任的行为，对于被害人死亡或者丧失行为能力的，其法定代理人、近亲属也有权提出控告。

根据《刑事诉讼法》第108条第3款的规定，公安机关、人民检察院或者人民法院对于报案、控告、举报，都应该接受，不得相互推诿；对于不属于自己管辖的，应当移送主管机关处理，并且通知报案人、控告人、举报人；对于不属于自己管辖而又必须采取紧急措施的，应当先采取紧急措施，然后移送主管机关，以防止犯罪嫌疑人逃跑或造成更大的危害。

（三）犯罪人的自首

自首是指行为人犯罪以后自动投案，如实供述自己罪行的行为。这是公安司法机关立案材料的来源之一。自首一般是行为人未被公安司法机关讯问或采取强制措施前主动向公安机关、人民检察院或人民法院交待自己的罪行，并接受审查和裁判的行为。除此之外，根据《最高人民法院关于处理自首和立功具体应用法律若干问题的解释》的规定，犯罪嫌疑人向其所在单位、城乡基层组织或其他有关负责人投案的；犯罪嫌疑人因病、伤或者为了减轻犯罪后果，委托他人代为投案的；先以信电投案的或者正在投案途中被公安机关抓获的等，都应视为投案自首。对投案自首的犯罪嫌疑人根据刑法有关规定可以从轻或者减轻处罚，其中，犯罪较轻的，可以免除处罚。

## 二、立案的条件

立案的条件是指决定立案所必须具备的法定的基本要件，它是判明立案决定是否正确、合法的基本依据。《刑事诉讼法》第110条规定："人民法院、人民检察院或者公安机关对于报案、控告、举报和自首的材料，应当按照管辖范围，迅速进行审查，认为有犯罪事实需要追究刑事责任的时候，应当立案；认为没有犯罪事实，或者犯罪事实显著轻微，不需要追究刑事责任的时候，不予立案，并且将不立案的原因通知控告人。控告人如果不服，可以申请复议。"这一规定说明，公、检、法机关在收到立案材料后经过审查对符合条件的报案、控告、举报和自首决定立案。因此立案必须同时满足两个条件：一是公、检、法机关认为有犯罪事实；二是需要追究刑事责任。

（一）公安司法机关认为有犯罪事实

这是决定立案的事实条件。目前就立案的事实条件，普遍认为是"有犯罪事实存在"，其中较具代表性的观点认为，有犯罪事实包括两方面的含义：一是需要立案追究刑事责任的必须是依照刑法规定构成犯罪的行为，而非一般违法、违纪等行为，即立案时首先划清罪与非罪的界限；二是必须有一定的证据证明犯罪事实确已发生和存在，绝非出于司法工作人员的主观想象或猜测。我们认为这种观点过于强调案件客观事实本身而忽视了公安司法人员对客观事实的认识，这样就很难理解实践中为什么会出现冤、假、错案和对同一案件，决定立案后，经侦查又撤销案件，或决定不立案后，又发现有新事实、新证据，认为需要立案的。因此，决定立案或不立案，事实根据并不仅是有或没有犯罪事实，而且应是根据法律的规定认为有或没有犯罪事实。[1]公安司法机关认为有犯罪事实存在是建立在一定的证据基础上的，并不完全是主观猜测，但此时的证据并不要求达到充分的程度，也不要求一定要查获犯罪嫌疑人，更不要求查明全部案件的事实和情节。

（二）需要追究刑事责任

这是决定立案的法律条件。需要追究刑事责任是犯罪事实在法律上的否定性评价后果之一，只有当公安司法机关认为的这种犯罪事实根据相关法律规定确需追究行为人的刑事责任时，公安司法机关才予以立案。因此，对于法律规定不需要追究刑事责任的行为，由于缺乏立案的法律条件，公安司法机关就不能立案。根据《刑事诉讼法》第 15 条的规定，有下列情形之一的，不需要追究刑事责任：①情节显著轻微，危害不大，不认为是犯罪；②犯罪已过追诉时效期限的；③经特赦令免除刑罚的；④依照刑法告诉才处理的犯罪，没有告诉或者撤回告诉的；⑤犯罪嫌疑人或被告人死亡的；⑥其他法律规定免予追究刑事责任的。因此，具有上述情形之一的，公安司法机关应当不予立案，已经立案的，应当撤销案件。

立案是刑事诉讼的开始，公安司法机关只有严格遵守立案的法定条件，并结合司法实践经验，准确把握各自的受案范围，保证刑事诉讼活动从一开始就能正确、合法、及时地进行，才能有效地维护诉讼当事人的合法利益。

## 第三节　立案的程序

### 一、对立案材料的接受

根据《刑事诉讼法》第 108 条的规定，公安司法机关对于任何单位和个人的报案、控告或举报以及行为人的自首，无论是否属于自己管辖都应该先接受材料，而不得拒绝，对于不属于自己管辖的案件，应当移送主管机关处

---

〔1〕 王敏远：《刑事司法理论与实践检讨》，中国政法大学出版社 1999 年版，第 71 ~ 74 页。

理，对于不属于自己管辖而又必须采取紧急措施的，例如为了防止行为人逃跑、毁灭证据、自杀或继续犯罪等紧急事件的发生，公安司法机关应当先采取紧急措施，然后移送主管机关，目的是保证其后的侦查、起诉和审判程序能够正常进行。

根据《刑事诉讼法》第109条的规定，报案、控告、举报可以用书面或者口头方式提出。对以口头方式提出的报案、控告或举报，公安司法机关应当写成笔录，经宣读无误后，由报案人、控告人或举报人签名或盖章，以保证笔录内容的准确、合法。

实践中应严格区分诬告与错告。诬告是行为人故意捏造事实、伪造证据，作虚假告发，意图陷害他人，使他人受刑事追究的行为。根据我国《刑法》第243条的规定，捏造事实诬告陷害他人，意图使他人受刑事追究，情节严重的，处3年以下有期徒刑、拘役或者管制。而错告则是行为人由于认识上的错误或者因为对情况不十分了解而致使所告之事与事实有出入。因此，根据《刑事诉讼法》第109条第2款的规定，接受控告、举报的工作人员，应当向控告人、举报人说明诬告应负的法律责任。但是，只要不是捏造事实，伪造证据，即使控告、举报的事实有出入，甚至是错告的，也要和诬告严格加以区别。《刑事诉讼法》这样规定，一方面解除了报案人、控告人和举报人的思想顾虑，鼓励他们一旦发现有任何违法犯罪行为，应积极主动向公安司法机关报告，另一方面也警告那些企图利用虚假告发，意图陷害他人的不法分子其行为的违法性。

为了保护公民同违法犯罪斗争的积极性，《刑事诉讼法》第109条第3款规定，公安机关、人民检察院或者人民法院应当保障报案人、控告人、举报人及其近亲属的安全。报案人、控告人、举报人如果不愿公开自己的姓名和报案、控告、举报的行为，应当为他们保守秘密。根据这一规定，报案人、控告人和举报人不仅有权要求公安司法机关为其报案、控告和举报行为保守秘密，同时为了防止因报案、控告和举报遭受打击报复或威胁，而要求保障其与近亲属的人身和财产安全。

### 二、对立案材料的审查

对立案材料的审查，是指公安司法机关对接受的案件材料依法进行调查，并按照管辖范围进行核实，以决定是否应当立案的活动。立案作为独立的诉讼程序，立案质量的好坏直接关系后续追诉活动的正确、有效的开展和避免无罪的人受到非法追诉，因此，根据《刑事诉讼法》第110条的规定，人民法院、人民检察院或者公安机关对于报案、控告、举报和自首的材料，应当按照管辖范围，迅速进行审查，以认定是否有犯罪事实发生，是否需要追究刑事责任，从而决定是否应当立案。公安司法机关对立案材料进行审查时，可以要求报案、控告、举报的单位和个人提供补充材料，或者要求他们作补充说明，也可以进行必要的调查。

审查是决定立案的关键环节。立案程序中最大量、最主要的工作就是对立案材料的审查，审查材料的过程就是确认有关犯罪事实和分析判断该犯罪事实是否达到需要追究刑事责任的程度。因此，立案与否取决于对立案材料审查的结果。根据实践中的问题，公安机关对立案审查的内容、方式、期限等又作出了进一步的规定：

（一）审查的内容

接受案件或者发现犯罪线索后，应当立即审查以下内容：①是否有犯罪事实。具体指是否发生了犯罪事实，应当依据现有证据，对于证据尚不充足，不能确定是否发生了犯罪事实，应当先进行初查，不宜径行认定没有犯罪事实。②是否达到刑事案件立案标准。目前，公安部单独或与有关司法机关共同制定了部分刑事案件的立案标准。对于没有立案标准的，可以参照相关司法解释规定的最低起刑点确定立案标准。没有相关司法解释的，可以综合有关情况，并与人民检察院、人民法院协商后确定。③是否符合案件管辖规定，即是否属于本机关管辖。

（二）审查的方式

由于《刑事诉讼法》中对立案审查的方式没有作出明确规定，在立案审查过程中，时常发生使用强制措施或强制性措施进行审查的现象，这种做法极易侵犯公民的合法权益。为此，公安机关、检察机关对初查作出了规定。公安机关、检察机关对案件事实或者线索不明，应当进行初查的，经办案部门负责人在《接受刑事案件登记表》或者其他文书上批示同意，可以采取询问、查询、勘验、鉴定、调取证据材料等不限制被查对象人身、财产权利的措施。

初查主要包括三个方面的内容：①初查的条件。只要案件事实或者线索不明，判断可能发生了刑事案件的，即应进行初查。②初查的批准程序。初查应经办案部门负责人批准，民警个人无权决定初查。③初查的方式。由于尚未立案，初查只能采取不限制被查人人身自由、财产权利的方法。初查不是立案的必经程序，只是根据案情，认为需要初查的，才进行初查。

（三）审查的期限

公安机关初查的审查期限为：①对行政执法机关移送的案件，自接受案件之日起3日内，依法审查并作出是否立案的决定。②接受涉嫌经济犯罪线索的报案、控告、举报、自首后，应当在7日内进行审查，并决定是否立案；重大、复杂线索，经县级以上公安机关负责人批准，立案审查期限可延长至30日；特别重大、复杂线索，经地（市）级以上公安机关负责人批准，立案审查期限可延长至60日。③对危害国家安全和社会政治稳定，需要建立专案开展侦查的案件，立案审查期限按照专案侦查的有关规定执行。④上级公安机关指定管辖或者书面通知立案的，应当在指定期限内立案侦查。⑤对接受的其他案件，应当及时进行审查，作出是否立案的决定。报案、控告、举报人在立案审查期间查询立案情况的，应当及时回复。

对其他案件，公安机关应当本着及时原则，不得久拖不决，更不能互相推诿扯皮。对报案人、控告人、举报人在立案审查期间查询案件情况的，无论审查结果如何，都应当及时回复，以保护当事人的知情权，避免发生纠纷。

（四）对来源不明、匿名举报材料的审查

司法实践中有时遇到来源不明、匿名举报犯罪事实的材料，对于这种材料可否直接立案？根据《刑事诉讼法》的有关规定，对于上述情况，不可直接立案，必须经过审查。在审查中，如果发现情况可疑，确有侦查的必要，即使不知举报人是谁，材料从何而来，也可以立案。但是如果经过审查，不符合立案的条件，即使搞清了材料的来源，也不能立案。

### 三、对立案材料审查后的处理

根据审查的情况，公安机关、人民检察院和人民法院应当分别提出立案、不立案决定的意见，并报本机关有关主管负责人审查批准。

（一）决定立案

1. 公安机关的立案程序。①呈批。对符合立案条件的，办案部门应当制作《呈请立案报告书》，连同《接受刑事案件登记表》等受案材料，报县级以上公安机关负责人批准。②决定。县级以上公安机关负责人批准立案的，办案部门制作《立案决定书》。县级以上公安机关负责人直接在《接受刑事案件登记表》或者其他文书上批示立案侦查的，不再制作《呈请立案报告书》，直接制作《立案决定书》。③通知。对有报案人、控告人、举报人、扭送人的，应当告知立案情况，但案件涉及国家秘密、共同犯罪、集团犯罪、黑社会性质组织犯罪等情况需要保密时，可视情不予告知。告知和不予告知情况，应当在《立案决定书》中注明。对行政执法机关移送的案件，依法决定立案后，书面通知移送案件的行政执法机关。

2. 检察机关的立案程序。人民检察院对自行侦查的案件经过审查后，同样应当填写《刑事案件立案报告书》，连同有关证据材料，报请主管检察长批准后，予以立案，并应当及时报上级人民检察院备案。

3. 人民法院的立案程序。人民法院直接受理的自诉案件，一般由人民法院告申庭的工作人员填写《立案审批表》，经本庭负责人批准后，移送刑事审判庭进行审理。

（二）不予立案

公检法三机关对报案等材料经过审查后，认为没有犯罪事实，或者犯罪情节显著轻微不需要追究刑事责任，不符合立案条件的案件，应经本机关领导批准，不予立案。承办人员应制作《不予立案通知书》。

在实践中，不予立案的程序包括三个方面的内容：①呈批。对不予立案的，办案部门应当制作《呈请不予立案报告书》，连同《接受刑事案件登记表》等受案材料，报县级以上公安机关负责人批准。②决定。县级以上公安机关负责人批准不予立案的，对于有控告人的案件，制作《不予立案通知书》。县级以上公安机关负责人直接在《接受刑事案件登记表》或者其他文书上批示不予立案的，不再制作《呈请不予立案报告书》，对于有控告人的案件，直接制作《不予立案通知书》。③通知。将《不予立案通知书》在7日内送达控告人。对报案人、举报人、扭送人，及时告知不予立案的决定。对行政执法机关移送的案件，应当在接受案件之日起3日内，将《不予立案通知书》送达移送案件的行政执法机关，退回相应案卷材料。

根据《刑事诉讼法》的规定，如果案件材料来源于控告人提出的控告，公安机关决定不予立案的，还应当制作《不予立案通知书》，在7日内送达控告人。控告人对于公安机关不立案决定不服的，在收到《不予立案通知书》后7日内，有权向原作出决定的公安机关申请复议，接受复议的机关应当在收到复议申请后10日内作出决定，并将复议结果书面通知控告人。控告人如果对复议结果不服的，还有权向人民检察院提出申诉，请求人民检察院依立案监督程序要求立案。

对于那些虽然不具备立案条件，但是需要其他部门给予一定处分的，应当将报案、控告或举报材料移送主管部门处理，并通知控告人。

## 第四节 立案监督

### 一、立案监督的概念、意义

立案监督，是指人民检察院依法对公安机关的立案活动是否合法进行监督。

人民检察院对刑事诉讼实行法律监督，是我国刑事诉讼的一项基本原则。由于立案是刑事诉讼程序中的独立阶段，因而对立案活动实行监督就是人民检察院法律监督的重要内容。在司法实践中，存在着较为严重的“有案不立”、“以罚代刑”“以破代立”等应该立案而不予立案的问题。这些问题的存在，不仅有碍法律的正确实施，损害了法律的权威和尊严，而且造成了对犯罪的打击不力、被害人合法权益得不到保障的现象。而加强人民检察院对公安机关的立案监督，有利于打击和惩罚犯罪，防止犯罪分子逍遥法外，逃避法律的制裁，维护国家和人民的利益，保证国家法律的统一、正确实施。

## 二、立案监督的途径

立案标志着刑事追诉的开始，其后将依法开展侦查、起诉、审判等一系列诉讼活动。因此，立案是一项严肃的诉讼行为。除了《刑事诉讼法》第15条规定的六种情形之外，凡是已经发生了犯罪事实，需要追究刑事责任的，都必须依据刑事诉讼法的规定进行立案。但是，由于某些原因，在实践中存在应当立案而不立案的现象，致使某些犯罪分子逍遥法外，被害人权益得不到及时保障。为了防止此类现象的发生，刑事诉讼法授权人民检察院对公安机关的立案实施法律监督。同时，授权被害人在特殊情况下可以直接向人民法院提起自诉，启动私利救济。从目前我国法律的有关规定看，立案监督的途径主要有以下几种：

### （一）控告人的复议

控告人对不予立案决定不服，向原决定的公安机关申请复议的，原决定的公安机关应当在收到复议申请后10日内作出决定，制作《复议决定书》并送达控告人。

### （二）移送案件的行政执法机关复议

移送案件的行政执法机关认为公安机关应当依法决定立案，提请作出不予立案决定的公安机关复议的，作出不予立案决定的公安机关应当自接到行政执法机关提请复议的文件之日起3日内作出立案或者不予立案的决定，制作《复议决定书》并送达移送案件的行政执法机关。

### （三）人民检察院对公安机关违法立案和有案不立的监督

检察机关依法对违法立案和有案不立进行监督，有利于确保依法准确打击犯罪，维护公民、法人和其他组织的合法权益，维护社会公平正义，促进社会和谐稳定。

1. 立案监督的投诉机制。①投诉线索来源。被害人及其法定代理人、近亲属或者行政执法机关，认为公安机关对其控告或者移送的案件应当立案侦查而不立案侦查，向检察机关提出的，检察机关应当受理并进行审查。同时，检察机关通过查阅刑事案件信息等，发现公安机关可能存在应当立案侦查而不立案侦查情形的，也应当依法进行审查。②对该立不立的投诉的处理方式。一是不符合刑事诉讼法规定的立案条件的，应当及时回复投诉人或者行政执法机关，而不再要求公安机关说明不立案理由；二是不属于被投诉的公安机关管辖的案件，应当告知投诉人具有管辖权的机关，并建议向该机关控告或者移送；三是公安机关尚未作出不立案决定的，由于被监督的事由尚未发生，不能启动立案监督程序，应当将投诉移送公安机关处理；四是经审查，认为有犯罪事实需要追究刑事责任，属于被投诉的公安机关管辖，且公安机关已作出不立案决定，符合立案监督条件的案件，经检察长批准，应当要求公安机关书面说明不立案理由。

2. 违法立案和有案不立的监督。①“违法立案”，是指立案机关违反法律规定，对不应当立案案件予以立案的情形。检察机关对投诉进行审查后，有证据证明公安机关可能存在违法动用刑事手段插手民事、经济纠纷，或者办案人员利用立案实施报复陷害、敲诈勒索以及谋取其他非法利益等违法立案情形，且已采取刑事拘留等强制措施或者搜查、扣押、冻结等强制性侦查措施，尚未提请批准逮捕或者移送审查起诉的，经检察长批准，应当要求公安机关书面说明立案理由。②人民检察院对公安机关有案不立的监督。《刑事诉讼法》第111条规定：“人民检察院认为公安机关对应当立案侦查的案件而不立案侦查的，或者被害人认为公安机关对应当立案侦查的案件而不立案侦查，向人民检察院提出的，人民检察院应当要求公安机关说明不立案的理由。人民检察院认为公安机关不立案理由不能成立的，应当通知公安机关立案，公安机关接到通知后应当立案。”

人民检察院对公安机关的立案监督分两步进行：第一步，要求说明不立案的理由。当人民检察院发现公安机关应当立案而不立案时，首先是要求公安机关说明不立案的理由。公安机关在接到人民检察院要求说明不立案理由的通知后，应当在7日内制作《不立案理由说明书》，经县级以上公安机关负责人批准后，通知人民检察院。第二步，通知立案。人民检察院如果认为公安机关不立案的理由不能成立时，即应通知公安机关立案。通知立案是法律监督的具体体现，具有严肃的法律效力。公安机关在接到人民检察院的立案通知后，不得再以任何理由不予理睬，而应当在15日内决定立案，并将立案决定通知人民检察院。

检察机关在立案监督中，发现侦查人员涉嫌徇私舞弊等违法违规行为的，应移交有关部门处理；涉嫌职务犯罪的，依法立案侦查，从而形成刑事立案监督的合力。

（四）被害人向人民法院直接起诉

根据《刑事诉讼法》第204条第3项的规定，对于被害人有证据证明对被告人侵犯自己人身、财产权利的行为应当依法追究刑事责任，而公安机关或者人民检察院不予追究被告人刑事责任的案件，可以由被害人直接向人民法院提起自诉。如果被害人已经死亡或丧失行为能力，则被害人的法定代理人、近亲属也有权向人民法院直接起诉。

对公安机关的立案行为加强法律监督，是人民检察院享有的法律监督职能的重要体现。是否立案是法定要求，是国家权力的具体体现，而不是个人权利的选择。立案监督主体是人民检察院和被害人。监督方式：一是人民检察院要求公安机关说明不立案的理由，如果认为其理由不能成立的，通知其立案；二是授权被害人在特殊情况下可以直接向人民法院提起自诉。

## ◇ 思考与练习

### 一、选择题

1. 蔡某到某一居民小区盗窃后心生悔意，于是，蔡某向当地人民法院自首，人民法院应当（　　）。

A. 决定立案

B. 不予受理

C. 立即移送公安机关

D. 先采取紧急措施，然后移送公安机关

**【答案】** D

**【解析】** 本题主要测试人民法院、人民检察院、公安机关对立案材料的审查和处理的方法。根据《刑事诉讼法》第108条第3款的规定，公安机关、人民检察院或者人民法院对于报案、控告、举报，都应当接受。对于不属于自己管辖的，应当移送主管机关处理，并且通知报案人、控告人、举报人；对于不属于自己管辖而又必须采取紧急措施的，应当先采取紧急措施，然后移送主管机关。犯罪人向公安机关、人民检察院或者人民法院自首的，适用该款规定。

2. 不予立案的条件是（　　）。

A. 没有犯罪事实　　B. 犯罪已过追诉时效期限

C. 不需要追究刑事责任　　D. 犯罪嫌疑人未被抓获

【答案】C

【解析】本题主要测试立案的条件。根据《刑事诉讼法》第 110 条的规定，人民法院、人民检察院或者公安机关对于报案、控告、举报和自首的材料，应当按照管辖范围，迅速进行审查，认为有犯罪事实需要追究刑事责任的时候，应当立案；认为没有犯罪事实，或者犯罪事实显著轻微，不需要追究刑事责任的时候，不予立案，并且将不立案的原因通知控告人。

## 二、讨论题

1. 对公安机关不立案的案件，被害人有哪些救济途径？

【讨论提示】①向人民检察院提出；②被害人有证据证明对被告人侵犯自己人身权利、财产权利的行为应当依法追究刑事责任，而公安机关或者人民检察院不予追究被告人刑事责任的案件，被害人可以直接向人民法院起诉。

2. 立案在刑事诉讼程序中的地位和意义如何？

【讨论提示】立案在刑事诉讼中具有独立的诉讼地位，是刑事案件的必经程序，其意义有：①有利于公安司法机关及时揭露和惩罚犯罪；②保护公民合法权利不受侵犯，保障无罪的人不受非法追诉；③增强办案人员的责任感；④是正确决策的重要依据。

## 三、案例分析题

戴某（男）、蔡某（男）本是同公司员工，因单位年轻人较少，两人兴趣爱好相近，遂成为好友。后来因为同时喜欢上曾某而反目。一日，二人因故争吵，随即大打出手。戴某身强体壮，用木棍、砖块等将蔡某砸伤，蔡某因呼吸困难被人送入医院，经医生诊断为多根肋骨骨折。蔡某遂请求公安机关追究戴某刑事责任。公安机关认为这是斗殴事件，情节轻微，不构成犯罪，不予立案。蔡某不服，向县人民法院提起自诉。法院于同年 7 月作出一审判决，以故意伤害罪判处被告人有期徒刑 1 年，缓刑 2 年，赔偿医药费和支付护理费共 3000 元。

问：公安机关不予立案的理由是否正确？为什么？蔡某除了提起自诉外，还有什么其他的救济途径？

【参考答案】本案符合立案的条件，公安机关应当立案。根据《刑事诉讼法》第 111 条规定，对于公安机关不予立案的决定，蔡某可以向人民检察院提出主张，人民检察院如果认为公安机关不立案的理由不成立的，应当通知公安机关立案，公安机关接到通知后应当立案。

## ◆ 参考文献


1. 刘根菊:《刑事立案论》,中国政法大学出版社 1994 年版。

2. 王敏远:《刑事司法理论与实践检讨》,中国政法大学出版社 1999 年版。

3. 陈光中主编:《中华人民共和国刑事诉讼法再修改专家建议稿与论证》,中国法制出版社 2006 年版。

4. 武延平、刘根菊等编:《刑事诉讼法学参考资料汇编》,北京大学出版社 2005 年版。

5. 刘瑞榕、刘方权:"刑事诉讼程序启动研究—对我国现行立案制度的质疑",载《中国刑事法杂志》2002 年第 1 期。

6. 吕萍:"刑事立案程序的独立性质疑",载《法学研究》2002 年第 3 期。

# 第十二章
# 侦查程序

**【导读】** 侦查是指在刑事诉讼中侦查机关为发现案件事实、收集相应证据、查获犯罪嫌疑人等而为的行为。侦查职能在刑事诉讼历史的早期是与司法审判活动合二为一的，这种状况存在于奴隶社会和封建社会，直到20世纪初，晚清政府以及北洋政府开始参照西方国家的警察建制设立专业化的警察队伍，负责对犯罪案件的侦查活动，侦查职能开始逐步走向独立。在抗日战争以及解放战争时期，中国共产党领导的革命政权开始在各级政权机构当中建立承担侦查职能的公安机关，并为建国后侦查机关以及刑事侦查程序的设置奠定了基础。

1979年《刑事诉讼法》以法律的形式肯定了由公安机关负责刑事案件的侦查，并初步确立了侦查制度的大致格局，作了基础性规定。1996年《刑事诉讼法》修改在“侦查”一章的条文由原有的33个条文增加到46个条文，更重要的是，法律修改的主要旨意为进一步限制侦查权的滥用、规范侦查活动进行，增强犯罪嫌疑人权利的保障特别是辩护权的行使。2012年修改的《刑事诉讼法》又将“侦查”一章的条文增加到54个，其内容不仅涉及到各项侦查行为，还新设了技术侦查措施作为单独的一节，这对于完善侦查行为，提高打击犯罪的能力，加强对侦查权的监督与制约具有特别重要的意义。

本章包括侦查概述、侦查行为、侦查终结与补充侦查以及自侦案件的侦查程序等。其中，有关侦查行为的程序规则以及侦查终结与补充侦查是重点内容。在学习本章时，应注意与前述刑事诉讼法的基本原则、管辖与立案、辩护、强制措施、证据等内容的联系与衔接。由于律师作为辩护人在侦查程序中与辩护以及强制措施、审查起诉等章的内容的相关性，本书将其放入辩护、强制措施、起诉程序等相关章节中介绍，而在本章中省略了上述内容。

## 第一节　侦查程序概述

### 一、侦查的概念与特征

《刑事诉讼法》第106条第1项将“侦查”界定为：“公安机关、人民检察院在办理案件过程中，依照法律进行的专门调查工作和有关的强制性措施”。理解这一法定概念至少需要明确侦查主体、侦查的作用以及侦查的内容等构成要件。

公安机关、人民检察院是侦查活动的主要主体，分别负责侦查各自管辖的案件。1996 年《刑事诉讼法》修改时将检察机关负责侦查的案件单列为一节加以专门规定，在前述“管辖”一章已经对检察机关自侦案件的范围作过介绍，在此不再赘述。根据我国《刑事诉讼法》第 4、290 条的规定，国家安全机关负责侦查危害国家安全的案件；军队保卫部门负责侦查军队内部发生的案件；监狱部门负责侦查罪犯在监狱内的犯罪。《刑事诉讼法》将侦查权赋予了特定的上述国家机关行使，其他任何机关与个人不得行使侦查权，这也被称之为侦查主体的法定性，即侦查活动由于涉及到限制公民权利与自由的重大事项，因此只能由法定的侦查机关行使。

关于侦查的主要任务，《刑事诉讼法》第 113 条规定：“公安机关对已经立案的刑事案件，应当进行侦查，收集、调取犯罪嫌疑人有罪或者无罪、罪轻或者罪重的证据材料。对现行犯或者重大嫌疑分子可以依法先行拘留，对符合逮捕条件的犯罪嫌疑人，应当依法逮捕。”简而言之，侦查的任务或者主要目标应当有二，收集证据与查获、控制犯罪嫌疑人，而这两项任务正是后续刑事起诉、审判程序得以继续进行的基本前提。

《刑事诉讼法》第 106 条第 1 项规定了两项内容，“专门调查工作”与“强制性措施”。通常认为，“专门调查工作”是指讯问犯罪嫌疑人、询问证人、勘验、检查、搜查、扣押物证、书证、鉴定、通缉等活动。“强制性措施”是指侦查机关为收集证据、查明犯罪事实和查获犯罪人而采取的限制、剥夺人身自由或者对人身、财产进行强制处理的措施，如拘传、取保候审、监视居住、拘留、逮捕五种限制或者剥夺人身自由的措施，通缉在逃的犯罪嫌疑人，以及搜查、扣押、冻结作为证据的财物、文件等。[1]

综上所述，我们可以将“侦查”的概念界定为，为了搜集犯罪证据、查获犯罪嫌疑人，由法定侦查主体依法实施的专门调查工作和采取的有关强制性措施。同时这一界定也表明了侦查的两个基本特征：一是主体的法定性，即只有法律授权的国家机关有权进行侦查活动。这一特征表明了侦查权具有鲜明的国家权力色彩，是国家垄断刑事案件追诉权之后所必然承担的职责。二是内容的特定性，即侦查活动的内容限于“专门调查工作”与“强制性措

---

〔1〕 郎胜主编：《中华人民共和国刑事诉讼法释义》，法律出版社 2012 年版，第 251 页。

施”。

## 二、侦查的地位与意义

侦查活动是刑事案件立案后的第一个诉讼阶段，其在整个刑事程序中的地位集中表现为两个方面：①侦查活动或者说侦查程序是整个刑事程序的基础，刑事案件不同于民事案件的重要一点在于由于犯罪人的极力掩瞒，加之对犯罪追诉的极力逃避与阻挠，犯罪事实的追查以及犯罪证据的收集困难重重，而犯罪事实的查清与犯罪证据的搜集是刑事起诉与审判开始的前提。刑事案件的上述自身特点天然要求应当具备一个专门用于查明案件事实、搜集犯罪证据的准备阶段。在侦查阶段搜集的犯罪证据基本上奠定了整个刑事案件的走向，当然反之亦然，古今中外的历史经验已经反复证明，错案的形成大多是来自于侦查阶段的错误。②侦查阶段具有明显的准备性质，突出表现在侦查活动的地位具有为起诉、审判准备证据条件、被追诉人条件的特点。整个侦查活动的进行通过收集犯罪证据、确定并控制犯罪嫌疑人将其交付起诉和审判，后续的刑事程序才能得以顺利进行，同时侦查活动自身并非刑事追诉进行的终极目的，而将被追诉人起诉到法庭接受公正的审判、给予确定的判决才是整个刑事程序的最终目标。从这个意义上讲，侦查活动或者侦查程序从地位上又可以被视为起诉、审判程序的准备阶段。

侦查的意义是与侦查的功用以及地位紧密相关的一个范畴，通常认为侦查的意义包括三个方面：①侦查是提起公诉和审判的基础与前提；②侦查是同犯罪作斗争的重要手段；③侦查是预防犯罪、加强社会治安综合治理的重要途径。

## 三、侦查工作的原则

侦查工作的原则是指侦查活动进行中，侦查机关应当遵循的基本方针，其作用既体现为可以为整个侦查活动的开展指导方向，也可以在法律规定不明确的情形下指导侦查机关正确理解法律、执行法律，促进侦查活动合法、高效地进行。在侦查实践中，实践部门以及学术界将侦查工作的原则概括如下：

### （一）法制原则

法制原则是指侦查机关在开展侦查活动过程中，应当严格遵守法定的条件与程序。《刑事诉讼法》第 3 条规定的“人民法院、人民检察院和公安机关进行刑事诉讼，必须严格遵守本法和其他法律的有关规定”是该原则的直接体现。法制原则可以看作是法治理念、宪法性原则在刑事诉讼以及侦查程序中的具体体现，其核心的旨意在于要求侦查机关所行使的公权力必须限制在法律的范围内，在刑事程序法领域内，侦查活动首先应当遵循法律程序的明确要求，违反法律程序的侦查行为应当得到纠正与惩罚。《刑事诉讼法》以及相关司法解释、部门规章中的程序性规定并不是缺乏内容的步骤性规定，而是限制公权力包括侦查权滥用、保护公民权利的重要载体，违反程序性规定，不仅是违反某些程序步骤，而是对法律尊严、法治理念的藐视，是对公民程序性权利的减损与限制，理应受到严格的禁止与相应的处罚。

（二）迅速、及时原则

《刑事诉讼法》第2条规定刑事诉讼法的任务之一为“保证准确、及时地查明犯罪事实”。这说明迅速、及时原则是整个刑事诉讼以及侦查活动的重要指导原则。①侦查活动的特殊性要求将迅速、及时原则作为重要的一项工作原则，因为通常情况下，刑事案件发生后，由于作案人主观以及案件客观的原因，证据极易发生变化，如犯罪嫌疑人可能毁坏物证、教唆他人改变证言；相关的物证痕迹可能随着时间的流逝而难以提取甚至消失；相关证人的记忆随着发案时间的延长可能变得模糊不清等。在上述情形下，从侦查有效性的角度要求侦查机关应当在案发后迅速、及时地开展侦查。②侦查工作遵循迅速及时原则，也是保护公民权益的必然要求。侦查过程中，侦查权的行使必然涉及限制犯罪嫌疑人以及相关公众的权利，甚至多数情况下还涉及对犯罪嫌疑人的人身自由的控制，在这种情形下要求侦查机关迅速、及时地侦破案件也就意味着减少对公民权利限制的时间，体现对公民权利的尊重。③刑事案件的发生对整个社会秩序的稳定必然产生一种威胁效应，迅速、及时地侦破案件将有助于快速恢复社会秩序，减少社会恐慌与不稳定因素，因此迅速、及时的侦查工作原则对维护整个社会秩序的稳定也具有积极的效应。

（三）客观、全面原则

《刑事诉讼法》第113条规定：“公安机关对已经立案的刑事案件，应当进行侦查，收集、调取犯罪嫌疑人有罪或者无罪、罪轻或者罪重的证据材料。”该法第50条规定，侦查人员必须依照法定程序，收集能够证实犯罪嫌疑人、被告人有罪或者无罪、犯罪情节轻重的各种证据。上述规定为侦查工作中须坚持客观、全面原则的法律依据。客观、全面原则是指侦查机关在实施侦查活动时，应当依照法律的规定，准确查明客观存在的案件事实，全面收集能够证明案件真实情况的一切证据，在收集证据时应当注意全面性，不能先入为主、主观臆断地单纯收集有罪、罪重证据，还要本着追求司法公正的使命，认真听取辩方意见以及犯罪嫌疑人的辩解，认真核实无罪、罪轻的情节与证据，防止由于单纯收集有罪证据，忽略无罪证据或无罪、罪轻线索而导致的冤假错案。

（四）保守秘密原则

保守秘密原则是指在侦查过程中，侦查机关不得将案情、证据、当事人以及诉讼参与人的有关情况向无关人员泄漏。将保守秘密原则作为侦查工作原则的主要目的有二：一是基于侦查有效性的角度考虑，由于侦查阶段，案件的证据并未完全固定，犯罪嫌疑人往往在逃，在此阶段如将案情、证据收集情况、侦查进展、侦查手段等情况泄漏，往往会打草惊蛇，使案件侦破发生变化；二是基于人权保障的考虑，避免过度公开案情，有助于犯罪嫌疑人在无罪推定下的权益保护、名誉维护，也有利于保护举报人、线人、卧底警员、证人等有关人员的人身、财产安全免遭威胁与损害。

在侦查实践中遵循这一原则应当注意与保障诉讼参与人知悉权区别开来，保守秘密原则仅仅是要求对“无关人员保密”，对于犯罪嫌疑人及其辩护律师而言，其有权尽早知悉案件的证据以及相应程序处理决定，从而才能有效地开展辩护，对辩方知悉权的保护是辩方获取公正审判权的必然要求，保守秘密原则应当适时、适度地注意与知悉权的保护进行协调，避免以侦查保密为由将侦查中的所有事项对所有人加以保密的做法。

## 第二节 侦查行为

侦查行为是指侦查机关在办理案件的过程中，依照法律进行的各种专门调查活动，根据《刑事诉讼法》第二编第二章第二至九节之规定，侦查行为包括九种，依次为：①讯问犯罪嫌疑人；②询问证人、被害人；③勘验、检查（含侦查实验）；④搜查；⑤查封、扣押物证、书证（含查询与冻结）；⑥鉴定；⑦技术侦查措施（含各种秘密侦查措施）；⑧辨认；⑨通缉。上述侦查行为从功用的角度来看，既包括搜集实物证据与言词证据的手段，也包括追捕犯罪嫌疑人或确认犯罪嫌疑人身份的措施。根据其适用对象的不同，又可以区分为对物的侦查行为与对人的侦查行为两大类。根据是否为侦查相对人所知悉，区分为公开的侦查行为与秘密侦查行为，上述九种侦查行为中除第七种之外均为公开的侦查行为，而技术侦查措施（监听、窃听、密搜等）和卧底侦查、特情侦查（线人）以及诱惑侦查、控制下交付等均属于秘密侦查措施，这些秘密侦查手段在2012年修改的《刑事诉讼法》中作为侦查章的单独一节予以了规定。

## 一、讯问犯罪嫌疑人

### （一）讯问犯罪嫌疑人的概念与意义

讯问犯罪嫌疑人是指侦查人员依照法定程序以言词方式向犯罪嫌疑人查问案件事实和其他与案件有关问题的一种侦查活动。

讯问犯罪嫌疑人是公诉案件侦查工作中的必经程序，其意义有二：一是讯问犯罪嫌疑人有无犯罪行为，查明犯罪的具体情节、证实犯罪事实，发现新的犯罪线索和新的犯罪嫌疑人。二是可以为犯罪嫌疑人如实供述罪行或充分行使辩护权提供机会，使侦查机关通过听取犯罪嫌疑人陈述和申辩，在保护犯罪嫌疑人合法权益的同时，保障无罪的人和其他依法不应追究刑事责任的人免受刑事追诉。

### （二）讯问犯罪嫌疑人的规则要求

根据《刑事诉讼法》以及《规定》的要求，讯问犯罪嫌疑人应当严格遵守下列程序规则：

1. 讯问的主体。根据《刑事诉讼法》第116条的规定，讯问犯罪嫌疑人必须由人民检察院或者公安机关侦查人员负责进行，且讯问的时候，侦查人员不得少于2人。该条规定对讯问主体提出了两方面的要求，一是讯问主体只能是侦查机关的侦查员，其他国家机关、个人无权实施此项侦查行为；二是为了保证侦查机关依法进行讯问工作，加强侦查人员在讯问过程中的相互监督和相互配合，保证讯问质量，提高讯问效率，防止违法乱纪、非法讯问，以及保障侦查人员的人身安全，防止意外事件发生，讯问时必须有2名侦查人员在场讯问。

讯问同案的犯罪嫌疑人，应当个别进行，这一规定主要是为了防止同案犯串供或者相互影响。

2. 讯问的地点。根据犯罪嫌疑人是否被拘留或者逮捕的不同，讯问地点的规则也存在差异。对于未被拘留或逮捕的犯罪嫌疑人，《刑事诉讼法》第117条规定："对不需要逮捕、拘留的犯罪嫌疑人，可以传唤到犯罪嫌疑人所在市、县内的指定地点或者到他的住处进行讯问，但是应当出示人民检察院或者公安机关的证明文件。对在现场发现的犯罪嫌疑人，经出示工作证件，可以口头传唤，但应当在讯问笔录中注明。传唤、拘传持续的时间不得超过12小时；案情特别重大、复杂，需要采取拘留、逮捕措施的，传唤、拘传持续的时间不得超过24小时。不得以连续传唤、拘传的形式变相拘禁犯罪嫌疑人。传唤、拘传犯罪嫌疑人，应当保证犯罪嫌疑人的饮食和必要的休息时间。"

传唤犯罪嫌疑人时应当经县级以上公安机关负责人批准，并当场出示《传唤通知书》和侦查人员的工作证件，并责令其在《传唤通知书》上签名（盖章）、捺指印。犯罪嫌疑人到案后，应当由其在《传唤通知书》上填写到案时间。讯问结束时，应当由其在《传唤通知书》上填写讯问结束时间。拒绝填写的，侦查人员应当在《传唤通知书》上注明。同时为了防止侦查机关以连续传唤、拘传的形式变相拘禁犯罪嫌疑人。侦查机关需要对被传唤人采取强制措施的，应当在传唤期间内作出批准或者不批准的决定；对于不批准的，应当立即结束传唤。

为进一步从制度上遏制刑讯逼供，《刑事诉讼法》要求对于已被拘留的犯罪嫌疑人必须在拘留后立即送看守所羁押，至迟不得超过24小时，在犯罪嫌疑人被送交看守所后，侦查人员对其讯问只能在看守所内进行。在讯问过程中，如果发现犯罪嫌疑人有不应当拘留、逮捕的情况时，为及时纠正错拘错捕行为，保护公民的合法权益，应当立即释放犯罪嫌疑人，并发给释放证明。如果需要逮捕而证据还不充足，可以取保候审或者监视居住。

3. 讯问的内容。《刑事诉讼法》第118条规定，侦查人员在讯问犯罪嫌疑人的时候，应当首先讯问犯罪嫌疑人是否有犯罪行为，让他陈述有罪的情节或者无罪的辩解，然后向他提出问题。本条规定主要是考虑到处于侦查阶段的犯罪嫌疑人是否有罪，尚处在不确定状态，需要经过进一步的侦查，才能证实。为了防止侦查人员主观片面、先入为主，保证讯问工作的客观、公正性，法律要求侦查人员在讯问犯罪嫌疑人时，应首先讯问他是否有犯罪行为。如果犯罪嫌疑人承认有犯罪行为，即让其陈述有罪的情节；如果犯罪嫌疑人否认有犯罪事实，则让其作无罪的辩解，然后就其供述或辩解中与认定案件事实有关，影响对其定罪量刑的问题向其提问。

《刑事诉讼法》第118条同时规定，犯罪嫌疑人对侦查人员的提问，应当如实回答。但是对与本案无关的问题，有拒绝回答的权利。侦查人员在讯问犯罪嫌疑人的时候，应当告知犯罪嫌疑人如实供述自己罪行可以从宽处理的法律规定。该规定表明我国法律没有赋予犯罪嫌疑人沉默权，但根据《刑事诉讼法》第50条的规定，不得强迫任何人证实自己有罪。反对强迫自证其罪原则写入《刑事诉讼法》直接影响到如何理解“应当如实回答”的规定。根据反对强迫自证其罪原则，犯罪嫌疑人对于侦查人员的提问有选择是否回答的权利，不得强迫犯罪嫌疑人作出有罪供述，如果犯罪嫌疑人选择回答，回答应当如实。“应当如实回答”与该条第2款坦白从宽的法定量刑情节结合起来理解，应当如实回答就成为了一种倡导性规定，而非施加给犯罪嫌疑人的强制性义务。

对于首次讯问，应当问明犯罪嫌疑人的姓名、别名、曾用名、出生年月日、户籍所在地、暂住地、籍贯、出生地、民族、职业、文化程度、家庭情况、社会经历、是否受过刑事处罚或者行政处理等情况。

侦查人员在讯问中对犯罪嫌疑人的犯罪事实、动机、目的、手段，与犯罪有关的时间、地点，涉及的人、事、物，都应当讯问清楚。同时在讯问过程中，讯问人员需要运用证据证实犯罪嫌疑人的罪行时，应当防止泄露侦查工作秘密。

4. 讯问聋哑犯罪嫌疑人、未成年犯罪嫌疑人的特殊规定。《刑事诉讼法》第119条规定了对聋哑犯罪嫌疑人进行讯问时的特殊权益保障规则，即讯问聋、哑犯罪嫌疑人，应当有通晓聋、哑手势的人参加，并在讯问笔录上注明犯罪嫌疑人的聋、哑情况，以及翻译人的姓名、工作单位和职业。对于不通晓当地通用语言文字的犯罪嫌疑人，讯问时，应当有翻译人员参加。

5. 讯问笔录的制作。《刑事诉讼法》第120条规定："讯问笔录应当交犯罪嫌疑人核对，对于没有阅读能力的，应当向他宣读。如果记录有遗漏或者差错，犯罪嫌疑人可以提出补充或者改正。犯罪嫌疑人承认笔录没有错误后，应当签名或者盖章。侦查人员也应当在笔录上签名。犯罪嫌疑人请求自行书写供述的，应当准许。必要的时候，侦查人员也可以要犯罪嫌疑人亲笔书写供词。"在笔录上的每页均须签名或盖章外，而且应当令犯罪嫌疑人捺指印，笔录的末页还应当写明"以上笔录我看过（或向我宣读过），和我说的相符"。讯问笔录上所列项目，应当按规定填写齐全。侦查人员、翻译人员应当在讯问笔录上签名或者盖章。

6. 讯问录音或者录像。根据《刑事诉讼法》第121条第1款的规定，侦查人员在讯问犯罪嫌疑人的时候，可以对讯问过程进行录音或者录像；对于可能判处无期徒刑、死刑的案件或者其他重大犯罪案件，应当对讯问过程进行录音录像。即新《刑事诉讼法》规定了对于无期徒刑、死刑的案件以及其他重大犯罪案件应当录音或者录像，对于其他相对轻微的刑事案件尽可能采取录音或者录像的方式固定讯问过程。同时新《刑事诉讼法》进一步强调，录音或者录像应当全程进行，保持完整性。全程进行应当理解为历次讯问都应当对自进入讯问场所至离开该场所之间的过程，全程录制；完整性这一要求应当理解为不得剪辑、删减。

7. 禁止非法讯问。根据《刑事诉讼法》第50条的规定，侦查人员讯问犯罪嫌疑人，必须严格遵守法律规定的程序，切实保障犯罪嫌疑人的诉讼权利，严禁刑讯逼供或以威胁、引诱、欺骗以及其他非法方法进行讯问。犯罪嫌疑人对侦查人员侵犯其诉讼权利的违法行为，有权提出控告；构成犯罪的，应当依法追究其刑事责任。对于采用刑讯逼供等非法方法收集的犯罪嫌疑人、被告人的口供，应当予以排除，则体现了对非法讯问的程序性制裁。

## 二、询问证人、被害人

询问证人、被害人是指侦查人员依照法定程序以言词方式向证人调查了解案件情况的一种侦查行为。根据《刑事诉讼法》第 125 条的规定，询问被害人与询问证人适用相同的程序，因此本部分将二者结合起来予以介绍。

证人证言以及被害人陈述是刑事案件中十分常见并具有重要地位的两类言词证据，收集证人证言、被害人陈述是侦查破案的一个基本工具，因此侦查行为中将询问证人、被害人作为了单独的一类在《刑事诉讼法》当中加以明确的规定。

### （一）询问的地点与主体

《刑事诉讼法》第 122 条规定："侦查人员询问证人，可以在现场进行，也可以到证人所在单位、住所或者证人提出的地点进行，在必要的时候，也可以通知证人到人民检察院或者公安机关提供证言。在现场询问证人，应当出示工作证件，到证人所在单位、住处或者证人提出的地点询问证人，应当出示人民检察院或者公安机关的证明文件。"按照法律与司法解释的要求，询问的主体只能是侦查人员，询问的地点既可以是案发现场，也可以是证人的单位、住所、办案机关的办公场所，或者证人提出的其他地点。在"必要的时候"可以通知证人到侦查机关接受询问，所谓"必要的时候"主要包括以下几种情形：①案情涉及国家机密，为了防止泄密；② 证人的所在单位或家庭成员及住处周围的人与案件有利害关系，为了防止干扰，保证证人如实提供证言及证人的人身安全；③证人在侦查阶段不愿意公开自己的姓名和作证行为的，为便于为证人保密，消除证人的思想顾虑。

### （二）权利与义务的告知

《刑事诉讼法》第 123 条规定："询问证人，应当告知他应当如实地提供证据、证言和有意作伪证或者隐匿罪证要负的法律责任。"侦查人员在询问证人或被害人时，应当告知证人、被害人必须如实地提供证据、证言和有意作伪证或者隐匿罪证应负的法律责任。同时侦查人员也应当告知证人所享有的诉讼权利，主要是公安机关有义务保障其本人及其近亲属的安全，任何人对其进行的威胁、侮辱、殴打或者打击报复，均可能构成犯罪。在重大案件中证人作证可能导致本人或者其近亲属的人身安全面临危险时，公安司法机关有义务采取《刑事诉讼法》第 62 条规定的证人保护措施。

（三）询问程序与规则

《刑事诉讼法》第122、124条和相关司法解释规定了询问证人所必须遵守的若干规则，包括询问证人、被害人应当个别进行；询问前，应当了解证人、被害人的身份，证人、犯罪嫌疑人、被害人之间的关系；侦查人员不得向证人、被害人泄露案情或者表示对案件的看法，严禁使用威胁、引诱和其他非法方法询问证人、被害人；询问未成年的证人、被害人，可以通知其法定代理人到场；询问中，涉及证人、被害人的隐私，应当保守秘密；询问证人、被害人的笔录制作适用讯问犯罪嫌疑人的笔录制作规则。

## 三、勘验、检查

勘验、检查是指侦查人员对与犯罪有关的场所、物品、尸体、人身等进行查看、了解和检验，以发现、收集和固定犯罪活动所遗留下来的各种痕迹和物品的一种侦查行为。其中以对现场、物品和尸体为对象的活动为勘验，以活人的身体为对象的活动为检查。就具体的行为对象而言，与犯罪有关的"场所"主要是指犯罪现场、现场外围以及其他可能留有犯罪痕迹和物品的地方；与犯罪有关的"物品"是指犯罪的工具及现场遗留物，包括犯罪人及被害人遗留的衣物、毛发、血迹、书信等可见物；与犯罪有关的"人身"主要是指犯罪人或被害人的身体及生物样本或信息；与犯罪有关的"尸体"是指死因与犯罪有关的尸体，尸体多为被害人，也可能是犯罪人。

勘验、检查是获取犯罪现场以及其他与犯罪现场直接相关地点存留的实物证据的重要手段，鉴于实物证据的高度证明力以及证据作用，勘验、检查对于查明案件事实、准确地认定案件具有难以替代的价值。成功、及时、全面地进行勘验、检查可以及时发现、收集和固定犯罪的痕迹和物证，了解案件的性质、作案手段和犯罪活动情况，确定侦查范围和方向，并为进一步查清案情，揭露、证实犯罪，缉拿犯罪嫌疑人提供可靠的依据。勘验、检查手段是典型的科学证据的获取方式，强化对其的采用、保管与使用程序对于促进侦查模式由依赖言词证据向更多地依赖实物证据转化，提高侦查破案的科学性与现代化程度具有不容低估的意义。鉴于此，《刑事诉讼法》第126条规定："侦查人员对于与犯罪有关的场所、物品、人身、尸体应当进行勘验或者检查。在必要的时候，可以指派或者聘请具有专门知识的人，在侦查人员的主持下进行勘验、检查。"侦查人员对于与犯罪有关的场所、物品、人身、尸体都应当进行勘验或者检查，利用各种技术手段，及时提取与案件有关的痕迹、物证。在必要的时候，可以指派或者聘请具有专门知识的人，在侦查人员的主持下进行勘验、检查。

根据勘验、检查的对象与方法的不同，通常可以将其细分为四类具体方法：

(一) 现场勘验

现场勘验是指侦查人员对发案现场及其他留有犯罪物品、痕迹的场所进行的专门调查，是勘验行为中最为常见的一种方法。勘查现场的任务，是查明犯罪现场的情况，发现和收集证据，研究分析案情，判断案件性质，确定侦查方向和范围，为破案提供线索和证据。现场勘验的前提是犯罪现场在案发后得到了良好地保护，因此《刑事诉讼法》第127条规定："任何单位和个人，都有义务保护犯罪现场，并且立即通知公安机关派员勘验。"发案地派出所、巡警或者治安保卫组织应当妥善保护犯罪现场，注意保全证据，控制犯罪嫌疑人，并立即报告公安机关主管部门。

现场勘验应当遵循的程序规则包括：现场勘查，由县级以上公安机关侦查部门负责；执行勘查的侦查人员接到通知后，应当立即赶赴现场；勘查现场，应当持有《刑事犯罪现场勘查证》；勘查现场，应当按照现场勘查规则的要求拍摄现场照片，制作《现场勘查笔录》和现场图；对重大、特别重大案件的现场，应当录像；计算机犯罪案件进行现场勘查，应当立即停止应用，保护计算机及相关设备，并复制电子数据。

(二) 人身检查

人身检查是指侦查人员为了确定被害人、犯罪嫌疑人的某些特征、伤情情况或者生理状态，依法对其人身进行检查、采集指纹信息或者提取生物样本的一种侦查活动。《刑事诉讼法》第130条第1款规定："为了确定被害人、犯罪嫌疑人的某些特征、伤害情况或者生理状态，可以对人身进行检查，可以提取指纹信息，采集血液、尿液等生物样本。"人身检查所要确定的某些特征主要是指被害人与犯罪嫌疑人的体表特征，如相貌、皮肤颜色、特殊痕迹、机体有无缺损等；所要确定的伤害情况多是针对被害人而言的，主要是指伤害的位置、程度、伤势形态；生理状态主要是指有无生理缺陷，如智力发育情况、各种生理机能、指纹或者各种生物样本情况等。

人身检查的对象包括被害人与犯罪嫌疑人两大类，如果是针对犯罪嫌疑人进行的人身检查，犯罪嫌疑人抗拒检查的，根据《刑事诉讼法》第130条第2、3款的规定："犯罪嫌疑人如果拒绝检查，侦查人员认为必要的时候，可以强制检查。检查妇女的身体，应当由女工作人员或者医师进行。"检查的情况应当制作笔录，由参加检查的侦查人员、检查人员和见证人签名或盖章，这里的"见证人"为必需的参与主体，既可以是当事人的家属，也可以是经侦查机关允许的其他公民。

（三）尸体检验

尸体检验，是指侦查人员指派、聘请法医或医师对非正常死亡的尸体进行尸表检验或尸体解剖的一种侦查活动。其目的在于确定死亡的原因和时间，判明致死的工具、手段和方法，以便分析作案过程，为查明案情和查获犯罪嫌疑人提供线索和证据。根据《刑事诉讼法》第 129 条的规定："对于死因不明的尸体，公安机关有权决定解剖，并且通知死者家属到场。"公安机关是对死因不明的尸体决定进行解剖的唯一职权机关。对于死因不明的尸体，为了确定死因，经县级以上公安机关负责人批准，可以解剖尸体或者开棺检验，并且通知死者家属到场，让其在《解剖尸体通知书》上签名或者盖章。死者家属无正当理由拒不到场或者拒绝签名、盖章的，不影响解剖或开棺检验，但是应当在《解剖尸体通知书》上注明。对于身份不明的尸体，无法通知死者家属的，应当在笔录中注明。对于已经查明死因，没有继续保存必要的尸体，应当通知家属领回处理，对无法通知或者通知后其家属拒绝领回的，经县级以上公安机关负责人批准，可以及时处理。尸体检验的情况，应当制作笔录，并由侦查人员、法医或医师签名或者盖章。

（四）侦查实验

侦查实验是指侦查人员按照某一事件发生时的条件，进行实验性重演的一种侦查活动，其主要目的在于确定和判明与案件有关的某些事实或行为在某种情况下能否发生或怎样发生。

根据《刑事诉讼法》第 133 条的规定，为查明案情，在必要的时候，经公安机关负责人批准，可以进行侦查实验。侦查实验的情况应当写成笔录，由参加实验的人签名或者盖章。进行侦查实验时，禁止一切足以造成危险、侮辱人格或者有伤风化的行为。同时根据《刑事诉讼法》第 48 条的规定，侦查实验笔录属于法定的证据种类，经查证属实可以作为证据使用。

由于侦查实验是一种特殊的侦查行为，只能在"必要的时候"方可决定使用，在下列情况下，可以进行侦查实验：①确定在一定条件下能否听到或者看到；②确定在一定时间内能否完成某一行为；③确定在什么条件下能够发生某种现象；④确定在某种条件下某种行为和某种痕迹是否吻合一致；⑤确定在某种条件下使用某种工具可能或者不可能留下某种痕迹；⑥确定某种痕迹在什么条件下会发生变异；⑦确定某种事件是怎样发生的。

侦查实验，应当由侦查人员进行，并应当邀请其他见证人在场。在必要时也可以聘请具有专门知识的人参加。

## 四、搜查

搜查是指侦查人员为了获取罪证，查获犯罪嫌疑人，对犯罪嫌疑人及可能隐藏罪犯、罪证的地方进行强制性搜寻、检查的侦查活动。《刑事诉讼法》在“侦查”章“搜查”一节对搜查这一侦查行为进行了规范。根据《刑事诉讼法》第134条的规定：“为了收集犯罪证据、查获犯罪人，侦查人员可以对犯罪嫌疑人以及可能隐藏罪犯或者犯罪证据的人的身体、物品、住处和其他有关的地方进行搜查。”

搜查是一种强制性获取实物证据、查获犯罪嫌疑人的侦查行为，对于防止罪犯逃跑、毁灭、转移证据具有重要意义，同时也是一种对公民财产权、人身权、住宅权、隐私权等权利进行严重干预的一种侦查权力。因此为了有效规范搜查权的行使，《刑事诉讼法》以及相关规定对其行使设定了一系列的程序规则。

### （一）搜查的法定主体

搜查权是一种限制公民权利的强制权，只能由法定的侦查机关享有并行使，其他机关或个人无权进行搜查。

### （二）相关人员的配合义务

《刑事诉讼法》第135条规定：“任何单位与个人，有义务按照人民检察院和公安机关的要求，交出可以证明犯罪嫌疑人有罪或者无罪的物证、书证、视听资料等证据。”本条规定要求侦查人员在进行搜查时，首先应当向被搜查的单位或个人讲明其应当配合搜查、主动交出搜查物品的义务，侦查人员也应当主动动员相关人员履行上述义务。在对方拒不交出相关物品或者犯罪嫌疑人时，侦查人员可以进行强制搜查。

### （三）有证搜查与无证搜查

侦查人员进行搜查，必须向被搜查人出示《搜查证》，执行搜查的侦查人员不得少于2人。根据上述规定，原则上侦查人员进行搜查应当持有搜查证，搜查证是为了证明执行搜查人员的身份和履行搜查职责，防止非法搜查，保证公民的人身权利、财产权利和住宅不受侵犯。但根据《刑事诉讼法》第136条之规定，在执行逮捕、拘留的时候，遇有紧急情况，不另用搜查证也可以进行搜查。也就是说侦查人员可以在执行逮捕、拘留的同时对犯罪嫌疑人或者相关场所进行搜查，如果当时情形紧急，就无需签发搜查证，可以进行无证搜查。无证逮捕的条件有二：一是在执行逮捕、拘留过程中；二是遇有紧急情况。其中，“紧急情况”包括至少五种情形：①可能随身携带凶器的；②可能隐藏爆炸、剧毒等危险物品的；③可能隐匿、毁弃、转移犯罪证据的；

④可能隐匿其他犯罪嫌疑人的；⑤其他突然发生的紧急情况。根据这两项条件，如果并非遇到紧急情况，在执行逮捕、拘留过程中进行搜查也应当持有搜查证，或者如果不是执行逮捕或拘留任务时，即使情形紧急也不能进行无证搜查。

（四）搜查程序

《刑事诉讼法》第137条第1款规定："在搜查的时候，应当有被搜查人或者他的家属，邻居或者其他见证人在场。"也就是说搜查时，在场人除了被搜查人或者其家属，还同时应当有其邻居或者其他见证人在场，这种要求旨在证实搜查情况，增强搜查所取得的证据的真实性、可靠性，也有利于侦查人员严格依法进行搜查，便于群众监督。

《刑事诉讼法》出于对妇女的特殊保护，防止侦查时出现人身侮辱等违法行为，要求搜查妇女的身体，应当由女工作人员进行。搜查的情况应当制作《搜查笔录》，由侦查人员、被搜查人或者他的家属、邻居或者其他见证人签名或者盖章。如果被搜查人或者他的家属不在现场，或者拒绝签名、盖章，侦查人员应当在笔录上注明。

## 五、查封、扣押物证、书证（含查询、冻结）

（一）概念与意义

《刑事诉讼法》第139条第1款规定："在侦查活动中发现的可用以证明犯罪嫌疑人有罪或者无罪的各种财物、文件，应当查封、扣押；与案件无关的财物、文件，不得查封、扣押。"该条规定的就是作为侦查行为之一的查封、扣押。查封、扣押物证、书证是指侦查机关依法强行提取、留置和封存与案件有关的物品、文件的一种侦查行为。查封、扣押与勘验、检查、搜查等侦查行为一同构成了侦查机关获取物证、书证等实物证据的证据方法，而实物证据的及时获取与固定正是查封、扣押等侦查行为的重要意义所在。

（二）程序规则

1. 执行扣押物品、文件的侦查人员不得少于2人，并持有有关法律文书或者侦查人员工作证件。在现场勘查、搜查的同时扣押物品文件的，须出示勘验的证明文件或搜查证才能进行扣押，扣押的进行需要由勘验或搜查的现场指挥人员决定。单独进行扣押的，须持有扣押批准文件。

2. 对于扣押的物品和文件，应当会同在场证人和被扣押物品、文件的持有人查点清楚，当场开列《扣押物品、文件清单》一式三份，写明物品或者文件的名称、编号、规格、数量、重量、质量、特征及其来源，由侦查人员、见证人和持有人签名或者盖章后，一份交给持有人，一份交给公安机关保管人员，一份附卷备查。对于应当扣押但是不便提取的物品、文件，经拍照或者录像后，可以交被扣押物品持有人保管或者封存，并且单独开具《扣押物品、文件清单》一式二份，在清单上注明已经拍照或者录像，物品、文件持有人应当妥善保管，不得转移、变卖、毁损，由侦查人员、见证人和持有人签名或者盖章，一份交给物品、文件持有人，另一份连同照片或者录像带附卷备查。

3. 侦查机关在案件侦查时，可以扣押犯罪嫌疑人的信件、电子邮件、电报等通信载体。此时的扣押程序除遵循扣押的一般程序要求之外，还应当经县级以上公安机关负责人批准，签发《扣押通知书》，通知邮电部门或者网络服务单位检交扣押，同时不需要继续扣押上述通信载体时，应当经县级以上公安机关负责人批准，签发《解除扣押通知书》，立即通知邮电部门或者网络服务单位。

4. 在扣押相应财物、书证之后，随之而来的活动必然是对相应物品、书证的固定、保管事宜。《刑事诉讼法》第 139 条第 2 款规定："对查封、扣押的财物、文件，要妥善保管或者封存，不得使用、调换或者损毁。"具体的要求包括：①对于扣押的物品、文件、邮件、电子邮件、电报，应当指派专人妥善保管，不得使用、调换、损毁或者自行处理。经查明确实与案件无关的，应当在 3 日以内解除扣押，退还原主或者原邮电部门、网络服务单位。②对不能随案移送的物证，应当拍成照片；容易损坏、变质的物证、书证，应当用笔录、绘图、拍照、录像、制作模型等方法加以保全。对可以作为证据使用的录音、录像带、电子数据存储介质，应当记明案由、对象、内容，录取、复制的时间、地点、规格、类别、应用长度、文件格式及长度等，并妥为保管。③对查获的不宜随案移送的物品、文件，原物不随卷保存，但应当拍成照片存入卷内，原物由公安机关妥为保管或者按照国家有关规定分别移送主管部门处理或者销毁，不宜随案移送的物品包括淫秽物品，武器弹药，管制刀具，易燃、易爆、剧毒、放射等危险品，鸦片、海洛因、吗啡、冰毒、大麻等毒品和制毒原料或者配剂，管制药品，危害国家安全的传单、标语、信件和其他宣传品，秘密文件，图表资料，珍贵文物，珍贵动物及其制品，珍稀植物及其制品，其他大宗的、不便搬运的物品。对容易腐烂变质及其他不易保管的物品，可以根据具体情况，经县级以上公安机关负责人批准，在拍照或者录像后委托有关部门变卖、拍卖，变卖、拍卖的价款暂予保存，待诉讼终结后一并处理。通知被害人后，超过半年未来领取的，予以没收，上缴国库。如有特殊情况，可以酌情延期处理。凡是已经送交财政部门处理的赃款赃物，如果失主前来认领，并经查证属实，由原没收机关从财政部门提回，予以归还。如原物已经卖掉，应当退还价款。④对犯罪嫌疑人违法所得的财物及其孳息，应当依法追缴；对被害人的合法财产及其孳息，应当在登记、拍照或者录像、估价后及时返还，并在案卷中注明返还的理由，将原物照片、清单和被害人的领取手续存卷备查。对扣押的犯罪嫌疑人的财物及其孳息，应当妥善保管，以供核查。任何单位和个人不得挪用、损毁或者自行处理。⑤对扣押的犯罪嫌疑人的财物及其孳息中，作为证据使用的实物应当随案移送；对不宜移送的，应当将其清单、照片或者其他证明文件随案移送。待人民法院作出生效判决后，由扣押的公安机关按照人民法院的通知，上缴国库或者返还受害人，并向人民法院送交执行回单。案件变更管辖时，与案件有关的财物及其孳息应当随案移交。移交财物时，由接收人、移交人当面查点清楚，并在交接单据上共同签名或者盖章。

5. 关于查询、冻结存款、汇款行为，《刑事诉讼法》是将其作为扣押行为的一种加以规定的，《刑事诉讼法》第 142 条规定：“人民检察院、公安机关根据侦查犯罪的需要，可以依照规定查询、冻结犯罪嫌疑人的存款、汇款、债券、股票、基金份额等财产。有关单位和个人应当配合。犯罪嫌疑人的存款、汇款、债券、股票、基金份额等财产已被冻结的，不得重复冻结。”查询、冻结手段作为一种相对独立的侦查行为包括如下几项操作要求：①向银行或者其他金融机构、邮电部门查询犯罪嫌疑人的存款、汇款，应当经县级以上公安机关负责人批准，制作《查询存款、汇款通知书》，通知银行或者其他金融机构、邮电部门执行；需要冻结犯罪嫌疑人在银行或者其他金融机构、邮电部门的存款、汇款的，应当经县级以上公安机关负责人批准，制作《冻结存款、汇款通知书》，通知银行或者其他金融机构、邮电部门执行。不需要继续冻结犯罪嫌疑人存款、汇款时，应当制作《解除冻结存款、汇款通知书》，通知银行或者其他金融机构、邮电部门执行。②冻结存款的期限为 6 个月。有特殊原因需要延长的，公安机关应当在冻结期满前办理继续冻结手续。每次续冻期限最长不超过 6 个月。逾期不办理继续冻结手续的，视为自动撤销冻结。③对于冻结的存款、汇款经查明确实与案件无关的，应当在 3 日以内通知原银行、其他金融机构、邮电部门解除冻结，并通知被冻结存款、汇款的所有人。④对于在侦查中犯罪嫌疑人死亡，对犯罪嫌疑人的存款、汇款应当依法予以没收或者返还被害人的，可以申请人民法院适用《刑事诉讼法》第五编第三章关于犯罪嫌疑人、被告人逃匿、死亡案件违法所得的没收程序决定予以没收，并通知冻结犯罪嫌疑人存款、汇款的银行、其他金融机构或者邮电部门将其上缴国库或者返还被害人。对于冻结在银行、其他金融机构或者邮电部门的赃款，应当向人民法院随案移送该银行、其他金融机构或者邮电部门出具的证明文件，待人民法院作出生效判决后，由人民法院通知该银行、其他金融机构或者邮电部门上缴国库。⑤上级公安机关发现下级公安机关冻结、解除冻结存款、汇款有错误时，可以依法作出决定，责令下级公安机关限期改正，下级公安机关应当立即执行。对拒不改正的，上级公安机关可以直接向有关银行或者其他金融机构发出法律文书，纠正下级公安机关所作的错误决定，并通知原作出决定的公安机关。

（三）对于扣押、冻结在案的财物的处理

《刑事诉讼法》第234条对案件判决生效后如何处理扣押或冻结在案的财物作出了规定，鉴于该规定与侦查行为中的扣押、冻结之间的联系，在此对相关内容进行介绍，但需要明确的是，在此处介绍案件判决后财物的处理问题仅仅是基于讲解便利或者说考虑到相应内容的连贯性，对于两种行为的本质差异也不容忽视。

《刑事诉讼法》第234条规定："公安机关、人民检察院和人民法院对查封、扣押、冻结的犯罪嫌疑人、被告人的财物及其孳息，应当妥善保管，以供核查，并制作清单，随案移送。任何单位和个人不得挪用或者自行处理。对被害人的合法财产，应当及时返还。对违禁品或者不宜长期保存的物品，应当依照国家有关规定处理。对作为证据使用的实物应当随案移送，对不宜移送的，应当将其清单、照片或者其他证明文件随案移送。人民法院作出的判决，应当对查封、扣押、冻结的财物及其孳息作出处理。人民法院作出的判决生效以后，有关机关应当根据判决对查封、扣押、冻结的财物及其孳息进行处理。对查封、扣押、冻结的赃款赃物及其孳息，除依法返还被害人的以外，一律上缴国库。司法工作人员贪污、挪用或者私自处理查封、扣押、冻结的财物及其孳息的，依法追究刑事责任；不构成犯罪的，给予处分。"

## 六、鉴定

（一）概念与意义

鉴定是指公安机关、人民检察院指派或聘请具有专门知识的人，就案件中某些专门性问题进行鉴别和判断的一种侦查活动。在案件侦查过程中，有些案件会遇到需要专业技术进行判断的专业性问题，如法医学、刑事技术、司法精神病、会计问题以及技术性专业问题，需要通过鉴定弥补侦查人员专业知识的不足，对案件认定提供坚实的科学基础。《刑事诉讼法》也将鉴定意见视为了一种独立的证据种类，通过鉴定可以起到其他证据所难以替代的证明作用。

（二）程序规则

1. 鉴定的实施主体。《刑事诉讼法》规定了指派和聘请两种产生鉴定人的方式，刑事技术鉴定由县级以上公安机关刑事技术部门或者其他专职人员负责进行；经县级以上公安机关负责人批准，可以聘请具有专门知识的人进行鉴定。刑事技术鉴定部门或其他专职人员属于公安机关的内设鉴定机构的鉴定人。在需要其他部门的外部专业人员进行鉴定时，公安机关需聘请其他鉴定人，此时公安机关应当为鉴定人进行鉴定提供必要的条件，及时向鉴定人送交有关检材和对比样本等原始材料，介绍与鉴定有关的情况，并且明确提出要求鉴定解决的问题，但是不得暗示或者强迫鉴定人作出某种鉴定意见。

根据《刑事诉讼法》有关回避的规定，无论是内部鉴定人还是聘请的外部鉴定人，均不得存在与案件有利害关系以及其他应当回避的情形，以保障鉴定意见的中立性、公正性。

2. 鉴定人进行鉴定后，应当写出鉴定意见，并且签名。

3.《刑事诉讼法》第146条规定："侦查机关应当将用作证据的鉴定意见告知犯罪嫌疑人、被害人。如果犯罪嫌疑人、被害人提出申请，可以补充鉴定或者重新鉴定。"所谓用作证据的鉴定意见是指经过鉴定机构进行鉴定后形成的鉴定意见，经侦查机关审核后，认为可以作为证据使用的鉴定意见。由于鉴定意见直接关系到对案件事实的认定，对犯罪嫌疑人与被害人具有直接的利害关系，将准备用作证据的鉴定意见告知犯罪嫌疑人，体现了对犯罪嫌疑人、被害人诉讼权利的保障。在知悉了鉴定意见之后，犯罪嫌疑人或被害人如果认为鉴定意见不准确、不客观、不公正或者有疑问，可以提出重新鉴定或补充鉴定的申请。

4. 除了犯罪嫌疑人和被害人之外，办案部门或者侦查人员认为鉴定意见不确切或者有错误，经县级以上公安机关负责人批准，可以补充鉴定或者重新鉴定。重新鉴定时，应当另行指派或者聘请鉴定人。

5. 对犯罪嫌疑人作精神病鉴定的时间不计入办案期限，其他鉴定时间都应当计入办案期限。对于因鉴定时间较长，办案期限届满仍不能终结的案件，应当对被羁押的犯罪嫌疑人变更强制措施，改为取保候审或者监视居住。

## 七、秘密侦查

秘密侦查是相对于侦查章其他公开侦查行为而言的一种特殊侦查手段，与公开侦查行为的不同之处在于，秘密侦查是在侦查相对人不知情的情况下采取的或者说在相对人知情情况下则难以采取的各种侦查手段。从其外延来看，包括两大类手段：使用技术设备进行的各种秘密监控手段和使用人力进行的各种欺骗性秘密侦查手段。前者在我国被称之为技术侦查，在毒品等违禁品交易犯罪中还可以使用控制下交付，后者包括特情（线人）、卧底、诱惑侦查等手段。《刑事诉讼法》第 148 ~ 152 条“技术侦查措施”一节规定了三种秘密侦查手段，包括技术侦查、隐匿身份侦查与控制下交付。

（一）技术侦查

技术侦查，是指“国家安全机关和公安机关为了侦查犯罪而采取的特殊侦查措施，包括电子侦听、电话监听、电子监控、秘密拍照或录像、秘密获取某些物证、邮检等秘密的专门技术手段”。[1]从内涵的角度来看，技术侦查具有秘密性，同时还必须满足技术性的要求。单纯具备秘密侦查的特点，但并未使用科技手段辅助的各种侦查手段不属于技术侦查，如卧底侦查、诱惑侦查等乔装类侦查手段以及单纯使用人的视力进行的监视或人力跟踪等；同样单纯具备技术性要求，但不具备秘密性特征的侦查手段也并非实践与立法中所指称的技术侦查，比如现场勘查设备、测谎仪、鉴定中使用的科技设备等，在侦查实务中被称之为“侦查技术”、“刑事技术”。

1. 技术侦查的使用主体。根据《刑事诉讼法》第 148 条的规定，技术侦查的使用主体包括公安机关、国家安全机关等侦查机关和人民检察院。其中人民检察院在对直接受理的案件侦查中可以决定采取技术侦查措施，但人民检察院仅有决定权，没有执行权，技术侦查措施应当按照规定交由有关机关执行。这里的“按照规定”是指按照一系列党的政策与内部规范性文件的规定执行，[2]“有关机关”原则上是指公安机关，在例外的情况下也可以交由国家安全机关执行。

2. 技术侦查的案件使用范围。技术侦查作为严重干预公民隐私权的一类高风险性的侦查手段只能适用于严重犯罪案件的侦查，这是贯彻比例原则与最后手段原则的直接要求。本着这一宗旨，《刑事诉讼法》第 148 条对技术侦查的案件使用范围作出了一定的限制，首先技术侦查只能在立案后采用，立案前不允许适用《刑事诉讼法》本节的规定采取技术侦查手段。其次该条将适用对象分为了三类：①公安机关、国家安全机关在侦查过程中，对于危害国家安全、恐怖活动犯罪、黑社会性质的组织犯罪、重大毒品犯罪或者其他

---

〔1〕参见郎胜、王尚新主编：《〈中华人民共和国国家安全法〉释义》，法律出版社 1993 年版，第 72 页。

〔2〕长期以来在我国技术侦查方面主要是依赖党的政策进行调整与规范，2012 年修改的《刑事诉讼法》首次将技术侦查纳入到《刑事诉讼法》这一基本法律的规范之下，开启了技侦手段由政策治理转向法治治理的先河，但这一转型的过程是循序渐进的，因此许多内容《刑事诉讼法》并未加以明确、具体的规定，仍然需要参照党的政策与其他内部规范性文件予以执行。

严重危害社会的犯罪案件，根据侦查犯罪的需要，可以使用技术侦查措施。②人民检察院在立案后，对于重大的贪污、贿赂犯罪案件以及利用职权实施的严重侵犯公民人身权利的重大犯罪案件，根据侦查犯罪的需要可以采取技术侦查措施。“贪污、贿赂犯罪”仅指贪污罪、受贿罪与行贿罪，并且是“重大的贪污、贿络犯罪案件”，不包括《刑法》分则第八章贪污贿赂罪规定的所有犯罪；“利用职权实施的严重侵犯公民人身权利的重大犯罪”是指《刑事诉讼法》第18条规定的国家机关工作人员利用职权实施的非法拘禁、刑讯逼供、非法搜查、报复陷害罪等侵犯公民人身权利的严重犯罪。③为追捕被通缉或者应当逮捕但在逃的犯罪嫌疑人、被告人，无论是否属于严重犯罪，均可采取追捕所必需的技术侦查措施。

3. 审批主体与审批内容。《刑事诉讼法》第148条要求对于严重犯罪案件的侦查，需要采取技术侦查措施时，应当“经过严格的批准手续”；对于因追捕在逃人员而需要采取技术侦查措施的，也应当“经过批准”。但由于实际情况较为复杂，针对不同的适用对象、不同的犯罪情况采取的技术侦查措施种类是不同的，要经过的批准手续也不尽相同，[1]所以《刑事诉讼法》并未明确规定“严格的批准手续”或者“经过批准”，具体是指何种审批手续，这有待于司法解释进一步加以明确。

《刑事诉讼法》第149条进一步规定，审批主体在批准采取技术侦查措施时应当根据侦查犯罪的需要，确定采取技术侦查措施的种类和适用对象。应当根据侦查犯罪的需要是指应当考虑到比例原则与最后手段原则的要求，只有在已经采取的各种常规侦查手段无效、无法达到侦查目的，抑或可能产生人身安全的重大风险时，方可考虑批准适用技术侦查措施。同时审批过程中应当明确具体采取哪一种技术侦查措施，不能泛泛地批准采取技术侦查，允许不加区分地使用所有的技术侦查手段。在审批时，《刑事诉讼法》还进一步要求应当明确具体的适用对象，适用对象指的是人，应当根据侦查犯罪的需要，具体明确对案件中的哪个人采取，而不是笼统地批准对哪个案件可以采取技术侦查措施。[2]

《刑事诉讼法》第149条同时规定了技术侦查措施的使用期限：批准决定自签发之日起3个月内有效，对于不需要继续采取技术侦查措施的，应当及时解除；对于复杂、疑难案件，期限届满仍有必要继续采取技术侦查措施的，经过批准，有效期可以延长，每次延长不得超过3个月。

---

〔1〕 郎胜主编：《中华人民共和国刑事诉讼法释义》，法律出版社2012年版，第329页。

〔2〕 郎胜主编：《中华人民共和国刑事诉讼法修改与适用》，新华出版社2012年版，第279页。

4. 执行中的具体事项。《刑事诉讼法》第 150 条对在执行技术侦查批准决定过程中的具体执行事项也作出了若干明确规定。①本条第 1 款规定，采取技术侦查措施，必须严格按照批准的措施种类、适用对象和期限执行。也就是说，只能采取批准决定书中列明的具体措施种类，针对列明的具体个人在批准的期限内使用，需要采取批准决定书未载明的其他技术侦查措施、增加适用对象或者期限届满需要继续使用的，都应当重新办理审批手续。②执行技术侦查措施的过程中应当注意保护相对人的隐私。本条第 2、3 款规定，侦查人员采取技术侦查措施过程中知悉的国家秘密、商业秘密和个人隐私，应当保密；对于采取技术侦查措施获取的与案件无关的材料必须及时销毁。采取技术侦查措施获取的材料，只能用于对犯罪的侦查、起诉和审判，不得用于其他用途。这里的“其他用途”包括民事、行政诉讼，非诉纠纷的解决，行政调查与纪律惩戒等。③本条第 4 款规定，公安机关依法采取技术侦查措施，有关单位和个人应当配合，并对有关情况予以保密。

（二）隐匿身份侦查和控制下交付

《刑事诉讼法》第 151 条规定了隐匿身份侦查和控制下交付两类秘密侦查手段。隐匿身份侦查是指侦查人员或者其委派的人隐匿其侦查人员或者协助侦查的身份开展侦查活动，其本质是通过身份欺骗，获取犯罪团伙或者犯罪嫌疑人的信任，打入犯罪集团或者接近犯罪嫌疑人开展侦查取证活动。从表现形式上来看，主要包括特情（线人）、卧底与诱惑侦查（警察圈套）三种不同的侦查手段。控制下交付是指侦查机关在发现非法或者可疑交易的物品后，在对物品进行秘密监控的情况下，允许非法或者可疑物品继续流转，从而查明参与该项犯罪的人员，彻底查明该案件。

1. 隐匿身份侦查。《刑事诉讼法》第 151 条规定，为了查明案情，在必要的时候，经公安机关负责人决定，可以由有关人员隐匿其身份实施侦查。但是，不得诱使他人犯罪，不得采用可能危害公共安全或者发生重大人身危险的方法。

理解该条的规定，应当注意以下几个方面：①“在必要的时候”强调了采取隐匿身份侦查也应当坚持最后手段原则，虽然本条并未要求只能对严重犯罪才能启用隐匿身份侦查，但“必要的时候”要求在采取其他的侦查手段难以获取犯罪证据的情况下，[1] 方可采取此类手段。②“有关人员”既包括侦查人员，也可以包括特情、线人等接受侦查机关的委托、协助侦查的相关

[1] 郎胜主编：《中华人民共和国刑事诉讼法修改与适用》，新华出版社 2012 年版，第 282 页。

人员。③隐匿身份侦查的合法界限是不得诱使他人犯罪，不得采用可能危害公共安全或者发生重大人身危险的方法。其中“不得诱使他人犯罪”主要是指不得诱使他人产生犯意或者采取各种超出常理导致任何人均可能禁不住诱惑而实施犯罪的引诱手法。④隐匿身份侦查的审批主体是县级以上各级公安机关负责人，使用主体仅限于公安机关，根据《刑事诉讼法》第4、290条的授权，这里的“公安机关”也包括国家安全机关、军队保卫部门、监狱等侦查主体，但不包括人民检察院。

2. 控制下交付。《刑事诉讼法》第151条第2款单独规定了控制下交付手段，对涉及给付毒品等违禁品或者财物的犯罪活动，公安机关根据侦查犯罪的需要，可以依照规定实施控制下交付。本条单列一款规定控制下交付，说明了控制下交付是不同于隐匿身份侦查的一种秘密侦查手段，特别需要注意的是，控制下交付与隐匿身份侦查中的诱惑侦查是存在明显区别的，控制下交付的本质是监控物品，诱惑侦查的本质是引诱，控制下交付并未影响到相对人的行为，而仅仅是在旁观察、监控。

也正是基于二者的上述差异，立法对控制下交付的具体程序作了不同于隐匿身份侦查的规定。如在审批主体上没有要求由公安机关负责人批准，只要根据侦查犯罪的需要就可以采取控制下交付，无需考虑最后手段原则所要求的“必要的时候”。关于具体的实施程序，本条没有作具体规定，只是笼统地提及“依照有关规定实施控制下交付”，这里的“有关规定”应当由具体的司法解释加以明确。

（三）秘密侦查的证据使用

《刑事诉讼法》第152条规定了三类秘密侦查措施所获材料的证据使用问题。一方面规定依照本节规定采取侦查措施收集的材料在刑事诉讼中可以作为证据使用。另一方面强调如果使用该证据可能危及有关人员的人身安全，或者可能产生其他严重后果的，应当采取不暴露有关人员身份、技术方法等保护措施，必要的时候，可以由审判人员在庭外对证据进行核实。

本条规定首先肯定了技术侦查措施、隐匿身份侦查和控制下交付获取的材料，可以直接用作证据，明确了其证据资格。用作证据就应当遵循《刑事诉讼法》明确规定的各项证据规则，必须经过查证属实，才能作为证据使用。但由于技术侦查措施等秘密侦查手段涉及到手段的保密、相关侦查参与人员的人身安危，为防止犯罪人的反侦查行为或者对侦查参与人员的打击报复，《刑事诉讼法》对此类证据的使用规定了特殊的保护措施与使用程序。

证据使用的特殊程序包括两个层次上的规定：①在决定是否使用这些证据时，应当考量是否可能危及有关人员的人身安全或者可能产生其他严重后果，比如泄露侦查手段的方法与过程。如果存在这种风险，在庭审中公开使用这些证据时，应当采取不暴露有关人员身份、技术方法等保护措施。②“必要的时候”，也就是说，即便采取了上述保护措施仍然不能防止相应风险或者根本无从采取各种保护措施时，可以由审判人员在庭外对证据进行核实。庭外核实证据时，审判人员可以查看、听取技术侦查措施获取的音像资料，阅览技术侦查措施的案卷、记录等材料，也可以询问隐匿身份的侦查人员，了解情况。至于调查核实过程中，以及调查核实之后的材料是否需要在庭审上由控辩双方进行公开质证，《刑事诉讼法》没有规定，需要在司法解释中予以明确。

## 八、通缉

### （一）通缉的概念与意义

通缉是指公安机关以发布通缉令的方式将应当逮捕而在逃的犯罪嫌疑人通报缉捕归案的一种侦查行为。通缉这一侦查行为体现了公安机关内部相互协作、通力合作，并动员与依靠广大人民群众共同制止、打击犯罪，与犯罪作斗争的一种努力方式。《刑事诉讼法》第153条明确规定了通缉的基本要求。

### （二）通缉的程序规则

《刑事诉讼法》授权公安机关独享通缉权，人民检察院在办理自侦案件的过程中，需要通缉犯罪嫌疑人的，应当通过公安机关进行。通缉适用的对象为“应当逮捕的犯罪嫌疑人如果在逃”，包括根据《刑事诉讼法》的逮捕条件应当逮捕而又下落不明的犯罪嫌疑人，也包括已经依法执行逮捕，羁押期间又逃跑的犯罪嫌疑人。通缉越狱逃跑的犯罪嫌疑人、被告人或者罪犯可以适用通缉手段，也就是说处于审判阶段的被告人和服刑的罪犯脱逃的，也可以进行通缉。实践中，公安机关主要是针对重大、特大恶性犯罪案件的犯罪嫌疑人、被告人或罪犯才使用通缉手段进行抓捕。

关于通缉令的发布权限，《刑事诉讼法》第153条规定：“各级公安机关在自己管辖的地区以内，可以直接发布通缉令；超出自己管辖的地区，应当报请有权决定的上级机关发布。”县级以上公安机关在自己管辖的地区以内，可以直接发布通缉令；超出自己管辖的地区，应当报请有权决定的上级机关发布；通缉令发送范围，由签发通缉令的公安机关负责人决定。通缉令中应当尽可能写明被通缉人的姓名、别名、曾用名、绰号、性别、年龄、民族、籍贯、出生地、户籍所在地、居住地、职业、身份证号码、衣着和体貌特征并附被通缉人近期照片，可以附指纹及其他物证的照片。除了必须保密的事项以外，应当写明发案的时间、地点和简要案情。通缉令可以通过广播、电视、报刊、计算机网络等媒体发布。

有关公安机关接到通缉令后，应当及时布置查缉。抓获犯罪嫌疑人后，应当迅速通知通缉令发布机关，并报经抓获地县级以上公安机关负责人批准后，凭通缉令羁押。原通缉令发布机关应当立即进行核实，并及时依法处理。

在犯罪嫌疑人自首、被击毙或者被抓获，并经核实后，原通缉令发布机关应当在原通缉、通知、通告范围内，撤销通缉令。

（三）边控与悬赏通告

边控是指侦查机关为了防止犯罪嫌疑人潜逃出境，在边境口岸实施的控制其出境的侦查措施。根据上述规定的要求，公安机关在采取这一措施时，应当按照有关规定制作《边控对象通知书》，经县级以上公安机关负责人审核后，层报省级公安机关批准，办理边控手续。需要在全国范围内采取边控措施的，应当层报公安部批准。对需要边防检查站限制犯罪嫌疑人人身自由的，需同时出具有关法律文书。紧急情况下，县级以上公安机关可以出具公函，先向当地边防检查站交控，但应当在 7 日内补办交控手续。

此外为发现重大犯罪线索，追缴涉案财物、证据，查获犯罪嫌疑人，必要时，经县级以上公安机关负责人批准，可以发布悬赏通告，悬赏通告应当写明悬赏对象的基本情况和赏金的具体数额。悬赏公告实际上是一种公安机关通过经济杠杆的作用，调动群众参与打击犯罪斗争的方法。通常情况下公安机关通过媒体发布消息，承诺对为重大案件提供线索甚至直接协助侦查破案的相关人士给予一定数额的经济奖励。这种侦查措施已经在我国近年来的侦查实践中得到了广泛的使用，虽然《刑事诉讼法》对这一行之有效的侦查行为没有作出明确的规定，但这一侦查手段已在实践中得到了肯定与规范。

**九、辨认**

辨认是指侦查人员为了查明案情，在必要时让被害人、证人以及犯罪嫌疑人对与犯罪有关的物品、尸体、文件、场所或人员进行识别以判断是否与其先前所见的物品、尸体、文件、场所或人员同一的一种侦查行为。《刑事诉讼法》在第 48 条中将辨认笔录确认为了一种法定的证据种类，但对辨认的具体规则没有规定。

根据相关司法解释的规定，辨认应遵循一系认的规则。辨认应当在侦查人员的主持下进行。主持辨认的侦查人员不得少于 2 人。对犯罪嫌疑人进行辨认，应当经办案部门负责人批准。组织辨认前，应当向辨认人详细询问辨认对象的具体特征，避免辨认人见到辨认对象。几名辨认人对同一辨认对象进行辨认时，应当由各辨认人分别进行辨认，防止多名辨认人的独立判断受到相互之间辨认结果的影响。辨认时，应当将辨认对象混杂在其他对象中，不得给辨认人任何暗示。辨认犯罪嫌疑人时，被辨认的人数不得少于7人；对犯罪嫌疑人照片进行辨认的，应有不得少于10人的照片。对犯罪嫌疑人的辨认，辨认人不愿意公开进行时，可以在不暴露辨认人的情况下进行，侦查人员应当为其保守秘密。辨认经过和结果，应当制作《辨认笔录》，由侦查人员签名，辨认人、见证人签字或者盖章，根据这一规定，辨认必须有见证人参加。

## 第三节 侦查终结与补充侦查

侦查程序始于立案，结束于侦查终结，侦查终结是与立案相对存在的一个阶段，是整个侦查程序的终结点。在侦查终结后，案件将移送起诉或者作不起诉、撤销案件处理，对于移送起诉的案件，在审查起诉阶段检察机关可能将案件退回补充侦查，即使案件到了审判阶段，检察机关也可以在必需的情况下将案件撤回并退回公安机关补充侦查。这样即使是经过侦查终结的案件，也存在补充侦查的可能。本节将集中介绍这两项内容，此外由于《刑事诉讼法》在“侦查终结”一节中还附带规定了侦查羁押期限的问题，同时考虑到侦查终结往往是计算侦查羁押期限的重要基准点，本节对侦查羁押期限问题也一并予以介绍。

### 一、侦查终结

#### （一）概念与意义

侦查终结是指侦查机关对于自己立案侦查的案件，经过一系列的侦查活动，认为案件事实已经查清，证据确实、充分，足以认定犯罪嫌疑人是否有罪和是否对其追究刑事责任而决定结束侦查，并对案件作出起诉、不起诉或者撤销案件决定的一种诉讼活动。侦查终结是侦查程序中的最后一道程序，通过侦查终结活动，对案件从事实和法律两个方面作出处理意见，对于认定有罪需要追究刑事责任的案件，移送检察机关审查起诉，从而为起诉和审判奠定基础；对于认定无罪或者无需追究刑事责任的案件，可以及时作出不起诉或者撤销案件的决定，进而尽早开释无辜。上述两种结果都可以最大限度地实现刑事诉讼惩罚犯罪、保障人权的诉讼目标。

### （二）侦查终结的条件与处理结果

《刑事诉讼法》第160条规定了侦查终结的条件，即公安机关侦查终结的案件应当做到犯罪事实清楚，证据确实、充分，并且写出起诉意见书，连同案卷材料、证据一并移送同级人民检察院审查决定。对于犯罪事实清楚，证据确实、充分，犯罪性质和罪名认定正确，法律手续完备，依法应当追究刑事责任的案件，应当制作《起诉意见书》，经县级以上公安机关负责人批准后，连同案卷材料、证据，一并移送同级人民检察院审查决定；同时将案件移送情况告知犯罪嫌疑人及其辩护律师。侦查终结的条件包括三项：

1. 案件事实清楚。案件事实清楚包括犯罪嫌疑人有罪或者无罪、罪重或者罪轻以及是否应当受刑罚处罚的全部案件事实与情节。侦查实践中，案件事实的构成包括“七何”要素，即何时、何地、何人、何种动机、何种手段、何种情节、何种危害结果。所谓案件事实清楚是指上述“七何”要素全部查清。同时还应当查清犯罪嫌疑人是否具有漏罪以及犯罪是否为共同犯罪，是否有其他共犯。

2. 证据确实、充分。证据确实、充分是我国《刑事诉讼法》对侦查、起诉、审判共通的证明标准要求。根据前述证据一章的讲述，证据确实、充分应当被理解为证明犯罪事实、情节的每一个证据来源都是可靠的，经查证属实，核对无误的，并且证据与证据之间能够相互印证，形成一个完整的证明体系，足以排除其他可能性，能够确认犯罪嫌疑人有罪或者无罪，罪重或者罪轻。

3. 法律手续齐备。法律手续齐备主要是指各种侦查行为的批准文件、法律文书以及笔录等程序性文件应当齐全且符合《刑事诉讼法》以及公安部关于侦查程序部门规章的相关规定、规范。法律手续是审核侦查行为合法性的重要依据，也是后续诉讼程序正常进行的重要参考依据，因此在侦查终结时，要求侦查机关在事实、证据以及处理意见之外，还应当准备齐备、合格的法律手续文件。

公安机关侦查终结的处理结果包括两种：对于犯罪事实清楚，证据确实、充分，犯罪性质与罪名认定正确，法律手续齐备的案件，应当制作《起诉意见书》移送人民检察院审查起诉；对于发现不应对犯罪嫌疑人追究刑事责任的，应当撤销案件，犯罪嫌疑人已经被逮捕的，应当立即释放，发给释放证明并通知原批准逮捕的人民检察院。其中“不应当追究刑事责任的”既包括经侦查查明的事实不是犯罪的事实，也包括虽有犯罪事实，但不是犯罪嫌疑人所为或者具有《刑事诉讼法》第15条规定的不予追究刑事责任的情形。

另外，在侦查终结时，侦查机关应当将案件移送情况告知犯罪嫌疑人及其辩护律师。这里的告知仅仅是告知已经移送审查起诉的事实，并未要求侦查机关将起诉意见书送达给辩护方。

## 二、侦查羁押期限

《刑事诉讼法》第 154～158 条对逮捕后的侦查羁押期限作出了明确的规定。现有的侦查羁押期限自犯罪嫌疑人被逮捕后开始起算，拘留时间被排除在外。侦查羁押期限不同于侦查期限，羁押期限的着眼点在于犯罪嫌疑人被逮捕后，其人身处于被羁押状态，人身自由所受的限制要求办案机关尽快处理案件，防止久拖不决、长期关押、以押代侦等侵犯人权的现象发生。限定羁押期限，体现了对羁押性强制措施严格适用的精神。而侦查期限在我国《刑事诉讼法》当中没有明确的规定，也就是说如果犯罪嫌疑人未被羁押或者未被采取强制措施，侦查的时限尚无明确的规定。

根据《刑事诉讼法》以及相关规定，侦查羁押期限包括如下三大类：

1. 一般羁押期限。《刑事诉讼法》第 154 条规定："对犯罪嫌疑人逮捕后的侦查羁押期限不得超过 2 个月。"这是对一般刑事案件的侦查羁押期限的规定。如果犯罪嫌疑人在逮捕以前已被拘留的，拘留的期限不包括在侦查羁押期限之内。一般情况下，侦查机关应当在法律规定的侦查羁押期限内侦查终结案件。

2. 特殊羁押期限。特殊羁押期限，是《刑事诉讼法》根据案件的特殊需要，规定在符合法定条件时履行相应的审批手续和程序，便可以延长的侦查羁押期限。具体来看，刑事诉讼中的特殊侦查羁押期限包括如下几种：其一，根据《刑事诉讼法》第 154 条的规定，案情复杂、期限届满不能终结的案件，可以经上一级人民检察院批准延长 1 个月。其二，根据《刑事诉讼法》第 155 条的规定，因为特殊原因，在较长时间内不宜交付审判的特别重大复杂案件，由最高人民检察院报请全国人民代表大会常务委员会批准延期审理。其三，根据《刑事诉讼法》第 156 条的规定，下列案件在本法第 154 条规定的期限届满不能侦查终结的，经省、自治区、直辖市人民检察院批准或者决定，可以延长 2 个月：①交通十分不便的边远地区的重大复杂案件；②重大的犯罪集团案件；③流窜作案的重大复杂案件；④犯罪涉及面广，取证困难的重大复杂案件。其四，根据《刑事诉讼法》第 157 条的规定，对犯罪嫌疑人可能判处 10 年有期徒刑以上刑罚的，依照本法第 156 条规定延长期限届满，仍不能侦查终结的，经省、自治区、直辖市人民检察院批准或者决定，可以再延长 2 个月。

公安机关要求对案件提请延长羁押期限时，应当在羁押期限届满的 7 日前提出，并书面呈报延长羁押期限案件的主要案情和延长羁押期限的具体理由，人民检察院应当在羁押期限届满前作出决定。对于最高人民检察院直接立案侦查的案件，符合《刑事诉讼法》第154、156、157条规定的条件，需要延长犯罪嫌疑人侦查羁押期限的，由最高人民检察院依法决定。

3. 重新计算羁押期限。①根据《刑事诉讼法》第158条第1款的规定："在侦查期间，发现犯罪嫌疑人另有重要罪行的，自发现之日起依照本法第154条的规定重新计算侦查羁押期限。"但是，公安机关在侦查期间，发现犯罪嫌疑人另有重要罪行，重新计算侦查羁押期限的，由公安机关决定，不再经人民检察院批准，但须报人民检察院备案，人民检察院可以监督。②犯罪嫌疑人不讲真实姓名、住址、身份不明的，侦查羁押期限自查清身份之日起计算，但不得停止对其犯罪行为的侦查取证。对于犯罪事实清楚，证据确实、充分，确实无法查明其身份的，也可以按其自报的姓名起诉、审判。③对被羁押的犯罪嫌疑人作精神病鉴定的时间，不计入侦查羁押期限。其他鉴定时间则应当计入羁押期限。

### 三、补充侦查

补充侦查是指人民检察院审查起诉案件的过程中或者在案件审判过程中，人民检察院或者公安机关对存在案件事实不清、证据不足或者遗漏罪行、遗漏同案犯罪嫌疑人等情形的，在原有侦查工作的基础上重新补充收集证据的一种侦查活动。需要明确的是，补充侦查并非所有案件的必经程序，仅仅适用于存在上述案件事实不清、证据不足或者遗漏罪行、遗漏同案犯罪嫌疑人等情形的案件。

《刑事诉讼法》第171条规定了审查起诉阶段的补充侦查；第198条规定了审判阶段的补充侦查。

#### （一）审查起诉阶段的补充侦查

《刑事诉讼法》第171条第2～4款对审查起诉阶段的补充侦查作出了初步的规定，规定："人民检察院审查案件，对于需要补充侦查的，可以退回公安机关补充侦查，也可以自行侦查。对于补充侦查的案件，应当在1个月以内补充侦查完毕。补充侦查以二次为限。补充侦查完毕移送人民检察院后，人民检察院重新计算审查起诉期限。对于二次补充侦查的案件，人民检察院仍然认为证据不足，不符合起诉条件的，应当作出不起诉的决定。"该条规定了审查起诉阶段补充侦查的主体、方式、时限以及证据仍然不足时如何处理。

具体而言，在人民检察院审查起诉过程中如果发现存在需要补充侦查的情形，即案件事实不清、证据不足或者遗漏罪行、遗漏同案犯罪嫌疑人等情形时，人民检察院可以退回公安机关补充侦查或者自行侦查。但检察机关发现侦查机关存在以非法的方法收集言词证据时，应当提出纠正意见并要求公安机关重新派员取证，如果侦查机关未另行派员重新调查取证的，人民检察院也可以依法退回侦查机关补充侦查。

在退回公安机关补充侦查时，应当提出补充侦查的具体书面意见，连同案件材料一同退回公安机关；如果采用自行侦查的方式进行补充侦查，人民检察院可以在必要时要求公安机关协助。原则上检察机关作为审查起诉机关不宜自行补充侦查，而是应当将案件退回公安机关进行侦查，但对于只有部分案件证据需要查证而人民检察院自己也有能力侦查的或者自行侦查更有利于案件正确处理的，可以由人民检察院自行补充侦查。

关于补充侦查的期限，根据《刑事诉讼法》的规定，退回补充侦查以1个月为限，且最多两次，这主要是防止办案机关利用补充侦查后办案期限重新计算这一规定来规避法定的时限，出现利用退侦延长办案期限的现象。对于自行补充侦查的，不单独计算期限，而是应当在审查起诉的原有期限内结束。

关于经过两次补充侦查后仍然证据不足的案件，人民检察院应当作出不起诉决定。值得明确的是这一规定并非要求人民检察院只有经历两次补充侦查才能作出不起诉决定。在实践中，如果在第一次补充侦查后，人民检察院认为证据不足且没有必要再次补充侦查的，仍然可以作出不起诉决定。1996年修改的《刑事诉讼法》增加了这一规定，旨在解决过去实践中存在的“踢皮球”现象，即案件证据不足，公安机关不放人，也不补充侦查，案件久拖不决。实践中也存在经过两次补充侦查之后，又发现了新的犯罪事实，而此时人民检察院与公安机关又无法继续补充侦查的情况，在这种情况下，应当告知侦查机关对新的犯罪事实单独立案侦查，对已经查清的事实先行起诉。对于补充侦查中发现原有案件不应当追究刑事责任的，公安机关可以重新进行处理，即可以作出撤销案件的处理，但处理结果应当通知退回补充侦查的检察机关。

《刑事诉讼法》在规定审查起诉阶段的补充侦查时，附带提及了审查起诉阶段检察机关要求侦查机关提供相应证据材料的规定。这一规定适用于个别证据需要补充或查实但无需退回补充侦查的案件。人民检察院在庭审中代表国家出庭支持公诉，而公诉是否成功关键取决于先前的证据准备过程，因此面向审判阶段的检察机关有权要求侦查机关帮助其准备庭审，上述关于补充证据的规定完全符合检察机关与侦查机关在审判前以及审判中的相对地位。

（二）审判阶段的补充侦查

《刑事诉讼法》第198、199条规定，法庭审判过程中，检察人员发现提起公诉的案件需要补充侦查而提出延期审理建议的，人民法院应当准许。补充侦查的时限为1个月，同样是以两次为限。原则上由检察机关自行侦查，必要时可以要求公安机关协助。

合议庭在案件审理过程中，发现被告人可能有自首、立功等法定量刑情节，而起诉和移送的证据材料没有这方面的证据材料，应当建议人民检察院补充侦查。对于人民检察院而言，人民检察院应当审查相关理由，如果不同意人民法院的建议，可以要求人民法院就起诉指控的犯罪事实依法裁判。

## 第四节　人民检察院对直接受理案件的侦查

人民检察院对直接受理的案件的侦查，也称自侦案件的侦查，是指人民检察院对自己受理的案件，依法进行的专门调查工作和有关的强制性措施。关于自侦案件的范围，在本书“管辖”一章的讲解中已有详细地介绍，在此不过多涉及，主要介绍一下自侦案件中侦查权的特殊规定以及侦查终结的处理方式等问题。

《刑事诉讼法》第162条规定：“人民检察院对直接受理的案件的侦查适用本章规定。”即《刑事诉讼法》关于侦查的一般规定均适用于人民检察院的自侦案件。但1996年《刑事诉讼法》修改时，考虑到加强打击职务犯罪、腐败犯罪的需要，将自侦案件的部分特殊规定单独列为了“侦查”章中的一节。

### 一、自侦案件中的侦查权限

《刑事诉讼法》第163条规定：“人民检察院直接受理的案件中符合本法第79条、第80条第4项、第5项规定情形，需要逮捕、拘留犯罪嫌疑人的，由人民检察院作出决定，由公安机关执行。”根据这一规定，检察机关自侦案件过程中，在拘留权的问题上，仅具有拘留决定权，而不具有拘留的执行权；同时拘留在自侦案件中的适用对象也仅限于两类，明显少于公安机关在普通刑事案件中享有的拘留权限。人民检察院对自行决定拘留的人应当尽快审查，根据《刑事诉讼法》第164条的规定，应当在拘留后的24小时以内进行讯问。在发现不应当拘留的时候，必须立即释放，发给释放证明。对需要逮捕而证据不足的，可以取保候审或监视居住。

《刑事诉讼法》第165条规定："人民检察院对直接受理的案件中被拘留的人，认为需要逮捕的，应当在14日以内作出决定。在特殊情况下，决定逮捕的时间可以延长1日至3日。对不需要逮捕的，应当立即释放；对需要继续侦查，并且符合取保候审、监视居住条件的，依法取保候审或者监视居住。"上述规定的17日期限为人民检察院自侦部门与审查批捕部门共用的期限，而且这一期限没有规定任何例外，应当被视为人民检察院办理自侦案件总的拘留期限。

## 二、侦查终结后的处理

《刑事诉讼法》第166条规定："人民检察院侦查终结的案件，应当作出提起公诉、不起诉或者撤销案件的决定。"据此，人民检察院对侦查终结的案件有三种不同的处理方式：

1. 人民检察院对直接受理的案件，经过侦查，发现犯罪事实清楚，证据确定、充分，犯罪嫌疑人的行为已经构成犯罪，依法应当追究刑事责任的，应当作出提起公诉的决定。

2. 经过侦查，如果认为犯罪事实清楚，证据确实、充分，足以认定犯罪嫌疑人构成犯罪，但犯罪情节轻微，依照刑法规定不需要判处刑罚或者应当免除刑罚的，可以作出不起诉的决定。

3. 经过侦查，发现没有犯罪事实发生或不应当对犯罪嫌疑人追究刑事责任的，应当及时终止侦查，作出撤销案件的决定。其中"不应当追究刑事责任"的情形和公安机关撤销案件的情形相同，即凡具有《刑事诉讼法》第15条规定的六种情形之一的，人民检察院就应当作出撤销案件的决定。

在实务操作中，人民检察院侦查终结的案件，对于符合提起公诉或不起诉条件的，由侦查部门制作《起诉意见书》或《不起诉意见书》，连同案卷材料、证据一并移送审查起诉部门，由审查起诉部门进行审查，根据检察长或检察委员会的决定，作出提起公诉或不起诉的决定；如果侦查终结，应当撤销案件的，侦查部门应当制作《撤销案件意见书》，报经检察长或检察委员会讨论决定后撤销案件。人民检察院决定不起诉或者撤销案件的，犯罪嫌疑人在押的，应当立即通知公安机关予以释放，公安机关应当立即释放，并发给释放证明。此外，对于撤销后的案件，如果又发现新的事实或者证据，认为有犯罪事实需要追究刑事责任时，人民检察院可以重新立案侦查。

## ◇ 思考与练习

### 一、选择题

1. 某公安局刑警队为确定猥亵案中女被害人郭某受到损害的情况，需要对郭某进行身体检查，下列说法中正确的是（　　）。

A. 如果郭某同意进行检查，可以由男医师进行检查

B. 如果郭某同意进行检查，可以由女侦查人员进行检查

C. 如果郭某不同意进行检查，不得对她进行强制检查

D. 如果郭某不同意进行检查，侦查机关可以对她进行强制检查

**【答案】** ABC

**【解析】**《刑事诉讼法》第130条第2、3款规定，检查妇女的身体，应由女工作人员或医师进行，因此A、B两个选项正确；同时本条仅仅规定对“犯罪嫌疑人”可以强制进行检查，但对被害人能否进行强制检查没有规定，应当理解为不得进行强制检查，因此选项C正确。

2. 某人民检察院立案侦查该市工商局长利用职权报复陷害他人一事，侦查中发现犯罪已过追诉时效，人民检察院应当如何处理？（　　）

A. 不起诉　　　　B. 撤销案件

C. 宣告无罪　　　　D. 移送法院处理

**【答案】** B

**【解析】** 参见《规则》第237条规定之内容。

### 二、讨论题

1. 简述搜查程序。

**【讨论提示】** 对本题的回答应当简明扼要地表明搜查的概念以及《刑事诉讼法》和相关司法解释对搜查程序要件的各项规定，相关内容可参见本章对“搜查”的讲解。

2. 如何完善我国侦查程序的司法控制？

**【讨论提示】** 本题需要补充相应的课外知识作答。在回答时，首先应当讲明侦查程序的概念以及目前我国侦查程序在司法控制方面的状况，然后重点论述对侦查行为、侦查程序实施司法控制的意义以及制度设想。目前我国侦查程序的一个鲜明特点就是行政化色彩过于浓重，所有的侦查行为全部由侦查机关自行决定、自行实施，而根据诉讼原理以及法治先行国家的经验，关系到公民基本权利的侦查行为理应由更为中立、超然的第三方，通常为法院负责审批，以体现对公民人权的保障以及对警察权的外来制约。

## 三、案例分析题

河北省大城县城关镇李某（女，25 岁）向当地派出所报案，控告其邻居王某多次对她进行强奸。当地公安局随即立案展开调查，迅速掌握了如下线索：①李某的邻居，一名 9 岁小女孩说，有一天她从李某家的门缝中看见王某藏在李某的床铺蚊帐背后，不知在干什么；②李某的邻居万某、张某证明说，不久前听李某说，她与王某发生了关系，有小孩儿了，想吃酸的；③群众反映王某经常出入李某的家门，他们还曾吵过架。根据上述情况，侦查人员将王某拘留，在第一次讯问王某时，作了如下讯问笔录：

问：王某，你知道自己为什么被拘留吗？

答：我不知道，我什么都没干。

问：你知不知道党的政策是“坦白从宽、抗拒从严”？隐瞒罪行对你是没有好处的。

答：我真的没有干什么，不信你们可以去调查。

问：我们已经作了大量的调查工作，事情已经很清楚了，你老实交待吧。你犯了什么罪？

答：我不知道你们要我交待什么？

问：那我们告诉你，你强奸了李某没有？

答：什么？我强奸了李某，你们搞错了吧？

问：你听好了，我们现在向你宣读李某控告你强奸的控诉状……你怎么解释？

答：这完全是诬陷，我和李某经常一起玩，我们还谈过恋爱，只不过现在关系断了，我们是你情我愿，怎么又成了强奸了。

问：你说你没有强奸李某，那她为什么控告你，而不告别人呢？

答：我不知道，反正我没有强奸她。

问：你说你没有强奸李某，那你对其他女孩是否耍过流氓？或者干过其他坏事没有？

答：没有，我保证我没有做过坏事，你们可以去调查了解。

请分析本案讯问过程中，侦查人员有哪些违法之处？

**【参考答案】**①侦查人员在讯问王某时，不是首先问其是否有罪并让其陈述有罪的情节或无罪的辩解，再根据其陈述与辩解向其提出问题；②讯问中，侦查人员在多处使用了诱供的方式，违反了《刑事诉讼法》当中禁止以引诱、欺骗等非法方法进行讯问的规定；③违反了《刑事诉讼法》第 50 条确立的不得强迫任何人证实自己有罪的规定，犯罪嫌疑人在讯问过程中不承担证实自己有罪的义务。

## ◇ 参考文献

1. 郎胜主编：《中华人民共和国刑事诉讼法释义》，法律出版社 2012 年版。

2. 陈永生：《侦查程序原理论》，中国人民公安大学出版社 2003 年版。

3. 马海舰：《刑事侦查措施》，法律出版社 2006 年版。

4. 何家弘主编：《新编犯罪侦查学》，中国法制出版社 2007 年版。

5. 孙长永：《侦查程序与人权》，中国方正出版社 2000 年版。

6. 冀祥德：《控辩平等论》，法律出版社 2008 年版。

7. 程雷：《秘密侦查比较研究》，中国人民公安大学出版社 2008 版。

8. 冀祥德："论口供获取与人权保障"，载《河北法学》2006 年第 6 期。

9. 左卫民、龙宗智："继承与发展：刑事侦查制度评述"，载《现代法学》1996 年第 6 期。

10. 陈卫东、李奋飞："论侦查权的司法控制"，载《政法论坛》2000 年第 6 期。

11. 程雷："秘密侦查立法宏观问题研究"，载《政法论坛》2011 年第 5 期。

# 第十三章
# 起诉程序

【导读】　在早期的刑事诉讼中，没有设立检察机关提起公诉的制度，起诉因此尚不是一个独立的程序。起诉是指司法机关开始审理案件的缘由或依据，起诉的方式大体包括被害人告诉、一般人告诉、官吏举发以及审判机关纠问等四种形式。自清末设立检察机关以来，我国实行“以公诉为主、自诉为辅”的二元起诉制度，公诉和自诉两种起诉形式互为补充，构成我国刑事起诉制度的体系。1996 年修改《刑事诉讼法》时，取消了“免于起诉”制度，并对 1979 年《刑事诉讼法》中关于不起诉制度等方面的内容作了相应的修改和完善；2012 年修改的《刑事诉讼法》增加了听取意见程序、不起诉的类型和案卷移送制度等，起诉程序得到了进一步的完善。

本章的知识要点包括起诉程序的概念，审查起诉的内容、步骤、方法，提起公诉的条件，不起诉的概念、种类，自诉案件的受理范围等。在公诉案件中，起诉是连接侦查和审判的中间程序，学习本章应当结合前面有关侦查程序的内容，同时，本章的学习也能够为下一章审判程序的学习奠定基础。

## 第一节　起诉程序概述

### 一、起诉与起诉程序的概念

在刑事诉讼中，根据行使起诉权的主体不同，可将起诉分为公诉和自诉两种形式。公诉是指行使国家公诉权的人民检察院对公安机关侦查终结移送起诉的案件，或自行侦查终结的案件，经全面审查确认，侦查阶段收集的证据已经确实、充分，犯罪嫌疑人的行为已经构成犯罪，依法应当追究刑事责任时，作出起诉决定，代表国家提请人民法院对犯罪嫌疑人进行审判的诉讼活动。提起公诉是刑事诉讼中人民检察院行使公诉权的一个独立阶段。从广义上说，是指刑事案件侦查终结以后至人民法院进行审理以前的整个阶段。从狭义上说，是指人民检察院决定起诉，并代表国家提请人民法院对犯罪嫌疑人进行审判的诉讼活动。自诉是相对公诉而言的，是指被害人或者其法定代理人、近亲属为了维护被害人的合法权益，而自行、直接向人民法院控诉被告人犯罪，要求法院进行审判，追究被告人刑事责任的诉讼活动。

起诉程序是指人民检察院提起公诉和被害人或者其法定代理人、近亲属提起自诉所应当遵循的法律规定的步骤、方式以及原则、规则等。

## 二、起诉程序的任务

人民检察院提起公诉是刑事诉讼中的一个独立阶段，与其他阶段相比具有以下特定任务：

1. 对公安机关侦查终结移送起诉的案件和自行侦查终结的案件进行全面审查。

2. 根据事实和法律，对案件分别作出提起公诉、不起诉或者撤销案件的决定，并制作相应法律文书。

3. 对公安机关的侦查工作进行监督。发现有程序违法情况时，及时通知其纠正。

4. 若存在由于犯罪嫌疑人的犯罪行为直接使国家财产、集体财产遭受损失的情况，在提起公诉的同时提起附带民事诉讼。

5. 对于决定提起公诉交付审判的案件，做好出庭支持公诉的准备工作；对于决定不起诉或者撤销的案件，从综合治理的角度做好善后工作。

自诉的任务在于向人民法院说明有犯罪事实发生并且需要追究刑事责任，同时说明该案件属于自诉案件，需要由人民法院立案管辖。

## 三、起诉程序的意义

在现代刑事诉讼中，起诉的意义主要体现在以下三个方面：

### （一）启动审判程序

在现代刑事诉讼原则体系中，控审分离原则居于核心地位。该原则的重要内容之一即“不告不理”，这意味着没有起诉就没有审判。起诉作为审判的前提和基础，能启动审判程序。特别在公诉案件中，起诉前连侦查，后接审判，既是侦查的总结，又是审判的基础，是起承前启后作用的一个重要阶段。

### （二）限制法院审判范围

“不告不理”要求审判只限于起诉书中载明的犯罪嫌疑人，只限于起诉书中载明的犯罪事实。这实际上对审判权的作用范围框定了一个界限。对于虽然在庭审过程中发现，但未被指控的犯罪嫌疑人或犯罪事实，只要检察机关或自诉人及其法定代理人未追加，审判机关不得自动将其归于审判权作用范围内。审判机关可以建议检察机关或自诉人及其法定代理人变更指控，但这种建议不同于具有强制性的决定，否则就是对控诉权的分割，扭曲了合理的诉讼结构。

（三）规范侦查行为

在公诉案件中，通过检察机关审查起诉，可以全面审查案件事实和证据，查明侦查活动是否合法，法律手续是否完备，对侦查工作实行有效监督。并且在这一阶段，检察机关通过全面审查可以作出不起诉、提起公诉或撤销案件的不同决定，这关系到保障无罪的人不再受到追诉，依法不应追究刑事责任的人不受审判等犯罪嫌疑人合法权益的维护。对完成保证刑法正确实施以及惩罚犯罪、保护人民，保障国家安全和社会公共安全等刑事诉讼的基本任务，具有重要作用。

## 第二节　提起公诉的程序

### 一、审查起诉

（一）审查起诉的概念

《刑事诉讼法》第 167 条规定："凡需要提起公诉的案件，一律由人民检察院审查决定。"这是检察机关审查起诉权行使的法律依据。所谓审查起诉，是指人民检察院对自侦案件或公安机关侦查终结的刑事案件的犯罪事实、证据、罪名等全面审查，以决定是否向人民法院提起公诉或作出不起诉、撤销案件等处理决定的诉讼活动。审查起诉是人民检察院为实现其公诉职能所作的准备工作，也是人民检察院实现侦查监督职能的重要手段。因此，审查起诉对于检察机关侦查监督职能和公诉职能的正确履行都具有十分重要的意义。

（二）移送审查起诉案件的受理

人民检察院审查起诉部门对公安机关和本院侦查部门移送审查起诉的案件进行初步的程序性审查后决定是否予以接受。人民检察院对于公安机关移送审查起诉的案件，应当在 7 日内进行审查。人民检察院对公安机关移送审查起诉的案件进行审查的期限，计入人民检察院审查起诉期限。

人民检察院对于公安机关移送审查起诉的案件，应当在收到起诉意见书后，指定检察人员审查以下内容：①案件是否属于本院管辖；②起诉意见书以及案卷材料是否齐备；案卷装订、移送是否符合有关要求和规定，诉讼文书、技术性鉴定材料是否单独装订成卷等；③对作为证据使用的实物是否随案移送，移送的实物与物品清单是否相符；④犯罪嫌疑人是否在案以及采取强制措施的情况。

经审查后，根据情况作出如下处理：①对具备受理条件的，填写受理审查起诉案件登记表。②对起诉意见书、案卷材料不齐备，作为证据使用的实物未移送，或者移送的实物与物品清单不相符的，应当要求公安机关在 3 日内补送。对于案卷装订不符合要求的，应当要求公安机关重新分类装订后移送审查起诉。③对于犯罪嫌疑人在逃的，应当要求公安机关在采取必要措施保证犯罪嫌疑人到案后移送审查起诉。共同犯罪的部分犯罪嫌疑人在逃的，应当要求公安机关在采取必要措施保证在逃的犯罪嫌疑人到案后另案移送审查起诉，对在案的犯罪嫌疑人的审查起诉应当照常进行。

各级人民检察院提起公诉的案件，应当与人民法院审判管辖相适应。①人民检察院受理同级公安机关移送审查起诉的案件，经审查认为属于上级人民法院管辖的第一审案件时，应当写出审查报告，连同案卷材料报送上一级人民检察院，同时通知移送审查起诉的公安机关；认为属于同级其他人民法院管辖的第一审案件时，应当写出审查报告，连同案卷材料移送有管辖权的人民检察院或者报送共同的上级人民检察院指定管辖，同时通知移送审查起诉的公安机关。②上级人民检察院受理同级公安机关移送审查起诉案件，认为属于下级人民法院管辖时，可以直接交下级人民检察院审查，由下级人民检察院向同级人民法院提起公诉，同时通知移送审查起诉的公安机关。③一人犯数罪，共同犯罪和其他需要并案审理的案件，只要其中一人或一罪属于上级人民检察院管辖的，全案由上级人民检察院审查起诉。

（三）审查起诉的内容

根据《刑事诉讼法》第 168 条和相关规定，人民检察院审查案件的时候，必须查明以下内容：

1. 犯罪嫌疑人身份状况是否清楚，包括姓名、性别、国籍、出生年月日、职业和单位等。

2. 犯罪事实、情节是否清楚，认定犯罪性质和罪名的意见是否正确；有无法定的从重、从轻、减轻或者免除处罚的情节；共同犯罪案件的犯罪嫌疑人在犯罪活动中的责任的认定是否恰当。犯罪事实、情节是人民检察院决定起诉的依据，也是人民法院定罪量刑的基础，必须认真核实。这里的犯罪事实是指作为构成刑法上规定的犯罪构成要件的事实。犯罪情节虽然不属犯罪构成要件，对定罪量刑不具有法定性，但却具有酌定性。要查明犯罪事实、情节是否清楚，就必须对侦查阶段收集的证据进行全面分析和鉴别，既包括有罪证据和罪重证据，也包括无罪证据和罪轻证据。在此基础上，还应当对犯罪的性质和罪名的认定是否恰当进行鉴别。其一，必须根据刑法有关规定严格区分罪与非罪的界限。其二，要区分此罪与彼罪的界限。

3. 证据材料是否随案移送，不宜移送的证据的清单、复制件、照片或者其他证明文件是否随案移送。

4. 证据是否确实、充分。在审查证据时，应查明事实和证据之间、证据和证据之间有无矛盾，并在此基础上建立事实和证据的综合证明体系，确保对于犯罪事实、情节的正确认定。

5. 有无遗漏罪行和其他应当追究刑事责任的人。人民检察院应当全面、客观地追诉犯罪，做到不枉不纵。因此，在审查起诉时，必须认真审查被移送起诉的犯罪嫌疑人是否有遗漏罪行，认真审查有无其他应当追究刑事责任人的情况。具体说来，需要查明：①共同犯罪中，每个犯罪嫌疑人所处的地位、作用，所负的主要责任，以及涉及的其他人和事。②对于青少年犯罪案件，注意审查有无教唆他们犯罪的教唆犯或者传授犯罪方法的罪犯。③对于经济犯罪案件，注意追查赃款赃物的去向，深挖窝赃、销赃犯，认真追缴赃款赃物，不能让犯罪分子在经济上捞到好处，等等。

6. 是否属于不应追究刑事责任的范围。人民检察院审查起诉时，对于符合《刑事诉讼法》第 15 条所规定情形之一的，对犯罪嫌疑人就不予追究刑事责任，以保障无罪的人不受刑事追究。

7. 有无附带民事诉讼。对于国家财产、集体财产遭受损失的，是否需要由人民检察院提起附带民事诉讼。附带民事诉讼制度产生、存在的价值基础在于全面追究犯罪嫌疑人、被告人的刑事责任和民事责任，保护国家利益、集体利益以及公民的合法权益。因此，人民检察院审查起诉时，要查明犯罪行为是否直接给被害人造成了物质损失。对于已造成物质损失，被害人已经提起附带民事诉讼的，人民检察院要保护被害人的这项权利。被害人没有提起附带民事诉讼的，应告知其有权提起附带民事诉讼。还要查明国家、集体财产是否因犯罪行为而遭受物质损失，如果造成了损失，人民检察院可以在提起公诉时一并提起附带民事诉讼。

8. 采取的强制措施是否适当。《刑事诉讼法》规定了拘传、取保候审、监视居住、拘留和逮捕等五种强制措施，每一种强制措施都有包括适用条件、对象、期限等方面的程序规范，并且强制措施具有暂时性特点，其适用会随着诉讼的发展而有撤销、变更、解除等变化。因而，人民检察院在审查起诉时还应就这方面内容进行审查。

9. 侦查活动是否合法。这是人民检察院行使监督职能的重要体现。人民检察院审查起诉时，应该注意审查侦查人员的侦查活动是否符合法律规定，手续是否完备，有无隐匿罪证、徇私舞弊以及以刑讯逼供等方法违法收集证据等情形。如果存在上述情形，应当及时提出纠正意见并追究相关人员的责任。

10. 与犯罪有关的财物及其孳息是否扣押、冻结并妥善保管，以供核查。对被害人合法财产的返还和对违禁品或者不宜长期保存的物品的处理是否妥当，移送的证明文件是否完备。

（四）审查起诉的步骤、方法

根据相关司法解释的规定，审查起诉应当遵循以下步骤、方法展开：

1. 指定审查人员。人民检察院受理移送审查起诉案件，应当指定检察员或者经检察长批准行使检察员职务的助理检察员办理，也可以由检察长办理。

2. 审阅案卷材料。办案人员接到案件后，应当审查并仔细阅读《起诉意见书》，以及相关证据材料、法律文书。

3. 讯问犯罪嫌疑人，听取辩护人、被害人及其诉讼代理人的意见，并记录在案。辩护人、被害人及其诉讼代理人提出书面意见的，应当附卷。这是人民检察院审查起诉时的必经程序，这一程序相对于1996年《刑事诉讼法》的规定在表述上更加准确，在程序上更加完善，有利于核实证据，维护当事人的合法权益，监督侦查活动依法进行。主要体现在：一是明确讯问犯罪嫌疑人，应当听取辩护人、诉讼代理人的意见，而不再是笼统地规定听取委托人的意见。二是增加了听取意见的处理方法，即听取辩护人、被害人及其诉讼代理人的意见，应当记录在案；辩护人、被害人及其诉讼代理人提出书面意见的，应当附卷。讯问、听取意见应由2名以上办案人员进行，并制作笔录。讯问犯罪嫌疑人或者询问被害人时，应当分别告知其在审查起诉阶段所享有的诉讼权利。直接听取被害人和犯罪嫌疑人的意见有困难的，可以向被害人和犯罪嫌疑人、辩护人、被害人及其诉讼代理人发出书面通知，由其提出书面意见，在指定期限内未提出意见的，应当记明笔录。

4. 询问证人。人民检察院询问证人，应当告知其在审查起诉阶段所享有的诉讼权利。人民检察院对证人证言笔录存在疑问或者认为对证人的询问不具体或者有遗漏的，可以对证人进行询问并制作笔录。

5. 司法鉴定。人民检察院认为对犯罪嫌疑人或被害人需要进行司法鉴定的，应当要求公安机关进行；必要时也可以由人民检察院进行或者由人民检察院送交有鉴定资格的鉴定机构进行。人民检察院自行对犯罪嫌疑人或者被害人进行司法鉴定的，可以商请公安机关派员参加，必要时还可以聘请鉴定机构或者有鉴定资格的人员参加。在审查起诉中，发现犯罪嫌疑人有患精神病可能的，人民检察院应当依照有关规定对犯罪嫌疑人进行鉴定。犯罪嫌疑人的辩护人或者近亲属以犯罪嫌疑人有患精神病可能而申请对犯罪嫌疑人进行鉴定的，人民检察院也应当对犯罪嫌疑人进行鉴定，并由申请方承担鉴定费用。

6. 复验、复查、补充鉴定或重新鉴定。人民检察院审查案件时，对公安机关的勘验、检查，认为需要复验、复查的，应当要求公安机关复验复查，人民检察院可以派员参加；也可以自行复验、复查，商请公安机关派员参加，必要时也可以聘请专门技术人员参加。人民检察院对鉴定意见有疑问的，可以指派或聘请有专门知识的人或者鉴定机构，对案件中的某些专门性问题进行补充鉴定或者重新鉴定。审查起诉部门对审查起诉案件中涉及专门技术问题的证据材料需要进行审查的，可以送交检察技术人员或者其他具有专门知识的人员审查。检察技术人员或者其他具有专门知识的人员审查后应当出具审查意见。

7. 要求公安机关补充证据和补充侦查。人民检察院对物证、书证、勘验、检查、辨认、侦查实验笔录、视听资料、电子数据存在疑问的，可以要求侦查人员提供证据获取、制作的有关情况。必要时也可以询问提供物证、书证、视听资料、电子数据的人员并制作笔录，对证据进行司法鉴定。

根据《刑事诉讼法》第171条的规定，人民检察院审查案件认为存在本法第54条规定的以非法方法收集证据情形的，可以要求其对证据收集的合法性作出说明。人民检察院应当提出纠正意见，同时应当要求侦查机关另行指派侦查人员重新调查取证，必要时人民检察院也可以自行调查取证。侦查机关未另行指派侦查人员重新调查取证的，可以依法退回侦查机关补充侦查。

人民检察院审查案件时，认为公安机关或本院侦查部门移送的案件犯罪事实不清、证据不足或者有遗漏罪行、遗漏同案犯罪嫌疑人等情形，需要补充侦查的，应当提出书面意见，连同案卷材料一并退回侦查机关或侦查部门补充侦查。对于退回公安机关补充侦查的案件，应当在1个月以内补充侦查完毕。补充侦查以2次为限。

8. 作出处理决定。办案人员对案件进行审查后，应当制作案件审查意见书，提出起诉或者不起诉以及是否需要提起附带民事诉讼的意见，经审查起诉部门负责人审核，报请检察长或者检察委员会决定。检察长承办的审查起诉案件，除按规则规定应当由检察委员会讨论决定的以外，可以直接作出起诉或者不起诉的决定。对于公安机关移送审查起诉的案件，发现犯罪嫌疑人没有违法犯罪行为的，应当书面说明理由将案卷退回公安机关处理；发现犯罪事实并非犯罪嫌疑人所为的，应当书面说明理由将案卷退回公安机关并建议公安机关重新侦查。如果犯罪嫌疑人已经被逮捕，应当撤销逮捕决定，通知公安机关立即释放。审查起诉部门对于本院侦查部门移送审查起诉的案件，发现符合法定情形的，应当退回本院侦查部门建议作出撤销案件的处理。

### （五）审查起诉的期限

《刑事诉讼法》第169条规定："人民检察院对于公安机关移送起诉的案

件，应当在1个月以内作出决定，重大、复杂的案件，可以延长半个月。人民检察院审查起诉的案件，改变管辖的，从改变后的人民检察院收到案件之日起计算审查起诉期限。”第171条第3款规定：“补充侦查完毕移送人民检察院后，人民检察院重新计算审查起诉期限。”

## 二、提起公诉

《刑事诉讼法》第172条规定：“人民检察院认为犯罪嫌疑人的犯罪事实已经查清，证据确实、充分，依法应当追究刑事责任的，应当作出起诉决定，按照审判管辖的规定，向人民法院提起公诉，并将案卷材料、证据移送人民法院。”这一规定包含以下内容：

### （一）提起公诉的条件

1. 犯罪事实已经查清。犯罪事实清楚是提起公诉的首要条件。根据有关司法解释，具有下列情形之一的，可以确认犯罪事实已经查清：①属于单一罪行的案件，查清的事实足以定罪量刑或者与定罪量刑有关的事实已经查清，不影响定罪量刑的事实无法查清的；②属于数个罪行的案件，部分罪行已经查清并符合起诉条件，其他罪行无法查清的；③无法查清作案工具、赃物去向，但有其他证据足以对被告人定罪量刑的；④证人证言、犯罪嫌疑人供述和辩解、被害人陈述的内容中主要情节一致，只有个别情节不一致且不影响定罪的。

2. 证据确实、充分。证据确实是对证据质的要求，证据充分是对证据量的要求。证据确实与充分是相互联系、不可分割的两个方面。二者互为条件，共同构成人民检察院提起公诉的必要条件之一。

3. 依法应当追究刑事责任。犯罪嫌疑人的行为虽然已构成犯罪，但具有依法不应追究刑事责任的情形，同样不应对其提起公诉。

总之，上述三个条件共同构成人民检察院提起公诉的必备要件。

### （二）起诉书的制作和移送

人民检察院提起公诉的案件，应当制作起诉书。起诉书是对侦查工作的概括总结，又是人民法院对被告人审判的依据之一，也是宣传法制、教育群众的生动教材，同时它体现着刑事诉讼的公诉性质以及法律文书的强制性和严肃性。因此，起诉书应严格依照《刑事诉讼法》和最高人民检察院颁发的《刑事检察文书格式》的规定制作。起诉书的制作，一般可分为四个部分：

1. 被告人的基本情况，包括姓名、性别、出生年月日、出生地、身份证号码、民族、文化程度、职业、工作单位及职务、住址，是否受过刑事处罚，采取强制措施的情况及在押被告人的关押处所等；如果是单位犯罪，应写明犯罪单位的名称，所在地址，法定代表人或代表的姓名、职务；如果还有应当负刑事责任的“直接负责的主管人员或其他直接责任人员”应当按上述被告人基本情况的内容叙写。

2. 案由和案件来源，案由包括犯罪主体和认定的罪名，案件来源主要是指案件是由公安机关侦查终结移送起诉的，还是人民检察院侦查部门自行侦查终结的案件。

3. 案件事实，包括犯罪的时间、地点、经过、手段、动机、目的、危害后果等与定罪量刑有关的事实要素。起诉书叙述的指控犯罪事实的必备要素应当明晰、准确。被告人被控有多项犯罪事实的，应当逐一列举，对于犯罪手段相同的同一犯罪可以概括叙写。

4. 起诉的根据和理由，包括被告人触犯的刑法条款、犯罪的性质、法定从轻、减轻或者从重处罚的条件，共同犯罪各被告人应负的罪责等。

被告人真实姓名、住址无法查清的，应当按其绰号或者自报的姓名、自报的年龄制作起诉书，并在起诉书中注明。被告人自报的姓名可能造成损害他人名誉、败坏道德风俗等不良影响的，可以对被告人编号并按编号制作起诉书，并在起诉书中附被告人的照片。

根据《刑事诉讼法》的规定，起诉书制成后，需要连同案卷材料、证据一并移送同级人民法院，而不再是仅向人民法院移送起诉书、证据目录、证人名单和主要证据复印件或者照片。并且应按被告人、辩护人、被害人的人数向人民法院提交起诉书副本。

起诉书应当一式8份，每增加一名被告人增加起诉书5份。

人民法院认为人民检察院起诉移送的有关材料不符合《刑事诉讼法》第172条规定的条件，向人民检察院提出书面意见要求补充提供的，人民检察院应当自收到通知之日起3日内补送。

对提起公诉后，人民法院开庭审判前，人民检察院自行补充收集的证据材料，应当根据《刑事诉讼法》第172条的规定向人民法院移送收集的证据。

（三）适用简易程序案件的移送

人民检察院有权建议适用简易程序。对于案件事实清楚、证据确实、充分的；被告人承认自己所犯罪行，对起诉书指控的犯罪事实没有异议的；被告人对适用简易程序没有异议的，可以建议适用简易程序。

人民检察院建议适用简易程序的，在向人民法院提起公诉时，应当同时提出适用简易程序的书面建议，并随案移送全案卷宗和证据。

适用简易程序审理的公诉案件，人民法院发现不宜适用简易程序，决定按照公诉案件第一审普通程序重新审理的，人民检察院应当派员出席法庭。

转为普通程序审理的案件，人民法院应当将全案卷宗和证据材料退回人民检察院。人民检察院审查起诉的期限应当从收到人民法院有关案件材料之日起计算。

## 第三节　公诉案件的不起诉

### 一、“免予起诉”的取消

1996年《刑事诉讼法》对审查起诉的重要改革即是取消了实行多年的“免予起诉”制度，以“不起诉”代之。所谓“免予起诉”是指对于被告人的行为已经构成犯罪，但是依照刑法规定不需要判处刑罚或者可以免除处罚的，在审查起诉阶段，就由人民检察院作出认定其有罪而又免除刑罚的决定。并且，人民检察院所作免予起诉决定与人民法院开庭审判后依法作出的认定被告人有罪而依法免除其刑罚的判决具有同等的法律效力。关于“免予起诉”的存废问题学界观点纷纭，形成“坚持”说、“废除”说、“半废除”说、“附条件地保留”说等不同意见。鉴于“免予起诉”存在与现代刑事诉讼精神发生硬性碰撞的一面，如人民检察院的免予起诉决定侵犯了人民法院的审判权；检察机关自侦案件又自行免予起诉，由其一家包揽了整个刑事诉讼过程，有违三机关分工负责、互相配合、互相制约原则等，立法最终取消了“免予起诉”制度。在取消免予起诉制度的同时，考虑到赋予人民检察院适当自由裁量权的必要性，将后来免予起诉的某些案件，改为“不起诉”，建立了“不起诉”制度。2012年修改的《刑事诉讼法》继续完善了不起诉制度。

### 二、不起诉的概念和种类

#### （一）不起诉的概念

所谓不起诉是指人民检察院对于公安机关移送起诉的案件或者对自行侦查终结的案件，经审查认为依法不应追究犯罪嫌疑人刑事责任，或者犯罪嫌疑人犯罪情节轻微依法不需要判处刑罚或者免除刑罚，或经过两次补充侦查仍未达到起诉条件，而作出的一种终止诉讼的决定。不起诉，是人民检察院对犯罪嫌疑人进行实体处理的一种方法，体现了现代刑事诉讼“有罪的一致性，无罪的非一致性”之原则。

#### （二）不起诉的种类

根据《刑事诉讼法》第171、173条的规定，不起诉分为三种：法定不起诉、酌定不起诉和存疑不起诉。

1. 法定不起诉。法定不起诉，又称绝对不起诉，是指人民检察院对案件审查后，认为犯罪嫌疑人没有犯罪事实，或者有《刑事诉讼法》第15条规定的不应追究刑事责任的情形，应当作出不起诉决定。根据《刑事诉讼法》第15条的规定，决定不起诉有以下六种情形：①犯罪嫌疑人实施的行为情节显著轻微、危害不大，不认为是犯罪的；②犯罪嫌疑人的犯罪已过追诉时效期限的；③犯罪嫌疑人的犯罪经特赦令免除刑罚的；④依照刑法告诉才处理的犯罪，没有告诉或者撤回告诉的；⑤犯罪嫌疑人、被告人死亡的；⑥其他法律规定免予追究刑事责任的。

2. 酌定不起诉。酌定不起诉，又称相对不起诉，是指人民检察院对案件审查后，认为犯罪嫌疑人的行为虽已构成犯罪，但情节轻微，依照刑法规定不需要判处刑罚或免除刑罚的案件，可以作出不起诉的决定。《刑事诉讼法》第173条第2款规定："对于犯罪情节轻微，依照刑法规定不需要判处刑罚或者免除刑罚的，人民检察院可以作出不起诉决定。"根据这一规定，酌定不起诉的条件是犯罪嫌疑人的行为已经构成犯罪，但由于情节轻微不需要判处刑罚或者免除刑罚。根据刑法规定，主要有以下几种情况：①经外国审判已受过刑罚处罚的；②又聋又哑的人或盲人犯罪的；③防卫过当或紧急避险超过必要限度的；④预备犯罪的；⑤中止犯罪的；⑥共同犯罪中的从犯；⑦胁从犯；⑧自首或自首后有重大立功表现的。

3. 存疑不起诉。存疑不起诉，又称证据不足不起诉，是指人民检察院对于经过两次补充侦查的案件，仍然认为证据不足，不符合起诉条件的，应当作出不起诉决定。《刑事诉讼法》第171条第4款规定："对于二次补充侦查的案件，人民检察院仍然认为证据不足，不符合起诉条件的，应当作出不起诉的决定。"司法实践中，遇有下列情形之一的，符合存疑不起诉的条件：①据以定案的证据存在疑问，无法查证的；②犯罪构成要件事实缺乏必要的证据予以证明的；③证据之间的矛盾不能合理排除的；④根据证据得出的结论具有其他可能性而无法排除的。对于存疑不起诉需要注意的是，案件必须已经过两次补充侦查后，人民检察院仍然认为案件事实不清、证据不足，才可以作出不起诉决定，以免放纵犯罪。

### 三、不起诉的程序

根据《刑事诉讼法》第174~177条和有关规定，不起诉应遵循以下程序：

1. 制作不起诉决定书。凡是不起诉的案件，人民检察院都应当制作不起诉决定书。其内容包括：①被不起诉人的基本情况，包括姓名、出生年月日、出生地、民族、文化程度、职业、住址、身份证号码，是否受过刑事处罚，拘留、逮捕的年月日和关押处所等；②案由和案件来源；③案件事实，包括否定或者指控被不起诉人构成犯罪的事实以及作为不起诉决定根据的事实；④不起诉的根据和理由，写明作出不起诉决定适用的法律条款；⑤有关告知事项。

2. 不起诉决定书的宣布和送达。依《刑事诉讼法》规定，不起诉的决定，由人民检察院公开宣布。公开宣布不起诉决定的活动应当记明笔录。不起诉决定书自公开宣布之日起生效。不起诉决定书应当同时送达下列机关和人员：①被不起诉人和他的所在单位。如果被不起诉人在押的，应当立即释放；②对于公安机关移送起诉的案件，应当将不起诉决定书送达公安机关；③对于有被害人的案件，应当将不起诉决定书送达被害人。

3. 移送有关机关。人民检察院决定不起诉的案件，可以根据案件的不同情况，对被不起诉人予以训诫或者责令具结悔过、赔礼道歉、赔偿损失。对被不起诉人需要给予行政处罚、行政处分或者需要没收其违法所得的，人民检察院应当提出检察意见，连同不起诉决定书一并移送有关主管机关处理。有关主管机关应当将处理结果及时通知人民检察院。

4. 对公安机关意见的复议和复核。对于公安机关移送起诉的案件，人民检察院决定不起诉的，应当将不起诉决定书送达公安机关。公安机关认为不起诉决定有错误，要求复议的，人民检察院审查起诉部门应当另行指定检察人员进行审查并提出审查意见，经审查起诉部门负责人审核，报请检察长或者检察委员会决定。人民检察院应当在收到要求复议意见书后的30日内作出复议决定，通知公安机关。上一级人民检察院收到公安机关对不起诉决定提请复核的意见书后，应当交由审查起诉部门办理。审查起诉部门指定检察人员进行审查并提出审查意见，经审查起诉部门负责人审核，报请检察长或者检察委员会决定。上一级人民检察院应当在收到提请复核意见书后的30日内作出决定，制作复核决定书送交提请复核的公安机关和下级人民检察院。经复核改变下级人民检察院不起诉决定的，应当撤销下级人民检察院作出的不起诉决定，交由下级人民检察院执行。

5. 对被害人、被不起诉人的申诉的复查。被害人对人民检察院作出的不起诉决定不服的，可以自收到决定书后7日以内向作出不起诉决定的人民检察院的上一级人民检察院申诉，上一级人民检察院控告申诉部门应当立案复查。被害人向作出不起诉决定的人民检察院提出申诉的，作出决定的人民检察院应当将申诉材料连同案卷一并报送上一级人民检察院受理。被害人对人民检察院不起诉的决定不服，收到不起诉决定书超过 7 日后提出申诉的，由作出不起诉决定的人民检察院控告申诉部门受理，经审查后决定是否立案复查。上一级人民检察院对被害人不服不起诉决定的申诉进行复查后，应当在 3 个月内作出复查决定，案情复杂的，最长不得超过 6 个月。控告申诉部门应当提出复查意见，报请检察长作出复查决定。复查决定书应当送达被害人和作出不起诉决定的人民检察院。上级人民检察院经复查作出起诉决定的，应当撤销下级人民检察院的不起诉决定，交由下级人民检察院提起公诉，并将复查决定抄送移送审查起诉的公安机关。出庭支持公诉由审查起诉部门办理。人民检察院收到人民法院受理被害人对被不起诉人起诉的通知后，人民检察院应当终止复查，将作出不起诉决定所依据的有关案件材料移送人民法院。被不起诉人对人民检察院依照《刑事诉讼法》第 173 条第 2 款规定作出的不起诉决定不服，自收到不起诉决定书后 7 日以内提出申诉的，应当由作出决定的人民检察院立案复查，由控告申诉部门办理。被不起诉人自收到不起诉决定书后 7 日以外提出申诉的，由控告申诉部门审查是否立案复查。人民检察院控告申诉部门复查后应当提出复查意见，认为应当维持不起诉决定的，报请检察长作出复查决定；认为应当撤销不起诉决定提起公诉的，报请检察长提交检察委员会讨论决定。复查决定书应当送达被不起诉人，撤销不起诉决定或者变更不起诉的事实或者法律根据的，应当同时抄送移送审查起诉的公安机关和本院有关部门。人民检察院作出撤销不起诉决定提起公诉的复查决定后，应当将案件交由审查起诉部门提起公诉。

被害人、被不起诉人对不起诉决定不服，提出申诉的，应当递交申诉书，写明申诉理由。被害人、被不起诉人没有书写能力的，也可以口头提出申诉，人民检察院应当根据其口头提出的申诉制作笔录。人民检察院如果发现不起诉决定确有错误，符合起诉条件的，应当撤销不起诉决定，提起公诉。

最高人民检察院对地方各级人民检察院的起诉、不起诉决定，上级人民检察院对下级人民检察院的起诉、不起诉决定，如果发现确有错误的，应当予以撤销或者指令下级人民检察院纠正。

## 第四节　提起自诉的程序

### 一、自诉案件的范围

《刑事诉讼法》第 204 条规定自诉案件包括下列三类案件：一是告诉才处

理的案件；二是被害人有证据证明的轻微刑事案件；三是被害人有证据证明对被告人侵犯自己人身、财产权利的行为应当追究刑事责任，而公安机关或者人民检察院不予追究被告人刑事责任的案件。具体而言，这三类自诉案件包括以下案件范围：

1. 告诉才处理的案件。这类案件包括：①侮辱、诽谤案（刑法第246条规定的，但是严重危害社会秩序和国家利益的除外）；②暴力干涉婚姻自由案（刑法第257条第1款规定的）；③虐待案（刑法第260条第1款规定的）；④侵占案（刑法第270条规定的）。

2. 被害人有证据证明的轻微刑事案件。这类案件包括：①故意伤害案（刑法第234条第1款规定的）；②非法侵入住宅案（刑法第245条规定的）；③侵犯通信自由案（刑法第252条规定的）；④重婚案（刑法第258条规定的）；⑤遗弃案（刑法第261条规定的）；⑥生产、销售伪劣商品案（刑法分则第三章第一节规定的，但是严重危害社会秩序和国家利益的除外）；⑦侵犯知识产权案（刑法分则第三章第七节规定的，但是严重危害社会秩序和国家利益的除外）；⑧属于刑法分则第四章、第五章规定的，对被告人可能判处3年有期徒刑以下刑罚的案件。

对上列八项案件，被害人直接向人民法院起诉的，人民法院应当依法受理。对于其中证据不足、可由公安机关受理的，或者认为对被告人可能判处3年有期徒刑以上刑罚的，应当移送公安机关立案侦查。

3. 被害人有证据证明对于被告人侵犯自己人身、财产权利的行为应当依法追究刑事责任，而公安机关或人民检察院没有追究被告人刑事责任的，依据有关司法解释，所谓公安机关或者人民检察院不予追究被告人刑事责任的。是指公安机关或人民检察院已经作出了不立案、撤销案件、不起诉等书面决定。这类案件是1996年《刑事诉讼法》修改后新增的一类自诉案件，立法旨在扩大被害人起诉权行使范围，保护被害人的合法权益。

## 二、提起自诉的条件和程序

### （一）提起自诉的条件

根据《刑事诉讼法》和相关规定，提起自诉必须符合下列条件：①必须属自诉案件范围；②属于受诉人民法院管辖；③刑事案件的被害人告诉的；④有明确的被告人、具体的诉讼请求和能证明被告人犯罪事实的证据。

### （二）提起自诉的程序

自诉人应当向人民法院提交刑事自诉状；提起附带民事诉讼的，还应当提交刑事附带民事诉状。自诉人书写自诉状确有困难的，可以口头告诉，由人民法院工作人员作出告诉笔录，向自诉人宣读，自诉人确认无误后，应当签名或者盖章。

刑事自诉状或者告诉笔录应当包括以下内容：①自诉人、被告人、代为告诉人的姓名、性别、年龄、民族、出生地、文化程度、职业、工作单位、住址；②被告人实施犯罪行为的时间、地点、手段、情节和危害后果等；③具体的诉讼请求；④致送人民法院的名称及具状时间；⑤证人的姓名、住址及其他证据的名称、来源等。如果被告人是 2 人以上的，自诉人在告诉时需按被告人的人数提供自诉状副本。

人民法院应当在收到自诉状或者口头告诉第 2 日起 15 日内作出是否立案的决定，并书面通知自诉人或者代为告诉人。

告诉才处理和被害人有证据证明的轻微刑事案件的被告人或者其法定代理人在诉讼过程中，可以对自诉人提起反诉。反诉必须符合下列条件：①反诉的对象必须是本案自诉人；②反诉的内容必须是与本案有关的行为；③反诉的案件必须符合本解释第 1 条第 1、2 项的规定。反诉案件适用自诉案件的规定，并应当与自诉案件一并审理。原自诉人撤诉的，不影响反诉案件的继续审理。

## ◇ 思考与练习

### 一、选择题

1. 下列关于人民检察院退回补充侦查的表述哪一项是错误的？（　　）

A. 退回补充侦查应在 2 个月以内侦查完毕

B. 退回补充侦查以两次为限

C. 补充侦查完毕移送人民检察院后，人民检察院重新计算审查起诉期限

D. 对于二次补充侦查的案件，人民检察院仍然认为证据不足，不符合起诉条件的，应当作出不起诉的决定

**【答案】** A

**【解析】**《刑事诉讼法》第 171 条规定：“人民检察院审查案件，可以要求公安机关提供法庭审判所必需的证据材料；认为可能存在本法第 54 条规定的以非法方法收集证据情形的，可以要求其对证据收集的合法性作出说明。人民检察院审查案件，对于需要补充侦查的，可以退回公安机关补充侦查，也可以自行侦查。对于补充侦查的案件，应当在 1 个月以内补充侦查完毕。补充侦查以二次为限。补充侦查完毕移送人民检察院后，人民检察院重新计算审查起诉期限。对于二次补充侦查的案件，人民检察院仍然认为证据不足，

不符合起诉条件的，应当作出不起诉的决定。”

《人民检察院刑事诉讼规则》第 265 条规定：“严禁以非法的方法收集证据。以刑讯逼供或者威胁、引诱、欺骗等非法的方法收集的犯罪嫌疑人供述、被害人陈述、证人证言，不能作为指控犯罪的根据。人民检察院审查起诉部门在审查中发现侦查人员以非法方法收集犯罪嫌疑人供述、被害人陈述、证人证言的，应当提出纠正意见，同时应当要求侦查机关另行指派侦查人员重新调查取证，必要时人民检察院也可以自行调查取证。侦查机关未另行指派侦查人员重新调查取证的，可以依法退回侦查机关补充侦查。

2. 下列哪些案件属于告诉才处理的案件？(　　)

A. 侮辱、诽谤案　　　　B. 暴力干涉婚姻自由案

C. 虐待案　　　　D. 侵占案

**【答案】** ABCD

**【解析】** 根据《解释》第 1 条的规定，告诉才处理的案件包括：①侮辱、诽谤案（刑法第 246 条规定的，但是严重危害社会秩序和国家利益的除外）；②暴力干涉婚姻自由案（刑法第 257 条第 1 款规定的）；③虐待案（刑法第 260 条第 1 款规定的）；④侵占案（刑法第 270 条规定的）。因此，除符合法律规定的特殊情形外，侮辱、诽谤案，暴力干涉婚姻自由案，虐待案与侵占案均属告诉才处理的案件范围。

## 二、讨论题

1. 如何在审查起诉中运用宽严相济的刑事政策？

**【讨论提示】** 宽严相济刑事政策的提出；宽严相济刑事政策的含义；宽严相济刑事政策的意义；《最高人民检察院关于依法快速办理轻微刑事案件的意见》的规定。

2. 我国存疑不起诉制度检讨。

**【讨论提示】**《刑事诉讼法》中规定存疑不起诉的背景；存疑不起诉的法律规定及其理解；我国存疑不起诉制度的适用状况反思。

## 三、案例分析题

张某系某公司职员，因涉嫌盗窃罪被当地公安机关侦查终结移送人民检察院审查起诉。人民检察院经审查认为张某的行为依照刑法规定不需要判处刑罚，于是决定不起诉。H 县人民检察院应当如何宣布和送达不起诉决定书？

**【参考答案】** 人民检察院应当公开宣布不起诉书，将不起诉书分别送达张某和张某所在的公司、公安机关和被害人。

《刑事诉讼法》第 174 条规定：“不起诉的决定，应当公开宣布，并且将不起诉决定书送达被不起诉人和他的所在单位。如果被不起诉人在押，应当

立即释放。”第 175 条规定：“对于公安机关移送起诉的案件，人民检察院决定不起诉的，应当将不起诉决定书送达公安机关。公安机关认为不起诉的决定有错误的时候，可以要求复议，如果意见不被接受，可以向上一级人民检察院提请复核。”第 176 条规定：“对于有被害人的案件，决定不起诉的，人民检察院应当将不起诉决定书送达被害人。被害人如果不服，可以自收到决定书后 7 日以内向上一级人民检察院申诉，请求提起公诉。人民检察院应当将复查决定告知被害人。对人民检察院维持不起诉决定的，被害人可以向人民法院起诉。被害人也可以不经申诉，直接向人民法院起诉。人民法院受理案件后，人民检察院应当将有关案件材料移送人民法院。”

## ◇ 参考文献


1. 陈光中主编：《中德不起诉制度比较研究》，中国检察出版社 2002 年版。

2. 樊崇义、冯中华、刘建国主编：《刑事起诉与不起诉制度研究》，中国人民公安大学出版社 2007 年版。

3. 陈卫东、李洪江：“论不起诉制度”，载《中国法学》1997 年第 1 期。

4. 王敏远：“暂缓起诉制度——争议及前景”，载《人民检察》2006 年第 7 期。

5. 李永锋：“起诉对诉讼时效的影响”，载《环球法律评论》2007 年第 5 期。

6. 刘磊：“慎行缓起诉制度”，载《法学研究》2006 年第 4 期。

# 第十四章
# 审判制度

【导读】 刑事诉讼中的审判，是指人民法院依法对刑事案件进行审理和裁判的诉讼活动的合称。审判是刑事诉讼中具有决定意义的程序。本章知识要点包括刑事审判所遵循的公开审判原则、直接言词原则、辩论原则等，以及审级制度、陪审制度等基本审判制度。重点内容为刑事审判的概念、任务、我国法院的组织体系和审判组织、公开审判的范围及其例外、陪审员的任免和履行职务等。学习本章应当与前面的刑事诉讼法概述、基本原则、管辖等各章结合起来，并与后面的第一审程序、第二审程序、死刑复核程序、审判监督程序、未成年人诉讼程序互相参照。

## 第一节 审判概述

### 一、审判的概念

刑事诉讼中的审判，是指人民法院依法对刑事案件进行审理和裁判的诉讼活动的合称。审理，是人民法院会同控辩双方和其他诉讼参加人对刑事案件的事实和证据进行调查，其基本方式是开庭审理，符合法律规定的情形时，可以不开庭审理。裁判，是人民法院对刑事案件经过审理之后，作出处理决定。

刑事审判是刑事诉讼的重要环节，在理解上需要注意以下内容：①人民法院独立行使刑事审判权，不受行政机关、社会团体和个人的干涉；②人民法院行使审判权所作出的生效裁判，具有确定的法律效力，非经法定程序不得变更；③审判是刑事诉讼的决定性阶段，只有经过审判才能确定被告人是否有罪及是否承担刑事责任；④现代刑事审判须满足程序法定的要求，遵循公开审判、直接言词、辩论、上诉不加刑等原则，以审级制度、陪审制度等基本审判制度和一系列具体审判制度为运行载体。

法院审判刑事案件必须遵循的规则体系，构成刑事审判制度。刑事审判制度是刑事审判规律的体现，在刑事诉讼中处于承上启下的地位：刑事审判制度既是刑事诉讼基本原则的具体化，也是刑事审判实际运用规则的系统化。刑事审判制度设立的目的是规范人民法院的审判行为，同时调整人民法院与其他诉讼主体之间的诉讼权利义务关系。

### 二、审判的任务

尽管世界各国的刑事审判在具体表现形态上不尽相同，但其基本任务都在于国家刑罚权的实现。我国《刑事诉讼法》第 2 条规定："中华人民共和国刑事诉讼法的任务，是保证准确、及时地查明犯罪事实，正确应用法律，惩罚犯罪分子，保障无罪的人不受刑事追究，教育公民自觉遵守法律，积极同犯罪行为作斗争，维护社会主义法制，尊重和保障人权，保护公民的人身权利、财产权利、民主权利和其他权利，保障社会主义建设事业的顺利进行。"由此可知，我国刑事审判基于其自身性质，在实现国家刑罚权的任务方面包括两项内容：有效打击犯罪和保障无罪的人不受刑事追究。

有效打击犯罪侧重于刑事审判的基本功能，其要求是准确、及时查明犯罪事实并正确适用法律。在现代刑事法治理念的主导下，传统的重刑主义已为罪刑相当原则所取代。刑事审判准确查明犯罪事实和正确应用法律，避免放纵犯罪，在法定期限内完成各种程序，以保证及时追诉犯罪的效果。为此，刑事诉讼法既规定了刑事审判中事实认定、案件处理的规则，如事实清楚、证据确实充分、疑罪从无等，也规定了各种审判活动的期间。

保障无罪的人不受刑事追究侧重于刑事审判的基本价值，其要求是通过刑事审判保障无罪的人不受刑事追究，以人道、合法的程序惩罚犯罪。尽管刑事审判中的错误不可能完全避免，但最大限度地减少这种错误是刑事司法公正的内在要求，只有充分保护被告人的权利，才能保障无辜公民的基本权利。同时，社会文明的进步要求对犯罪分子的惩罚也要符合人道的要求。为此，刑事诉讼法规定了人民法院在审判中应当告知被告人享有的诉讼权利、依法保障被告人的辩护权、非法口供不能作为定案依据、对于因证据不足而不能认定被告人有罪的应当作出无罪判决等。

## 第二节　审级制度

革命法制时期由于战争的特殊环境，不同形式的审判机关设立在区、县、专署、行署、大区和中央根据地的各级行政区划，审级差别相当大。刑事案件实行三级二审制较为常见，但同时存在三级三审、四级二审和四级三审的各种情形。建国后，1951 年《人民法院暂行组织条例》规定人民法院实行三级两审制，但在特殊情况下，得以三审或一审为终审。1954 年《人民法院组织法》规定，人民法院实行四级二审制。1979 年《人民法院组织法》和 1982 年《宪法》沿用了这种四级二审制，至今没有根本性变动。

## 一、审级制度概述

审级制度，是指以法院的组织体系为基础的案件审判等级制度，也即刑事案件最多经过几级法院审判，判决、裁定即发生法律效力的诉讼制度。

### （一）审级制度概念的理解

1. 审级制度的基本内容包括两个方面：一是法院的组织体系，主要是不同级别法院的设置；二是不同级别法院的相互关系和对刑事案件的审判权限，分为初次审理的权限、上诉审的权限和再审的权限等。

2. 受到政治体制、经济发展和法律文化传统等多种因素的影响，当今世界各国不但在法院的组织体系的层级划分上有很大差别，终审法院也各不相同，多级法院的普遍存在为审级制度提供了必要条件，西方国家多实行三审终审制，也有其他少数国家实行两审终审制。

3. 我国实行四级两审制，一方面是受到现实条件的制约，我国国土辽阔，发展不平衡，两审终审可以提高诉讼效率，节约司法资源，便利公民诉讼；另一方面，两审中的上诉审既是事实审，也是法律审，刑事诉讼中还有较为完备的级别管辖制度、审查起诉制度、死刑复核程序以及审判监督程序等，对防止和纠正审判的错误都有重要作用，在较长时期内基本能够保证办案的质量。

### （二）设立审级制度的意义

审级制度是司法制度的重要组成部分，其意义一方面体现在增强裁判的可接受性，另一方面体现在保证法律的有效性。具体而言，可以从以下几个方面来理解：

1. 审级制度是当事人表达不满的制度途径。国家权力基于其强制属性能够强行作出决定以终结程序，但现代权力已不会再以赤裸裸的形式表现，现代诉讼处于法治环境中，在强行作出裁判的同时必须缓和当事人的不满。通过审级制度，当事人可以将自己对法院未生效裁判的不满提交上级法院，在这一过程中，其主体地位受到尊重，其权利得到救济的机会，因而对案件的最终处理容易接受。

2. 审级制度是对法官的制约和保护机制。裁判者的公正性是裁判公正性的基础之一，各国为此严格规定法官的任职条件以保证其品格优秀，但法官终究无法摆脱人性的弱点，客观上难免错误，主观上难免偏私，这些都会使当事人和社会公众对裁判公正性存在疑虑。审级制度使法官因受到上级的审查而不会随意裁判，由此增加了裁判的可信程度。审判是对不同主体间利益的平衡，法官随时承受着裁判的压力，在单一审级制中这种压力无从转移，裁判的公正性因此有受到影响的可能。审级制度为法官提供了压力上交的通道，只要法官遵循法定程序进行裁判，就可以通过制度途径分散裁判压力。

3. 审级制度是裁判错误的补救机制。诉讼的特殊时空要求和法官自身条件的限制，使得裁判总是存在错误的可能性，如果案件一审终审，裁判正确性与稳定性之间就会产生难以调和的矛盾，而作为对生效裁判错误进行补救的再审程序，显然不能作为解决问题的常规手段。审级制度使案件在程序内受到多次评价，易于及时纠正既往认识的失误。

4. 审级制度是法律统一适用的机制。案件一审终审的情况下，办案法官仅凭自己对法律的理解进行裁判，法律适用表现出很强的个别性和分散性，"同案不同判"的普遍存在将严重影响裁判公正。审级制度使法官在裁判时必须考虑上级法院对同类案件法律适用的理解，终审法院对其辖区内其他法院解释和适用法律起到统一的作用，其级别越高，其诉讼活动所影响的法院就越多，最高法院为终审法院可以在全国范围内实现法律适用的统一。

## 二、我国的审级制度

1954 年《人民法院组织法》确立的四级法院、两审终审制为我国现审级制度所沿用，其法律依据是 1982 年《宪法》和 1979 年《人民法院组织法》。此后的多个《宪法》修正案、《人民法院组织法》1983 年修正案和现行的 2006 年修正案对此都未作根本性变动。

### （一）法院的组织体系

法院的组织体系是指法院机构的设置，包括法院的种类、法院的组织结构、审级设置等内容。

我国的法院分为最高人民法院、地方各级人民法院和专门法院三类，其组织结构的基本框架为：最高人民法院是国家最高审判机关，其下的地方各级人民法院和其他专门法院各成一体系，而军事法院成另一体系。地方各级人民法院按照行政区划设立，由高到低包括三级：设在省、自治区和直辖市的高级人民法院，设在省、自治区内的地区以及省、自治区所辖市、自治州和直辖市的中级人民法院，设在县、自治县、不设区的市和市辖区的基层人民法院。专门法院包括设在上海、天津、青岛、大连、广州、武汉、海口、厦门、宁波、北海等城市的海事法院等。这些专门法院在级别上相当于中级人民法院，以所在地高级人民法院为上一级法院。军事法院是设在军队中的审判机关，由高到低包括三级：中国人民解放军军事法院在级别上相当于高级法院，大军区、各军兵种的军事法院相当于中级法院，包括各大军区军事法院、海军、空军军事法院、二炮部队军事法院和解放军总直属队军事法院，以及军级军事法院，包括陆军军级单位军事法院、各省军区军事法院、海军舰队军事法院、大军区空军军事法院和在京直属部队军事法院等，相当于基层法院。

如上所述，我国的法院包括从中央到地方的四级法院，除海事法院只受理海事海商案件，铁路运输法院主要受理与铁路运输事务相关案件外，其余各级法院均按照法定的管辖权限受理第一审刑事案件，根据《人民法院组织法》第 11 条的规定，审判实行两审终审制。地方各级人民法院第一审案件的判决和裁定，当事人可以按照法律规定的程序向上一级人民法院上诉，人民检察院可以按照法律规定的程序向上一级人民法院抗诉。地方各级人民法院第一审案件的判决和裁定，如果在上诉期限内当事人不上诉、人民检察院不抗诉，就是发生法律效力的判决和裁定。中级人民法院、高级人民法院和最高人民法院审判的第二审案件的判决和裁定，都是终审的判决和裁定，也就是发生法律效力的判决和裁定。作为特殊情形，最高人民法院审判的第一审案件的判决和裁定是终审的判决和裁定，死刑除依法由最高人民法院判决的以外，经过通常的第一审或第二审之后，必须由最高人民法院经过死刑复核程序核准才能生效。

此外，基层人民法院根据实际需要提出方案，逐级上报高级人民法院批准，可设立人民法庭作为派出机构。高级人民法院对不符合设置条件的人民法庭，有权决定撤销。设置人民法庭，坚持“两便”原则，根据案件数量、区域大小、人口分布、交通条件、经济社会发展状况和有利于审判资源的合理配置等情况，决定人民法庭的具体设置、选址和案件管辖范围。人民法庭主要设置在农村或者城乡结合部，人民法庭的设置不受乡镇行政区划的限制，城市市区、基层人民法院所在的城镇不再新设人民法庭。人民法庭是基层人民法院的组成部分，不是独立的一级审判机关，人民法庭制作的判决书、裁定书、调解书、决定书、拘传票等诉讼文书，须加盖本院印章。

### （二）法院的职权

我国各级人民法院在刑事诉讼中的职权由法院组织法和刑事诉讼法共同确定。

1. 基层人民法院的职权。①审判刑事第一审案件，但是法律、法令另有规定的案件除外，认为所受理的刑事案件案情重大应当由上级人民法院审判的时候，可以请求移送上级人民法院审判；②处理适用简易程序的刑事案件。

2. 中级人民法院的职权。①审判享有管辖权的第一审刑事案件，包括危害国家安全案件、恐怖活动案件以及可能判处无期徒刑、死刑的普通刑事案件。②审判基层人民法院移送的，或认为有必要由本院审判的辖区内的第一审刑事案件。③审判对基层人民法院刑事判决和裁定的上诉案件和抗诉案件。④审判人民检察院按照刑事审判监督程序提出的抗诉案件。

3. 高级人民法院的职权。①审判全省（自治区、直辖市）性的第一审重大刑事案件；②审判下级人民法院移送的，或认为有必要由本院审判的辖区内的第一审刑事案件；③审判对下级人民法院刑事判决和裁定的上诉案件和抗诉案件；④审判人民检察院按照刑事审判监督程序提出的抗诉案件；⑤复核中级人民法院判处死刑的、被告人不上诉的第一审刑事案件，其中同意判处死刑的，报请最高人民法院核准，不同意判处死刑的，可以提审或者发回重新审判；⑥核准本院第二审或第一审未上诉、抗诉的判处死刑缓期二年执行的案件。

4. 最高人民法院的职权。①监督地方各级人民法院和专门人民法院的刑事审判工作，对地方各级人民法院和专门人民法院已经发生法律效力的刑事判决和裁定，如果发现确有错误，有权提审或者指令下级法院再审；②审判全国性的第一审重大刑事案件和认为有必要由本院审判的第一审刑事案件；③审判对高级人民法院、专门法院刑事判决和裁定的上诉案件和抗诉案件；④审判最高人民检察院按照刑事审判监督程序提出的抗诉案件；⑤核准判处死刑的案件、本院判处死刑缓期二年执行的案件；⑥对于在刑事审判过程中如何具体应用法律的问题进行解释。

5. 专门法院的职权。如军事法院审判现役军人、军队文职干部和在编职工的刑事案件。

### （三）法院的监督

法院的监督分为外部监督和内部监督。

1. 外部监督。《人民法院组织法》第16条第1款规定，最高人民法院对全国人民代表大会和全国人民代表大会常务委员会负责并报告工作，地方各级人民法院对本级人民代表大会及其常务委员会负责并报告工作。人民代表大会是我国的权力机关，有权监督各级人民法院的工作，主要方式包括制定法院组织体系和工作程序的法律，决定法院的人员任免，听取并审议法院的工作报告，检查、质询和监督法院日常工作等。但根据《刑事诉讼法》第5条“人民法院依照法律规定独立行使审判权”的规定，人民代表大会不能干预审判权，不能直接决定人民法院对具体案件的处理。

2. 内部监督。从法院体系内部来看，上、下级人民法院相互独立，不存在领导和被领导的关系。根据《人民法院组织法》第16条第2款的规定，下级人民法院的审判工作受上级人民法院监督，上、下级人民法院之间是审级监督关系。各级人民法院依照法律规定的权限独立进行审判活动，上级人民法院不能直接决定下级人民法院对具体案件的处理，只能通过程序进行监督，主要方式有通过上诉程序和死刑复核程序对未生效的刑事裁判进行审理，通过审判监督程序对已生效的刑事裁判进行审理，最高人民法院对下级人民法院在审理具体案件中提出的请示进行解释等。

## 第三节 审判组织

审判组织是指人民法院审判案件的法庭组织形式。根据宪法和刑事诉讼法的规定，刑事审判权由人民法院行使，其他任何机关、组织都不能行使，但这种抽象意义上的审判权的实现，有赖于在刑事案件审判中转化为具体的审判权，审判组织就是刑事审判权的具体行使者。根据刑事诉讼法和法院组织法的规定，我国的刑事审判组织有独任庭、合议庭、审判委员会三种。

### 一、独任庭

独任庭是由审判员一人独任审判案件的审判组织。《刑事诉讼法》第178条规定，基层人民法院适用简易程序的案件可以由审判员一人独任审判。可见，基于诉讼经济的共同基础，简易程序与独任庭有内在联系。《刑事诉讼法》第208条规定，基层人民法院管辖的案件，符合下列条件的，可以适用简易程序由审判员一人独任审判：①案件事实清楚、证据充分的；②被告人承认自己所犯罪行，对指控的犯罪事实没有异议的；③被告人对适用简易程序没有异议的。

### 二、合议庭

合议庭是由多名审判员或审判员与人民陪审员建立的集体审判组织。

合议庭是人民法院审判案件的基本组织形式，设立合议庭有利于发挥集体智慧，防止法官独断专行或徇私舞弊，从而保证人民法院审判的公正性。根据法院组织法和刑事诉讼法的规定，除前述基层人民法院适用简易程序的案件采用独任庭以外，各级人民法院审判的其他刑事案件均采用合议庭。

#### （一）合议庭的组成方式

合议庭的成员由审判员和人民陪审员担任，人数应当是单数，因审判程序和审级的不同，其组成方式各不相同。具体有以下几种情况：

1. 第一审合议庭。根据《刑事诉讼法》第 178 条第 1、2 款的规定，基层人民法院、中级人民法院审判第一审案件，应当由审判员 3 人或者由审判员和人民陪审员共 3 人组成合议庭进行；高级人民法院、最高人民法院审判第一审案件，应当由审判员 3 ~ 7 人或者由审判员和人民陪审员共 3 ~ 7 人组成合议庭进行。可见，第一审合议庭可以全部由审判员组成，也可以由审判员和人民陪审员共同组成，通常由人民法院根据具体情况决定。但 2004 年 8 月 28 日通过的《全国人民代表大会常务委员会关于完善人民陪审员制度的决定》（以下简称《陪审决定》）第 2 条规定，除适用简易程序和法律另有规定的案件外，社会影响较大的和刑事被告人申请由人民陪审员参加合议庭审判的两类刑事案件，由人民陪审员和法官组成合议庭进行。

2. 第二审合议庭。《刑事诉讼法》第 178 条第 4 款规定，人民法院审判上诉和抗诉案件，由审判员 3 ~ 5 人组成合议庭进行。第二审合议庭区别于第一审合议庭的，一是合议庭成员只能由审判员担任，二是人数只能是 3 人或 5 人。

3. 死刑复核合议庭。《刑事诉讼法》第 238 条规定，最高人民法院复核死刑案件，高级人民法院复核死刑缓期执行的案件，应当由审判员 3 人组成合议庭进行。

4. 再审合议庭。《刑事诉讼法》第 245 条规定，人民法院按照审判监督程序重新审判的案件，由原审人民法院审理的，应当另行组成合议庭进行。如果原来是第一审案件，应当依照第一审程序进行审判；如果原来是第二审案件，或者是上级人民法院提审的案件，应当依照第二审程序进行审判。因此，再审合议庭的组成取决于案件的裁判原来生效时的审级。

《最高人民法院关于人民法院合议庭工作的若干规定》（以下简称《合议庭规定》）第 3 条规定，合议庭组成人员确定后，除因回避或者其他特殊情况，不能继续参加案件审理的之外，不得在案件审理过程中更换。更换合议庭成员，应当报请院长或者庭长决定。合议庭成员的更换情况应当及时通知诉讼当事人。

### （二）合议庭的内部关系

合议庭的审判活动由审判长主持，全体成员平等参与案件的审理、评议、裁判，共同对案件认定事实和适用法律负责。《最高人民法院关于完善院长、副院长、庭长、副庭长参加合议庭审理案件制度的若干意见》（以下简称《院长庭长参加合议庭规定》）第 5 条第 1 款规定，院长、副院长、庭长、副庭长参加合议庭审理案件，依法担任审判长，与其他合议庭成员享有平等的表决权。根据该规定第 2 条，院长、副院长、庭长、副庭长参加合议庭审理的案件包括：①疑难、复杂、重大案件；②新类型案件；③在法律适用方面具有普遍意义的案件；④认为应当由自己参加合议庭审理的案件。《刑事诉讼法》第178条第6款规定，合议庭由院长或者庭长指定审判员1人担任审判长。在审判员不能参加合议庭的情况下，助理审判员由本院院长提出，经审判委员会通过，可以临时代行审判员职务，并可以担任审判长。人民陪审员除不能担任审判长外，同审判员有同等权利。根据《合议庭规定》第7条，合议庭接受案件后，应当根据有关规定确定案件承办法官，或者由审判长指定案件承办法官。

（三）合议庭和审判长的职责

1. 合议庭的职责。根据《合议庭规定》第5条的规定，合议庭承担的职责包括：①根据当事人的申请或者案件的具体情况，可以作出财产保全、证据保全、先予执行等裁定；②确定案件委托评估、委托鉴定等事项；③依法开庭审理第一审、第二审和再审案件；④评议案件；⑤提请院长决定将案件提交审判委员会讨论决定；⑥按照权限对案件及其有关程序性事项作出裁判或者提出裁判意见；⑦制作裁判文书；⑧执行审判委员会决定；⑨办理有关审判的其他事项。

2. 审判长的职责。根据《合议庭规定》第6条，审判长的职责包括：①指导和安排审判辅助人员做好庭前调解、庭前准备及其他审判业务辅助性工作；②确定案件审理方案、庭审提纲、协调合议庭成员的庭审分工以及做好其他必要的庭审准备工作；③主持庭审活动；④主持合议庭对案件进行评议；⑤依照有关规定，提请院长决定将案件提交审判委员会讨论决定；⑥制作裁判文书，审核合议庭其他成员制作的裁判文书；⑦依照规定权限签发法律文书；⑧根据院长或者庭长的建议主持合议庭对案件复议；⑨对合议庭遵守案件审理期限制度的情况负责；⑩办理有关审判的其他事项。

（四）合议庭工作规则

根据《法院组织法》、《刑事诉讼法》及《合议庭规定》等司法解释的规定，合议庭审判刑事案件遵循下列程序要求：

1. 在案件开庭审理过程中，合议庭成员必须认真履行法定职责，遵守《法官职业道德基本准则》中有关司法礼仪的要求。

2. 合议庭评议案件应当在庭审结束后5个工作日内进行。

3. 合议庭评议案件时，先由承办法官对认定案件事实、证据是否确实、充分以及适用法律等发表意见，审判长最后发表意见；审判长作为承办法官的，由审判长最后发表意见。对案件的裁判结果进行评议时，由审判长最后发表意见。审判长应当根据评议情况总结合议庭评议的结论性意见。合议庭成员进行评议的时候，应当认真负责，充分陈述意见，独立行使表决权，不得拒绝陈述意见或者仅作同意与否的简单表态。同意他人意见的，也应当提出事实根据和法律依据，进行分析论证。

4. 合议庭成员对评议结果的表决，以口头表决的形式进行。如果意见分歧，应当按多数人的意见作出决定，但是少数人的意见应当写入笔录。根据《院长庭长参加合议庭规定》第5条第2款的规定，院长、副院长参加合议庭评议时，多数人的意见与院长、副院长的意见不一致的，院长、副院长可以决定将案件提交审判委员会讨论。合议庭成员中的非审判委员会委员应当列席审判委员会。合议庭评议笔录由书记员制作，由合议庭的组成人员签名。合议庭应当依照规定的权限，及时对评议意见一致或者形成多数意见的案件直接作出判决或者裁定。

5. 对于下列案件，合议庭应当提请院长决定提交审判委员会讨论决定：①拟判处死刑的；②疑难、复杂、重大或者新类型的案件，合议庭认为有必要提交审判委员会讨论决定的；③合议庭在适用法律方面有重大意见分歧的；④合议庭认为需要提请审判委员会讨论决定的其他案件，或者本院审判委员会确定的应当由审判委员会讨论决定的案件。合议庭对审判委员会的决定有异议，可以提请院长决定提交审判委员会复议一次。

6. 合议庭一般应当在作出评议结论或者审判委员会作出决定后的5个工作日内制作出裁判文书。裁判文书一般由审判长或者承办法官制作。但是审判长或者承办法官的评议意见与合议庭评议结论或者审判委员会的决定有明显分歧的，也可以由其他合议庭成员制作裁判文书。对制作的裁判文书，合议庭成员应当共同审核，确认无误后签名。

7. 院长、庭长可以对合议庭的评议意见和制作的裁判文书进行审核，但是不得改变合议庭的评议结论。院长、庭长在审核合议庭的评议意见和裁判文书过程中，对评议结论有异议的，可以建议合议庭复议，同时应当对要求复议的问题及理由提出书面意见。合议庭复议后，庭长仍有异议的，可以将案件提请院长审核，院长可以提交审判委员会讨论决定。

8. 合议庭应当严格执行案件审理期限的有关规定。遇有特殊情况需要延长审理期限的，应当在审限届满前按规定的时限报请审批。

### 三、审判委员会

审判委员会是人民法院内部对审判实行集体领导的组织形式。

各级人民法院的审判委员会并不直接审理案件，但对于案件的处理有最终决定权，因此是实质上的审判组织。目前还没有适用于全国各级人民法院审判委员会的系统的法律规定，本书的论述综合了《法院组织法》、《刑事诉讼法》及《最高人民法院审判委员会工作规则》等司法解释的相关内容。

（一）审判委员会委员

地方各级人民法院审判委员会委员，由院长提请本级人民代表大会常务委员会任免；最高人民法院审判委员会委员，由最高人民法院院长提请全国人民代表大会常务委员会任免。实践中审判委员会委员由人民法院院长、副院长和部分资深审判员担任。

（二）审判委员会的任务

各级人民法院设立审判委员会，审判委员会的任务是总结审判经验，讨论重大的或者疑难的案件和其他有关审判工作的问题。具体包括：

1. 总结审判经验。

2. 讨论、决定院长或院长委托的副院长提交的下列案件：①本院审理的案件；②本院依照审判监督程序决定再审或者提审的案件；③人民检察院依照审判监督程序提出抗诉的案件；④其他重大或者疑难的案件。

3. 决定诉讼当事人及其法定代理人请求对本院院长担任审判长的回避问题。

4. 讨论、通过助理审判员临时代行审判员职务。

5. 讨论、决定有关审判工作的其他事项。

最高人民法院审判委员会除上述任务以外，还负责：①核准高级人民法院和解放军军事法院报请的死刑案件；②讨论、通过最高人民法院院长或副院长提请审议的司法解释草案；③讨论、决定《最高人民法院公报》刊登的司法解释和案例。

（三）审判委员会工作规则

综合审判委员会的相关规定，审判委员会的工作应遵循以下内容：

1. 各级人民法院审判委员会会议定期召开，必要时可以临时召开，也可以延期召开。会议由院长或院长委托的副院长主持，本级人民检察院检察长或人民检察院检察长委托的本院检察委员会委员可以列席。

2. 审判委员会委员超过半数时，方可开会。

3. 审判委员会讨论的案件必须由院长提交：一种是独任审判的案件，开庭审理后，独任审判员认为有必要的，可以提请院长决定提交；另一种是合议庭对于疑难、复杂、重大的案件，认为难以作出决定的，提请院长决定提交。这类案件包括：①拟判处死刑的；②合议庭成员意见有重大分歧的；③人民检察院抗诉的；④在社会上有重大影响的；⑤其他需要由审判委员会讨论决定的。对于合议庭提请院长决定提交审判委员会讨论决定的案件，院长认为不必要的，可以建议合议庭复议一次。

4. 审判委员会讨论案件，承办人要在会前写出审查报告。审查报告应当文字简练，表达准确，书写清楚。合议庭和承办人要对案件事实负责，提出的处理意见应写明有关的法律根据。

5. 审判委员会实行民主集中制。对议题应当展开充分讨论。审判委员会的决定，必须获得半数以上的委员同意方能通过。少数人的意见可以保留并记录在卷。

6. 审判委员会的决定，合议庭应当执行。合议庭有不同意见的，可以建议院长提交审判委员会复议。

7. 最终裁判文书由审理该案的合议庭成员署名。

## 第四节　陪审制度

渊源于古希腊时期的陪审制度，进入现代社会，在世界范围内有缩减的趋势，英美法系除美国仍保留陪审团审理民事和刑事案件的传统以外，其余国家的陪审团制度均仅适用于部分刑事审判，大陆法系陪审制度的实际适用也较少。

陪审制度在清末法律移植过程中被引入我国，但未施行。革命根据地时期在司法实践中开始采用陪审制度，建国后的1954年《宪法》和《人民法院组织法》确立了人民陪审员制度，1978年《宪法》、1979年《人民法院组织法》和《刑事诉讼法》对这项制度重新加以确认。尽管近年来实践中人民陪审员参加案件审理的案件比率在逐渐下降，但2004年全国人大常委会《陪审决定》的出台，再次表明了国家对人民陪审员制度的重视。最高人民法院陆续发布了多项专门司法解释，对陪审制度进行了细化。

### 一、陪审制度概述

陪审制度，是非法律职业的公民参加审判案件的制度。世界各国的陪审制有两种表现形式：一种是英美法系的陪审团制度，由随机抽取的任意符合条件的普通公民组成陪审团，只解决被告人被指控的犯罪事实是否成立的问题；另一种是大陆法系的参审制，也称混合式陪审制度，由通过选举或聘请等方式产生的陪审员，与职业法官组成合议庭共同解决认定案件事实和适用法律的问题，陪审员与法官享有平等的表决权。

我国的人民陪审制度是参审制。根据《刑事诉讼法》和相关司法解释的规定，各级人民法院审判第一审刑事案件，除由审判员组成合议庭进行以外，应当由审判员和人民陪审员组成合议庭，共同决定案件的事实认定问题和法律适用问题。审判第二审案件和其他应当组成合议庭审判的案件，则不适用人民陪审员制度，而是由法官组成合议庭进行。

陪审制度的意义主要体现在两个方面：一是对审判权的制约作用。审判权与任何权力一样，如果没有制约就必然产生腐败，陪审制度作为司法民主的实现形式，是公众与法官共享审判权的通道，普通公民参加审判可以防止司法专断，也可以防止因司法与强权主动或被动结盟而失去中立。二是增强公众对司法的认同感，提高法律的实效性。普通公民通过参加陪审，一方面，增加了司法过程的透明度，使公众因看到正义如何被实现而对司法产生信心；另一方面，将当前社会的价值观带入司法，缓和法律的僵硬和滞后，使法律的实施因更符合法律的精神而容易被公众接受。

## 二、我国的人民陪审员制度

为了完善人民陪审员制度，保障公民依法参加审判活动，促进司法公正，近年来出台了《陪审决定》和一系列司法解释，共同构成了关于陪审制度较为完善的法律体系。2004 年 12 月 16 日通过的《最高人民法院、司法部关于人民陪审员选任、培训、考核工作的实施意见》（法发［2004］22 号）、2005 年通过的《最高人民法院关于人民陪审员管理办法（试行）》（法发［2005］1 号）和《最高人民法院政治部关于人民陪审员选任工作若干问题的答复》（法政［2005］63 号）明确了人民陪审员制度的主要内容。2010 年最高人民法院发布的司法解释集中细化了陪审工作的相关规则，包括《关于进一步加强和推进人民陪审工作的若干意见》（法发［2010］24 号）、《最高人民法院关于人民陪审员参加审判活动若干问题的规定》（法释［2010］2 号）

### （一）人民陪审员的任免

基层人民法院会同同级人民政府司法行政机关负责人民陪审员的选任工作。选任人民陪审员，应当遵循公平、公正、公开的原则，符合法定条件和法定人数，遵循法定程序。

可以担任人民陪审员的公民应当具备的条件为：①拥护中华人民共和国宪法；②年满 23 周岁；③品行良好、公道正派；④身体健康；⑤一般应当具有大学专科以上文化程度。对于执行大专以上文化程度确有困难的地方，以及年龄较大、群众威望较高的公民，担任人民陪审员的文化条件可以适当放宽。不能担任人民陪审员的公民，有两种情形：一是职务冲突，人民代表大会常务委员会的组成人员，人民法院、人民检察院、公安机关、国家安全机关、司法行政机关的工作人员和执业律师等人员；二是身份瑕疵，因犯罪受过刑事处罚的或被开除公职的人员。

人民陪审员的名额，由基层人民法院根据本辖区案件数量、人口数量、地域面积、民族状况等因素，并结合上级人民法院从本院随机抽取人民陪审员的需要，在不低于所在法院现任法官人数的1/2，不高于所在法院现任法官人数的范围内提出人民陪审员名额的意见，提请同级人民代表大会常务委员会确定。

人民陪审员的名额意见在报请同级人民代表大会常务委员会确定之前，基层人民法院应当先报中级人民法院审核。对本辖区内人民陪审员名额，中级人民法院可以根据实际情况，按照确定人民陪审员名额的程序进行适当调整。高级人民法院应当将本辖区内各基层人民法院人民陪审员名额报最高人民法院备案。

（二）人民陪审员审理案件

人民法院审判下列第一审案件，由人民陪审员和法官组成合议庭进行，适用简易程序审理的案件和法律另有规定的案件除外：①涉及群体利益的；②涉及公共利益的；③人民群众广泛关注的；④其他社会影响较大的；⑤第一审刑事案件被告人、民事案件原告或者被告、行政案件原告申请由人民陪审员参加合议庭审判的；⑥人民法院征得第⑤项规定的当事人同意由人民陪审员和法官共同组成合议庭审判案件的。

人民法院应当在开庭7日前从人民陪审员名单中随机抽取确定人民陪审员。各基层人民法院可以根据人民陪审员的行业背景、地域分布以及陪审案件类型，将人民陪审员队伍进行适当分类，在此基础上，采取电脑生成等方式从人民陪审员名单中随机抽取确定。特殊案件需要具有特定专业知识的人民陪审员参加审判的，人民法院可以在具有相应专业知识的人民陪审员范围内随机抽取。人民陪审员和法官组成合议庭审判案件时，合议庭中人民陪审员所占人数比例应当不少于1/3。

人民陪审员依法参加合议庭审判案件，对事实认定、法律适用独立行使表决权，除不得担任审判长外，同法官有同等权利。合议庭评议案件时，先由承办法官介绍案件涉及的相关法律、审查判断证据的有关规则，后由人民陪审员及合议庭其他成员充分发表意见，审判长最后发表意见并总结合议庭意见。合议庭实行少数服从多数的原则。人民陪审员同合议庭其他组成人员意见分歧的，应当将其意见写入笔录，必要时，人民陪审员可以要求合议庭将案件提请院长决定是否提交审判委员会讨论决定。

（三）人民陪审员任职保障

人民陪审员因参加培训而支出的交通、就餐等费用，由所在的基层人民法院参照当地差旅费支付标准给予补助；因参加审判活动而支出的交通、就餐等费用，由组织审判活动的人民法院参照当地差旅费支付标准给予补助。

有工作单位的人民陪审员参加培训或审判活动期间，所在单位不得克扣或者变相克扣其工资、奖金及其他福利待遇。被其所在单位克扣或者变相克扣的，由基层人民法院向其所在单位或者其所在单位的上级主管部门提出纠正意见。

无固定收入的人民陪审员参加培训或审判活动期间，由所在人民法院参照当地职工上年度平均货币工资水平，按实际培训日或工作日给予补助。

各级人民法院、司法行政机关应当将为实施人民陪审员制度所必需的开支纳入当年业务经费预算，并及时向同级人民政府财政部门申报，由同级政府财政予以保障。各级人民法院、司法行政机关对于实施人民陪审员制度的各项经费应当单独列支、单独管理、专款专用，以保障人民陪审员制度的有效实行。

对于在审判工作中有显著成绩或者有其他突出事迹的人民陪审员，由基层人民法院会同同级人民政府司法行政机关给予表彰和奖励，并由基层人民法院及时书面通知人民陪审员本人及其所在单位、户籍所在地或者经常居住地的基层组织。

基层人民法院应当将免除人民陪审员职务的决定书面通知被免职者本人及其所在单位、户籍所在地或者经常居住地的基层组织，将免职名单抄送同级人民政府司法行政机关，并逐级报高级人民法院备案，同时向社会公告。

## 第五节　审判原则

审判原则是对刑事审判具有指导性作用的根本准则。审判原则是对刑事审判活动基本规律的总结，具有纲领性的普遍指导和约束功能，以此确保刑事审判的各种诉讼活动有机结合，顺利进行。有的审判原则与多个领域交叉关联，抽象性特点较为明显，有的审判原则集中于某一领域，一般作为出发点推衍出一系列具体规则，形成相应的审判制度，可操作性特点较为明显。各国由于不同的历史传统和现实条件，刑事审判遵循的原则不尽相同，但基于刑事审判的共同规律，也有通行的审判原则，如公开审判原则、辩论原则、直接言词原则、上诉不加刑原则等。公开审判原则见基本原则一章，上诉不加刑原则安排在第二审程序中，本节介绍直接言词原则和辩论原则。

## 一、直接言词原则

直接言词原则是直接原则和言词原则的合称，因为两者在刑事审判中有着密不可分的关系，虽然角度不同，但其本质是相通的。

直接原则，是指在控辩双方、证人和其他诉讼参与人共同参加下，法官必须亲自在法庭上对案件进行了审理，才能作出裁判。法官面对控辩双方和其他相关人员，直接接触证据，能够对案件事实有直观和全面的认识，是公正裁判的保证。言词原则，是指证据必须以口头方式在法庭陈述，书面证词和笔录等不得作为证据。言词原则是直接原则的必然后果，与案件相关的人员除非有法律规定的特殊情形，必须到庭作证，否则书面证据就失去了存在的基础。

### （一）直接言词原则的含义

直接言词原则的含义可以从以下几方面理解：①法官不得在控辩双方不在场的情况下对案件进行审理和裁判；②法官不得委托其他法官调查认定证据，或以书面资料代替对当事人或证人的调查；③法官不得以未经控辩双方当庭口头辩论、质证的内容作为判决的根据。当然，刑事审判的实践是非常复杂的，作为例外，对于一些特殊情形，法律规定法官可以接受未直接调查的或书面的证据材料。

### （二）直接言词原则的意义

直接言词原则是公正裁判的保证。法官面对控辩双方和其他相关人员，直接接触证据，能够对案件事实有直观和全面的认识；有助于防止控方的卷宗材料所带来的先入为主的有罪印象，使对案件事实的认识具有客观性；证据必须在法庭陈述并辩论、质证，可以有效消除诉讼能力对比的差别，有利于维护控辩双方的平等诉讼地位。

### （三）直接言词原则在我国审判程序中的体现

我国刑事诉讼法没有直接言词原则的规定，但其立法精神还是有较为明确的体现。《刑事诉讼法》第 59 条规定证人证言必须在法庭上经过公诉人、被害人和被告人、辩护人双方质证并且查实以后，才能作为定案的根据；第 187 条规定证人在人民法院认为有必要时应出庭作证，这一要求也适用于人民警察就其执行职务时目击的犯罪情况作为证人出庭作证，鉴定人经人民法院通知拒不出庭作证其鉴定意见不得作为定案的根据；第 189 条规定公诉人、当事人和辩护人、诉讼代理人经审判长许可，可以对证人、鉴定人发问；第 190 条规定公诉人、辩护人应当向法庭出示物证，让当事人辨认；第 192 条规定公诉人、当事人和辩护人、诉讼代理人可以申请法庭通知有专门知识的人出庭，就鉴定人作出的鉴定意见提出意见等。《解释》第141条也有证人应当出庭作证的规定。《刑事诉讼法》第187、188条有强制证人出庭作证及对没有正当理由拒绝出庭或者出庭后拒绝作证的处罚规定，为直接原则提供了制度保障。

但《刑事诉讼法》对直接言词原则的态度并不坚定。第190条规定，对未到庭的证人的证言笔录、鉴定人的鉴定结论、勘验笔录和其他作为证据的文书，应当当庭宣读，与直接言词原则的要求存在冲突。而证人补偿和保护等证人作证相关制度尚未完全到位，则使得实践中形成了多数刑事案件的证人不出庭作证，而以庭前在公安、检察机关的书面证词代替的局面，同样影响着直接言词原则的确立和贯彻执行。

## 二、辩论原则

辩论原则，是指在法庭审理中，控辩双方对案件的争议，以公开、口头的方式进行充分的辩论，以此作为裁判的基础。

现代刑事诉讼制度遵循职能分离的原则，有控诉才有刑事审判，有控诉必然有辩护，这两种职能由控诉方和被告人一方分别承担，以保证诉讼的平等性，因此双方的对抗是制度内生的，法庭辩论是这种对抗性的集中体现，对审判公正起着重要作用。

### （一）辩论原则的含义

刑事审判中，辩论原则的含义可以理解为：①辩论的主体，控方为公诉案件的检察官或自诉案件的自诉人及其代理人，辩方为被告人及其辩护人；②辩论的内容，既可以是案件事实的认定和适用法律问题，也可以是诉讼程序问题；③辩论的时间，从诉讼阶段来看，是法庭审理的全过程，从诉讼程序来看，包括第一审程序和第二审程序；④辩论的方式，法庭调查阶段，先由控诉方提出指控和有罪证据，然后由辩护方辩护，发表无罪、罪轻或有减免情节的意见，法庭辩论阶段，则可由控辩双方的任一方首先提出争议，由另一方予以反驳。

### （二）辩论原则在我国审判程序中的体现

辩论原则在我国刑事审判中有明确的法律依据，《刑事诉讼法》第193条第1、2款规定："法庭审理过程中，对与定罪、量刑有关的事实、证据都应当进行调查、辩论。经审判长许可，公诉人、当事人和辩护人、诉讼代理人可以对证据和案件情况发表意见并且可以互相辩论。"法庭调查阶段的辩论程序主要包括：在审判长主持下，公诉人可以就起诉书中指控的犯罪事实讯问被告人；被害人及其诉讼代理人经审判长准许，可以就公诉人讯问的情况进行补充性发问；附带民事诉讼的原告人及其法定代理人或者诉讼代理人经审判长准许，可以就附带民事诉讼部分的事实向被告人发问；经审判长准许，被告人的辩护人及法定代理人或者诉讼代理人可以在控诉一方就某一具体问题讯问完毕后向被告人发问。法庭辩论阶段在审判长的主持下，按照公诉人发言、被害人及其诉讼代理人发言、被告人自行辩护、辩护人辩护以及控辩双方进行辩论的顺序进行。需要注意的是，这两个阶段的划分是相对的，实践中是可以反复进行的，在法庭辩论过程中，如果合议庭发现新的事实，认为有必要进行调查时，审判长可以宣布暂停辩论，恢复法庭调查，待该事实查清后继续法庭辩论。

## ◇ 思考与练习

### 一、选择题

1. 下列刑事案件的再审中，应当依法开庭审理的是（　　）。

A. 可能对原审被告人加重刑罚的盗窃案

B. 人民检察院依照审判监督程序提出了抗诉的杀人案

C. 原审被告人已经死亡的强奸案

D. 依照第一审程序再审的故意伤害案

**【答案】** ABD

**【解析】** 本题要点为刑事再审案件开庭审理的范围及其例外。A、B、D三种情形开庭审理，均以《最高人民法院关于刑事再审案件开庭审理程序的具体规定（试行）》第5条的规定为法律依据："人民法院审理下列再审案件，应当依法开庭审理：①依照第一审程序审理的；……③人民检察院按照审判监督程序提出抗诉的；④可能对原审被告人（原审上诉人）加重刑罚的……"C项情形不开庭审理，其法律依据是该司法解释第6条第3项的规定："下列再审案件可以不开庭审理：……③原审被告人（原审上诉人）、原审自诉人已经死亡、或者丧失刑事责任能力的"。

2. 下列关于人民陪审员的选项正确的是（　　）。

A. 各级法院审判第一审刑事案件，均可吸收人民陪审员作为合议庭成员参与审判

B. 一审刑事案件被告人有权申请由人民陪审员参加合议庭审判

C. 执业律师不得担任人民陪审员

D. 高级人民法院审判案件依法应当由人民陪审员参加合议庭审判的，在

其所在城市的中级人民法院的人民陪审员名单中随机抽取

**【答案】** ABC

**【解析】** 本题要点为人民陪审员职务的履行。A项的法律依据是《刑事诉讼法》第178条第1、2款的规定："基层人民法院、中级人民法院审判第一审案件，应当由审判员3人或者由审判员和人民陪审员共3人组成合议庭进行，但是基层人民法院适用简易程序的案件可以由审判员1人独任审判。高级人民法院、最高人民法院审判第一审案件，应当由审判员3~7人或者由审判员和人民陪审员共3~7人组成合议庭进行。"B项的法律依据是《陪审决定》第2条的规定："人民法院审判下列第一审案件，由人民陪审员和法官组成合议庭进行，适用简易程序审理的案件和法律另有规定的案件除外：……②刑事案件被告人、民事案件原告或者被告、行政案件原告申请由人民陪审员参加合议庭审判的案件。"C项的法律依据是《陪审决定》第5条的规定："人民代表大会常务委员会的组成人员，人民法院、人民检察院、公安机关、国家安全机关、司法行政机关的工作人员和执业律师等人员，不得担任人民陪审员。"D项不符合《陪审决定》第14条第2款的规定："中级人民法院、高级人民法院审判案件依法应当由人民陪审员参加合议庭审判的，在其所在城市的基层人民法院的人民陪审员名单中随机抽取确定。"

## 二、讨论题

1. 试论外国刑事诉讼中的"程序法定原则"。

**【讨论提示】** ①程序法定原则的基本含义；②世界主要国家程序法定原则的比较；③共性及差异的原因分析；④借鉴意义。

2. 试述审判公开原则。

**【讨论提示】** ①审判公开的法律依据；②审判公开的概念；③审判公开的适用及其例外；④审判公开的基本要求；⑤审判公开的意义。

## 三、案例分析题

某区人民法院以贪污罪判处被告人汪某有期徒刑5年。某区人民检察院以量刑畸轻为由，径直向市中级人民法院提出抗诉书。市中级人民法院受理后，依法组成合议庭，经阅卷，认为该案事实清楚，决定不开庭审理。后合议庭发现原一审合议庭成员中，审判员李某具有法定回避情形，于是裁定发回重审。原审法院决定由审判员王某代替李某，与原合议庭成员张某和汤某组成合议庭审理此案，理由是张某和汤某对此案比较了解，让他们继续审理此案，有利于迅速结案。问题：本案的审理在程序上存在哪些问题？

**【参考答案】** ①某区人民检察院不能直接向市中级人民法院提出抗诉书。《刑事诉讼法》第221条第1款规定："地方各级人民检察院对同级人民法院第一审判决、裁定的抗诉，应当通过原审人民法院提出抗诉书，并且将抗诉书抄送上一级人民检察院，原审人民法院应当将抗诉书连同案卷、证据移送上一级人民法院，并且将抗诉书副本送交当事人。”据此规定，某区人民检察院只能通过某区人民法院提出抗诉书，由某区人民法院将抗诉书及案卷材料一并移送市中级人民法院，而不能直接向市中级人民法院提出抗诉书。②市中级人民法院应开庭审理此案。根据《刑事诉讼法》第223条第1款的规定，人民检察院抗诉的案件属于第二审人民法院应当开庭审理的案件范围。本案中，检察院提起抗诉，法院不依法开庭审理是错误的。③某区人民法院重审此案的合议庭组成不合法。《刑事诉讼法》第245条第1款规定：“人民法院按照审判监督程序重新审判的案件，由原审人民法院审理的，应当另行组成合议庭进行。”本案中，原审法院对发回重审的案件仍由原合议庭成员参加审判，其做法是错误的。

## ◆ 参考文献

1. 汪建成、甄贞主编:《外国刑事诉讼第一审程序比较研究》，法律出版社2007年版。

2. 甄贞、汪建成主编:《中国刑事诉讼第一审程序改革研究》，法律出版社2007年版。

3. 左卫民、汤火箭、吴卫军：《合议制度研究——兼论合议庭独立审判》，法律出版社2001年版。

4. 何家弘：《中国的陪审制度向何处去——以世界陪审制度的历史发展为背景》，中国政法大学出版社2006年版。

5. ［英］麦高伟、切斯特·米尔斯基:《陪审制度与辩诉交易——一部真实的历史》，陈碧、王戈等译，中国检察出版社2006年版。

6. 王敏远:“中国陪审制度及其完善”，载《法学研究》1999年第4期。

7. 陈卫东、刘计划：“论集中审理原则与合议庭功能的强化——兼评《关于人民法院合议庭工作的若干规定》”，载《中国法学》2003年第1期。

8. 姚莉：“法制现代化进程中的审判组织重构”，载《法学研究》2004年第5期。

9. 刘计划：“我国陪审制度的功能及其实现”，载《法学家》2008年第6期。

10. 易延友：“我国刑事审级制度的建构与反思”，载《法学研究》2009年第3期。

# 第十五章
# 第一审程序

【导读】 第一审程序是人民法院对刑事案件进行审理的必经程序，是刑事诉讼中基本的诉讼阶段。第一审程序基于审级制度设立，除最高人民法院审判的一审案件外，其它各级人民法院审判的一审案件均为初次审判。我国1996年《刑事诉讼法》的修改对第一审程序作了重大调整，将人民法院对公诉案件的庭前实体审查改为程序性审查，规定人民检察院不再向人民法院移送全部案卷材料，取消了人民法院可以退回补充侦查的规定；吸收了控辩式的审判方式的一些因素，并增设了简易程序。2012年修改的《刑事诉讼法》吸收了司法改革的成果，增加了相对独立的量刑程序、延长了审理期限、扩大了简易程序的适用范围、明确了中止审理的具体情形等，使一审程序更加完善。

本章以公诉案件第一审普通程序作为主要知识内容。第一审程序前的侦查、起诉都是为第一审程序解决案件所作的准备工作，而其后的二审程序、死刑复核程序等特别程序都是对第一审程序的救济。第一审程序决定着整个刑事审判的质量，在整个审判程序中具有举足轻重的地位。

## 第一节　第一审程序概述

第一审程序是人民法院对刑事案件的初次审理程序，具体内容包括庭前准备、开庭、法庭调查、法庭辩论、被告人最后陈述、合议庭评议和宣判等环节。根据审判案件的不同，又分为公诉案件的第一审程序、自诉案件的第一审程序、简易程序和被告人认罪案件的普通程序简易审程序。第一审程序是人民法院审判活动的最基本程序，各级人民法院只要对案件进行初次审理，无论是人民检察院提起公诉的案件，还是当事人直接向人民法院提起自诉的案件，也不论案件难易程度如何，都必须按照第一审程序进行，第一审程序是我国刑事诉讼中一个重要的诉讼阶段。

### 一、第一审程序的概念

第一审程序是指人民法院依照《刑事诉讼法》的规定对人民检察院提起

公诉或者自诉人提起自诉的刑事案件进行初次审判的程序。

我国的第一审程序分为公诉案件的第一审程序和自诉案件的第一审程序。刑事诉讼法根据案件本身的性质和特点，对那些案情较为简单，证据确实充分，且处刑较轻的公诉案件或者自诉案件的审判规定了简易程序。2012年修改的《刑事诉讼法》对简单程序进一步完善。第一审程序存在的案件审判分流机制，对于提高诉讼效率，保障人民法院审判力量集中处理重大、疑难和复杂案件，具有特别重要的意义。

根据《刑事诉讼法》的规定，除最高人民法院审判的第一审案件或者死刑案件外，地方各级人民法院审理刑事案件实行两审终审制。刑事案件经人民检察院提起公诉或者自诉人向人民法院起诉经人民法院审查受理后，即进入第一审程序。第一审程序是人民法院审判刑事案件的基本程序，一审程序与定罪、量刑有关的事实、证据是二审程序的基础，特别是公诉案件第一审程序是刑事诉讼法规定的各种审判程序中最为完备的程序，许多规定是其他审判程序参照的标准，其他程序没有规定的，一般适用公诉案件第一审程序的相关规定。如《刑事诉讼法》第231条规定："第二审人民法院审判上诉或者抗诉案件的程序，除本章已有规定的以外，参照第一审程序的规定进行。"因此，第一审程序在整个审判程序中乃至整个刑事诉讼中具有极其重要的地位。

第一审程序的任务是，人民法院在公诉人、当事人以及其他诉讼参与人的参加下，依照法定的程序客观全面地审查核实证据，查明案件事实，根据刑法的规定就被告人是否构成犯罪，构成何罪，应否处以刑罚以及处以何种刑罚等作出实体判决，使犯罪分子受到应有的法律惩罚，使无罪的人免受错误的刑事追究，从而实现"人人完全平等地有权由一个独立而无偏倚的法庭进行公正的和公开的审判，以确定他的权利和义务并判定对他提出的任何刑事指控"的权利。

### 二、第一审程序的意义

第一审程序在刑事诉讼中具有举足轻重的地位，是其他后继程序的基础，其意义主要体现在以下几个方面：

1. 第一审程序是审判任何刑事案件活动的必经程序。从整个刑事诉讼活动来看，审判是具有决定意义的阶段，而第一审程序是基本的和必经的程序。无论是公诉还是自诉案件，都是从第一审程序开始，由人民法院进行实体审理并作出判决。第一审程序后的二审、审判监督程序等，都是以第一审程序为基础的，是对一审审判质量的检验、监督和救济程序。因此，第一审程序是刑事审判程序的中心环节和主要阶段，其质量如何直接关系到案件的处理结果，被告人利益的保障以及刑事诉讼的任务最终能否实现等问题。

2. 第一审程序是查明案件事实的关键性阶段，人民法院在一审程序中通过控辩双方充分举证、质证和辩论，查明案情，依法对有罪的被告人处以刑罚，使无罪的人免受刑事追究，以保证刑法的正确实施，及时惩治犯罪、维护正常的社会秩序，维护公民的合法权益，实现司法公正；同时，第一审程序可以吸收民众参与审判，通过陪审制度促进诉讼的民主化。

3. 第一审程序的正确实施，可以减少上诉、申诉案件的数量，减轻上级人民法院和当事人的负担，并通过及时终结诉讼，缩短诉讼周期，降低诉讼成本，提高诉讼效率。同时，第一审程序集中体现了刑事诉讼法规定的各项基本原则，通过第一审程序的庭审过程，能够对公民进行直接、具体、生动的法制教育，使正义以看得见的方式实现。

## 第二节　公诉案件第一审程序

### 一、公诉案件庭前审查

#### （一）公诉案件庭前审查的概念和意义

对公诉案件的审查是指人民法院在收到人民检察院移送起诉的案件后，依法对所提供的有关案件材料进行审查，并决定是否开庭审判的一种诉讼活动。我国《刑事诉讼法》第181条规定："人民法院对提起公诉的案件进行审查后，对于起诉书中有明确的指控犯罪事实的，应当决定开庭审判。"

人民法院对公诉案件的审查，也叫庭前审查，是公诉案件正式进入审判程序的必经阶段，其目的在于确定移送的公诉案件是否符合人民法院开庭审判的条件及将被告人交付法庭审判的要求。这种审查属于程序性的审查，它不涉及被告人的犯罪构成及刑事责任等实体问题，不同于法庭的审判。庭前审查程序不是诉讼的独立阶段，它是第一审程序的组成部分。

我国刑事诉讼法为了避免人民法院"先入为主"或者"先定后审"，1996年修改后的《刑事诉讼法》将1979年《刑事诉讼法》规定的实体性审查改为程序性审查，对移送的材料不再要求公诉机关向审判机关移送全部卷宗或者所有案件材料，仅要求移送与起诉书有关的证据目录、证人名单和主要证据复印件或者照片，这种"起诉复印件主义"在一定意义上阻断了法官审判前可能对案件的预断，尽可能保证法官的中立性，保障公正审判。我国没有采取“起诉状一本主义”的做法，完全废除庭前审查程序，其改革不失积极意义。但由于在实践中没有采用庭前审查组织与法庭审判的合议庭相分离制度，也存在一定的弊端。2012 年修改的《刑事诉讼法》将 1996 年《刑事诉讼法》的“起诉复印件主义”退回到 1979 年《刑事诉讼法》的“案卷移送主义”，规定了人民检察院提起公诉应“将案卷材料、证据移送人民法院”。基于此，人民法院对公诉案件进行庭前审查仅限于对提起公诉的案件是否具备开庭条件进行审查。

（二）公诉案件审查的内容与方法

根据《刑事诉讼法》第 181 条的规定以及司法实践中的做法，人民法院对提起公诉的案件主要审查是否具备开庭的条件，并由审判员负责具体实施。

1. 公诉案件审查的内容。人民法院对提起公诉的案件应当在收到起诉书（一式 8 份，每增加一名被告人，增加起诉书 5 份）后，指定审判员审查以下内容：

（1）案件是否属于本院管辖；

（2）起诉书是否有明确的指控犯罪事实；

（3）起诉书中是否载明被告人被采取强制措施的种类、羁押地点，是否在案以及有无查封、扣押、冻结在案的被告人的财物及存放地点；是否列明被害人的姓名、住址、通讯处，为保护被害人而不宜列明的，应当单独移送被害人名单；

（4）是否附有起诉前收集的证据；

（5）是否附有定罪的证据以及量刑情节的自首、立功、累犯、中止、未遂、防卫过当等证据；

（6）是否附有证人的姓名、性别、年龄、职业、住址和通讯处；

（7）已委托辩护人、诉讼代理人的，是否附有辩护人、诉讼代理人的姓名、住址、通讯处明确的名单；

（8）量刑建议书是否载明人民检察院建议对被告人处以刑罚的种类、刑罚幅度、刑罚执行方式及其理由和依据；

（9）提起附带民事诉讼的，是否附有相关证据材料；

（10）侦查、起诉程序的各种法律手续和诉讼文书复印件是否完备；

（11）被告人是否在案；

（12）有无《刑事诉讼法》第 15 条第 2 ~ 6 项规定的不追究刑事责任的情形。

2. 公诉案件审查的方法。人民法院对提起公诉的案件主要以书面审查为主，通过阅读起诉书，将起诉书指控的犯罪事实、情节与人民检察院移送的案卷进行比照分析，判断是否符合法定的开庭条件。

一般情况下，人民法院在开庭审查中不需要提审被告人、询问证人、被害人或者鉴定人，也不应当采用勘验、检查、扣押、鉴定、查询、冻结等调查证据的方法，无需调查或者核实证据的真实性。

（三）公诉案件审查后的处理

人民法院对人民检察院提起公诉的案件进行审查后，应当根据不同情况分别作出以下处理：

1. 决定退回人民检察院。对不属于本院管辖或者被告人不在案的，应当决定退回人民检察院。

2. 通知人民检察院补送材料。对人民检察院移送材料不足需要补送材料的，应当书面通知人民检察院在3日内补送。

3. 决定开庭审理。对于起诉书中有明确的指控犯罪事实，符合开庭条件的，应当决定开庭审判；对于根据《刑事诉讼法》第195条第3项规定宣告被告人无罪，人民检察院依据新的事实、证据材料重新起诉的，人民法院应当依法受理；对于被告人真实身份不明，但符合《刑事诉讼法》第158条第2款规定的，人民法院应当依法受理。

4. 决定不予受理或者裁定终止审理。人民法院裁定准许人民检察院撤诉的案件，没有新的事实、证据，人民检察院重新起诉的，人民法院不予受理；对符合《刑事诉讼法》第15条第2、3、4和6项规定的情形的，应当裁定终止审理或者决定不予受理。

人民法院对于通知人民检察院补送材料而没有补送的，不得以移送材料不足为由决定不开庭审理，也不得退回人民检察院补充侦查或者要求人民检察院撤回诉讼。

人民法院对人民检察院提起公诉的案件进行审查后，对于按照普通程序审理的公诉案件，决定是否受理，应当在7日内审查完毕；对于人民检察院建议按简易程序审理的公诉案件，决定是否受理，应当在3日内审查完毕。人民法院对提起公诉的案件进行审查的期限，计入人民法院的审理期限。

## 二、开庭审判前的准备

人民法院决定开庭审判后，为了保证法庭审判的顺利进行，根据《刑事诉讼法》第182条和相关规定以及审判工作的实际需要，应当做好以下各项准备工作：

1. 确定合议庭的组成人员或者独任庭的审判员。人民法院适用普通程序审判第一审案件的，由院长或者庭长指定审判长并确定合议庭组成人员。适用简易程序审理的案件，由庭长指定审判员 1 人独任审理。

合议庭是由数名审判人员组成的代表人民法院行使审判权的审判组织形式，是一种集体办案的审判组织。合议庭的组成有单一制和混合制两种，前者指合议庭由人民法院的专职审判员组成；后者指合议庭由人民法院的专职审判员和人民陪审员共同组成。合议庭除基层人民法院适用简易程序的案件可以由审判员 1 人独任审判外，人民法院审判刑事案件都应当组成合议庭审判。合议庭设审判长 1 人。审判长是审判活动的具体组织者和指挥者，由院长或者庭长指定审判员 1 人担任。人民陪审员不是专职审判员，不能担任审判长。院长或者庭长参加审判案件的时候，由他们自己担任审判长。合议庭审判刑事案件，在审判长主持下进行。除审判长在审判活动中的分工不同外，合议庭全体成员包括人民陪审员在合议庭中都具有同等的地位。合议庭成员根据少数服从多数的原则决定案件的事实认定和法律适用。由合议庭审判刑事案件，一方面可以充分发挥审判人员的集体智慧，防止主观片面和独断专行；另一方面也有利于审判人员互相监督，防止徇私舞弊和枉法裁判。人民法院在组成合议庭的同时，应确定法庭的书记员，负责审判的记录工作，并办理与审判有关的其他事项。

基层人民法院、中级人民法院审判第一审刑事案件的合议庭，应当由审判员 3 人或者由审判员和人民陪审员共 3 人组成；高级人民法院、最高人民法院审判第一审案件的合议庭，应当由审判员 3～7 人或者审判员和人民陪审员共 3～7 人组成。合议庭的成员人数应当是单数。

合议庭可以拟出法庭审理提纲，提纲一般包括下列内容：①合议庭成员在庭审中的具体分工；②起诉书指控的犯罪事实部分的重点和认定案件性质方面的要点；③讯问被告人时需了解的案情要点；④控辩双方拟出庭作证的证人、鉴定人和勘验、检查、辨认、侦查实验笔录制作人名单；⑤控辩双方拟当庭宣读、出示的证人书面证言，物证和其他证据；⑥庭审中可能出现的问题及拟采取的措施。

2. 将人民检察院的起诉书副本送达被告人，并同时抄送辩护人，保障其辩护权得到充分行使。人民法院决定开庭审判的案件，应将人民检察院的起诉书副本至迟在开庭 10 天前送达被告人，使被告人及早了解自己的被控罪名和有关情况，做好充分行使辩护权的准备，切实保障被告人的辩护权。对于未委托辩护人的被告人，人民法院有义务告知其可以委托辩护人；对于符合《刑事诉讼法》第 34 条第 2、3 款规定的，应当依法通知法律援助机构指派律师为其提供辩护；对于符合《刑事诉讼法》第 34 条第 1 款规定的，一般要通知法律援助机构指派律师为其提供辩护。

人民检察院以量刑建议书方式提出量刑建议的，人民法院在送达起诉书副本时，将量刑建议书一并送达被告人。

3. 审判人员可以召集公诉人、当事人和辩护人、诉讼代理人，对回避、出庭证人名单、非法证据排除等与审判相关的问题，了解情况，听取意见。被告人提出其审判前供述是非法取得的，已向人民法院提交书面意见或者书写确有困难口头告诉的，由审判人员或者其辩护人作出笔录，并由被告人签名或者捺指印。人民法院应当将被告人的书面意见或者告诉笔录复印件在开庭前交人民检察院。

4. 人民法院审判公诉案件，确定开庭日期后，除适用简易程序之外，应当将开庭的时间、地点在开庭 3 日以前通知人民检察院，以便人民检察院做好出庭支持公诉的准备工作。

人民检察院在公诉案件的法庭审判阶段出席法庭并支持公诉是其应当履行的一项重要职责。人民检察院是公诉权的行使者，在法庭上通过讯问被告人、出示有关证据、揭露证实犯罪，进一步阐述公诉意见，履行控诉职能，并有权以法律监督机关的身份对法庭的审判活动是否合法进行监督。因此，人民法院在开庭审判前，应依法按时通知人民检察院派员出庭支持公诉。

5. 确定开庭日期后，应传唤当事人，通知辩护人、诉讼代理人、证人、鉴定人和翻译人员出庭，其传票和通知书至迟在开庭 3 日前送达。为了保障诉讼参与人有足够的出庭准备时间，人民法院应当及时将传票、通知书予以送达。诉讼参与人收到开庭通知的时间，应当在人民法院正式开庭审判 3 日之前。

人民法院依法通知控辩一方或双方提供的证人时，该证人明确表示不出庭作证或拒绝出庭作证，或者按照他们提供的通讯地址无法通知的，应当及时告知申请证人出庭作证的控辩一方或双方。人民法院对证人出庭作证是否存在必要性，应仅仅进行程序性判断，只要公诉人、当事人或者辩护人、诉讼代理人对证人证言有异议，且该证人证言对案件定罪量刑有影响，就应认定证人有出庭的必要性，并通知证人出庭，而不应对此进行实体性审查。因为证人证言是否与案件事实相符，需要在审判中与其他证据结合起来判断，这属于证据调查以后的事情，而非审判前的认定。但对被告人的配偶、父母、子女不得强制到庭作证。

公诉人、当事人和辩护人、诉讼代理人申请通知有专门知识的人出庭，人民法院同意的，应当通知有专门知识的人出庭。

6. 公开审判的案件，应当在开庭 3 日以前公布案由、被告人姓名、开庭时间和地点。凡是公开审判的案件，应当对社会公开，允许公民到庭旁听，允许新闻记者采访。决定公开审判的案件应当在开庭3日以前贴出布告，公布案由、被告人的姓名、开庭的时间和地点，使人民群众和其他旁听人员有足够的时间做好工作安排，以便其旁听审判。

人民法院进行上述各项准备工作，应当依法进行，每一项活动写入笔录，由审判人员和书记员签名，附卷保存。

### 三、法庭审判

法庭审判是指人民法院在公诉人、当事人及其辩护人、诉讼代理人等其他诉讼参与人的参加下，通过开庭的方式，在充分听取控辩双方对证据、案件事实和法律适用的意见基础上，调查核实证据，查明案件事实，依法确定被告人的行为是否构成犯罪，应否受到刑事处罚以及给予何种刑事处罚的诉讼活动。人民法院审理刑事案件，应当保障量刑活动的相对独立性。法庭审判程序分为开庭、法庭调查、法庭辩论、被告人最后陈述、评议和宣判五个阶段。

#### （一）开庭

开庭是法庭审理的开始，是为实体审理做准备的阶段。根据刑事诉讼法第154条和《解释》的规定，开庭阶段一般包括下列内容：

1. 开庭审理前，书记员应当依次进行下列工作：①查明公诉人、当事人、证人及其他诉讼参与人是否已经到庭；②宣读法庭规则；③请公诉人、辩护人入庭；④请审判长、审判员（人民陪审员）入庭；⑤审判人员就座后，当庭向审判长报告开庭前的准备工作已经就绪。

2. 审判长宣布开庭，传被告人到庭后，应当查明被告人的下列情况：①姓名、出生年月、民族、出生地、文化程度、职业、住址，或者单位的名称、住所地、诉讼代表人的姓名、职务；②是否曾受到过法律处分及处分的种类、时间；③是否被采取强制措施及强制措施的种类、时间；④收到人民检察院起诉书副本的日期；⑤附带民事诉讼的，附带民事诉讼被告人收到民事诉讼的日期。

3. 审判长宣布案件的来源、起诉的案由、附带民事诉讼原告人和被告人的姓名（名称）及是否公开审理。对于不公开审理的案件，应当当庭宣布不公开审理的理由。

4. 审判长宣布合议庭组成人员、书记员、公诉人、辩护人、鉴定人和翻译人员的名单。

5. 审判长应当告知当事人、法定代理人在法庭审理过程中依法享有下列诉讼权利：①可以申请合议庭组成人员、书记员、公诉人、鉴定人和翻译人员回避；②可以提出证据，申请通知新的证人到庭、调取新的证据、重新鉴定或者勘验、检查；③被告人可以自行辩护；④被告人可以在法庭辩论终结后作最后的陈述。

6. 审判长分别询问当事人、法定代理人是否申请回避、申请何人回避和申请回避的理由。如果当事人、法定代理人申请审判人员、出庭支持公诉的检察人员回避，合议庭认为符合法定情形的，应当依照有关回避的规定处理；认为不符合法定情形的，应当当庭驳回，继续法庭审理。如果申请回避人当庭申请复议，合议庭应当宣布休庭，待作出复议决定后，再决定是否继续法庭审理。

同意或者驳回回避申请的决定及复议决定，由审判长宣布，并说明理由；必要时，也可以由院长到庭宣布。

（二）法庭调查

法庭调查是指在审判长的主持下，控辩双方以及诉讼参与人通过提出证据和对证据进行质证，当庭调查核实证据，查明案件事实的诉讼活动。法庭调查是法庭审判的核心阶段，应当按照一定程序或者步骤进行。《刑事诉讼法》第193条第1款规定："法庭审理过程中，对与定罪、量刑有关事实、证据都应当进行调查、辩论。"为进一步规范量刑程序，促进量刑活动的公开、公正，2011年最高人民法院、最高人民检察院、公安部、国家安全部、司法部出台了《关于规范量刑程序若干问题的意见（试行）》。根据上述规定和诉讼程序要求，法庭调查可就定罪调查与量刑调查分别进行，实行定罪调查与量刑调查相对分离制度。

1. 定罪调查程序。

（1）公诉人宣读起诉书。审判长宣布进行法庭调查后，首先由公诉人宣读起诉书，代表国家指控犯罪，提请人民法院对被告人依法审判。公诉人宣读起诉书，一方面向法庭阐明公诉犯罪事实，即法庭调查的范围和被告人应负刑事责任的事实根据和法律依据；另一方面，也可以使旁听群众了解案情，更深入地观察法庭审判的过程，从中受到法制教育。

有附带民事诉讼的，再由附带民事诉讼的原告人或者诉讼代理人宣读附带民事诉状。

（2）被告人及其辩护人在开庭审理前，提出被告人审判前供述是非法取得的，法庭在公诉人宣读起诉书之后，先行当庭调查。法庭应当要求其提供涉嫌非法取证的人员、时间、地点、方式、内容等相关线索或者证据。经审查，法庭对被告人审判前供述取得的合法性有疑问的，公诉人应当向法庭提供讯问笔录、原始的讯问过程录音录像或者其他证据，提请法庭通知讯问时其他在场人员或者其他证人出庭作证。公诉人不能当庭举证的，可以建议法庭延期审理。

（3）被告人、被害人陈述。被告人、被害人就指控的犯罪事实发表意见。公诉人宣读起诉书后，被告人、被害人可以就起诉书指控的犯罪事实分别进行陈述，审判长应分别听取被告人的陈述、被害人的意见。其目的在于使合议庭了解当事人对指控的基本意见，为下一步查明案件事实作好必要的准备。

（4）讯问被告人、询问被害人和附带民事诉讼原告人、被告人。被告人、被害人就指控的犯罪事实发表意见后，公诉人可以就起诉书中指控的犯罪事实讯问被告人。公诉人讯问被告人是实质性证据调查的开始，对查明案件真相具有十分重要的意义。公诉人通过讯问被告人，可以揭露和证实犯罪，反驳被告人的辩解。

公诉人讯问被告人应当围绕下列事实进行：①被告人的身份；②指控的犯罪事实是否存在，是否为被告人所实施；③实施犯罪行为的时间、地点、方法、手段、结果、被告人犯罪后的表现等；④犯罪集团或者其他共同犯罪集团案件中参与犯罪人员的各自地位和应负的责任；⑤被告人有无责任能力，有无故意或者过失，行为的动机、目的；⑥有无依法不应当追究刑事责任的情况，有无法定的从重、从轻、减轻以及免除处罚的情节；⑦犯罪对象、作案工具的主要特征，与犯罪有关的财物的来源、数量以及去向；⑧被告人全部或者否认起诉书指控的犯罪事实的，否认的根据和理由能否成立；⑨与定罪量刑有关的其他事实。讯问时，如果被告人已经承认或者部分承认了起诉书指控的犯罪事实，公诉人应先让他供述实施犯罪的全部事实和过程，然后就犯罪的时间、地点、手段，参与犯罪者的人数，受害对象，造成的后果，赃款、赃物的走向，犯罪的动机、目的，犯罪的思想根源，犯罪后的表现等进行详细讯问。讯问得越详细，被告人回答得越具体，其陈述的真实性就可能越高。被告人犯有一罪的，应当要求他按案件发生发展的自然过程一一陈述；被告人犯数罪的，应当根据各自的罪行轻重、作案时间先后逐个讯问。

如果被告人否认被指控的犯罪事实，或者其陈述与侦查、审查起诉中的供述不一致，足以影响定罪量刑的，公诉人可以宣读被告人供述笔录，并针对笔录中被告人的供述内容对其进行讯问，或者提出其他证据进行证明，以充分暴露被告人辩解的矛盾从而澄清案件事实；如果被告人否认被指控的犯罪事实或者其陈述与侦查、审查起诉中的供述不一致或者不一致的内容不影响定罪量刑的，可以不宣读被告人供述笔录。无论被告人的回答是否真实，公诉人都不应当庭训斥被告人，也不能随意打断被告人的发言。

公诉人讯问被告人后，被害人、附带民事诉讼的原告人和辩护人、诉讼代理人，经审判长准许，可以向被告人发问。被害人及其诉讼代理人经审判长准许，可以就公诉人讯问的情况对被告人进行补充性发问；附带民事诉讼原告人及其法定代理人或者诉讼代理人经审判长准许，可以就附带民事诉讼部分的事实向被告人发问；经审判长准许，被告人的辩护人及法定代理人或者诉讼代理人可以在控诉一方就某一具体问题讯问完毕后向被告人发问。

被害人及其诉讼代理人的发问旨在证实起诉书的指控或者对公诉人未能抓住的要害问题甚至是遗漏了的重要事实、情节进行补充，防止被告人逃脱罪责。辩护人的发问是为辩护做准备，重点在于问清能够证明被告人无罪、罪轻或者减轻、免除期刑事处罚的事实、情节。

在公诉人讯问被告人之后或者其他诉讼参与人对被告人发问之后，审判人员对案件事实有疑问的，也可以向被告人、被害人及附带民事诉讼原告人、被告人讯问或者发问。控辩双方经审判长准许，可以向被害人、附带民事诉讼原告人发问。

审判长主持发问时，对于起诉书指控的被告人的犯罪事实为两起以上的，一般应当就每起犯罪事实分别进行调查。对于共同犯罪案件的被告人，应当分别进行讯问；合议庭认为有必要时，可以传唤共同被告人同时到庭对质。审判长对于控辩双方讯问被告人，询问被害人、附带民事诉讼原告人和被告人的内容与本案无关或者发问的方式不当的，应当制止。对于控辩双方认为对方讯问或者询问的内容与本案无关或者发问的方式不当并提出异议的，审判长应当判明情况予以支持或者驳回。

（5）询问证人、鉴定人和勘验、检查笔录制作人。《刑事诉讼法》第59、187条规定，“证人证言必须在法庭上经过公诉人、被害人和被告人、辩护人双方质证并且查实以后，才能作为定案的根据。”“经人民法院通知，鉴定人拒不出庭作证的，鉴定意见不得作为定案的根据。”根据上述规定，证人、鉴定人等出庭作证程序如下：

证人出庭作证。对定罪量刑有重大影响的证人证言，并且公诉人、当事人或者辩护人、诉讼代理人有异议，人民法院认为证人有必要出庭作证并依法通知的，证人应当出庭作证。人民警察就其执行职务时目击的犯罪情况，也应当作为证人出庭作证。对指控的每一起案件事实，经审判长准许，公诉人都可以提请审判长传唤证人、鉴定人和勘验、检查笔录制作人出庭作证；被害人及其诉讼代理人和附带民事诉讼的原告人及其诉讼代理人经审判长准许，也可以分别提请传唤尚未出庭作证的证人、鉴定人和勘验、检查笔录制作人出庭作证，或者出示公诉人未出示的证据，宣读未宣读的书面证人证言、鉴定意见与勘验、检查笔录。

证人到庭后，审判人员应当先核实证人的身份、与当事人以及本案的关系，告知证人应当如实地提供证言和有意作伪证或者隐匿罪证要负的法律责任。证人作证前，应当在如实作证的保证书上签名。向证人发问，应当先由提请传唤的一方进行；发问完毕后，经审判长准许，另一方也可以向对方发问。对证人发问应当针对证言中遗漏、矛盾、模糊不清和有争议的内容，并着重围绕与定罪量刑紧密相关的事实进行。发问应当采取一问一答形式，提问应当简洁、清楚。

鉴定人出庭作证。公诉人、当事人或者辩护人、诉讼代理人对鉴定意见有异议，人民法院认为鉴定人有必要出庭作证并依法通知的，鉴定人应当出庭作证。鉴定人到庭后，审判人员应当先查明鉴定人是否具有鉴定资格，核实鉴定人的身份、与当事人及本案的关系，告知鉴定人应当如实地提供鉴定意见和有意作虚假鉴定要负的法律责任。鉴定人说明鉴定意见前，应当在如实说明鉴定意见的保证书上签名。向鉴定人发问，应当先由要求传唤的一方进行；发问完毕后，经审判长准许，对方也可以发问。

审判长对于向证人、鉴定人发问的内容与本案无关或者发问的方式不当的，应当制止。对于控辩双方认为对方发问的内容与本案无关或者发问的方式不当并提出异议的，审判长应当判明情况予以支持或者驳回。向证人、鉴定人发问应当分别进行。证人、鉴定人经控辩双方或者审判人员询问后，审判长应当告知其退庭，并不得旁听案件的审理，以免证人、鉴定人在作证时受到干扰，影响作证的客观性。

有关侦查人员或者其他人员的出庭。在法庭调查中，公诉人对提供的证据不能证明收集的合法性或者辩方对其提供证据合法性予以质疑，人民法院通知有关侦查人员或者其他人员出庭的，侦查人员或者其他人员应当出庭说明情况。

讯问、发问或者询问被告人、被害人、附带民事诉讼原告人和被告人、证人、鉴定人应当遵循以下规则：①讯问、发问或者询问的内容应当与案件的事实相关；②不得以诱导方式提问；③不得威胁被告人、被害人、附带民事诉讼原告人和被告人、证人、鉴定人；④不得损害被告人、被害人、附带民事诉讼原告人和被告人、证人、鉴定人的人格尊严。

（6）出示物证、宣读证人证言、鉴定意见和其他笔录。控辩双方向法庭出示物证、书证、视听资料等证据，应当对该证据所要证明的内容、获取情况作概括的说明，并向当事人、证人问明该证据的主要特征，让其辨认。审判长认为与案件无关或者明显重复、不必要的证据，可以不予准许。被告人、辩护人、法定代理人经审判长准许，可以在起诉一方举证提供证据后，出示证据、宣读未到庭的证人的书面证言、鉴定人的鉴定意见。

当庭出示的物证、书证、视听资料等证据，应当先由出示证据的一方就所出示的证据的来源、特征等作必要的说明；然后，由另一方进行辨认并发表意见。控辩双方可以互相质问、辩论。

(7) 调取新证据。当事人和辩护人申请通知新的证人到庭，调取新的证据，申请重新鉴定或者勘验的，应当提供证人的姓名、证据的存放地点，说明要证明的案件事实，要求重新鉴定或者勘验的理由。审判人员根据具体情况，认为可能影响案件事实认定的，应当同意该申请，并宣布延期审理；不同意的，应当告知理由并继续审理。

在法庭调查过程中，合议庭对证据有疑问的，可以宣布休庭，对该证据进行调查核实。人民法院调查核实证据时，可以进行勘验、检查、查封、扣押、鉴定和查询、冻结。必要时，可以通知检察人员、辩护人到场。公诉人要求出示开庭前送交人民法院的证据以外的证据，辩护方提出异议的，审判长如认为该证据确有出示的必要，可以准许出示。如果辩护方需要对新的证据做必要准备时，可以宣布休庭，并根据具体情况确定辩护方作出必要准备的时间。确定的时间期满后，应当继续开庭审理。

(8) 有专门知识的人出庭对鉴定意见提出意见。公诉人、当事人或者辩护人、诉讼代理人申请法庭通知有专门知识的人出庭作证，审判人员认为有必要而通知其到庭的，专门知识的人可就鉴定人作出的鉴定意见提出意见。公诉人、当事人或者辩护人、诉讼代理人面对鉴定人提供的鉴定意见因缺乏这方面知识，无法保证质疑鉴定人获得有效性，需要相应的专家为其提供帮助，并辅助其对鉴定意见进行质证。这种具有专门知识的人作为“专家”出庭可按照鉴定人的有关规定进行。

审判人员根据辩护律师申请收集、调取的证据或者合议庭休庭后自行调查取得的证据，必须经过庭审辨认、质证才能决定是否作为判决的依据。

(9) 审查核实其他证据。在讯问和发问被告人完毕之后，无论被告人是否当庭承认犯有指控的罪行，合议庭都应当要求公诉人当庭提出证明被告人有罪的其他各种证据并当庭予以审查核实。只有经过法庭调查核实的证据，才能作为合议庭认定案件事实的根据。

在庭审过程中，公诉人发现案件需要补充侦查，提出延期审理建议的，合议庭应当同意，但是建议延期审理的次数不得超过 2 次。法庭宣布延期审理后，人民检察院在补充侦查的期限内没有提请人民法院恢复法庭审理的，人民法院应当决定按人民检察院撤诉处理。

人民法院向人民检察院调取需要调查核实的证据材料，或者根据辩护人、被告人的申请，向人民检察院调取在侦查、审查起诉中收集的有关被告人无罪和罪轻的证据材料，应当通知人民检察院在收到证据材料决定书后移交。

2. 量刑调查程序。被告人认罪案件，在确认被告人了解起诉书指控的犯罪事实和罪名，自愿认罪且知悉认罪的法律后果后，法庭调查主要围绕量刑证据进行。对于被告人不认罪或者辩护人做无罪辩护的案件，在法庭调查阶段，应当查明对被告人适用特定法定刑幅度以及其他从重、从轻、减轻或免除处罚的法定或者酌定量刑情节。

审判人员对量刑证据有疑问的，可以宣布休庭，对证据进行调查核实，必要时也可以要求人民检察院补充调查核实。发现被告人可能有自首、立功等法定量刑情节，而起诉和移送的证据材料中没有这方面证据材料的，应当建议人民检察院补充侦查。

3. 非法证据的调查程序及处理。当事人及其辩护人、诉讼代理人申请人民法院对以非法方法收集的证据依法予以排除的，应当提供相关线索或者材料。法庭应当对申请及有关线索或者材料进行初步审查，认为可能存在《刑事诉讼法》第54条规定的情形，或者审判人员在审理过程中认为可能存在《刑事诉讼法》第54条规定的以非法方法收集证据情形的，应当对证据收集的合法性进行法庭调查。

人民检察院对于证据收集的合法性负有举证责任，应当提供证据证明，如出示录音录像、体检记录等。如果现有的材料不能证明证据收集的合法性，应通知有关侦查人员或者其他人员出庭说明收集证据的过程等情况，但不宜仅仅提供无非法收集证据的单位证明作为证据。法庭根据法庭调查的结果，区别情况，对涉及证据的合法性问题作出如下处理：

（1）对采用刑讯逼供等非法方法收集的犯罪嫌疑人、被告人供述和采用暴力、威胁等非法方法收集的证人证言、被害人陈述，应当予以排除，不得作为证据使用。

（2）对收集物证、书证不符合法定程序，如不符合法律对取证手续、取证方法的规定等，可能严重影响司法公正的，应当予以补正或者作出合理解释。收集证据的机关或者人员对违法取证的情况能够作出补正或者合理解释的，该证据可以继续使用。收集证据的机关或者人员对违法取证的情况不能补正或者不能作出合理解释的，应当予以排除，不得作为证据使用。

（3）对不能排除存在《刑事诉讼法》第54条规定的非法取证情形的，或者仍存在疑问的，应当予以排除，不得作为证据使用。

### （三）法庭辩论

法庭辩论是指控辩双方在审判长的主持之下，依据法庭调查中已经调查的证据和有关法律规定，对证据有何种证明力和被告人是否有罪、所犯何罪、罪责轻重、应否判刑和如何处罚等问题，提出自己的意见和理由，在法庭上当面进行论证和反驳的诉讼活动。《刑事诉讼法》第193条第2款规定："法庭审理过程中，对定罪、量刑有关事实、证据都应当进行调查、辩论。""经审判长许可，公诉人、当事人和辩护人、诉讼代理人可以对证据和案件情况发表意见并且可以互相辩论。"合议庭认为案件事实已经调查清楚，应当由审判长宣布法庭调查结束，开始就全案事实、证据、适用法律等问题进行法庭辩论。同时，包括非法证据等有关程序问题的辩论。法庭辩论活动既是控方揭露犯罪、证实犯罪的活动，也是辩方据理反驳控诉、维护被告人合法权益的活动，它是法庭作出判决的基础之一。

1. 与定罪有关的事实、证据与法律的法庭辩论。与定罪有关的事实、证据与法律的法庭辩论应当在审判长主持下按下列顺序进行：公诉人发言，被害人及其诉讼代理人发言，被告人自行辩护，辩护人辩护，控辩双方进行辩论。

（1）公诉人发言。公诉人发言在实践中被称之为发表公诉词。公诉词是公诉人代表人民检察院，为证实犯罪，在总结法庭调查的事实、证据、适用法律的基础上，集中表明人民检察院对追究被告人刑事责任的意见。其主要内容包括指控被告人犯罪的根据和理由，犯罪的危害后果和根源以及提出的建议性预防措施和意见。公诉词旨在支持公诉，宣传法律，教育群众。

（2）被害人及其诉讼代理人发言。被害人是犯罪活动的直接受害者，在诉讼中是控诉一方当事人，有权在法庭辩论中控诉和证实犯罪，请求法庭公正地对被告人予以处罚。犯罪如果给被害人造成了物质损失，被害人还可以成为附带民事诉讼的原告人，要求被告人赔偿损失。诉讼代理人是被害人的辅助人，在被害人发言之后，可以继续为被害人发言。

（3）被告人自行辩护以及辩护人辩护。被告人是公诉案件的主要当事人，被告人在辩论中的发言既是被告人行使辩护权的基本形式，也是合议庭了解案件事实和被告人主观恶性的一个主要渠道。但是被告人自行辩护仅仅是被告人的辩护手段之一，被告人也可以放弃辩论中的发言权，由辩护人代为辩护。

辩护人在法庭辩论中的首轮发言，在司法实践中称为辩护词，辩护词是辩护人辩护宗旨的集中体现。辩护活动的成败，与所发表的辩护词的质量高低有一定关系。辩护人必须以事实为根据，以法律为准绳，实事求是地进行辩护，其辩护才可能收到应有的效果。辩护人进行辩论，还应当结合法庭调查的情况进行。如果法庭调查中所提出的证据不足以证明被告人犯了罪，辩护人应当要求合议庭确认控方证据不确实、不充分；如果法庭调查中所提出的证据表明起诉书指控的犯罪事实失实或被告人的行为不构成犯罪，辩护人可以请求合议庭注意指控不成立而宣告被告人无罪；如果证据调查中提出的证据不足以认定被告人犯有重罪或者应该从轻处罚，辩护人可以据此提出从轻、减轻或者免除刑罚的意见和理由。

(4) 控辩双方进行辩论。在法庭辩论中，控辩双方发言后，可以就存在分歧的地方相互辩论，进一步阐明各自的观点和理由。在辩论中双方发言机会均等，只要控诉方发言，就应当允许辩护方辩驳。除非辩护方放弃，每一轮发言都应当完整。

在法庭辩论中，审判长的作用是主持辩论。审判长要善于控制辩论的进行，使辩论始终集中在与定罪量刑有关的实质性问题上。如果双方的争辩与正确处理案件无关，纠缠于枝节问题或者语言失误上，或者双方互相指责甚至进行人身攻击，审判长应当及时制止。

在法庭辩论时，其他审判人员的作用是认真听取双方的论证和辩驳，弄清双方发言的基本宗旨，以形成自己对事实认定和法律运用的正确认识。

在辩论中，如果发现某些主要事实尚未查清或者提出了有关本案定罪量刑的新事实，审判长应当宣布暂停法庭辩论，恢复法庭调查，待事实查清后再恢复法庭辩论。如果恢复调查仍未查清，需要补充侦查，则应当休庭延期审理。

2. 与量刑有关的事实、证据与法律的法庭辩论。被告人认罪案件，在确认被告人了解起诉书指控的犯罪事实和罪名，自愿认罪且知悉认罪的法律后果后，法庭审理主要围绕量刑事实、证据与法律进行。对于被告人不认罪或者辩护人做无罪辩护的案件，审判人员应引导控辩双方先辩论定罪问题。

与量刑有关的事实、证据与法律的法庭辩论按照下列顺序进行：①公诉人、自诉人及其诉讼代理人发表量刑建议或意见；②被害人（或者附带民事诉讼原告人）及其诉讼代理人发表量刑意见；③被告人及其辩护人进行答辩并发表量刑意见。

在法庭辩论过程中，出现新的量刑事实，需要进一步调查的，应当恢复法庭调查，待事实查清后再继续法庭辩论。

根据法庭辩论的情况，经过一轮或几轮辩论，合议庭认为控辩双方均已提不出新的意见，没有继续辩论的必要时，审判长应当终止双方发言，宣布辩论终结。

### （四）被告人最后陈述

被告人最后陈述是指被告人在法庭审理结束之际，就自己被指控的罪行进行最后辩护和最后陈述的活动。

《刑事诉讼法》第193条第3款规定："审判长在宣布辩论终结后，被告人有最后陈述的权利。"被告人最后陈述是法律赋予被告人的一项重要权利，也是法庭审理中一个独立的诉讼环节或者必经程序。被告人是案件当事人，案件的判决关系到被告人的切身利益。因此，法庭在作出判决前，再给他一次陈述的机会，听取他对案件的意见。这样既可以让被告人独立完整地叙明自己的意见，强化合议庭对辩护的印象，也可以弥补在法庭调查和法庭辩论中辩护的不足之处。这对于法庭准确认定案件事实，正确适用法律，具有十分重要的意义。因此，审判人员应当切实保障被告人最后陈述的权利，只要被告人的陈述不超出本案范围，不违反法庭纪律，就要让其充分陈述。如果被告人在最后陈述中多次重复自己的意见，审判长可以制止；如果陈述内容是蔑视法庭、公诉人，损害他人及社会公共利益或者与本案无关的，应当制止；在公开审理的案件中，被告人最后陈述的内容涉及国家秘密或者个人隐私的，也应当制止。

如果被告人在最后陈述中，提出了新的事实或新的证据，合议庭认为可能影响正确裁判的，应当恢复法庭调查；如果被告人提出了新的辩护理由，合议庭认为确有必要的，可以恢复法庭辩论。无论出现哪种情况，法庭审理都必须以被告人最后陈述告终。

（五）评议和宣判

1. 评议。合议庭评议是指合议庭全体成员共同对案件事实的认定和法律的适用进行全面的讨论、评定并作出处理决定的诉讼活动。评议的任务就是根据已经提出的证据认定案件事实和对案件作出处理决定，包括对附带民事诉讼和赃款、赃物进行处理。

被告人最后陈述后，审判长应当宣布休庭，由合议庭进行合议。评议由审判长主持，合议庭成员享有平等的权利。评议应先经过讨论，然后用表决的方式对事实认定和法律适用作出决定。表决以简单多数决定，但少数人的意见应记入评议笔录。

合议庭对于疑难、复杂、重大的案件，且合议庭成员意见分歧较大，难以对案件作出决定的，由合议庭提请院长决定是否提交审判委员会讨论决定。审判委员会的决定，合议庭应当执行。评议活动应当秘密进行，即评议的过程和评议笔录对外一律不公开，不允许当事人、其他诉讼参与人和其他人旁听、查阅。

合议庭应当根据已经查明的事实、证据和有关法律规定，并在充分考虑控辩双方意见的基础上，进行评议，确定被告人是否有罪，应否追究刑事责任；构成何罪，应否处以刑罚；判处何种刑罚；有无从重、从轻、减轻或者免除处罚的情节；附带民事诉讼如何解决；赃款、赃物如何处理等，并依法作出判决。经过审判委员会讨论决定的案件，应当按照审判委员会的决定作出判决。

在被告人最后陈述后，审判长宣布休庭，合议庭进行评议，根据已经查明的事实、证据和有关的法律规定，分别作出以下判决：

（1）有罪判决。起诉指控的事实清楚，证据确实、充分，依据法律认定被告人的罪名成立的，应当作出有罪判决；起诉指控的事实清楚，证据确实、充分，指控的罪名与人民法院审理认定的罪名不一致的，应当作出有罪判决。

（2）无罪判决。案件事实清楚，证据确实、充分，依据法律认定被告人无罪的，应当判决宣告被告人无罪；证据不足，不能认定被告人有罪的，应当以证据不足，指控的犯罪不能成立，判决宣告被告人无罪。

（3）不负刑事责任判决。被告人因不满16周岁，不予刑事处罚的，应当判决宣告被告人不负刑事责任；被告人是精神病人，在不能辨认或者不能控制自己行为的时候造成危害结果，不予刑事处罚的，应当判决宣告被告人不负刑事责任。

另外，案件事实部分清楚，证据确实、充分的，应当依法作出有罪或者无罪的判决；事实不清，证据不足部分，依法不予认定；犯罪已过追诉时效期限，并且不是必须追诉或者经特赦令免除刑罚的，应当裁定终止审理；被告人死亡的，应当裁定终止审理；对于根据已查明的案件事实和认定的证据材料，能够确认被告人无罪的，应当判决宣告被告人无罪。

对量刑应当说明量刑理由。其理由主要包括：①已经查明的量刑事实及其对量刑的作用；②是否采纳公诉人、当事人和辩护人、诉讼代理人发表的量刑建议、意见的理由；③人民法院量刑的理由和法律依据。

在人民法院宣告判决前，人民检察院发现被告人的真实身份或者犯罪事实与起诉书中叙述的身份或者指控犯罪事实不符的，可以要求变更起诉；发现遗漏的同案犯罪嫌疑人或者罪行可以一并起诉和审理的，可以要求追加起诉；发现不存在犯罪事实、犯罪事实并非被告人所为或者不应当追究被告人刑事责任的，可以要求撤回起诉。变更、追加或者撤回起诉应当报经检察长或者检察委员会决定，并以书面形式在人民法院宣告判决前向人民法院提出。人民法院应当审查人民检察院撤回起诉的理由，并作出是否准许的裁定。

人民法院在法庭审理过程中发现新的事实，可能影响定罪的，应当建议人民检察院补充侦查、补充或者变更起诉。人民检察院不同意的，人民法院应当就起诉指控的犯罪事实依法作出裁判。

在法庭审理过程中，公诉人认为需要变更、追加或者撤回起诉的，应当要求休庭，并记明笔录。变更、追加起诉需要给予被告人、辩护人必要时间进行辩护准备的，公诉人可以建议合议庭延期审理。撤回起诉后，没有新的事实或者新的证据不得再行起诉。

2. 宣判。根据《刑事诉讼法》第196条第1款的规定，公开审判和不公开审判的案件，宣告判决一律公开进行。宣告判决时，法庭内全体人员应当起立。宣判时，公诉人、辩护人、被害人或者附带民事诉讼的原告人未到庭的，不影响宣判的进行。

宣告判决有两种方式：当庭宣判和定期宣判。当庭宣判是指合议庭评议后在继续开庭时当即宣告判决的内容。当庭宣告判决的，应当在5日以内将判决书送达当事人和提起公诉的人民检察院。同时抄送辩护人、诉讼代理人。

定期宣判是指当庭未能宣判的，另定日期宣告判决。定期宣告判决的，应当在宣判后立即将判决书送达当事人和提起公诉的人民检察院。同时抄送辩护人、诉讼代理人。定期宣判的案件，还应先期公布宣判的时间、地点、案由，以便关心本案的公民旁听。

地方各级人民法院在宣告一审判决时，无论当庭宣判还是定期宣判，审判长均应告知当事人有上诉的权利，说明上诉的法定期限、方式、程序和管辖的人民法院。

## 四、单位犯罪案件的审理程序

人民法院受理单位犯罪案件，除依照有关规定进行审查外，还应当审查起诉书中是否列明被告单位的名称、住所地，以及代表被告单位出庭的诉讼代表人的姓名、职务、通讯处。

代表被告单位出庭的诉讼代表人，应当是单位的法定代表人或者主要负责人；法定代表人或者主要负责人被指控为单位犯罪直接负责的主管人员的，应当由单位的其他负责人作为被告单位的诉讼代表人出庭。被告单位的诉讼代表人与被指控为单位犯罪直接负责的主管人员是同一人的，人民法院应当要求人民检察院另行确定被告单位的诉讼代表人出庭。人民法院决定开庭审理单位犯罪案件，应当通知被告单位的诉讼代表人出庭。接到出庭通知的被告单位的诉讼代表人应当出庭。拒不出庭的，人民法院在必要的时候，可以拘传到庭。

人民法院审理单位犯罪案件，被告单位的诉讼代表享有刑事诉讼法规定的有关被告人的诉讼权利。开庭时，诉讼代表人席位置于审判台前左侧。

被告单位的违法所得及其产生的收益，尚未依法追缴或者扣押、冻结的，人民法院应当根据案件具体情况，决定追缴或者扣押、冻结。人民法院为了保证判决的执行，根据案件具体情况，可以先行扣押、冻结被告单位的财产或者由被告单位提出担保。

人民法院审理单位犯罪案件，被告单位被注销或者宣告破产，但单位犯罪直接负责的主管人员和其他直接责任人员应当负刑事责任的，应当继续审理。

## 五、法庭秩序

法庭秩序是指人民法院开庭审判时诉讼参与人和旁听人员应当遵守的纪律和秩序。法庭是人民法院行使国家审判权的场所，必须严肃审判活动，维护法庭秩序。法庭活动有秩序地进行，不但体现了国家审判活动的严肃性，而且对于保障审判活动中正确认定案件事实和适用法律也具有重要意义。

《人民法院法庭审判纪律》针对涉及法庭审判的不同人员提出了不同的要求，其具体要求如下：①出庭的审判人员、书记员、公诉人、律师和值庭人员、司法警察，服装要整洁，态度要严肃；②诉讼参与人应当遵守法庭秩序，不得喧哗、吵闹，发言、陈述和辩论须经审判长许可；③旁听人员必须遵守下列纪律：未经批准，不准录音、录像和摄影；不准进入审判区；不准鼓掌、喧哗、吵闹和有其他妨害审判活动的行为；不准发言、提问；不准吸烟和随地吐痰。

根据《刑事诉讼法》第 194 条和相关规定，在法庭审判过程中，如果诉讼参与人或者旁听人员违反法庭秩序，合议庭应依法作出以下处理：①对于违反法庭秩序情节较轻的，审判长应当当庭警告制止并进行训诫；②对于不听警告制止的，可以指令法警强行带出法庭；③对于违反法庭秩序情节严重的，经报请院长批准后，对行为人处 1000 元以下的罚款或者 15 日以下的拘留；④对聚众哄闹、冲击法庭或者侮辱、诽谤、威胁、殴打司法工作人员或者诉讼参与人，严重扰乱法庭秩序，构成犯罪的，应当依法追究刑事责任。

被处罚人对罚款、拘留的决定不服的，可以向上一级人民法院申请复议。复议申请可以直接向上一级人民法院提出，也可以通过作出罚款、拘留的人民法院提出。通过作出罚款、拘留的人民法院向上一级人民法院申请复议的，该人民法院应当自收到复议申请之日起 3 日内，将申请人的复议申请、罚款或者拘留决定书和有关事实、证据材料一并报上一级人民法院复议。上一级人民法院复议期间，不停止决定的执行。

### 六、法庭审判笔录

法庭审判笔录是全面记载法庭审判活动的诉讼文书，是一种重要的诉讼资料。它不仅是合议庭分析、研究案情、进行评议，对案件作出裁判的根据，而且也是以后对案件进行复查，以及上级人民法院检查下级人民法院办案质量、进行工作指导的依据；同时，它还是第二审程序、死刑复核程序和再审程序不可缺少的书面材料。因此，认真作好庭审笔录，对于分析案情，实行审判监督，保证办案质量，均具有重要作用。

根据《刑事诉讼法》第 201 条的规定，法庭审判的全部活动，应当由书记员写成笔录。因此，制作法庭审判笔录，是书记员的一项重要职责。书记员应按照法庭审判活动的顺序，如实反映审判活动的全过程，对当事人、证人等的陈述，应原话记录，不失原意。法庭审判笔录必须准确、完备，字迹清楚，层次分明。

法庭审判笔录经审判长审阅后，由审判长和书记员签名。法庭笔录中的证人证言部分，应当当庭宣读或者交给证人阅读，证人在确认没有错误后，应当签名或者盖章。同时，法庭审判笔录还应当交给当事人阅读或者向其宣读；当事人认为记载有遗漏或者有差错的，可以请求补正或者改正；当事人确认没有错误后，应当签名或者盖章。当事人请求补充或改正的内容，审判长、书记员认为有必要时，可以在笔录上注明意见。

### 七、审判障碍及其处理

人民法院受理刑事案件之后到案件评议之前，可能会遇到使审判无法依照诉讼程序进行或者不能继续开庭的特定情况，这些情况被称为审判障碍。人民法院在审判案件过程中遇到审判障碍后，可以根据具体情况，采用延期审理或者中止审理的方法处理。

#### （一）延期审理

延期审理也称为推迟审理，是指人民法院在开庭审理过程中，由于遇到了某些特定情况影响审判继续进行，决定对案件的审理推迟，待这些情况消失或解决后再继续审理的一种诉讼上的处理方式。

在法庭审判过程中，遇到下列情形之一，影响审判进行的，可以延期审理：①需要通知新的证人到庭，调取新的物证，重新鉴定或者勘验的；②检察人员发现提起公诉的案件需要补充侦查，提出建议的；③由于当事人申请回避而不能进行审判的；④被告人以正当理由提出更换辩护人的要求，合议庭同意的；⑤辩护人拒绝继续为被告人辩护，被告人要求另行委托辩护人的；

⑥被告人因患有疾病而神志不清或者体力不能承受审判的；⑦人民检察院变更了指控范围，被告人及其辩护人要求重新进行辩护准备，提出申请的；⑧合议庭成员、书记员、公诉人、辩护人在审理过程中由于身体的原因，使审理无法进行的。

另外，在法庭审理过程中，合议庭对证据有疑问的，可以宣布休庭，对证据进行调查核实。在法庭审理过程中，合议庭依职权主动进行证据调查的，可以延期审理；调查完毕后继续进行开庭审理。

以上的情形只有发生在“法庭审判过程中”，即人民法院按原定的审理日期，把被告人和其他诉讼参与人通知、传唤到庭，在正式开庭审理后到合议庭评议前这一阶段中，才能适用延期审理。如果人民法院没有正式开庭以前出现了某些情况，即使存在上列情形之一，影响开庭审理的，也不应当延期审理，应当通过推迟原定开庭日期的方式处理。

延期审理应当由合议庭审议后决定。如果法庭认为审理过程中所遇情形当庭能够解决，或者提出的是不应当支持的诉讼请求，也可以不作出延期审理的决定。合议庭的决定，无需经院长或庭长审批。

延期审理的开庭日期，合议庭可以当庭确定，也可以在休庭以后另行确定。当庭能确定的，应当当庭确定并公开宣布下次开庭的时间、地点；当庭不能确定的，另行确定后通知公诉人、当事人和其他诉讼参与人。延期审理的时间不得超过1个月。延期审理的时间一般计入审限。

延期审理后再行开庭时，如果中途没有更换审判人员，已经调查过的证据可以不再重新进行调查。但是开庭中的当事人、其他诉讼参与人的身份核对以及必要的权利义务告知不能省略。

（二）中止审理

中止审理也称为停止审理，是指人民法院在审理刑事案件的过程中，由于出现了某些诉讼外的情况使正在进行的审判无法继续进行而暂停审判，待这些情况消失后再恢复审理的一种诉讼上的处理方式。

2012年修改的《刑事诉讼法》吸收了司法解释的有关规定，明确规定了中止审理的情形。根据《刑事诉讼法》第200条的规定，在审判过程中，存在下列情形之一，致使案件在较长时间内无法继续审理的，人民法院可以中止审理：①被告人患严重疾病，无法出庭的；②被告人脱逃的；③自诉人患有严重疾病，无法出庭，未委托诉讼代理人出庭的；④由于其他不能抗拒的原因。当这些情形出现使案件无法继续审理时，人民法院可以裁定中止审理。

中止审理的原因消失后，人民法院应当恢复审理。中止审理的期间不计入审理期限。

中止审理发生的时间可以是在开庭审理期间，也可以是在开庭审理之前。中止审理的案件，应由人民法院作出裁定，并以书面方式通知同级人民检察院。中止审理的结果虽然同延期审理相同，都引起审判活动的暂停，但它们属于两种不同的障碍处理方式。其区别为：①障碍产生的原因不同。延期审理的原因属于诉讼内的障碍，该障碍的消除可以通过诉讼上的努力而实现；中止审理的原因属于诉讼外的障碍，该障碍的消除不能通过诉讼上的努力而实现。②障碍产生的时间不同。延期审理的障碍，产生在开庭之后合议庭评议之前，中止审理的障碍可以出现于法庭审理过程中，也可以出现于法庭审理之前。③再行审判的可预测性不同。延期审理的案件，何日再开庭审理，可以预定，甚至当庭就可以决定；中止审理的案件，再次开庭的时间往往无法确定。④对于诉讼的影响不同。延期审理是法庭审判活动的暂停，延期审理的期间计入审理期限；中止审理是全部诉讼活动的停止，中止审理的期间不计入审理期限，也不受审理期限的约束。

## 八、第一审程序的期限

审理期限，又称审限，是指法庭审理刑事案件的法定期间。人民法院审理刑事案件应当在法定期间内进行，受审理期限的约束或者限制，不得超出法定期间。

审理期限属于被告人被羁押的刑事案件的办案期限；对被羁押的被告人改为取保候审或者监视居住的，其取保候审或监视居住的期限不计入人民法院的审理期限。期限的起算点应当从人民法院受理公诉案件之日起开始计算。

人民法院审理公诉案件，应当在受理后2个月内宣判，最迟不得超过3个月。对于可能判处死刑的案件或者附带民事诉讼的案件，以及交通十分不便的边远地区的重大复杂案件、重大的犯罪集团案件、流窜作案的重大复杂案件和犯罪涉及面广，取证困难的重大复杂案件，经上一级人民法院批准，可以再延长3个月。因涉及国家安全的重大案件、反恐或者动乱等特殊情况还需要延长的，报请最高人民法院批准。

人民检察院补充侦查的案件，应当在1个月内补充侦查完毕。补充侦查完毕移送人民法院后，人民法院重新计算审理期限。

案件中止审理的，中止审理的期间不计入审理期限；因对被告人精神病鉴定而延期审理的，所延期间不计入审理期限；人民法院改变管辖的案件，从改变后的人民法院收到案件之日起计算审理期限。

第二审人民法院发回原审人民法院重新审判的案件，原审人民法院从收到发回的案件之日起，重新计算审理期限。

### 九、人民检察院对审判活动的法律监督

《刑事诉讼法》第203条规定："人民检察院发现人民法院审理案件违反法律规定的诉讼程序，有权向人民法院提出纠正意见。"人民检察院是国家的法律监督机关，有权对人民法院的审判活动是否合法实行法律监督。

人民检察院监督审判活动是否合法的主要内容是：①人民法院对刑事案件的受理是否违反管辖规定；②案件的审理是否违反法定审理和送达期限；③法庭组成人员是否符合法律规定；④案件的审理是否违反法定程序；⑤是否存在侵犯当事人和其他诉讼参与人诉讼权利和其他合法权利的情况；⑥法庭审理时对有关程序问题所作的决定是否违反法律规定等。

检察人员发现法庭审判违反法律规定的诉讼程序时，应当在休庭后及时向本院检察长报告。同时，人民检察院也可以通过调查、审阅案卷、受理申诉等活动，对审判活动进行监督。人民检察院对审判活动的监督方式属于事后监督，即在庭审后以人民检察院的名义向人民法院提出书面意见。对于人民检察院以书面形式提出的纠正意见，人民法院应当认真对待，用书面形式将处理结果答复人民检察院；人民法院认为正确的，应当采纳。

另外，人民检察院对确有错误的第一审判决、裁定提出抗诉，以及按照审判监督程序提出的抗议，也是人民检察院监督审判活动是否合法的重要表现形式。

## 第三节　自诉案件第一审程序

### 一、自诉案件的受理程序

自诉案件第一审程序是指刑事诉讼法规定的人民法院对自诉人起诉的案件进行初次审判的程序。

我国实行公诉与自诉并存的起诉制度。从程序适用案件的数量上进行比较，适用公诉程序的刑事案件为绝大多数，除了起诉主体不同外，自诉案件与公诉案件本身并没有本质上的差异，其第一审程序也基本相同。所以，人民法院审判自诉案件，除法律另有规定的以外，应当参照公诉案件的审判程序进行。但是，由于自诉案件主要是侵害公民个人合法权益的轻微刑事案件，在第一审程序的适用上存在一些特殊要求，因此，刑事诉讼法对自诉案件的处理又作了专门的规定。

（一）自诉案件的审查

人民法院对于自诉人起诉的案件应当依法进行审查，确定是否符合受理的条件，从而决定是否进入审判程序。人民法院收到自诉状或者口头告诉后，应当按照受理的条件进行审查。口头告诉的，由人民法院工作人员作出告诉笔录，向自诉人宣读，自诉人确认无误后，应当签名或者盖章。人民法院一般应当对于下列内容进行审查：

1. 起诉的案件是否属于刑事诉讼法规定的自诉案件范围。《刑事诉讼法》第204条规定："自诉案件包括以下案件：①告诉才处理的案件；②被害人有证据证明的轻微刑事案件；③被害人有证据证明对被告人侵犯自己人身、财产权利的行为应当依法追究刑事责任，而公安机关或者人民检察院不予追究被告人刑事责任的案件。"

2. 起诉的案件是否属于本院管辖。

3. 起诉人是否符合刑事诉讼法的规定。起诉人一般为被害人及其法定代理人或近亲属。《刑事诉讼法》第112条规定："对于自诉案件，被害人有权向人民法院直接起诉。被害人死亡或者丧失行为能力的，被害人的法定代理人、近亲属有权向人民法院起诉。人民法院应当依法受理。"告诉才处理的案件，被害人因受到强制、威吓等原因无法告诉，或者是限制行为能力人以及由于年老、患病、盲、聋、哑等原因不能亲自告诉，其法定代理人、近亲属有权代为告诉。因上述原因，被害人不能告诉，由其法定代理人、近亲属代为告诉的，代为告诉人应当提供与被害人关系的证明和被害人不能亲自告诉的原因证明。

4. 起诉的案件是否有明确的被告人、具体的诉讼请求和能证明被告人犯罪事实的证据。

（二）自诉案件审查后的处理

人民法院应当在收到自诉状或者口头告诉第二日起15日内作出是否立案的决定，并书面通知自诉人或者代为告诉人。

1. 作出立案的决定。人民法院对起诉的案件进行审查后，认为符合立案条件的，应当作出立案的决定，并书面通知自诉人或者代为告诉人。

2. 说服自诉人撤回起诉，或者裁定驳回起诉。人民法院对自诉案件进行审查后，认为符合下列情形之一的，应当作出不立案的决定，并说服自诉人撤回起诉，或者裁定驳回起诉：①不符合上述立案条件的；②证据不充分的；③犯罪已过追诉时效期限的；④被告人死亡的；⑤被告人下落不明的；⑥除因证据不足而撤诉的以外，自诉人撤诉后，就同一事实又告诉的；⑦经人民法院调解结案后，自诉人反悔，就同一事实再行告诉的。

对于已经立案，经审查缺乏罪证的自诉案件，如果自诉人提不出补充证据，应当说服自诉人撤回起诉或者裁定驳回起诉；自诉人经说服撤回起诉或者裁定驳回起诉后，又提出了新的足以证明被告人有罪的证据，再次提起自诉的，人民法院应当受理。

自诉人明知有其他共同侵害人，但只对部分侵害人提起自诉的，人民法院应当受理，并视为自诉人对其他侵害人放弃告诉权利。判决宣告后自诉人又对其他共同侵害人就同一事实提起自诉的，人民法院不再受理。共同被害人中只有部分人告诉的，人民法院应当通知其他被害人参加诉讼。被通知人接到通知后表示不参加诉讼或者不出庭的，视为放弃告诉权利。第一审宣判后，被通知人就同一事实又提起自诉的，人民法院不予受理。但是，当事人另行提起民事诉讼的，不受此限制。

## 二、自诉案件的审判程序

人民法院对于立案受理的自诉案件，应当开庭审判，除适用简易程序审判的案件外，其审判程序应当参照公诉案件第一审程序进行。由于自诉案件提起诉讼的主体主要是被控犯罪行为侵害的被害人及其法定代理人，因此，它又有许多不同于公诉案件第一审程序的特点。自诉案件第一审程序具有以下特点：

1. 自诉案件通常由审判员 1 人独任审判，可以适用简易程序。自诉案件多数是事实比较清楚，情节比较简单，双方争议不大的案件。为了迅速处理好自诉案件，法律允许对自诉案件适用简易程序进行审判，即由审判员一人独任审判。但是，《刑事诉讼法》第 204 条第 3 项规定的案件，属于比较重大复杂的案件，不适用简易程序。如果人民法院在审理过程中发现不宜适用简易程序的，应当按照公诉案件一审程序进行审判。

2. 人民法院对于告诉才处理的和被害人有证据证明的轻微刑事案件，可以进行调解。调解是人民法院审判自诉案件的一种方式。通过调解结案，有利于及时妥善地解决轻微刑事案件，提高诉讼效率，防止矛盾激化，维护社会安定。调解应当在查清事实、分清是非的基础上进行；调解达成协议必须双方自愿；调解协议的内容必须合法。

根据调解协议制作的调解书或调解笔录，经双方当事人签字、盖章和审判人员签名盖章，调解书还须加盖人民法院印章，调解书经双方当事人签收后即发生法律效力，双方均应按协议内容执行，且不得上诉。如果经调解未能达成协议或者调解书签收前当事人反悔的，人民法院应当进行判决。

3. 自诉人在宣告判决前可以同被告人自行和解或者撤回自诉。自行和解是刑事诉讼法赋予自诉案件双方当事人的一项诉讼权利。在法律允许的范围内，当事人双方通过互相协商，互谅互让，达成和解协议。进行和解或撤回自诉，应当经人民法院审查同意后，才能结束诉讼活动。人民法院通过审查，认为当事人双方和解或自诉人撤回自诉确属自愿、合法时，应当准许；如果发现是被迫的或者附有非法条件的，应当对违法一方当事人批评教育，并视具体情况决定是否准许和解或撤诉。凡是自愿和解或撤回自诉的案件，如果没有新事实、新证据，不得就同一犯罪行为再行起诉。

自诉人经两次合法传唤，无正当理由拒不到庭的，或者未经法庭准许中途退庭的，应当按撤诉处理。

人民法院裁定准许自诉人撤诉或者当事人自行和解的案件，被告人被采取强制措施的，应当立即予以解除。自诉人是 2 人以上，其中部分人撤诉的，不影响其他人对犯罪事实的告诉，人民法院应当继续审理。

对于自诉案件，人民法院经审查被告人下落不明的，应当说服自诉人撤回起诉，或者裁定驳回起诉。

4. 自诉案件的被告人在诉讼过程中可以对自诉人提起反诉。所谓反诉，是指自诉案件的被告人作为被害人控告自诉人犯有与本案有关的犯罪行为，向人民法院提出请求，要求人民法院合并审理，依法追究其刑事责任的诉讼行为。因此，提起反诉必须具备 4 个条件：①反诉的对象必须是本案的自诉人；②反诉的内容必须是与本案有关的行为；③反诉的案件属于《刑事诉讼法》第 204 条第 1、2 项规定的范围；④反诉最迟应在自诉案件宣告判决以前提出。

反诉适用自诉的规定。反诉一经成立，人民法院即可与自诉案件合并审理。在这种互诉案件中，双方当事人既是自诉人，又是被告人，享有同等的诉讼权利。如果自诉或反诉一方申请撤回起诉，法庭在同意一方撤回起诉后，对未申请撤回的诉讼应继续审理。如果对方当事人都必须判处刑罚，应根据各自应负的罪责分别判处，不能互相抵消刑罚。

自诉案件适用简易程序审理的，应当在受理后 20 日内审结；对于可能判处三年以上有期徒刑的，可以延长至 1 个半月。参照公诉案件普通程序审理的，应当在受理后 2 个月内审结，至迟不得超过 3 个月。有特殊情况的，按照《刑事诉讼法》第 202 条的规定执行。

## 第四节　简易程序

### 一、简易程序的概述

（一）简易程序的概念和特点

简易程序是相对普通审判程序而言的，它是指基层人民法院审理第一审刑事案件所适用的相对简化的审判程序。

刑事案件本身的案情繁简不一，有些案件的案情重大、复杂，有些案件的案情相对轻微，事实也比较清楚。如果均按照刑事诉讼法规定的完整程序进行审理，有些简单轻微的案件就会因程序过于繁琐而影响及时结案，最终影响司法公正问题。因此，有必要对刑事案件实行繁简分流，对某些简单轻微的刑事案件通过简便易结的程序加以解决，以缩短诉讼周期，使案件得到及时解决，从而提高诉讼效率。从世界各国的规定来看，以简易程序来处理刑事案件已成为现代刑事司法制度改革的方向，如德国处罚令程序和简易程序；意大利的直接审判程序、迅速审判程序等一些有别于普通审判程序的简易程序。我国1996年修改的《刑事诉讼法》在审判程序中增加了“简易程序”专节，建立了相对简化的审判程序；2012年修改的《刑事诉讼法》在简易程序适用范围、审判方式以及期限延长等方面又进一步作了完善。

我国的简易程序以简化审判组织、程序以及缩短审判时间为主要内容，不同于西方国家以减轻处罚或者降格处理为内容的简便易行程序。我国简易程序有以下不同于普通审判程序的特点：

1. 简易程序只适用于第一审程序。我国的简易程序设置在第一审程序之中，仅仅适用第一审程序，第二审程序、死刑复核程序和审判监督程序所审判的案件以及各级人民法院审判的第一审较为疑难、复杂、重大的案件不能采用简易程序。

2. 简易程序仅适用于基层人民法院。我国简易程序只适用于基层人民法院，其他人民法院都不能采用该程序。

3. 简易程序适用于案件事实清楚，证据充分的刑事案件。从各国的规定来看，简易程序一般适用于案情轻微或较轻微的案件。如德国的处罚令程序只适用于单处罚金、保留处罚的警告、免于处罚等法律处分的行为；日本的简易公审程序适用于相当于死刑、无期或最低刑期为1年以上的惩役或监禁之罪以外的案件，其简易命令程序则适用于属于简易法院管辖的可处50万元以下罚金或罚款的案件。2012 年修改的《刑事诉讼法》扩大了简易程序适用范围，除无期徒刑、死刑案件外，其他符合基层人民法院管辖的案件均可适用简易程序。

4. 简易程序是对普通完整审判程序的简化。简易程序是一种不完整的程序，是对普通程序有关诉讼环节的简化。如审判组织的简化、法庭审判的简化以及审理期限的简化等诉讼环节的节省。简易程序减少了一些程序，实现了程序运转的高效化。这些简化的程序属于法定的，人民法院、人民检察院及当事人无权任意简化。

（二）简易程序的意义

我国的简易程序与西方国家的简易程序有所不同，它不以减轻处罚或降格处理为条件，主要通过实行独任审判、缩短审理时间等对审判程序进行简化。简易程序在我国刑事审判中具有特别重要的意义。

1. 简易程序有利于提高办案效率，缓解人民法院适用普通程序审判所带来的压力。普通程序强调直接言词原则以及集中审理原则等，它使审判过程公开、透明和科学，使审判结果客观公正。普通程序是一种颇费司法资源的审判方式，它的程序精细、复杂，手续繁琐。如果所有刑事案件都采用普通程序进行审判，不利于及时处理案件。因此，设立简易程序，有利于人民法院迅速、及时地处理部分简单、轻微的刑事案件，避免案件积压，提高司法效率，缓解因普通程序审判给人民法院审判工作带来的压力，从而可以使人民法院集中审判力量在重大、复杂、疑难的案件的审理上。

2. 简易程序符合刑事案件自身的特点。刑事案件千差万别，有繁有简。对于案件事实清楚，证据确实、充分，控辩双方并无争议的轻微刑事案件，不必要一律适用普通程序审理，适用这种繁琐的审判程序并无实际意义，而适用简易程序审理，则可以及时、尽早结案，从而提高审判效率。

3. 简易程序有利于减轻当事人的讼累。公民受到犯罪指控时，有依法获得迅速审判的权利。适用简易程序，可以不受普通程序中某些严格规定的限制，及时结案，使被告人尽早摆脱诉讼之累。对被害人来讲，也能有效及时地行使诉讼权利来保护自身的利益，不至于对繁冗的程序望而却步，放弃实体权益。简易程序符合当事人的愿望，也有利于及时保护公民的合法权益。

## 二、简易程序的适用范围

简易程序的适用范围是指适用简易程序的条件。适用简易程序的条件包括实体性条件和程序性条件。

### （一）适用简易程序的实体性条件

《刑事诉讼法》第 208 条和第 209 条对适用简易程序的实体性条件从积极和消极的两个方面作出了规定。

基层人民法院管辖的事实清楚、证据充分，被告人承认自己所犯罪行，对起诉书指控的犯罪事实没有异议的案件均可以适用简易程序。案件的事实清楚、证据充分是指起诉书指控的犯罪事实的要件齐全，每个待证事实均有相应的证据证明。被告人承认自己所犯罪行，对起诉书指控的犯罪事实没有异议是指被告人承认犯罪事实与指控犯罪事实之间没有异议，一般不包括对指控的罪名等法律问题没有异议。

但有下列情形之一的，不应当适用简易程序：①被告人是盲、聋、哑人，或者尚未完全丧失辨认或者控制自己行为能力的精神病人的；②有重大社会影响的；③共同犯罪案件中部分被告人不认罪或者对适用简易程序有异议的；④其他不宜适用简易程序审理的案件。

### （二）适用简易程序的程序性条件

适用简易程序的程序性条件主要包括公诉案件人民检察院建议和被告人同意适用简易程序的条件和自诉案件人民法院决定适用简易程序的条件。

1. 公诉案件人民检察院建议适用简易程序的程序性条件。人民检察院作为公诉方，不仅有权要求公正审判，而且对适用简易程序是否能保证办案质量也有发言权。同时，人民检察院作为法律监督机关，有权监督审判机关公正适用法律，包括适用审判程序问题。因此，人民法院在适用简易程序时，一般应当有人民检察院的建议。但是，如果人民法院认为人民检察院适用简易程序的建议不符合法律要求或者不能保证审判质量的，有权不予同意。

基层人民法院受理的公诉案件，人民检察院在起诉时书面建议适用简易程序的，应当随案移送全案卷宗和证据材料。人民法院经审查认为符合《刑事诉讼法》第 208 条和第 209 条规定的，可以适用简易程序；认为依法不应当适用简易程序的，应当书面通知人民检察院，并将全案卷宗和证据材料退回人民检察院。

2. 人民法院征求被告人同意或者没有异议的程序条件。对于公诉案件，人民检察院移送起诉时建议适用简易程序或者没有建议，人民法院经审查认为符合《刑事诉讼法》第 208 条而不违反第 209 条规定，拟适用简易程序审理的，应当征求被告人的意见，并将被告人没有异议的意见记录在案。

人民法院决定适用简易程序，应当尊重被告人的意愿，体现被告人诉讼主体的地位。

## 三、简易审判程序的审理

刑事诉讼法对简易程序作了一些不同于第一审普通程序的规定。人民法院适用简易程序时，简易程序没有特殊规定的，应参照第一审普通程序进行。根据《刑事诉讼法》第208～214条的规定，简易程序的法庭审判程序为：

### （一）开庭前的准备

人民法院决定适用简易程序审理案件，应当在向被告人送达起诉书副本的同时，告知该案适用简易程序审理。适用简易程序审理的案件，送达起诉书至开庭审判的时间，不受《刑事诉讼法》第182条第3项规定的限制。

适用简易程序审理的案件，在开庭审判前，人民法院应当将开庭的时间、地点通知人民检察院、自诉人、被告人以及辩护人、诉讼代理人，也可以通知其他诉讼参与人。通知可以用简便方式，但应当记录在卷。

### （二）开庭审判

1. 简易程序的审判组织形式。2012年修改的《刑事诉讼法》适用简易程序案件的范围扩大到案件事实清楚、证据充分的所有基层人民法院管辖的案件，而审判组织形式也应当随着案件性质的不同而发生变化。一般来说，对适用简易程序审理的案件，以合议庭进行审判为原则，以独任审判为例外。对案情简单，事实清楚，情节轻微，不需要判处3年以下有期徒刑的案件，不需要采用合议庭进行审判的，可由审判员1人独任审判。必要时，应当组成合议庭进行审判。对可能判处3年以上有期徒刑的案件，应当组成合议庭进行审判。无论是独任审判还是合议庭审判，只要是公诉案件，人民检察院均应当派员出席法庭，履行指控和法律监督职责。

2. 简易程序的审判程序。根据《刑事诉讼法》第213条规定："适用简易程序审理案件，不受本章第一节关于送达期限、讯问被告人、询问证人、鉴定人、出示证据、法庭辩论程序规定的限制。"在简易程序审判中，合议庭或者审判人员对于第一审普通程序的规定可以简略，根据案件的具体情况决定法庭调查和法庭辩论的进行，但仍应依照以下程序进行：

（1）简易程序的开庭。适用简易程序审理的案件，合议庭或者审判员宣布开庭，传被告人到庭后，应当查明被告人的基本情况，然后依次宣布案由、合议庭或者独任审判员、书记员、公诉人、辩护人、诉讼代理人、鉴定人和翻译人员的名单，并告知各项诉讼权利。

（2）法庭调查、法庭辩论。公诉人或者自诉人宣读起诉书，针对指控的犯罪事实和证据进行说明。宣读起诉书后，审判人员应当询问被告人对起诉书指控的犯罪事实的意见；向被告人告知适用简易程序审理的法律规定，听取被告人的意见，并确定被告人是否同意适用简易程序审理。将此内容记录在案。然后，被告人可以就起诉书指控的犯罪事实进行陈述和辩护。

公诉人或者自诉人出示、宣读主要证据。经审判员准许，被告人及其辩护人可以同公诉人、自诉人及其诉讼代理人进行相互辩论。审判员在必要时，也可以讯问被告人。被告人要求证人、鉴定人出庭的，人民法院可以准许。

（3）被告人作最后陈述。被告人作最后陈述是简易程序不可简略的程序，也是简易程序的必经程序。

（4）判决。被告人作最后陈述后，人民法院一般应当当庭宣判。被告人自愿认罪，并对起诉书所指控的犯罪事实无异议的，法庭可以直接作出有罪判决；对自愿认罪的被告人，酌情予以从轻处罚。

### 四、简易程序转为一审普通程序

《刑事诉讼法》第215条规定："人民法院在审理过程中，发现不宜适用简易程序的，应当按照本章第一节或者第二节的规定重新审理。"人民法院在适用简易程序审理的过程中，发现不得或不宜适用简易程序审判的情形，应当将适用的简易程序变更为第一审普通程序。人民法院在简易程序适用过程中遇到下列情形的，应当决定中止审理，改为第一审普通程序重新审理：①公诉案件被告人的行为不构成犯罪的；②公诉案件被告人当庭翻供，对于起诉指控的犯罪事实予以否认的；③事实不清或者证据不充分的；④其他依法不应当或者不宜适用简易程序的。

人民法院决定将简易程序变更为第一审普通程序，人民检察院未派员出庭的，应当将上述决定书面通知人民检察院。对于转为普通程序重新审理的公诉案件，人民法院应当在3日内将全案卷宗和证据材料退回人民检察院。

人民检察院应当在收到上述材料后5日内按照普通程序审理公诉案件的法定要求，向人民法院移送有关材料。

### 五、简易程序的审理期限

《刑事诉讼法》第214条规定："适用简易程序审理案件，人民法院应当在受理后20日以内审结；对可能判处的有期徒刑超过3年的，可以延长至一个半月。"在适用简易程序审理案件时，人民法院应当严格执行刑事诉讼法关于审理期限的规定，在法定期限内审结，最长不超过一个半月。

简易程序转为普通程序审理的案件，其审理期限应当从决定转为普遍程序之日起计算。

## 第五节　判决、裁定和决定

### 一、判决

（一）判决的概念和分类

判决是指人民法院在审判终结时对案件的实体问题所作出的处理决定。判决是人民法院代表国家落实审判权的具体结果，是国家意志在刑事案件中的具体体现，判决一经作出，非经法定程序不得改变。因此，判决只能在案件审判的终局阶段作出。它不仅标志着程序审理的终结，也标志着实体问题的解决。

根据《刑事诉讼法》第195条的规定，刑事判决可以分为有罪判决和无罪判决。有罪判决是人民法院通过对案件的审理，对案件事实清楚，证据确实、充分，依据法律认定被告人有罪所作出的判决。这种判决包括定罪科刑判决和定罪免刑判决。定罪科刑判决是确认被告人有罪，决定给予适当刑事处罚的判决；定罪免刑判决是认定被告人的行为构成了犯罪，但因犯罪情节轻微不需要判处刑罚或者有其他法定免刑情节而免除对被告人刑事处罚的判决。无罪判决有两种情况：①依据法律认定被告人无罪的，包括查明被告人没有实施犯罪，被告人的行为在法律上不构成犯罪等。②证据不足，不能认定被告人有罪的，应当作出证据不足，指控犯罪不能成立的无罪判决；被告人因不满16周岁或因是精神病人宣告被告人不负刑事责任的判决。

（二）判决书

无论是有罪判决还是无罪判决，人民法院都必须制作判决书。判决书既是判决的法定表现形式，也是刑事诉讼中最重要的法律文书，并且是判决执行的依据。

刑事判决书的内容主要包括以下几个部分：

1. 首部。首部包括人民法院名称、判决书类别、案号；公诉机关的名称、公诉人的姓名、职务，如果是自诉案件，则应写明自诉人的情况；被告人姓名、性别、年龄、民族、职业、籍贯、住址，是否在押；辩护人、代理人的姓名、职业；案件由来、开庭日期、审判形式，是否公开审理等。

2. 事实部分。事实部分包括人民检察院指控被告人的事实和证据；被告人的供述、辩护及其辩护人的辩护意见；经法庭审理查明的事实和据以定罪量刑的根据。作有罪判决的，人民法院认定的事实应当详细写明犯罪的时间、地点、动机、目的、手段、行为过程、结果等有关情况；被告人犯数罪的，要写清各罪的犯罪事实和情节；共同犯罪案件中，要写明各个被告人参与的犯罪事实和情节，明确主从关系。同时，对量刑事实也应当予以写明。叙述事实应以法庭审理中查证属实的证据为根据，层次要清楚，主次要分明。如果事实内容涉及国家秘密的，应当注意防止泄密；涉及当事人隐私的，不能叙述有关隐私的具体情况和被害人的姓名。无罪判决的事实部分，可以将事实和理由合并叙述。

3. 理由部分。有罪判决应当写明认定被告人犯有指控罪行的证据、叙明具体运用证据的理由、确定犯罪性质和罪名的法律依据、判处刑罚或者免除刑罚以及从重、从轻、减轻处罚等量刑的理由和根据，这些理由和根据应当包括对辩护意见否定或者肯定的理由和根据。判决无罪的，应当写明判决无罪的具体理由或者有关的证据。

4. 结果部分。结果部分是判决书的实质内容，是人民法院对案件所作的结论。认定被告人有罪的，应当写明被告人犯了何罪，给予的刑事处罚，赃款、赃物的处理；数罪并罚的，应写明对各罪所判的刑罚和决定执行的刑罚；被告人被羁押的日期如何折抵刑期，刑期的起止日期；有附带民事诉讼的，还应写明附带民事诉讼部分的处理。无罪判决则应写明对被告人宣告无罪的决定。如果有被扣押、封存的物品、文件等，还应写明如何处理。

5. 尾部。尾部应写明对本判决不服可以上（抗）诉及上（抗）诉的法院和上（抗）诉期限；合议庭或独任审判员、书记员署名；判决书制作日期等。最后必须加盖人民法院的印章。

## 二、裁定

裁定是指人民法院在案件审理或者判决执行过程中，就某些程序问题和部分实体问题所作的一种决定。

裁定不同于判决，主要表现为：①判决直接针对起诉主张的内容作出的，仅解决案件的实体性问题；裁定主要用于解决程序问题。②判决只能在案件审理终结时作出；裁定则可以在诉讼的任何阶段作出。③判决必须以书面形式作出；裁定则既可以用书面形式，也可以用口头形式作出。④一个案件中发生法律效力的判决只有一个；一个案件可以形成多个生效的裁定。⑤判决上诉和抗诉期限为 10 日；裁定上诉和抗诉期限为 5 日。

裁定一般可分为程序性裁定和实体性裁定。程序性裁定一般包括对自诉案件驳回起诉的裁定、撤销原判决发回重审的裁定、有关是否恢复诉讼期限的裁定和核准死刑的裁定。实体性裁定主要包括驳回上诉、抗诉和申诉的裁定，决定减刑、假释、撤销缓刑、减免罚金的裁定。

裁定书属于人民法院审判案件的重要法律文书，其制作要求、格式与判决书相似，但内容比判决书简单。裁定可以采用口头形式，适用口头形式的，应当制作笔录。

### 三、决定

决定是指人民法院在办理案件过程中对某些程序问题进行处理的一种形式。决定与裁定、判决均属于人民法院重要的法律文书。

决定既可以是口头的，也可以是书面的。口头决定应当记录在案，以备核查。书面决定应当制作书面决定书，载明处理结论与理由。决定主要适用法庭审理中的程序性问题或人民法院自己行使权力的问题。因有些决定为了及时处理程序问题，或者有些决定不直接与诉讼参与人的权利相联系，除对驳回回避申请的决定，当事人及其法定代理人可以申请复议一次外，其余的决定均立即生效，不允许上诉或抗诉。

## 第六节　在法定刑以下判处刑罚的特别程序

### 一、在法定刑以下判处刑罚的核准程序的概念和特征

在法定刑以下判处刑罚的核准程序又称“对不具有刑法规定的减轻处罚情节的被告人在法定刑以下判处刑罚的核准程序”，是指地方各级人民法院根据案件的特殊情况对于不具有刑法规定的减轻处罚情节的犯罪分子在法定刑以下判处刑罚报请最高人民法院核准以及其核准的一种特殊程序。

在法定刑以下判处刑罚的核准程序主要有以下特征：

1. 适用的对象只限于对不具有刑法规定的减轻处罚情节的被告人在法定刑以下判处刑罚的案件，其他案件不能适用也不必适用该程序。

根据罪刑相适应原则，对被告人所适用的刑罚，必须同他所实施的犯罪相适应。如果没有法定的减轻处罚情节，就不得对其减轻处罚，更不得在法定刑以下判处刑罚。但是，这一点并非是绝对的，我国刑法也没有将其绝对化，而是规定了例外，即对于不具有刑法规定的减轻处罚情节的被告人，人民法院根据案件的特殊情况，也可以在法定刑以下判处刑罚。

2. 适用的主体是地方各级人民法院和最高人民法院。人民法院是国家的审判机关，只有人民法院在刑事诉讼中才有权对被告人决定应否适用刑罚，

应当适用什么样的刑罚。地方各级人民法院虽然可以根据案件的特殊情况，对不具有法定减轻处罚情节的被告人在法定刑以下判处刑罚，必须报送最高人民法院核准。未经最高人民法院核准，其判决不发生法律效力。最高人民法院作为适用该程序的主体，对地方各级人民法院报核的案件依法予以审查，决定是否予以核准。

3. 适用的阶段仅限于审判阶段，在其他诉讼阶段则不存在这一程序。对被告人在法定刑以下判处刑罚是人民法院的权力，人民法院行使这一权力的阶段就在审判阶段。我国《刑事诉讼法》第12条明确规定，未经人民法院依法判决，不得对任何人确定有罪，更不得未经确定有罪而处以刑罚，包括在法定刑以下判处刑罚。

4. 程序启动具有自动性。只要人民法院对不具有法定减轻处罚情节的被告人在法定刑以下判处刑罚作出判决，无需当事人或者人民检察院的诉讼行为，不论当事人是否上诉、人民检察院是否抗诉，也不论该判决是否属于二审终审的判决，都应自动引起该程序。因为作出这种判决的人民法院如果不将判决依照法定程序报请最高人民法院核准，其判决就不能发生法律效力。

## 二、在法定刑以下判处刑罚的核准程序

根据《刑法》第63条第2款规定报请最高人民法院核准在法定刑下判处刑罚的案件，按下列情形分别处理：

1. 被告人不提出上诉、人民检察院不提出抗诉的，在上诉、抗诉期满后3日内报请上一级人民法院复核。上一级人民法院同意原判的，应当报请最高人民法院核准；上一级人民法院不同意原判的，应当裁定发回重新审判或者改变管辖，按照第一审程序重新审理。原判是由基层人民法院作出的，高级人民法院可以指定中级人民法院按照第一审程序重新审理。

2. 被告人提出上诉或者人民检察院提出抗诉的案件，应当按照第二审程序审理。上诉或者抗诉无理的，应当裁定驳回上诉或者抗诉，维持原判，并按照规定的程序逐级报请最高人民法院核准。上诉或者抗诉有理的，应当依法改判。改判后仍判决在法定刑以下处以刑罚的，按照规定的程序逐级报请最高人民法院核准。

报请最高人民法院核准在法定刑以下判处刑罚的案件，应当报送核准案件的结案报告、判决书各15份，以及全案诉讼卷宗和证据。

最高人民法院复核在法定刑以下判处的刑罚和案件，予以核准的，作出核准裁定书；不予核准的，应当撤销原判决、裁定，发回原审人民法院重新审判或者指定其他下级人民法院重新审判。

## ◆ 思考与练习

### 一、选择题

1. 在刑事诉讼中，检察院应当不建议或者不同意适用简易程序的案件有（　　）。

A. 被告人要求适用普通程序的

B. 辩护人作无罪辩护的

C. 对于案件事实、证据存在较大争议的

D. 在自诉案件中，如果刘某撤回起诉，人民法院应当继续审理邓某的反诉

**【答案】** ABD

**【解析】** 自诉与反诉案件均可调解；进行和解或撤回自诉，必须经人民法院审查同意后，才能结束诉讼活动；如果自诉或反诉一方申请撤回起诉，法庭在同意一方撤回起诉后，对未申请撤回的诉讼应继续审理。

2. 在法庭审理中，出现以下何种情况，法院应当决定中止审理，并按照公诉案件的第一审普通程序重新审理？（　　）

A. 被告人的行为可能不构成犯罪

B. 事实不够清楚，证据不够充分

C. 发现犯罪已过追诉时效期限

D. 被告人应当被判处3年以上有期徒刑

**【答案】** ABD

**【解析】** 犯罪已过追诉时效期限，并且不是必须追诉或者经特赦令免除刑罚的，应当裁定终止审理。ABD三项均符合题意。

3. 根据刑事诉讼的有关部规定，对于简易程序存在下列说法上的错误（　　）。

A. 简易程序不适用被告人是盲、聋、哑人的

B. 简易程序不适用未成年人的犯罪案件

C. 简易程序可以适用所有的自诉案件

D. 人民法院适用简易程序的审限为20天

**【答案】** BC

**【解析】** 审判第一审未成年人刑事案件的合议庭，可以由审判员或者审判员与人民陪审员组成，只是依照法律规定适用简易程序的除外。自诉案件并不是都可以适用简易程序。

## 二、讨论题

1. 人民法院根据已经查明的事实、证据和有关法律规定，认为“证据不足，不能认定被告人有罪的”，在作出证据不足、指控的犯罪不能成立的无罪判决后，人民检察院依据新的事实、证据材料重新起诉的，人民法院应当按照何种程序处理？

**【讨论提示】**①刑事诉讼法的有关规定；②禁止双重危险原则；③审判监督程序的功能。

2. 我国刑事诉讼法对于公诉案件适用简易程序规定了人民检察院在起诉时书面建议适用简易程序，人民法院经审查认为符合《刑事诉讼法》第174条第1项规定的，或者人民法院征得人民检察院同意适用简易程序，可以适用简易程序。但是没有规定必须经过被告人同意，没有体现被告人与司法机关的合作的自愿性，而世界刑法学协会第15届代表大会《关于刑事诉讼中的人权问题的决议》第23条规定，“立法机关应该规定实行简易程序的条件，并且规定保障被告人与司法机关合作的自愿性质的方法，例如律师进行帮助”。请问：我国刑事诉讼法是否应当规定被告人对适用简易程序的选择权？

**【讨论提示】**①简易程序对被告人诉讼权利的影响；②国际刑事司法准则的规定；③一些法治发达国家的相关规定。

## 三、案例分析题

刘某（男，1990年12月出生）于2006年8月与李某（女，1989年出生）在打工时相识，后建立了恋爱关系，不久就在刘某公司的单身宿舍同居。同居后，两人常因生活琐事存在分歧，并进而发生了争吵。2006年11月14日晚，李某与刘某又因一些小事发生争吵。在二人争吵过程中，隔壁的赵某、韩某、王某等三人前来劝架、说服。刘某因李某抓住自己不松手，恼羞成怒，并威胁李某再不松手，就将其衣服撕光让其难堪。李某仍不松手。刘某一怒之下就把李某身穿的睡衣及内衣裤全部扯掉。赵某见状扔给李某一件外衣。李某因穿衣而松手后，刘某即走出宿舍。以后，两人继续同居，还是经常因生活琐事而争吵。2007年5月27日，两人争吵时，刘某打伤了李某。李某去医院诊治，医院诊断为轻伤。李某为治疗而花费了2000余元医药费。

李某因感到与刘某不能再继续维持同居关系，于2007年6月13日向法院提起民事诉讼，要求刘某赔偿全部医药费，解除与刘某的同居关系。所提请求的主要理由：一是刘某系致伤责任人，医药费理应由其承担；二是两人经常争吵，并曾受当众撕光衣服之侮辱，两人同居无法维持。

法院受理后经审认为，被告人刘某打伤李某及当众扯光妇女衣服的侮辱行为，已构成犯罪，因此决定将该案转刑事审判庭处理。刑事审判庭认为，该案系自诉案件，故在决定采用独任审判后，由审判员通知李某作为刑事诉讼自诉人，并将其民事诉状作为刑事自诉书。同时告知刘某有权聘请辩护律师，但刘某表示不请律师。

法院决定于2007年7月21日公开审理本案。开庭前一天，李某告知法院，她不愿控告刘某犯罪，仍只想通过法院解除与刘某的同居关系并让其赔偿医药费。因开庭日期已定，法院决定如期开庭。开庭审理时，只有刘某一人到庭。法庭审理时，只是对刘某进行了讯问。讯问后，由于事实清楚，刘某亦全部承认，故未让刘某作最后陈述，随即当庭作出判决，对其以伤害罪和侮辱罪分别判处有期徒刑一年和两年，合并执行有期徒刑两年半，并告知刘某有上诉权及上诉期限，但对附带民事诉讼部分未作出处理。

请指出法院的哪些做法违反了刑事诉讼法的规定，并说明理由。

**【参考答案】**①法院刑事审判庭根据民事诉讼请求即将其作为刑事案件处理是错误的，因为如果是公诉案件，则应由检察机关提起诉讼；如果是自诉案件，则应当由被害人提起刑事诉讼。而该案当事人李某的两项诉讼请求，即要求刘某赔偿全部医药费，解除与刘某的同居关系，皆属于民事诉讼的范畴，因此不应自行转由刑庭处理，也不应当由审判员通知李某作为刑事诉讼自诉人。②法院在李某明确表示放弃控告刘某犯罪后不应开庭审理，而应当不再追究刘某的刑事责任。③法院应为刘某指定律师而没有指定，因为刘某未满18周岁，系未成年人犯罪，应当为其指定律师进行辩护。④法院对此案件的审理已超过审限，因为本案既已采用简易程序进行独任审判，则理应在20日内审结，而自李某的开庭已超过20日。⑤法院不应公开审理本案，因为该案涉及个人隐私，应当不公开审理，而且16岁以上不满18岁的未成年人犯罪的案件一般也不公开审理。⑥法院在自诉人不到庭的情况下不应审理本案，而应当按照撤诉处理。⑦法院未让刘某作最后陈述，剥夺了其法定的诉讼权利。⑧法院应当对附带民事诉讼部分作出一并处理，因为李某在开庭前一天告知法院的请求实际上是附带的民事诉讼请求，应当与刑事部分一并审理并作出裁决。

## ◇ 参考文献

1. 陈光中主编：《刑事一审程序与人权保障》，中国政法大学出版社2006年版。

2. 龙宗智：《刑事庭审制度研究》，中国政法大学出版社2001年版。

3. 王敏远：《刑事司法理论与实践检讨》，中国政法大学出版社1999

年版。

4. 汪建成、甄贞主编:《外国刑事诉讼第一审程序比较研究》，法律出版社2007年版。

5. 甄贞、汪建成主编:《中国刑事诉讼第一审程序改革研究》，法律出版社2007年版。

6. 冀祥德:《控辩平等论》，法律出版社2008年版。

7. 陈瑞华:“案卷笔录中心主义——对中国刑事审判方式的重新考察”，载《法学研究》2006年第4期。

# 第十六章

# 第二审程序

**【导读】** 第二审程序是我国的上诉审程序，属于救济性的程序。我国实行两审终审制，第二审程序是我国刑事诉讼的终审程序。两审终审有利于诉讼终局和裁判的稳定。二审法院以开庭审理或者调查讯问的审理方式，通过全面审查案件的事实认定和法律适用，维护正确的一审裁判，纠正错误的裁判，既有利于维护司法公正，保障诉讼当事人的权益，也能够节约司法资源。为了维护被告人的上诉权，贯彻两审终审制，法律规定了上诉不加刑原则，对只有被告人一方上诉的案件，不得以任何理由加重其刑罚。

本章的重点内容是第二审程序的审理方式和两审终审制、上诉不加刑原则。本章的学习以审判制度、第一审程序的内容为基础，其内容是学习审判监督程序、死刑复核程序、执行程序等内容的基础。

## 第一节　第二审程序概述

### 一、第二审程序的概念

第二审程序又称上诉审程序，是由第二审人民法院根据上诉人的上诉或者人民检察院的抗诉，就第一审人民法院尚未发生法律效力的判决或裁定所认定的事实和适用的法律进行审理时所应当遵循的步骤、方式和方法。它是刑事诉讼中一个独立的诉讼阶段。

正确理解上述概念，需要注意以下几点：

1. 不能简单地认为第二审程序就是对同一案件进行第二次审理的程序。因为对同一案件的第二次审理可能是第二审程序，可能是第一审程序，也可能是审判监督程序。如果上一级法院认为下级法院审理、裁判了应该由它作为第一审法院审理的案件，有权依法撤销原裁判、变更管辖，将该案收归自己作第一审审判。变更管辖后的审理，就审理次数而言是第二次，但其所适用的审判程序仍是第一审程序。

2. 第二审程序并不是审理刑事案件的必经程序。一个案件是否要适用第二审程序审理，关键在于上诉人或检察机关是否依法提起上诉或抗诉。提起上诉或抗诉的，该案就应由上一级人民法院依第二审程序再次审理，否则就不经过第二审程序。

3. 除基层人民法院以外的各级人民法院，都可以成为上级人民法院，因此，中级人民法院、高级人民法院和最高人民法院分别对于其下一级法院而言，都可以作为第二审人民法院，对于不服下一级法院第一审判决或裁定而提出上诉或抗诉的，都要适用第二审程序进行审理、作出裁判。

4. 最高人民法院没有上级法院，其做第一审法院的裁判一经作出立即生效，不得上诉或者抗诉，不经历第二审程序。

## 二、两审终审制

### （一）两审终审制的概念

《刑事诉讼法》第10条规定："人民法院审判案件，实行两审终审制。"所谓两审终审制，是指一个案件经过两级人民法院审判即告终结的制度。对于第二审人民法院作出的终审判决、裁定，当事人等不得再提出上诉，人民检察院不得按照二审程序提出抗诉。

根据两审终审制的要求，地方各级人民法院按照第一审程序对案件审理后所作的判决、裁定，尚不能立即发生法律效力。在法定期限内，如果有上诉权的人没有提起上诉，同级人民检察院也没有提出抗诉，那么第一审人民法院所作出的判决、裁定才发生法律效力。在法定的期限内，如果有上诉权的人提出了上诉，或者同级人民检察院提出了抗诉，上一级人民法院应当对该案件再进行审判。上一级人民法院审理第二审案件作出的判决、裁定，都是终审判决、裁定，立即发生法律效力。由于我国人民法院的设置分为四级，即最高人民法院、高级人民法院、中级人民法院和基层人民法院。下级人民法院的审判工作通过二审等程序受上级人民法院的监督。这样在四个级别的法院设置基础上，经过两级法院对案件进行审判后，案件的审判即告终结，故两审终审制又称四级两审终审制。

我国不采用三审终审而实行两审终审制，是充分考虑了我国的国情和司法的实际需要：①我国幅员辽阔，人口众多，交通尚不够发达，实行两审终审制，可以防止诉讼拖延，保证准确、及时地打击犯罪，节省司法资源，便利公民诉讼。②我国上下级人民法院之间是审级监督关系，二审法院通过审判上诉、抗诉案件，可以使错误的一审判决、裁定，在尚未发生法律效力之前，得到及时的纠正；上级法院可以通过二审经常了解下级法院的审判工作情况，改进审判工作，保证案件审理的公平、公开、公正。③我国刑事诉讼中有较完备的级别管辖制度、审查起诉制度，对死刑案件还设有死刑复核程序，能够确保办案的质量。即使极少数刑事案件的判决、裁定可能出现错误，还可以通过审判监督程序予以纠正。因此，我国实行两审终审制。

（二）两审终审制的特殊和例外情况

两审终审制作为一项基本的审判制度，也存在着特殊和例外情况。

1. 特殊情况。由于是否提起上诉是当事人的权利，加之死刑复核程序的设置，因此，在刑事诉讼进行过程中，有些案件实际上并不需要经过两审法院审判就可以发生法律效力，而有些案件即使经两审法院审判后也不能立即发生法律效力，具体如下：

（1）合法的上诉或抗诉是开始第二审程序必须具备的前提，如果不存在这个前提，即在法定期限内，有上诉权或抗诉权的人或机关没有提出上诉或抗诉，那么地方各级法院审判的第一审案件所作出的一审裁判，也应发生法律效力，交付执行，而不应再经过第二审程序。这与两审终审制原则并无矛盾，只不过是有上诉权或抗诉权的人或机关根据自己的意志，自愿地选择放弃行使该项权利或权力。

（2）两审终审制是就刑事诉讼中的普通程序而言，不适用于死刑案件的特殊复核程序。由于死刑案件是涉及人的生命权的特殊案件，为确保质量，必须依法经过死刑复核的特殊诉讼程序后，才发生法律效力。死刑案件的复核不适用两审终审制度，因为最高人民法院、高级人民法院对这类案件的复核，并不是一个独立的审级，有上诉权或抗诉权的人和机关不能对死刑案件的复核裁定提起上诉或抗诉。

2. 例外情况。两审终审制的惟一例外是，最高人民法院审理的案件为一审终审，即两审终审制只适用于地方各级人民法院审判的第一审案件，而不适用于最高人民法院审判的案件。因为最高人民法院是我国的最高审判机关，经它审判的一切案件，宣判后均立即生效，不存在按照上诉审程序提出上诉、抗诉的问题。

## 三、第二审程序的任务和意义

第二审程序的任务，是由第二审人民法院对第一审人民法院作出的判决或裁定所认定的事实是否清楚，证据是否确实、充分，适用法律是否正确，诉讼程序是否合法等问题进行全面审查和审理，并依法作出判决或裁定，维持正确的一审判决和裁定，纠正错误的一审判决和裁定。

第二审程序的意义是多方面的，主要是：

1. 通过第二审程序，维护第一审人民法院的正确裁判。有的被告人存在侥幸心理，对第一审人民法院正确的裁判提出上诉。第二审人民法院通过第二审程序，进一步揭露和证实犯罪，依法驳回被告人的无理上诉，从而维护第一审正确的判决或裁定。

2. 通过第二审程序，纠正第一审人民法院的错误裁判，准确地惩罚犯罪人，保护被告人的合法权益。犯罪是一种十分复杂的社会现象，彻底查清案件事实、发现案件事实真相是一项艰难的任务。有时由于某种客观原因，或者审判人员认识上的片面性，或者工作上粗枝大叶，都可能发生错误。无论是误将有罪判无罪、重罪判轻罪，或者误将无罪判有罪、轻罪判重罪，都违背了“以事实为根据，以法律为准绳”的原则，必然损害有关公民的利益，危害司法的权威。因此，通过第二审程序可以及时纠正第一审人民法院的错误裁判，保证生效判决的正确性。这样做既有利于准确地惩罚犯罪人，保护被害人的人身权利和其他权益，又能使无罪的人免受刑罚处罚，有效地保护被告人的合法权益。

3. 有利于上级人民法院监督和指导下级人民法院的审判工作，保证办案质量。第二审程序是上级人民法院对下级人民法院审判工作实行监督的有效方法。上级人民法院通过撤销、变更下级法院所作的错误裁判，指出下级法院审判工作中存在的问题和缺点；通过维护下级法院的正确判决，肯定下级人民法院审判工作中的正确方面，这样做有利于下级人民法院总结经验教训，改进审判工作，提高办案质量，保证人民法院审判权的正确行使。

## 第二节　第二审程序的提起

### 一、提起第二审程序的主体

《刑事诉讼法》第216条规定：“被告人、自诉人和他们的法定代理人，不服地方各级人民法院第一审的判决、裁定，有权用书状或者口头向上一级人民法院上诉。被告人的辩护人和近亲属，经被告人同意，可以提出上诉。附带民事诉讼的当事人和他们的法定代理人，可以对地方各级人民法院第一审的判决、裁定中的附带民事诉讼部分，提出上诉。对被告人的上诉权，不得以任何借口加以剥夺。”有权提起上诉的人是：自诉人、被告人或者他们的法定代理人，以及经被告人同意的辩护人、近亲属，还有附带民事诉讼的当事人及其法定代理人。《刑事诉讼法》第217条规定：“地方各级人民检察院认为本级人民法院第一审的判决、裁定确有错误的时候，应当向上一级人民法院提出抗诉。”有权提出抗诉的机关是地方各级人民检察院。

（一）上诉人

上诉制度是确保人民法院既能及时、正确地惩罚犯罪，又能保护无辜、维护被告人合法权益的重要制度。上诉权是被告人、自诉人当然享有的一项诉讼权利，此外，由于二者之外的各种上诉人在刑事诉讼中的法律地位不同，《刑事诉讼法》对他们的上诉权限也作了不同的规定。

1. 被告人、自诉人在诉讼活动中，分别处于原告或者被告一方，人民法院审理案件所作出的判决、裁定对他们都有切身的直接的利害关系，所以法律规定他们有独立的上诉权，只要他们之中有人依法提出上诉，就引起第二审程序。

为了保证被告人行使上诉权，《刑事诉讼法》第 216 条第 3 款规定："对被告人的上诉权，不得以任何借口加以剥夺。"上诉权是被告人依法享有的重要诉讼权利之一，保护被告人的上诉权，有利于司法机关公正执法，有利于提高办案质量，有利于维护被告人的合法权益，所以法律规定不得以任何借口、方式剥夺、侵犯或限制被告人的上诉权。任何剥夺或者侵犯被告人的上诉权的行为，被视为严重违反诉讼程序的行为，是被告人及其近亲属依法提出申诉和控告的理由；如果可能影响公正审判的，则是第二审人民法院撤销原判的法定依据。

2. 未成年人或者精神病人等不能进行正常诉讼活动、无诉讼行为能力的自诉人、被告人的法定代理人是其合法权益的维护者，法律赋予他们以独立的上诉权，即使被告人、自诉人不同意他们的上诉，该上诉也是有效的。

3. 被告人的辩护人和近亲属不具有独立的上诉权，而是仅能有条件地行使上诉权。即被告人的辩护人和近亲属，只有在征得被告人同意后，才可以以被告人的名义提出上诉。被告人对自己是否犯罪以及罪行轻重是最清楚的，法院作出的判决是关于他的犯罪行为与刑事责任问题，与他有切身的利害关系，而被告人的辩护人和近亲属既不完全了解被告人的犯罪情节，法院判决又不直接涉及他们的人身权利和民主权利，所以法律没有赋予他们独立的上诉权利，而是以取得被告人同意作为提起上诉的条件。

4. 附带民事诉讼的当事人和他们的法定代理人享有部分的上诉权，他们可对判决、裁定中的附带民事诉讼部分提出上诉。附带民事诉讼的当事人及其法定代理人作为附带民事诉讼的原告人，对附带民事诉讼部分提出的上诉，无权涉及判决、裁定中的刑事部分，而且这种上诉并不影响刑事判决、裁定在上诉期满后发生法律效力和执行。

（二）抗诉机关

人民检察院是国家法律监督机关，对于人民法院的审判活动是否合法，应当实行监督。对于被告人有利或不利的错误判决、裁定，人民检察院都应当提起抗诉。依据《刑事诉讼法》第 217 条的规定，地方各级人民检察院是有权提出抗诉的机关。

提起抗诉的人民检察院，是第一审人民法院的同级人民检察院；上一级人民检察院认为下级人民检察院应当抗诉而未抗诉的，可以指令下级检察院提起抗诉。上一级人民检察院在上诉、抗诉期限内，发现下级人民检察院应当提出抗诉而没有提出抗诉的案件，可以指令下级人民检察院依法提出抗诉。

（三）被害人向人民检察院申请抗诉

公诉案件中的被害人及其法定代理人虽然处于当事人的诉讼地位，但是法律并未赋予其上诉的权利，而是给予其请求抗诉的权利。根据《刑事诉讼法》第 218 条的规定，被害人及其法定代理人不服地方各级人民法院第一审的判决的，自收到判决书后 5 日以内，有权请求人民检察院提出抗诉。对此人民检察院应当立即对请求人的资格、请求的时间和理由进行审查，并自收到请求后 5 日内作出是否抗诉的决定并且答复请求人。

## 二、上诉、抗诉的理由

无论上诉还是抗诉，二审法院都应着重查明上诉或抗诉有无理由。在实践中，作为上诉或抗诉的理由，归纳起来有以下几点：判决、裁定在认定事实上有错误，或者缺乏确实、充分的证据；判决、裁定在适用法律、定罪量刑上有错误；违反诉讼程序，使当事人依法享有的诉讼权利受到侵犯，可能影响判决、裁定的正确性。

（一）上诉的理由

刑事诉讼法对于提出上诉的理由没有规定任何限制，因此，上诉人在法定期限内提出上诉，不论理由是否充分，均应允许。

（二）抗诉的理由

根据《刑事诉讼法》第 217 条的规定，人民检察院只有在有充分的根据认定原判决、裁定“确有错误”时，才能提出抗诉。人民检察院在收到人民法院第一审刑事判决书或者裁定书后，应当指定专人立即进行审查。对确有错误的判决或者裁定，应当及时在法定期限内按照第二审程序依法提出抗诉。人民检察院对被害人及其法定代理人提出的抗诉请求，应当在法定期限内审查答复；抗诉请求的理由成立的，应当依法及时提出抗诉。提请抗诉的人民检察院应当讯问原审被告人，复核主要证据，必要时上级人民检察院可以到案发地复核主要证据。

最高人民检察院于 2001 年 3 月 2 日公布的《最高人民检察院关于刑事抗

诉工作的若干意见》规定了抗诉的理由、不宜抗诉的情形以及对抗诉理由的审查。

1. 抗诉的理由。

（1）事实和证据方面有相关错误的。人民法院刑事判决或裁定在认定事实、采信证据方面确有下列错误的，人民检察院应当提出抗诉和支持抗诉：①刑事判决或裁定认定事实有错误，导致定性或者量刑明显不当的。主要包括：刑事判决或裁定认定的事实与证据不一致；认定的事实与裁判结论有重大矛盾；有新的证据证明刑事判决或裁定认定事实确有错误。②刑事判决或裁定采信证据有错误，导致定性或者量刑明显不当的。主要包括：刑事判决或裁定据以认定案件事实的证据不确实；据以定案的证据不足以认定案件事实，或者所证明的案件事实与裁判结论之间缺乏必然联系；据以定案的证据之间存在矛盾；经审查犯罪事实清楚、证据确实充分，人民法院以证据不足为由判决无罪错误的。

（2）适用法律方面有相关错误的。人民法院刑事判决或裁定在适用法律方面确有下列错误的，人民检察院应当提出抗诉和支持抗诉：①定性错误，即对案件进行实体评判时发生错误，导致有罪判无罪，无罪判有罪，或者混淆此罪与彼罪、一罪与数罪的界限，造成适用法律错误，罪刑不相适应的。②量刑错误，即重罪轻判或者轻罪重判，量刑明显不当的。主要包括：未认定有法定量刑情节而超出法定刑幅度量刑；认定法定量刑情节错误，导致未在法定刑幅度内量刑或者量刑明显不当；适用主刑刑种错误；应当判处死刑立即执行而未判处，或者不应当判处死刑立即执行而判处；应当并处附加刑而没有并处，或者不应当并处附加刑而并处；不具备法定的缓刑或免予刑事处分条件，而错误适用缓刑或判处免予刑事处分。③对人民检察院提出的附带民事诉讼部分所作判决、裁定明显不当的。

（3）违反相关诉讼程序以致影响公正裁判的。人民法院在审判过程中严重违反法定诉讼程序，有下列情形之一，影响公正判决或裁定的，人民检察院应当提出抗诉和支持抗诉：①违反有关回避规定的；②审判组织的组成严重不合法的；③除另有规定的以外，证人证言未经庭审质证直接作为定案根据，或者人民法院根据律师申请收集、调取的证据材料和合议庭休庭后自行调查取得的证据材料没有经过庭审辨认、质证直接采纳为定案根据的；④剥夺或者限制当事人法定诉讼权利的；⑤具备应当中止审理的情形而作出有罪判决的；⑥当庭宣判的案件，合议庭不经过评议直接宣判的；⑦其他严重违反法律规定的诉讼程序，影响公正判决或裁定的。

（4）审判人员在案件审理期间，有贪污受贿、徇私舞弊、枉法裁判行为，影响公正判决或裁定，造成上述各种情形的，人民检察院应当提出抗诉和支持抗诉。

2. 不可作为抗诉理由的各种情形。

（1）一审刑事判决或裁定认定事实、采信证据有下列情形之一的，一般不宜提出抗诉：①判决或裁定采信的证据不确实、不充分，或者证据之间存有矛盾，但是支持抗诉主张的证据也不确实、不充分，或者不能合理排除证据之间的矛盾的；②被告人提出罪轻、无罪辩解或者翻供后，有罪证据之间的矛盾无法排除，导致起诉书、判决书对事实的认定分歧较大的；③人民法院以证据不足、指控的犯罪不能成立为由，宣告被告人无罪的案件，人民检察院如果发现新的证据材料证明被告人有罪，应当重新起诉，不能提出抗诉；④判决改变起诉定性，导致量刑差异较大，但没有足够证据证明人民法院改变定性错误的；⑤案件基本事实清楚，因有关量刑情节难以查清，人民法院从轻处罚的。

（2）一审刑事判决或裁定在适用法律方面有下列情形之一的，一般不宜提出抗诉：①法律规定不明确、存有争议，抗诉的法律依据不充分的；②刑事判决或裁定认定罪名不当，但量刑基本适当的；③具有法定从轻或者减轻处罚情节，量刑偏轻的；④未成年人犯罪案件量刑偏轻的；⑤被告人积极赔偿损失，人民法院适当从轻处罚的。

（3）人民法院审判活动违反法定诉讼程序，但是未达到严重程度，不足以影响公正裁判，或者判决书、裁定书存在某些技术性差错，不影响案件实质性结论的，一般不宜提出抗诉。必要时可以以检察建议书等形式，要求人民法院纠正审判活动中的违法情形，或者建议人民法院更正法律文书中的差错。

3. 对于刑事案件是否符合抗诉理由的审查。

（1）对刑事抗诉案件的事实，应当重点从以下几个方面进行审查：①犯罪的动机、目的是否明确；②犯罪的手段是否清楚；③与定罪量刑有关的情节是否具备；④犯罪的危害后果是否查明；⑤行为和结果之间是否存在刑法上的因果关系。

（2）对刑事抗诉案件的证据，应当重点从以下几个方面进行审查：①认定主体的证据是否确实充分；②认定犯罪行为和证明犯罪要素的证据是否确实充分；③涉及犯罪性质、决定罪名的论据是否确实充分；④涉及量刑情节的相关证据是否确实充分；⑤提出抗诉的刑事案件，支持抗诉主张的证据是否具备合法性、客观性和关联性；抗诉主张的每一环节是否均有相应的证据予以证实；抗诉主张与抗诉证据之间、抗诉证据与抗诉证据之间是否不存在矛盾；支持抗诉主张的证据是否形成完整的锁链。

（3）对刑事抗诉案件的适用法律，应当重点从以下几个方面进行审查：①适用的法律和法律条文是否正确；②罪与非罪、此罪与彼罪、一罪与数罪的认定是否正确；③具有法定从轻、减轻、从重、免除处罚情节的，适用法律是否正确；④适用刑种和量刑幅度是否正确；⑤对人民检察院提出的附带民事诉讼部分的判决或裁定是否符合法律规定。

（4）应当审查人民法院在案件审理过程中是否存在严重违反法定诉讼程序，影响公正审判的情形。

上诉人或人民检察院不仅可以在上诉状或抗诉书中提出上诉、抗诉的根据和理由，而且在提出上诉或抗诉后，甚至在二审法院审理过程中，仍可作补充阐述或提出新的根据和理由，第二审法院不应加以限制。

### 三、上诉、抗诉的期限

对地方各级人民法院第一审判决、裁定的上诉或者抗诉，应当在法定的上诉或抗诉期间内提出。《刑事诉讼法》第219条规定："不服判决的上诉和抗诉的期限为10日，不服裁定的上诉和抗诉的期限为5日，从接到判决书、裁定书的第二日起算。"

法律规定上诉期限的目的，一方面是为了让上诉人等有一定的期间充分考虑是否提出上诉和准备上诉的理由，以保障他们行使上诉权；同时也是为了保证上级人民法院能够迅速地审判上诉、抗诉案件，使确有错误的判决、裁定能及时得到纠正，以免拖延诉讼。对附带民事诉讼的判决或者裁定的上诉、抗诉期限，应当按照刑事部分的上诉、抗诉期限确定。如果原审附带民事诉讼的部分是另行审判的，上诉期限应当按照民事诉讼法规定的期限执行。

### 四、上诉、抗诉的方式和程序

#### （一）上诉的方式和程序

1. 上诉的方式。上诉既可以书面提出，也可以口头提出。因上诉人书写诉状确有困难用口头提出上诉的，人民法院应当根据其所陈述的理由和请求制成笔录，经上诉人阅读或者向他宣读后，由上诉人的签名或者盖章。用上诉状提出上诉的，一般应当有上诉状正本及副本。

上诉状内容应当包括：第一审判决书、裁定书的文号和上诉人收到的时间；第一审人民法院的名称；上诉的请求和理由；提出上诉的时间；上诉人签名或者盖章。如果是被告人的辩护人、近亲属经被告人同意提出上诉的，还应当写明提出上诉的人与被告人的关系，并应当以被告人作为上诉人。

2. 上诉的程序。根据《刑事诉讼法》第 220 条的规定，上诉人上诉可以通过原审人民法院提出，也可以直接向第二审人民法院提出。通过原审人民法院提出上诉的，原审人民法院应当在 3 日以内将上诉状连同案卷、证据移送上一级人民法院，同时将上诉状副本送交同级人民检察院和对方当事人。上诉人直接向第二审人民法院提出上诉的，第二审人民法院应当在 3 日以内将上诉状交原审人民法院，原审人民法院将上诉状副本送交同级人民检察院和对方当事人，并将全部案卷、证据材料报送上一级人民法院。

（二）抗诉的方式和程序

1. 抗诉的方式。提出抗诉的方式必须是书面的。地方各级人民检察院认为同级人民法院第一审判决、裁定确有错误而决定抗诉时，必须制作抗诉书。

2. 抗诉的程序。根据《刑事诉讼法》第 221 条以及其他规定，人民检察院抗诉的活动包括以下步骤和内容：

（1）抗诉的决定。刑事抗诉案件必须经检察委员会讨论决定。

（2）抗诉书的提交。决定抗诉的，通过原审人民法院提交抗诉书。刑事抗诉书和提请抗诉报告书应当重点阐述抗诉理由，增强说理性。

（3）抄送上一级人民检察院。提出抗诉的人民检察院应当将抗诉书抄送上一级人民检察院，并应当及时将检察内卷报送上一级人民检察院。

（4）抗诉的审核。上一级检察院要对抗诉的事实和法律根据进行审核，认为抗诉不当的，可直接向同级人民法院撤回抗诉。

（5）卷宗移送。原审人民法院接到抗诉书后，应将抗诉书连同案卷、证据移送上一级人民法院，并将抗诉书副本送交当事人。

## 五、上诉、抗诉的撤回

（一）上诉的撤回

1. 被告人、自诉人、附带民事诉讼的原告人和被告人及其法定代理人在上诉期限内要求撤回上诉的，应当准许。

2. 被告人、自诉人、附带民事诉讼的原告人和被告人及其法定代理人在上诉期满后要求撤回上诉的，应当由第二审人民法院进行审查，并区别不同情况作出裁决。

（1）如果认为原判决认定事实和适用法律正确，量刑适当，应当裁定准许被告人撤回上诉。

（2）如果认为原判决事实不清，证据不足或者将无罪判为有罪、轻罪重判等，应当不准许撤回上诉，并按照上诉程序进行审理。

（二）抗诉的撤回

抗诉的撤回因撤诉主体的不同，可分为抗诉人民检察院的撤回和上一级人民检察院的撤回，分别适用不同的撤回程序。

1. 人民法院对人民检察院撤回抗诉的处理。

（1）对于人民检察院在抗诉期限内撤回抗诉的，第一审人民法院不再移送案件；

（2）如果是在抗诉期满后撤回抗诉的，第二审人民法院应当裁定准许，并通知第一审人民法院和当事人。对于抗诉期满后撤回抗诉的案件，二审法院无须审查，必须裁定准许。换言之，检察院撤回抗诉的行为无论是否发生在抗诉期限内，法院都必须予以允可。

2. 上一级人民检察院撤回下级人民检察院抗诉的程序。上一级人民检察院认为下级人民检察院抗诉不当的，应当向同级人民法院撤回抗诉，并且通知下级人民检察院。下级人民检察院如果认为上一级人民检察院撤回抗诉不当的，可以提请复议。上一级人民检察院应当复议，并将复议结果通知下级人民检察院。需要注意的问题是：①撤诉主体是提出抗诉的人民检察院的上一级人民检察院；②直接向同级人民法院撤诉；③抗诉人民检察院有权提请上一级人民检察院就抗诉的撤回进行复议。

（三）撤诉的效力

撤回上诉和抗诉发生何种法律后果，一审裁判是否因上诉和抗诉的撤回而生效？自何时起撤诉发生其效力？有两种不同的情况。

1. 对于在上诉、抗诉期满前撤回上诉、抗诉的案件，第一审判决、裁定在上诉、抗诉期满之日起生效。在上诉、抗诉期满前撤诉的，撤诉后是否允许再次上诉、抗诉？由于法律没有规定撤诉后不许再次上诉、抗诉，因此在上诉、抗诉期满之前，抗诉权人和抗诉机关仍然有权再次上诉、抗诉。

2. 对于在上诉、抗诉期满后要求撤回上诉、抗诉，第二审人民法院裁定准许的，第一审判决、裁定应当自第二审人民法院裁定书送达原上诉人或者抗诉的检察机关之日起生效。

## 第三节　第二审程序的审判

### 一、第二审程序的审判组织

根据《刑事诉讼法》第178条和第223条的规定，第二审人民法院审判上诉、抗诉案件一律由合议庭进行，而且合议庭的组成人员都必须为审判员，人数为3～5人。合议庭由院长或庭长指定审判员一人担任审判长。院长或庭长参加合议庭审判案件的时候，自己担任审判长。合议庭的组织与活动，依据权利平等原则实行民主集中制，实行少数服从多数的决策机制。

由于当事人或者人民检察院对进入第二审程序的案件在法律适用和事实认定上存在较大争议，案件的审理较第一审案件难度大，客观上需要更多的法律知识和审判经验，因此陪审员不能成为合议庭成员。

## 二、对二审案件的全面审查

第二审人民法院对第一审人民法院移送的上诉、抗诉案卷，应当审查是否包括下列内容：① 移送上诉、抗诉案件函；②上诉状或者抗诉书；③第一审判决书或者裁定书八份，此外每增加一名被告人增加一份裁判文书；④全部案卷材料和证据，包括案件审结报告和其他应当移送的材料。如果上述材料齐备，第二审人民法院应当收案；材料不齐备或不符合规定的，应当通知第一审人民法院及时补充。

第二审人民法院审理二审案件应当贯彻全面审查原则。全面审查原则是关于第二审案件的审查和审理范围的原则，是指第二审人民法院应当就第一审判决的事实认定和法律适用进行全面审查和审理，不受上诉或者抗诉范围的限制。《刑事诉讼法》第222条规定："第二审人民法院应当就第一审判决认定的事实和适用法律进行全面审查，不受上诉或者抗诉范围的限制。共同犯罪的案件只有部分被告人上诉的，应当对全案进行审查，一并处理。"这就是我国第二审人民法院全面审查的法定原则。

全面审查原则的含义是：①第二审人民法院对案件全面审查，就是不仅要对上诉或者抗诉所提出的内容进行审查，而且要对上诉或者抗诉没有提出而为第一审判决所认定的事实、适用的法律以及审判活动是否遵守了诉讼程序进行审查。②对共同犯罪案件，不仅要审理提出上诉或者被提出抗诉的被告人的部分，也要审理未提出上诉或者未被提出抗诉的被告人的部分；即使上诉人死亡了，其他被告人并没有上诉，也应当对案件进行全面审理，审理后对已死亡的上诉人不构成犯罪的，应当宣告无罪；审理后认为构成犯罪的，应当宣告终止审理，对其他同案被告人仍应当作出判决或裁定。③对附带民事诉讼部分提出上诉的，不仅要审理附带民事诉讼部分，也要审理刑事诉讼部分，以正确确定民事责任。

在司法实践中，全面审查原则要求对于上诉、抗诉案件应当着力于审查以下8个方面的内容：①第一审判决认定的事实是否清楚，证据是否确实、充分，证据之间有无矛盾；②第一审判决适用法律是否正确，量刑是否适当；③在侦查、起诉、第一审程序中，有无违反法律规定的诉讼程序的情形；④上诉、抗诉是否提出了新的事实和证据；⑤被告人供述、辩解的情况；⑥辩护人的辩护意见以及采纳的情况；⑦附带民事判决、裁定是否适当；⑧第一审人民法院合议庭、审判委员会讨论的意见等。对以上内容审查后，应当写出审查报告。

第二审人民法院在全面审查的基础上，对案件要作出全面审理，即通盘考虑上诉、抗诉的理由是否充分，第一审判决、裁定是否正确，程序是否合法，从而使上诉状或抗诉书已指出的和未指出的、涉及已上诉或未上诉的被告人的错误判决、裁定都得到纠正。如果第一审判决、裁定对上诉人认定事实和适用法律正确，而对未上诉的人认定事实和适用法律不正确、量刑不当的，应裁定驳回上诉人的上诉，对未上诉而存在错误裁判的人要撤销原审有关的判决或裁定，予以改判。

全面审查的原则，充分贯彻了我国刑事诉讼法的实事求是、以事实为根据、以法律为准绳的基本原则。

## 三、第二审案件的审理方式

第二审案件的审理方式，是指第二审人民法院审理对一审裁判上诉或者抗诉的案件所采用的形式。

《刑事诉讼法》第223条第1款规定："第二审人民法院对于下列案件，应当组成合议庭，开庭审理：①被告人、自诉人及其法定代理人对第一审判决认定的事实、证据提出异议，可能影响定罪量刑的上诉案件；②被告人被判处死刑的上诉案件；③人民检察院抗诉的案件；④其他应当开庭审理的案件。"第2款规定："第二审人民法院决定不开庭审理的，应当讯问被告人，听取其他当事人、辩护人、诉讼代理人的意见。"根据该条款的规定，我国第二审程序对上诉案件和抗诉案件的审理方式作了两种不同的规定。对于上诉案件，二审的审理方式是以开庭审理为原则，以调查讯问的审理为补充。对于第1款所列举案件，二审法院必须开庭审理。

### （一）开庭审理的方式

开庭审理，是指第二审人民法院在合议庭的主持下，由检察人员和当事人、其他诉讼参与人参加，通过法庭调查和辩论、评议、宣判的方式审理案件。开庭审理的方式意义在于：①保障当事人直接参与法庭调查和法庭辩论等审理阶段，有利于当事人充分行使诉讼权利；②开庭审理的方式有利于辩护律师为被告人提供更有效的辩护，向法庭充分发表辩护意见；③控辩双方在法庭调查和法庭辩论中的讯问、质证、辩论等方面的平等对抗，有利于法庭认定证据和事实，充分听取诉讼双方的意见，全面考虑定罪量刑问题，便于全面审查原则的落实。

开庭审理的方式符合刑事诉讼法的规定，符合审判公开原则和直接、言词原则的要求，是最理想的审理方式。然而，长期以来，由于存在某些困难，开庭审理的适用范围受到严格的限制，多数二审人民法院审理二审案件较少采用开庭审理的方式。这些受到强调的客观困难包括：①国家版图宏大、地域广阔，有的一审法院与二审法院所在地相距甚远且交通不便，二审采取开庭审理的方式耗费巨大。②第二审法院的司法资源有限，不足以对所有二审案件进行开庭审理。如，大多数刑事案件的一审法院都是基层法院，作为其上级法院的中级法院往往下辖几个、十几个基层法院，中级法院的审判力量不足、有待加强，如对所有二审案件采取开庭审理的方式，可能会导致大量二审案件超出审限。在当前国家经济增长、法律教育水准提高的前提下，这些困难在逐步克服中。

1. 一般案件的开庭审理程序。第二审人民法院开庭审理的程序，由于是在一审程序的基础上进行的，所以《刑事诉讼法》第231条规定，除法律已有规定的以外，参照第一审程序的规定进行。但第二审程序又不完全等同于第一审程序，还有其自身的一些特点，因而第二审人民法院在开庭审理上诉或者抗诉案件时，除参照第一审程序的规定外，还应当依照下列程序进行：

（1）开庭前的准备，开庭时宣布合议庭组成，告知当事人诉讼权利等。

（2）人民检察院提出抗诉的案件或者人民检察院应当派员出庭的上诉案件，第二审人民法院应当在决定开庭审理后及时通知人民检察院查阅案卷，作好出庭准备。出席第二审法庭的检察人员在接到第二审人民法院查阅案卷通知后，应当到第二审人民法院查阅第一审人民法院的案卷。此外，对抗诉和上诉案件，第二审人民法院的同级人民检察院应当调取下级人民检察院的案卷材料。人民检察院应当在一个月以内查阅完毕。

（3）在第二审程序中，被告人除自行辩护外，还可以委托辩护人辩护。共同犯罪案件，只有部分被告人上诉或者人民检察院只就第一审人民法院对部分被告人的判决提出抗诉的，其他同案被告人也有权委托辩护人辩护。

（4）在法庭调查阶段，审判长或者审判员宣读第一审判决书、裁定书后，由上诉人陈述上诉理由或者由检察人员宣读抗诉书；如果是既有上诉又有抗诉的案件，先由检察人员宣读抗诉书，再由上诉人陈述上诉理由；法庭调查的重点要针对上诉或者抗诉的理由，全面查证证据、查清事实。如果检察人员或者辩护人申请出示、宣读、播放第一审审理期间已经移交给人民法院的证据的，法庭应当指令值庭法警出示、播放有关证据；需要宣读的证据，由法警交由申请人宣读。

（5）在法庭辩论阶段，对上诉案件，应当先由上诉人、辩护人发言，再由检察人员及对方当事人发言；对抗诉案件，应当先由检察人员发言，再由被告人、辩护人发言；对于既有上诉又有抗诉的案件，应当先由检察人员发言，再由上诉人和他的辩护人发言，然后依次进行辩论。对于共同犯罪案件中没有提出上诉的被告人，或者是没有被抗诉的被告人，也应当让其参加法庭调查、法庭辩论。被害人有权参加法庭审理。

（6）辩论终结后，原审被告人有权进行最后陈述，然后由合议庭评议，作出裁判。

二审开庭审理是在检察人员、当事人和其他诉讼参与人的参加下，当庭核实证据，充分听取诉讼双方的意见，便于合议庭全面弄清案件事实真相，通盘考虑定罪量刑，确保审判质量，因此，第二审法院应尽量采用开庭审理的方式。根据《刑事诉讼法》第 223 条第 3 款的规定，二审法院开庭审理上诉、抗诉案件，既可以在第二审人民法院所在地进行，也可以到案件发生地或者原审人民法院所在地进行。该规定变通、灵活，充分考虑到我国地域辽阔，一些边远地区交通不便，有的一审、二审法院相距甚远等实际情况，方便诉讼参与人参加诉讼，有利于正确、及时地处理案件。

2. 死刑案件的二审开庭审理程序。根据《最高人民法院、最高人民检察院关于死刑第二审案件开庭审理程序若干问题的规定（试行）》的规定，对死刑案件的二审程序作出详细规定。其主要内容有：

（1）适用开庭审理的死刑案件包括两种情况：一是一审判处死刑立即执行的所有案件，无论上诉还是抗诉，二审法院都应当适用开庭审理的方式。第二审人民法院审理第一审判处死刑立即执行的被告人上诉、人民检察院抗诉的案件，应当依照法律和有关规定开庭审理。二是判处死刑缓期二年执行的被告人上诉的案件，符合法律规定的条件时，二审法院应当适用开庭审理的方式。第二审人民法院审理第一审判处死刑缓期二年执行的被告人上诉的案件，有下列情形之一的，应当开庭审理：①被告人或者辩护人提出影响定罪量刑的新证据，需要开庭审理的；②具有《刑事诉讼法》第 223 条规定的开庭审理情形的。人民检察院对第一审人民法院判处死刑缓期二年执行提出抗诉的案件，第二审人民法院应当开庭审理。

（2）案卷和证据的移送。被判处死刑的被告人提出上诉的案件，原审人民法院应当在上诉期满后 3 日以内将上诉状连同案卷、证据移送上一级人民法院，同时将上诉状副本送交同级人民检察院和当事人。收到上诉状副本的人民检察院应当在3日以内将上诉状副本及有关材料报送上一级人民检察院。对第一审的死刑判决抗诉的案件，提出抗诉的人民检察院向原审人民法院提交抗诉书后，应当在3日以内将抗诉书副本及有关材料报送上一级人民检察院。原审人民法院应当在抗诉期满后3日以内将抗诉书连同案卷、证据移送上一级人民法院，并将抗诉书副本送交当事人。

（3）上诉人撤诉的审查处理。对死刑判决提出上诉的被告人，在上诉期满后第二审开庭前要求撤回上诉的，第二审人民法院应当进行审查。合议庭经过阅卷、讯问被告人、听取其他当事人、辩护人、诉讼代理人的意见后，认为原判决事实清楚，适用法律正确，量刑适当的，不再开庭审理，裁定准许被告人撤回上诉；认为原判决事实不清，证据不足或者将无罪判为有罪，轻罪重判的，应当不准许撤回上诉，按照第二审程序开庭审理。

（4）法院贯彻全面审查原则的规定。第二审人民法院开庭审理死刑上诉、抗诉案件，合议庭应当在开庭前对案卷材料进行全面审查，重点审查下列内容：①上诉、抗诉的理由及是否提出了新的事实和证据；②被告人供述、辩解的情况；③辩护人的意见以及原审人民法院采纳的情况；④原审判决认定的事实是否清楚，证据是否确实、充分；⑤原审判决适用法律是否正确，量刑是否适当；⑥在侦查、起诉及审判中，有无违反法律规定的诉讼程序的情形；⑦原审人民法院合议庭、审判委员会讨论的意见；⑧其他对定罪量刑有影响的内容。

（5）委托辩护和指定辩护。具体内容有：被判处死刑的被告人有权在第二审程序中自行委托辩护人为其辩护；法院有义务为没有辩护人的死刑案件被告人指定法律援助律师；被告人附有正当理由时拒绝指定辩护的，法院应当准许；被告人拒绝辩护后可自行委托辩护人；拒绝辩护后未自行委托辩护人的，法院仍然应当为其另行指定法律援助律师。第二审人民法院应当及时查明被判处死刑立即执行的被告人是否委托了辩护人。没有委托辩护人的，应当告知被告人可以自行委托辩护人或者通知法律援助机构指定承担法律援助义务的律师为其提供辩护。被告人拒绝人民法院指定的辩护人为其辩护，有正当理由的，人民法院应当准许，被告人可以另行委托辩护人。被告人没有委托辩护人的，人民法院应当为其另行指定辩护人。

（6）检察院阅卷以及贯彻全面审查的规定。第二审人民法院开庭审理死刑上诉、抗诉案件，应当在开庭10日以前通知人民检察院查阅案卷。

人民检察院办理死刑上诉、抗诉案件，应当在开庭前对案卷材料进行全面审查，重点围绕抗诉或者上诉的理由，审查第一审判决认定案件事实、适用法律是否正确，证据是否确实、充分，量刑是否适当，审判活动是否合法，并进行下列工作：①应当讯问被告人，听取被告人的上诉理由或者辩解；②必要时听取辩护人的意见；③核查主要证据，必要时询问证人；④对鉴定意见有疑问的，可以重新鉴定或者补充鉴定；⑤根据案件情况，可以听取被害人的意见。

（7）检察院出席二审法庭的内容。这些内容包括：一是出席二审法庭的是二审法院的同级人民检察院选派人员；二是检察院应当做好出庭前的准备工作，包括拟定庭审中的讯问、询问、举证、质证、答辩提纲和出庭意见书等。

（8）二审合议庭的组成。一是审判员3～5人组成合议庭，二是对于疑难、复杂、重大的死刑案件，应当由院长或者庭长担任审判长。

（9）合议庭开庭前的准备工作。具体有以下方面的内容：①为了贯彻审判公开原则，对于公开审判的案件，在开庭3日以前公布案由、被告人姓名、开庭时间和地点。②在合理期间内做好通知工作，包括：在开庭3日以前通知人民检察院开庭的时间、地点；通知人民检察院、被告人及其辩护人在开庭5日以前提供出庭作证的证人、鉴定人名单；在开庭3日以前送达传唤当事人和通知辩护人、证人、鉴定人和翻译人员的传票和通知书。③法庭审理内容的准备工作，包括：拟定庭审提纲，确定需要开庭审理的内容；查明是否存在可能导致延期审理的情形；在第二审程序中，检察人员或者辩护人发现证据出现重大变化，可能影响案件定罪量刑的，可以建议法庭延期审理，法庭需要查明是否属实。④在证据方面，二审法院在开庭前要做好如下工作：在第一审判决宣判后，被告人是否有检举、揭发行为需要查证核实的；必要时应当讯问被告人；人民检察院向第二审人民法院提交新证据的，第二审人民法院应当通知被告人的辩护律师或者经许可的其他辩护人在开庭前到人民法院查阅；被告人及其辩护人向第二审人民法院提交新证据的，第二审人民法院应当通知人民检察院在开庭前到人民法院查阅；人民检察院在审查期间进行重新鉴定或者补充鉴定的，作出的鉴定应当及时提交人民法院，人民法院应当在开庭3日以前将鉴定结论告知当事人及其诉讼代理人、辩护人；被害人及其诉讼代理人或者被告人及其辩护人提出重新鉴定、补充鉴定要求并经第二审人民法院同意的，作出的鉴定应当及时提交人民法院，人民法院应当在开庭3日以前将鉴定结论告知对方当事人及其诉讼代理人、辩护人并通知人民检察院。⑤将以上所有活动情形写入笔录，由审判人员和书记员签名，以留案备查。

（10）通知证人、鉴定人、被害人出庭作证的情形。第二审人民法院开庭审理死刑上诉、抗诉案件，具有下列情形之一的，应当通知证人、鉴定人、被害人出庭作证：①人民检察院、被告人及其辩护人对鉴定结论有异议、鉴定程序违反规定或者鉴定结论明显存在疑点的；②人民检察院、被告人及其辩护人对证人证言、被害人陈述有异议，该证人证言或者被害人陈述对定罪量刑有重大影响的；③合议庭认为其他有必要出庭作证的。

（11）全面审理与重点审查相结合。第二审人民法院应当全面审理死刑上诉、抗诉案件。但在开庭时，可以根据具体情况围绕人民检察院、被告人及其辩护人提出争议的问题和人民法院认为需要重点审查的问题进行：①审判长宣布开庭后，可以宣读原审判决书，也可以只宣读案由、主要事实、证据和判决主文等判决书的主要内容。法庭调查时，上诉案件由上诉人或者辩护人先宣读上诉状或者陈述上诉理由；抗诉案件由检察人员先宣读抗诉书；对于既有上诉又有抗诉的案件，先由检察人员宣读抗诉书，后由上诉人或者辩护人宣读上诉状或者陈述上诉理由。②法庭调查的重点是，对原审判决提出异议的事实、证据以及提交的新的证据等。对于人民检察院、被告人及其辩护人没有异议的事实、证据和情节，可以不在庭审时调查。③人民检察院、被告人及其辩护人对原审判决采纳的证据没有异议的，可以不再举证和质证。④法庭辩论时，抗诉的案件，由检察人员先发言；上诉的案件，由上诉人、辩护人先发言；既有抗诉又有上诉的案件，由检察人员先发言，并依次进行辩论。⑤对共同犯罪中没有判处死刑且没有提出上诉的被告人，人民检察院和辩护人在开庭前表示不需要进行讯问和质证的，可以不再传唤到庭。对没有被判处死刑的其他被告人的罪行，事实清楚的，可以不在庭审时审理。⑥对被告人所犯数罪中判处其他刑罚的犯罪，事实清楚且人民检察院、被告人及其辩护人没有异议的，可以不在庭审时审理。

（12）判决书的内容。二审法院写明控辩双方的意见、是否采纳该意见以及理由。第二审人民法院应当在裁判文书中写明人民检察院的意见、被告人的辩解和辩护人的意见，以及是否采纳的情况并说明理由。

3. 人民检察院出庭支持抗诉。上一级人民检察院对下级人民检察院按照第二审程序提出抗诉的案件，认为抗诉正确的，应当支持抗诉。具体内容包括：

（1）支持抗诉的检察院，应当是第二审法院的同级人民检察院。《刑事诉讼法》第 224 条规定："人民检察院提出抗诉的案件或者第二审人民法院开庭审理的公诉案件，同级人民检察院都应当派员出庭……"对提出抗诉的案件或者公诉案件中人民法院决定开庭审理的上诉案件，同级人民检察院应当派员出席第二审法庭。

（2）出庭支持抗诉的人员，是检察长、检察员或者经检察长批准代行检察员职务的助理检察员。

(3) 出庭支持抗诉的具体内容和任务是：①支持抗诉或者听取上诉人的上诉意见，对原审法院作出的错误判决或者裁定提出纠正意见；②维护原审人民法院正确的判决或者裁定，反驳无理上诉，建议法庭维持原判；③维护诉讼参与人的合法权利；④对法庭审理案件有无违反法律规定的诉讼程序的情况记明笔录；⑤依法从事其他诉讼活动。

(4) 贯彻全面审查原则。检察人员应当客观全面地审查原审案卷材料，不受上诉或者抗诉范围的限制，重点审查原审判决认定案件事实、适用法律是否正确，证据是否确实、充分，量刑是否适当，审判活动是否合法，并应当审查下级人民检察院的抗诉书或者上诉人的上诉书，了解抗诉或者上诉的理由是否正确、充分。

(5) 开庭前的准备。主要有以下几个方面：①调取和查阅案卷材料，二审法院的同级检察院应当调取下级人民检察院的案卷材料；并在接到第二审人民法院查阅案卷通知后，由出席第二审法庭的检察人员到第二审人民法院查阅第一审人民法院的案卷。②提讯一审被告人、复核主要证据，检察人员在审查第一审案卷材料时，应当提讯原审被告人，复核主要证据。③制作质证计划和答辩提纲、出庭意见。检察人员出席第二审法庭，应当制作讯问被告人，询问被害人、证人、鉴定人和出示、宣读、播放证据计划，并拟写答辩提纲。对上诉案件，出庭前应当制作出庭意见。

(6) 参加法庭调查和法庭辩论。法庭审理中，检察人员应当针对原审判决或者裁定认定事实或适用法律、量刑等方面的问题，以及上诉人的上诉意见、辩护人的辩护意见，讯问被告人、询问被害人、证人、鉴定人，出示和宣读证据，并提出意见和进行辩论。需要出示、宣读、播放一审中已移交人民法院的证据的，出庭的检察人员可以申请法庭出示、宣读、播放。

### (二) 调查讯问的审理方式

调查讯问的审理方式，是指第二审人民法院的合议庭经过阅卷，讯问被告人，在听取其他当事人、辩护人、诉讼代理人的意见后，认为案件事实清楚的，可以不开庭审理即作出判决或裁定的审理方式。

采用调查讯问的审理方式，只适用于那些事实清楚的上诉案件。而事实清楚的判断标准，法律并未加以明确规定，理论上应理解为是第二审人民法院的合议庭经过阅卷、调查、讯问，认为第一审认定的事实清楚，证据确实、充分，从诉讼经济的方面考虑，可以对这类案件不开庭审理。这样做有利于提高二审法院的办案效率，在保证办案质量的前提下，使之成为开庭审理方式的必要补充。采用调查讯问的方式审理案件，应当遵循下列程序：

1. 根据《刑事诉讼法》第178条第4款的规定，由审判员3～5人组成合议庭。

2. 合议庭成员共同阅卷，并制作阅卷笔录。阅卷的目的是全面了解案件事实、情节和相关证据，以便查明案件事实是否清楚，证据是否确实、充分，一审适用法律是否正确，定罪量刑是否适当，诉讼程序是否合法。

3. 讯问被告人。合议庭通过直接讯问和听取被告人对一审判决的意见，以及对案件事实的供述和辩解，注意分析被告人前后供述、辩解中的矛盾和疑点，运用事实和证据核查被告人的口供。

4. 听取诉讼参与人的意见。合议庭要认真听取案中当事人、辩护人、诉讼代理人的意见，还要听取检察人员的意见；既包括案件事实和证据方面的意见，也包括第一审人民法院对被告人定罪量刑方面的意见。

5. 经合议庭评议，认为案件事实与一审认定的没有变化，证据确实、充分的，可以不开庭审理即作出相应的处理决定。

## 四、对第二审案件的裁判

### （一）一般二审案件的裁判

根据《刑事诉讼法》第225～227条的规定，第二审法院对不服第一审判决的上诉、抗诉案件进行审理后，应按下列情形分别作出处理：

1. 原判决认定事实正确，证据确实、充分，适用法律正确，量刑适当的，应当裁定驳回上诉或抗诉，维持原判。

2. 原判决认定事实没有错误，但适用法律有错误或者量刑不当的，例如混淆了罪与非罪的界限，认定犯罪性质不准确、罪名不当，量刑畸轻、畸重，或者重罪轻判，或者轻罪重判等，第二审法院应当撤销原判、直接判决，并在判决中阐明改判的法律依据和事实理由。

3. 原判决事实不清楚或者证据不足的，可由二审法院在查清事实后改判，也可以裁定撤销原判，发回原审人民法院重新审判。

4. 发现第一审人民法院有下列违反法律规定的诉讼程序的情形之一的，应当裁定撤销原判，发回原审人民法院重新审判：①违反法律有关公开审判的规定的；②违反回避制度的；③剥夺或者限制了当事人的法定诉讼权利，可能影响公正审判的；④审判组织的组成不合法的；⑤其他违反法律规定的诉讼程序，可能影响公正审判的。

5. 对于人民检察院抗诉的案件，经第二审人民法院审查后，认为应当判处被告人死刑的，按照《刑事诉讼法》第225条的规定处理，即第二审人民法院认为原判决认定事实没有错误，但适用法律有错误，或者量刑不当的，应当改判；认为原判决事实不清或者证据不足的，可以在查清事实后改判或者发回重审。其中，对于第二审人民法院直接改判死刑的案件，都应当报请最高人民法院核准。

6. 在法定刑以下判处刑罚的案件，被告人提出上诉或者人民检察院提出抗诉的，应当按照第二审程序审理。上诉或者抗诉无理的，应当裁定驳回上诉或者抗诉，维持原判，3 日内报请上一级人民法院复核。上一级人民法院同意原判的，应当逐级报请最高人民法院核准。上诉或者抗诉有理的，应当依法改判。改判后仍判决在法定刑以下处以刑罚的，要按照前述程序逐级报请最高人民法院核准。

7. 发回原审人民法院重新审判的案件，按第一审程序进行审理，对其判决、裁定仍可上诉或抗诉；发回重审的案件，应当另行组成合议庭审理，原合议庭成员不得参与案件的审判活动。除非有新的犯罪事实，人民检察院补充起诉的以外，原审人民法院也不得加重被告人的刑罚。重新审判的案件做出判决后，被告人提出上诉或者人民检察院提出抗诉的，第二审人民法院应当依法做出判决或者裁定。

第二审人民法院作出的判决或者裁定，除死刑案件外，均是终审的判决和裁定，一经宣告即发生法律效力，上诉权人等不得再行上诉，人民检察院也不得再按二审程序提起抗诉。第二审人民法院可以自行宣告裁判，也可以委托原审人民法院代为宣告。

#### （二）附带民事诉讼的裁判

关于第二审人民法院对刑事附带民事诉讼案件的处理，应当根据上诉、抗诉的具体情况进行区分，并作出以下处理：

1. 第二审人民法院审理附带民事诉讼上诉案件，如果发现刑事和附带民事诉讼部分均有错误需依法改判的，应当一并审理，一并改判。

2. 第二审人民法院审理的刑事上诉、抗诉案件，附带民事诉讼部分已经发生法律效力的，如果发现第一审判决或者裁定中的民事部分确有错误，应当对民事部分按照审判监督程序予以纠正。

3. 第二审人民法院审理附带民事上诉案件，刑事部分已经发生法律效力的，如果发现第一审判决或者裁定中的刑事部分确有错误，应当对刑事部分按照审判监督程序指令再审，并将附带民事诉讼部分发回与刑事案件一并审理。

#### （三）自诉案件的裁判

对第一审人民法院判决后当事人不服提出上诉的刑事自诉案件，第二审人民法院也可以在二审程序中对诉讼的双方进行调解，当事人也可以自行和解。调解结案的，二审法院应当制作调解书，原判决、裁定视为自动撤销；当事人自行和解的，由二审人民法院裁定准许撤回自诉，并撤销原判决或者裁定。第二审人民法院对于调解结案或者当事人自行和解的案件，如果被告人已被采取强制措施的，应当立即予以解除。

在第二审程序中，当事人提出反诉的，第二审人民法院应当告知其另行起诉。在第二审附带民事部分审理中，原审民事原告人增加独立的诉讼请求或者原审民事被告人提出反诉的，第二审人民法院可以根据当事人自愿的原则就新增加的诉讼请求或者反诉进行调解，调解不成的，告知当事人另行起诉。

## 五、第二审案件的审判期限

根据《刑事诉讼法》第232条及有关条款规定，第二审人民法院受理上诉、抗诉案件的审判期限有以下几种情况：

1. 一般二审案件的法定审判期限，如无特殊情况，二审案件应当在2个月内审结。

2. 对于可能判处死刑的案件、附带民事诉讼的案件、交通十分不便的边远地区的重大复杂案件、重大的犯罪集团案件、流窜作案的重大复杂案件，以及犯罪涉及面广，取证困难的重大复杂案件，经省、自治区、直辖市高级人民法院批准或者决定，可以延长2个月。

3. 最高人民法院受理上诉、抗诉案件，案件需要延长审理期限的，由最高人民法院决定。这意味着，最高法院审理二审案件不受法定审限的限制。

4. 人民检察院查阅案卷的时间不计入审理期限。

## 六、上诉不加刑原则

### （一）上诉不加刑原则的概念和意义

上诉不加刑原则，是指第二审人民法院审判只有被告人一方上诉的案件，不得以任何理由加重被告人刑罚。《刑事诉讼法》第226条第1款规定："第二审人民法院审理被告人或者他的法定代理人、辩护人、近亲属上诉的案件，不得加重被告人的刑罚……"这是我国关于上诉不加刑原则在法律上的具体体现。法律规定的上诉不加刑原则的具体含义是：

1. 上诉是被告人的合法权利，不论上诉理由是否得当，都不能以被告人不服判决或态度不好为由在二审判决中加重原判刑罚。

2. 仅有被告人一方上诉的案件，二审法院审理后确认应按《刑事诉讼法》第225条第2款进行改判时，即使原判量刑畸轻，也不得加重被告人的刑罚。

3. 仅有被告人一方上诉的案件，二审法院审理后，需要按《刑事诉讼法》第225条第3款规定直接改判或发回原审法院重审的，在事实查明后，如果没有变更原判认定的事实，也不应加重被告人的刑罚。同时，二审法院不能借口事实不清、证据不足而将仅仅是量刑过轻的案件发回重审，指令第一审人民法院加重被告人的刑罚。

4. 第二审人民法院发回原审人民法院重新审判的案件，除有新的犯罪事实，人民检察院补充起诉的以外，原审人民法院也不得加重被告人的刑罚。

上诉不加刑原则具有重要的意义：

1. 上诉不加刑原则是被告人依法行使上诉权的保障。被告人一方上诉的目的在于要求二审法院纠正其所认为的原审判决的错误，获得无罪或者罪轻的诉讼结果。如果上诉后反而加重了刑罚，必然会增加上诉的顾虑，甚至在一审判决确有错误的情况下也不敢上诉。上诉不加刑原则可以消除被告人的顾虑，使其自由行使法律赋予的上诉权利。

2. 上诉不加刑原则有利于维护上诉制度，保障两审终审制度的贯彻执行，保证人民法院正确行使审判权。上诉不加刑原则鼓励被告人积极上诉，启动二审程序，有利于上诉制度的贯彻执行。

3. 上诉不加刑原则客观上有利于促使第一审人民法院公正审理案件，准确定罪量刑。根据上诉不加刑原则，即使量刑畸轻的案件，二审也不得随意加刑，这一原则在一定程度上加重了第一审人民法院准确定罪量刑的责任感。

4. 上诉不加刑原则有利于促使人民检察院履行法律监督的职责。由于人民检察院提出抗诉的案件，不受上诉不加刑原则的限制，二审法院审理抗诉案件，可以对量刑畸轻的一审判决加重其刑罚，这就促使第一审人民法院的同级人民检察院及时审查一审判决，发现定罪量刑的错误，依法抗诉，督导人民法院改正错误的判决。上诉不加刑原则可以借此加重人民检察院的责任感，促使其发挥监督职能，及时抗诉。

（二）上诉不加刑原则与例外

上诉不加刑原则有如下具体内容：

1. 共同犯罪案件，只有部分被告人提出上诉的，既不能加重提出上诉的被告人的刑罚，也不能加重其他同案被告人的刑罚。

2. 对原判认定事实清楚、证据充分，只是认定的罪名不当的，在不加重原判刑罚的情况下，可以改变罪名。

3. 对被告人实行数罪并罚的，不得加重决定执行的刑罚，也不能在维持原判决决定执行的刑罚不变的情况下，加重数罪中某罪的刑罚。

4. 对被告人判处拘役或者有期徒刑宣告缓刑的，不得撤销原判决宣告的缓刑或者延长缓刑考验期。

5. 对事实清楚、证据充分，但判处的刑罚畸轻，或者应当适用附加刑而没有适用的案件，不得撤销第一审判决，直接加重被告人的刑罚或者适用附加刑，也不得以事实不清或者证据不足发回第一审人民法院重新审理。必须依法改判的，应当在第二审判决、裁定生效后，按照审判监督程序重新审判。

6. 共同犯罪案件中，人民检察院只对部分被告人的判决提出抗诉的，第二审人民法院对其他第一审被告人不得加重刑罚。

7. 上诉不加刑原则的例外是人民检察院提出抗诉或者自诉人提出上诉的案件，不受以上限制。《刑事诉讼法》第226条第2款规定，“人民检察院提出抗诉或者自诉人提出上诉的，不受前款规定的限制。”控诉方与被告人同时提出上诉这一点上，自诉案件和公诉案件的性质是一致的，遵循公诉案件的处理原则，无论自诉案件被告人是否提出上诉，只要自诉人提出了上诉，二审法院都可以根据案件的实际情况，依法改判，既可减轻被告人的刑罚，也可以加重被告人的刑罚，还可以维持原判。

（三）上诉不加刑原则适用中的问题

准确理解和适用上诉不加刑原则，还需要强调以下问题：

1. 上诉是被告人重要的诉讼权利，第二审法院不得以任何理由在仅有被告人一方上诉的二审案件中加重原判刑罚，既不得以原判量刑畸轻为由加重刑罚，也不得借口事实不清、证据不足而将仅仅是量刑过轻的案件发回重审，指令第一审人民法院加重被告人的刑罚。

2. 上诉不加刑，并不是在任何情况下第二审法院都不得加重被告人的刑罚。这就是说，人民检察院提出抗诉的案件或自诉人提出上诉的案件，如果第一审判决确属过轻，第二审人民法院可以改判加重被告人的刑罚。

3. 原判定性不准确，二审法院改判时是否可以适用比原判较重的罪名？有人认为，由于我国刑事诉讼法只是规定在被告人上诉的情况下，二审法院不得加重被告人的刑罚，而没有规定对被告人不能适用较重的罪名。因此，仅在由于罪名的变更需要改变刑罚时要受上诉不加刑原则的限制，改判的刑罚不得重于原判的刑罚，而单独加重罪名不等于刑罚的加重，并不违反上诉不加刑原则。上诉不加刑原则所指的刑罚并非仅指量刑，当然包括了定罪，因此二审法院不得适用比原判更重的罪名。

4. 对判决的刑罚畸轻，或者应当适用附加刑而没有适用的案件，必须依法改判的，应当在第二审判决、裁定生效后，按照审判监督程序重新审判。表面来看，由于上诉不加刑原则仅适用于二审程序，适用审判监督程序重新审判的时候加重刑罚为再审加刑，不应当受上诉不加刑原则限制；而且审判监督程序本身就是纠错程序，不受上诉不加刑原则限制。实际上，这一做法是变相加刑，与上诉不加刑原则的立法宗旨相违背。

5. 人民检察院或者自诉人为了被告人利益抗诉或者上诉时，是否适用上诉不加刑原则？这是个容易产生分歧的问题。一方面，立法规定了只要人民检察院或者自诉人提出抗诉或者上诉，二审人民法院审判时就应当不受上诉不加刑原则限制，但另一方面，上诉不加刑原则的立法宗旨在于鼓励被告人行使上诉权，是为了保护被告人利益，因此为了被告人利益而抗诉或者自诉人上诉，应受上诉不加刑原则的限制。纵观国外立法例，此种情况下适用上诉不加刑原则是很多国家的共识，如《日本刑事诉讼法》第402条规定："被告人提出上诉的案件或者是为了被告人提出上诉的案件，不得宣判比原判决更重的刑罚。"《德国刑事诉讼法典》规定："仅由被告人，或者为了他的利益由检察院或者他的法定代理人提出了上诉的时候，对于被声明不服的判决在法律的处分种类、刑度方面，不允许作出不利于被告人的变更。"况且，将自诉人的上诉和人民检察院的抗诉目的片面理解为打击犯罪有失偏颇，我国的人民检察院作为法律监督机构，也承担了保护被告人合法权益的职责。应当看到，我国法律明确规定只有被告人一方提出上诉的案件方适用上诉不加刑原则，因此，即使人民检察院或者自诉人为了被告人利益抗诉或者上诉，似乎法院依法仍然不得适用上诉不加刑原则。然而，法院在这种情况下的加刑，与其审判职能是否相符存在疑问。鉴于法院的审判职能不同于公诉机关的控诉职能，故不应在控诉者未主张的前提下，主动承担起加刑的责任。

## ◆ 思考与练习

### 一、选择题

1. 李某、张某涉嫌共同抢劫。经审理，第一审人民法院判处李某有期徒刑7年、张某有期徒刑5年。检察院以对李某量刑过轻为由提起抗诉。李某、张某均没有上诉。关于本案二审程序，下列哪一选项是正确的？（　）

A. 二审法院仅就李某的量刑问题进行审查

B. 二审法院可以不开庭审理

C. 张某应当参加法庭调查

D. 二审法院可以加重张某的刑罚

**【答案】** C

**【解析】** 依据《刑事诉讼法》第222条的规定，二审法院应当就一审判决认定的事实和适用法律进行全面审查，不受上诉或者抗诉范围的限制。所以A是错误的。对抗诉的二审案件实行开庭审理，没有例外，所以B是错误的。共同犯罪案件，没有提出上诉的和没有对其判决提出抗诉的第一审被告人，应当参加法庭调查，并可以参加法庭辩论。C是正确的。上诉不加刑不但不得加重上诉的被告人的刑罚，也不能加重其他同案被告人的刑罚，所以D是错误的。

2. 甲乙共同抢夺案件，甲被判处有期徒刑5年，乙被判处有期徒刑1年。在一审宣判后，甲当即表示上诉，乙则表示不上诉，人民检察院没有抗诉。请根据案情回答下面的问题：

(1) 关于本案中被告人的上诉问题，下列哪些说法中是正确的？(　　)

A. 因乙已表示不上诉，因此在第一审判决书送达后，人民法院即可将其交付执行

B. 在上诉期限内，乙仍然可以提起上诉

C. 在上诉期限内，甲有权撤回上诉

D. 在上诉期满后，甲便无权撤回其上诉

**【答案】**BC

**【解析】**A是错误的，因甲上诉使判决未生效，不具有执行力。B是正确的，因在上诉期限内，被告人提起上诉的权利不因共同被告人上诉而丧失。C是正确的，被告人在上诉期限内要求撤回上诉的，应当准许。D是错误的，被告人在上诉期满后要求撤回上诉的，应当由第二审人民法院进行审查，裁定是否准许撤回上诉。

(2) 本案中，由于甲提起了上诉，第二审程序便正式启动了。在第二审的审理中，下列哪些说法是正确的？(　　)

A. 没有提起上诉的乙有权委托辩护人

B. 提起上诉的甲有权委托辩护人

C. 乙应当参加第二审的法庭调查

D. 乙应当参加第二审的法庭辩论

**【答案】**ABC

**【解析】**在第二审程序中，被告人可以继续委托第一审辩护人或者另行委托辩护人；共同犯罪案件，只有部分被告人提出上诉的，其他同案被告人也可以委托辩护人辩护，所以AB都是正确的。《解释》第256条规定，没有提出上诉的共同犯罪案件第一审被告人，应当参加法庭调查，并可以参加法庭辩论，所以C是正确的，而D因为混淆了“可以”和“应当”，是错误的。

(3) 在本案中，由于甲提出上诉，而乙没有提出上诉，下列哪些说法是

正确的？（　　）

A. 原审人民法院应当只将甲的上诉状和有关乙的案卷、证据移送上一级人民法院

B. 原审人民法院应当将有关甲、乙的全部案卷、证据移送上一级人民法院

C. 第二审人民法院应当对全案进行审查，不受上诉范围的限制

D. 第二审人民法院发现对乙判处的刑罚有错误，需要加重刑罚的，应当按照审判监督程序进行再审

**【答案】** BCD

**【解析】** ABC 三个选项考察二审程序中关于全面审查的规定。依据《刑事诉讼法》第 222 条规定，二审法院应当就第一审判决、裁定认定的事实和适用法律进行全面审查，不受上诉范围的限制，共同犯罪的案件只有部分被告人上诉的，应当对全案进行审查，一并处理。A 是错误的，因违背了有关全面审查的规定。BC 是正确的。D 考察关于上诉不加刑的规定，依据《解释》第 257 条的规定，对事实清楚、证据充分，但判处的刑罚畸轻的案件，必须依法改判的，应当在第二审判决、裁定生效后，按照审判监督程序重新审判。D 是正确的。

## 二. 讨论题

1. 如何理解二审程序的全面审查原则？

**【讨论提示】** ①全面审查原则的概念和含义；②全面审查原则的要求；③全面审查的意义。

2. 两审终审制度的意义？

**【讨论提示】** ①两审终审制的含义；②两审终审制的意义；③两审终审制的例外和特殊情况；④采取两审终审制的原因。

## 三、案例分析题

甲因盗窃罪一审被判有期徒刑 3 年。在抗诉期内，检察院认为一审法院对甲量刑过轻，直接向二审法院提交抗诉状，提起抗诉。二审法院经不开庭审理后，认为一审法院认定事实正确，但量刑过轻，裁定撤销原判，改判甲有期徒刑 7 年。请问：

1. 该案中人民检察院有哪些程序不合法？

2. 该案中二审人民法院有哪些程序不合法？

**【参考答案】** 检察院没有经过原审人民法院直接向上一级人民法院提出抗诉的做法违法。《刑事诉讼法》第 221 条规定，地方各级人民检察院对同级人民法院的第一审判决、裁定的抗诉，应当通过原审人民法院提出抗诉书，并

且将抗诉书抄送上一级人民检察院。原审人民法院应当将抗诉书连同案卷、证据移送上一级人民法院，并且将抗诉书副本送交当事人。题中检察院没有经过原审人民法院直接向上一级人民法院提出抗诉的做法违法。

二审人民法院对于检察院抗诉的案件不开庭审理是违法的。《刑事诉讼法》第 223 条规定，对人民检察院抗诉的案件，第二审人民法院应当开庭审理。故题中二审人民法院对于检察院抗诉的案件不开庭审理是违法的。二审法院用裁定撤销原判的做法不符合刑事诉讼法的规定。《刑事诉讼法》第 225 条第 2 项规定，原判事实没有错误，但适用法律有错误或者是量刑不当的，应当改判。题中二审法院用裁定撤销原判的做法不合刑事诉讼法的规定。

## ◇ 参考文献

1. 陈卫东:《刑事二审程序论》，中国方正出版社 1997 年版。

2. 陈卫东、李奋飞:“刑事二审‘发回重审’制度之重构”，载《法学研究》2004 年第 1 期。

3. 张智辉、武小凤:“二审全面审查制度应当废除”，载《现代法学》2006 年第 3 期。

4. 贺恒扬:“刑事抗诉制度的立法完善”，载《西南政法大学学报》2007 年第 1 期。

# 第十七章
# 死刑复核程序

**【导读】** 死刑复核程序是人民法院对判处死刑的案件进行复审核准所遵循的特别程序，是我国独有的诉讼程序。我国的死刑复核可追溯至三国两晋南北朝时期的死刑复奏制，历经隋唐明清趋于完备。建国后，1954 年的《人民法院组织法》规定死刑案件由最高人民法院和高级人民法院核准；1957 年修改后的《人民法院组织法》规定，死刑立即执行与死刑缓期二年执行的案件分别由最高人民法院和高级人民法院核准，1979 年的《刑事诉讼法》作出了与此相同的分别核准的规定。2007 年 1 月 1 日，最高人民法院收回了自《刑事诉讼法》实施以来曾授权各高级人民法院行使对杀人、强奸、抢劫、放火等严重罪行的死刑立即执行的核准权。2012 年修改的《刑事诉讼法》增加了最高人民检察院对死刑复核程序监督的内容。

本章的死刑（包括死刑缓期二年执行）报请复核的程序和复核后的处理方式是学习的重点，死刑复核程序是死刑案件的一审或者二审程序的继续，也是死刑裁判生效的必经程序，属于两审终审制度外的特别程序。死刑案件须经过普通程序审判被核准后才能发生法律效力。因此，学习本章知识应以前面学过的一审、二审程序作为基础；并且本章与后面关于死刑执行等章节的学习有密切关系。

## 第一节 死刑复核程序的概述

死刑复核程序是对死刑的判决和裁定进行复审核准的一种特殊程序。这一专门适用于死刑案件的程序既包括对判处死刑立即执行案件的复核程序，也包括对判处死刑缓期二年执行案件的复核程序。这一程序对于保障死刑案件质量具有极为重要的意义，对于严格执行控制、减少死刑数量，统一死刑适用标准，贯彻少杀、慎杀政策也具有特别重要的作用。1979 年《刑事诉讼法》规定了死刑复核程序；1996 年修改《刑事诉讼法》对死刑复核程序未作任何修改。自 1980 年全国人大通过相关决议以及 1983 年通过的《人民法院组织法》的修改，杀人、强奸、抢劫、放火等严重罪行的死刑立即执行的核准权经过最高人民法院授权，实际上均由高级人民法院核准。2007 年 1 月 1

日最高人民法院收回死刑核准权才使这一程序出现了根本性变化，使所有死刑立即执行的案件均按照《刑事诉讼法》的规定，由最高人民法院统一核准。2012 年修改的《刑事诉讼法》吸收了司法解释的规定并增加了最高人民检察院对死刑复核程序监督性的要求，增强了死刑复核程序的诉讼性。

## 一、死刑复核程序的概念与特点

### （一）死刑复核程序的概念

死刑复核程序是人民法院对判处死刑的案件进行复查核准所遵循的一种特别审判程序。死刑是剥夺犯罪分子生命的刑罚，是刑法所规定的诸刑种中最严厉的一种，又被称为极刑。我国一方面把死刑作为打击犯罪、保护人民的有力武器，另一方面又强调严格控制死刑的适用。因此，除在实体法中规定了死刑不适用于未成年人、怀孕妇女等限制性要求外，还在程序法中对判处死刑的案件规定了一项特别的审查核准程序，即死刑复核程序。

死刑复核程序的任务是，享有复核权的人民法院对下级人民法院报请复核的死刑判决、裁定，在认定事实和适用法律上是否正确进行全面审查，依法作出是否准予核准的决定，确保死刑案件的办案质量。因此，对死刑案件进行复核时，必须完成两项任务：一是查明原判认定的犯罪事实是否清楚，据以定罪的证据是否确实、充分，罪名是否准确，死刑或者死缓的量刑是否适当，程序是否合法；二是依据事实和法律，作出是否核准死刑的决定并制作相应的司法文书，以核准正确的死刑判决、裁定，纠正不适当或错误的死刑判决、裁定，旨在通过死刑复核程序切实把好死刑案件的事实关、证据关、程序关、适用法律关，依法惩罚犯罪、切实保障人权、维护司法公正，确保办理的每一个死刑案件都能经得起法律和历史的检验。

### （二）死刑复核程序的特点

我国的刑事诉讼程序分为普通程序和特殊程序。死刑复核程序以其独特的审判对象和核准权的专属性等特征既区别于普通程序，又不同于二审程序、审判监督程序。该程序具有以下特点：

1. 审理对象的特定性。死刑复核程序只适用于判处死刑的案件，包括判处死刑立即执行案件和判处死刑缓期二年执行的案件。只有死刑案件才需要经过死刑复核程序。没有被判处死刑的案件无需经过这一程序。这种审理对象的特定性使死刑复核程序既不同于普通审判程序的一审和二审程序，也不同于另一种特殊审判程序——审判监督程序以及特别程序。

2. 终审程序的特别性。一般刑事案件经过第一审、第二审程序以后，判决就发生法律效力，特别程序例外。死刑案件除经过第一审、第二审程序以外，还必须经过死刑复核程序。只有经过复核并核准的死刑判决才发生法律效力。从这一意义上说，死刑复核程序是两审终审制的一种例外。

3. 核准权的专属性。依据《刑事诉讼法》的规定，有权进行死刑复核的机关只有最高人民法院和高级人民法院。而其他审判程序与此不同：一审案件任何级别的法院均可审判；二审案件中级以上的法院可以进行审判；再审案件原审以及原审以上的法院均可审判；而复核程序的法院仅仅为最高人民法院和高级人民法院。

4. 程序启动的自动性。第一审程序和第二审程序的启动都遵循不告不理原则：只有检察机关提起公诉或者自诉人提起自诉，人民法院才能启动第一审程序；只有检察机关提起抗诉或者被告人、自诉人提起上诉，人民法院才能启动第二审程序。而死刑复核程序的启动既不需要检察机关提起公诉或者抗诉，也不需要当事人提起自诉或上诉，只要二审法院审理完毕或者一审后经过法定的上诉期或抗诉期被告人没有提出上诉、检察院没有提起抗诉，人民法院就应当自动将案件报送高级人民法院或最高人民法院核准。

5. 报请方式的特殊性。依照法律有关规定，报请复核应当按照法院的组织系统逐级上报，不得越级报核。在逐级上报中，高级人民法院拥有复核权，最高人民法院拥有核准权。

### 二、死刑案件核准权的变化

死刑核准权是指对死刑立即执行和死刑缓期二年执行判决、裁定由哪一级机关进行复核与批准的权限。死刑核准权是死刑复核程序中最核心的问题，它不仅涉及到设立这一程序的根本目的能否得以实现，而且也关系到死刑复核程序能否真正发挥防止错杀无辜和罚不当罪的作用。

新中国成立以来，死刑核准权的行使主体经历了一个复杂的变化过程。1957 年 7 月 15 日，第一届全国人民代表大会第四次会议经讨论决定，“今后一切死刑案件，都由最高人民法院判决或核准”。死刑案件的核准权归属于最高人民法院。1958 年 5 月 29 日，最高人民法院对死缓案件的核准权作出规定，凡是由高级人民法院判处或者审核的死刑缓期执行案件，一律不再报最高人民法院核准，从而确立了死缓和死刑立即执行的核准权，由高级人民法院和最高人民法院分别行使的做法。1966 年文化大革命开始后，死刑复核程序与其他法律制度一样受到冲击，死刑核准权被下放给各省、市、自治区革命委员会。

1979 年的《刑事诉讼法》第 199 条、第 201 条规定：“死刑由最高人民法院核准”；“中级人民法院判处死刑缓期二年执行的案件，由高级人民法院核准。”但这一规定实施不到两个月，有关部门就不断作出一些例外的规定。

1980 年 2 月 12 日第五届全国人大常委会第十三次会议批准最高人民法院和最高人民检察院的建议，同意“在 1980 年内对现行的杀人、强奸、抢劫、放火等犯有严重罪行应当判处死刑的案件，最高人民法院可以授权省、自治区、直辖市高级人民法院核准”。

1981 年 6 月第五届全国人大常委会第十九次会议通过了《关于死刑案件核准权问题的决定》，规定在 1981 年至 1983 年之间，对犯有杀人、抢劫、强奸、爆炸、投毒、决水和破坏交通、电力等设备的罪行，由高级人民法院终审判处死刑的，或者中级人民法院一审判处死刑后被告人不上诉、经高级人民法院核准的，以及由高级人民法院一审判处死刑、被告人不上诉的，都不必报最高人民法院核准。

1983 年 9 月 2 日第六届全国人大常委会第二次会议通过了《关于修改〈中华人民共和国人民法院组织法〉的决定》，将该法第 13 条修改为：“死刑案件除由最高人民法院判决的以外，应当报请最高人民法院核准。杀人、抢劫、强奸、爆炸以及其他严重危害公共安全和社会治安判处死刑案件的核准，最高人民法院在必要的时候，得授权省、自治区、直辖市的高级人民法院行使。”据此，最高人民法院于 1983 年 9 月 7 日发布了《关于授权高级人民法院核准部分死刑案件的通知》，并规定：“在当前严厉打击刑事犯罪活动期间，为了及时严惩严重危害公共安全和社会治安的罪大恶极的刑事犯罪分子，除由最高人民法院判处死刑的案件以外，各地对反革命案件和贪污等严重经济犯罪案件判处死刑的，仍应由高级人民法院复核同意后，报最高人民法院核准；对杀人、抢劫、强奸、爆炸以及其他严重危害公共安全和社会治安判处死刑案件的核准权，最高人民法院依法授权由省、自治区、直辖市高级人民法院和解放军军事法院行使。”

1991 年至 1997 年期间，最高人民法院又以《通知》的形式分别授予云南、广东、广西、甘肃、四川和贵州高级人民法院对毒品犯罪判处死刑案件（最高人民法院判决的和涉外的毒品犯罪死刑案件除外）的核准权。

1996 年修改的《刑事诉讼法》和 1997 年修改的《刑法》都规定死刑立即执行案件的核准权必须由最高人民法院核准，但在 1997 年 9 月 26 日，最高人民法院又发出通知，并规定部分死刑案件的核准权由高级人民法院行使。

2005 年 10 月 26 日最高人民法院发布的《人民法院第二个五年改革纲要》规定，将死刑核准权统一收归最高人民法院行使。为保证死刑案件的质量，最高人民法院要求，人民法院依照第一审程序审理可能判处死刑的案件，除了被告人认罪或者控辩双方对证据没有争议的外，证人和鉴定人应当出庭。

2006 年 9 月 25 日最高人民法院、最高人民检察院颁布了《关于死刑第二审案件开庭审理程序若干问题的规定（试行）》，并规定依照第二审程序审理死刑案件，均应当开庭审理，相关证人和鉴定人应当出庭。死刑复核权由最高人民法院统一行使，并通过最高人民法院统一掌握死刑判处标准来达到控制和限制死刑的思路，无论在学术界还是实务部门已基本达成共识，2006 年 10 月 31 日全国人大常委会通过的《关于修改〈中华人民共和国人民法院组织法〉的决定》从立法上消除了最高人民法院作为死刑案件唯一核准主体的障碍。随着最高人民法院死刑核准权的收回，2007 年 1 月 22 日最高人民法院颁布了《关于复核死刑案件若干问题的规定》（以下简称《死刑复核规定》）和 2007 年 3 月 9 日最高人民法院、最高人民检察院、公安部、司法部联合发布了《关于进一步严格执法办案确保办理死刑案件质量的意见》（以下简称《意见》），所有死刑立即执行案件回归到 1979 年《刑事诉讼法》的规定，由最高人民法院核准。

为了确保最高人民法院核准死刑的质量，尤其是在认定事实和采信证据上绝对不容许出现任何差错，2010 年 6 月 39 日，最高人民法院、最高人民检察院、公安部、国家安全部和司法部联合发布了《关于办理死刑案件审查判断证据若干问题的规定》。2012 年修改的《刑事诉讼法》在明确死刑案件核准方式的基础上又增加死刑复核处理的方式、讯问被告人、听取辩护人意见以及最高人民检察院对核准程序的监督。

### 三、死刑复核程序的意义

死刑复核程序既是一项十分重要的特别程序，又是死刑裁判得以生效和交付执行情况的关键程序，其程序的设置应当合理、科学、严谨，执行这一程序必须严格、认真、正确，这对于充分体现党和国家对适用死刑一贯坚持的严肃与谨慎、慎杀与少杀的方针政策，对于保证办案质量，正确适用死刑，控制与减少死刑，防止错杀，切实保障公民的人身权利、财产权利和其他合法权益，保障社会的长治久安均具有重要意义。其意义具体表现为：

1. 死刑复核程序有利于保证死刑适用的正确性，有利于从制度上保证死刑裁判的慎重和公正，对于保障在全社会实现公平和正义，巩固人民民主专政的政权，具有特别重要的意义。死刑是剥夺犯罪分子生命的最严厉的刑罚，死刑案件人命关天，设置和适用较为复杂和繁琐的程序尤其必要。死刑案件通常也比较复杂，往往需要经过多次认识和检验。因为人的生命权在权利体系中处于顶端的界位，且死刑的执行具有不可回转性和救济性，死刑复核程序使死刑案件在一审和二审程序的基础上又增加了一道检验和保障机制，这对于保证死刑判决的正确无误，将错案的可能性降到最低水平，具有非常重要的意义。

2. 死刑复核程序有利于控制和减少死刑的适用，实现我国少杀慎杀以及“严格控制死刑”的死刑政策。我国目前还不可能废除死刑，但应逐渐减少适用，凡是可杀可不杀的，一律不杀。办理死刑案件既要保证根据证据正确认定案件事实，杜绝冤假案件的发生，又要保证定罪准确，量刑适当，做到少杀、慎杀。严肃谨慎、少杀慎杀是我们党和国家的一贯方针，在刑事诉讼法中设立死刑复核程序则是贯彻这一方针的具体体现。通过死刑复核程序，对那些适用死刑不当的判决、裁定，作出不予核准的裁定，并依照法定程序，作出相应的处理，这样，不仅有利于防止无辜错杀和死刑滥用，给国家、公民造成重大损失，而且还可以争得社会同情并收到良好的政治效果。因此，死刑复核程序是实现控制减少死刑、少杀慎杀刑事政策的最有力的保证措施。

3. 死刑案件由最高人民法院统一行使核准权，有利于统一法律适用标准，有利于国家法制的统一。死刑裁判的核准权由最高人民法院统一行使，有利于从诉讼程序上保证死刑执法尺度的统一，防止地区之间在政策上宽严不一，也有利于最高人民法院及时发现死刑适用中可能出现的偏差和错误，纠正不适当的死刑裁判，并在此基础上总结审判工作的经验和教训，指导和督促下级人民法院提高死刑案件的审判质量，确保死刑在全国范围内统一、公正地适用。

## 第二节　判处死刑立即执行案件的复核程序

死刑的核准权是死刑复核程序的核心，死刑复核程序运行状况取决于死刑核准权能否得到规范行使。为此，判处死刑立即执行案件的核准权由最高人民法院统一行使，在死刑的适用标准、审查的内容、裁判的统一等方面可以做到最大限度的一致，确保了法律适用的统一和法律面前人人平等的真正实现。

《刑事诉讼法》第236条规定：“中级人民法院判处死刑的第一审案件，被告人不上诉的，应当由高级人民法院复核后，报请最高人民法院核准。高级人民法院不同意判处死刑的，可以提审或者发回重新审判。高级人民法院判处死刑的第一审案件被告人不上诉的，和判处死刑的第二审案件，都应当报请最高人民法院核准。”根据这一规定和有关的司法解释，死刑立即执行案件的复核程序主要包括死刑立即执行案件的报请复核程序和复核实施程序。

## 一、死刑立即执行案件的报请复核程序

根据《刑事诉讼法》以及相关规定，死刑立即执行案件报请最高人民法院核准应当遵循以下程序要求：

1. 中级人民法院判处死刑的第一审案件，被告人不上诉、人民检察院不抗诉的，上诉、抗诉期满后3日以内报请高级人民法院复核。高级人民法院同意判处死刑的，依法作出裁定后，再报请最高人民法院核准。

高级人民法院不同意判处死刑的，应当提审或者发回重新审判。高级人民法院提审后所作的改判是终审裁判。

2. 中级人民法院判处死刑的第一审案件，被告人上诉或者人民检察院提出抗诉，高级人民法院应当开庭审理，其作出的裁判为终审裁判；高级人民法院二审裁定维持死刑判决的，报请最高人民法院核准。

高级人民法院经第二审不同意判处死刑的，应当依法改判；认为原判事实不清，证据不足的，应当发回原审人民法院重新审判。

3. 高级人民法院判处死刑的第一审案件，被告人不上诉、人民检察院不抗诉的，在上诉、抗诉期满后3日以内报请最高人民法院核准。

4. 对于判处死刑缓期二年执行的罪犯，在死刑缓期执行期间，如果故意犯罪，查证属实，应当执行死刑的，由高级人民法院报请最高人民法院核准。

5. 共同犯罪案件部分被告人被判处死刑的，必须将全案报请最高人民法院核准。

6. 对于第二审人民法院直接改判死刑的案件，应当报请最高人民法院核准。

7. 按照审判监督程序改判死刑以及在死缓考验期内故意犯罪应当执行死刑的案件，应当报请最高人民法院核准。

2003年11月26日，最高人民法院发布的《关于报送按照审判监督程序改判死刑、被告人在死缓考验期内故意犯罪应当执行死刑的复核案件的通知》的规定，凡是按照审判监督程序改判被告人死刑，被告人在死缓考验期内故意犯罪应当执行死刑的死刑复核案件，一律报送最高人民法院核准。

## 二、判处死刑立即执行案件报请复核的材料

中级人民法院或高级人民法院报请复核死刑案件，应当一案一报。报送的材料应当包括：报请复核报告、死刑案件综合报告和判决书各15份，以及全部诉讼案卷和证据；共同犯罪的案件，应当报送全部诉讼案卷和证据。具体内容如下：

（一）报请复核报告

报请复核报告主要包括：①案由；②简要案情（时间、地点、手段、情节、后果等）；③审理过程及判决结果。

（二）死刑案件综合报告

死刑案件综合报告应当包括下列主要内容：①被告人的姓名、性别、出生年月日、民族、文化程度、职业、住址、简历以及拘留、逮捕、起诉的时间和现在被羁押的处所；②被告人的犯罪事实，包括犯罪时间、地点、动机、目的、手段、危害后果以及从轻、从重处罚等情节，认定犯罪的证据和定罪量刑的法律依据；③需要说明的其他问题。

（三）诉讼案卷和证据

诉讼案卷和证据应当包括以下内容：①拘留证、逮捕证、搜查证的复印件；②扣押赃款、赃物和其他在案物证的清单；③起诉意见书或者人民检察院的侦查终结报告；④人民检察院的起诉书；⑤案件审查报告、法庭审查笔录、合议庭评议笔录和审判委员会讨论决定笔录；⑥上诉状、抗诉状；⑦人民法院的判决书、裁定书和宣判笔录、送达回证；⑧能够证明案件具体情况并经过查证属实的各种肯定的和否定的证据，包括物证或者物证照片、书证、证人证言、被害人陈述、被告人供述和辩解、鉴定意见以及勘验检查笔录等。

对于不能随卷移送或者无法随卷移送的证据，应当由原审人民法院妥善保管，以备对案件进行复核时核实查证。

### 三、判处死刑立即执行案件的复核程序

根据刑事诉讼法和相关规定，最高人民法院复核死刑案件，应当遵循以下程序：

（一）立案庭立案

对于报送的死刑案件核准的各种诉讼文书和证据由立案庭进行立案审查。对于报送核准的各种诉讼文书和证据齐备，符合核准要求的，立案庭应当作出立案的决定，并移送死刑复核庭；对于报送核准的各种诉讼文书和证据不齐备的，应当限期补充。

（二）组成合议庭

最高人民法院复核死刑案件，应当由审判员3人组成合议庭进行。由合议庭在全面、详细阅卷的基础上核实原审判决认定的案件的事实和据以认定事实的证据。核查的主要内容包括被告人的口供有无其他证据证明；被告人有无翻供情况；证据之间是否存在矛盾；是否存在自首、检举他人犯罪查证属实是否属于立功等法定从轻的情节。

（三）讯问被告人

讯问被告人是死刑复核程序的一个重要环节，它不仅有利于被告人得到最后辩解的机会，切实保障被告人的辩护权，而且有利于合议庭查明案件真实情况，发现和纠正错判。因此，讯问被告人是最高人民法院核准死刑案件的重要程序。

高级人民法院复核死刑案件以及最高人民法院复核死刑案件，应当讯问被告人。也就是说，对所有的死刑复核案件，死刑复核的办案人员都必须对被告人进行讯问，其讯问形式既可当面讯问，也可以远程视频讯问。

（四）审查核实案卷材料

阅卷是非常重要的复核方式，通过全面审查案卷，可以发现原判认定犯罪事实是否清楚，证据是否确实、充分，定性是否准确，法律手续是否完备，对被告人判处死刑是否正确，以便结合讯问被告人对案件作出正确的处理。

复核死刑案件，合议庭成员应当阅卷，并提出书面意见存查。对证据有疑问的，应当对证据进行调查核实，必要时到案发现场调查。审阅案卷应当全面审查以下内容：①被告人的年龄，有无责任能力，是否正在怀孕的妇女；②原判决认定的主要事实是否清楚，证据是否确实、充分；③犯罪情节、后果及危害程度；④原审判决适用法律是否正确，是否必须判处死刑，是否必须立即执行；⑤有无法定、酌定从轻或者减轻处罚的情节；⑥其他应当审查的情况。

（五）听取辩护人的意见

在死刑复核中，合议庭应当尊重被告人的诉讼主体地位，切实保障被告人充分行使辩护权等诉讼权利，避免因剥夺或者限制被告人的合法权利而导致冤错案件的发生。在死刑案件复核期间，辩护律师提出要求的，合议庭应当听取辩护律师的意见，并制作笔录附卷。辩护人提出书面意见的，应当附卷。

（六）制作复核审理报告

最高人民法院复核死刑案件，应当对原审裁判的事实认定、法律适用和诉讼程序进行全面审查。合议庭应当进行评议并写出复核审理报告。复核审理报告包括下列内容：①案件的由来和审理经过；②被告人和被害人简况；③案件的侦破情况；④原判决要点和控辩双方意见；⑤对事实和证据复核后的分析和认定；⑥合议庭评议意见和审判委员会讨论决定意见；⑦其他需要说明的问题。

（七）作出核准的裁定

最高人民法院复核死刑案件，对于疑难、复杂的案件，合议庭认为难以作出决定的，应当提请院长决定提交审判委员会讨论决定。审判委员会讨论案件，同级人民检察院检察长、受检察长委托的副检察长均可列席会议。

《刑事诉讼法》第239条规定：“最高人民法院复核死刑案件，应当作出核准或者不核准死刑的裁定。对于不核准死刑的，最高人民法院可以发回重新审判或者予以改判。”核准死刑案件时，对于以下事实的证明必须达到证据确实、充分：①被指控的犯罪事实的发生；②被告人实施了犯罪行为与被告人实施犯罪行为的时间、地点、手段、后果以及其他情节；③影响被告人定罪的身份情况；④被告人有刑事责任能力；⑤被告人的罪过；⑥是否共同犯罪及被告人在共同犯罪中的地位、作用；⑦对被告人从重处罚的事实。

最高人民法院对判处死刑的案件进行复核后，应当分别作出以下处理：

（1）原判认定事实和适用法律正确、量刑适当、诉讼程序合法的，裁定予以核准。原判判处被告人死刑并无不当，但具体认定的某一事实或者引用的法律条款等不完全准确、规范的，可以在纠正后作出核准死刑的判决或者裁定。

（2）认为原判认定事实不清、证据不足的，裁定不予核准，并撤销原判，发回重新审判。

（3）认为原判认定事实正确，但依法不应当判处死刑的，裁定不予核准，并撤销原判，发回重新审判。

（4）认为原审人民法院违反法定诉讼程序，可能影响公正审判的，裁定不予核准，并撤销原判，发回重新审判。

（5）数罪并罚案件，一人有两罪以上被判处死刑，最高人民法院复核后，认为其中部分犯罪的死刑裁判认定事实不清、证据不足的，对全案裁定不予核准，并撤销原判，发回重新审判；认为其中部分犯罪的死刑裁判认定事实正确，但依法不应当判处死刑的，可以改判并对其他应当判处死刑的犯罪作出核准死刑的判决。

（6）一案中两名以上被告人被判处死刑，最高人民法院复核后，认为其中部分被告人的死刑裁判认定事实不清、证据不足的，对全案裁定不予核准，并撤销原判，发回重新审判；认为其中部分被告人的死刑裁判认定事实正确，但依法不应当判处死刑的，可以改判并对其他应当判处死刑的被告人作出核准死刑的判决。

（7）最高人民法院裁定不予核准死刑的，根据案件具体情形可以发回第二审人民法院或者第一审人民法院重新审判。

高级人民法院依照复核程序审理后报请最高人民法院核准死刑的案件，最高人民法院裁定不予核准死刑，发回高级人民法院重新审判的，高级人民法院可以提审或者发回第一审人民法院重新审判。

最高人民法院依照本规定核准或者不予核准死刑的，裁判文书应当引用相关法律和司法解释条文，并说明理由。

对于发回第二审人民法院重新审判的案件，第二审人民法院可以直接改判；必须通过开庭审理查清事实、核实证据的，或者必须通过开庭审理纠正原审程序违法的，应当开庭审理。发回第一审人民法院重新审判的案件，第一审人民法院应当开庭审理。

原审人民法院应当另行组成合议庭进行审理。

（八）最高人民检察院对死刑核准程序的监督

《刑事诉讼法》第240条第2款规定："在复核死刑案件过程中，最高人民检察院可以向最高人民法院提出意见。最高人民法院应当将死刑复核结果通报最高人民检察院。"死刑复核作为一项重要诉讼活动，人民检察院在死刑复核过程中应当坚持检察监督原则。对死刑复核的法律监督是人民检察院法律监督权的一部分，人民检察院应当履行监督职责，保证死刑复核案件的质量，切实体现"少杀"、"慎杀"的死刑政策。

另外，我国《刑法》第48条第2款规定："死刑除依法由最高人民法院判决的以外，都应当报请最高人民法院核准。"最高人民法院判处和核准的死刑立即执行的判决、裁定，应当由最高人民法院院长签发执行死刑命令。最高人民法院判决的死刑无需经过核准程序。我国有些学者也认为最高人民法院判处的死刑立即执行的案件无需经过自己核准。但是，这种规定、解释和观点又与死刑复核作为死刑案件的必经程序的规定不相协调，就其实质而言，最高人民法院判处的死刑也应当进行复核。

## 第三节　判处死刑缓期二年执行案件的复核程序

死刑缓期二年执行属于死刑的一种特殊执行方法，对于应当判处死刑而不是必须立即执行的罪犯，采取判处死刑同时宣告缓期二年执行，实行劳动改造，以观后效的处理方法。死刑缓期二年执行是我国独创的死刑执行方法，是宽严相济形势政策的体现，旨在给可杀可不杀的犯罪分子一个悔过自新的机会，充分体现了以人为本的人道主义精神。《刑事诉讼法》第237条规定："中级人民法院判处死刑缓期二年执行的案件，由高级人民法院核准。"根据这一规定，死刑缓期二年执行案件的核准权由高级人民法院统一行使。判处死刑缓期二年执行与死刑立即执行同属于一种严厉的刑罚，因此，也应当进行严格地复核。

## 一、死刑缓期二年执行案件的报请核准程序

高级人民法院核准死刑缓期二年执行的案件，应当由审判员 3 人组成合议庭。合议庭在审查时应当提审被告人。具体如下：

1. 中级人民法院判处死刑缓期二年执行的第一审案件，被告人不上诉、人民检察院不抗诉的，在上诉、抗诉期满后，报请高级人民法院核准。死刑缓期二年执行案件，应当一案一报。报送的材料应当包括报请复核的报告、死刑缓期二年执行案件综合报告和判决书各 15 份，以及全部诉讼案卷和证据；共同犯罪的案件，应当报送全案的诉讼案卷和证据。

2. 中级人民法院判处死刑缓期二年执行的第一审案件，被告人上诉或者人民检察院抗诉的，由高级人民法院进行二审，维持死刑缓期二年执行的；或者高级人民法院判处死刑缓期二年执行的第一审案件，被告人不上诉或者人民检察院不抗诉的，也应当予以复核。

3. 高级人民法院复核死刑缓期二年执行的案件，对于疑难、复杂的案件，合议庭认为难以作出决定的，应当提请院长决定提交审判委员会讨论决定。审判委员会讨论案件，同级人民检察院检察长、受检察长委托的副检察长均可列席会议。

## 二、死刑缓期二年执行案件复核后的处理

根据我国刑事诉讼法以及相关规定，高级人民法院核准死刑缓期二年执行的案件，应当按照下列情形分别处理：

1. 中级人民法院判处死刑缓期二年执行的第一审案件，被告人不上诉、人民检察院不抗诉的，在上诉、抗诉期满后，报请高级人民法院核准。

高级人民法院对于报请核准的死刑缓期二年执行的案件，经审查后，按照下列情形分别处理：①同意判处死刑缓期二年执行的，作出予以核准的裁定。②如果认为原判事实不清，证据不足，应当裁定发回原中级人民法院重新审判；对于发回中级人民法院重新审判的案件，重新审判所作出的判决、裁定，被告人可以上诉，检察院可以抗诉。③认为原判过重，不同意判处死刑缓期二年执行的，可以直接改判。

高级人民法院核准判处死刑缓期二年执行案件，只能作出核准或不核准的裁定，或者改判较轻的刑罚，不能加重被告人的刑罚。即高级人民法院对死刑缓期二年执行案件的改判，只能减轻原判刑罚，而不能改判为死刑立即执行，也不得以提高审级等方式加重被告人的刑罚。

2. 中级人民法院判处死刑缓期二年执行的第一审案件，被告人上诉或者人民检察院抗诉的，由高级人民法院进行二审。高级人民法院二审后，按照不同情形分别处理：①同意判处死刑缓期二年执行的，作出维持原判的裁定。②原判认定的事实不清或者证据不足的，用裁定撤销原判，发回原审人民法院重新审判。③原判决认定事实正确，但适用法律有错误或者量刑不当，不需要判处死刑缓期二年执行的，应当用判决直接改判；认为应当判处死刑立即执行的，应当区别对待。其中，如果属于人民检察院提出抗诉而由高级人民法院按照第二审程序审判，并依法改判死刑的案件，都应当报请最高人民法院核准；如果只有被告人上诉的案件，高级人民法院必须遵从"上诉不加刑"的原则，不得直接改判死刑立即执行。

3. 高级人民法院第一审判处死刑缓期二年执行的案件，被告人不上诉、人民检察院不抗诉的，在上诉、抗诉期满后判决即发生法律效力。

## ◆ 思考与练习

### 一、选择题

1. 最高人民法院复核死刑案件时，裁定不予核准，发回重审的案件，应当如何处理？(　　)

A. 既可以发回二审法院重新审判，也可以发回一审法院重新审判

B. 发回二审法院重新审判的案件，除法律另有规定外，二审法院可以不经开庭直接改判

C. 发回一审法院重新审判的案件，一审法院应当开庭审理

D. 最高人民法院复核后认为原判认定事实正确，但依法不应当判处死刑的，裁定不予核准，并撤销原判，发回重新审判的案件，重新审判的法院应当另行组成合议庭进行审理

【答案】A

【解析】最高人民法院裁定不予核准死刑的，根据案件具体情况可以发回第二审人民法院或者一审人民法院重新审判。

2. 被告人郑某因贪污罪被某市中级人民法院一审判处死刑缓期二年执行。判决后被告人没有上诉，检察院也没有提出抗诉，该中级人民法院遂在抗诉、上诉期满后第 2 天报省高级人民法院核准。省高级人民法院不得作出哪种处理？(　　)

A. 同意判处死缓，作出予以核准的裁定

B. 认为原判适用法律错误，处刑太轻，应判处死刑，立即执行，直接改

判并报最高人民法院核准

C. 认为原判刑罚太重，不同意判处死缓，直接改判有期徒刑15年

D. 认为原判事实不清，证据不足，发回重审

**【答案】**B

**【解析】**高级人民法院不得以提高审级的方式等加重被告人的刑罚。

## 二、讨论题

1. 死刑复核程序是人民法院内部审批程序，还是诉讼程序，对此，学界提出了不同的观点。有的学者认为应当改造为三审制度；有的认为应当进行诉讼化改造，采用开庭的方式进行；有的认为有必要让人民检察院和辩护律师参与复核活动，而2012年修改的《刑事诉讼法》规定了在复核死刑过程中，最高人民检察院可以向最高人民法院提出意见。请谈一下你的观点。

**【讨论提示】**①从死刑复核程序的性质考虑；②从死刑复核应有的功能分析；③从死刑复核设置的目的以及作为程序的正当性探讨；④最高人民检察院在死刑核准过程中的角色。

2. 最高人民法院《死刑复核规定》将原来死刑复核案件可以作出核准死刑、发回重审和改判三种形式，改为只能作出核准或者不核准两种处理方式，而不再行使改判权力。你认为有何合理性？

**【讨论提示】**①最终裁判权应否包括改判权；②诉讼效率和司法资源；③上下级法院之间的影响。

## 三、案例分析题

张某因杀人罪被某市中级人民法院判处死刑缓期二年执行，张某不上诉，同级人民检察院也未提出抗诉。市中级人民法院报请B省高级人民法院复核，B省高级人民法院指派审判员刘某复核此案，刘某通过书面审查的方式，查阅了相关案卷材料和证据，发现该中级人民法院在审理张某杀人案时，审判组织的组成不合法，遂决定提审该案。B省高级人民法院最后以提审的方式改判张某有期徒刑15年。

请问：B省高级人民法院在张某死刑缓期二年执行案件的复核过程中存在哪些程序性错误？

**【参考答案】**B省高级人民法院在张某死刑缓期二年执行案件的复核过程中，存在以下几点错误：①B省高级人民法院指派审判员刘某单独复核此案是错误的。根据刑事诉讼法的有关规定，高级人民法院复核死刑缓期执行的案件，应当由审判员3人组成合议庭进行。②审判员刘某在复核过程中，采用书面审理的做法是错误的。依据我国《刑事诉讼法》以及相关司法解释的规定，高级人民法院在复核死刑缓期二执行的案件时，必须提审被告人。③B

省高级人民法院认为，市中级人民法院在审理张某杀人案时，审判组织的组成不合法，严重违反了法定的诉讼程序，决定提审该案。这种做法是错误的。依据我国《刑事诉讼法》以及相关规定，发现原审人民法院违反法定诉讼程序，可能影响正确判决的，应裁定撤销原判，发回重新审判。

## ◇ 参考文献


1. 马松建:《死刑司法控制研究》，法律出版社2006年版。

2. 张栋:《美国死刑程序研究》，中国人民公安大学出版社2007年版。

3. 张智辉:“死刑复核程序改革与检察机关的介入权”，载《法律科学》2006年第4期。

4. 陈瑞华:“通过行政方式实现司法正义？——对最高人民法院死刑复核程序的初步考察”，载《法商研究》2007年第4期。

5. 万春:“死刑复核法律监督制度研究”，载《中国法学》2008年第3期。

6. 王敏远:“死刑案件的证明‘标准’及《刑事诉讼法》的修改”，载《法学》2008年第7期。

7. 郭华:“死刑复核程序：一个仍未终结的问题——以死刑审判权与核准权的分设为视角”，载《山东警察学院学报》2008年第6期。

# 第十八章
# 审判监督程序

**【导读】**　我国早在革命根据地时期就有生效裁判纠错程序的规定，如1934年4月发布的《中华苏维埃共和国司法程序》第6条，陕甘宁边区于1942年拟定的《边区刑事诉讼条例草案》第四章再审程序等。

建国以后，确立审判监督程序的法律依据有1951年的《人民法院暂行组织条例》、《各级地方人民检察署组织通则》，1954年的《人民法院组织法》和《检察院组织法》，1956年10月17日最高人民法院发布的《各级人民法院刑事案件审判程序总结》等。1979年制定的刑事诉讼法沿用了前述刑事再审制度的基本框架，以第五章"审判监督程序"作了专章规定。从1988年开始，最高人民法院和各地方人民法院陆续设立告诉申诉庭，目的在于使申诉作为一项诉讼权利得到诉讼制度的支持。1996年修改《刑事诉讼法》时对审判监督程序的修改主要体现在可操作性的增强。2012年《刑事诉讼法》从程序角度对审判监督作了进一步完善。最高人民法院近年来发布了多件关于审判监督程序的司法解释。制度建设方面，2000年最高法院撤销告诉申诉庭，成立了审判监督庭。此后，各地方人民法院陆续建立了审判监督庭。

本章主要介绍审判监督程序的概念、特点、历史沿革和程序规定，重点内容包括审判监督程序启动的主体、理由、方式、再审开庭审理的程序及审理后的处理。通过本章的学习，应掌握审判监督程序的各项具体规定。学习本章的内容，应该以第一审程序、第二审程序和死刑复核程序等相关内容为基础。

## 第一节　审判监督程序概述

### 一、审判监督程序的概念

审判监督程序，又称"再审程序"，是指人民法院、人民检察院对于已经发生法律效力的判决和裁定，发现认定事实错误、适用法律错误、量刑明显不当或因审判程序不合法而影响案件公正裁判等情形时，依法提起的并对案件进行重新审判的诉讼程序。

审判监督程序具有的事后性程序的性质，决定了其补救性和非必经性。无论出于恢复法律秩序还是实现司法权威的目的，法院生效裁定和判决的稳定性对于刑事诉讼而言都是不可或缺的，这使得制度设计的重点在于普通程序的有效性，任何事后性的程序都是对普通程序有效性不足的补救，以生效判决或裁定存在实体或程序的错误为前提，因此审判监督程序对于多数刑事案件而言只能作为例外，而适用对象的特殊性、程序启动的限制性也使得多数刑事案件不会进入审判监督程序。

## 二、审判监督程序的特点

从程序启动的基础为先前审判的角度而言，审判监督程序、第二审程序和死刑复核程序有其共性，但审判监督程序作为一种特殊的刑事救济程序，既不同于作为普通程序提供救济的第二审程序，也不同于作为特别程序提供救济的死刑复核程序。

### （一）审理对象不同

审判监督程序适用于已经发生法律效力的判决、裁定，包括正在执行和已经执行完毕的判决、裁定，包括法定期限内未上诉、抗诉的第一审裁判、第二审的裁判、最高人民法院的裁判以及死刑复核的裁判；第二审程序只适用于尚未发生法律效力的第一审案件，即被告人及其法定代理人或人民检察院在法定期限内提出上诉或抗诉的案件；死刑复核程序适用于法定期限内未上诉、抗诉的第一审死刑案件和第二审死刑案件。

### （二）提起的主体不同

审判监督程序由最高人民法院和地方各级人民法院的院长提交本院的审判委员会讨论决定启动，或由最高人民法院、上级人民法院提审或指令再审而启动，或由最高人民检察院、上级人民检察院通过抗诉而启动；第二审程序则由享有上诉权的当事人及其法定代理人或经被告人同意的辩护人和近亲属上诉引起，或者由同级人民检察院抗诉而引起；死刑复核程序则是由判处死刑的人民法院主动报请最高人民法院核准而引起。

### （三）提起的期限不同

审判监督程序的提起只在发现新罪或无罪改判有罪时受追诉时效限制，其他情形下没有时间上的限制，只要判决、裁定发生法律效力，不论是否执行完毕，只要符合法定条件，均可提起；第二审程序则必须在判决为10日、裁定为5日的法定期限内提出上诉或抗诉而引起，逾期则程序不能启动；死刑复核程序由原审人民法院在上诉期满后3日以内移送上级人民法院报请最高人民法院复核而启动。

（四）提起的条件不同

审判监督程序必须符合已生效的判决、裁定在认定事实或适用法律上确有错误的法定事由才能提起；第二审程序对上诉或抗诉则并没有实质性的限制，不论上诉或抗诉的理由是否充分，都必然引起第二审程序；死刑复核程序是判处死刑的原审人民法院主动将案件移送上级人民法院报请最高人民法院核准而引起，不需要其他理由。

（五）审理的法院不同

按照审判监督程序重新审判的法院，根据案件生效和审判监督程序启动的不同情况，既可以是原第一审或第二审法院，也可以是提审的任何上级法院，还可以是上级法院指令再审的任何法院；按照第二审程序审判的法院，则只能是原审法院的上一级法院；适用死刑复核程序核准死刑案件的只能是最高人民法院。

（六）对加刑的限制不同

审判监督程序不论是由法院提起的，还是由检察院抗诉引起的，再次审理后的裁判既可以减轻原判刑罚，也可以加重原判刑罚；按照第二审程序审理的案件，只有被告一方上诉的案件受上诉不加刑原则限制，不得以任何理由加重被告人的刑罚；死刑复核程序改判的法定事由是不同意判处死刑，对于死刑缓期二年执行的案件，只能作出核准或不核准的决定，不能加重被告人的刑罚。

## 三、审判监督程序的意义

由于人的认识能力具有局限性和刑事案件错综复杂等主客观因素的影响，刑事案件经过了第一审或第二审之后，仍有可能存在错误，对法院生效判决或裁定存在异议的情形也会存在，这是刑事司法公正无法忽视的重要内容，审判监督程序的目的即在于对是否存在审判错误进行判断及处理。具体而言，其意义体现在以下方面：

（一）保障审判权的正确行使

一般来说，两审终审制可以保证刑事审判的质量，应该强调生效裁判的稳定性，但错误的裁判或对裁判存在错误的质疑置之不理，裁判的权威性也无法充分确立，审判监督程序通过审查生效裁判，对质疑作出回应，对错误作出处理，从而成为裁判稳定性建立在正确性之上的重要保障。而从法院的体制来看，上下级法院之间不存在隶属关系，每个法院独立行使对个案的审判权，法院整体行使国家审判权，两者之间存在的固有矛盾，对于未生效的案件通过审理过程中的救济程序消减，对于生效的案件，则需借助于事后的审判监督程序。同时，这也是人民检察院行使检察监督权的制度渠道。

（二）保障当事人的合法权利

现行刑事诉讼法规定，可以对生效的判决和裁定向司法机关提出申诉的当事人，既包括被害人、自诉人，也包括犯罪嫌疑人和被告人。这使得再审既可能有利于被告人，也可能不利于被告人，审判监督程序通过纠正对被告人不利的错误裁判维护其合法利益，同时通过改判防止放纵罪犯。因此，我国审判监督程序是保护当事人双方利益的重要程序。但是，基于被告人在刑事诉讼中的特殊不利地位，应更加注重有利于被判刑人的再审。

（三）保障国家法律统一实施

刑事法律统一实施是刑事司法公正的基本内容之一。我国刑事诉讼实行两审终审制，大多数刑事案件的生效裁判都是基层人民法院和中级人民法院作出的，终审法院级别较低使得法律适用存在着较为明显的分散性，影响到法律实施的统一性。审判监督程序在总体上体现出提高审判级别的作用，也即提高了终审法院的级别，在纠正适用法律不当的生效裁判的同时，有助于保障国家法律的统一实施。对于已经生效的裁判，如果司法机关发现确有错误，可以主动地提起审判监督进行再审；上级人民检察院如果发现了某一判决确有错误，也可以通过审判监督程序提出抗诉而启动再审。审判监督程序有利于审判机关及时发现问题，总结经验教训，提高办案质量，从而保证法律的统一正确实施。

## 第二节　审判监督程序的启动

审判监督程序的提起，是指有权提起审判监督程序的主体在生效裁判确有错误时，依法决定启动审判监督程序的诉讼行为。

### 一、提起审判监督程序的材料来源

提起审判监督程序的材料来源，是指对发生法律效力的判决、裁定发现有错误而提出有关证据及其资料等的渠道、来源。

（一）当事人及其法定代理人、近亲属的申诉

申诉，是指当事人及其法定代理人、近亲属对人民法院的生效裁判不服，以书状或口头方式向人民法院或者人民检察院提出该裁判在认定事实或适用法律上的错误并要求重新审判的行为。

《刑事诉讼法》第241条规定：“当事人及其法定代理人、近亲属，对已

经发生法律效力的判决、裁定，可以向人民法院或者人民检察院提出申诉，但是不能停止判决、裁定的执行。”这是当事人及其法定代理人、近亲属在刑事诉讼中享有申诉权的法律依据。而作为利害关系人，对于尚未生效的判决、裁定，可以在上诉、抗诉期满前通过第二审程序来寻求救济，裁判生效后，申诉成为他们寻求诉讼救济的唯一途径。

1. 申诉的特点。申诉不同于上诉，两者相比较，有以下区别：

（1）提出主体不同。申诉的主体包括被告人、被害人、自诉案件的自诉人、附带民事诉讼的当事人，及其法定代理人、近亲属，上述主体均可向人民法院和人民检察院提出申诉。上诉的主体则限于被告人、自诉人、附带民事诉讼的当事人和他们的法定代理人，以及经被告人同意的辩护人和近亲属，被害人及其法定代理人不服法院第一审判决的，只能在收到判决书后 5 日内请求人民检察院提出抗诉，而无权提出上诉。

（2）对象不同。申诉的对象是已经发生法律效力的判决、裁定，对尚未生效的裁判不适用申诉；上诉的对象是地方各级人民法院作出的还没有发生法律效力的第一审判决、裁定。

（3）处理机关不同。申诉既可以向作出生效判决、裁定的人民法院或其同级人民检察院提出，也可以向其上级人民法院或上级人民检察院提出；上诉只能通过第一审人民法院或直接向上一级人民法院提出。

（4）期限不同。根据《最高人民法院关于规范人民法院再审立案的若干意见（试行）》（以下简称《再审立案意见》）第 10 条的规定，申诉应当自刑罚执行完毕后两年内提出，超过两年提出的，除具有法定情形的，不予受理；上诉只能在法定的期限内提出，其中对判决不服的上诉期为 10 日，对裁定不服的上诉期为 5 日。

（5）效力不同。申诉不能直接启动审判监督程序，而只是人民法院、人民检察院发现生效裁判错误和提起审判监督程序的主要材料来源，这样规定既有保证裁判稳定性的因素，也有未经对案件的再审不易判断是否确有错误的考虑，经法院依法处理过的申诉，除符合法定情形外，法院不再受理；上诉一经提出，必然引起第二审程序发生，案件经二审人民法院审理判决后，不能再次提出上诉。

2. 申诉的理由。《刑事诉讼法》第 242 条规定，申诉理由符合下列情形之一的，人民法院应当重新审判：①有新的证据证明原判决、裁定认定的事实确有错误，可能影响定罪量刑的；②据以定罪量刑的证据不确实、不充分、依法应当予以排除，或者证明案件事实的主要证据之间存在矛盾的；③原判决、裁定适用法律确有错误的；④违反法律规定的诉讼程序，可能影响公正审判的；⑤审判人员在审理该案件的时候，有贪污受贿，徇私舞弊，枉法裁判行为的。

对终审刑事裁判的申诉，具备下列情形之一的，人民法院应当决定再审：①有审判时未收集到的或者未被采信的证据，可能推翻原定罪量刑的；②主要证据不充分或者不具有证明力的；③原裁判的主要事实依据被依法变更或撤销的；④据以定罪量刑的主要证据自相矛盾的；⑤引用法律条文错误或者违反刑法第 12 条的规定适用失效法律的；⑥违反法律关于溯及力规定的；⑦量刑明显不当的；⑧审判程序不合法，影响案件公正裁判的；⑨审判人员在审理案件时索贿受贿、徇私舞弊并导致枉法裁判的。

3. 申诉的受理。根据《刑事诉讼法》第 241 条的规定，当事人及其法定代理人、近亲属对已经生效的裁判不服，既可以向人民法院提出申诉，也可以向人民检察院提出申诉。当事人及其法定代理人、近亲属认为人民法院已经发生法律效力的刑事判决、裁定确有错误，向人民检察院申诉的，人民检察院控告申诉检察部门、监所检察部门和审查起诉部门应当依法办理：①不服人民法院已经执行完毕的刑事判决、裁定的申诉和不服人民法院缓刑决定、假释裁定的申诉，以及被害人不服人民法院已经发生法律效力且尚在执行中的刑事判决、裁定的申诉，由控告申诉检察部门办理；②被告人及其法定代理人、近亲属不服人民法院已经发生法律效力且尚在执行中的判决、裁定的申诉，由监所检察部门办理；③不服人民法院死刑终审判决、裁定尚未执行的申诉，由审查起诉部门办理。审查起诉部门接受申诉后，应当将当事人申诉情况及时通知作出终审判决、裁定的人民法院。

当事人及其法定代理人、近亲属对已经发生法律效力的判决、裁定提出的申诉，应当提交以下材料：①申诉状，应当载明当事人的基本情况、申诉的事实与理由。②原一、二审判决书、裁定书等法律文书，经过人民法院复查或再审的，应当附有驳回通知书、再审判决书或裁定书。③以有新的证据证明原裁判认定的事实确有错误为由申诉的，应当同时附有证据目录、证人名单和主要证据复印件或者照片；需要人民法院调查取证的，应当附有证据线索。申诉不符合前述规定的，人民法院不予审查；符合规定的，应当进行登记并认真审查处理。

受理、审查申诉一般由作出发生法律效力的判决、裁定的人民法院进行。直接向上级人民法院申诉的，如果没有经作出发生法律效力的判决、裁定的人民法院审查处理，上级人民法院一般交该人民法院审查，并告知申诉人；如果属于案情疑难、复杂、重大的，或者已经由作出发生法律效力的判决、裁定的人民法院审查处理后仍坚持申诉的，上级人民法院可以直接受理、审查，下级人民法院也可以请求移送上一级人民法院审查处理。对未经终审人民法院及其上一级人民法院审查处理，直接向上级人民法院申请再审或申诉的，上级人民法院应当交下一级人民法院处理。原审人民法院审查处理的申诉、上级人民法院直接处理的申诉和转交下级人民法院审查处理的申诉，应当立申诉卷。第二审人民法院对不服本院维持第一审人民法院裁判的申诉，可以交由第一审人民法院审查。第一审人民法院审查后，应当写出审查报告，提出处理意见，报第二审人民法院审定。对最高人民法院核准死刑的案件的申诉，可以由原核准的人民法院直接处理，也可以交由原审人民法院审查。原审人民法院应当写出审查报告，提出处理意见，逐级上报原核准的人民法院审定。

4. 申诉的处理。人民检察院控告申诉检察部门、监所检察部门和审查起诉部门办理申诉案件，应当依法审查，并将结果告知申诉人。控告申诉检察部门、监所检察部门对已经发生法律效力的判决或者裁定的申诉初审后，认为需要提出抗诉的，应当提出抗诉意见，连同案卷一并移送审查起诉部门审查。审查起诉部门经审查认为需要提出抗诉的，报请检察长提交检察委员会讨论决定。检察委员会决定抗诉后，由审查起诉部门出庭支持抗诉。根据最高人民检察院《人民检察院控告、申诉首办责任制实施办法（试行）》的规定，对申诉实行“首办责任制”。首办责任制，是人民检察院对本院管辖的申诉，按照内部业务分工，明确责任，及时办理，将申诉解决在首次办理环节的责任制度。首次办理本院管辖申诉的人民检察院、业务部门和承办人，分别是首办责任单位、首办责任部门和首办责任人。检察长和部门负责人对本院管辖和本部门承办的申诉负组织、协调、督促和检查落实等首办领导责任。首办责任制遵循以下原则：谁主管谁负责、各司其职、相互配合、注重效率、讲求实效、权责明确、奖惩分明。属于检察机关管辖的申诉，控告申诉检察部门应按照“分级负责，归口办理”的原则，分送有关检察院或本院有关部门办理。最高人民检察院管辖的申诉，控告检察厅按照2003年7月1日发布的《最高人民检察院内设机构处理来信来访分工暂行办法》的规定，分别移送本院有关部门办理。地方各级人民检察院对本院管辖的申诉，应参照上述办法规定的分工原则，确定首办责任部门办理。

首办责任部门应在收到申诉材料后1个月内将办理情况回复控告申诉检察部门，2个月内回复办理结果。逾期未能回复办理结果的，应说明理由，并报经主管检察长批准后，可适当延长回复期限，但办理期限最长不得超过6个月。对有办理情况和结果的控告、申诉，控告申诉检察部门应及时答复来信来访人。

人民法院对刑事案件的申诉人在刑罚执行完毕后两年内提出的申诉，应当受理。超过两年提出申诉，具有下列情形之一的，应当受理：①可能对原审被告人宣告无罪的；②原审被告人在本条规定的期限内向人民法院提出申诉，人民法院未受理的；③属于疑难、复杂、重大案件的。不符合规定的，人民法院不予受理。人民法院对刑事附带民事诉讼案件中仅就民事部分提出申诉的，一般不予再审立案。但有证据证明民事部分明显失当且原审被告人有赔偿能力的除外。上级人民法院对经终审法院的上一级人民法院依照审判监督程序审理后维持原判或者经两级人民法院依照审判监督程序复查均驳回的申诉案件，一般不予受理。但申诉人提出新的理由，且符合《刑事诉讼法》第241条的，以及原审被告人可能被宣告无罪的除外。最高人民法院再审裁判或者复查驳回的案件，申诉人仍不服提出申诉的，不予受理。《关于刑事再审工作几个具体程序问题的意见》规定，刑事附带民事诉讼案件，原审民事部分已调解结案，刑事部分提起再审后，附带民事诉讼原告人对调解反悔的，对民事部分一般不再审；但当事人对已发生法律效力的调解书，提出证据足以证明调解违反自愿原则，或者调解协议的内容违反法律规定，经人民法院审查属实的，应当再审。原刑事部分判决以民事调解为基础，刑事部分再审结果可能对原民事部分处理有影响的，附带民事诉讼原告人要求重新对民事部分进行审理，可以在再审时一并重新审理。

人民法院受理申诉后，应当在3个月内作出决定，至迟不得超过6个月。经审查，认为有刑事诉讼法第241条规定的情形之一的，由院长提请审判委员会决定重新审判；对不符合规定的申诉，应当说服申诉人撤回申诉；对仍然坚持申诉的，应当书面通知驳回。申诉人对驳回申诉不服的，可以向上一级人民法院申诉。上一级人民法院经审查认为申诉不符合《刑事诉讼法》第241条规定的，应当予以驳回。经两级人民法院处理后又提出申诉的，如果没有新的充分理由，人民法院可以不再受理。

（二）其他材料来源

在司法实践中，司法机关提起审判监督程序的材料来源除申诉外，还包括：

1. 人民群众的来信来访。人民群众对于发生在自己生活环境中的刑事案件往往有一定了解，可以为司法机关提供有用的线索，是审判监督程序值得重视的材料来源。

2. 公安司法机关在办案或复查中发现的错案。司法机关在办理其他案件的过程中，有可能发现其他案件的线索，或在案件复查中，也能够发现错案，获得提起审判监督程序所需要的材料。

3. 机关、团体、新闻媒体等反映的情况。党政机关、团体、新闻媒体等在各自的工作过程中，通过各种途径，都有可能发现特定案件的判决中存在的错误，司法机关可以通过这些材料来源启动审判监督程序。

## 二、提起审判监督程序的主体

根据《刑事诉讼法》第243条的规定，能够提起审判监督程序的主体包括以下几种：

### (一) 各级人民法院

各级人民法院院长对本院已经发生法律效力的判决和裁定，如果发现在认定事实上或者在适用法律上确有错误，必须提交审判委员会处理。

### (二) 最高人民法院

最高人民法院对各级人民法院已经发生法律效力的判决和裁定，如果发现确有错误，有权提审或者指令下级人民法院再审。

### (三) 上级人民法院

上级人民法院对下级人民法院已经发生法律效力的判决和裁定，如果发现确有错误，有权提审或者指令下级人民法院再审。

### (四) 最高人民检察院

最高人民检察院对各级人民法院已经发生法律效力的判决和裁定，如果发现确有错误，有权按照审判监督程序向最高人民法院提出抗诉。

### (五) 上级人民检察院

上级人民检察院对下级人民法院已经发生法律效力的判决和裁定，如果发现确有错误，有权按照审判监督程序向同级人民法院提出抗诉。

## 三、提起审判监督程序的理由

根据《刑事诉讼法》第243条的规定，提起审判监督程序的理由，是发现已经发生法律效力的判决、裁定、在认定事实或者适用法律上确有错误。司法实践中，具体适用《刑事诉讼法》第242条和其他规定。

## 四、提起审判监督程序的方式

### (一) 自行再审

对本院已经发生法律效力的判决和裁定，如果本院院长认为有再审必要的，提交审判委员会决定再审，称之为自行再审。

### (二) 指令再审

最高人民法院和上级人民法院发现下级人民法院已经发生法律效力的判

决和裁定确有错误时，有权指令辖区范围内的下级人民法院对该案再审，称之为指令再审。通常指令原审人民法院以外的下级人民法院审理，由原审人民法院审理更为适宜的，也可以指令原审人民法院审理。

（三）提审

最高人民法院和上级人民法院在下级人民法院已经发生法律效力的判决和裁定确有错误时，有权决定自行对该案进行审理，称之为提审。

（四）再审抗诉

最高人民检察院对各级人民法院（包括最高人民法院），上级人民检察院对下级人民法院已经发生法律效力的判决和裁定，如果发现确有错误，有权按照审判监督程序向同级人民法院提出抗诉，称之为再审抗诉。《刑事诉讼法》第243条第4款规定，人民检察院抗诉的案件，接受抗诉的人民法院应当组成合议庭重新审理，对于原判决事实不清楚或者证据不足的，可以指令下级人民法院再审。

## 第三节　再审案件的审理程序

### 一、再审案件的审理方式

根据《刑事诉讼法》第11条的规定，人民法院审判案件，除本法另有规定的以外，一律公开进行，这一规定适用于再审案件。因此，再审案件应当以开庭审理为原则，以不开庭审理为例外。

（一）开庭审理

根据《最高人民法院关于刑事再审案件开庭审理程序的具体规定（试行）》第5条，必须开庭审理的再审案件主要分为四类：

1. 依照第一审程序审理的案件。依照第一审程序进行再审的案件须开庭审理，是因为这类案件一般因原判一审生效或原判存在事实不清问题而提起再审，需要按照一审程序的有关具体规定重新审理。

2. 依照第二审程序需要对事实或者证据进行审理的案件。依照第二审程序再审的案件并非全部需要开庭审理，只有其中“需要对事实或证据进行再审的”案件，也就是原判认定事实不清、导致定罪量刑错误的案件才开庭审理。因为此类案件再审的主要任务是要在所有当事人的共同参与下，对据以定案的各类证据，包括原有的和新发现的证据逐一审核，重新质证、认证，以查明案件事实真相，进而纠正原判在认定事实或适用法律上的错误，只有开庭审理才能满足这一要求。需要注意的是，根据《最高人民法院、最高人民检察院关于死刑第二审案件开庭审理程序若干问题的规定（试行）》第1条的规定，死刑第二审案件均须开庭审理。

3. 人民检察院按照审判监督程序提出抗诉的案件。这类案件大都是检察院认为原判在认定事实或适用法律上确有错误而提起的再审案件，需要对案件事实或适用法律等问题重新进行核实审查，所以必须开庭进行。

4. 可能对原审被告人（原审上诉人）加重刑罚的案件。"可能对原审被告人加重刑罚"的案件是指，只要是经初步审查认为原判存在重罪轻判、量刑畸轻的明显错误，确有必要加以纠正的案件，也就是不利于原审被告人的再审案件，即使该案属于事实清楚的按第二审程序进行再审的案件也应当开庭审理。不利于原审被告人的再审加重了其在诉讼中承受的负担，所以在程序上应对其权利给予特别保护。

（二）不开庭审理

根据《刑事诉讼法》以及其他的规定，可以不开庭审理的再审案件大致分为三类：

1. 适用法律错误，量刑畸重的案件。经法院审查或检察院抗诉认为原判虽然认定事实清楚，但适用法律有误，或定性不准，或量刑过重而决定再审的案件，由于进行再审时无需重新核查案件事实和另行质证认证，且再审结果只能是维持或减轻处罚，有利于原审被告人，故此类案件无开庭审理的必要。

2. 不具备开庭条件的案件。包括：①因年代久远，对事实不清、证据存疑的问题，即使开庭审理也难以查清的；②原审被告人、原审上诉人等在再审开庭时已死亡，或者因患有精神病、痴呆等重症疾病而失去了辨认和控制自己行为的能力，无法出庭的；③原审被告人或原审上诉人是地处交通不便的监狱服刑犯，提押到庭确有困难的案件，如为人民检察院提出抗诉的案件人民法院应征得其同意。

3. 检察机关不派员出庭的案件。人民法院按照审判监督程序决定再审，已将开庭的时间、地点在开庭7日以前通知人民检察院，经两次通知，人民检察院不派员出庭的，庭审活动无法正常进行，故只能不开庭审理。

## 二、再审案件的程序

《刑事诉讼法》第245条规定："人民法院按照审判监督程序重新审判的案件，由原审人民法院审理的，应当另行组成合议庭进行。如果原来是第一审案件，应当依照第一审程序进行审判，所作的判决、裁定，可以上诉、抗诉；如果原来是第二审案件，或者是上级人民法院提审的案件，应当依照第二审程序进行审判，所作的判决、裁定，是终审的判决、裁定。人民法院开庭审理的再审案件，同级人民检察院应当派员出席法庭。”

再审开庭应当依照第一、二审程序开庭审理刑事再审案件的程序基本相同，主要包括以下内容：

（一）审理前准备

人民法院在开庭审理前，应当进行下列工作：

1. 确定合议庭的组成人员，参与过本案第一审、第二审、复核程序审判的合议庭组成人员，不得参与本案的再审程序的审判。

2. 将再审决定书、申诉书副本至迟在开庭30日前，重大、疑难案件至迟在开庭60日前送达同级人民检察院并通知其查阅案卷和准备出庭。

3. 将再审决定书或抗诉书副本至迟在开庭30日以前送达原审被告人（原审上诉人）告知其可以委托辩护人，或者依法为其指定承担法律援助义务的律师担任辩护人。

4. 至迟在开庭15日前，重大、疑难案件至迟在开庭60日前，通知辩护人查阅案卷和准备出庭。

5. 将开庭的时间、地点在开庭7日以前通知人民检察院。

6. 传唤当事人，通知辩护人、诉讼代理人、证人、鉴定人和翻译人员，传票和通知书至迟在开庭7日以前送达。

7. 公开审判的案件，在开庭7日以前先期公布案由、原审被告人（原审上诉人）姓名、开庭时间和地点。

8. 在开庭30日前通知人民检察院、当事人或者辩护人查阅、复制双方提交的新证据目录及新证据复印件、照片；在开庭15日前通知控辩双方查阅、复制人民法院调取的新证据目录及新证据复印件、照片等证据。

9. 人民法院决定再审或者受理抗诉书后，原审被告人（原审上诉人）正在服刑的，人民法院依据再审决定书或者抗诉书及提押票等文书办理提押；原审被告人（原审上诉人）在押，再审可能改判宣告无罪的，人民法院裁定中止执行原裁决后，可以取保候审；原审被告人（原审上诉人）不在押，确有必要采取强制措施并符合法律规定采取强制措施条件的，人民法院裁定中止执行原裁决后，依法采取强制措施。

（二）开庭审理

1. 开庭前准备。开庭审理前，合议庭应当核实原审被告人（原审上诉人）何时因何案被人民法院依法裁判，在服刑中有无重新犯罪，有无减刑、假释，何时刑满释放等情形，查明原审被告人（原审上诉人）基本情况，告知原审被告人（原审上诉人）享有辩护权和最后陈述权，制作笔录后，分别由该合议庭成员和书记员签名。如果人民法院再审决定书或者人民检察院抗诉书只对部分同案原审被告人（同案原审上诉人）提起再审，其他未涉及的同案原审被告人（同案原审上诉人）不出庭不影响案件审理的，可以不出庭参与诉讼；部分同案原审被告人（同案原审上诉人）因不具备出庭能力或出庭条件而不出庭的，不影响案件的开庭审理。

2. 法庭审判。开庭审理时，审判长宣布合议庭组成人员及书记员，公诉人、辩护人、鉴定人和翻译人员的名单，并告知当事人、法定代理人享有申请回避的权利。

人民法院决定再审的，由合议庭组成人员宣读再审决定书。根据人民检察院提出抗诉进行再审的，由公诉人宣读抗诉书。当事人及其法定代理人、近亲属提出申诉的，由原审被告人（原审上诉人）及其辩护人陈述申诉理由。

在审判长主持下，控辩双方应就案件的事实、证据和适用法律等问题分别进行陈述。合议庭对控辩双方无争议和有争议的事实、证据及适用法律问题进行归纳，予以确认；就控辩双方有争议的问题，进行法庭调查和辩论；对提出的新证据或者有异议的原审据以定罪量刑的证据进行质证。控辩双方收到再审决定书或抗诉书后，人民法院通知开庭之日前，可以提交新的证据。开庭后，除对原审被告人（原审上诉人）有利的外，人民法院不再接纳新证据。

进入辩论阶段，原审被告人（原审上诉人）及其法定代理人、近亲属提出申诉的，先由原审被告人（原审上诉人）及其辩护人发表辩护意见，然后由公诉人发言，被害人及其代理人发言。被害人及其法定代理人、近亲属提出申诉的，先由被害人及其代理人发言，公诉人发言，然后由原审被告人（原审上诉人）及其辩护人发表辩护意见。人民检察院提出抗诉的，先由公诉人发言，被害人及其代理人发言，然后由原审被告人（原审上诉人）及其辩护人发表辩护意见。既有申诉又有抗诉的，先由公诉人发言，后由申诉方当事人及其代理人或者辩护人发言或者发表辩护意见，然后由对方当事人及其代理人或辩护人发言或者发表辩护意见。公诉人、当事人和辩护人、诉讼代理人经审判长许可，可以互相辩论。

合议庭根据控辩双方举证、质证和辩论情况，可以当庭宣布认证结果。

### （三）再审案件的审理期限

根据《刑事诉讼法》第 247 条的规定，人民法院按照审判监督程序重新审判的案件，应当在作出提审、再审决定之日起 3 个月以内审结，需要延长期限的，不得超过 6 个月。接受抗诉的人民法院按照审判监督程序审判抗诉的案件，审理期限适用前款规定；对需要指令下级人民法院再审的，应当自接受抗诉之日起1个月以内作出决定，下级人民法院审理案件的期限适用前款规定。

（四）再审案件的处理

再审案件经过重新审理后，除人民检察院抗诉的以外，再审一般不得加重原审被告人（原审上诉人）的刑罚，也不得加重因不具备出庭能力或出庭条件而未出庭原审被告人（原审上诉人）、同案原审被告人（同案原审上诉人）的刑罚，应当按照下列情形分别处理：

1. 原判决、裁定认定事实和适用法律正确、量刑适当的，应当裁定驳回申诉或者抗诉。

2. 原判决、裁定认定事实没有错误，但适用法律有错误，或者量刑不当的，应当改判；按照第二审程序审理的案件，认为必须判处被告人死刑立即执行的，直接改判后，应当报请最高人民法院核准。

3. 应当对被告人实行数罪并罚的案件，原判决、裁定没有分别定罪量刑的，应当撤销原判决、裁定，重新定罪量刑，并决定执行的刑罚。

4. 按照第二审程序审理的案件，原判决、裁定认定事实不清或者证据不足的，可以在查清事实后改判，也可以裁定撤销原判，发回原审人民法院重新审判。原判决、裁定认定事实不清，证据不足，经再审仍无法查清，证据不足，不能认定原审被告人有罪的，应当判决宣告被告人无罪；对依法享有申请国家赔偿权利的当事人，宣判时合议庭应当告知其该判决发生法律效力后即有申请国家赔偿的权利。

5. 人民检察院提出抗诉的再审案件，对人民检察院接到出庭通知后未出庭的，应当裁定按人民检察院撤回抗诉处理，并通知诉讼参与人。

6. 原审被告人（原审上诉人）收到再审决定书或者抗诉书后下落不明或者收到抗诉书后未到庭的，应当中止审理；原审被告人（原审上诉人）到案后，恢复审理；如果超过2年仍查无下落的，应当裁定终止审理。

## ◇ 思考与练习

### 一、选择题

1. 某市中级人民法院的一审刑事判决，被告人上诉，检察机关没有抗诉。该案经省高级人民法院维持原判后，被害人不服，提出申诉。如果提起审判监督程序，下列哪一选项是正确的？（　　）

A. 由市人民检察院提出抗诉

B. 由省人民检察院提起审判监督程序

C. 由市中级人民法院院长提交本院审判委员会处理

D. 由省高级人民法院院长提交本院审判委员会处理

【答案】D

【解析】本题要点为刑事审判监督程序的启动。其法律依据为刑事诉讼法第243条的规定："各级人民法院院长对本院已经发生法律效力的判决和裁定，如果发现在认定事实上或者在适用法律上确有错误，必须提交审判委员会处理。最高人民法院对各级人民法院已经发生法律效力的判决和裁定，上级人民法院对下级人民法院已经发生法律效力的判决和裁定，如果发现确有错误，有权提审或者指令下级人民法院再审。最高人民检察院对各级人民法院已经发生法律效力的判决和裁定，上级人民检察院对下级人民法院已经发生法律效力的判决和裁定，如果发现确有错误，有权按照审判监督程序向同级人民法院提出抗诉。"本案的生效裁定为省高级人民法院作出，有权提起抗诉的只有作为上级的最高人民检察院，A项市人民检察院是下级检察院。B项省人民检察院是同级检察院，均无权抗诉；有权提起审判监督程序的为作出生效裁判的本法院和上级人民法院。C项的市中级人法院为下级法院，无权对上级人民法院的生效裁判提起审判监督程序。只有D项为省高级人民法院自己提起，符合规定。

2. 被告人在案件审理期间患有精神病的，法院应当如何处理？(　　)

A. 驳回抗诉　　　　B. 中止审理

C. 终止审理　　　　D. 裁定维持原判

【答案】B

【解析】本题要点为刑事再审案件的中止审理。关于中止审理有以下三种情形：①审判过程中，自诉人或者被告人患精神病或者其他严重疾病，以及案件起诉到人民法院后被告人脱逃，致使案件在较长时间内无法继续审理的，人民法院应当裁定中止审理。由于其他不能抗拒的原因，使案件无法继续审理的，可以裁定中止审理。②在自诉案件审理过程中，被告人下落不明的，应当中止审理。被告人归案后，应当恢复审理，必要时，应当对被告人依法采取强制措施。③适用简易程序审理的案件，在法庭审理过程中，发现以下不宜适用简易程序情形的，应当决定中止审理，并按照公诉案件或者自诉案件的第一审普通程序重新审理。本题符合①，人民法院应当裁定中止审理。

## 二、讨论题

1. 试述提起审判监督程序的主体。

【讨论提示】①刑事诉讼法关于提起审判监督程序的主体的法律依据；

②不同主体提起审判监督程序的条件；③利弊评析与前景分析。

2. 试论启动审判监督程序的理由。

**【讨论提示】**①刑事诉讼法关于审判监督理由的规定；②刑事诉讼法现行规定的价值取向及其利弊分析；③改革之可能性。

**三、案例分析题**

孙某因犯贪污罪被二审法院判决无期徒刑。交付执行后，二审法院发现本案判决确有错误，即按审判监督程序进行再审。再审结果判处孙某死刑缓期二年执行。请问：1. 本案的再审程序该如何提起？2. 被告人孙某对再审结果不服能否上诉？

**【参考答案】**①本案的再审程序应由二审法院院长提交审判委员会讨论，由审判委员会决定是否重新审判。《刑事诉讼法》第243条第1款规定："各级人民法院院长对本院已经发生法律效力的判决和裁定，如果发现在认定事实上或者在适用法律上确有错误，必须提交审判委员会处理。"因此，本案中，院长发现原判决确有错误，不能直接决定是否再审，而应提交审判委员会讨论决定。审判委员会讨论决定再审的案件，应当另行组成合议庭进行再审。②被告人孙某对再审结果不服不能上诉。《刑事诉讼法》第245条规定："人民法院按照审判监督程序重新审判的案件，由原审人民法院审理的，应当另行组成合议庭进行。如果原来是第一审案件，应当依照第一审程序进行审判，所作的判决、裁定，可以上诉、抗诉；如果原来是第二审案件，或者是上级人民法院提审的案件，应当依照第二审程序进行审判，所作的判决、裁定，是终审的判决、裁定。"本案原是二审终审的案件，因此，再审时应依照第二审程序进行审判，孙某对再审判决不能提起上诉。

## ◇ 参考文献

1. 汪建成主编：《刑事审判监督程序专论》，群众出版社1990年版。

2. 陈卫东：《刑事审判监督程序研究》，法律出版社2001年版。

3. 陈光中主编：《刑事再审程序与人权保障》，北京大学出版社2005年版。

4. 陈瑞华："刑事再审程序研究"，载《政法论坛》2000年第6期。

5. 苏彩霞："从《公民权利和政治权利国际公约》看我国刑事再审程序改革"，载《环球法律评论》2004年第1期。

6. 张建良、胡子君："我国刑事再审事由设置的反思与重构"，载《法学评论》2005年第1期。

7. 陈光中："论我国刑事审判监督程序之改革"，载《中国法学》2005

年第2期。

8. 韩阳："刑事再审理由探析"，载《法学研究》2005年第3期。

9. 江必新："完善刑事再审程序若干问题探讨"，载《法学》2011年第5期。

# 第十九章
# 执行程序

【导读】 刑事执行制度经历了逐步发展的过程。在古代，执行曾采取“自力救济”的方式，即当事人依靠自己的力量来实现裁判所确定的权益。在民刑不分、诸法合体的时代，执行也不分民事和刑事，实行民刑合一的执行制度。在近现代，刑事诉讼、民事诉讼和行政诉讼已被分别立法，刑事执行制度也得以根据诉讼案件的性质而分立。

执行程序是刑事诉讼的最后一个程序环节，包括死刑立即执行、死刑缓期二年执行、无期徒刑、有期徒刑、拘役、拘役缓刑、管制、剥夺政治权利、罚金、没收财产以及无罪判决和免除刑罚判决、裁定的执行的程序；死刑立即执行、死刑缓期二年执行的变更、暂予监外执行、减刑和假释等执行的变更程序以及人民检察院对执行的监督。

执行程序与侦查、起诉、审判等程序相互联系、不可分割。侦查、起诉、审判等程序是执行程序的前提和基础，执行程序是侦查、起诉、审判等程序的结果和实际体现。因而学习本章内容，应当结合前面的各项程序内容。

## 第一节 执行程序概述

### 一、执行的概念、特点和意义

刑事诉讼中的执行，是指公安司法机关依法实现已经发生法律效力的裁判所确定的内容进行的活动。它主要包括以下内容：①人民法院将已发生法律效力的判决和裁定交付执行机关执行的活动；②解决发生在执行过程中的裁判变更等诉讼问题进行的活动，如减刑、假释等；③执行过程中的监督活动。

刑事诉讼中的执行具有以下四个特点：

（一）合法性

执行程序的合法性，可以从执行依据的合法性和执行程序的合法性两方面理解。执行依据的合法性是指执行机关必须严格依照生效判决和裁定所确定的内容执行。任何机关、团体和公民个人非经法定程序不得任意改变生效裁判的内容。执行程序的合法性是指执行机关在执行过程中必须严格依照《刑事诉讼法》及有关规定进行，不能按执行主体的自由意志行事。

（二）强制性

人民法院代表国家行使审判权，它作出的生效裁判带有国家意志的强制性，对于当事人、其他诉讼参与人及社会成员具有普遍约束力，必须强制执行。对人民法院的生效裁判有能力执行而拒不执行的当事人及有协助执行义务的某些个人，情节严重的，按拒不执行判决、裁定定罪处罚。

（三）主动性

刑事执行不同于民事执行，刑事执行程序的开启不需要当事人申请，执行机关依职权即可发动执行程序，体现了刑事执行的主动性特点。

（四）及时性

在裁判生效后，必须立即执行才能将纸面上的公正化为现实中的公正。执行是整个刑事诉讼程序运行中的最后一个阶段。执行阶段的任务是将生效裁判确定的内容付诸实施，与前四个阶段相比更直观地体现了惩罚犯罪、保障人权的刑事诉讼目的之实现。因而，执行在刑事诉讼中占有重要地位，具有重要意义。

1. 通过判决、裁定的正确执行，惩罚犯罪、预防犯罪。通过刑罚的执行使犯罪分子承担相应的刑事责任，受到相应的刑事制裁，使其对刑罚产生畏惧感，不敢再以身试法，从而达到预防其再犯罪的刑罚特殊预防目的。同时，通过刑事执行，也对社会上的危险分子、不稳定分子等起到了警戒和抑制作用，使他们及早消除犯罪意图，达到刑罚一般预防的目的。这样，在刑事执行过程中，国家通过刑罚所希望达到的结果得以全面实现。

2. 通过判决、裁定的正确执行，保护人权。刑事执行惩罚犯罪分子的同时，使无辜的犯罪嫌疑人、被告人尽早脱离诉讼，免受刑事追究。对被害人由于犯罪行为造成的损害予以补救，使其精神上受到抚慰。从更广泛意义上讲，也保证了其他社会公民的人权免受犯罪侵害。

3. 通过判决、裁定的正确执行，维护国家法制的严肃性、权威性。刑事执行的顺利实现，体现了产生执行依据的刑事实体法与刑事程序法的权威性与严肃性，是法治思想在刑事执行活动中的体现。

## 二、已生效的判决和裁定的种类

根据《刑事诉讼法》第248条以及其他相关规定，已生效的判决和裁定，具体指以下几种：

1. 已过法定期限没有上诉、抗诉的判决和裁定。刑事诉讼法明确规定不服一审判决、裁定的上诉和抗诉期限分别为10日和5日。该类判决和裁定虽然是一审法院作出的，但在法定期限内没有上诉或抗诉的，依法律规定，期限届满后，该类案件的一审裁判发生法律效力后10日内交付执行。

2. 终审的判决和裁定。包括第二审人民法院和最高人民法院的判决和裁定。我国刑事诉讼实行两审终审制，案件经第二审人民法院审理后作出的裁判就是发生法律效力的裁判。最高人民法院是国家最高审判机关，它所作出的判决和裁定即使是一审的裁判，也不得上诉或抗诉。终审的判决和裁定自宣告之日起发生法律效力。

3. 最高人民法院核准的死刑判决和裁定和高级人民法院核准的死刑缓期二年执行的判决和裁定。我国的死刑复核程序，包括对判处死刑立即执行案件的复核和对判处死刑缓期二年执行案件的复核。死刑案件经两级法院的普通程序审理后，并不发生法律效力，必须经过有权机关的复核才能生效。死刑复核程序是死刑案件的终审程序。最高人民法院和它授予死刑核准权的高级人民法院核准的死刑立即执行的判决以及高级人民法院核准的死刑缓期二年执行的判决，均属生效判决。

### 三、执行机关

依法享有执行权的机关是执行的主体。根据刑事诉讼法的规定，依其在执行中所具有的职能，可把执行机关划分为交付执行机关、执行机关、执行的指挥机关和执行的监督机关。以下分别作出说明：

#### （一）交付执行机关

《刑事诉讼法》第253规定，判决生效后，应当由人民法院交付执行。因此，人民法院是交付执行机关。

#### （二）执行机关

是指依法实现生效裁判所确定内容的机关。具体包括：

1. 人民法院。无罪判决、免除刑事处罚判决、罚金判决和没收财产判决由人民法院执行。

2. 公安机关。对被判处有期徒刑的罪犯，在被交付执行刑罚前，剩余刑期在3个月以下的，由看守所代为执行。对被判处拘役的罪犯，由公安机关执行。

3. 监狱。监狱是主要的刑事执行场所。有期徒刑、无期徒刑、死刑缓期二年执行判决都由监狱执行。

4. 管教所。对未成年犯的执行在未成年犯管教所进行。

5. 社区矫正机构。对被判处管制、宣告缓刑、假释或者暂予监外执行的罪犯，依法实行社区矫正，由社区矫正机构负责执行。

（三）执行的指挥机关

死刑判决执行中必须设置指挥机关。死刑判决执行由人民法院担任指挥机关。

（四）执行的监督机关

是指对执行活动依法进行监督的机关。人民检察院是我国刑事执行的监督机关，人民检察院发现执行活动中的违法情形，应当通知执行机关纠正。

## 第二节 各种判决、裁定的执行程序

### 一、死刑立即执行判决的执行

死刑又称极刑，是剥夺犯罪分子生命的刑罚方法，是刑罚体系中最严厉的惩罚手段。我国刑事诉讼法规定了严格的死刑执行程序。

根据我国《刑事诉讼法》的规定，死刑立即执行应当依照如下程序进行：

（一）签发执行死刑命令

最高人民法院判处和核准的死刑立即执行的判决和裁定，应当由最高人民法院院长签发执行死刑命令。

（二）死刑执行的准备

最高人民法院的执行死刑命令，由高级人民法院交付原审人民法院执行，原审人民法院接到执行死刑命令后，应当在7日内执行。在7日内，执行机关应做好以下准备工作：

1. 确定死刑执行的具体日期和刑场或羁押场所；执行的指挥人员、参与人员和具体执行人员；通知公安机关派员进行刑场警戒；通知同级人民检察院派员临场监督。

2. 执行死刑前，罪犯提出会见其近亲属或者其近亲属提出会见罪犯申请的，人民法院可以准许。

3. 执行死刑前，指挥执行的审判人员对罪犯应当验明正身，询问有无遗言、信札，并制作笔录，然后交付执行人员执行死刑。

（三）执行死刑

执行死刑可以在刑场或指定的羁押场所内执行，应当公布，但不应示众，禁止游街示众或者其他有辱被执行人人格的行为。死刑采用枪决或者注射等方法执行。采用注射方法执行死刑的，应当在指定的刑场或者羁押场所内执行。采用枪决、注射以外的其他方法执行死刑的，应当事先报请最高人民法院批准。

（四）死刑执行完毕后的相关事宜

执行死刑完毕，应当在法医验明罪犯确实死亡之后，由在场书记员制作笔录。交付执行的人民法院应当将执行死刑情况（包括执行死刑前后照片）及时逐级上报最高人民法院。

执行死刑后，负责执行的人民法院应当办理以下事项：

1. 对于死刑罪犯的遗书、遗言笔录，应当及时进行审查，涉及财产继承、债务清偿、家事嘱托等内容的，将遗书、遗言笔录交给家属，同时复制存卷备查；涉及案件线索等问题的，应当抄送有关机关。

2. 通知罪犯家属在限期内领取罪犯尸体；有火化条件的，通知领取骨灰。过期不领取的，由人民法院通知有关单位处理。对于死刑罪犯的尸体或者骨灰的处理情况，应当记录在卷。

3. 对外国籍罪犯执行死刑后，通知外国驻华使、领馆的程序和时限，依照有关规定办理。

## 二、判处死刑缓期二年的执行

根据《刑事诉讼法》第253条的规定，对于被判处死刑缓期二年执行的罪犯，由公安机关依法将该罪犯送交监狱执行刑罚。但对于未成年犯应当在未成年犯管教所执行刑罚。

对于判处死刑缓期二年执行的罪犯，交付执行的人民法院应当将判决书、裁定书、人民检察院的起诉状副本、自诉状复印件、人民法院的执行通知书、结案登记表及时送达看守所，由公安机关将罪犯交付监狱执行。监狱没有收到上述文书的，不得收监；上述文书不齐全或者记载有误的，作出生效判决的人民法院应当及时补充齐全或者作出更正；对其中可能导致错误收监的，不予收监，但监狱应当书面说明理由，由公安机关将执行通知书退回人民法院。对于未被逮捕的罪犯，经人民法院判处需要羁押执行刑罚，人民法院应当根据生效的判决书或者裁定书将罪犯羁押，并送交公安机关，公安机关根据执行通知书和已经发生法律效力的判决书，将其收送相应的劳动改造机关执行，而不再另行办理逮捕手续。根据《刑事诉讼法》第253条第4款规定，执行机关收押罪犯后，应及时通知罪犯家属，告知该罪犯所犯罪名、刑期及执行地址。

死刑缓期执行的期间，从判决或者裁定核准死刑缓期二年执行的法律文书宣告或送达之日起计算。

### 三、无期徒刑的执行

有关无期徒刑执行的规定同死刑缓期二年执行的规定基本相同，在此不赘述。

### 四、有期徒刑和拘役判决的执行

有期徒刑、拘役与无期徒刑同属自由刑，因此在执行程序上有相似之处，以下仅就有关有期徒刑与拘役执行的特别规定进行论述。

根据《刑事诉讼法》第 253 条的规定，对于被判处有期徒刑的罪犯，由公安机关依法将其送交监狱执行刑罚。但在被交付执行前，剩余刑期在 3 个月以下的，由看守所代为执行。被判处有期徒刑的犯罪分子，在执行期间，有劳动能力的，都应参加劳动，接受教育和改造。根据最高人民法院司法解释，对于被判处拘役的罪犯，在判决、裁定生效后，由交付执行的人民法院将判决书、裁定书、人民检察院的起诉书副本、自诉状复印件、执行通知书、结案登记表及时送达公安机关，由公安机关执行。在司法实践中，对于被判处拘役的罪犯，有拘役所的，交付执行的人民法院可将执行通知书、判决书送达公安机关，由公安机关放在拘役所执行；没有拘役所的，可仍由就近的监狱执行。监狱远离公安、审判机关的，可放在看守所执行。被判处拘役的犯罪分子，在执行期间，每月可回家 1 ~ 2 天；参加劳动的，可以酌量发给报酬。

### 五、有期徒刑缓刑、拘役缓刑的执行

缓刑不是独立的刑种，是附条件的暂缓执行刑罚，在一定期限内予以考察的一种特殊的执行方式。我国刑法与刑事诉讼法都对缓刑制度有所规定。

《刑事诉讼法》第 258 条规定："对被判处管制、宣告缓刑、假释或者暂予监外执行的罪犯，依法实行社区矫正，由社区矫正机构负责执行。"

第一审人民法院判处拘役或者有期徒刑宣告缓刑的犯罪分子，判决尚未发生法律效力的，不能立即交付执行。如果被宣告缓刑的罪犯在押，第一审人民法院应当先行作出变更强制措施的决定，改为监视居住或者取保候审，并立即通知有关社区矫正机关。判决发生法律效力后，应当将法律文书送达社区矫正机关。

人民法院宣告缓刑时，应同时宣告考察期限，缓刑考察期限从判决之日起计算。

被宣告缓刑、假释的犯罪分子，在缓刑、假释考验期限内再犯新罪或者

被发现判决宣告以前还有其他罪没有判决，应当撤销缓刑、假释的，由审判新罪的人民法院在审判新罪时，对原判决、裁定宣告的缓刑、假释予以撤销；如果原来是上级人民法院判决、裁定宣告缓刑、假释的，审判新罪的下级人民法院也可以撤销原判决、裁定宣告的缓刑、假释。审判新罪的人民法院对原审判决、裁定宣告的缓刑、假释撤销后，应当通知原宣告缓刑、假释的人民法院和执行机关。

被宣告缓刑的犯罪分子在缓刑考验期内必须遵守下列规定：①遵守法律、行政法规，服从监督；②按照考察机关的规定报告自己的活动情况；③遵守考察机关关于会客的规定；④离开所居住的市、县或者迁居，应当报经考察机关批准。

被宣告缓刑、假释的犯罪分子，在缓刑、假释考验期限内违反法律、行政法规或者其他有关监督管理的规定，应当依法撤销缓刑、假释的，原作出缓刑、假释裁判的人民法院应当自收到同级公安机关提出的撤销缓刑、假释建议书之日起 1 个月内依法作出裁定。人民法院撤销缓刑、假释的裁定，一经作出，立即生效。

## 六、管制、剥夺政治权利的执行

### （一）管制的执行

管制由人民法院交付社区矫正机构执行。管制的刑期，从判决执行之日起计算；判决执行以前先行羁押的，羁押 1 日折抵刑期 2 日。被判处管制的罪犯不能外出经商。若原单位确有特殊情况不能安排其工作的，在不影响监督考察的情况下，经工商管理部门批准，可以在常住户口所在地自谋生计；家在农村的，亦可就地从事或承包一些农副业生产。对被判处管制的犯罪分子，在劳改中应同工同酬。被判处管制的犯罪分子不能担任国有企业或集体企事业单位的领导职务。国家行政机关工作人员被判处管制，其职务自然撤销，是否收回，由原单位根据其犯罪性质研究决定，不予收回的，办理开除手续；收回的，安排参加劳动或临时性工作。管制期间悔改表现好的，期满解除管制后可以分配正式工作，重新确定职务和工资等级；表现不好的，予以开除。

根据有关法律规定，被判处管制的犯罪分子，在执行期间，应当遵守下列规定：①遵守法律、行政法规，服从监督；②未经执行机关批准，不得行使言论、出版、集会、结社、游行、示威自由的权利；③按执行机关的规定报告自己的活动情况；④遵守执行机关关于会客的规定；⑤离开所居住的市、县或者迁居，应当经执行机关批准。

执行管制和解除管制都应当向群众宣布。执行管制时，执行机关应当依照人民法院的判决，向罪犯所在单位或者居住地的有关群众宣布罪犯的犯罪事实、管制期间必须遵守的规定以及是否附加剥夺政治权利等内容。管制执行期满，执行机关应按期向罪犯本人和有关群众宣布解除管制，并且发给罪犯解除管制通知书。附加剥夺政治权利的，同时宣布恢复政治权利。

（二）剥夺政治权利的执行

被剥夺政治权利的犯罪分子，也由公安机关执行。

从刑法分则规定上看，剥夺政治权利的适用方式和对象都比较广泛。在适用方式上，既可以附加适用，也可以独立适用。在适用对象上，既包括严重的刑事犯罪，也包括一些较轻的犯罪。被剥夺政治权利的犯罪分子，在执行期间，应当遵守法律、行政法规和国务院公安部门有关监督管理的规定，服从监督。不得行使《刑法》第54条规定的各项权利，包括：①选举权和被选举权；②言论、出版、集会、结社、游行、示威自由的权利；③担任国家机关职务的权利；④担任国有公司、企业、事业单位和人民团体领导职务的权利。

对剥夺政治权利的罪犯，执行机关和有关单位、群众应严格监督其不得行使已被剥夺的各项政治权利。但不能妨碍其行使未被剥夺的权利。

关于剥夺政治权利的期限，除独立适用的以外，依所附加的主刑不同而有所不同。具体包括以下四种情况：①被判处管制附加剥夺政治权利的，剥夺政治权利的期跟与管制的期限相等，同时执行，即3个月以上2年以下；②判处拘役、有期徒刑附加剥夺政治权利的期限为1年以上5年以下；③判处死刑、无期徒刑的犯罪分子，应当剥夺政治权利终身；④死刑缓期执行减为有期徒刑或者无期徒刑减为有期徒刑的，附加剥夺政治权利的期限改为3年以上10年以下。

剥夺政治权利刑期的计算也有以下四种情况：①独立适用剥夺政治权利的，其刑期从判决确定之日起计算并执行。②判处管制附加剥夺政治权利的，剥夺政治权利的期限与管制的期限相等，同时起算，同时执行。管制期满解除管制，政治权利也同时恢复。③判处有期徒刑、拘役附加剥夺政治权利的，剥夺政治权利的刑期从有期徒刑、拘役执行完毕之日或者从假释之日起计算，剥夺政治权利的效力当然适用于主刑执行期间。④判处死刑（包括死缓）、无期徒刑附加剥夺政治权利终身的，刑期从判决发生法律效力之日起计算。

执行期满，应由执行机关通知本人，并向有关群众公开宣布恢复政治权利。被剥夺政治权利的人在恢复政治权利后，重新享有法律赋予公民的政治权利。

### 七、罚金、没收财产的执行

（一）罚金的执行

罚金由人民法院直接执行。

罚金无论是附加适用还是独立适用，被判处罚金的罪犯都必须在判决规定的期限内一次或者分期缴纳。期满无故不缴纳的，人民法院应当强制缴纳。经强制缴纳仍不能全部缴纳的，人民法院在任何时候，包括在判处的主刑执行完毕后，发现被执行人有可以执行的财产的，应当追缴。但如果遭遇不能抗拒的灾祸，缴纳罚金确实有困难的，犯罪分子可以向人民法院申请减少或者免除。人民法院查证属实后，可以裁定对原判决确定的罚金数额予以减少或者免除。行政机关对被告人就同一事实已经处以罚款的，人民法院判处罚金时应当予以折抵。

（二）没收财产的执行

《刑事诉讼法》第261条规定："没收财产的判决，无论附加适用或者独立适用，都由人民法院执行；在必要的时候，可以会同公安机关执行。"

对判处没收财产的犯罪分子，在本地无财产可供执行的，原判人民法院可以委托其财产所在地人民法院代为执行。代为执行的人民法院执行后或者无法执行的，应当将有关情况及时通知委托的人民法院。代为执行的人民法院可以将执行的财产直接上缴国库。

执行没收财产时，应严格区分罪犯个人所有的财产与家属所有或应有的财产，不得没收属于犯罪分子亲属所有或应有的财产。

执行没收财产时，罪犯的财产在查封以前，需要以没收的财产偿还的正当债务，经债权人请求，人民法院可以裁定在没收财产的范围内酌情偿还后，再予以没收。

## 第三节　执行的变更与其他处理

执行的变更是指在生效判决和裁定的执行过程中，执行机关根据执行中出现的法定情形，依一定的法律程序，对生效裁判所确定内容所作的更改。执行的变更是在原判正确的情况下，在法定情形发生时，对原判刑罚内容和执行方法上的变更。作为对执行合法性原则在司法实践中的变通，有利于灵活适应司法实践中的各种具体情况，实现对罪犯的惩罚、教育和改造。

在生效判决、裁定交付执行或者执行过程中，如果发生了不应按判决执行的情况或者有碍判决、裁定继续执行的情形，由人民法院依照刑事诉讼法规定的程序加以解决。

## 一、死刑执行的变更

死刑案件不同于一般案件，人死不能复生。所以法律对之持特别慎重的态度。为了防止错杀，我国刑事诉讼法规定了死刑执行的变更程序。包括停止执行死刑和暂停执行死刑两种变更方式。

### （一）停止执行死刑

根据《刑事诉讼法》第 251 条的规定，下级人民法院在接到执行死刑命令后，发现存在下列情形之一的，应当停止执行，并立即报告核准死刑的人民法院，由核准死刑的人民法院作出裁定：

1. 在执行前发现判决可能有错误的。执行机关在执行前发现判决、裁定存在错误的可能性，在未经查对核实、消除怀疑之前，应当停止执行。这是刑事诉讼客观真实的证明标准在执行程序中的体现。

2. 在执行前罪犯揭发重大犯罪事实或者有其他重大立功表现，可能需要改判的。这是刑事诉讼法修改后新增加的内容。立法目的在于给死刑犯最后的机会证明其悔过自新的诚意，这是以减少死刑适用的刑法思想为指导的。

3. 罪犯正在怀孕。对怀孕罪犯不适用死刑，是刑罚人道观的必然要求。根据刑法规定，对审判时正在怀孕的被告人不适用死刑。审判时被告正在怀孕，不仅包括被告人在法院受理案件阶段是怀孕妇女，而且被告人在法院审判前的关押期间内正在怀孕也属于这个法定情节。对于被告人是怀孕妇女而对她进行人工流产的，仍应视同正在怀孕的妇女。如果被判处死刑立即执行的罪犯，在执行时发现这个情节，执行也应立即停止。

在停止执行期间，经过人民法院查证属实后，如果确实具有上述前两项法定情形之一的，应当由原审法院按照审判监督程序重新审判，也可以由核准死刑的人民法院提审，依法改判，如果前两项规定停止执行的原因消失后，必须报请核准死刑的人民法院院长再签发执行死刑命令才能执行。

执行死刑时发现罪犯正在怀孕，不仅要停止执行死刑，还应当报请核准死刑的人民法院依法改判。核准死刑的人民法院依法改判的，不得再判处死刑或死刑缓期二年执行。

对核准死刑的判决、裁定生效之后，执行死刑前发现有刑事诉讼法第 251 条规定的情形，需要改判的案件，应当由有死刑核准权的人民法院适用审判监督程序依法改判或者指令下级人民法院再审。

（二）暂停执行死刑

《刑事诉讼法》第252条第4款规定："……在执行前，如果发现可能有错误，应当暂停执行，报请最高人民法院裁定。"这就是所谓的暂停执行死刑的内容。这里所谓的"可能有错误"涵盖的范围很广，比如罪犯执行前喊冤叫屈或提供新的事实、证据等，都属于"可能有错误"的执行范畴，应该暂停执行，以防滥杀、错杀。暂停执行的人民法院应当将发现的问题如实上报，请最高人民法院裁定。

## 二、死刑缓期二年执行的变更

根据《刑事诉讼法》第250条第2款和《刑法》第50条的规定，对被判处死刑缓期二年执行的犯罪分子，在死缓期满后有以下几种变更方法：

（一）死缓改为无期徒刑或者有期徒刑

死刑缓期执行期间如果没有故意犯罪，2年期满后，减为无期徒刑。这里的"故意犯罪"是指刑法规定的主观上在故意的罪过心理支配下所实施的犯罪行为。

在死刑缓期执行期间如果确有重大立功表现，2年期满后，减为25年有期徒刑，附加剥夺政治权利的期限改为3年以上10年以下。

这里的"重大立功表现"是指在接受教育、改造过程中，犯罪分子揭发他人重大罪行，查证属实的；提供侦破重大案件的重要线索，经查证属实的；阻止他人的重大犯罪活动；协助司法机关缉捕其他重大犯罪嫌疑人的；或者钻研技术，有发明创造等其他对国家和社会有重大贡献等突出表现的。立功必须达到"重大"的程度，才可以减为25年以下有期徒刑，以保持量刑上的平衡，避免死缓罪犯减刑后比判处无期徒刑者还要轻的不合理现象。

被判处死刑缓期二年执行的罪犯，如果死刑缓期二年执行期满后尚未裁定减刑前又犯新罪的，应当依法减刑后，对其所犯新罪另行审判。

根据《刑事诉讼法》和《监狱法》的有关规定，对死刑缓期执行罪犯减刑的管辖法院是服刑地的高级人民法院。审理对死刑缓期执行罪犯减刑案件的程序是：罪犯所在监狱在死刑缓期二年期满时，提出减刑建议，报经省、自治区、直辖市监狱管理机关审核后，报请高级人民法院裁定。高级人民法院组成的合议庭对申报材料审查后，认为应当减刑的，裁定减刑，并将减刑裁定书副本同时抄送原判人民法院及人民检察院。死刑缓期执行期满减为有期徒刑的，刑期自死刑缓期执行期满之日起计算。

（二）对死缓犯执行死刑

在死刑缓期执行期间，如果故意犯罪，查证属实的，由最高人民法院核准，执行死刑。这即是死缓变更为死刑立即执行的规定。

前两种情形下，执行机关应当提出书面意见，报经本省、自治区、直辖市司法厅（局）审查同意，然后提请当地高级人民法院裁定，凡审核后裁定减刑的，高级人民法院应制作减刑裁定书。裁定书应送达罪犯本人和负责执行的监狱，同时抄送原审人民法院和对监狱担负检察任务的人民检察院。

在第三种情形下，一般先由执行机关提出书面意见，报经本省、自治区、直辖市司法厅（局）审核同意，然后由当地高级人民法院酌情处理。死刑一律报经最高人民法院核准。核准后的死刑执行，依照死刑立即执行的程序办理。

### 三、暂予监外执行

暂予监外执行不是法定刑种，而是对判处有期徒刑或者拘役的罪犯，由于符合某些法定情形，而将其暂时放在羁押场所以外执行刑罚的一种变通执行方法。

《刑事诉讼法》对于暂予监外执行制度作了较大的修改。根据《刑事诉讼法》第254条的规定，对于被判处有期徒刑或者拘役的罪犯，有下列情形之一的，可以暂予监外执行：

1. 有严重疾病需要保外就医的。对于适用保外就医可能有社会危险性的罪犯，或者自伤、自残的罪犯，不得保外就医。对于罪犯确有严重疾病，必须保外就医的，由省级人民政府指定的医院诊断并开具证明文件，并应严格按照保外就医的规定由罪犯的保证人填写保证书，办好保外就医的一切手续。发现被保外就医的罪犯不符合保外就医条件的，或者严重违反有关保外就医的规定的，应当及时收监。

2. 怀孕或者正在哺乳自己婴儿的妇女。对于正在哺乳自己婴儿的妇女，司法实践中，一般把哺乳期定为1年，从分娩之日起计算。正在哺乳自己婴儿的女犯，应经乡镇派出所证明。怀孕的妇女应由县级以上医院出具证明。

3. 生活不能自理，适用监外执行不致危害社会的。人民法院在审判时，如已发现罪犯具有上述法定的情形，可以在判决中同时宣告暂予监外执行。送达执行时，连同判决书、监外执行通知书一起送达执行机关。如果执行机关在刑罚执行过程中发现上述法定情形，司法实践中根据执行机关的不同分两种情况：一是看守所发现服刑的罪犯具备暂予监外执行的法定条件的，由看守所提出意见，经设区的市一级以上公安机关批准。二是监狱发现服刑的罪犯具备暂予监外执行的法定条件的，由监狱提出意见，报省级以上监狱管理机关批准。

此外，对于被判处无期徒刑的罪犯，如果是怀孕或者正在哺乳自己婴儿的妇女，可以暂予监外执行。

2012 年修改的《刑事诉讼法》在原有法律规定基础上增加一款有关暂予监外执行决定权的内容，即 254 条第 5 款规定，在交付执行前，暂予监外执行由交付执行的人民法院决定；在交付执行后，暂予监外执行由监狱或者看守所提出书面意见，报省级以上监狱管理机关或者设区的市一级以上公安机关批准。

对于暂予监外执行的罪犯，由居住地公安机关执行。实践中，由公安机关委托罪犯居住地的公安派出所执行，并由基层组织或者罪犯的原所在单位协助进行监督。

对于暂予监外执行的罪犯，不允许离开所在地域外出经商。被准许暂予监外执行的罪犯，因生活确有困难和谋生需要的，在不影响对其实行监督考察的情况下，经执行机关批准，可以就地从事一些农副业和小商品生产。暂予监外执行的罪犯确因医治疾病或接受护理而离开居住地到本县、市以外地方的，必须经过执行机关批准。经批准外出的暂予监外执行罪犯，其外出期间应计入服刑期；对于未经批准，擅自离开居住地的，不计入服刑期。

根据《刑事诉讼法》第 257 条的规定，对于暂予监外执行的罪犯，有下列情形之一的，应当及时收监：①发现不符合暂予监外执行条件的；②严重违反有关暂予监外执行监督管理规定的；③暂予监外执行的情形消失后，罪犯刑期未满的。并增加规定，对于人民法院决定暂予监外执行的罪犯应当予以收监的，由人民法院作出决定，将有关的法律文书送达公安机关、监狱或者其他执行机关。不符合暂予监外执行条件的罪犯通过贿赂等非法手段被暂予监外执行的，在暂予监外执行的期间不计入执行刑期。罪犯在暂予监外执行期间脱逃的，脱逃的期间不计入执行刑期。

## 四、减刑和假释

减刑，是指对于被判处管制、拘役、有期徒刑和无期徒刑的犯罪分子，在刑罚执行期间，由于确有悔改或者立功表现，因而适当减轻原判刑罚的一种制度。

假释，是对被判处有期徒刑、无期徒刑的犯罪分子，在执行一定刑期之后，确有悔改表现，不致再危害社会，而将其有条件地提前释放的制度。

### （一）减刑与假释的适用条件

1. 减刑的适用条件。根据《刑法》第 78 条的规定，减刑必须具备法定的主观条件和客观条件。

罪犯只有在执行过程中主观上确有悔改或有立功表现的，才可以减刑，这是减刑的主观条件。

关于什么是“确有悔改”或者“立功表现”法律没有规定，司法实践中，一般认为同时具备以下四个方面情形的，应当认为是“确有悔改”：①在刑罚执行期间认罪服法；②一贯遵守罪犯改造行为规范和监规、纪律；③积极参加政治、文化、技术学习；④积极参加劳动，爱护公物，完成劳动任务。

犯罪分子具备以下情形之一的，应当认为“确有立功表现”：①检举、揭发监内外犯罪活动，或者提供重要的犯罪线索，经查证属实的；②阻止他人犯罪活动的；③在生产、科研中进行技术革新，成绩突出的；④在抢险救灾或者在排除重大事故中表现积极的；⑤有其他有利于国家和社会的突出事迹的。

根据《刑法》第78条规定，犯罪分子具备下列情形之一的，视为“重大立功表现”，应当予以减刑：①阻止他人重大犯罪活动的；②检举监狱内外重大犯罪活动，经查证属实的；③有发明创造或者重大技术革新的；④在日常生产生活中舍己救人的；⑤在抗御自然灾害或者排除重大事故中有突出表现的；⑥对国家和社会有其他重大贡献的。

减刑的客观条件是指罪犯必须要经过法定最低服刑期限才可以减刑，而且减刑也有一定限度。

对被判处无期徒刑、有期徒刑的罪犯的减刑时间限度应按照以下程序进行：

（1）无期徒刑罪犯在刑罚执行期间，如果确有悔改或立功表现的，服刑2年后，可以减为18年以上20年以下有期徒刑；对确有悔改并有立功表现的，可以减为13年以上18年以下有期徒刑。无期徒刑犯在执行期间重新犯罪被判处有期徒刑以下刑罚的，自新罪判决确定之日起在2年内不予减刑。无期徒刑犯减刑以后的实际执行期不能少于13年。

（2）被判处5年以上有期徒刑的罪犯，一般在执行1年半以上方可减刑，两次减刑之间一般以间隔1年以上为宜。被判处10年以上有期徒刑的罪犯，一次减2年或者3年有期徒刑之后，再减刑时，其间隔的时间一般不得少于2年。被判处不满5年有期徒刑的罪犯，可以比照上述时间适当缩短。对有立功表现的，可以不受上述时间限制。有期徒刑罪犯在执行期间，如果确有悔改或者立功表现的，一般一次可以减2年以下有期徒刑；被判处10年以上有期徒刑的罪犯，如果悔改表现突出或者有立功表现的，一次最长可以减2年有期徒刑；如果悔改表现突出并有立功表现的，一次最长可以减3年有期徒刑。有重大立功表现的，可以不受上述减刑期限的限制。在有期徒刑犯减刑时，对附加剥夺政治权利的刑期可以酌减，但最短不得少于1年。对于被判处有期徒刑以及管制、拘役的罪犯，减刑以后实际执行的刑期不能少于原判刑期的1/2。

2. 假释的适用条件。与减刑不同的是，假释只适用于被判处有期徒刑和无期徒刑的罪犯。但也必须具备法定主、客观条件才能假释。

根据《刑法》第81条的规定，适用假释的罪犯主观上必须“确有悔改表现”，并且假释后不致再危害社会。关于“确有悔改表现”的情形与前述减刑相同。“不致再危害社会”是指罪犯在劳动改造期间一贯表现好，确有悔改表现不致重新犯罪的，或者老弱病残并丧失作案能力的。

假释的客观条件是指假释只适用于已经执行一部分刑罚的犯罪分子。具体说来，被判处有期徒刑的罪犯必须执行原判刑期的1/2以上，被判处无期徒刑的罪犯必须已实际执行13年以上，才可适用假释。但如有特殊情况，经最高人民法院核准，可以不受上述执行期限的限制。根据有关司法解释，这些“特殊情况”应包括以下情形：①罪犯在服刑期间有重大发明创造或突出的立功表现；②罪犯已经基本丧失活动能力，并有悔改表现，假释后不会再危害社会；③罪犯有专门技能，有关单位急需使用；④为了政治斗争的需要，对某些具有外国籍或不属于大陆籍的罪犯而适用假释；等等。

（二）减刑与假释的程序

减刑与假释应当分情形遵守下列程序：

1. 对于被判处无期徒刑的罪犯的减刑、假释，由罪犯服刑地的高级人民法院根据省、自治区、直辖市监狱管理机关审核同意的监狱减刑、假释建议书裁定。高级人民法院应当自收到减刑、假释建议书之日起1个月内依法裁定；案情复杂或者情况特殊的，可以延长1个月。

2. 对于被判处有期徒刑（包括减为有期徒刑）的罪犯的减刑、假释，由罪犯服刑地的中级人民法院根据当地执行机关提出的减刑、假释建议书裁定。中级人民法院应当自收到减刑、假释建议书之日起1个月内依法裁定；案情复杂或者情况特殊的，可以延长1个月。

3. 对于被判处拘役的罪犯的减刑，由罪犯服刑地的中级人民法院根据当地同级执行机关提出的减刑建议书裁定。

4. 对于被判处管制的罪犯的减刑，由罪犯服刑地的中级人民法院根据当地同级执行机关提出的减刑建议书裁定。

5. 被宣告缓刑的罪犯，在缓刑考验期限内确有重大立功表现，需要予以减刑，并相应缩短缓刑考验期限的，应当由负责考察的公安派出所会同罪犯的所在单位或者基层组织提出书面意见，由罪犯所在地的中级人民法院根据当地同级执行机关提出的减刑建议书裁定。

6. 对于公安机关看守所监管的罪犯的减刑假释，由罪犯所在的看守所提出意见，由当地中级人民法院根据当地同级执行机关提出的减刑、假释建议书裁定。

人民法院受理减刑、假释案件，应当审查执行机关移送的材料是否包括下列内容：①减刑、假释建议书；②终审法院的判决书、裁定书、历次减刑裁定书的复制件；③罪犯确有悔改或者立功、重大立功表现事实的书面证明材料；④罪犯评审鉴定表、奖惩审批表等。

经审查，如果上述材料齐备的，应当收案；材料不齐备的，应当通知提请减刑、假释的执行机关补送。

人民法院审理减刑、假释案件，应当组成合议庭。根据《监狱法》有关规定，人民法院审理减刑、假释案件，应该自收到减刑、假释建议书之日起1个月内予以审核裁定，案情复杂或者情况特殊的，可以延长1个月。

（三）减刑与假释的执行与后果

无期徒刑减为有期徒刑的刑期，从裁定减刑之日起计算，裁定减刑前关押的日期不予折抵。原判处管制、拘役、有期徒刑（包括缓刑）的，减刑后的刑期从原判决执行之日起计算，已执行的部分应计入减刑后的刑期之内。

根据《刑法》第85条的规定，被假释的犯罪分子，有考验期，在考验期内由公安机关予以监督。犯罪分子的假释考验期限因原判刑罚的不同而有所不同。

被判处有期徒刑的犯罪分子，其假释的考验期为原判刑罚没有执行完毕的刑期，即在宣告假释时原判刑罚的剩余刑期。被判处无期徒期的犯罪分子，其假释的考验期限为10年。假释考验期限，从假释之日起计算。

根据《刑法》第84条规定，被宣告假释的犯罪分子应当遵守下列规定：①遵守法律、行政法规，服从监督；②按照监督机关的规定报告自己的活动情况；③遵守监督机关关于会客的规定；④离开所居住的市、县或者迁居，应当报经监督机关批准。

《刑法》第85条、86条规定了假释后可能会出现的法律后果：

（1）被假释的犯罪分子，在假释考验期内没有再犯新罪或者发现漏罪，或者没有违反法律、行政法规或者国务院公安部门有关假释的监督管理规定的行为，假释考验期满，就认为原判刑罚已经执行完毕。

（2）被假释的犯罪分子，在考验期内再犯新罪或发现其在判决宣告以前还有其他罪行没有判决，应当撤销假释，实行数罪并罚。

（3）被假释的犯罪分子，在假释考验期限内，有违反法律、行政法规或者国务院公安部门有关假释的监督管理规定的行为，尚未构成新的犯罪的，应当依法定程序撤销假释，收监执行未执行完毕的刑罚。

(4) 对被假释的犯罪分子，如果在假释考验期满以后，才发现其在假释考验期限内又犯新罪，只要没有超过追诉时效期限的，也应撤销假释，把前罪没有执行的刑罚和后罪所判处的刑罚，依刑法第69条的规定，决定执行的刑罚。

(5) 犯罪分子被假释后，原判有附加刑的，附加刑仍须继续执行。原判有附加剥夺政治权利的，附加剥夺政治权利的刑期从假释之日起计算。

### 五、发现错判和对申诉的处理

《刑事诉讼法》第264条规定："监狱和其他执行机关在刑罚执行中，如果认为判决有错误或者罪犯提出申诉，就当转请人民检察院或者原判人民法院处理。"监狱和其他执行机关认为判决有错误，包括定罪、量刑不当，应提出具体意见并附调查材料转送原起诉人民检察院或者原判人民法院处理，而不能自行撤销或者变更。

对于罪犯在执行过程中提出申诉，监狱和其他执行机关不能认为是"抗拒改造"、"不认罪服法"而随意予以扣押，剥夺其权利，而应按罪犯的申诉书明确的要求，转送人民检察院或者人民法院。如果申诉书中并无明确具体要求，执行机关可自行决定转送的机关。

人民检察院或者原判人民法院收到执行机关认为裁判错误要求重新处理案件的材料或者罪犯的申诉书后，应当本着对事实和法律负责的精神认真进行审查。审查后，如果原判决和裁定在认定事实或者适用法律上确有错误的，反映的意见属实，罪犯的申诉有理的，应依法提起审判监督程序，对案件进行重新审理，但在裁判作出前，原裁判不得停止执行。如果认为在认定事实或适用法律上没有错误，只是刑期折抵等具体问题有错误时，通知原判人民法院予以更正即可。

根据《监狱法》第24条的规定，监狱在执行刑罚过程中，根据罪犯的申诉，认为判决可能有错误，而提请人民检察院或者人民法院处理的，人民检察院或者人民法院应当自收到监狱提请处理意见书之日起6个月以内将处理结果通知监狱。

## 第四节　人民检察院对执行的监督

《刑事诉讼法》第8条规定："人民检察院依法对刑事诉讼实行法律监督。"这即是刑事诉讼法新增加的人民检察院法律监督原则。人民检察院对刑事诉讼实行法律监督包括立案监督、侦查监督、审判监督和执行监督。执行监督是人民检察院对刑事诉讼监督的重要组成部分。根据《刑事诉讼法》第265条的规定，执行监督是指人民检察院对执行机关执行刑罚的活动是否合法实行监督。监督的对象既包括监狱、劳改队、也包括负责执行刑罚的其他机关场所。监督的具体内容包括开始执行是否符合法定条件，有无非法拖延执行的情况，执行刑罚的场合、方法、手续是否合法，执行机关执行中对刑罚的变更或对刑罚执行方法的变更、对新罪漏罪及申诉的处理有无违法之处，是否有贪污受贿、徇私舞弊、私放罪犯、虐待罪犯等渎职行为。

### 一、人民检察院对执行死刑的监督

《刑事诉讼法》第252条第1款规定："人民法院在交付执行死刑前，应当通知同级人民检察院派员临场监督。"人民检察院接到通知后，应派出检察员亲临现场执行监督任务。执行死刑临场监督，由检察人员担任，并配备书记员担任记录。人民检察院收到同级人民法院执行死刑临场监督通知后，应当查明同级人民法院是否收到最高人民法院或者高级人民法院核准死刑的判决或者裁定和执行死刑的命令。

临场监督执行死刑的检察人员应当依法监督执行死刑的场所、方法和执行死刑的活动是否合法。发现下列情形之一的，建议人民法院停止执行：①被执行人并非应当执行死刑的罪犯的；②罪犯犯罪时不满18周岁的；③判决可能有错误的；④在执行前罪犯检举揭发重大犯罪事实或者有其他重大立功表现，可能需要改判的；⑤罪犯正在怀孕的。

在执行死刑过程中，人民检察院临场监督人员根据需要可以进行拍照、摄像；执行死刑后，人民检察院临场监督人员应当检查罪犯是否确已死亡，并填写死刑临场监督笔录，签名后入卷归档。

### 二、人民检察院对暂予监外执行的监督

根据《刑事诉讼法》第256条的规定，决定或者批准暂予监外执行的机关应当将暂予监外执行决定抄送人民检察院，人民检察院认为暂予监外执行不当的，应当自接到通知之日起1个月以内将书面意见送交决定或者批准暂予监外执行的机关，决定或者批准暂予监外执行的机关接到人民检察院的书面意见后，应当立即对该决定进行重新核查。为了保障人民检察院监督权的有效行使，《刑事诉讼法》第255条规定："监狱、看守所提出暂予监外执行书面意见的，应当将书面意见的副本抄送人民检察院。人民检察院可以向决定或者批准机关提出书面意见。"

人民检察院接到批准或者决定对罪犯暂予监外执行的通知后，应当进行审查。审查的内容包括：①是否属于被判处有期徒刑或者拘役的罪犯；②是否属于有严重疾病需要保外就医的罪犯；③是否属于正在怀孕或者正在哺乳自己婴儿的妇女；④是否属于自伤自残的罪犯；⑤是否属于生活不能自理，适用暂予监外执行不致危害社会的罪犯；⑥办理暂予监外执行是否符合法定程序。

检察人员可以向罪犯所在单位和有关人员调查，可以向有关机关调阅有关材料。经审查认为暂予监外执行不当的，应当自接到通知之日起1个月以内提出书面纠正意见，呈报批准或者决定暂予监外执行机关的同级人民检察院送交批准或者决定暂予监外执行的机关。以上机关接到人民检察院的书面意见后，应当立即对其批准或决定暂予监外执行的结果进行重新核查。人民检察院对重新核查的结果是否符合法律规定进行监督，对不符合法律规定的，应依法提出纠正意见。

人民检察院对监狱、看守所、拘役所暂予监外执行的执法活动实行监督，发现有下列违法情况的，应当提出纠正意见：①将不具备法定条件的罪犯报请暂予监外执行的；②对罪犯报请暂予监外执行没有完备的合法手续的；③对决定暂予监外执行的罪犯未依法予以监外执行的，或者罪犯被批准暂予监外执行后未依法交付监外执行的；④罪犯在暂予监外执行期间有违法行为，应当收监执行未收监的；⑤暂予监外执行的条件消失后，未及时收监执行的；⑥暂予监外执行的罪犯刑期届满，未及时办理释放手续的。

对于暂予监外执行的罪犯，人民检察院发现暂予监外执行的情形消失，应当通知执行机关收监执行。

### 三、人民检察院对减刑、假释的监督

人民检察院对执行机关报请人民法院裁定减刑、假释的活动实行监督，发现有下列违法情况，应当提出纠正意见：①将不具备法定条件的罪犯报请人民法院裁定减刑、假释的；②对依法应当减刑、假释的罪犯不报请人民法院裁定减刑、假释的，或者罪犯被裁定假释后，应当交付监外执行而不交付监外执行的；③报请人民法院裁定对罪犯减刑、假释没有完备的合法手续的。

人民检察院接到人民法院减刑、假释的裁定书副本后，应当进行审查。审查的内容包括：①被减刑、假释的罪犯是否符合法定条件；②执行机关呈报减刑、假释的程序是否合法；③人民法院裁定减刑、假释的程序是否合法。检察人员可以向罪犯所在单位和有关人员调查，可以向有关机关调阅有关材料。经审查认为人民法院减刑、假释的裁定不当，应当提出纠正意见的，由

检察长决定。

人民检察院认为人民法院减刑、假释的裁定不当，应当在收到裁定书副本后20日内，向作出减刑、假释裁定的人民法院提出书面纠正意见。对人民法院减刑、假释裁定的纠正意见，由作出减刑、假释裁定的人民法院的同级人民检察院书面提出。下级人民检察院发现人民法院减刑、假释裁定不当的，应当立即向作出减刑、假释裁定的人民法院的同级人民检察院报告。

人民检察院对人民法院减刑、假释的裁定提出纠正意见后，应当监督人民法院是否在收到纠正意见后1个月内重新组成合议庭进行审理，并监督重新作出的最终裁定是否符合法律规定。对最终裁定不符合法律规定的，应当向同级人民法院提出纠正意见。

### 四、人民检察院对执行机关执行刑罚活动的监督

这种监督是指人民检察院对监狱、看守所、劳改机关的日常管理活动的监督。一般称为劳改检察，严格来讲，它属于司法管理监督的范畴。

人民检察院对看守所收押、监管、释放犯罪嫌疑人、被告人的活动，依法实行监督，发现违法行为，应当通知看守所纠正。人民检察院发现看守所在罪犯送交执行活动中有下列违法情形之一的，应当依法通知纠正：①对判处死刑缓期二年执行、无期徒刑或者有期徒刑余刑在1年以上的罪犯，自接到人民法院执行通知书、判决书或者裁定书之日起30日以内未送交执行机关执行的；②对判处拘役的罪犯未依法送交拘役所执行刑罚的；③对判处管制、剥夺政治权利或者适用缓刑的罪犯，在判决或者裁定生效后未依法移送罪犯居住地公安机关执行的。

人民检察院发现监狱、未成年犯管教所、拘役所、社区矫正机构在收押罪犯活动中有下列违法情形之一的，应当依法通知纠正：①没有已经发生法律效力的刑事判决书或者裁定书、执行通知书等有关法律文书而收押的；②收押罪犯与收押凭证不符的；③应当收押而拒绝收押的；④收押依法不应当关押的罪犯的；⑤其他违反收押规定的。

人民检察院发现执行机关在狱政管理教育改造等活动中有违法行为的，应当依法提出纠正。

## ◆ 思考与练习

### 一、选择题

1. 下列裁判属于已生效的是（　　）。

A. 已过法定期限没有上诉、抗诉的判决和裁定

B. 终审的判决和裁定

C. 最高人民法院核准的死刑判决和裁定

D. 高级人民法院核准的死刑缓期二年执行的判决和裁定

**【答案】** ABCD

**【解析】** 根据《刑事诉讼法》第208条和相关规定，已生效的判决和裁定，具体指以下几种：①已过法定期限没有上诉、抗诉的判决和裁定；②终审的判决和裁定；③最高人民法院核准的死刑判决和裁定；④高级人民法院核准的死刑缓期二年执行的判决和裁定。

2. 对于被判处无期徒刑的罪犯的减刑、假释，由罪犯服刑地的高级人民法院根据省、自治区、直辖市监狱管理机关审核同意的监狱减刑、假释建议书裁定。高级人民法院应当自收到减刑、假释建议书之日起多长时间内依法裁定？(　　)

A. 1个月　　　　B. 7日

C. 10日　　　　D. 3日

**【答案】** A

**【解析】** 对于被判处无期徒刑的罪犯的减刑、假释，由罪犯服刑地的高级人民法院根据省、自治区、直辖市监狱管理机关审核同意的监狱减刑、假释建议书裁定。高级人民法院应当自收到减刑、假释建议书之日起1个月内依法裁定；案情复杂或者情况特殊的，可以延长1个月。

## 二、讨论题

1. 试论暂予监外执行。

**【讨论提示】** 暂予监外执行的概念、条件、意义以及我国暂予监外执行制度的缺陷分析、完善设想。

2. 如何理解人民检察院的执行监督？

**【讨论提示】** 人民检察院执行监督的具体内容与效果评价。

## 三、案例分析题

王某因犯强奸罪被某中级人民法院一审判处死刑缓期二年执行，并经高级人民法院核准。在死刑缓期二年执行期间王某未犯新罪。二年期满后，在高级人民法院尚未裁定减刑期间，王某将同监另一犯人打成重伤。该高级人民法院对王某应当作什么处理？

**【参考答案】** 先依法裁定减刑，然后对所犯新罪另行审判。

《刑事诉讼法》第250条第2款规定："被判处死刑缓期二年执行的罪犯，在死刑缓期执行期间，如果没有故意犯罪，死刑缓期执行期满，应当予以减

刑，由执行机关提出书面意见，报请高级人民法院裁定；如果故意犯罪，查证属实，应当执行死刑，由高级人民法院报请最高人民法院核准。”被判处死刑缓期二年执行的罪犯，在死刑缓期二年执行期间，如果没有故意犯罪，死刑缓期二年执行期满后，即应当裁定减刑。如果死刑缓期二年执行期满后尚未裁定减刑前又犯新罪的，应当依法减刑后对其所犯新罪另行审判。根据上述规定，只要在死刑缓期二年执行期间没有故意犯罪，就应当依法减刑。其后又犯新罪的，对其所犯新罪另行审判。

## ◇ 参考文献

1. 陈敏：《减刑制度比较研究》，中国方正出版社 2001 年版。

2. 柳忠卫：《假释制度比较研究》，山东大学出版社 2006 年版。

3. 韩玉胜主编：《刑事执行制度研究》，中国人民大学出版社 2007 年版。

4. 李忠诚：“刑事执行功能研究”，载《中国法学》2003 年第 3 期。

5. 周国文：“论无期徒刑减刑后的假释考验期限——一个合理性解释”，载《现代法学》2005 年第 5 期。

6. 韩玉胜、沈玉忠：“和谐社会语境下刑事执行法学的新发展”，载《法学家》2007 年第 1 期。

# 第二十章
# 特别程序

【导读】 2012年修改的《刑事诉讼法》增加了新的一编“特别程序”，分别规定了四种特别程序：未成年人刑事案件诉讼程序、当事人和解的公诉案件诉讼程序、犯罪嫌疑人被告人逃匿、死亡案件违法所得的没收程序、依法不负刑事责任的精神病人的强制医疗程序。其中，未成年人案件诉讼程序是刑事诉讼法根据未成年人的特点及其案件的特性规定的特别程序。当事人和解的公诉案件诉讼程序对于刑事案件中对民事赔偿部分的和解程序作出了特别规定。犯罪嫌疑人、被告人逃匿、死亡案件违法所得的没收程序对于未经定罪的逃亡的犯罪嫌疑人、被告人的违法所得如何处理规定了特殊的程序。依法不负刑事责任的精神病人的强制医疗程序针对实施了暴力行为且危害公共安全或者严重危害公民人身安全的精神病人，在不负刑事责任但同时具有继续危害社会的可能性时，规定了强制医疗程序，以保护社会安全。四种特别程序体现了刑事诉讼程序向精细化方向发展的趋势，对于解决新时期刑事司法系统面临的全新挑战具有突出的针对性。

在学习本章内容时，除掌握本章内容外，还要结合其与其他章节的关系，同时还应注意其程序的特殊性。

## 第一节 未成年人刑事案件诉讼程序

### 一、未成年人案件诉讼程序概述

（一）未成年人案件诉讼程序的概念与特点

未成年人案件诉讼程序，是指专门适用于未成年人刑事案件的立案、侦查、起诉、审判和执行等一系列诉讼活动的特别程序。未成年人刑事案件，是指犯罪嫌疑人、被告人实施涉嫌或被指控的犯罪行为时，已满14周岁不满18周岁的刑事案件。其中，“周岁”按公历的年、月、日计算，从出生日的第2天起算。

由于未成年人正值青春发育期，处于由幼稚转向成熟的过渡期，尤其是心智尚未成熟，辨别是非的能力较弱，容易受到外界的不良影响而犯罪，与成年人相比，无论是心理方面还是生理方面均具有不同的特点。况且，这一时期的未成年人对外界反应敏感，独立意识和自尊心较强，即使是犯罪，在罪过形式、犯罪动机、目的等方面与成年人犯罪相比也具有特殊性，需要不同于成年人的诉讼程序予以教育、感化和挽救。为此，2012 年修改的《刑事诉讼法》在“特别程序”一编设专章对“未成年人刑事案件诉讼程序”对此进行了规定。未成年人案件诉讼程序不仅有别于成年人刑事案件的诉讼程序，而且还强调了办理未成年人刑事案件的基本方针、原则，规定了对未成年人辩护权和其他合法权利的特别保护制度。未成年人案件诉讼程序与成年人诉讼程序相比具有以下特点：

1. 未成年人案件诉讼程序贯彻教育为主的基本方针，突出教育改造的宗旨，即使是惩罚也仅仅作为辅助性手段，其目的是为了更好地教育与改造未成年犯罪人。办理未成年人刑事案件无论在何种诉讼阶段均应坚持教育、感化、挽救的原则，立足于教育的刑事政策思想，着眼于挽救，即使是执行阶段也应当贯彻教育为主的原则与基本精神，未成年人诉讼程序充分体现了教育的目的。

2. 未成年人案件诉讼程序从侦查、起诉、审判到执行采取了适合未成年人特点的诉讼制度和程序。其诉讼程序本身不仅灵活多样，与成年人的程序不同，而且还体现缓和、宽松的气氛，由专门办理未成年人刑事案件的机构或者熟悉未成年人身心特点的审判人员、检察人员、侦查人员承办；其制度也有异于成年人，如附条件的不起诉制度和犯罪记录封存制度，充分体现对未成年人的特别保护和关怀。

3. 未成年人案件诉讼程序对证据的运用均有较高的诉讼要求，不仅要求案件事实清楚，证据确实、充分，还需要证明未成年人走上犯罪道路的家庭、社会、教育等方面的原因，以至于未成年人案件诉讼程序在设置上表现出与成年人诉讼程序的不同与特殊性。

4. 未成年人案件诉讼程序不仅赋予未成年犯罪嫌疑人、被告人更多的诉讼权利，而且还设置了更多的保障措施。在诉讼程序中，犯罪嫌疑人、被告人的法定代理人到场制度，所在学校、单位、居住地基层组织或者未成年人保护组织的代表到场制度以及到场法定代理人代行未成年犯罪嫌疑人、被告人诉讼权利制度等。

#### （二）未成年人案件诉讼程序的意义

对未成年人案件诉讼程序作为专门的法定程序可追溯到 1899 年美国伊利诺斯州的《少年法庭法》，发展至今，被世界各国所关注与重视。如《俄罗斯联邦刑事诉讼法典》第五十章专门规定了“未成年人刑事案件的诉讼”；日本最高法院的《刑事诉讼规则》第四编专门规定了“少年案件特别程序”等。国际刑事司法准则也对未成年人诉讼程序作了原则性要求。如1966年12月16日，联合国大会通过《公民权利和政治权利国际公约》；1985年11月20日，联合国大会通过的《儿童权利公约》；1989年11月20日，联合国大会通过的《联合国少年司法最低限度标准规则》（《北京规则》）；1990年12月14日，联合国大会批准的《联合国保护被剥夺自由少年规则》和《预防少年犯罪准则》等。其中，《儿童权利公约》、《联合国少年司法最低限度标准规则》我国已经批准并对我国生效。根据“条约必须信守”的国际法原则，我国不仅应当履行国际公约规定的义务，也应当将国际公约的规定转化为国内法的规定。近年来，我国颁布了一系列有关未成年人的法律。1991年9月4日，全国人大常委会颁布的《中华人民共和国未成年人保护法》（以下简称《未成年人保护法》）在“司法保护”一章对未成年人犯罪案件的处理原则、讯问、羁押、法律援助、公开审判以及职权机关的权利保障责任等作了专门规定。1999年6月28日，全国人大常委员会颁布的《中华人民共和国预防未成年人犯罪法》（以下简称《预防未成年人犯罪法》）在“对未成年人重新犯罪的预防”一章中对未成年人刑事案件的处理方针、原则、审判组织、拘留、逮捕、公开审判、刑罚执行等作了特别规定。2012年修改的《刑事诉讼法》对未成年人刑事案件诉讼程序作为“特别程序”进行了专门规定，形成了相对完备的具有中国特色的未成年人刑事案件诉讼程序。

我国《刑事诉讼法》将未成年人刑事案件诉讼程序作为特别程序具有特别重要的意义：

1. 有助于教育、感化、挽救犯罪的未成年人。因为未成年人在生理上、心理上正处于发育成长时期，自控能力较差，容易冲动，行为不计后果。与成年人相比，在犯罪时的主观恶性不深，动机相对单纯，带有很大程度的盲目性和随意性。同时，未成年人具有较强的可塑性，矫正起来相对容易，更易于接受教育改造。在诉讼程序中，采用适用于未成年人特点的专门程序，更有利于教育、挽救未成年人，使之及早回归社会。

2. 有助于解决未成年人刑事案件增多的社会问题。未成年人犯罪案件已经成为突出的社会问题。这些社会问题涉及许多方面的因素，通过特别程序来处理未成年人刑事案件能够更好地解决这些问题，尤其在刑事诉讼中充分考虑到未成年人的生理、心理特点，采用符合未成年人特点的专门诉讼程序，有助于缓解未成年人犯罪日益增多的社会问题。

3. 符合国外以及国际社会对未成年人特别保护的立法方向。世界上许多国家和地区都制定了专门的少年法规，并建立了少年法院。尽管各个国家的情况并不相同，司法制度和诉讼程序也不尽相同，但在有关未成年人犯罪的诉讼制度与程序上却具有一致的方向，借助于特别程序对未成年人的教育、挽救则是相同的。我国刑事诉讼法在诉讼程序给予未成年人犯罪嫌疑人、被告人特别保护与世界各国具有共同的发展趋势，也是我国刑事诉讼法文明、进步与发展的具体体现。

## 二、未成年人案件诉讼程序的特有原则

### （一）教育为主和惩罚为辅原则

《刑事诉讼法》第266条第1款规定："对犯罪的未成年人实行教育、感化、挽救的方针，坚持教育为主、惩罚为辅的原则。"这一原则是指人民法院、人民检察院、公安机关在办理未成年人刑事案件中应当贯彻教育感化、挽救的方针，辅之以必要的惩罚性措施。

教育为主和惩罚为辅原则不仅是人民法院、人民检察院、公安机关办理未成年人刑事案件应当遵循的程序性原则，也是法律对未成年人特别保护的实体法要求，其他有关未成年人的法律对此也存在相应的规定与要求。如《未成年人保护法》第54条第1款规定："对违法犯罪的未成年人，实行教育、感化、挽救的方针，坚持教育为主、惩罚为辅的原则。"《预防未成年人犯罪法》第44条规定："对犯罪的未成年人追究刑事责任，实行教育、感化、挽救方针，坚持教育为主、惩罚为辅的原则。"这一原则主要包括以下几个方面的内容：

1. 人民法院、人民检察院、公安机关在办理未成年人刑事案件中应当充分考虑未成年人的生理和心理特点，根据其平时表现、家庭情况、犯罪原因等有针对性的进行教育，充分体现教育、感化、挽救的办案方针。

2. 人民法院、人民检察院、公安机关在立案、侦查、起诉、审判和执行的各个阶段充分发挥教育的功能，尽可能不采取羁押性的强制措施，充分保护未成年犯罪嫌疑人、被告人的合法权益和诉讼权利，并通过教育增强其法制观念，使其及时认识错误改过自新，及早重新回归社会。

3. 人民法院、人民检察院、公安机关在处理惩罚与教育的关系上，应当以教育为主要目的，刑罚仅仅作为教育的一种手段，在办案过程中尽可能给予未成年犯罪人改过自新的机会。但是，以教育为主并不意味着放纵犯罪甚至不处罚，对那些社会危害严重、主观恶性大的未成年犯罪人应当按照法律规定的原则和形势政策在法律规定范围内予以必要的惩罚，充分贯彻轻缓化的刑事政策，体现惩罚的教育功能。

（二）特别帮助和保护原则

《刑事诉讼法》第266条第2款规定："人民法院、人民检察院和公安机关办理未成年人刑事案件，应当保障未成年人行使其诉讼权利，保障未成年人得到法律帮助，并由熟悉未成年人身心特点的审判人员、检察人员、侦查人员承办。"这一原则是指人民法院、人民检察院、公安机关在办理未成年人案件中对未成年人提供超越成年人的、适合未成年人需要的特殊法律帮助和特殊保护。

特别帮助和保护原则不仅在刑事诉讼法中有规定，其他法律对此也有相应要求。如《未成年人保护法》第50条规定："公安机关、人民检察院、人民法院以及司法行政部门，应当依法履行职责，在司法活动中保护未成年人的合法权益。"《预防未成年人犯罪法》第44条第2款规定："司法机关办理未成年人犯罪案件，应当保障未成年人行使其诉讼权利……"特别帮助和保护原则包含以下几个方面的内容：

1. 人民法院、人民检察院和公安机关在办理未成人刑事案件过程中不仅要保障未成年人与成年人共同享有的诉讼权利，如以本民族语言文字进行诉讼的权利，申请回避的权利，上诉权等，还应当为未成年人提供超越成年人的、适合未成年人需要的特殊法律帮助与特殊权利保护，保障法律赋予未成年人的合法权益得以真正实现。

2. 未成年人在诉讼过程中依法享有特别法律帮助和特别保护的权利。特别法律帮助主要包括：人民法院、人民检察院和公安机关让未成年人了解法律的有关规定，既包括涉及其犯罪行为定罪量刑的实体性规定，也包括其享有诉讼权利和其他合法权益的程序性规定，如告知其委托辩护人的规定以及为其通知法律援助机构指派律师等，为其获得充分的法律帮助。特殊保护主要包括：严格限制适用逮捕措施；在讯问和审判的时候应当通知其法定代理人到场；依法作出附条件不起诉的决定；法定代理人可以进行补充陈述等。由于未成年人与成年人相比在生理与心理方面具有不同特点，为了更好地维护其合法权益，法律也赋予其某些特殊的权利，而这些权利能否充分有效地实现，不仅依赖于人民法院、人民检察院和公安机关的保障，更需要通过设置专门程序为未成年人的特殊需要提供帮助。

3. 人民法院、人民检察院和公安机关在办理未成年人刑事案件时应采用不同于成年人的组织机构或者在人员安排上体现特殊要求。未成年人案件诉讼应由办理未成年人刑事案件的专门机构或者熟悉未成年人身心特点的审判人员、检察人员、侦查人员承办，体现对办理未成人刑事案件机构或者人员条件的特殊要求，有利于与未成人进行沟通，促进其悔过自新。

需要注意的是，对于未成年犯罪嫌疑人、被告人拒绝法律赋予的特殊保护，如在讯问时，犯罪嫌疑人、被告人拒绝法定代理人在场的，人民法院、人民检察院和公安机关应当劝说与教育，经劝说与教育仍有抵触情绪而明确表示拒绝法定代理人在场的，可以尊重其意见。

（三）分案处理原则

《刑事诉讼法》第269条第2款规定："对被拘留、逮捕和执行刑罚的未成年人与成年人应当分别关押、分别管理、分别教育。"这一原则是指公安司法机关对未成年人案件与成年人案件分开处理，对未成年人与成年人分别关押、分别管理、分别教育的原则。

我国《刑事诉讼法》根据未成年人涉世未深、可塑性强等特点，规定了未成年人案件与成年人案件分案处理原则，旨在有利于对其进行教育、感化、挽救。如果将未成年人与成年人共同关押、共同审理、共同执行刑罚不仅会使未成年人受到不良的影响，还有可能出现交叉感染，影响其悔过自新，不利于及时回归社会。分案处理原则包括三个层次的内容：

1. 对未成年人采用强制措施要与成年人分别关押，实行与成年人相隔离的制度，并根据未成年人的犯罪特点、犯罪类型等对未成人实行分别关押。

2. 未成年人和成年人适用不同的诉讼程序。办理未成年人案件不仅需要专门机构或者熟悉未成年人身心特点的审判人员、检察人员、侦查人员，而且还适用不同于成年人的专门程序即"未成年人刑事案件诉讼程序"，体现法律对未成年人的特别关怀。

3. 未成年人和成年人的生效判决执行分离。人民法院、人民检察院和公安机关在办理刑事诉讼中应当充分体现未成年人与成年人的不同，体现对未成年人合法权利的特殊保障。根据监狱法的规定，未成年犯由未成年犯管教所执行刑罚，按照未成年犯的刑期、犯罪类型实行分别关押、管理，并根据未成年犯改造的表现，在活动范围、通信、会见、收受物品、离所探亲、考核奖励等方面给予不同的待遇。

（四）不公开审理原则

《刑事诉讼法》第274条规定："审判的时候被告人不满18周岁的案件，不公开审理。但是，经未成年被告人及其法定代理人同意，未成年被告人所在学校和未成年人保护组织可以派代表到场。"这一原则是指人民法院、人民检察院和公安机关在侦查、起诉、审判程序中不得公开未成年人的姓名、住所、照片、图像及可能推断出该未成年人的资料，不得允许公众旁听、媒体报道，对符合法定条件的相关犯罪记录依法进行封存。

不公开审理原则不仅体现在刑事诉讼法中的规定，也是其他未成年人法律的特别要求。如《未成年人保护法》第58条规定："对未成年人犯罪案件，新闻报道、影视节目、公开出版物、网络等不得披露该未成年人的姓名、住所、照片、图像以及可能推断出该未成年人的资料。"《预防未成年人犯罪法》第45条第2、3款规定："对于已满14周岁不满16周岁未成年人犯罪的案件，一律不公开审理。已满16周岁不满18周岁未成年人犯罪的案件，一般也不公开审理。对未成年人犯罪案件，新闻报道、影视节目、公开出版物不得披露该未成年人的姓名、住所、照片及可能推断出该未成年人的资料。"不公开审理原则主要包括以下内容：

1. 不公开审理不仅包括审判时依法不公开审理，也包括对未成年人犯罪案件，新闻报道、影视节目、公开出版物、网络等不得披露该未成年人的姓名、住所、照片、图像以及可能推断出该未成年人的资料，还包括犯罪的时候不满18周岁，被判处5年有期徒刑以下刑罚的，应当对相关犯罪记录予以封存。犯罪记录被封存的，不得向任何单位和个人提供，但司法机关为办案需要或者有关单位根据国家规定进行查询的除外。依法进行查询的单位，应当对被封存的犯罪记录的情况予以保密，以免因其犯罪受到不应有的歧视，体现法律对未成年人的特殊保护。

2. 人民法院、人民检察院和公安机关在办理未成年人刑事案件时，应当依法保护涉案未成年人的名誉，尊重其人格尊严，对于诉讼案卷材料除依法查阅、摘抄、复制以外，未经批准不得查询和摘录，不得公开和传播，对未成年人案件的处理应当限制在相对封闭的空间内，有利于未成年人以后顺利回归社会，正常地进行学习、工作和生活。

3. 人民法院在审判的时候被告人不满18周岁的案件，不公开审理，不允许诉讼参与人以外的其他人员旁听案件，也不允许新闻媒体对案件的审理情况进行报道。但是，经未成年被告人及其法定代理人同意，未成年被告人所在学校和未成年人保护组织可以派代表到场。这属于不公开审理的例外。未成年被告人所在学校和未成年人保护组织到场可以了解案件的有关情况，在审判结束后对未成年人进行法制教育，促使未成年犯罪人悔过自新，这一规定与未成年人的特别保护是一致的。

#### （五）全面调查原则

《刑事诉讼法》第268条规定："公安机关、人民检察院、人民法院办理未成年人刑事案件，根据情况可以对未成年犯罪嫌疑人、被告人的成长经历、犯罪原因、监护教育等情况进行调查。"这一原则是指人民法院、人民检察院和公安机关在办理未成年人案件时，不仅要调查案件事实，还要对导致未成年人犯罪的心理、生理、性格、生活环境等方面因素进行调查。全面调查原则主要包括以下内容：

1. 人民法院、人民检察院和公安机关在办理未成年人刑事案件中既可以自行调查，也可以委托有关组织进行调查。其调查的内容主体包括未成年犯罪嫌疑人、被告人的性格特点、家庭情况、社会交往、成长经历、是否具备有效监护条件和社会帮教条件，涉嫌犯罪前后的表现以及当地民众的意见等，以便人民法院、人民检察院和公安机关对未成年犯罪嫌疑人、被告人的犯罪情况有一个全面地了解。

2. 对涉嫌犯罪的未成年人进行讯问时，应当采取不同于成年人的讯问程序与方式。讯问前，除掌握案件情况和证据材料外，还应当了解其生活、学习环境、成长经历、性格特点、心理状态及社会交往等情况，有针对性地制作讯问提纲。在审查起诉阶段，应当听取其父母或者其他法定代理人、辩护人、未成年被害人及其法定代理人的意见，并可以结合社会调查，通过学校、社区、家庭等有关组织和人员，了解未成年犯罪嫌疑人的成长经历、家庭环境、个性特点、社会活动等情况，为是否采用强制措施、是否适用附条件的不起诉以及给予何种刑罚等提供参考，但这些调查材料不是定罪量刑的依据。

3. 在开庭审理前，控辩双方可以分别就未成年被告人性格特点、家庭情况、社会交往、成长经历以及实施被指控的犯罪前后的表现等情况进行调查，并制作书面材料提交合议庭。必要时，人民法院也可以委托有关社会团体组织就上述情况进行调查或者自行进行调查。

人民法院、人民检察院和公安机关在办理未成年人案件时应当贯彻全面调查原则，根据调查的结果对未成年人有区别地进行教育，促进未成年人及早、有效地回归社会。

### 三、未成年人案件的诉讼程序

#### （一）立案程序

公安机关对被扭送、检举、控告、投案自首以及办案过程中发现的涉嫌犯罪的未成年人，应当立即审查，依法作出是否立案的决定。对未成年人案件立案材料的审查，除需要审查是否具备《刑事诉讼法》第 110 条规定的立案条件以外，应重点审查未成年人的出生日期。对于没有充分证据证明未成年人涉嫌实施犯罪时已经达到法定刑事责任年龄，应当推定其没有达到相应法定刑事责任年龄，作出不予立案的决定。对于符合立案条件的，还应当了解其生活、学习环境、成长经历、性格特点、心理状态、社会交往以及犯罪原因、监护教育等情况。在制作立案报告时，除写明立案材料的来源、发案时间、地点、犯罪事实、法律依据和初步意见外，还应着重写明未成年人的出生日期、生活、学习环境、成长经历、性格特点、心理状态、社会交往以及犯罪原因、监护教育等情况。

（二）侦查程序

侦查机关应当设置专门机构或者由熟悉未成年人身心特点的侦查人员承办未成年人涉嫌犯罪案件。办理未成年人涉嫌犯罪案件的人员应当具有心理学、犯罪学、教育学等专业基本知识和有关法律知识，并具有一定的办理未成年人案件的经验和能力。

侦查未成年人涉嫌犯罪案件，侦查人员应当不少于2人。侦查人员在讯问之前，应当告知未成年犯罪嫌疑人有权委托辩护律师；对于没有委托辩护律师的，应当依法通知法律援助机构指派律师为其提供辩护。在讯问的时候，应当通知未成年犯罪嫌疑人的法定代理人到场。无法通知、法定代理人不能到场或者法定代理人是共犯的，可以通知未成年犯罪嫌疑人的其他成年亲属，所在学校、单位、居住地基层组织或者未成年人保护组织的代表到场，并将有关情况记录在案。到场的法定代理人可以代为行使未成年犯罪嫌疑人的诉讼权利。

侦查人员在讯问过程中应当耐心细致地听取其陈述或者辩解，认真审核、查证与案件有关的证据和线索，并针对其思想顾虑、畏惧心理、抵触情绪进行疏导和教育。讯问女性未成年犯罪嫌疑人，应当有女工作人员在场。讯问的语言应当准确易懂，尽可能符合未成年人的年龄特点和语言习惯。侦查人员对讯问过程与内容应当如实记录。

讯问笔录应当交被讯问人核对或者向其宣读。被讯问人讯问笔录应当交给被讯问人以及到场的法定代理人或者其他人员阅读或者向他宣读。讯问人以及到场的法定代理人或者其他人员对笔录内容有异议的，应当核实清楚，准予更正或者补充。必要时，同时使用录音、录像。到场的法定代理人或者其他人员认为侦查人员在讯问中侵犯未成年人合法权益的，有权提出意见。

侦查人员询问未成年证人、被害人应当遵循上述的有关规定。

（三）强制措施

对未成年犯罪嫌疑人应当严格限制适用羁押性措施。对不符合拘留、逮捕条件，但其自身安全受到严重威胁的未成年犯罪嫌疑人，经征得家长或者监护人同意，可以依法采取必要的人身保护措施。危险消除后，应当立即解除保护措施。对正在实施犯罪或者犯罪后有行凶、逃跑、自杀等紧急情况的未成年犯罪嫌疑人，可以依法予以拘留。对惯犯、累犯，共同犯罪或者集团犯罪中的首犯、主犯，杀人、重伤、抢劫、放火等严重破坏社会秩序的未成年犯罪嫌疑人，确有逮捕必要的，应当提请逮捕。

人民检察院审查批准逮捕时，应当讯问未成年犯罪嫌疑人，告知其依法享有的诉讼权利，告知其如实供述案件事实的法律规定和意义，核实其是否有自首、立功、检举等表现，听取其有罪的供述或者无罪、罪轻的辩解。讯问未成年犯罪嫌疑人，应当通知法定代理人到场，告知法定代理人依法享有的诉讼权利和应当履行的义务。未成年犯罪嫌疑人及其法定代理人没有聘请辩护律师的，人民检察院应当通知法律援助机构指派律师为其提供辩护。讯问女性未成年犯罪嫌疑人，应当有女检察人员参加。讯问未成年犯罪嫌疑人一般不得使用戒具，应当听取辩护律师的意见，并将辩护律师的意见记录在案。

人民检察院审查批准逮捕未成年犯罪嫌疑人时，应当将其是否已满 14、16、18 周岁的临界年龄作为重要事实予以审查。对难以判断犯罪嫌疑人实际年龄且影响案件认定的，应当作出不批准逮捕的决定，及时通知公安机关。审查批准逮捕未成年犯罪嫌疑人，应当注意是否有被胁迫情节，是否存在成年人教唆犯罪、传授犯罪方法或者利用未成年人实施犯罪的情况。应当根据未成年犯罪嫌疑人的特点和案件情况，采用适宜未成年犯罪嫌疑人的强制措施。对涉嫌犯罪的事实、主观恶性、有无监护与社会帮教条件等，综合衡量其社会危险性，确定是否有逮捕必要，慎用逮捕措施，可捕可不捕的不捕。对于罪行较轻，具备有效监护条件或者社会帮教措施，没有社会危险性或者社会危险性较小，不会妨害诉讼正常进行的未成年犯罪嫌疑人，一般不予批准逮捕。对于罪行比较严重，但主观恶性不大，有悔罪表现，具备有效监护条件或者社会帮教措施，不具有社会危险性，不会妨害诉讼正常进行，并具有下列情形之一的未成年犯罪嫌疑人，也可以依法不予批准逮捕：①初次犯罪、过失犯罪的；②犯罪预备、中止、未遂的；③有自首或者立功表现的；④犯罪后能够如实交待罪行，认识自己行为的危害性、违法性，积极退赃，尽力减少和赔偿损失，得到被害人谅解的；⑤不是共同犯罪的主犯或者集团犯罪中的首要分子的；⑥属于已满 14 周岁不满 16 周岁的未成年人或者系在校学生的；⑦其他没有逮捕必要的情形。

人民检察院在作出不批准逮捕决定前，应当审查其监护情况，参考其法定代理人、学校、居住地公安派出所及居民委员会、村民委员会的意见，对未成年犯罪嫌疑人是否具备有效监护条件或者社会帮教措施进行具体说明。对被拘留、逮捕和执行刑罚的未成年人与成年人应当分别关押、分别管理、分别教育，并根据其生理和心理特点在生活和学习等方面给予照顾。对已采取刑事强制措施的未成年人，应尽量缩短羁押时间和办案时间。超过法定羁押期限不能结案的，对被羁押的未成年犯罪嫌疑人应当立即变更或者解除强制措施。

（四）审查起诉程序

人民检察院应当设立专门工作机构或者由熟悉未成年人身心特点的检察人员承办审查移送起诉的未成年人刑事案件。

人民检察院审查起诉未成年人刑事案件，自收到移送审查起诉的案件材料之日起 3 日以内，应当告知该未成年犯罪嫌疑人及其法定代理人有权委托辩护人，告知被害人及其法定代理人有权委托诉讼代理人，告知附带民事诉讼的当事人及其法定代理人有权委托诉讼代理人。对未成年犯罪嫌疑人、未成年被害人或者其法定代理人提出聘请辩护律师而没有委托辩护人、诉讼代理人的，应当通知法律援助机构指派律师为其提供辩护、代理。

审查起诉未成年犯罪嫌疑人，应当听取其父母或者其他法定代理人、辩护人、未成年被害人及其法定代理人的意见。可以结合社会调查，通过学校、社区、家庭等有关组织和人员，了解未成年犯罪嫌疑人的成长经历、家庭环境、个性特点、社会活动等情况，为其审查起诉提供参考。

人民检察院审查起诉未成年人刑事案件，应当讯问未成年犯罪嫌疑人。讯问未成年犯罪嫌疑人适用审查批捕时的相关规定。未成年犯罪嫌疑人被羁押的，人民检察院应当审查是否有必要继续羁押。

对于符合以下条件的，检察人员可以安排在押的未成年犯罪嫌疑人与其法定代理人、近亲属等进行会见、通话：①案件事实已基本查清，主要证据确实、充分，安排会见、通话不会影响诉讼活动正常进行的；②未成年犯罪嫌疑人有认罪、悔罪表现，或者虽尚未认罪、悔罪，但通过会见、通话有可能促使其转化，或者通过会见、通话有利于社会、家庭稳定的；③未成年犯罪嫌疑人的法定代理人、近亲属对其犯罪原因、社会危害性以及后果有一定的认识，并能配合司法机关进行教育。

人民检察院审查起诉未成年人刑事案件后，根据案件情况和未成年犯罪嫌疑人的特点，作出以下处理：

1. 不起诉的决定。对符合《刑事诉讼法》第 173 条第 1 款规定的，应当作出不起诉的决定。对于犯罪情节轻微，并具有下列情形之一的，依照《刑法》规定不需要判处刑罚或者免除刑罚的未成年犯罪嫌疑人，应当依法作出不起诉决定：①被胁迫参与犯罪的；②犯罪预备、中止的；③在共同犯罪中起次要或者辅助作用的；④是又聋又哑的人或者盲人的；⑤因防卫过当或者紧急避险过当构成犯罪的；⑥有自首或者重大立功表现的；⑦其他依照刑法规定不需要判处刑罚或者免除刑罚的情形。

对于未成年人实施的轻伤害案件、初次犯罪、过失犯罪、犯罪未遂的案件以及被诱骗或者被教唆实施的犯罪案件等，情节轻微，犯罪嫌疑人确有悔罪表现，当事人双方自愿进行刑事和解的，符合《刑法》第37条规定的，人民检察院可以依照《刑事诉讼法》作出不起诉的决定，并可以根据案件的不同情况，予以训诫或者责令具结悔过、赔礼道歉。

不起诉决定书应当向被不起诉的未成年人及其法定代理人公开宣布，并阐明不起诉的理由和法律依据。不起诉决定书应当送达被不起诉的未成年人及其法定代理人、被害人及其法定代理人，并告知其依法享有的权利。对于公安机关移送起诉的案件，应当送达公安机关。

2. 附条件的不起诉。附条件的不起诉，也称暂缓起诉或者缓起诉，是指人民检察在审查起诉过程中对于符合提起公诉条件而罪行较轻的未成年犯罪嫌疑人，有悔罪表现，决定暂不起诉，对其进行监督考察，根据其表现，再决定是否起诉的制度。

附条件不起诉制度是2012年修改后的《刑事诉讼法》根据司法实践经验对未成年犯罪嫌疑人附条件不起诉增加的内容。人民检察院对附条件不起诉的未成年犯罪嫌疑人，设立一段考验期和条件，责令其在该期限内履行设定的义务，如果其在该期限内履行了相应的义务并没有发生法定撤销的情形，期满后就不再对其提起公诉。这一制度通过给予罪行较轻的未成年犯罪嫌疑人改过自新的机会，有利于使其接受教育，及早融入正常的社会活动，同时可以避免审判以及执行刑罚对其造成的不利影响。

（1）附条件不起诉的适用条件。对于涉嫌犯罪的未成年人适用附条件不起诉应当符合以下条件：①涉嫌犯罪的未成年人所犯罪名为刑法分则第四章"侵犯公民人身权利、民主权利罪"、第五章"侵犯财产罪"以及第六章"妨碍社会管理秩序罪"，在此范围以外的罪名不适用附条件的不起诉。②涉嫌犯罪的未成年人可能判处1年有期徒刑以下刑罚。可能判处1年有期徒刑以下刑罚是指根据刑法的规定，结合案件情况，可能对该未成年人适用的刑罚，不是指其犯罪的法定刑。③犯罪事实已经查清，证据确实充分，符合起诉条件，有悔罪表现。这种表现主要包括认罪态度好；向被害人赔礼道歉；积极赔偿，取得被害人谅解等。对于符合上述条件的，人民检察院可以作出附条件不起诉的决定。

对于符合法定不起诉、酌情不起诉或者存疑不起诉的，人民检察院应当依法作出不起诉决定，不得适用附条件的不起诉；对于犯罪事实不清，证据不确实充分的，也不得适用附条件的不起诉。

（2）附条件不起诉的程序。人民检察院在作出附条件不起诉的决定前，应当听取公安机关、被害人的意见。对于符合附条件不起诉情形的，可以作出不起诉的决定。①公安机关认为人民检察院附条件不起诉不符合法定条件有异议的，应当依据《刑事诉讼法》第 175 条的规定，请求作出决定的人民检察院复议。如若请求复议的意见不被接受，可以向上一级人民检察院提请复核。②被害人对附条件不起诉的决定不服的，自收到附条件不起诉决定书后 7 日内有权根据《刑事诉讼法》第 176 条的规定，向上一级人民检察院申诉，请求提起公诉。人民检察院应当将复查决定告知被害人。对人民检察院维持附条件不起诉决定的，被害人可以向人民法院起诉；被害人也可以不经申诉，直接向人民法院起诉。③未成年犯罪嫌疑人及其法定代理人对人民检察院决定附条件不起诉有异议的，人民检察院应当作出起诉的决定。

（3）附条件不起诉的决定。人民检察院作出附条件不起诉决定的，应当确定一定考验期，并确定考验期内附条件不起诉未成年犯罪嫌疑人应当遵守的规定。人民检察院对被附条件不起诉的未成年犯罪嫌疑人在考验期内进行监督考察。未成年犯罪嫌疑人的监护人，应当对未成年犯罪嫌疑人加强管教，配合人民检察院做好监督考察工作。附条件不起诉的考验期为 6 个月以上 1 年以下，从人民检察院作出附条件不起诉的决定之日起计算。

被附条件不起诉的未成年犯罪嫌疑人，应当遵守下列规定：①遵守法律法规，服从监督；②按照考察机关的规定报告自己的活动情况；③离开所居住的市、县或者迁居，应当报经考察机关批准；④按照考察机关的要求接受矫治和教育。

被附条件不起诉的未成年犯罪嫌疑人，在考验期内遵守了上述规定而不存在《刑事诉讼法》第 273 条情形的，考验期满的，人民检察院应当作出不起诉的决定。

被附条件不起诉的未成年犯罪嫌疑人，在考验期内有下列情形之一的，人民检察院应当撤销附条件不起诉的决定，提起公诉：①实施新的犯罪或者发现决定附条件不起诉以前还有其他犯罪需要追诉的。无论是考验期内新实施的犯罪还是被发现以前的漏罪，也不论是否属于严重罪行，均应当撤销附条件不起诉的决定。②违反治安管理规定或者考察机关有关附条件不起诉的监督管理规定，情节严重的。其中，情节严重的，是指违反治安管理规定情节严重应当受到处罚或者多次违反治安管理规定屡教不改等情形，或者违反《刑事诉讼法》第 272 条规定情节严重或者多次违反监督管理规定的情形。

附条件不起诉人及其法定代理人、辩护人对于人民检察院撤销附条件不起诉决定，也应当享有申辩权利，以保证撤销活动严格符合法律的规定。

3. 提起公诉。对于符合起诉条件或者已经撤销的附条件不起诉的未成年人案件，人民检察院认为依法应当起诉的，有权决定提起公诉。

对于未成年人与成年人共同犯罪案件，一般应当将未成年人与成年人分案起诉。但是具有下列情形之一的，可以不分案起诉：①未成年人系犯罪集团的组织者或者其他共同犯罪中的主犯的；②案件重大、疑难、复杂，分案起诉可能妨碍案件审理的；③涉及刑事附带民事诉讼，分案起诉妨碍附带民事诉讼部分审理的；④具有其他不宜分案起诉情形的。

对于分案起诉的未成年人与成年人共同犯罪案件，在审查起诉过程中可以根据全案情况制作一个审结报告，起诉书以及出庭预案等应当分别制作。人民检察院对未成年人与成年人共同犯罪案件分别提起公诉后，在诉讼过程中出现不宜分案起诉情形的，可以及时建议人民法院并案审理。公诉人在依法指控犯罪的同时，要剖析未成年被告人犯罪的原因、社会危害性，适时进行法制教育及人生观教育，促使其深刻反省，吸取教训。人民检察院根据案情应当对未成年被告人提出量刑建议。

（五）审判程序

人民法院可以建立专门的未成年人刑事审判庭，或者在刑事审判庭内设立未成年人刑事案件合议庭或由熟悉未成年人身心特点的审判人员承办未成年人刑事案件。

1. 审前准备程序。第一审未成年人刑事案件的合议庭，可以由审判员或者由审判员与人民陪审员组成。审判未成年人刑事案件合议庭的审判长，应当由熟悉未成年人特点、善于做未成年人思想教育工作的审判员担任。人民陪审员应由熟悉未成年人特点，热心于教育、挽救失足未成年人工作，并经过必要培训的共青团、妇联、工会、学校的干部、教师或者离退休人员、未成年人保护组织的工作人员等担任。

对于人民检察院提起公诉的未成年人刑事案件，人民法院应当查明是否附有被告人年龄的有效证明材料。对于没有附送被告人年龄有效证明材料的，应当通知人民检察院在3日内补送。

开庭审理前，应当通知未成年被告人的法定代理人到场。无法通知、法定代理人不能到场或者法定代理人是共犯的，可通知未成年被告人的其他成年亲属，所在学校、单位、居住地基层组织或者未成年人保护组织的代表到场，并将有关情况记录在案。人民法院向未成年被告人送达起诉书副本时，应当向其讲明被指控的罪行和有关法律条款，告知诉讼的程序及有关的诉讼权利、义务，消除未成年被告人的紧张情绪。有必要的，可以安排法定代理人或者其他成年近亲属、教师等人员与未成年被告人会见。

开庭审理前，控辩双方可以分别就未成年被告人性格特点、家庭情况、社会交往、成长经历以及实施被指控的犯罪前后的表现等情况进行调查，并制作书面材料提交合议庭。必要时，人民法院也可以委托有关社会团体组织就上述情况进行调查或者自行进行调查。

2. 审判程序。人民法院审判时，被告人不满18周岁的案件，不公开审理。但是，经未成年被告人及其法定代理人同意，未成年被告人所在学校和未成年人保护组织可以派代表到场。

人民法院应当在辩护台靠近旁听区一侧为未成年被告人的法定代理人设置席位。在法庭上不得对未成年被告人使用戒具。审判人员在审理中应当注意未成年被告人的智力发育程度和心理状态，要态度严肃、和蔼，用语准确、通俗易懂。发现有对未成年被告人诱供、训斥、讽刺或者威胁的情形时，审判人员应当及时制止。

法庭调查时，审判人员应当核实未成年被告人在实施被指控的行为时的年龄，同时还应当查明未成年被告人实施被指控的行为时的主观和客观原因。

未成年被告人最后陈述后，其法定代理人可以进行补充陈述。

人民法院判决未成年被告人有罪的，宣判后，由合议庭组织到庭的诉讼参与人对未成年被告人进行教育。如果未成年被告人的法定代理人以外的其他成年近亲属或者教师、公诉人等参加，有利于教育、感化未成年被告人的，合议庭可以邀请其参加宣判后的教育。

（六）执行程序

对于判决、裁定已经发生法律效力并应当收监服刑的未成年罪犯，人民法院应当填写结案登记表并附送有关未成年罪犯的调查材料及其在案件审理中的表现材料，连同起诉书副本、判决书或者裁定书副本、执行通知书，一并送达执行机关。对未成年犯应当在未成年犯管教所执行刑罚。

另外，《刑事诉讼法》在未成年人案件诉讼程序中还规定了犯罪记录封存制度。《刑事诉讼法》第275条规定："犯罪的时候不满18周岁，被判处5年有期徒刑以下刑罚的，应当对相关犯罪记录予以封存。犯罪记录被封存的，不得向任何单位和个人提供，但司法机关为办案需要或者有关单位根据国家规定进行查询的除外。依法进行查询的单位，应当对被封存的犯罪记录的情况予以保密。"由于未成年人犯罪记录会给未成年人升学、就业、生活等带来一些消极的影响，有可能因其在犯罪方面埋下隐患导致其不能正常生活、工作等继续犯罪。为了实现未成年人的最佳利益原则，免除可能对未成年人及其家庭的歧视，弱化未成年人的犯罪标签效应，2012年修改的《刑事诉讼法》确立了未成年人犯罪记录封存制度。

犯罪记录封存制度是指曾受过人民法院有罪宣告或者被判决有罪的未成年人在具备法定条件和情形时，国家封存其犯罪记录，使其不利益状态被屏蔽，恢复其正常法律地位的一种刑事制度。被封存的未成年人犯罪记录包括侦查、审查起诉和审理过程中形成的与未成年人犯罪有关的各种材料。这种封存的犯罪记录不仅要对未成年犯罪嫌疑人、被告人的上述材料采取保密措施，严格、妥善保管，不得对外泄露；同时，除非因法定事由外在有关方面要求未成年人出具无犯罪记录证明时，不应当提供有犯罪记录的证明，不得允许其他人员查阅、摘抄或者复制未成年人的犯罪材料。对于犯罪的时候不满18周岁，被判处5年有期徒刑以下刑罚的未成年人，免除在入伍、就业时如实向有关单位报告自己曾受过刑事处罚的义务。

对于被封存的未成年人犯罪记录存在例外情形：公安司法机关在办案过程中需要从未成年犯罪嫌疑人、被告人的犯罪记录中获取有关犯罪线索、定罪量刑信息时，可以查询其犯罪记录；有关单位有法定事由，根据法律规定可以查询其犯罪记录。但是，查询单位负有保密的义务，对查询获得的信息只能用于特定事项、特定范围，不得用于法定事由以外的事项。

## 第二节　公诉案件和解程序

### 一、公诉案件和解程序概述

#### （一）公诉案件和解程序的概念与特点

公诉案件和解程序，是指在公诉案件诉讼过程中，犯罪嫌疑人、被告人真诚悔罪，通过向被害人赔偿损失、赔礼道歉等方式获得被害人谅解，在公安机关、人民检察院、人民法院主持下，被害人自愿与犯罪嫌疑人、被告人达成和解协议，对犯罪嫌疑人、被告人提出从宽处理或者作出从宽处罚的特别程序。

为了促进刑事案件当事人化解矛盾，得到被害人的谅解，使其获得有效的赔偿，我国《刑事诉讼法》确定了当事人和解的公诉案件诉讼程序。这一程序通过犯罪嫌疑人、被告人与受害人直接交谈，犯罪嫌疑人、被告人真诚悔改，被害人对其谅解，共同协商达成和解协议，公安机关、人民检察院、人民法院根据合法有效的和解协议作出对犯罪嫌疑人、被告人从宽处理的诉讼活动。这一程序具有以下特点：

1. 公诉案件的和解程序作为一种刑事诉讼活动，是在公安机关、人民检察院、人民法院干预下进行的。刑事和解是公诉案件的当事人自愿合意解决纠纷的活动，其和解协议也只有经过专门机关认可后，才能产生刑事诉讼法上的效力。

2. 公诉案件的和解有别于美国的辩诉交易（Plea Bargaining），也有异于西方国家的恢复性司法（Restorative Justice）。辩诉交易是指在刑事被告人就较轻的罪名或者数项指控中的一项作出有罪答辩以换取检察官的某种让步，从而获得较轻的判决或者撤销其他指控的情况下检察官和被告人之间协商达成的协议。恢复性司法是指对犯罪的受害者进行赔偿和补偿的一系列司法措施。该制度以恢复被害人以及社区的原状为目的，重在强调社区和被害人参与。刑事和解是当事人之间的和解，尽管强调被害人的诉讼主体地位，但不是辩方与检察官之间的协商，社区不是主要参与者，也非适用所有的犯罪案件。

3. 公诉案件的和解不同于自诉案件的和解。刑事自诉案件的和解与公诉案件的和解不仅存在适用案件范围、和解主体在诉讼中地位的不同，还存在以下区别：①和解协议的内容不同。自诉案件的和解协议不仅包括赔偿损失、赔礼道歉等内容，还会影响诉讼的进程，甚至包括处分诉讼权利，即使是提起刑事自诉，也允许自诉人与被告人达成和解并因此撤销对被告人刑事责任的追究。公诉案件的和解不涉及公权力的处分，无权决定诉讼的进程。②和解的法律后果不同。自诉人与被告人达成和解协议后可以撤诉，从而终止诉讼程序。如双方当事人自行和解的案件，自诉人提出撤诉请求的，法院对自诉案件的和解协议进行审查后，认为符合自愿性和合法性原则的，作出准予撤诉的裁定，终结诉讼。公诉案件的和解协议只能作为从宽处理的依据，不能以此为依据单独作出影响诉讼程序的决定。

（二）当事人和解诉讼程序的意义

刑事和解制度源于被害人权利保护理论与实践的勃兴。21 世纪 70 年代的加拿大安大略省基秦拿县被视为第一次“被害人—加害人”和解的尝试。1978 年，美国印第安纳州埃尔克哈特市将“被害人—加害人”和解方案引入美国后，和解方案传遍了整个美国和欧洲。我国 1979 年《刑事诉讼法》仅规定了自诉案件的和解程序，尽管 1996 年《刑事诉讼法》将被害人作为了当事人，但对被害人的诉讼地位以及相应权利未给予足够的关注，对公诉案件的和解问题未作规定。在和谐社会建设中，有些地方尝试在国家追诉犯罪的前提下，犯罪嫌疑人、被告人可通过向被害人赔礼道歉等方式获得其谅解，被害人与犯罪嫌疑人、被告人自愿达成和解协议，并建议对犯罪嫌疑人、被告人从宽处理。2012 年修改的《刑事诉讼法》在总结实践有益经验的基础上设置了“当事人和解的公诉案件诉讼程序”，允许对特定范围内的公诉案件进行和解，建立了公诉案件的和解程序。确立这一程序具有以下意义：

1. 有利于当事人对立情绪的化解，防止其矛盾的激化，促进纠纷的解决。对被害人而言，因获得犯罪嫌疑人、被告人的真诚道歉和自愿赔偿，财产受到的损失得以补偿和救济，身心受到的摧残得到平复，从而缓解因犯罪行为引发的焦虑与仇恨，其心理得到一定程度的慰藉；对犯罪嫌疑人、被告人而言，因倾听被害人诉说其犯罪行为带来的痛苦，有利于唤醒其内心深处的良知，积极对被害人自觉进行忏悔和经济赔偿，有利于促使当事人之间关系的恢复。

2. 有利于被害人利益获得有效的保护。在实践中，被害人遭受犯罪行为的侵害，不仅权利受到侵害，心灵受到重创，还有可能因犯罪行为带来的经济损失难以得到补偿使其正常生活难以维持甚至陷入困境。尽管《刑事诉讼法》规定了刑事附带民事诉讼，因赔偿的范围有限，尤其是很多被告人在被追究刑事责任时拒绝赔偿经济损失，致使被害人的合法权益难以得到充分有效的保障。在刑事和解程序中，被害人与犯罪嫌疑人、被告人直接接触，不仅有机会发泄对犯罪行为的怨恨、悲伤等情绪，而且在精神和物质上能够得到补偿，使被害人合法权益得到有效保障。

3. 有利于促进和谐社会的构建，维护法律的公平正义。刑事和解可以最大限度地化解矛盾，修复被犯罪活动破坏的社会关系，达到安抚被害人、教育犯罪嫌疑人、被告人的目的，从而修复社会秩序。由于刑事和解兼顾了被害人、犯罪嫌疑人或者被告人利益，能够增强当事人的权利意识，促进刑事诉讼的民主化，体现社会效果和法律效果的统一。

## 二、当事人和解适用的案件范围

我国《刑事诉讼法》在规定当事人和解的公诉案件程序时，考虑到公诉案件国家追诉的严肃性，防止在司法实践中出现以钱赎刑等新的司法不公问题，在立法中采用了较为审慎的态度，对和解的适用案件严格控制在较小的范围内。《刑事诉讼法》第277条规定："下列公诉案件，犯罪嫌疑人、被告人真诚悔罪，通过向被害人赔偿损失、赔礼道歉等方式获得被害人谅解，被害人自愿和解的，双方当事人可以和解：①因民间纠纷引起，涉嫌刑法分则第四章、第五章规定的犯罪案件，可能判处3年有期徒刑以下刑罚的；②除渎职犯罪以外的可能判处7年有期徒刑以下刑罚的过失犯罪案件。犯罪嫌疑人、被告人在5年以内曾经故意犯罪的，不适用本章规定的程序。"《刑事诉讼法》从正反两个方面对刑事和解案件适用范围进行了规定。

### （一）刑事和解适用的案件范围

1. 因民间纠纷引起，涉嫌刑法分则第四章、第五章规定的犯罪案件，可能判处3年有期徒刑以下刑罚的案件。对于此类案件存在三个方面的限制条件：①案件的起因属于民间纠纷。这类案件主要包括因婚姻家庭、邻里纠纷、日常生活琐事等民间矛盾激化引发的案件，也包括因邻里口角、泄愤、激情等偶发性因素暂时引起的案件。②案件的罪名主要是刑法分则第四章规定的侵犯公民人身权利、民主权利罪和第五章规定的侵犯财产罪。③犯罪嫌疑人、被告人的犯罪行为可能判处3年以下有期徒刑刑罚。

2. 除渎职犯罪以外的可能判处7年有期徒刑以下刑罚的过失犯罪案件。由于刑法分则规定除刑法分则第九章规定渎职罪以外的过失犯罪判处7年以下法定刑的罪名相对较少，而相对公诉案件刑事和解而言，可能判处7年以下有期徒刑的过失犯罪而言，大多数过失犯罪案件可以适用刑事和解。因为过失犯罪相对故意犯罪来说，社会危害性较小，再犯可能性较低，同时易于获得被害人谅解，相对容易达成和解协议。

### （二）刑事和解不适用的案件

根据《刑事诉讼法》第277条的规定，犯罪嫌疑人、被告人存在以下情况不适用刑事和解程序：

1. 犯罪嫌疑人、被告人涉嫌的罪名为渎职罪的。渎职罪属于国家机关工作人员滥用职权、玩忽职守、严重不负责任等行为构成的犯罪，国家机关工作人员在履行职责上应当负有更高的注意义务和职责，法律对此也有较高的要求，对此类犯罪不适用刑事和解程序。一般来说，对于公害案件，如危害国家安全、危害公共安全的犯罪以及公职人员的职务犯罪案件，由于侵害的是公众的利益和国家的利益，且公权具有不可让渡性，这类犯罪不宜适用刑事和解程序。

2. 犯罪嫌疑人、被告人在5年以内曾经故意犯罪的，不适用刑事和解程序。在刑事诉讼中，犯罪嫌疑人、被告人涉嫌的犯罪即使符合公诉案件刑事和解的案件范围，但在此之前5年内曾经故意犯罪的，无论后罪是故意犯罪还是过失犯罪均不能适用刑事和解程序。如果前罪属于过失犯罪，后罪无论是故意犯罪还是过失犯罪，只要符合刑事和解的条件，均可以适用刑事和解。其中，“5年内”是指犯前罪的时间距离犯后罪的时间间隔不超过5年。

## 三、刑事和解的程序

### （一）双方当事人自愿和解程序

《刑事诉讼法》第277条第1款规定：“……犯罪嫌疑人、被告人真诚悔罪，通过向被害人赔偿损失、赔礼道歉等方式获得被害人谅解，被害人自愿和解的，双方当事人可以和解。”犯罪嫌疑人、被告人的有罪答辩和真诚悔罪以及当事人双方和解的自愿是刑事和解程序适用的基本前提。刑事和解启动程序主要包括犯罪嫌疑人、被告人自愿悔改愿意和解和被害人自愿和解三个方面。也就是说，只有犯罪嫌疑人、被告人真诚悔罪，通过向被害人赔偿损失、赔礼道歉等方式获得被害人谅解，被害人自愿和解的，刑事和解才能启动。刑事和解适用的启动程序包括以下内容：

1. 犯罪嫌疑人、被告人真诚悔罪。犯罪嫌疑人、被告人作为加害人承认犯罪行为是自己所为，并主动认罪、表明悔罪意图，这是刑事和解的先决条件。唯其如此，才有可能疏导并排解被害人内心对犯罪嫌疑人、被告人犯罪行为所遭受的痛苦。犯罪嫌疑人、被告人面对被害人不仅对自己的犯罪行为有悔改表现，还应当意识到自己的行为给被害人带来了伤害，发自内心的且出于自己意愿恳请被害人原谅。如果犯罪嫌疑人、被告人对自己的犯罪行为不认罪或者百般抵赖的，刑事和解则不得启动。

2. 获得被害人谅解。犯罪嫌疑人、被告人的悔改通过赔偿损失、赔礼道歉等外在方式弥补了被害人因犯罪行为遭受的物质损失和精神伤害，而被害人被犯罪嫌疑人、被告人的真诚所打动，原谅其错误。这是刑事和解赖以进行的基础。

3. 被害人自愿和解。为了防止被害人在受到暴力、威胁、胁迫等情况下违背自己的意志而同意和解，避免被害人在刑事和解中再次有被害的感觉或处境。刑事诉讼法将被害人自愿作为启动刑事和解程序的条件之一。自愿和解是指被害人在没有外力干扰或者影响下，在原谅犯罪嫌疑人、被告人的前提下，出于自愿与犯罪嫌疑人、被告人和解，才能进入和解程序。对于被害人而言，只有在自愿参与的情形下，他们才会感到这一制度的公平和合法。同样，加害人也只有在自愿参与的情形下，刑事和解才能对其发挥积极的作用。公安机关、人民检察院、人民法院在刑事诉讼中可以促使犯罪嫌疑人、被告人与被害人达成和解协议，但不得强迫被害人接受和解。

（二）制作和解协议程序

《刑事诉讼法》第278条规定："双方当事人和解的，公安机关、人民检察院、人民法院应当听取当事人和其他有关人员的意见，对和解的自愿性、合法性进行审查，并主持制作和解协议书。"刑事和解可以发生在侦查、起诉与审判的任何阶段。在这些阶段中，公安机关、人民检察院、人民法院代表国家履行职责，并在程序中起主导作用。由于公诉案件属于国家追诉犯罪的案件，公安机关、人民检察院、人民法院对刑事和解应当参与。即使是当事人基于自愿进行和解或者在有关组织参与下的和解，也不能自行制作和解协议书，否则，制作的和解协议对公安机关、人民检察院、人民法院处理案件不发生影响。

公安机关、人民检察院、人民法院应当依法主持刑事和解活动，其和解程序为：

1. 听取意见程序。公安机关、人民检察院、人民法院在办理案件过程中，对于符合刑事和解情形的案件，应当告知当事人有进行刑事和解的权利，告知和解的相关程序以及各自享有的权利义务，听取双方当事人的意见，了解当事人的意向。对于双方当事人已经达成和解或者自愿和解或有和解意向的，应积极为双方当事人沟通、会面、交谈提供机会或者平台，组织当事人双方进行协商，促使其达成和解协议；同时，还应当听取与案件有利害关系的当事人以外的其他人员的意见，如被害人的法定代理人、诉讼代理人、犯罪嫌疑人、被告人的辩护人的意见，并将当事人的和解意向与要求记录在案。

2. 审查和解程序。公安机关、人民检察院、人民法院对于达成和解协议的，应当从自愿性和合法性两个方面进行审查：一是审查和解是否是自愿的，违反自愿原则的刑事和解无效。二是审查和解的内容是否超越《刑事诉讼法》第277条的范围、是否违反法律的强制性规定、是否损害国家、社会利益和他人的合法权益。一般来说，如果是熟人之间发生的刑事案件，被害人与犯罪嫌疑人、被告人多会主动和解，其审查的重点在于和解的合法性。如果是陌生人之间发生的刑事案件，应当重点审查其自愿性。不论犯罪嫌疑人、被告人还是被害人都必须是自愿的，不能强迫或诱使被害人或犯罪嫌疑人、被告人选择和解。

3. 主持制作和解协议书程序。公安机关、人民检察院、人民法院对当事人达成的和解协议进行审查后，认为符合刑事和解条件，又不违背自愿和合法原则的，应主持制作和解协议书。和解协议书主要包括：犯罪嫌疑人、被告人向被害人赔偿损失、赔礼道歉等方式，被害人谅解的内容等，但不应涉及刑事责任处理的内容。和解协议应当由当事人双方签字，它是犯罪嫌疑人、被告人履行协定义务以及依法从宽处理的依据。

### （三）刑事和解后的处理程序

《刑事诉讼法》第279条规定："对于达成和解协议的案件，公安机关可以向人民检察院提出从宽处理的建议。人民检察院可以向人民法院提出从宽处罚的建议；对于犯罪情节轻微，不需要判处刑罚的，可以作出不起诉的决定。人民法院可以依法对被告人从宽处罚。"根据该条的规定，刑事和解后的处理程序包括：

1. 公安机关对刑事和解的处理程序。双方当事人在侦查阶段达成和解协议的，公安机关应当对其自愿性与合法性进行审查，将和解协议的内容以及履行的情况记录在案，根据情况写出从宽处理的建议，制作从宽处理的建议书，随同起诉意见书移送人民检察院审查起诉。对于符合撤销案件条件的，依法作出撤销案件的决定，但不得因双方当事人达成和解协议而作出撤销案件的决定。

2. 人民检察院对刑事和解的处理程序。人民检察院依法对公安机关移送的刑事和解协议进行审查或者对于符合刑事和解条件而公安机关没有和解协议的，可以主持刑事和解。对于和解协议进行审查后，认为符合刑事和解条件的，将和解协议的内容及履行的情况记录在案，并根据和解协议依法向人民法院提出从宽处罚的建议。对于符合不起诉条件的，可以作出不起诉的决定。

3. 人民法院对刑事和解的处理程序。人民法院对人民检察院移送的和解协议进行审查或者对于符合刑事和解条件而人民检察院没有和解协议的，可以主持刑事和解。对和解协议进行审查，将和解协议的内容及履行的情况记录在案。对于案件事实清楚，证据确实、充分的，依照法律认定被告人有罪的，应当作出有罪判决，并根据和解协议履行的情况依法对被告人作出从轻或者减轻处罚；对于犯罪情节轻微不需要判处刑罚的，可以免于刑事处罚。

## 第三节　违法所得没收程序

### 一、违法所得没收程序概述

#### （一）违法所得没收程序的概念及特点

违法所得没收程序是指对贪污贿赂犯罪、恐怖活动犯罪等重大犯罪案件，犯罪嫌疑人、被告人逃匿在通缉 1 年后不能到案或者死亡的，依照刑法规定应当追缴其违法所得及其他涉案财产予以没收的特别程序。

为了保证刑法规定的没收制度正确实施，严厉打击贪污贿赂犯罪、恐怖活动犯罪等重大犯罪，对犯罪所得需要及时采取追缴措施，并与我国加入的《联合国反腐败条约》以及联合国其他国际刑事司法准则的规定和要求相衔接，我国 2012 年修改的《刑事诉讼法》增加了“犯罪嫌疑人、被告人逃匿、死亡案件违法所得没收程序”，对没收程序的适用范围、申请、公告、审理与救济程序作出了规定。该程序与其他诉讼程序相比具有以下特点：

1. 该程序具有缺席审判的特征。缺席审判是指法院在被告人不出庭的情况下进行的审判，而违法所得没收程序是在犯罪嫌疑人、被告人逃匿、死亡而缺席下进行的，与缺席审判程序具有相似性。如《法国刑事诉讼法典》第270条规定："如果被告人未能捕获，或未到庭，应该缺席审判。"《德国刑事诉讼法典》第276条规定："被指控人凡住所不明或者逗留国外，认为不可能或者不适宜将他带送有管辖权的法院者，被视为缺席。"该程序仅仅是缺席审判的一种特殊形式，而非控方不到庭的缺席审判。

2. 该程序属于一种特殊的审判程序。这一程序不同于定罪量刑程序，与其他特别程序也存在不同。根据《刑事诉讼法》第15条的规定，对犯罪嫌疑人、被告人死亡的，不追究刑事责任，已经追究的，应当撤销案件，或者不起诉，或者终止审理，或者宣告无罪。而其他特别程序是在犯罪嫌疑人、被告人参与诉讼的情况下进行的，也与普通程序要求犯罪嫌疑人、被告人在场不同，其程序本身具有特殊性。

3. 该程序属于避开涉嫌犯罪行为人，直接对涉嫌犯罪财产的追缴、没收程序，但与国外的民事没收程序不同。国外民事没收程序在性质上属于对涉案财物的民事诉讼程序，是在没有刑事案件的情况下没收财产，即便被告人已经死亡或者在逃，甚至即便不知晓谁实施了违法行为也可以进行。其适用范围不仅包括非法所得、犯罪工具，还包括第三人所有的便利犯罪实施或者便利犯罪行为人逃避侦查的财物。而我国违法所得没收程序仅属于刑事程序，其适用也仅限于特定案件，与国外的民事没收程序不可比拟。

### （二）违法所得没收程序的意义

随着全球一体化的发展以及跨国犯罪的增多，尤其是打击腐败犯罪、恐怖犯罪等重大犯罪需要国际合作。国际公约以及相关国际刑事司法准则要求各成员国积极采取措施，追缴涉及犯罪的资产。由于我国刑事诉讼法没有规定缺席审判，当犯罪嫌疑人、被告人逃匿或者死亡无法到案，诉讼程序就会因此终止，致使一些与犯罪有关的财产无法追缴，使国家利益、社会利益难以得到及时保护。国外存在民事没收制度，它可以弥补上述的缺陷。如英国《2002年犯罪收益追缴法》规定的"对违法行为收益等的民事追缴"；澳大利亚《2002年犯罪收益追缴法》规定的法庭签发的民事没收令制度。为了解决这一问题，2012年修改的《刑事诉讼法》增加了这一特别程序。这一程序对于严厉打击严重刑事犯罪、腐败犯罪，减少、防止和挽回因其犯罪所造成的物质损失，保护国家财产、集体财产、公民个人财产免遭侵害，特别是打击潜逃国外的贪污贿赂犯罪人或者"一人死亡，幸福全家"的腐败犯罪，具有特别重要的意义。

1. 有利于实现司法正义。这一程序尽管无法对犯罪嫌疑人、被告人进行刑事追责，但不妨碍在其没有归案前先行作出没收违法所得的判决，追缴其涉嫌的犯罪财产，从而部分地实现司法正义，有利于国家利益、社会利益得到及时保护。

2. 有利于预防与遏制腐败犯罪、恐怖犯罪等重大犯罪的发生。该程序的设立为司法程序追缴涉及犯罪资产扫除了障碍，即使腐败犯罪的犯罪嫌疑人、被告人死亡，仍可追缴其赃款以及涉嫌犯罪的财产，让其移转资产或者将财产留给后人的愿望落空。无论犯罪嫌疑人的犯罪所得处于何种状态、位于哪个国家或者地方，处在何种时段，均存在被没收的可能性、风险性，这种潜在的不确定性对腐败犯罪嫌疑人向境外转移财产必将产生一定的威慑力和遏制作用。"剥夺行为人因非法行为所得之利益财产，以便间接地实现犯罪预防；此外，保护公众不受犯罪物品的危害。"[1]

3. 有利于国际社会以及各国之间的国际协作。该程序顺应了国际社会打击腐败犯罪、恐怖犯罪的潮流，特别是通过没收涉及犯罪财产的裁判，为请求外国机关返回涉案财产提供了法律依据，实现了我国刑事诉讼制度与国际公约的衔接。

## 二、违法所得没收程序的适用范围

《刑事诉讼法》第280条规定："对于贪污贿赂犯罪、恐怖活动犯罪等重大犯罪案件，犯罪嫌疑人、被告人逃匿，在通缉1年后不能到案，或者犯罪嫌疑人、被告人死亡，依照刑法规定应当追缴其违法所得及其他涉案财产的，人民检察院可以向人民法院提出没收违法所得的申请。"根据该条的规定，犯罪嫌疑人、被告人逃匿、死亡案件违法所得没收程序的适用范围为：

### （一）违法所得没收程序适用的案件类型

违法所得没收程序适用的案件仅限于"贪污贿赂犯罪、恐怖活动犯罪等重大犯罪案件"。"贪污贿赂犯罪"是指刑法分则第八章规定的国家工作人员贪污罪和贿赂罪。"恐怖活动犯罪"是指刑法第120条规定的"组织、领导恐怖活动组织罪"、"资助恐怖活动组织罪"以及其他实施恐怖活动的犯罪。"其他重大犯罪案件"是指社会危害严重、社会影响恶劣、造成的损害结果重大的犯罪案件。如重大的毒品犯罪、黑社会性质组织犯罪、抢劫集团犯罪以及间谍罪、资敌罪等危害国家安全和危害国防利益方面的严重犯罪。由于这类案件是在缺席审判的情况下进行的，在程序正当性上存在不足，在适用案件类型上具有限定性。对其他类型的重大犯罪案件的适用应当从严控制，不

---

[1] [德] 汉斯·海因里希·耶塞克、托马斯·魏根特：《德国刑法教科书》（总论），徐久生译，中国法制出版社2001年版，第952页。

可任意扩大。

（二）违法所得没收程序适用的情形

违法所得没收程序并非适用所有的重大贪污贿赂犯罪、恐怖活动犯罪案件，仅适用于犯罪嫌疑人、被告人逃匿，在通缉1年后不能到案或者被告人死亡的重大贪污贿赂犯罪、恐怖活动犯罪案件。

犯罪嫌疑人、被告人逃匿，在通缉1年后不能到案是指具有一定的犯罪事实证明行为人已经构成犯罪，在公安机关、人民检察院或者人民法院采取强制措施之前或者办理案件期间逃匿，经过公安机关通缉时间达1年之后仍未到案。犯罪嫌疑人、被告人死亡是指在刑事诉讼过程中，已经查清的犯罪事实、证据能够证明犯罪嫌疑人、被告人应当被追究刑事责任，但犯罪嫌疑人、被告人已经在诉讼过程中死亡。

（三）违法所得没收程序没收财产的范围

违法所得没收程序没收的是刑法规定应当追缴的违法所得及其涉案财产，而非是没收财产刑。追缴的违法所得及其涉案财产必须是与犯罪事实有关，且属于刑法明确规定应当予以没收的非法财产或者其他违法所得，不同于《刑法》第59条专门规定的“没收财产刑”，仅仅指《刑法》第64条规定的对犯罪分子违法所得的一切财产应当予以追缴或责令退赔，对违禁品和供犯罪使用的本人财物、作案工具的没收。

司法实践中违法所得并不总是单独存在，它常常与赃款赃物、供犯罪使用的本人财物以及违禁品等各种不同性质的财物混杂在一起，违法犯罪所得的认定直接关系到被告人、被害人合法财产权益的维护，涉及对违法犯罪人合法财产与非法财产的准确界定，只有通过人民法院依照法定程序才能认定。

## 三、违法所得没收的诉讼程序

（一）违法所得没收的申请程序

根据《刑事诉讼法》第280、281条的规定，对恐怖活动犯罪等重大犯罪案件，公安机关认为符合《刑事诉讼法》第280条规定情形的，应当写出没收意见书并移送人民检察院。没收意见书主要包括犯罪嫌疑人的犯罪事实、违法所得的有关情况、违法所得相关的证据材料、公安机关的处理意见和理由及其法律依据。人民检察院在侦查过程中发现存在《刑事诉讼法》第280条规定情形的，侦查部门也应当写出没收意见书并移送人民检察院的起诉部门。

人民检察院对于移送的没收意见书以及相关材料应当进行审查。对于没收意见书是否列明财产的种类、数量、所在地及查封、扣押、冻结等情况进行审查，应当重点审查其是否符合违法所得没收程序适用的条件、适用的范围。审查后，认为符合《刑事诉讼法》第280条规定情形的，予以受理；如果需要补充材料的，应当通知侦查机关补充；对于不符合《刑事诉讼法》第280条规定情形的，不予受理。如果是公安机关移送的，应当将不予受理原因通知公安机关。

人民检察院向人民法院提出申请的，应当写出没收违法所得的申请书，同时提供与犯罪事实、违法所得相关的证据材料，并列明财产的种类、数量、所在地及查封、扣押、冻结的情况。人民检察院只有提供上述案卷材料，才能使人民法院在犯罪嫌疑人、被告人缺席的情形下进行审判。

人民检察院申请没收违法所得的，应当向犯罪地或者犯罪嫌疑人、被告人居住地的中级人民法院提出。

公安机关或者人民检察院侦查部门在案件的侦查过程中，如果发现犯罪嫌疑人逃匿或者死亡，无论是对已经采取侦查措施被查封、扣押、冻结的财产，还是尚未采取侦查措施的违法所得，都无权作出实质性的处理决定。

#### （二）违法所得没收的审判程序

1. 违法所得没收案件的管辖。没收违法所得案件由犯罪地或者犯罪嫌疑人、被告人居住地的中级人民法院管辖，基层人民法院对此类案件没有管辖权。

2. 违法所得没收案件的公告。人民法院受理没收违法所得的申请后，应当发出公告。公告期间为6个月。公告的内容主要为：需要没收犯罪嫌疑人、被告人违法所得及其涉案财产的情况。公告可以采用张贴布告或者通过报纸、刊物、网络等方式发布。

犯罪嫌疑人、被告人的近亲属和其他利害关系人有权申请参加诉讼，也可以委托诉讼代理人参加诉讼。

3. 违法所得没收案件的查封、扣押、冻结。在审理过程中，人民法院对于公安机关或者人民检察院没有采取查封、扣押、冻结与犯罪嫌疑人、被告人的犯罪有关的财产措施，认为有必要采取措施的，可以采取查封、扣押、冻结。

4. 违法所得没收案件的审判。人民法院在公告期满后对没收违法所得的申请进行审理。如果没有犯罪嫌疑人、被告人的近亲属和其他利害关系人参加诉讼的，人民法院可以采用书面审理的方式进行。

对有犯罪嫌疑人、被告人的近亲属和其他利害关系人参加诉讼的，人民法院应当开庭审理。中级人民法院开庭审理的没收违法所得案件应当由合议庭进行，不能采用审判员一人独任审判。对于开庭审理的，可参照公诉案件第一审程序中有关开庭审理的规定执行。

人民检察院在审理过程中，应当提供证据证明犯罪嫌疑人、被告人有犯罪事实及其与涉案需要没收违法所得存在关联性，并达到高度盖然性的证明要求。

人民法院经审理，认为犯罪嫌疑人、被告人有犯罪事实，其财产属于违法所得及其他涉案财产，经查证属实的，除依法返还被害人的以外，应当裁定予以没收。人民法院经审理认为，不能认定犯罪嫌疑人、被告人的犯罪事实，或者犯罪嫌疑人、被告人有犯罪事实，但无法认定其财产属于违法所得及其他涉案财产的，应当裁定驳回申请。在裁定驳回申请的同时，如果犯罪嫌疑人、被告人的财产被查封、扣押、冻结的，应当及时解除查封、扣押、冻结措施。

人民法院审理没收违法所得案件应当遵循普通一审程序的期限。

5. 没收违法所得的回转程序。人民法院在审理过程中，在逃的犯罪嫌疑人、被告人自动投案或者被抓获，应当终止审理。在普通程序中，如果被告人在审理过程中逃匿或者死亡的，应当按照《刑事诉讼法》第 200 条的规定中止审理。其案件符合没收违法所得条件的，应当将案件移送人民检察院，由其按照没收违法所得程序提出申请，人民法院不得直接作出没收违法所得的裁定。

### 四、没收违法所得的救济程序

犯罪嫌疑人、被告人的近亲属和其他利害关系人或者人民检察院对人民法院裁定不服的，可以提出上诉、抗诉。上诉、抗诉的期限为 5 日。高级人民法院审理上诉、抗诉案件应当按照二审程序的有关规定执行。

《刑事诉讼法》第 283 条第 2 款规定："没收犯罪嫌疑人、被告人财产确有错误的，应当予以返还、赔偿。"没收犯罪嫌疑人、被告人财产的裁定是在犯罪嫌疑人、被告人缺席审判的情况下进行的，尤其是没有犯罪嫌疑人、被告人的近亲属和其他利害关系人参与，有可能存在裁定错误或者没收不当。对没收犯罪嫌疑人、被告人财产确有错误的，应当撤销原裁定。对不该没收的财产应当及时返还或者退回；对于不能返还的，或者因错误没收造成损失的，应当予以赔偿。

## 第四节　精神病人强制医疗程序

### 一、精神病人强制医疗程序概述

#### （一）精神病人强制医疗程序的概念及特点

精神病人强制医疗程序，是指依法对经过法定程序鉴定不负刑事责任的精神病人申请、审理与决定是否适用强制医疗措施的特别程序。

根据我国刑法规定，精神病人在不能辨认或者不能控制自己行为的时候造成的危害结果，不负刑事责任，但是应当责令他的家属或者监护人严加看管和医疗；在必要的时候，由政府强制医疗。然而，我国并未有与之衔接的强制医疗程序。为了防止精神病人继续实施具有社会危害性的行为，使之尽快得到治疗康复回归社会，国家有必要对其人身自由进行一定限制并对其采取强制医疗措施。由于强制医疗措施涉及对公民人身自由的剥夺和限制，需要由法律规定，经司法机关决定。否则，任何人不得以强制医疗的名义剥夺他人人身自由。为此，2012 年修改的《刑事诉讼法》规定了“依法不负刑事责任的精神病人的强制医疗程序”。精神病人强制医疗程序具有以下特点：

1. 精神病人强制医疗程序与普通诉讼程序惩罚犯罪的目标不同，精神病人强制医疗的目的在于防卫社会、保障精神病人合法权利以及获得有效的治疗。

2. 精神病人强制医疗是一种特殊刑事诉讼程序，其程序启动采用申请的方式进行，属于不典型的司法程序。不负刑事责任的精神病人因无刑事责任能力而被决定强制医疗，因不存在指控的内容，不宜采用提起公诉的方式进行，人民检察院采用申请的方式提起，体现程序的特殊性。

3. 精神病人强制医疗程序具有一定程度的保安处分性质，不是对精神病人进行处罚的程序，不同于判处刑罚的定罪量刑程序。强制医疗旨在通过对具有社会危险性的精神病人采取治疗性措施，恢复健康，防止再次发生危害社会的危险，以便实现保卫社会的目的。

#### （二）精神病人强制医疗程序的意义

强制医疗属于限制与剥夺实施暴力行为的精神病人的人身自由的社会防卫措施，对此设置司法程序，不仅能够保证程序运行的合法性与合理性，而且能够防止国家公权力对公民私权利的侵犯。因此，2012 年修改的《刑事诉讼法》增加“依法不负刑事责任的精神病人的强制医疗程序”具有特别重要的意义。

1. 有利于维护被强制医疗精神病人的合法权益不受侵犯。在实践中，对有暴力倾向的精神病人，因其家属或者监护人往往无力或不愿意履行监管与医疗义务，以至于大量精神病人被放任不管，最终因精神疾病得不到及时治疗继续对社会的安全与秩序产生威胁。为了防止精神病人继续危害社会，有的未经鉴定程序而直接定罪判刑投放到监狱执行刑罚，有的家属将其长期非法拘禁甚至杀害，精神病人的合法权利受到侵害。设置精神病人的强制医疗程序有利于使精神病人的基本权利得到保障，维护精神病人的合法权益。

2. 有利于完善我国有关精神病强制医疗的制度。《人民警察法》第 14 条规定："公安机关的人民警察对严重危害公共安全或者他人人身安全的精神病人，可以采取保护性约束措施。需要送往指定的单位、场所加以监护的，应当报请县级以上人民政府公安机关批准，并及时通知其监护人。"在实践中，公安机关可以自行启动精神病鉴定程序，并作出强制医疗决定。然而，这一程序没有当事人及辩护人的参与，也没有法院与检察院的审理与监督，极易引发"被精神病"现象发生。因此，将其统一于司法程序来解决这类问题，有利于法制的完善与法治的文明。

3. 有利于保障公民合法权益不受精神病人的侵犯，防止有暴力倾向的精神病人由于缺乏强制医疗措施的约束而伤及无辜、危害社会。对于精神病人采取强制医疗，有利于保障公众安全，维护社会和谐有序发展。

## 二、精神病人强制医疗程序的适用范围

我国《刑法》第 18 条第 1 款规定："精神病人在不能辨认或者不能控制自己行为的时候造成危害结果，经法定程序鉴定确认的，不负刑事责任，但是应当责令他的家属或者监护人严加看管和医疗；在必要的时候，由政府强制医疗。"为了保障刑法的正确实施，《刑事诉讼法》对强制医疗的适用范围作出了规定。该法第 284 条规定："实施暴力行为，危害公共安全或者严重危害公民人身安全，经法定程序鉴定依法不负刑事责任的精神病人，有继续危害社会可能的，可以予以强制医疗。"根据上述规定，精神病人强制医疗程序的适用范围为：

1. 实施暴力行为，危害公共安全或者严重危害公民人身安全。该条件主要是指采用放火、爆炸、伤人等暴力手段危及人的生命、健康等人身安全或者财产安全等会造成极大损害的行为。

2. 经法定程序鉴定依法不负刑事责任的精神病人。精神病鉴定是刑事强制医疗程序启动的前提，只有经司法精神病鉴定认定为不负刑事责任能力的

精神病人才能适用强制医疗。精神病鉴定对于正确适用刑事强制医疗程序具有决定性的意义。因此，只有经过法定程序进行了精神病鉴定并确定为无刑事责任能力的，才能作为强制医疗程序的条件之一。对于尚未完全丧失刑事责任能力的精神病人不能适用该程序。精神病鉴定不仅是确定行为人是否存在精神病以及刑事责任能力如何的依据，也是决定是否适用此程序的必要前提。

3. 有继续危害社会可能的。具有精神病无刑事责任能力的人作出了危害社会的行为，但其本身已经没有进行危害社会的可能或者丧失继续危害社会的能力，如已经严重残疾等，则不需要强制医疗，但应责令其家属或者监督人严加看管和医疗。

### 三、精神病人强制医疗案件的程序

#### （一）精神病人强制医疗的申请程序

在刑事诉讼中，公安机关发现符合适用强制医疗措施的法定情形，应当中止刑事诉讼程序，启动强制医疗程序。公安机关在侦查阶段发现犯罪嫌疑人可能是精神病人，应当按照法律的规定进行精神病鉴定。如果鉴定意见确认犯罪嫌疑人无刑事责任能力，公安机关应当撤销案件，写出强制医疗意见书，移送人民检察院。强制医疗意见书作为法定的诉讼文书，应当载明需要强制医疗精神病人的基本情况、案件认定的危害事实、鉴定情况、处理意见和理由及其法律依据，同时附精神病鉴定意见书。

人民检察院对于公安机关移送强制医疗案件进行审查，认为符合强制医疗条件的，应当制作申请书，向人民法院提出强制医疗的申请。申请书中必须列明提起强制医疗申请的理由和证据材料，并附精神病鉴定意见书。申请书包括以下内容：①被申请人或者被告人实施刑法所禁止行为的时间、地点、手段、所造成的损害；②被申请人或者被告人在实施刑法所禁止行为之前、实施时或者进入刑事诉讼程序后是否患有精神病，并提供精神病鉴定意见书；③被申请人或者被告人的精神疾病对本人和他人构成危险或者可能造成其他损害的事实。

人民检察院在审查起诉过程中发现犯罪嫌疑人可能有精神病，应当进行精神病鉴定。经精神病鉴定确认属于不负刑事责任的精神病人，认为符合强制医疗情形的，应当终止诉讼程序，由普通程序转为特别程序。依法制作强制医疗申请书，向人民法院提出强制医疗的申请。

公安机关或者人民检察院对实施暴力行为的精神病人可以采取临时的保护性约束措施。公安机关或者人民检察院采取临时保护性约束措施应当符合下列条件：①行为人必须是实施暴力行为的精神病人，其精神病已经进入法定程序鉴定；②必须在人民法院作出强制医疗决定前；③临时的保护性约束措施由公安机关执行。临时的保护性约束措施不是处罚措施，也不属于刑事强制措施，属于保障精神病人和社会公众安全而带有保护性质的、具有约束功能的临时性措施。

（二）精神病人强制医疗的审理程序

精神病人强制医疗的审理程序包括审判组织形式、审理方式、审理内容以及审理后的处理方式。

1. 审判组织。人民法院受理强制医疗的申请后，应当组成合议庭进行审理。由于强制医疗涉及公民的人身自由、社会安全和公共秩序，而对一个人精神现象的判断相对复杂，又涉及专业性问题，采用合议庭的审判组织形式更有利于保障办案的质量。必要时，可以聘请具有精神病学知识的医学专家作为陪审员参加庭审。

2. 审理方式。为了避免泄露精神病人的个人隐私、充分保障其诉讼权利，人民法院审理强制医疗程序案件可采用不公开审理的方式进行。但是，应当通知被申请人或者被告人的法定代理人到场。被申请人或者被告人没有委托诉讼代理人的，人民法院应当通知法律援助机构指派律师为其提供法律帮助。

由于被申请人或者被告人是无刑事责任能力的人，他们丧失对自身行为的辨认能力和控制能力，无法针对强制医疗的申请自行行使辩护权，为保护其诉讼权利不受侵犯，法律规定了人民法院指定承担法律援助义务的律师为其提供法律帮助的职责。由于精神病鉴定涉及复杂的医学问题和专门知识，必要时，人民法院可以通知鉴定人出庭作证，就鉴定意见作出说明和解释。如德国的强制医疗案件，法律要求鉴定人必须出庭作证。如果被申请人或者被告人及其法定代理人、诉讼代理人对鉴定意见有异议需要重新鉴定的，应当重新进行鉴定。

3. 审理后的处理方式。人民法院经过审理，依法作出以下处理：

对人民检察院提出强制医疗申请符合《刑事诉讼法》第284条规定的强制医疗条件的，应当作出强制医疗的决定。否则，应当作出不予强制医疗的决定。

人民法院在审理案件过程中发现被告人可能存在精神病的，应当进行精神病鉴定。对于经鉴定确认属于不负刑事责任的精神病人，且符合《刑事诉讼法》第284条规定的强制医疗条件的，可以直接作出强制医疗的决定。

人民法院作出决定后，应当及时送达被决定强制医疗的人、被害人及其法定代理人、近亲属，以及提出申请的人民检察院，并告知被决定强制医疗的人、被害人及其法定代理人、近亲属有权向上一级人民法院申请复议。

人民法院审理人民检察院申请强制医疗的案件应当在 1 个月内作出强制医疗的决定。在审理强制医疗案件中进行精神病鉴定的期限不计入办案期限。刑事诉讼法规定强制医疗程序较短的审限，有利于需要强制医疗人及时进行治疗，及早恢复健康。对于不符合强制医疗条件的，应当及时解除临时的约束性措施。

（三）强制医疗的救济程序

强制医疗程序作为特别程序不仅应给予被申请人或者被告人不低于普通刑事诉讼中当事人的诉讼权利，而且还应赋予其与之相应的救济权利，以便充分保障其诉讼权利和合法权益。根据《刑事诉讼法》第 287 条第 2 款的规定，被决定强制医疗的人、被害人及其法定代理人、近亲属对强制医疗决定不服的，可以向上一级人民法院申请复议。

上一级人民法院对于申请复议的，应当及时进行审查，作出处理决定，并送达申请复议人。

## 四、强制医疗的解除

对被强制医疗的人进行强制医疗，旨在通过对被强制医疗的人采取保护性措施予以治疗，尽快恢复健康，同时避免再次实施暴力行为危害社会。对于已经恢复健康、不具有暴力倾向而不需要继续强制医疗的，应当及时解除强制医疗，恢复其人身自由。解除强制医疗的程序如下：

1. 强制医疗机构报请解除强制医疗程序。在强制医疗期间，强制医疗机构应当定期对被强制医疗的人进行诊断评估。其评估应当由强制医疗机构的专业精神病医师进行，必要时，应当聘请与强制医疗机构没有利害关系的精神病专业机构或人员参与评估，确认被强制医疗人的精神状况。强制医疗机构在对被强制医疗的人进行诊断评估时，发现强制医疗的人精神疾病痊愈或者精神病情得到好转、人身危险性已完全或基本消除，没有必要继续实施强制医疗措施，不符合强制医疗条件的，应当提出解除强制医疗的意见，报决定强制医疗的人民法院，由人民法院审查批准是否解除强制医疗。

2. 被强制医疗的人及其近亲属申请解除强制医疗程序。被强制医疗的人及其近亲属认为，被强制医疗的人不应当被强制医疗或者经过强制医疗的治疗已经缓解或者痊愈，符合解除强制医疗条件的，有权向强制医疗机构提出申请，要求强制医疗机构组织专业精神病医师进行诊断评估，提出解除强制医疗的意见；也可以不经强制医疗机构直接向决定强制医疗的人民法院提出解除强制医疗的申请。但在人民法院批准解除强制医疗前，强制医疗机构不得擅自终止强制医疗措施。

人民法院根据强制治疗机构出具的诊断评估报告以及精神病鉴定机构出具的精神病鉴定意见，并结合听证情况，对被强制医疗者的人身危险性进行综合评估判断，作出是否终止强制医疗的决定。

### 五、强制医疗的监督

《刑事诉讼法》第 8 条规定："人民检察院依法对刑事诉讼实行法律监督。"强制医疗作为刑事诉讼的特别程序，其诉讼活动应当接受人民检察院的监督，人民检察院也应当依法履行法律监督职责。《刑事诉讼法》第 289 条规定："人民检察院对强制医疗的决定和执行实行监督。"根据上述规定，结合强制医疗程序的特点，人民检察院应当依法对强制医疗的决定和执行活动的合法性实行监督。

1. 对强制医疗决定活动的监督。人民检察院对公安机关、人民检察院的自侦部门收集精神病人的实施暴力行为的材料、对其进行鉴定以及对其采取临时的保护性约束措施是否依法进行，是否符合法定程序进行监督；对于违反法定程序的，应当及时提出纠正意见，通知公安机关或者人民检察院的自侦部门予以纠正。

人民检察院对人民法院在审理强制医疗申请案件以及在审判中直接决定实行强制医疗的活动是否符合法定条件、是否符合法定程序等依法进行监督，发现违反法定程序或者存在枉法决定的，依法提出纠正意见，通知其纠正。

公安机关、人民检察院的自侦部门和人民法院接到人民检察院纠正违法通知后，应当及时纠正其违法行为。

2. 对强制医疗机构执行活动的监督。在强制医疗执行过程中，对强制医疗机构是否实行有效的医疗活动、是否定期对强制医疗的人进行诊断评估，诊断评估是否科学、合理，是否依法提出解除强制医疗的申请，以及在医疗过程中是否保障了被强制医疗人的合法权益等进行监督。对于强制医疗机构违反强制医疗规范的，应当提出纠正意见。

人民检察院对人民法院批准解除强制医疗决定是否合法、是否存在徇私枉法等行为进行监督，保障强制医疗程序依法进行。

## ◆ 思考与练习

### 一、讨论题

1. 论附条件不起诉制度。

【讨论提示】首先应当简要阐述附条件不起诉制度的设置背景，即有条件地扩大检察官起诉裁量权，实现对未成年人宽缓的刑事政策。其次应当详细介绍未成年人不起诉制度的适用范围、决定与执行程序以及人民检察院的监督考察、不起诉考验期满之后的处理。

2. 论强制医疗程序。

【讨论提示】设置强制医疗程序的背景是治理“武疯子”问题，防卫社会安全。强制医疗程序的本质是保安处分，不同于刑事处罚。新《刑事诉讼法》中确立的强制医疗程序具有特定的适用范围、申请与启动程序，特别应当注意公安机关可以采取临时的保护性约束措施。在强制医疗的执行程序中强制医疗机构应当定期评估，发现被强制医疗人不再具有人身危险性时，应申请人民法院解除强制医疗措施。人民检察院对强制医疗程序的决定和执行进行监督。

## ◇ 参考文献

1. 徐美君：《未成年人刑事诉讼特别程序研究：基于实证和比较的分析》，法律出版社2007年版。

2. 陈卫东：“构建中国特色刑事特别程序”，载《中国法学》2011年第6期。

3. 王敏远：“论未成年人刑事诉讼程序”，载《中国法学》2011年第6期。

4. 郎胜主编：《中华人民共和国刑事诉讼法修改与适用》，新华出版社2012年版。

5. 陈晓明：《刑事和解原论》，法律出版社2011年版。

**图书在版编目（CIP）数据**

中国刑事诉讼法教程 / 王敏远 主编. —2版. —北京：中国政法大学出版社，2012.7

ISBN 978-7-5620-4413-0

Ⅰ.中… Ⅱ. 王… Ⅲ. 刑事诉讼法－中国－高等学校－教材 Ⅳ. D925.2

中国版本图书馆CIP数据核字(2012)第155526号

出版发行　中国政法大学出版社

经　　销　全国各地新华书店

承　　印　北京华正印刷有限公司

720mm×960mm　16开本　29.5印张　530千字

2012年8月第2版　2014年1月第2次印刷

ISBN 978-7-5620-4413-0/D·4373

印数：5 001-8 000　定　价：49.00元

社　　址　北京市海淀区西土城路25号

电　　话　(010) 58908435(编辑部)　58908325(发行部)　58908334(邮购部)

通信地址　北京100088信箱8034分箱　邮政编码 100088

电子信箱　fada.jc@sohu.com(编辑部)

网　　址　http://www.cuplpress.com　(网络实名：中国政法大学出版社)